LIBRORUM
BIBLIOTHECÆ

D. NICOLAI BACHELIER,
ECCLESIÆ RHEMENSIS DECANI,
ATQUE SS. PONTIFICI
CAMERARII AD HONORES.

PARISIIS,

Typis Viduæ ANTONII-URBANI COUSTELIER, ad
Ripam Augustinianorum.

M. DCC. XXV.

LECTORI.

QUAM hic proscribimus Bibliothecam, ea primum fuit D. Claudii Bachelier des Marests, qui multo ære, multo labore & ingenti diligentia eam instruxerat. Magnum ille sibi nomen apud homines eruditos fecerat. Nefas esset si taceremus in hanc Bibliothecam influxisse magna parte libros, quos olim congesserat vir generi litteratorum nunquam obliviscendus, elegantissimusque librorum investigator & judex, D. de Sallo d'Hedouville in Parisiensi Curia Senator, Eruditorum Diarii ordinandi auctor & scriptor ejusdem. Deinde vero habuit eamdem Bibliothecam D. Nicolaus Bachelier Canonicus Rhemensis & Doctor Sorbonicus prædicti Claudii frater; posteaque transmissa est ad filium ex fratre D. Nicolaum Bachelier, qui fuit pariter Canonicus & Decanus Ecclesiæ Rhemensis, atque SS. Pontifici Camerarius ad honores. Hic autem excoluit Bibliothecam, quam a Patruis acceperat: cumque esset litteris admodum instructus, librorum accessione non parva & impendiis tam bonum fundum locupletavit.

Constat ea plurimis codicibus ad omne genus eruditionis spectantibus, iisque selectis & melioris notæ, ut cuique perlegenti facile apparebit.

In componenda librorum serie putavimus insistendum illi ordini quem adhibuerunt qui Bibliothecam

Tellerianam concinnaverunt. Itaque si qui libri extra ordinem disjecti videbuntur, ignosces, Lector, quippe religioni nobis fuit a prædicto ordine vel minimum discedere, aut apud te reputa humanum esse errare.

BIBLIA

BIBLIA SACRA.
IN FOLIO.

IBLIA Polyglotta, Waltoni. *Londini, Roycroft.* 1657. 6. vol.
Lexicon Heptaglotton, ad usum Bibl. Polygl. Edm. Castelli. *Ibid.* 1669. 2. vol.
Biblia Hebr. Lat. Munsteri. *Basileæ,* 1534. 2. vol.
Vetus Testamentum secundum LXX. latine, Sixti V. *Romæ, Ferrarii,* 1588.

Biblia vulg. edit. Isidori Clarii. *Venetiis, Schoeffer,* 1542. 3. vol.
Biblia, Rob. Stephani. *Parisiis,* 1540. Charta magna.
Concordantiæ Bibliorum Hebraïcæ, Buxtorfii. *Basileæ,* 1632.
Concordantiæ Bibliorum. *Typis Wechelianis,* 1600.

IN QUARTO.

Biblia Hebraïca, cum punctis. *Parisiis, Rob. Stephani,* 1543. 4. vol.
Epistola S. Pauli ad Romanos, Syriace, Crinesii. *Wittebergæ, Typis Gormannianis,* 1612.
Reliquiæ Syræ, Oratio Wittebergæ habita a Laur. Fabritio. *Ibidem,* 1613.
Vetus Testamentum Græcum, ex versione LXX. juxta Exemplar Vaticanum. *Londini, Danielis,* 1653.

BIBLIA SACRA, in Quarto.

Biblia Sacra vulgatæ editionis Sixti V. *Antuerpiæ, ex Plantiniana officina*, 1650.
Novum Testamentum, cum duplici versione Th. Bezæ & Tremellii. *Hanoviæ, Typis Wechelianis*, 1602.
Quatuor Evangelia, Gothice & Anglo-Saxonice, cum Glossario Gothico, Studio junii & marschalli. *Dordrecti, Typis Junianis*. 1665. 2. vol.
Biblia, Sebastiani Smidt. *Argentorati, Spoor*. 1696.
Homilia de Nativitate D. N. J. C. Æthiop. Lat. Theodori Petræi. *Amsteladami*, 1668.
Prophetia Joel, Æthiop. Lat. ejusdem. *Lugduni Batavorum. Typis Nissellianis*, 1661.
Prophetia Jonæ, cum 4. Geneseos capitibus, æthiop. lat. ejusd. *Ibidem*, 1660.
Vaticinium Malachiæ, æthiop. lat. *Ibidem*, 1661.
Testamentum inter Muhamedum & Christianos initum, arab. lat. Gabr. Sionitæ, ut & Suratarum Alcorani decimæ quartæ, & decimæ quintæ textus originalis, cum triplici versione latina Nisselii. *Lugd. Batav. Elzevier*, 1655.
Concordantiæ græcæ hebræis vocibus respondentes, Conradi Kircheri. *Francofurti, Marnii*, 1607. 2. vol.

IN OCTAVO, IN DUODECIMO, &c.

Biblia, Vatabli. *Lutetiæ, Rob. Stephani*, 1545. 2. vol. in 8.
Biblia Doctorum Lovaniensium, cum Præfatione Jo. Hentenii. *Antuerpiæ, Steelsii*, 1559. in 8.
Heptateuchus, Job & Evangelium Nicodemi, anglo-saxonice, & Historiæ Judith fragmentum Dano-Saxonice, Edwardi Thwaites. *Oxoniæ, e Theatro Sheldoniano*, 1678. in 8.
Libri duo Samuelis, hebr. latinè. *Lugd. Batav. Jo. Maire*, 1521. in 12.
Psalterium Davidis, hebr. gr. latinum. *In* 12.
Liber Psalmorum, Hebraice, Hulsii. *Lugd. Batav. Jo. Maire*, 1650. in 12.
Psalterium, græce juxta exemplar Alexandrinum. *Oxoniæ e Theatro Sheldoniano*, 1678. in 8.
Psalterium, græce. *Venetiis, Pinelli*, 1535. in 12.
Liber Psalmorum, Vatabli. *Paris. Rob. Stephani*, 1546.
Ant. Flaminii, Paraphrasis Lyrica in 30. Psalmos. *Ibidem*, in 8.
Biblia Sacra, vulg. editionis. *Parisiis, Coustelier*, 1664. in 12. 2. vol.
Psalterium Davidis ad hebraicam fidem, Rod. Magistri. *Parisiis, Loyson*, 1623. in 12.
Les Pseaumes de David, par Clem. Marot. 1551. in 32.
Novum Testamentum, græce e Bibl. Regia, cum Præfatione quæ incipit, O mirificam. *Paris. Rob. Stephani*, 1549. in 16.

BIBLIA SACRA, in octavo.

Novum Testam. græce. *Ex offic. Plantin. in* 24.
Novum Testam. græce, Curcellæi. *Amsteladami, Elzevir,* 1658. *in* 12.
Novum Testam. græce, Jo. Leusden. *Amsteladami, Someren,* 1688. *in* 24.
Novum Testam. græc. lat. interlin. Ariæ Montani. *Geneva, Crispini,* 1622. *in* 12.
Nov. Testam. Jo. Benedicti. *Parisiis, Colinæi,* 1543. *in* 12. 2. vol.
Nov. Testam. vulg. editionis. *Lugd. Vincentii,* 1538. *in* 16. 2. vol.
Le Nouveau-Testament, translaté de grec en françois. 1539. *in* 16.
Le même, revû par Jean Calvin, 1551. *in* 16.
Le Nouveau-Testament, trad. selon la Vulgate. *Par. Josse,* 1697. *in* 12.

BIBLIORUM INTERPRETES

IN FOLIO.

I. *Rabbini, vel de rebus Hebræorum Libri.*

VICTORIA Porcheti adversus Hebræos, ex recognitione Augusti. Justiniani. *Parisiis,* 1520.
Artis Caballisticæ Scriptorum tomus 1. in quo continentur Paulus Riccius, Rabbi Joseph, Leo Hebræus, Joannes Reuchlinus, Archangelus Burgonovensis & Abraham. *Basilea, Henr. Petri,* 1587.
P. Galatini, Opus de arcanis catholicæ veritatis.
Jo. Reuchlinus, de Cabala. *Francofurti,* 1612.
Jo. Spencerus, de Legibus Hebræorum ritualibus. *Cantabrigiæ, Hayes,* 1685.

II. *Critici in Sacram Scripturam.*

Critici Sacri. *Londini, Flesher,* 1660. 11. vol.
Synopsis Criticorum, Matth. Poli. *Ultrajecti,* 1684. 5. vol.
Jo. Lightfooti, Opera omnia. *Roterodami, Leers,* 1686. 2. vol.
Ejusdem, Horæ Hebraicæ & Talmudicæ. *Hagæ-Comitis,* 1678.
Sam. Bochartus, de Animalibus S. Scripturæ. *Londini, Royeroft,* 1663. 2. vol.
Jo. Morini, Exercitationes Biblicæ. *Parisiis, Meturas.* 1660.
Steph. Menochius, de Republica Hebræorum. *Parisiis, Berthier,* 1648.

BIBLIORUM INTERPRETES, in folio.

III. Bibliorum Commentatores Orthodoxi.

Philonis Judæi, Opera, gr. lat. Sigifm. Gelenii, cum Scholiis Turnebi & Hoefchelii. *Parif. Magnæ-Navis*, 1540.
Catena Græcorum Patrum in Job, Nicetæ gr. lat. ſtudio Patricii Junii. *Londini, Typis Regiis*, 1637.
Catena aurea in L. Pſalmos, interpr. Dan. Barbaro. *Venetiis, de Caballis*, 1569.
Aug. Steuchi Eugub. Opera, præcipue in Vetus Teſtamentum. *Venetiis, Nicolini*, 1591. 3. vol.
Mart. Borrhaus, in Moſem. *Baſileæ. Oporini*, 1555.
Hieronymus ab Oleaſtro, in Pentateuchum. *Antuerpiæ, Stelſii*, 1569.
Incognitus, ſeu Michael Aignanus, in Pſalmos. *Lugduni, Devenet*, 1652.
Jo. de Pineda, de rebus Salomonis Regis. *Lugduni, Cardon*, 1609.
Fr. Lodovicus Soto-Major, in Canticum Canticorum. *Pariſiis, Sonnii*, 1605.
Rob. Holkot, in Librum Sapientiæ. 1586.
Cornelius à Lapide, in Pentateuchum. *Par. Giffart*, 1621.
—— in Joſue, Judices, Ruth, Reges, & Paralipomena. *Pariſ. Cramoiſy*, 1642.
—— in Eſdram, Nehemiam, Tobiam, Judith, Eſther & Machabæos. *Ibidem*, 1645.
—— in Proverbia Salomonis. *Ibidem*, 1635.
—— in Canticum Canticorum. *Lugduni, Boiſſat*, 1637.
—— in Eccleſiaſticum. *Lugduni, Landry*, 1634.
—— in IV. Prophetas Majores. *Pariſ.* 1622.
—— in XII. Prophetas Minores. *Pariſ. Billaine*, 1635.
—— in Evangelia. *Autuerpiæ, Meurſii.*, 1649.
—— in Acta Apoſtolorum, Epiſtolas Canonicas & Apocalypſim. *Pariſ. Noel*, 1648.
—— in Paulum. *Pariſ. Martin*, 1618.
Didaci Baeza, commentaria allegorica & moralia de Chriſto figurato in vet. Teſtam. *Pariſ. Mag. Nav.* 1633.
Ejuſdem, Commentar. in Evang. Hiſtoriam, tomi primus, tertius & quartus. *Pariſ. Sonnii*, 1629. 2. vol.
Simonis de Caſſia, Opus in IV. Evangelia. *Ex Offic. Cervicorni*, 1533.
Jo. Maldonatus, in Evangelia. *Pariſ. Billaine*, 1668.
Jo. Bourgheſii, Harmonia Evangelica. *Montibu-Waudræi*, 1644.
Jo. Fernandi, Theſaurus Divinarum Scripturarum. *Methymna a Campo*, 1593.
Hieronymi Laureti, ſylva allegoriarum totius S. Scripturæ. *Coloniæ-Agrippinæ-Gymnici*, 1612.

BIBLIORUM INTERPRETES, in folio.

IV. Bibliorum Commentatores Heterodoxi.

Matth. Flacii Illyrici, Clavis Scripturæ S. *Basileæ, Oporini*, 1567.
Petri Martyris, Commentarii in duos libros Samuelis. *Tiguri, Froschoveri*, 1567.
Aug. Marlorati, Thesaurus Scripturæ Propheticæ & Apostolicæ. *Genevæ, Chouet*, 1624.
Jo. Clerici, Pentateuchus. *Amstelodami, Westenii*, 1696.
Ejusdem, Harmonia Evangelica. *Ibidem, Huguetani*, 1700.
Jo. Viccars, Decapla in Psalmos. *Londini, Young.* 1639.
Mart. Gejerus, in Psalmos. *Amstelodami, wolfters*. 1695.
Andr. Osiandri, Harmonia Evangelica, gr. lat. *Basileæ, Froben*, 1561.
Hartungi, Enarrationes Epistolarum & Evangeliorum. *Basileæ, Hervagii*, 1546.
Joannis, Sarisburiensis Episcopi, Explicatio Epist. Pauli ad Colossenses. *Cantabrigiæ*, 1639.
Triplex Index Operum Jo. Cocceii. *Amstelodami, Someren*, 1679.

IN QUARTO.

I. Rabbinorum, vel de rebus Hebræorum libri.

Constitutiones tractatuum Talmudicorum, Schabbath & Erubhin, cum Comment. RR. Mosis Majemon & Obadjæ de Bartenova, hebr. lat. à Seb. Schmidt. *Lipsiæ*, 1661.
Duo Tituli Talmudici, Sanhedrin & Maccoth, cum excerptis ex utriusque Gemara, hebr. lat. cum notis Jo. Coch. *Amsterodami, Heynsii*, 1629.
Jo. Drusii, Apophtegmata Ebræorum & Arabum. *Franekeræ, Radæi*, 1612.
Ejusdem, Henoch. *Ibidem*, 1615.
Franc. Moncæii, Historia duarum Divin. apparitionum Moysi factarum. *Atrebati, Balduini*, 1597.
Talmudis Babilonici Codex Middoth, hebr. lat. cum notis Const. l'Empereur. *Lugd. Batav. Elzevir*, 1630.
Clavis Talmudica, hebr. lat. ejusdem. *Ibidem*, 1634.
Clavis Talmudica, hebr. lat. Const. l'Empereur. *Ibidem*, 1634.
Epistolæ IV. Petri secunda, Johannis secunda & tertia, & Judæ una, hebr. arab. gr. lat. Pocockii. *Ibidem*, 1630.
Joma, Codex Talmudicus, hebr. lat. Sheringamii. *Londini, Junii*, 1648.
R. Mosis Majemonidis, Porta Mosis, hebr. lat. cum notis Pocockii. *Oxoniæ, Hall.* 1655.
——— Constitutiones de fundamentis Legis, hebr. lat. Vorstii, &

BIBLIORUM INTERPRETES, *in quarto.*

Abravanelis Scriptum de capite fidei. *Amstelodami, Blaeu,* 1638.

R. Mosis Majemonidis, Doctor Perplexorum latine, Buxtorfii. *Basileæ, Konig.* 1629.

—— De Jure pauperis & peregrini apud Judæos, hebr. lat. cum notis Prideaux. *Oxonii, e Theatro Sheldoniano,* 1679.

—— Canones Ethici, hebr. lat. cum notis Gentii. *Amstelodami, Blaeu,* 1640.

—— Liber de Sacrificiis, Abarbanelis exordium in Leviticum & Majemonidæ Tractatus de confecratione Calendarum, & de ratione intercalandi, cum notis Lud. de Compiegne de Veil. *Londini, Flesher,* 1683.

Liber Cofri, feu Colloquium de Religione inter Regem Cofareorum, & R. Ifaacum Sangarum, hebraïce, per Jehudah Abben-Tybbon, & latine a Buxtorfio. *Basileæ, Deckeri,* 1660.

Tela ignea Satanæ, cum eorumdem confutatione à Wagenfeilio. *Altdorfi-Noricorum, Schonnerstædt.* 2. vol.

Jo. Buxtorfii, Commentarius Maforheticus. *Basileæ, Konig.* 1620.

Menaffeh Ben-Ifraël, Conciliator. *Amstelodami,* 1633.

Tribus Judæ Salomonis fil. Virgæ, latine a Gentio. *Amsteladami, Werstenii,* 1680.

Kabbala denudata. *Sulzbaci & Francofurtii,* 1677. & 1684. 3. vol.

P. Costi, Typus Messiæ & Targum Coheleth, latine ab eodem. *Lugduni, Bonhomme,* 1554.

Theologia Judæorum, Josephi de Voisin. *Par. Henault,* 1647.

Jus Regium Hebræorum, Schickardi, cum notis Carpzovii. *Lipsiæ, Coleri,* 1674.

De Legibus Hebræorum forenfibus liber fingularis, hebr. lat. a Const. l'Empereur. *Lugd. Batav. Elzevir,* 1637.

Juris Hebræorum Leges CCLXI. Hottingeri. *Tiguri, Bodmeri,* 1655.

Seldenus, de Synedris & præfecturis juridicis veterum Ebræorum. *Londini, Flesher,* 1650. 1653. 1655. 3. vol.

Ejufdem, Uxor Hebraica; liber de Succeffionibus ad leges Hebræorum in bona defunctorum, & in Pontificatum libri duo. *Francofurti, Becmanni,* 1673.

Idem, de Succeffionibus ad Leges Hebræorum, &c. *Londini, Stanesbeii,* 1631.

Joh. Buxtorfii Differtatio de Sponfalibus & Divortiis, cum Is. Abarbenelis diatriba de Excidii Pœna. *Basileæ, Lud. Regis,* 1652.

Car. Sigonius de Republica Hebræorum. *Bononiæ, Roffii,* 1582.

Lud. Carreti Epiftola Hebr. lat. ad Judæos. *Parisiis, Wecheli,* 1553.

BIBLIORUM INTERPRETES, in quarto.

II. Critici in Sacram-Scripturam.

Jo. Henr. Heideggerus, de Historia-Sacra Patriarcharum. *Amstelodami, le Grand*, 1667. & 1671. 2. vol.
G. Saldeni, Otia Theologica. *Amstelodami, Boom*, 1684.
Rivinus, de Serpente seductore. *Lipsiæ, Fleischeri*, 1685.
Th. Bangi, Cœlum Orientis, & prisci mundi. *Hauniæ, Moringi*, 1657.
Th. Burnetius de Diluvio & Paradiso. *Londini, Kettiby*, 1681.
Balth. Bebelius, de Ecclesia ante-Diluviana. *Argentorati, Spoor*, 1665.
—— de zizaniis in Ecclesia Dei occultis. *Ibidem*, 1661.
—— de aris & mensis Eucharisticis veterum. *Ibidem*, 1666.
Andr. Acoluthus, de aquis amaris maledictionem inferentibus. *Lipsiæ, Brandi*, 1682.
G. Outramus, de Sacrificiis. *Londini, Chiswel*, 1677.
J. Henr. Heideggeri, Libertas Christianorum a lege Cibaria veteri de Sanguine suffocato, & commentarius in Concilium Hierosolim. *Tiguri, Gessneri*, 1678.
Retratto del Tabernaculo de Moseh, por Leon Hebreo. *En Amsterdam, Gillis-Joosten*, 5414.
Jo. Braunius, de Vestitu Sacerdotum Hebræorum. *Amstelodami*, 1680.
Frid. Spanhemii, historia Jobi. *Genevæ, Chouet*, 1670.
Voglerus, de rebus naturalibus ac medicis quarum in S. Scripturis fit mentio. *Helmestadii, Hammi*, 1682.
Jo. Drusii vitæ operumque editorum, & nondum editorum delineatio, & tituli per Abelem Curiandrum. *Franekeræ, Heynsii*. 1619.
Drusius, de Sectis Judaïcis, & Jos. Scaligeri Elenchus Trihærcsii Nic. Serarii. *Arnhemiæ, Heynsii*, 1619.
—— Apophtegmata Ebræorum & Arabum. *Franekeræ*, 1612.
—— Animadversionum libri II. *Amstelodami, Janssonii*, 1634.
—— Tetragrammaton. *Ibidem*.
—— Henoch. *Franekeræ, Heynsii*, 1615.
Drusii Opuscula quæ ad Grammaticam spectant. *Franekeræ, Radæi*, 1609.
—— Libri duo de Litteris Mosche Vechaleb. *Ibidem*, 1608.
—— Fragmenta veterum Interpretum Græcorum in totum Vetus-Testamentum. *Arnhemiæ, Heynsii*, 1622.
—— Proverbia. *Franekeræ, Radæi*, 1590.
—— Tobias, græce. *Ibidem*, 1591.
—— Ecclesiasticus, gr. lat. *Ibidem*, 1596.
—— Liber Hasmonæorum, gr. lat. & Alberici Gentilis ad eumdem librum disputatio. *Ibidem*, 1600.

BIBLIORUM INTERPRETES, in quarto.

—— Ad voces Hebraicas, Novi Teſtamenti Commentarius duplex, & annotationum in N. Teſtam. Pars altera, necnon illius vita operumque delineatio & tituli. *Franekeræ, Heynſii,* 1612.

—— Annotationum in J. C. Teſtamentum, ſive præteritorum libri X. *Franekeræ, Radæi,* 1612.

Hermanni Witſii, Miſcellanea Sacra. *Amſteladami & Ultrajecti,* 1697, & 1700. 2. vol.

Sturmii, Sciagraphia Templi Hieroſolimitani. *Lipſiæ, Krugeri,* 1694.

Campegius Vitringa, de Synagoga vetere. *Franekeræ, Gyſelaar,* 1696. 2. vol.

Ejuſdem, Archi-Sinagogus, *Franekræ. Strick,* 1685.

Idem, de decem viris otioſis Synagogæ, ibidem. *Gyſelaar,* 1687.

Jac. Rhenferdius, de decem otioſis Synagogæ. *Ibidem* 1686.

Alex. Mori, Exercitationes Genevenſes de S. Scriptura. *Medioburgi, Delater,* 1653.

Ant. Cappellus, de Cœna Chriſti Suprema. *Par. Morelli,* 1625.

Petrus M. Kavina, de legitimo tempore Paſchatis. *Venitiis Typis Lenianis,* 1667.

Jac. Gronovius, de Caſu Judæ. *Lugd. Batav. Gaesbeeck,* 1683.

Franc. Demarſii, Epiſtola, contra Gronovium, de Caſu Judæ. *Lipſiæ Fleiſcheri,* 1687.

Sixt. Amama, Antibarbarus Biblicus. *Franekeræ, Alberti,* 1656.

Aug. Pfeiſterus, in loca V. T. difficiliora & quinquagena locorum, N. T. hebraicorum & exoticorum. *Dreſdæ Hubeneri,* 1679.

Jo. Leuſden, Clavis Hebraica V. T. *Ultrajecti Halma,* 1683.

—— Philologus Hebræus, circa V. T. *Ibidem, Dreunen,* 1672.

—— Philologus Hebræo mixtus, cum Spicilegio Philologico. *Ultrajecti Halma,* 1682.

—— Philologus Hebræo, Græcus Generalis. *Ibidem,* 1683.

Jo. Henr. Hottingerus, de Pentateucho Samaritano. *Tiguri, Boderi,* 1644.

—— Hiſtoriæ creationis examen, Theologico-Philologicum. *Heidelbergæ, Broun,* 1659.

—— Faſciculus diſſertationum, Theologico-Philologicarum. *Ibidem,* 1660.

Arn. Bootii, Vindiciæ pro hebraica veritate. *Par. Pullen,* 1653.

—— Animadverſiones Sacræ ad Textum Hebraicum, V. T. *Londini, Junii,* 1644.

Jo. Buxtorfii, Vindiciæ veritatis hebraicæ. *Baſileæ, Lud. Regis* 1653.

Jo. Lightfooti, Horæ hebraicæ & Talmudicæ. *Cantabrigiæ, Field,* 1648.

Jo. De Mey, Sacra Phiſiologia. *Medioburgi, Fierenſii,* 1661.

Sam.

BIBLIORUM INTERPRETES, *in quarto.*

Sam. Reyeri, Mathesis Mosaica. *Kiliæ - Holsatorum*, 1699.

Franc. Gomari, Hebræa S. Scripturæ, ars poëtica. *Lugd. Batavorum. Jo. Maire*, 1637.

Histoire Critique du vieux Testament, par R. Simon. *Suivant la copie imprimée, à Paris*, 1680.

Histoire Critique du vieux, & N. T. par le même. *Rotterdam, Leers*, 1685, & 1693. 3. vol.

Histoire Critique du Texte, du N. T. par le même. *Ibidem*, 1689.

Histoire Critique des versions, du N. T. par le même. *Ibidem*. 1690.

Nouvelles Observations sur le texte & les versions, du N. T. par le même. *Paris, Boudot*, 1695.

Deux Lettres touchant la necessité, & l'autorité prétenduë de la tradition, &c. contre l'Histoire Critique du P. Simon. *A Amsterdam, Wolfgang*, 1692.

Jac. Usserii, Historia dogmatica, de scripturis & sacris vernaculis, cum notis & auctuario, Henr. Wharton. *Londini*, 1690.

Jac. Usserii, Syntagma, de LXX. Interpretum versione, cum libro Estheræ editione Origenica & vetere græca altera; & Dissertatio de Caniane. Ejusdem Epistola ad Capellum & Guill. Eyrii Epistola ad Usserium. *Londini, Krook*, 1655.

Christ. Schotanus, de autoritate versionis græcæ LXX. contra Usserium. *Franekeræ, Wellens*, 1663.

Is. Vossius, de LXX. Interpretibus. *Hagæ-Comitum, Vlacq*. 1661.

Ejudem Disquisitiones criticæ, de variis per diversa loca, & tempora Bibliorum editionibus. *Londini, Chiswel*, 1684.

Th. Gatakeri, Cinnus & de stylo novi Testamenti. *Londi, Flesher*, 1651.

Romanæ in Bibliis, correctiones observatæ a Fluca Brugensi. *Antuerpiæ, Plantin*, 1608.

Bellum Papale Sixti V. & Clementis VIII. Circa Hieronym, Editionem, a Th. James. *Londini, Bishop*. 1600.

La Bible défenduë au vulgaire, par M. le Maire. *Paris, Cramoisy.* 1651.

Collectio Authorum S. scripturæ versiones vulgares damnantium, jussu Cleri Gallicani edita. *Par. Vitré*, 1661.

SS. Bibliorum Tituli, juxta editionem LXX. Interpretum seu Hieronymi, veteres editi à Jos. M. Caro. *Romæ Corbelletti*, 1688.

Antiquité des tems rétablie & défenduë, contre les Juifs & les nouveaux chronologistes. *Paris, Martin*, 1687.

Défense de l'antiquité des tems, par D. Paul Pezron. *Paris, Boudot*, 1691.

B

III. *Bibliorum Commentatores Orthodoxi.*

Sacræ Bibliorum metaphoræ, à Sylr. Petra-fanta. *Coloniæ Agrippinæ, Kinckii*, 1631.

Ariæ Montani, Antiquitates Biblicæ. *Lugd. Batav. Raphelengii,* 1593.

Veterum Rabbinorum, in exponendo Pentateucho modi tredecim, a Jo. Arnulfo foc. J. & Comment. in Pfalmum CXXIX. Studio Phil. Aquinii. *Par. Nivellii*, 1620.

Aug. Steuchi Eugubini, recognitio Pentateuchi ad hebraicam veritatem. *Lugduni, Gryphii*, 1531.

Jo. Philoponus, in caput 1. Genefeos de mundi creatione, una cum difputatione de Pafchate, gr. lat. Corderii. *Viennæ-Auftriæ, Gelbhaer*, 1630.

S. Thomæ Aquinatis, Explicatio veteris Teftamenti, ftudio Lenfant, Ord. Præd. *Par. Henault*, 1657, 1658. & 1659. 3. vol.

R. Salomon Jarchi, Scholia in librum Efther, hebr. lat. Studio Lud. Henr. Aquini. *Par. Blaife*, 1622.

R. Levi Filii Gerfonis, Comment. in Job. ejufdem ftudio. *Ibidem*, 1623.

Liber Pfalmorum, cum poëtica interpretatione latina, Lud. Crucii. *Neapoli, Longi*, 1604.

Rob. Bellarminus, Card. in Pfalmos. *Par. Joffe*, 1664.

Idem. Antuerpiæ, Belleri, 1624. *Il n'eft point entier.*

Eufebii, Polychronii, Pfelli in Canticum, Canticorum expofitiones græcè, cum notis Meurfii. *Lugd. Batav. Elzevir*, 1617.

Procopii Gazæi, in libros Regum & Paralipomenon fcholia, gr. lat. cum notis Meurfii. *Ibidem*, 1620.

Eufebii, Polychronii, Pfelli in Cantic. Canticorum expofitiones græcè, cum notis Meurfii. *Lugd. Batav. Elzevir*, 1617.

Jo. Meurfuis, de Populis Atticæ. *Ibidem*, 1616.

Ejufdem Variorum Divinorum, liber unus græcè. *Ibidem*, 1619.

Pauli Vecchi, obfervationes in S. fcripturam. *Neapoli, Savii*, 1641.

Alani Copi, Unitas Hiftoriæ Evangelicæ *Duaci, Belleri*, 1603.

Pauli de Palatio, Enarrationes in Matthæum. *Conftantiæ, Kalt*, 1606.

Fromondus, in Acta Apoftolorum. *Lovanii, Nempæi*, 1654.

Petrus Stevartius, in D. Pauli primam ad Corinthios. *Ingolftadii, Sartorii*, 1600.

Liber qui dicitur Mamotrectus, qui eft inftar Gloffæ in tota ferè Biblia. *Venitiis, Hailbrun*, 1478.

IV. *Bibliorum Commentatores Heterodoxi.*

Joh. Andreæ Quenftedii, Antiquitates Biblicæ & Ecclefiafticæ, 1699. 2. vol.

BIBLIORUM INTERPRETES, *in quarto*.

Jac. Gaillardi, Specimen Quæstionum in novum instrumentum de filio hominis. *Lugd. Batav. Lopez*, 1684.
Paraphrasis Chaldaica libri Chronicorum, cum versione lat. & notis Frid. Beckii. *Augusta-Vindel. Goebelii*, 1680, & 1683. 2. vol.
Joh. Coch, in Ecclesiasten Salomonis. *Bremæ, Villeriani*, 1636.
Seb. Schmidt, Commentarius in Ecclesiasten Salomonis, Heb. gr. latinum. *Argentorati, Spoor*, 1691.
Alex. Mori, notæ ac diatriabæ ad Esaiæ caput LIII. de perpessionibus & gloria Messiæ. *Amstelodami, Pluymer*, 1658.
Oecolampadius, in Hieremiam ac Threnos Hieremiæ. *Argentinæ, Apiariii*, 1533.
Antonii de Guevara, Exegemata in Habacuc. *Augusta-Vindel, Welleri*, 1603.
Ed. Pocockii, Commentarius in Joelem. *Lipsiæ, Fritsch*, 1695.
Bald. Walæus, in novum Testamentum græco-latinum. *Amstelodami, Ravesteinii*, 1662.
Jo. Croji, Sacrarum & historic. in novum fœdus observationum pars prior. *Genevæ, Chouët*, 1645.
Joh. Scharpii, Symphonia Prophetarum & Apostolorum. *Genevæ, Chouët*, 1639.
Ger. J. Vossii, Harmonia Evangelica de Passione, morte, Resurrectione ac Ascensione J. C. *Amstelodami, Elzevir*, 1656.
Collatio & unio IV. Evangelistarum, a Car. Molinæo, 1565.
Gasp. Strezonis, Commentarius practicus in Acta Apostolorum. *Amstelodami, Janssonii*, 1658, & 1655. 2. vol.
Stephani de Brais, Analysis paraphrastica in Epist. ad Romanos. *Salmurii, Lesnerii*, 1670.
Theod. Zuingeri, Analytica recensio Epistolæ ad Romanos. *Basileæ, Konig*, 1655.
Jac. Laurentius, in Epist. Canonicam S. Jacobi. *Amstelodamini, Commelini*, 1662.
Thomæ Tuki, dilucidatio primi & secundi capitis Epist. Cathol. D. Jacobi. *Londini, Typis Nortonianis*.
Petri Forbesii, Commentarius in Apocalipsin. *Amstelodami, Elzevir*, 1646.

IN OCTAVO, IN DOUZE.

I. *Rabbinorum vel de Rebus Hebræorum Libri.*

Abrahami Patriarchæ liber Jesirah, seu formationis mundi, latine, Postelli. *Par.* 1552. *in* 16.
Isaaci Abrahanielis & R. Mosis Alscheschi, Comment. in Esaiam, hebr. lat. cum notis Constant. l'Empereur. *Lugd. Betav. Elzevir*, 1631. *in* 12.
Jonas illustratus per paraphr. Chaldaicam masoram, Comment.

BIBLIORUM INTERPRETES, in 8. &c.

Rabbinorum & notas Philologicas, Jo. Leufden. *Ultrajecti Gisberti à Zill.* 1656. *in* 12.

Cabalisticæ precationes e SS. Bibliorum fontibus haustæ, studio Julii Sperberi. *Magdeburgi, Franci,* 1600. *in* 12.

Artis Caballisticæ Academia, a Petro Morestello. *Par. Mondiere,* 1621. *in* 8.

Claudii Capellani, mare Rabinicum infidum. *Par. Meturas,* 1667. *in* 12.

Hazoar, seu illustratio Prophetarum de plenitudine temporis Messiæ, Laureti. *Par. Cramoisy,* 1610. *in* 8.

R. Mosis Majemonidæ Tractatus de Jejunio, solennitate expiationum & Paschatis, ex hebræo latine a Lud. de Compiegne. *Parif. Le Monnier,* 1667. *in* 12.

——— Tractatus de consecratione Calendarum, & de ratione intercalandi, ex hebr. lat. ab eodem. *Par. Prome,* 1669. *in* 12.

——— Tractatus de re uxoria, ex hebr. lat. ad eodem. *Par. Muguet,* 1673. *in* 12.

Catechismus Judæorum, ex hebræo R. Abrahama Jagel, latine versus a Lud. de Compiegne. *Londini,* 1679. *in* 16.

Mosis Kimchi, Odoiporia ad scientiam cum expositione Doct. Eliæ. Introductio D? Benjamin F. D. Judæ, hebr. lat. cum notis Const. l'Empereur. *Lugd. Bav. Elzevir,* 1631. *in* 12.

R. Elcha Ben-David, de fine mundi, latine cum notis Jac. Gaffarelli. *Par. du Mesnil,* 1629. *in* 12.

De las orationes del año, porhacham Menasseh Ben-Israel. *Amsterdam,* 5410.

Menasseh Ben-Israel, de resurrectione mortuorum. *Amstelodami,* 1636. *in* 12.

——— Dissertatio de fragilitate humana, ex lapsu Adami, deque divino in bono opere auxilio. *Idem,* 1642. *in* 12.

——— De termino vitæ. *Amstelodami,* 1639. *in* 24.

Theod. Spizelii, Elevatio relationis Montezinianæ de repertis in America Tribubus Israëliticis & discussio argumentorum, pro origine gentium American. Israëlitica a Menasse Ben-Israel conquisitorum, cum Jo. Buxtorfii de Judiaco isto conatu Epistola. *Basileæ, Konig,* 1661. *in* 12.

De vita & morte, Mosis libri tres, hebr. lat. cum notis P. Gaulmin. *Par. Du-Bray,* 1629. *in* 8.

Josephi de Voisin, liber de Jubilæo, hebr. lat. *Par. Boullenger, in* 8.

Joh. Cloppenburgii, Schola Sacra Sacrificiorum Patriarchalium. *Lugd. Batav. Elzevir.* 1637. *in* 24.

Adriani Houtuyn, Monarchia Hebræorum. *Lugd. Bav. Lopez.* 1685. *in* 24.

Mart. Geierus, de Ebræorum luctu lugentiumque ritibus. *Francofurti, Grosii,* 1683. *in* 24.

Thomæ Goodwini, Moses & Aaron, seu civiles & Ecclesiastici
 ritus antiquorum Hebræorum, studio Jo. Henr. Reizii. *Bremæ,
 Braiieri*, 1685. *in* 8.
Jo. Buxtorfii, Synagoga Judaica. *Basileæ, Deckeri*, 1685. *in* 80.
Idem, de abbreviaturis Hebraicis, accesserunt operis Talmudici
 recensio & Bibliotheca Rabbinica. *Basileæ, Lud. Regis*, 1641.
 in 12.
Idem. *Basileæ, Waldkirchi*, 1613. *in* 8.
Jo. Henr. Hottingeri, Cippi Hebraici. *Heidelbergæ, Broun*, 1662.
—— Compendium Theatri Orientalis, & Topographia Ecclesiastica Orientalis. *Ibidem. in* 8.
Ph. Riboudealdi, tractatus de Urim & Thummim, contra Spencerum. *Genevæ, de Tournes*, 1686. *in* 12.
Historia de riti Hebraici di questi tempi, di Leon Modena Rabi.
 In Venitia Calleoni, 1638. *in* 16.
Ceremonies & coutumes des Juifs d'aujourd'huy, traduit de l'Italien de Leon de Modene, par Don Recared Sçimeon. *Par.
 Billaine*, 1674. *in* 12.
Les mêmes, seconde édition augmentée. *Ibidem*, 1681. *in* 12.

II. *Critici in Sacram Scripturam.*

Andreas Glauchus, de concordantiarum Biblicarum usu. *Lipsiæ,
 Lanckisii*, 1682.
Jo. Christoph. Rumetschius, de Conjecturis ultimi temporis.
 Franco-furti, Zunneri, 1681. *in* 8.
Simeonis de Muis, Hebraicæ veritatis assertio tertia. *Paris. Pelé*,
 1639. *in* 8.
Seraph. Cumirani, Conciliatio locorum communium, S. Scripturæ. *Venitiis*, 1561. *in* 8.
Contradictiones apparentes S. Scripturæ, collectæ a Domin. Magrio. *Par. Thierry, in* 24.
Fab. Justinianus, de S. Scripturæ & Sacro Concionatore. *Romæ,
 Facciotti*, 1625. *in* 8.
Fasciculus Opusculorum quæ ad historiam & Philologiam sacram
 spectant, a Cremio collectus. *Rotterodami, Vander-Slaart*,
 1693, 1694, 1695, 1696, 1697. *in* 8. 8. vol.
Drusius, de tribus sectis Judæorum, cum spicilegio trihæresii Nic.
 Serarii. *Franekeræ, Judæi*, 1605. *in* 8.
—— Observationes Sacræ. *Ibidem*, 1594.
—— Miscellanea locutionum sacrarum. *Ibidem*, 1586. *in* 8.
Nic. Serarii, Minerval. *Moguntiæ, Lippii*, 1605.
Drusii, Responsio ad Minerval Serarii. *Franekeræ, Radæi*, 1606.
 in 8.
Nic. Serarii, Minerval. *Moguntiæ, Lippii*, 1605. *in* 8.
Florent. Schillingii, Synopsis Chronologico-Harmonica Biblica.
 Argentorati, Dietzelii, 1650. *in* 8.   B iij

Lud. Ferrandi, Summa Biblica. *Par. Horthemels*, 1690. *in* 12.
Jac. Du Bois, veritas & autoritas facra. *Ultrajecti, Waësberge*, 1655. *in* 24.
P. Carbonarius, de Hebraica veritate. *Pragæ, Nigrini*, 1590.
Ejufdem animadverfio in illud Genefeos: *Ipfa conteret tibi caput. Ibidem. in* 8.
Lud. Cappelli, diatriba de veris & antiquis Hebræorum litteris, & exercitatio ad obfcurum Zoharis locum. *Amftelodami, Elzevir*, 1645. *in* 12.
A. Riveti, Critici Sacri. *Genevæ, Chouët*, 1660. *in* 8.
Aug. Pfeifferi, Antiquitates Ebraicæ Selectæ. *Lipfiæ, Fleischeri*, 1687. *in* 12.
—— Critica Sacra. *Drefdæ, Hubneri*, 1680. *in* 8.
—— Principia Theologiæ Judaicæ, & Mahommedicæ feu Turcico-Perficæ. *Lipfiæ, Fleischeri*, 1687. *in* 8.
Davidis Clerici, Quæftiones Sacræ, cum Stephani Clerici Quæftionibus Sacris. *Amfteladami, Wetftenii*, 1685.
Ant. Borremanfii, Dialogus Litteralis de Poëtis & Prophetis. *Amftelodami, Boom*, 1678. *in* 8.
Theod. Hackspanii, Mifcellanea Sacra, & exercitatio de Cabbala Judaica. *Altdorphi, Hagen*. 1660. *in* 8.
Seb. Caftellionis, Dialogi Sacri. *Lugd. Batav. Raphelengii*, 1596. *in* 8.
Jof. Andrii, Manuale legum Mofaicarum. *Guftrovi, Typis, Scheypelianis*, 1666. *in* 8.
Jo. Morini, Congr. Orat. Diatribe de finceritate hebræi græcique textus dignofcenda, & animadverfiones in cenfuram ad Samaritanorum Pentateuchum exercitationum. *Parif. Vitray*, 1639. *in* 8.
F. Nat. Alexandri, Ord. Præd. Differtatio Ecclef. Apolog. & anticritica de vulgata facræ fcripturæ verfione *Par. Dezallier*, 1682. *in* 8.
Humfr. Hody, Differtatio contra Hiftoriam Arifteæ, de LXX. Interpretibus. *Oxonii, Lichfield*, 1685. *in* 8.
Traité de la verité des Livres de la Ste. Ecriture, par D. Jean Martianay, Benedictin. *Paris*, 1697. *in* 12.
Hiftoire des Traductions Françoifes de l'Ecriture Sainte. *Paris Robuftel*, 1692. *in* 12.
Panegyrique à S. E. le Cardinal de Richelieu, fur la nouvelle traduction de la Bible Françoife. *Paris*, 1641. *in* 16.
Défenfe des verfions de l'Ecriture Sainte, des Offices de l'Eglife & des Ouvrages des Peres, de la nouvelle traduction du Breviaire avec l'Avocat du Public &c. *Cologne, Schouten*, 1688. *in* 12.
Apologie pour l'Auteur de l'Hiftoire critique du V. Teftament. *Rotterdam, Reinier Leers*, 1689. *in* 12.

Sentimens des Théologiens d'Hollande sur l'Histoire Critique du V. T. avec leur défense. *Amsterdam*, 1685. & 1686. 2. vol. *in* 12.

Reponse à la Lettre de M. Spanheim. *Amsterdam, Elzevir*, 1680. *in* 12.

Schickardi, Epitome Bibliorum, accurante Balth. Raithio. *Tubingæ, Reisii*, 1683. *in* 8.

Joh. Henr. Heideggeri, Enchiridion Biblicum. *Amstelodami, Haring*, 1688. *in* 8.

Jo. Doughtoii, Analecta Sacra. *Londini, Godbid.* 1658. *in* 8.

Differtations sur les Prolegomenes de Walton. *Liege, Justel*, 1699. *in* 8.

Bernardi Lamy, Congr. Orat. Apparatus Biblicus *Lugduni, Certe*, 1696. *in* 8,

Traité de la situation du Paradis-Terrestre, par P. Daniel Huet, *Paris, Anisson*, 1691. *in* 12.

Dissertation sur l'Arche de Noé, & sur l'Hemine & la Livre de S. Benoist, par Jean le Pelletier. *à Roüen, Besogne,* 1700. *in* 12.

Joh. Molterus, de forma & quantitate anni Diluviani. *Francofurti, Hummii,* 1619. *in* 12.

Job, ou sa veritable Genealogie, par J. d'Auzolles la Peire. *Paris, Loison,* 1623. *in* 8.

La verité de l'histoire de Judith, par D. Bernard de Montfaucon. *Paris, Langronne,* 1690. *in* 12.

Conjectura de Goget Magog. 1645.

Explicatio trium N. T. locorum de fide & operibus. *Amsterdami, Blaeu,* 1640.

De absoluto Reprobationis Decreto. *Ibidem,* 1640.

Commentatio ad loca quædam N. T. quæ de Anti-Christo agunt aut agere putantur. *Ibidem, in* 12.

Pauli Colomesii, Observationes sacræ. *Amstelodami, Scot,* 1679. *in* 8.

Bellum Papale Sixti V. & Clementis VIII. circa Hieronym. Editionem, a Th. James. *Londini, Dunmore,* 1678. *in* 12.

Ang. Caninii, Commentarius de locis S. Scripturæ hebraicis, & Ant. Nebrissensis quinquagena, & Gasp. Varrerii disputatio de Ophira regione. *Antuerpiæ, Belleri,* 1600. *in* 8.

Simeonis de Muis, Epistola qua defenditur LXX. & vulgata interpretatio Psalmi XIX. adversus Joannem Dallæum. *Parisiis, Vitray,* 1636. *in* 8.

Abrahami Echellensis, Apologia pro Syriaca libelli Ruth, editione in Valer. de Flavigny. 1647. *in* 8.

Petrus Possinus, Soc. J. de genere Herodis & Danielis hebdomadibus. *Tolosæ, Bosc,* 1682. *in* 8,

Remarques de Claude Brousson sur la traduction du N. Testament faite par le P. Amelotte. *Delft. Beeman,* 1697. *in* 8.

Difficultez proposées au P. Bouhours sur sa traduction françoise

des quatre Evangeliftes. *Amfterdam, Braakman,* 1697.
Lettre à M. Simon, au fujet des deux Lettres du fieur de Romainville au P. Bouhours, &c.
Troifiéme Lettre écrite au P. Bouhours.
Lettre d'une Dame de Qualité à une autre Dame fçavante. *Mons,* 1697.
Seconde Lettre d'une Dame à une de fes amies. *Cologne,* 1697.
III. IV. & V. Lettres de la même. *Mons,* 1697. *in* 12.
Difficultez propofées au P. Bouhours fur, &c. *Ibidem,* 1697. *in* 12.
Lettre à M. Simon au fujet des deux Lettres du fieur de Romainville, &c. *In* 12
Cinquiéme & fixiéme partie des Difficultez propofées à M. Stejaert, fur la lecture de l'Ecriture-Sainte en langue vulgaire, & le N. T. de Mons. *Cologne, le Grand,* 1691. *in* 12.
De la Lecture de l'Ecriture-Sainte contre les Paradoxes de M. Mallet. *Anvers. Matthieu,* 1680. *in* 8.
Défenfe de la Traduction du N. T. de Mons, avec la Reponfe aux Remarques du P. Annat. *Cologne,* 1668. *in* 8.
Nouvelle Défenfe de la Traduction du N. T. de Mons, contre Malet. *Cologne, Schouten,* 1680. *in* 8. 2. vol.
La jufte Défenfe de M. Dupin. *Cologne, J. Valé,* 1693. *in* 12.
Commentaire litteral & hiftorique de D. Paul Pezron fur les Prophetes. *Paris, Boudot,* 1693. *in* 12.
Hiftoire Evangelique, confirmée par la Judaique & la Romaine, du même. *Paris, Boudot,* 1696. *in* 12. 2. vol.
Martini de Roa, loci fingulares S. Scripturæ. *Lugduni,* 1604. & 1634. *in* 8. 2. vol.
Franc. Valefius de Sacra Philofophia. *Francofurti, Aubrii,* 1619. *in* 8.
Idem, cui fubjacent Levinus Lemnius de Plantis facris, & Franc. Ruæus de Gemmis. *Lugduni, Soubron,* 1622. *in* 8.
J. Henr. Heideggeri, Libertas Chriftianorum à lege Cibaria veteri de Sanguine & fuffocato. *Amftelodami, Janffonii,* 1662. *in* 8.
Steph. Curcellæi, Diatriba de efu Sanguinis inter Chriftianos, & digreffio de Sabbatho. *Amftelodami, Joh. Henrici,* 1659. *in* 12.
Bern. Connor, de fufpenfis naturæ Legibus, five de Miraculis in S. Scriptura memoratis quæ Medicinæ indagini fubjici poffunt. *Londini, Wellinton,* 1697. *in* 12.
Joh. Henr. Maii, Hiftoria Animalium in S. Codice memoratorum. *Francofurti, in* 8. 2. vol.
Joh. Buftamantinus, de reptilibus vere animantibus S. Scripturæ. *Lugduni, Pillehotte,* 1620. *in* 8. 2. vol.
L'antiquité des tems détruite, par le P. le Quien. *Paris, Guerin,* 1693. *in* 12.
Défenfe du Texte hebreu, & de la Chronologie de la Vulgate, par Don Jean Martianay. *Paris, Roulland,* 1689. *in* 12.

III. *Bibliorum Commentatores Orthodoxi.*

Barthol. Vesthemeri, Phrases divinæ Scripturæ. *Parisiis, Foucherii,*
Guill. Postelli, Syriæ Descriptio. 1540. *in* 8.
Ant. Konigsteyn, Minoritæ, Concordantiæ Bibliorum breviores. *Parisiis Audoëni Parvi,* 1552. *in* 8.
Garnerii Gregorianum seu allegoricæ rerum in Bibliis contentarum ex S. Gregorio depromptæ, cum notis Jo. Picardi. *Parisiis, Sevestre,* 1608. *in* 8.
Commentaire litteral sur Job, de Carrieres. *Reims, Godard,* 1610. *in* 1
Commentaire litteral sur les Livres Sapientiaux, du même. *Ibidem,* 1611. *iu* 12. 2. vol.
Jo. Bochii, Parodia heroica in Psalmos. *Antuerpia, Moreti,* 1608. *in* 8.
Christoph. Corneri, Expositio Psalmorum. *Lipsiæ, Schneider,* 1571. *in* 8.
D. Gregori Nysseni Commentarius duplex in Psalmorum inscriptiones, gr. lat. a Jac. Gretsero Soc. Jesu: accesserunt Leonis Imp. Orariones sacræ IX. *Ingolstadii, Sartorii,* 1600. *in* 4.
Psalterium carmine redditum, per Heobanum Hessum. *Argentorati, Mylii,* 1538. *in* 8.
Dion. Petavii, Paraphrasis Psalmorum Lyrica, gr. lat. *Parisiis, Cramoisy,* 1527. *in* 12.
M. Antonii Flaminii, Psalmorum explanatio. *Lugduni, Roüillii,* 1576. *in* 16.
Jac. Sadoleti, interpretatio Psalmi, *Miserere mei Deus. Lugduni, Gryphii,* 1528. *in* 8.
Cantica graduum, Lyrice, a Fabio Leonida. *Roma, Corbelletti,* 1629. *in* 18.
I Sette Salmi Penitentiali imitati in Rime dall' Agostino Agostini, & i Sette Salmi della misericordia latini raccolti dal Salmista di Girolamo Fagiolo, col' lor volgare di Panigarola, ornati di figure. *Anversa, Girol. Porro,* 1595. *in* 18.
La Morale de Salomon, par Madame de Rohan, Abbesse de Malnoüe. *Paris, Boudot,* 1691. *in* 12.
Joan. Maury, Excursus morales in Proverbia Salomonis. *Parisiis, Coignard,* 1672. *in* 12.
Ejusdem, Excursus morales in Ecclesiasten. *Parisiis, Billaine,* 1668. *in* 12.
C. M. de Veil, in Canticum Canticorum. *Parisiis, Pralard,* 1676. *in* 12.
Idem, in Joel Prophetam. *Parisiis, Caillou,* 1676. *in* 12.
Petri Aureoli, Breviarium Bibliorum. *Lovanii, Vander-Heiiden,* 1647. *in* 12.

18 *BIBLIORUM INTERPRETES*, *in* 8. &c.

Paraphrase sur les Lamentations de Jeremie. *Paris , Sommaville,* 1644. *in* 12.

Danielis Heinsii, Aristarchus Sacer, seu ad Nonini in Joannem metaphrasin Exercitationes, gr. lat. *Lugd. Bat. Elzevir,* 1627. *in* 8.

Emundi Merillii, Notæ Philologicæ in Passionem Christi. *Parisiis. Quesnel*, 1632. *in* 8.

F. Prothasii Henriet, Harmonia Evangelica. *Parisiis, Soly,* 1665. *in* 8.

Commentaire litteral sur l'Histoire & Concorde des IV. Evangelistes, de Carrieres. *Reims, Godard,* 1711. *in* 12. 2. vol.

Commentaire litteral sur le Nouveau Testament, par le même. *Ibidem,* 1710. *in* 12. 5. vol.

Le Nouveau Testament en françois, avec des Reflexions morales. *Paris, Pralard,* 1693. *in* 8. 5. vol.

Gagneius, in Paulum Epistolas Canonicas, & Apocalypsin. *marisiis, Quesnel*, 1633. *in* 8.

IV. *Bibliorum Commentatores heterodoxi.*

Amandi Polani a Polansdorf, Enchiridion locorum communium ex Aug. Marlorati thesauro, &c. collectum. *Basileæ, in* 8.

Victor. Bythneri, Analysis Critico-practica Psalmorum, & institutio linguæ Hebrææ & Chaldææ. *Tiguri, Bodmeri,* 1670. *in* 8.

Psalmi Davidis, lyrice, a Theod. Beza. *Genevæ,* 1579. *in* 16.

Joh. Huldrici Herlini, Psalmorum Davidis, & reliquorum Prophetarum analyses synopticæ. *Bernæ, le wreux,* 1603. *in* 8.

Joh. Huldrici Herlini, Isagoge ad lectionem librorum N. Testamenti. *Bernæ, le Preux,* 1605. *in* 8.

Explicatio litteralis XII. Prophetarum minorum, a C. M. Veil. *Londini, James,* 1680. *in* 8.

Franc. Gomari, Examen Controversiarum de Genealogia Christi. *Groningæ,* 1631. *in* 16.

Nic. Zegeri, Castigationes in Novum Test. *Coloniæ, Birckmanni,* 1555.

Imagines Mortis, & medicina Animæ, a Georgio Æmylio. *Ibidem.*

Theologia Germanica, latine a Jo. Theophilo. *Basileæ, Oporini,* 1557. *in* 8.

Explicatio litteralis Evang. secundum Matthæum & Marcum, a C. M. de Veil. *Londini, Royeroft.* 1678. *in* 8.

Acta SS. Apostolorum ab eodem explicata. *Londini, Snowden,* 1684. *in* 8.

Veteris interpretis, cum Beza & aliis collatio in IV. Evangeliis & Apostolorum Actis, a Jo. Boisio. *Londini, Roycroft,* 1655. *in* 8.

Alex. Mori notæ ad quædam loca novi fœderis. *uarisiis, Varennes,* 1668. *in* 8.

Is. Casauboni Notæ in novum Test. *Geneva*, *Crispini*, 1632. *in* 16.
Laur. Vallæ, Annotationes in Novum Test. *Basileæ*, *Cratandri*, 1526. *in* 8.
Guill. Amesii, Explicatio Analytica utriusque D. Petri Epistolæ. *Amstelodami*, *Janssonii*, 1635.
—— Christianæ Catecheseos Sciagraphia. *Ibidem*, *in* 24.
Foxi, Meditationes in Apocalypsim. 1596. *in* 8.

SANCTI PATRES.

IN FOLIO.

I. *Patres Græci.*

Sanctorum Patrum qui temporibus Apostolorum floruerunt, Barnabæ, Clementis, Hermæ, Ignatii, Polycarpi Opera, gr. lat. studio J. B. Cotelerii. *Parisiis*, *le Petit*, 1672. 2. vol.
Dionysii Areopagitæ Opera, gr. lat. Corderii. *Antuerpiæ*, *Moreti*, 1634. 2. vol.
S. Justini, Philos. & Mart. Opera, grece. *Parisiis*, *Rob. Stephani*, 1551.
—— Opera Latine, studio Perionii. *Parisiis*, *Dupuys*, 1554.
Commentarius in Justinum, Athenagoram, Theophylum Antioch. & Tatianum. *Francofurti*, *Meyeri*, 1686.
Sanctorum Irenæi, Polycarpi, Arnobii & Serapionis Ægyptii Opera, studio Feuardentii. *Parisiis*, *Mag. Nav.* 1639.
Clementis Alex. Opera, gr. lat. Sylburgii, ex recensione Dan. Heynsii. *Parisiis*. *Morelli*, 1629.
Origenis Opera, latine. *Basileæ*, *Lud. Regis*, 1620.
—— Operum pars secunda latine, Gelenii. *Basileæ*, *Episcopii*, 1571.
—— in S. Scripturas Commentarius gr. lat. P. Dan. Huetii. *Rothomagi*, *Berthelin*, 1668. 2. vol.
Sanctorum Gregorii Neocæsariensis, Macarii Ægiptii Basilii Seleuciæ Opera, gr. lat. *Dausquii*.
Zonaræ Expositio Epistolarum Canonicarum. *Parisiis*, 1621. C.M.
Eusebius, de Præparatione & Demonstratione Evangelica, gr. lat. studio Franc. Vigerii Soc. J. *Coloniæ*, *Weidmanni*, 1688. 2. vol.
S. Ephraem Syri, Opera gr. lat. Gerardi Vossii. *Romæ*, *Tornerii*, 1589. 3. vol.

SANCTI PATRES, in folio.

S. Athanasii Magni, Opera latine. *Parisiis, Sonnii* 1581.
S. Basilii Magni, Opera gr. lat. *Parisiis, Sonnii*, 1638. 3. vol. C. M.
S. Gregorii Nysseni, Opera gr. lat. *Parisiis, Morelli*, 1638. 3. vol. C. M.
S. Gregorii Nazianzeni, Opera gr. lat. Billii. *Parisiis, Morelli*, 1630. 2. vol.
Ejusdem Opera latine Billii. *Parisiis, Chesneau*, 1583.
Juliani Imperatoris Opera, & S. Cyrilli Alexandr. contra Julianum libri X. Spanhemii. *Lipsiæ, Gleditschii*, 1696. 2. vol.
S. Epiphanii, Opera gr. lat. Petavii. *Parisiis, Sonnii*, 1622. 2. vol.
S. Joannis Chrysostomi Opera gr. lat. Frontonis-Ducæi. *Parisiis, Morelli*, 1636. 11. vol.
S. Isidori Pelusiotæ Epistolarum libri V. Billii, Ritterhusii, & Schotti. *Parisiis, Morelli*, 1638. C. M.
S. Cyrilli Alexandrini, Opera gr. lat. Auberti. *Parisiis, Typis Regiis*, 1638. 7. vol.
Theodoreti Cyrensis libri XII. de Curatione Græcorum affectionum studio Acciajoli. *Parisiis, Henr. Stephani*, 1519.
Amphilochii, Methodii & Andreæ Cretensis Opeta gr. lat. Combefis. *Parisiis, Piget*, 1644. C. M.
Synesii Episcopi Cyrenes, Opera gr. lat. Petavii. *Parisiis, Morelli*, 1612.
S. Joannis Damasceni Opera latine, Billii. *Parisis, Mag. Nav.* 1619.
Theophanis Ceramei Opera gr. lat. Franc. Scorsi. *Parisiis, Mag. Nav.* 1644.
Idem. *Ibidem*, C. M.
Photii Epistolæ gr. lat. Montacutii. *Londini, Danielis*, 1651.

II. *Sancti Patres Latini.*

Tertulliani Opera, Priorii. *Parisiis*, 1664. C. M.
Tertullianus redivivus P. Georgii Ambinatis Capucini. *Parisiis, Soly*, 1646. 3. *vol.*
Cypriani Opera : accedunt Minutius felix, Arnobius, Julius Firmicus & Commodianus, Priorii. *Parisiis, Dupuys*, 1666. C.M.
Dodwelli, Dissertationes Cyprianicæ.
Lactantii Opera, & Tertulliani Apologeticus. *Parif. Parvi*, 1525.
Ejusdem Opera, Xysti Betuleii. *Basileæ, Henrici Petri*, 1563.
S. Hilarii Pictavorum Episc. Opera, Erasmi. *Parisiis, Guillard*, 1544.
Ejusdem Opera, studio Monachorum Bened. *Parisiis, Muguet*, 1693. C. M.
Optati Milevitani & Facundi Hermianensis Opera, Alba-Spinæi. *Parisiis, Dupuys*, 1676.

S. Ambrosii, Mediolan. Opera, ex editione Romana. *Parisiis*, 1661. 2. vol.
S. Hieronymi, Stridon. Opera, Mariani Victorii. *Parisiis*, *Nivellii* 1579. 4. vol.
Ejusdem divina Bibliotheca, studio Monachorum Congr. S. Mauri. *Parisiis*, *Coustelier*, 1693.
Ejusdem Operum, Tomus I. *Parisiis*, 1623.
S. Augustini Opera, Erasmi. *Basileæ*, *Froben*, 1529. 10. vol.
Rufini, Aquileg. Presbyteri Opuscula. *Parisiis*, *Sonnii*, 1580.
Fulgentii Ruspensis Opera, & S. Valeriani Cemeliensis Homiliæ XX. *Parisiis*, *Cramoisy*, 1623.
Cassiodori Magni Opera, studio D. Garetii Bened. *Rothomagi*, *Billaine*, 1679. 2. vol.
Alchwini Opera, Quercetani. *Parisiis*, *Cramoisy*, 1617.
Jo. Scoti Erigenæ, de Divisione naturæ libri V. accedit appendix ex ambiguis S. Maximi gr. lat. *Oxonii*, *e Theatro Sheldon*. 1681.
Hincmari Remensis Opera, Sirmondi. *Parisiis*, *Cramoisy*, 1645. 2. vol. C. M.
S. Eulogii, Cordubensis Opera, studio P. Pontii Leonis a Corduba. *Compluti*, 1574.
D. Petri Damiani, Card. Opera, studio D. Constant. Caëtani. *Romæ*, *Zannetti*, 1606.
S. Anselmi Cantuariensis Opera, Eadmeri Historia novorum, &c. studio D. Gerberon. *Parisiis*, *Billaine*, 1675.
S. Bernardi Clarævallensis Abb. Opera, studio D. Jo. Mabillon. *Parisiis*, *Guignard*, 1690. 2. vol.
Ruperti, Abbatis Tuitiensis Opera. *Parisiis*, *Chastelain*, 1628. 2. vol.

III. Sanctorum Patrum Collectiones.

Liber de Passione Domini.
Abdias de Babilon. de Historia Certaminis Apostolici &c. a Wolfg. Lazio. *Basileæ*, *Oporini*, 1552.
Auctarium Bibliothecæ Patrum gr. lat. Combefis. *Parisiis*, *Berthier*, 1648. 2. vol.
Bibliothecæ Patrum auctarium novissimum, Combefis. *Parisiis*, *Hotot*, 1672.
Maxima Bibliotheca Patrum. *Lugduni*, *Anisson*, 27. vol.
Nova Bibliotheca MSS. librorum, Phil. Labbe Soc. J. *Parisiis*, *Cramoisy*, 1657. 2. vol. C. M.

IN QUARTO.

I. Sancti Patres Græci.

S. Procli, Archiep. Constantinop. Analecta gr. lat. Cum Com-

mentariis Vincent. Riccardi. *Romæ*, *Zannetti*, 1630.
Anastasii Synaitæ, Dux viæ adversus Acephalos, gr. lat. Gretseri. Theod. Abucaræ Opuscula gr. lat. *Ingolstadii*, *Sartori*, 1606.
Anastasii Synaitæ quæstiones & responsiones, de variis argumentis gr. lat. Gretseri, item S. Gregorii Nisseni Orationes tres gr. lat. *Ingolstadii*, *Typis Ederianis*.
Theophilacti, Bulgariæ Archiep. Epistolæ græce, Meursii. *Lugd. Batav. Basson*, 1617.
Ejusdem institutio, Regia gr. lat. Petri Possini. *Par. Typis*, *Regiis*, 1651.
S. Athanasii Rethoris Opuscula, gr. lat. *Par. Jacquin*, 1655.
Manuel Caleca, contra Græcorum errores latine studio Ambrosii Camaldul. cum notis Petri Stevartii. *Ingolstadii*, *Typis. Ederianis.*, 1608.

II. *Sancti Patres Latini.*

Tertulliani liber, de præscriptionibus cum notis Chr. Lupi. *Bruxellis*, *Foppens*, 1675.
Commodiani instructiones pro Christiana Relligione. *Tulli-leucorum*, *Belgrand*, 1650.
S. Damasi, Papæ Opera cum notis Sarazanii. *Romæ*, *Typis*, *Vaticanis*, 1638.
S. Hieronymi Prologi in Bibliam. *Par.* 1495.
S. Augustini Opera contra Pelagianos. *Lovanii*, *Massii*, 1647, 1648. 3. vol.
SS. Patrum, de libero arbitrio & Gratia Christi dimicantium Trias, Collectore Paulo Erynacho, 1648.
Josephi Antelmii dissertationes criticæ, de variis operibus SS. PP. Leonis Magni & Prosperi Aquitan. *Par. Dezallier*, 1689.
Victoris Vitensis & Vigilii Japsensis Opera, studio Chiffletii S. J. *Divione*, *Chavance*, 1664.
Vindiciæ Gregorianæ, Thomæ Jamesii. *Geneva Chouët*, 1625.
Fulgentii Ferrandi Chartag. Ecclesiæ Diaconi, Opera, Junctis Fulgentii & Cresconii Africanorum Episcoporum Opusculis, Cura Chiffletii Soc. J. *Divione*, *Palliot*, 1649.
S. Paulini Opera ad MSS. Codices emendata notis que illustrata. *Par. Guerin*, 1685.
Paulinus illustratus. Chiffletii. *Divione*, *Chavance*, 1662.
Sidonii Apollinaris Opera, Studio Jo. Savaronis. *Par. Perier.* 1609.
Epistolæ S. Bonifacii martyris primi Archiep. Moguntini, pluriumque Pontificum nunc primum editæ notisque illustratæ, a Nicolao Serario soc. Jesu. *Moguntiæ*, *Lippii*, 1605.
Epistolæ Gerberti, Joannis Saresberiensis & Stephani Tornacensis, e Bibliotheca Pap. Massoni. *Par. Ruette*, 1611.

SANCTI PATRES, *in quarto.*

Petri Abælardi & Heloifæ Opera, Amboëfii. *Par. Buon*, 1616.
Guillelmi, de S. Amore Opera omnia. *Conftantiæ*, 1632.

III. *Sanctorum Patrum Collectiones.*

Collectanea monumentorum facrorum Ecclefiæ Græcæ & Latinæ, a Laur. Alex. Zacagnio. *Romæ, Congreg. Propag.* 1698.
Jacobi Tollii infignia itinerarii Italici feu Antiquitates facræ, gr. lat. *Ultrajecti, Halma*, 1696.
Leonis Allatii Græcia Orthodoxa. *Romæ, Congreg. Propag.* 1652, 1659. 2. vol.
Ejudem, de Simeonum fcriptis Diatriba.
Simeonis Metaphraftæ, laudatio a Mich. Pfello.
S. Mariæ Planctus, ab ipfo Metaphrafte ejufdemque aliquot Epiftolæ.
Originum rerumque Conftantinop. Manipulus, variis autoribus, editus gr. lat. a Fr. Combefis. *Par. Piget*, 1664.
Ecclefiæ græcæ monumenta, Cotelerii. *Par. Muguet*, 1677, 1681, 1686. 3. vol.
Steph. Le Moyne, Varia Sacra gr. lat. *Lugd. Batav. Gaesbeeck*, 1685. 2. vol.
Analecta græca, ftudio Monachorum Bened. *Par. Martin*, 1688.
Petri Poffini, Thefaurus afceticus gr. lat. *Par. Dezallier*, 1684.
Scriptorum veterum de fide Catholica Opufcula, Chiffletii. *Divione, Chavance*, 1656.
Antiquæ Lectiones Canifii, tomus 1. *Ingolftadii, Ederi*, 1601.
Chronicon Victoris Tunnunenfis.
Chronicon Joannis Biclarenfis.
Legatio Luitprandi.
Synodus Bavarica, ftudio Canifii. *Ibidem*, 1600.
Veterum aliquot Galliæ Theologorum fcripta. *Par. Nivellii*, 1586.
D. Lucæ Dacherii Spicilegium. *Par.* 1665. *& feqq. Savreux.* 13. vol.
D. Johannis Mabillon, Mufæum Italicum. *Par. Martin*, 1887. & 1689. 2. vol.
Veterum Epiftolarum Hibernicarum fylloge, ftudio Jacobi Ufferii. *Par. Billaine*, 1665.

IN OCTAVO, &c.

I. *Sancti Patres Græci.*

D. Jacobi Minoris fermo hiftoricus, de Natalibus Chrifti & ipfius matris. D. Marci Evangelium & vita per Theod. Bibliandrum. *Bafileæ, Oporini*, 1552. *in* 8.
S. Bernabæ Epiftola Catholica gr. lat. cum Hermæ Paftore. *Oxoniæ, e Theatro, Sheldoniano*, 1684. *in* 24.

Epistolæ aliquot illustres scriptæ ab ipso Christo, Paulo Apostolorumque discipulis. *Augustæ-Vindelicorum*, 1529. *in* 8.

S. Clementis Epistolæ duæ ad Corinthios gr. lat. Junii Thomæ Brunonis dissertatio, de Therapeutis Philonis & Clarissim. virorum Epistolæ singulares. *Londini, Adamson*. 1687. *in* 12.

S. Clementis Epistola ad Corinthios, gr. lat. *Oxoniæ, Lichfield*. *in* 24.

Observationes in Ignatianas Pearsonii vindicias, in Annotat. Beveregii & in Canones SS. Apostolorum. *Rothomagi, Lucas*. 1674. *in* 8.

S. Athenagoræ Phil. Opera, gr. lat. *Oxonii, e Theatro, Sheldoniano*. 1682. *in* 24.

Ejusdem Opera gr. lat. studio Rechenbergii. *Lipsiæ, Gleditschii*. 1685. *in* 12.

Clementis Alexandrini liber: *Quis dives salutem consequi possit*, gr. lat. *Oxonii, e Theatro, Sheldoniano*, 1683. *in* 24.

Origenis libellus de oratione gr. lat. *Ibidem*, 1686. *in* 12.

S. Methodii convivium decem virginum, gr. lat. cura Leonis Allatii. *Romæ, Congreg. Propag*. 1656. *in* 8.

Hippolyti Episcopi & Mart. Oratio de Antichristo græce edita a Marquardo Gudio. *Par. Cramoisy*, 1661. *in* 8.

S. Theophyli Antiocheni ad Autolicum libri tres, gr. lat. *Oxonii, e Theatro Sheldoniano*, 1684. *in* 24.

D. Basilii Magni, de Moribus Orationes XXIV. gr. lat. *Francofurti, Bassæi*, 1598.

Cydonii, de contemnenda morte Oratio & Hermiæ Phil. irrisio Philosophorum Gentilium, gr. lat. a Seilero. *Basileæ, Oporini*, 1553.

Jacobi Apostoli sermo historicus, de Natalibus Jesu-Christi & Mariæ Virginis, Evangelica historia B. Marci & ejus vita per Theod. Bibliandrum. *Basileæ, Oporini*, 1552. *in* 8.

S. Athanasii Syntagma doctrinæ, accedunt Valentiniani & Marciani Impp. Epistolæ duæ, & Theod. Abucaræ Tractatus de Unione & Incarnatione gr. lat. *Par. Martin*, 1685. *in* 8.

S. Antonii Magni Regulæ sermones &c. ex Arabico latine, ab Abrahamo Echellensi. *Par. Taupinart*, 1646. *in* 8.

S. Epiphanii Physiologus & sermo in die Festo Palmarum, latine. *Antuerpiæ, Plantin*, 1588. *in* 8.

Dion. Petavii appendix ad Epiphanianas animadversiones. *Parif. Cramoisy*, 1624. *in* 8.

S. Joannes Chrysostomus de educandis liberis: accedunt ejusdem aliorumque Opuscula quædam gr. lat. Combefis. *Parisiis, Berthier*, 1656. *in* 8.

La fidelité du Nouv. Traducteur de S. Jean Chrysostome. *in* 12.

Remontrance Chrétienne, à l'Auteur de la Traduction de Saint Jean Chrysostome, 1693. *in* 12.

D. Chrysostomi Epistola, ad Cæsarium monachum juxta exemplar Bigotii cum tribus dissertationibus Jac. Basnage. *Ultrajecti, Halma*, 1687. *in* 8.
Amphilochii Epistola, de studiis recte formandis gr. lat. a Zehnero. *Schleusingæ, Schmuccii*, 1609.
Sententiæ Jesu Siracidæ, gr. lat. Joach. Camerarii. *Basileæ, Oporini*, 1555.
S. Petri Missa, gr. lat. *Par. Morelli*, 1595.
S. Gregorii Magni Missa, gr. lat. *Ibidem*.
Constantini Imperat. Rescriptum ad Arianos gr. lat. *Ibidem*.
S. Imaginis Deiparæ Virginis, quæ in monte Guardiæ asservatur, Historia gr. lat. *Bononiæ, Benatii*, 1601. *in* 8.
Synesii Epistolæ gr. lat. studio Thomæ Naogeorgi. *Basileæ, Oporini*, 1558. *in* 8.
Ejusdem disputatio de providentia & Epistola ad Orum, latine a Rudingero. *Basileæ, Oporini*, 1557. *in* 8.
Nemesii Phil. & Episc. de natura hominis liber unus, gr. lat. *Oxonii, e Theatro Sheldoniano*, 1671. *in* 8.
Theodoti Ancyrani liber adversus Nestorium, item S. Germani Patriarchæ Constantinop. Oratio in S. Mariæ dormitionem gr. lat. Combefis *Par. Bertier*, 1675. *in* 8.
Gregentii Archiep. Tephrensis disputatio cum Herbano Judæo, gr. lat. a Gulonio. *Par. Morelli*, 1586. *in* 8.
S. Maximi Confess. & Mart. Capitum Theologicorum Centuriæ V. gr. lat. studio Jo. Pici Præsidis. *Par. Morelii*, 1560. *in* 8.
Euthymii Zygaboni, Commentaria in IV. Evangelia, interpr. Jo. Hentenio. *Par. Guillard*, 1544. *in* 8.
Procli Constantinop. Patr. Opuscula. *Lugd. Batav.* 1617. *in* 12.
S. Gregorii Decapolitæ sermo historicus gr. lat. studio F. Isidori a S. Joseph, Carmelita. *Romæ, Grignani*, 1642. *in* 16.
Liber Apocryphus, de infantia Salvatoris, Arab. lat. cum notis Henr. Sike. *Ultrajecti, Halma*, 1697. *in* 12.

II. *Sancti Patres Latini.*

Tertullianus, de Pallio cum notis & interpretatione Gallica Richerii. *Par. Drouart*, 1600. *in* 8.
Tertullien de la Couronne du Soldat. *Paris, Vascosan*, 1567. *in* 8.
Jul-Cæsaris Bulengeri Eglogæ ad Arnobium. *Tolosæ, Colomerii*, 1612. *in* 8.
Minutii Felicis Octavius. *Heidelbergæ, Ludov. Lucii*, 1560. *in* 8.
Lactantius Variorum studio sery. Gallæi. *Lugd. Bat. Hackii*, 1660. *in* 8.
Nic. Toinardi in lactantium de mortibus persecutorum notæ, *Par. Senenze*, 1690. *in* 12.

Histoire de la mort des Persecuteurs de l'Eglise Primitive de Lactance traduite par Burnet. *Utrecht, Halma*, 1687. *in* 12.

Optatus Milevit. de Schismate Donatistarum & collatio Chartaginensis inter Catholicos & Donatistas. *Commelini*, 1599. *in* 8.

Gesta collationis Chartagini habitæ Catholicos inter & Donatistas jussu Imp. Honorii, studio Pap. Massoni. *Par. Orry*, 1588.

S. Damasi Papæ Opera, cum notis Sarazanii. *Par. Billaine.* 1672. *in* 8.

S. Hieronymi Epistolæ studio Canisii. *Par. Cramoisy*, 1613. *in* 8.

Joannis Clerici, Quæstiones Hieronymianæ. *Amstelodami, Delorme*, 1700. *in* 12.

S. Augustin, des mœurs de l'Eglise Catholique, traduit par A. Arnauld. *Paris, le Petit*, 1657. *in* 24.

Discours de S. Augustin de la Sainte Virginité, traduit par Seguenot. *Paris Camusat.* 1638. *in* 8.

Cassianus, de institutis Cœnobiorum. *Lugduni, Jac. Myt.* 1525. *in* 16.

Faustini Presbyteri, Opera adversus Arrianos. *Oxonii, e Theatro, Sheldoniano*, 1678. *in* 12.

Variorum notæ in Prudentium, studio Weitsii. *Hanoviæ, Typis, Wechelianis*, 1613. *in* 8.

Prudentius, Heinsii. *Amstelodami, Elzevir*, 1667. *in* 24.

D. Eucherii Lugdun. Epistola de contemptu mundi, vita D. Paulini & de laude Eremi libellus. *Antuerpiæ, Plantin*, 1621. *in* 12.

Facundus Hermianensis, cum notis Sirmondi. *Par. Cramoisy*, 1629.

Opuscula Dogmatica veterum quinque scriptorum, Sirmondi. *Ibidem*, 1630. *in* 8.

S. Gregorius Turon. de gloria martyrum & confessorum. *Parif. Morelli.* 1563. *in* 8.

Ejusdem Operum piorum pars prima. *Par. Dugast*, 1611. *in* 8.

S. Gregorii Magni Papæ Opera. *Romæ, Typis Cameræ Apostolicæ,* 1613. 5. vol. *in* 8.

Opuscula S. Patricio adscripta, cum notis Waræi. *Londini, Crook,* 1656. *in* 12.

Jonæ Episcopi Aurelian. Via recta & antiqua. *Duaci, Jo. de Spira,* 1645. *in* 12.

Isidorus Hispalensis, de summo bono. *Typis de Marnef.*

Joannis de Lapide Cartus. Resolutorium dubiorum circa celebrationem missæ occurrentium. *in* 16.

Liberati Breviarium causæ Nestorianorum & Eutychianorum, studio Garnerii. *Par. Cramoisy*, 1675. *in* 8.

Ennodii Ticinensis Opera, Sirmondi. *Par. Cramoisy*, 1611. *in* 8.

Lupi Servati, de libero arbitrio, de prædestinatione & gratia & de redemptione Christi liber, Epistolæ tres & collectaneum, 1648. *in* 12.

SANCTI PATRES, *in octavo*, &c.

Caroli Magni Opus, contra Synodum Græcorum pro adorandis imaginibus, item Paulini Aquilegiensis libellus adversus Felicem Urgelitanum & Elipandum, 1549. *in* 16.

Fragmenta Caroli Magni & aliorum de veteris Ecclesiæ ritibus, a Wolfg-Lazio; item Rabanus Maurus de virtutibus, vitiis ac ceremoniis antiquæ Ecclesiæ. *Antuerpia, Belleri*, 1660, *in* 8.

Amolonis Epistola ad Gotheschalcum, Sirmondi. *Par. Cramoisy*, 1649. *in* 8.

Traité du Corps & du Sang du Seigneur, traduit du latin de Rathramne. *Paris, Martin*, 1686. *in* 12.

D. Fulberti Carnotensis Opera, cum notis de Villiers. *Par. Blazii*, 1680. *in* 8.

S. Anselmi Cantuariensis dissertatio, de felicitate Sanctorum. *Par. Cramoisy*, 1639. *in* 8.

Haymonis Halberstatensis Epitome historiæ sacræ. *Colonia, Gymnici*, 1573. *in* 8.

Ejusdem Homiliæ. *Par. Petit*, 1541, *in* 8.

Goffridi Vindocinensis Epistolæ Opuscula & sermones, Sirmondi. *Par. Cramoisy*, 1610. *in* 8.

Augustini Valerii Episcopi Veron. libri tres de Rhetorica Ecclesiastica. *Par. Brumennii*, 1575. *in* 8.

III. *Sanctorum Patrum Collectiones.*

Jo. Croii, Specimen conjecturarum & observationum in quædam loca Origenis, Irenæi, Tertulliani & Epiphanii, 1632. *in* 8.

Conciones Græcorum Patrum, a Petro Pantino Tiletano, gr. lat. editæ. *Antuerpia, Trognasii*, 1601. *in* 8.

Sirmondi Opuscula Varia. *Par. Cramoisy*, 1680. *in* 8. 2. vol.

Veterum Analecta, D. Joh. Mabillonii. *Par. Billaine*, 1675, & *seqq. in* 8. 4. vol.

Steph. Baluzii Miscellanea. *Par. Muguet*, 1678, & *seqq. in* 8. 4. vol.

Apparatus ad Bibliothecam maximam veterum Patrum & antiquorum scriptorum Eccles. Lugduni editam, studio D. Nicolai le Nourry. Ord. Bened. *Par. Anisson*, 1694. *in* 8.

THEOLOGI, in Folio.

I. *Theologi Scholastici.*

Guillelmi Alverni, Episcopi Parisiensis Opera omnia. *Aurelia, de Luynes*. 1674. 2. vol.

Summa S. Thomæ Aquinatis. *Parisiis ex officina Triadelphorum*. 1608.

Durandus a S. Porciano in Sententias. *Lugduni Gasp. a Portonariis*, 1556.

THEOLOGI, in Folio.

Dominicus Soto in IV. Sententiarum. *Duaci, Borremans.* 1613.
Lud. Molinæ Commentarii in I. partem D. Thomæ. *Lugduni, Proft.* 1622.
Gabrielis Vafquez Opera omnia. *Antuerp. Belleri.* 1621. 9. vol.
Arriaga in primam & fecundæ primam D. Thomæ. *Antuerp. Moreti.* 1643. & 1644. 3. vol.
Idem in fecundam Secundæ & tertiam partem D. Thomæ. *Lugduni, Aniffon.* 1651. & 16 2. 2. vol.
Stephani Bubali Commentarii in Angelici Doctoris Tractationem de Angelis. *Lugduni, Cardon.* 1622.
Joannes Martinon de Deo & de Angelis. *Burdigalæ Millangii.* 1644.
Idem de Incarnatione & de Sacramentis. *ibid.* 1645. & 1646. 2. vol.
Idem de Actibus humanis. *Parifiis, Cramoify.* 1663.
Summa Becani. *Rothomagi, Lallemant.* 1657.
Raymundi Martini, Pugio fidei adverfus Mauros & Judæos, ftudio Epifcopi Lodovenfis. *Parifiis, Henault.* 1651.
Dominicus Soto de Juftitia & Jure. *Lugduni, de Harfy.* 1582.
Idem de Natura & Gratia. *Lugduni, Juntæ.* 1581.
Jo. Maldonati Opera varia Theologica. *Parif. Pralard.* 1677.
Ægidius de Conink, de Sacramentis & Cenfuris. *Rothomagi, Ofmont.* 1630.
Bafilii Pontii Tractatus de matrimonii Sacramento & Cenfuris. *Bruxellis, Meerbecii.* 1627.
Staniflai Hofii Cardinalis Opera. *Parifiis, Desbois.* 1562.
Barthol. Ugolinus de Sacramentis. *Arimini, Simbenei.* 1587.
Arnaldus Albertinus, de Secreto. *Parifiis, Desbois.* 1562.
Le Theologien François de Marandé, tomes, 1. 2. & 3. *Paris, Joffe.* 1662.
Petri Arcudii, libri VII. de Concordia Ecclefiæ Occidentalis & Orientalis in Sacramentorum adminiftratione. *Parifiis, Cramoify.* 1626.
Jo. Morinus, de Pœnitentia. *Parifiis, Meturas.* 1651.
Idem de Sacris Ordinationibus. *Ibidem.* 1655.
Franc. Hallier, de Electionibus & Ordinationibus. *Parifiis, Cramoify.* 1636.
P. Danielis Huetii Demonftratio Evangelica. *Parifiis, Hortemels,* 1690.
Thomæ Bradwardini, de caufa Dei contra Pelagium libri tres, ftudio Savilii. *Londini, Billii.* 1618.
Petri Aurelii Opera. *Parifiis, Vitray.* 1646.
Cornelii Janfenii Auguftinus. *Rothomagi, Berthelin.* 1652.
Journal de M. de S. Amour. 1662.
Hiftoria Congregationum de Auxiliis, Aug. le Blanc. *Lovanii, Ægidii Denique,* 1700.
Addenda in Hiftoriam de Auxiliis. *Ibidem,* 1701.
Fr. Brunonis Neuffer Prodromus velitaris S. Auguftini. *Moguntiæ, Zubrodt,* 1676.

THEOLOGI, in Folio.

II. Theologi Morales.

Theoph. Raynaudi Soc. J. Apopompœus. *Cracoviæ, Zangoyski,* 1669.
F. Eligii Baffæi, Capuccini Flores totius Theologiæ practicæ. *Antuerpiæ, Verduſſen,* 1660. 2. vol.
Jo. Altenſtaig, Lexicon Theologicum. *Antuerpiæ, Belleri,* 1576.
Petri Berchorii, Ord. Bened. Dictionarium morale. *Venetiis, Schoti,* 1583. 2. vol.
Ejuſdem Reductorium morale. *Ibidem,* 1583.

III. Myſtici & Aſcetici.

Jo. Trithemii Opera, ſtudio Jo. Bufæi. *Moguntiæ, Albini,* 1605.
Henr. Harphii, Theologia Myſtica. *Coloniæ, Novæſiani,* 1538.
Jo. Sinnichii, Saul Exrex. *Lovanii, Nempæi,* 1665.

IV. Concionatores.

Inſtituciones ſacras, Evangelicas y morales, por el Padre Joan. Gaço de la Orden de los Minores. *En Barcelona, Matheuad,* 1610. & 1613. 2. vol.
Marial que contiene varios Sermones de todas las fieſtas de N. Señora por el Padre Geronimo de Florencia. *En Alcala* 1625.
Dialogos familiares de la Agricultura Chriſtiana, por Fray Jaun de Pineda. *En Salamanca,* 1589. 2. vol.

V. Polemici in omnes Hæreſes.

D. Guidonis de Perpiniano, Summa de hæreſibus. *Typis, Aſcenſianis,* 1528.
Idem. *Ibidem.*
Decreta Concilii Provincialis Senonienſis an. 1528. celebrati. *Pariſiis, Colinæi,* 1532.
Determinatio S. Facultatis Pariſienſis in plures Eraſmi & Lutheri aſſertiones. *Typis Aſcenſianis.*
Jo. Cochlæi, Hiſtoria Huſſitarum : item Jo. Rokyſanæ & Jo. Przibram Tractatus duo de ſeptem Sacramentis & Ceremoniis Eccleſiæ, cum Jo. Cochlæi Philippica ſeptima de Interim Caroli X. Imp. *Moguntiæ, Behem,* 1549.
Georgii Caſſandri Opera. *Pariſiis, Drouart,* 1616.
Val. Laurentii Vidavienſis, controverſia de indulgentiis. *Cracoviæ, Typis Regiis,* 1593.
Rob. Bellarminus, Cardinalis, de Controverſiis fidei. *Pariſiis, Triadelphorum,* 1613. 3. vol.

Jac. Gretferi Soc. J. Opera de Sancta Cruce. *Ingolstadii , Anger-mariæ ,* 1616.
Nic. Coëffeteau, Ord. Præd. Apologetici IV. pro Sacra Monarchia Ecclesiæ Cathol. Apostol. & Romanæ adversus Rempublicam M. Antonji de Dominis. *Parisiis, Cramoisy,* 1623.
Franc. Feuardentii Theomachia Calvinistica. *Parisiis , Nivellii,* 1604.
Replique du Cardinal du Perron à la Réponse du Roy de la Grande Bretagne. *Paris, Etienne,* 1620.
Traité du Sacrement de l'Euchariftie , par le même. *Ibidem,* 1622.
Cornelii Schultingii Confessio Hieronymiana. *Colonia , Agripp. Birckmanni,* 1585.
Francifci Archiep. Rothomagensis Apologia Evangelii pro Catholicis. *Parisiis, Ant. Stephani,* 1625.
Le Plan de l'Hérefie de Calvin, par Antoine Serre. *Par. Martin,* 1685.
F. Thomas Malvenda , de Anti-Christo. *Romæ, Vullietti,* 1604.
Otthonis Vænii Theses Physicæ & Theologicæ. de primariis fidei Capitibus, & de Prædeftinatione, *Orsellis,* 1621.

V. *Heterodoxi.*

Hiftoria & Monumenta Jo. Hus & Hieronymi Pragensis. *Noribergæ, Montani,* 1558. 2. vol.
Mart. Lutheri Opera. *Jenæ, Steinmanni,* 1612. 4. vol.
Phil. Melancthonis Opera. *Vitteberga,* 1580. & 1601. 4. vol.
Mart. Bucerus de Regno Chrifti. *Bafileæ, Opporini,* 1557.
Acta & Scripta Theologorum Wittembergensium , & Hieremiæ Patriarchæ Conftantinop. *Wittebergæ, Cratonis,* 1584.
Francifci Gomari Opera Theologica. *Amftelodami, Janssonii,* 1644.
Huldrychi Zuinglii Opera. *Tiguri,* 5. vol.
Bibliotheca ftudii Theologici. *Typis Crispini,* 1565.
Hofpinianus , de Templis. *Tiguri, Wolphii,* 1603.
——— De Feftis Judæorum & Chriftianorum. *Ibidem,* 1611.
——— De Feftis Chriftianorum. *Ibidem,* 1612.
R. Hofpinianus de Origine & progressu Monachatus. *Tiguri, Froschoveri,* 1588.
Ejusdem Hiftoria Jesuitica. *Tiguri, Wolphii,* 1619.
Joh. Casp. Suiceri, Thesaurus Ecclefiafticus. *Amftelodami, Wetfteinii,* 1682. 2. vol.
Jo. Calvini Inftitutionum Religionis Chriftianæ libri IV. cum ejus vita , a Theod. Beza. *Lugd. Batav. Lopez de Haro,* 1654.
Petri Martyris loci communes. *Genevæ, Auberti,* 1624.
Danielis Chamieri Controverfiæ de Religione adversus Pontificos: accedunt Joh. Henr. Alftedii differtatio de manducatione

THEOLOGI, in Folio

Spiritali, & Jo. Prideaux Tractatus de Ecclesia. *Geneva, Typis Roverianis*, 1626. & 1630. 5. vol.
Blondel, de la Primauté en l'Eglise. *Geneve, Choüet*, 1641.
Albertinus de Eucharistia. *Daventria, Columbii*, 1654.
Le même, en françois. *Geneve, Aubert*, 1633.
Theses Theologicæ Sedanenses, Lud. le Blanc. *Londini, Pitth*, 1675.
Acta Synodi Nationalis Dordrechti habitæ. *Dordrechti, Canini*, 1620.
Francisci Junii Opera Theologica. *Geneva, Crispini*, 1613. 2. vol.
Christoph. Becmani, Exercitationes Theologicæ contra Socinianos. *Amstelodami, Janssonii*, 1644.
Bibliotheca Fratrum Polonorum Fausti Socini, Joannis Crellii, Jonæ Sclichtingii, Joannis Wolzogenii. *Trenopoli*, 1656. 8. vol.
Przipcovii Cogitationes sacræ in Matthæum & Epistolas Apostolicas. *Eleutheropoli*, 1692.
Danielis Brenii Opera Theologica. *Amstelædami, Cuperi*, 1666.
M. Antonius de Dominis, de Republica Ecclesiastica. *Londini, Nortonii*, 1617. 1620. & *Hanoviæ, Hulsii*, 1622. 3. vol.
Jo. Forbesii a Corse, Instructiones Historico-Theologicæ. *Amstelodami, Elzevir*, 1645.
Thorndicius, de jure & potestate Eccl. *Londini, Royeroft*, 1674.
Rich. Montacutii Origines Ecclesiasticæ. *Londini, Flesher*, 1640.
Hen. Morici Opera Theologica. *Londini, Macock*, 1674.
Samuelis Wardi Opera, *Londini, Gellibrand*, 1658.
Critica Sacra, ab Eduardo Leigh Anglice conscripta; nunc latine versa ab Henrico a Middoch. *Amstelodami, Someren*, 1679.
Guillelmus Postellus, de Orbis Terræ Concordia.

THEOLOGI, in Quarto

I. Theologi Scholastici.

Petri Lombardi, Sententiarum libri IV. *Rothomagi, Ferrand*, 1661.
Rob. Holkot, in Sententias. *Lugduni, Jo. Clein*, 1518.
Gabriel Biel, in Sententias. *Brixiæ, Bozolæ*, 1574. 2. vol.
Nic. Clemangis, de Corrupto Ecclesiæ Statu.
Ejusdem Opera omnia edita, a Jo. Martini Lydio qui Glossarium Latino-Barbarum adjecit. *Lugd. Batav. Balduini*, 1613.
Leonardus Lessius, de perfectionibus moribusque divinis. *Paris. Mettayer*, 1620.
Mich. Baji Opera. *Coloniæ, Agripp. Balth. ab Egmont.* 1696.
Claud. Tiphanius, de Hypostasi & Persona. *Mussiponti, Vincentii*, 1634.
Idem de Ordine, deque priori & posteriori. *Remis, Bernard*, 1640.
Hieronymus Floravantius, de Trinitate, *Moguntiæ, Gualtheri*, 1616.

THEOLOGI, in quarto.

Henrici Noris differtatio, de uno ex Trinitate paffo, item vindiciæ Hiftoriæ Pelagianæ. *Venetiis, Balleonii*, 1696.

Ant. Rufca, de inferno & ftatu dæmonum. *Mediolani*, 1621.

Barth. Valverdius, de igne Purgatorio. *Venetiis, Valgrifii*, 1590.

Lælii Zecchi, Tractatus Theologici & Canonici. *Brixiæ, Sabbii*, 1591.

Jud. Clichtovæus, de puritate Conceptionis B. Mariæ V. *Par. Henrici, Stephani*.

Proph. Eliæ vifio de immaculata B. V. Conceptione, aut. Francifco Bonæ-Spei. *Antuerpiæ, Gymnici*, 1665.

Turriani Opufcula Theologica. *Lugduni, Proft*. 1625.

Lud. Crefpi a Borgia, Propugnaculum Theologicum immaculatæ B. V. Conceptionis. *Valentiæ, Nogues*, 1653.

D. Severini, Alex. Patriarchæ, liber de ritibus Baptifmi & Sacræ Synaxis, Guidone Fabricio interprete. *Antuerpiæ, Plantini*, 1572.

Jo. Harduini, Soc. J. de Baptifmo quæftio triplex. *Par. Hortemels*, 1687.

Florent. Conrius, de Statu Parvulorum fine Baptifmo decedentium. *Lovanii, Haftenii*, 1635.

Hieronymus Florentimus, de hominibus dubiis baptizandis. *Lugduni, Aniffon*, 1674.

Bafilius Pontius, de Confirmatione. *Lovanii, Zegeri*, 1642.

Jac. De Sainte-Beuve, de Sacramentis Confirmationis & Extremæ Unctionis. *Par. Defprez*, 1686.

Gabriel Biel, fuper Canone miffæ. *Lugduni*, 1527.

F. Ant. Ruteus, de fructu & applicatione facrificii miffæ & fuffragiorum, *Antuerpiæ, Aertffens*. 1634.

Jo. Clericatus, de Venerabili Euchariftiæ Sacramento. *Venetiis, Poleti*. 1697.

Jac. Bolducius, de Oggio Chriftiano. *Lugduni, Boiffat*, 1640.

Joh. Monefoni decifio, ab Apoftol. Confuetudine provenire populo fub panis tantum fpecimine facram Synaxim effe tribuendam. *Coloniæ, Gennepæi*, 1546.

Emanuel a Schelftrate, de difciplina Arcani. *Romæ*, 1685.

Declaration de M. l'Evêque de Lavaur, touchant une lettre fuppofée par lui écrite &c. *Paris, Boulanger*, 1646.

Petri Aurelii Opera juffu Cleri Gallicani edita. *Juxta Copiam, Par. Impreffam*, 1676.

Ant. Santarelli, Tractatus de hærefi, fchifmate, Apoftafia &c. *Romæ, Zannetti*, 1625.

De la Penitence publique, par le P. Petau. *Paris Cramoify*, 1644.

Memoire juftificatif de J. B. le Roux, contre la faculté de Theologie de Reims. *Reims, Multeau*, 1716.

Hieronymus Harts, de Attritione. *Antuerpiæ, Slegheri*, 1670.

Franc. Farvacques, de Attritione Servili. *Lovanii, Marfii*, 1666.

Viexm.

THEOLOGI, in quarto.

Viexmontii Methodus Confessionis Compendiaria. *Par. Colinæi*, 1542.

Hymni a pueris Collegii Navarræ, in pervigiliis Feriarum enarrati solitis. *Par. Stephani*, 1544.

Ant. Marf. Columna, de Aqua Benedicta. *Romæ, Bonfadini*, 1586.

Idem. *Romæ*, 1603.

Franciscus Orlendus, de Sacra Pedum lotione, & Sacra Altarium ablutione. *Florentiæ, Nesteni*, 1710.

Gabriel Palæotus, de imaginibus sacris & prophanis. *Ingolstadii, Sartorii*, 1594.

Jac. Baji, institutiones Religionis Christianæ. *Par.* 1621.

Petri de Marca dissertationes posthumæ & Ecclesiasticæ editæ, a Paulo de Faget. *Par. Dupuis*, 1668.

Christiani Lupi Opuscula posthuma. *Bruxellis, Fricx*. 1690.

Jo. Ferrandi Disquisitio Reliquiaria. *Lugduni, Anisson*, 1647.

Jo. Bapt. Bilius, de SS. Reliquiarum cultu. *Brixiæ, Sabbii*, 1610.

Jo. W. Viringus, de jejunio & abstinentia. *Rigiaci, Atrebatium*, 1597.

Antitheses fidei, Arabice & latine. *Romæ, Congreg. Propag.* 1638.

Jac. Capreolus, de libero arbitrio. *Par. le Mire*, 1649.

Lud. Molinæ, Concordia liberi arbitrii, cum Gratiæ donis. *Antuerpiæ, Trognæsii*, 1595.

Joannes a Bononia, de æterna Dei prædestinatione & reprobatione. *Lovanii, Bergagne*, 1554.

Jul. Cæsar Recupitus, de Signis Prædestinationis & Reprobationis numeroque prædestinatorum & reprobatorum. *Lugduni, Claudii Regy*, 1681.

Joannes Stearne, de Electione & reprobatione, item manuductio ad vitam probam. *Dublini, Crook*, 1664.

Jacobi Zegers querimonia adversus Theses PP. Societatis, accessit spongiola mendorum & Clypeus adversus tela Viveri. *Lovanii, Zegers*, 1641.

Augustini Hipponensis & Augustini Iprensis Homologia, de Deo omnes salvari volente. *Ibidem*. 1641.

Innocentii X. Bulla adversus V. Propositiones Jansenii, una cum defensione Belgarum contra Peregrina judicia & Bullæ istius receptionem, præmisit dissertatiunculam Numa Sedulius Coloniensis: accedit jus Belgarum circa Bullarum Pontificiarum receptionem, 1653.

Aurelii Aviti Molino-machia. *Par.* 1650.

Nova libertatis explicatio, a Theophilo Raynaudo. *Par. Chappelet*. 1632.

Vincentii Lenis Epistola Prodroma, de libero Arbitrio.

Ejusdem Thearica, contra D. Petavium & Ant. Riccardum.

Dion. Petavii Elenchus Theriacæ Vincentii Lenis.

D. Petavius, de Lege & Gratia. *Par. Cramoisy*, 1648.

T H E O L O G I , in quarto.

Apologie pour M. l'Abbé de S. Cyran, 1644.
Censura S. facultatis Parif. in librum cui titulus : le Pacifique veritable. *Par. Vitray*, 1644.
Alphonfus le Moyne, de initio piæ voluntatis. *Par.* 1650.
Henr. de Noris, Vindiciæ Auguftinianæ. *Bruxellis, Marchant*, 1675.
Quæ fit S. Auguftini & doctrinæ ejus auctoritas in Ecclefia. *Par. Billaine*, 1650.
Thefes hiftorico-Theologicæ Jo. Hennebel. *Lovanii, Strickwant.*
Joannis Wierts Centuria Colloquiorum Dei, & animæ. 1676.
Caufa Quefnelliana. *Bruxellis*, 1704.
Réponfe à quelques demandes, dont l'éclairciffement eft necef-faire au tems prefent. *Par le P. Annat*, 1656.
Réponfe d'un Ecclefiaftique de Louvain, à l'avis qui lui a été donné au fujet de la Bulle d'Urbain VIII. Contre le Livre de Janfenius.
Memoires importans, pour fervir à l'Hiftoire de la Faculté de Theologie de Douay, 1695.
Recueil de Pieces fur la Signature du Fait, & le Port Royal, en 1665. 1668. &c.
Apologie pour les Religieufes du Port Royal, divifée en IV. Parties, 1665.
Autre recueil de pieces fur la même affaire, de la fignature du Fait &c. *en* 1668.
Eclairciffement du Fait & du Sens de Janfenius, par Denis Raymond. *Cologne*, 1660.
Ordonnance de M. l'Archev. de Paris, contre *l'Expofition de la Foy* &c. *Paris, Muguet*, 1696.
Deliberatio S. Facultatis Parifienfis adverfus Libellum, *Cas de Confcience. Par. Joffe*, 1704.
Ordonnance de M. l'Archev. de Reims, portant publication de la Bulle, *Vineam Domini Sabaoth. Reims, Pottier*, 1705.
Retractation du Pere Gerberon.
Memoire de M. le Dauphin, pour N. S. P. le Pape. *Paris de l'Imprimerie Royale*, 1712.
Bref au Roy, de N. S. P. le Pape, fur ce Memoire *Ibidem*, 1712.
Lettre de M. le Card. de Noailles, à M. l'Evêq. d'Agen. *Paris, Muguet*, 1712.
La Conftitution. *Unigenitus* du 8. Septembre 1713. *Paris, Muguet*, 1713.
La même en latin, 1713. *Ibidem*,
La même en Latin, & en François. *Reims, Multeau*, 1714.
Deliberation de l'Affemblée, de 1713. & 1714. Sur l'acceptation de la Conftitution. *Unig.* avec cette même Conftitution en Latin & en François, & autres Actes. *Paris Muguet*, 1714.
Lettres Patentes fur la Conftitution, & l'Arrêt d'Enregiftrement. *Ibidem*, 1414.

THEOLOGI, in quarto.

Lettre Paftorale & Mandement de M. le Card. de Noailles, au fujet de la &c. *Paris, Coignard,* 1714.
Arreft du Confeil d'Etat du Roy, portant fuppreffion du Mandement, de M. l'Evêq. de Metz. *Paris, de l'Imprim. Royale* 1714.
Mandement de M. l'Arch. de Reims, pour la publication de la Sentence d'Excommunication contre fix Docteurs en Theologie, refufans de fe foumettre à la Conftitution. *Reims Multeau,* 1715.
Memoire pour les trois Chanoines, appellans comme d'abus &c. *Paris, Joüenne,* 1716.
Memoire pour les trois Curez, &c. *Paris, Beugnié,* 1716.
Cenfura S. Facultatis Theol. Remenfis Lata, in J. B. le Roux. *Reims, Pottier,* 1716.
Procez Verbal, de ce qui s'eft paffé dans l'Affemblée des Députez, pour examiner ce qui s'eft paffé pendant le Syndicat du S. le Roux, &c. *Paris, Delefpine,* 1716.
Mandement de M. l'Evêque d'Angers, portant condamnation des Hexaples & du Temoignage de la verité. *Angers, Avril,* 1718.
Ordonnance de M. l'Arch. de Reims, portant condamnation du Temoignage de la verité. *Reims, Multeau,* 1716.
Ordonnance du même, portant déclaration de fufpenfe encouruë par divers Chanoines de fon Eglife. *Ibidem* 1716.
Inftruction Paftorale du même aux Fideles de fon Diocefe, du 4. Janvier 1717. Enfemble une Ordonnance, portant condamnation de trois differens écrits. *Ibidem,* 1717.
Ejufdem Decretum, contra Univerfitatem Remenfem Die prima Februarii, 1717. *Ibidem.*
Ejufdem Alterum Decretum, Die 4. ejufdem Menfis. *Ibidem.*
Eodem; Defenfori Religionis acerrimo, Ode. *Ibidem.*
Ordonnance du même du 20. Mars, 1717. *Ibidem.*
Memoire pour le Chapitre de l'Eglife de Reims, & autres appellans comme d'abus de trois Ordonnances &c. *Par. Joüenne,* 1717.
Memoire prefenté par les Cardinaux &c. à M. le Duc d'Orleans Regent du Royaume. *Paris, Muguet,* 1717.
Arreft de Parlement du 12. Avril, 1717. *Par. Muguet,* 1717.
Mandement de M. l'Arch. de Reims, du 10. Septembre, 1718.
Lettre du même, à M. le Regent du 20. Janvier, 1718.
I. Avertiffement de M. l'Evêque de Soiffons, 1718.
II. Avertiffement du même. 1718.
Mandement du même, au fujet de la Conftitution & de l'Appel qui en a été interjetté, du 8. Decembre, 1718.
Lettre de M. l'Archev. de Reims aux Cardinaux, Archevêques, Evêques foumis à la Bulle. *Unigenitus,* du 14. May, 1719.
Ordonnance du même pour la Signature du Formulaire, du 8. Juillet, 1719. *Reims, Multeau,* 1719.
Oppofition de M. le Gendre, à l'Acte d'appel de la Conftitution, du 27. Septembre, 1718.

E ij

THEOLOGI, in quarto.

I. Inftruction Paftorale de M. le Cardinal de Noailles. *Paris, Delefpine*, 1719.

Ordonnance de M. l'Ev. de Soiffons, portant revocation des pouvoirs accordez aux Benedictins, du 21. Janvier, 1719.

Memoire où l'on établit le devoir de parler en faveur de la verité. 1721.

Arreft du Confeil d'Eftat du Roy, contre la Lettre des VII. Evêques &c. du 19. Avril 1722. *Reims, Florentain.*

Cinquiéme Lettre Paftorale de M. l'Ev. de Soiffons, contenant une refutation de Memoire des IV. Evêq. &c: *Par. Mazieres,* 1722.

Mandement de M. l'Evêque Duc de Laon, du 20. Juin, 1722.

Inftruction Paftorale de M. le Card. de Biffy, au fujet de la Bulle Unigenitus. *Par. Mazieres*, 1722.

II. Theologi Morales.

Summa Sylveftrina. *Antuerpiæ, Plantini*, 1569. 2. vol.

Richardus Hallus, de Quadripartita Confcientia. *Duaci, Bogardi,* 1568.

Summa Summarum Cafuum Confcientiæ, Lud. Carbonis a Coftacciaro. *Venetiis, Mejetti,* 1606.

P. Thyrfo Gonzalez, de recto ufu Opinionum probabilium. *Romæ, Komarek,* 1694.

Jo. Caramuel, de Probabilitate. *Lugduni, Aniffon,* 1663.

Stephanus Gradius, de opinione probabili. *Romæ, Tizzoni,* 1678.

Jacobus Gaitte, de ufura foenore & de ufuraria trium contractuum pravitate. *Par. Seneuze,* 1688.

La Défenfe du Traité de M. le Prince de Conty, touchant la Comedie & les Spectacles, par le Sr. de Voifin. *Paris, Coignard,* 1671.

F. Franc. Bonæ-Spei, de ignorantia invincibili & opinionum probabilitate. *Antuerpiæ, Gymnici.* 1665.

Matthæi Stoz, Tribunal Pœnitentiale. *Dilingæ, Bencard,* 1684.

Jac. Latermannus, de Medicina Pœnitentiæ & de vere pœnitentibus. *Francofurti, Gerlachii,* 1652.

David à Mauden, de ufura. *Lovanii, Haftenii,* 1627.

Inftruction Paftorale de M. l'Evêque de Châlons, fur l'aumone. *Châlons, Seneuze,* 1710.

Joannes Paponis in Septimum Decalogi præceptum. *Lyon, de Tournes,* 1552.

Amadæi Guimenii Opera. *Lugduni, Borde,* 1664.

Cenfura S. Facultatis Theol. Parifienfis in librum, Jacobi de Vernant. *Par. Defprez,* 1665.

Difcours de la Hierarchie & des Moeurs de l'Eglife, par Loüis Marais. *Ibidem,* 1655.

THEOLOGI, in quarto.

Censura S. Facultatis Th. Parif. in librum Amadæi Guimenii. *Ibid.*
Censura S. Facultatis Par. in F. Franciscum Malagola, cum censura olim lata in Librum Ant. Santarelli. *Parisiis, Marbre-Cramoisy,* 1682.
Censure par M. l'Evêque d'Arras, de certaines propositions avancées dans son Diocese, dans un Sermon prêché le 21. Juillet, 1697.
Mandement de M. l'Archev. de Reims, portant Règlement touchant les Autels Privilegiés. *Reims, Pottier,* 1694.
Lettre Pastorale de M. l'Archev. de Roüen, au sujet d'un libelle intitulé, difficultez &c. *Roüen, Viret.* 1697.
Mandement de l'Archev. de Paris, pour la convocation du Synode. *Paris, Josse,* 1697.
Ordonnance de M. l'Archev. de Reims, pour l'approbation des Reguliers de son Diocese. *Reims, Pottier,* 1697.
Autre sur le même sujet. *Ibidem,* 1700.
Balth. Cosn. Zahn, de Mendaciis. *Colonia, Agrippina, Metternick,* 1686.
La Morale des Jesuites. *Mons, Waudret,* 1667.
Joannis Opstraet, imposturæ libelli anonymi cui titulus : *accusatio & querela* &c. *Leodii, Hoyoux,* 1698.
Lælius Zanchus, de Duello. *Verona,* 1588.
F. Fabianus Genuensis, de Cambiis. *Genua, Belloni,* 1569.
Jo. Martinus d'Autel, de mutuo publico. *Argentorati, Spoor,* 1681.

III. *Mystici & Ascetici.*

Maximiliani Sandæi Soc. J. pro Theologica Mystica Clavis elucidarium onomasticon vocabulorum & loquutionum obscurarum. Ejusdem sæculum jubilare societatis Jesu. *Colonia Agrippina, Gualteri,* 1640.
Memoire sur la consultation, Signée par les Docteurs de Paris, contre le Livre de M. de Cambray.
Instruction Pastorale de M. l'Archev. de Cambray, touchant le Livre intitulé : Explication des maximes des SS. *Cambray,* 1697.
Réponse de M. l'Arch. de Paris, aux quatre Lettres de M. l'Arch. de Cambray.
Declaratio Illustriss. & Reverend. Ecclesiæ Principum, Lud. Ant. de Noailles &c. circa librum cui titulus. *Explication des* &c. *Par. Josse,* 1697.
Summa Doctrinæ Libri, cui titulus, *Explication des* &c. a Jac. Benigno Bossuet. *Par. Anisson,* 1697.
Mandement de M. l'Archev. de Cambray, du 9. Avril, 1699.
Procez Verbal de l'Assemblée des Evêques de la Province de Paris, au sujet de la Constitution, contre le Livre intitulé; *Explication* &c. *Par. Muguet,* 1699.

THEOLOGI, in quarto.

Autre des Evêques de la Province de Reims, &c. *Reims, Pottier,* 1699.

Arrest de la Cour de Parlement, portant enregistrement des Lettres Patentes du Roy, &c. *Par. Muguet,* 1699.

Agiographia viri Ecclesiastici a F. Sixto Carcano, Ord. Præd. *Romæ, Brugiotti,* 1621.

Vida interior del Don Juan de Palafox y Mendoza. *En Sevilla, Martin*; 1691.

Meditationis, de Beuvelet. *Par. Josse,* 1654.

IV. *Concionatores.*

Sermones Monachorum Fusniacensium, item Historia Fusniacensis.

Paulus prædicans resurrectionem mortuorum per F. Albertum a S. Ægidio. *Rhedonis, Dionysii,* 1654.

Pauli de Francis, Orationes Selectæ infra Missarum Solemnia coram Summo Pontifice habitæ. *Romæ, Zannetti,* 1606.

Joannis de S. Germiniano, Sermones funebres. *Lugduni,* 1515.

Lud. Bail, Bibliotheca Concionatorum. *Par. Couterot,* 1666.

V. *Polemici in omnes hæreses.*

F. Damianus Roscius, de manifestandis atque convincendis hæresibus & hæreticis. *Vincentiæ, Perini,* 1584.

Ambrosii a Mediolano de Rusconibus, Triumphus Catholicæ veritatis. *Venetiis,* 1619.

Valeriani Magni Judicium, de Catholicorum regula credendi. *Vienna-Austriæ, Cosmerovii,* 1641.

Domin. Gacia, Propugnaculum Religionis Christianæ contra Judæos. *Cæsar Augustæ, Robbes,* 1606.

Petrus Stroza, de Dogmatibus Chaldæorum. *Romæ, Zannetti,* 1617.

Opuscula Theologica quorumdam Græcorum, Petro Arcudio interprete. *Romæ,* 1670.

Leo Allatius, de Ecclesiæ Occidentalis & Orientalis perpetua consensione. *Corneliæ Agrippinæ, Kalcovii,* 1648.

Ejusdem Animadversiones in Antiquitatum Etruscarum Fragmenta. *Par. Cramoisy,* 1640.

Idem, de libris & rebus Ecclesiasticis Græcorum. *Ibidem,* 1645.

Fides Ecclesiæ Orientalis, Studio Rich. Simonis. *Par. Meturas,* 1671.

Christoph. Angelus, de statu hodiernorum Græcorum. *Lipsiæ.*

Idem. *Franekeræ, Gyselaer,* 1678.

Philippi Cyprii, Chronicon Ecclesiæ Græcæ. *Ibidem,* 1679.

Philippi Guadagnoli, Apologia pro Christiana Religione. *Romæ,* 1631.

THEOLOGI, in quarto.

Scriptores Varii, contra Valdenses editi a Jac. Gretsero. *Ingolstadii, Angermarii,* 1612.

Philippus Faber adversus Atheos. *Venetiis, Ginammi,* 1637.

Guil. Reynerii, Apologia pro Romana Ecclesia. *Par. Ducarroy,* 1615.

Ecclesiæ Romanæ & Græcæ vera effigies a P. Mich. Nau. *Parif. Martin,* 1680.

Jo. Roffensis confutatio assertionis Lutheranæ. *Parif. Chevallon,* 1523.

Henrici VIII. Angl. Regis assertio septem Sacramentorum, contra Lutherum. *Ibidem,*

Jo. Roffensis, de potestate Papæ in rebus temporalibus usurpata contra Bellarminum. *Londini, Norton,* 1614.

———— Convulsio Calumniarum Ulrichi Veleni, quibus Petrum nunquam fuisse Romæ Cavillatur. *Antuerpia, Vorstermanni,* 1522.

F. Petri a Soto, Expositio fidei Catholicæ, &c. *Antuerpia, Nutii,* 1557.

Franc. Forerii Symbola Catholicum Lutheranum & Calvinianum. *Dilinga.*

Defensio Tridentinæ fidei a Diego Payra d'Andrada. *Olyssippone, Riberii,* 1578.

Declaratio Articulorum Lovan. adversus hæreses nostri temporis, Ruardi Tapperi. *Lugduni, Bonhomme,* 1554.

H. Canisius, de verbi Dei Corruptelis. *Dilinga,* 1571.

Franc. Turriani, Dogmatici caracteres de verbis Dei. *Florentia, Torrentini,* 1561.

Idem, de Eucharistia. *Florentia, Sermatellii,* 1575.

———— De Hierarchicis Ordinationibus ministrorum Ecclesiæ Catholicæ. *Dilinga, Mayer,* 1569.

———— Adversus Capita Disputationis Lypsicæ Andreæ Freiub, de Ecclesia & ordinationibus Ministrorum Ecclesiæ. *Colonia, Calenii,* 1574.

In Causa Religionis Miscellaneorum, libri tres in varios tractatus digesti per Jo. Cochlæum. *Ingolstadii, Vuissenhorn,* 1545.

Georgii Cassandri, Defensio Traditionum veteris Ecclesiæ & SS. Patrum. *Colonia, Birckmanni,* 1565.

Mart. Cromeri, de vera & falsa Religione, libri tres. *Dilinga, Mayer,* 1561, 2. vol.

Alani Copi, Dialogi sex contra oppugnatores Summi Pontificatus. *Antuerpia, Plantin,* 1566.

Jud-Clichtovæus, de Sacramento Euchariftiæ. *Par. Colinæi,* 1546.

Tonstallus, de veritate Corporis & Sanguinis Christi. *Par. Vascosani,* 1554.

Viti Mileti, refutatio sexcentorum errorum, &c. *Moguntia, Albini,* 1604.

THEOLOGI, in quarto.

Jac. Gretseri, Soc. J. Athletica spiritualis. *Ingolstadii, Angermariæ,* 1612.

—— Defensio contra Guldinastum. *Ibidem*, 1612.

—— De funere Christiano. *Ibidem, Sartorii*, 1611.

—— Exercitationes Theologicæ adversus hæreticos. *Ibidem,* 1604.

—— De modo Agendi Jesuitarum & Animadversiones-in Notas Junianas. *Ibidem*, 1600.

—— Responsio ad Theses Ægidii Hunnii. *Ibidem*, 1602.

Jac. Gretserus, de Principum in sedem Apostolicam munificentia. *Ingolstadii, Sartorii*, 1610.

—— Commentarius exegeticus in præfationem monitoriam, Jacobi Angl. Regis & in Apologiam pro juramento fidelitatis. *Ibidem.*

Catalogus librorum quos J. Gretserus evulgavit usque ad Oct. Anni 1610.

Jo. Pauli Windeck, prognosticon futuri status Ecclesiæ. *Coloniæ Agr. Quentelii*, 1603.

Colloquium Ratisbonæ habitum Anno, 1601. *Lavinga, Winter*, 1602.

Acta Conventus Thoruniensis celebrati anno 1645. *Varsaviæ*, 1646.

Adrian. & Petrus de Walenburch, de missione Protestantium. *Coloniæ, Friessem*, 1665.

Jo. Busæus, de Persona Christi, contra Ubiquitarios. *Moguntiæ, Behem*, 1588.

Bonaventuræ Malvasia Apologia pro epistolis veterum Roman. Pontificum. *Romæ, Mascardi*, 1658.

Cornelii Schultingii, refutatio Theologiæ Calvinianæ. *Coloniæ Agrip. Hoberg*, 1604.

Antonii Masuccii Calvinus expugnatus. *Neapoli, Bulifon*, 1680.

Lettres du P. de la Barre Jes. au Ministre Bochart. *Caën, Cavelier*, 1661.

De l'Antechrist & de ses marques, par Jeremie Ferrier. *Par. Cramoisy*, 1615.

Rechute de Geneve Plagiaire, par Pierre Cotton. *Lyon, Morillon*, 1620.

Valeriani de Flavigny Vindiciæ, de Episcopatu. *Tornaci, Quinque*, 1668.

Corn. Jansenii Spongia Notarum. *Lovanii, Janssenii*, 1666.

Perpetuité de la Foi de l'Eglise Catholique. *Paris, Savreux*, 1669.

Preuves pour la Religion Chrétienne & Catholique, contre les fausses Religions & l'Atheïsme par M. Diroys. *Paris, Michallet*, 1683.

Methode dont les Peres, se sont servis en traitant des Mysteres par l'Abbé de Moissy. *Paris, Coignard*, 1683.

THEOLOGI, in quarto.

Thomæ Stapletoni, Relectio Theologica principiorum fidei doctrinalium. *Antuerpiæ, Keerbergii*, 1566.

Henrici Fitz-Simon, Britanno Machia Ministrorum. *Duaci, Belleri*, 1614.

Balth. Nardii Aretini, Expunctiones libri, de Papatu Romano & primæ partis Reipublicæ M. Antonii de Dominis. *Parisiis, Drouart*, 1619.

Apologia Sobra la Autoridad de los Santos Patres por S. de Monroy. *Paris Huby*, 1627.

VI. Theologi Heterodoxi.

Alcoranus Arabice editus ab Abrahamo Kinckelmanno. *Hamburgi, Schillerii, ibid*.

Defensio Christianæ reformationis Hermanni Archiep. Coloniensis per Mart. Bucerum. *Geneva, Chouet*, 1613.

Joh. Adami Scherzeri Collegium Antisocinianum. *Lipsiæ, Scipionis*, 1684.

Jo. Gisenii Papismus. *Gissæ, Chemlini*, 1623.

Jo. Claubergii & Mart. Hundii, Dissertationes Selectæ controversiarum Fidei. *Duisburgi, Sas*, 1665.

Joh. Pappi, Contradictiones Doctorum Rom. Ecclesiæ. *Arhentorati, Jobini*, 1597.

Hieronymi Kromayeri, Scrutinium Religionum. *Lipsiæ, Wittigau*, 1673.

Wolfg. Franzii, Schola Sacra Sacrificiorum Patriarchalium. *Wittebergæ, Mevii*, 1654.

Eliæ Vejelii, Consideratio Anabaptismi Monachalis a Leone Allatio monachis græcis imputati. *Ulma*, 1670.

Henr. Alting, Scripta Theologica Heidelbergensia. *Freistadii*.

Ejusdem Theologia Historica. *Amstelodami, Janssonii*, 1664.

Hermanni Witsii, Exercitationes Sacræ in Symbolum Apostolorum. *Franequeræ, Gyselaer*, 1681.

Joh. Tarnovii, Medulla Evangeliorum anniversf. *Rostochii*, 1649.

Joh. Georgius Dorschæus, in indicem iniquitatis a Theologis Moguntinis &c. *Argentorati, Joch. Andreæ*, 1650.

Ejusdem Collatio Historico-Theologica, ad Concilium Sirmiense. *Argentorati, Spoor*, 1650.

Joh. Tobias Major, de natura & cultu Angelorum. *Jenæ, Sengenwald*, 1653.

Wilh. Ernesti Tentzelii, Exercitationes Selectæ. *Lipsiæ, Gleditsch*, 1692.

Lucii Veri Clarimontani, nova Apocalypsis. *Luceburgi, Meser*, 1626.

Christ. Hoffmanni, umbra in luce. *Jena, Bauhoferi*, 1680.

Phil. Mullerus, de statu Confessionis. *Ibidem*, 1687.

THEOLOGI, in quarto.

Henr. Mullerus, de Baptismo pro mortuis & Sabbato. *Roftochi, Kilii*, 1665.

Henr. Linctens, Tractatus de juribus templorum. *Jene, Mulleri*, 1674.

Georgii Calixti Tractatus, de arte nova quam nuper Commentus est Bart. Nichusius. *Brancofurti, Beckensteinii*, 1652.

Idem, de Pactis quæ Deus cum hominibus iniit. *Helmestadii, Mulleri*, 1654.

——— De Conjugio Clericorum. *Francofurti, Beckeinstein.* 1653.

Idem. *Helmæstadii, Mulleri*, 1631.

Georgius Calixtus, de Supremo Judicio. *Helmestadii, Mulleri*, 1658.

——— De veritate unicæ Religionis Christianæ & autoritate antiquitatis Ecclesiasticæ. *Ibidem.*

Georgii Cassandri, de Communione sub utraque Specie Dialogus. *Helmestadii*, 1642.

Casp. Zieglerus, de dote Ecclesiæ ejusque juribus. *Witteberga, Mevii*, 1676.

——— De Episcopis eorumque juribus. *Norimbergæ, Meyeri*, 1686.

——— De Diaconis, & Diaconissis veteris Ecclesiæ. *Witteberga*, 1678.

Theod. Thummius, de Bello. *Tubinga, Cotta*, 1668.

Jo. Lud. Fabricius, de Lunitibus obsequii erga homines. *Heidelbergæ.*

Joannes Launoius Vindicatus, contra Bellarminum studio Hent. Reyseri. *Amstelodami, Waesbergii*, 1685.

Joh. Casp. Suiceri, Observationes Sacræ. *Tiguri, Schaufelbergeri*, 1665.

Theod. Bezæ & Ant. Fayi, Theses Theologicæ. *Geneva, Vignon*, 1586.

Hieron. Xanchius, de tribus Heloim. *Neustadii, Harnisii*, 1597.

Alex. Morus, de necessaria Dei gratia & libero arbitrio hominis. *Genevæ, de Tournes*, 1644.

Alex. Mori, Victoria gratiæ. *Medioburgi, Fierens*, 1652.

Corpus & Syntagma Confessionum Fidei. *Geneva, Chouët*, 1693.

Ant. Sadeelis. Opera Theologica. *Ex Offic. Sancta Andræana.* 1593.

Dav. Blondelli, Pseudo-Isidorus & Turrianus vapulantes. *Geneva, Chouët*, 1628.

Jo. Dallæus, de Scriptis Dionysio Arcopagitæ, & Ignatio Antiocheno adscriptis. *Geneva, de Tournes*, 1666.

——— De poenis & satisfactionibus humanis. *Amsteladami, Blacu*, 1649.

——— De Cultu Religionis Latinorum. *Geneva, de Tournes*, 1671.

——— Adversus Latinorum, de cultus Religiosi objecto Traditionem. *Ibidem*, 1664.

THEOLOGI, *in quarto*

———— De ufu Patrum. *Geneva, Chouët,* 1656.
———— De Confirmatione & Extrema-Unctione. *Geneva, de Tournes,* 1659.
———— De Confessione Auriculari. *Ibidem,* 1661.
Claud. Salmasius de Primatu Papæ, item Nili & Barlaami, de eodem Primatu Tractatus. *Lugd. Batav. Elzevir,* 1645.
Histoire de l'Eucharistie par de la Rocque. *Amsterdam, Elzevir,* 1669.
Josue Placæi, Disputationes Theologicæ. *Lesnerii,* 1651. 1657. 1660. & 1661. 4. vol.
Jo. La Placette, de insanabili Romanæ Ecclesiæ Scepticismo, *Amstelodami, Gallet,* 1696.
Guil. Rivetus, de justificatione. *Amsteladami, Blaeu,* 1648.
Paradoxe; de Matthieu Cottière. *Geneve, Chouët,* 1636.
Discipline des Eglises Reformées de France, par Pierre Catalan. *Orange,* 1658.
Réponse à la Perpetuité de la Foy. *Charenton, Cellier,* 1668.
Autre Réponse. *Quevilly, Lucas,* 1670.
Moyens pour parvenir à la réunion des deux Religions en France par le sieur d'Yse. 1677.
Conformité de la discipline Ecclesiastique des Protestans de France, avec celle des anciens Chrétiens. *Quevilly, Cailloüé,* 1678.
Joh. Henr. Alstedii, Methodus SS. Theologiæ, Octo libris tradita. *Francofurti, Hummii,* 1614. *& seqq.* 8. vol.
Judicium Synodi Nationalis Dordrechti habitæ, de V. Capitibus Doctrinæ in Ecclesiis Belg. controversis. *Heidelbergæ,* 1619.
Gisberti Voetii, Disputationes Theologicæ. *Ultrajecti, Waësberge,* 1648. 1655. & 1659. 3. vol.
Joh. Van-Hamestede, Triumphus Ecclesiæ de Babilone. *Lugd. Batav, Hackii,* 1683.
P. Bertii, Hymenæus Desertor. *Francofurti,* 1612.
Theses Theologicæ Franc. Junii, Trecatii, Gomari & Kuchlini. *Lugd. Batav.*
Jacobi Arminii, Opera Theologica. *Francofurti, Hoffmanni,* 1635.
Nic. Vedelius de arcanis Arminianismi. *Lugd. Batavorum, Hegeri,* 1632.
Godofr. Hotto, de Christiana Tolerantia. *Amsteladami, Blaeu,* 1647.
Timanni Gessellii, antiqua & vera fides & sola Servans. *Ultrajecti, Zylii,* 1664.
Ejusdem, Simplicitas Fidei Christianæ. *Ibidem,* 1666.
Gerardi de Uries, Narrator Confutatus. *Ultrajecti, Clerck,* 1679.
Abrah. Heidanus de Origine erroris, de Socinianismo & de hodiernorum Pelagianorum doctrina. *Amstelodami, Someren,* 1678.
Sam. Maresii. Synopsis de Gratia. *Groninga, Nicolai,* 1654.

F ij

Samuelis Maresii, Epicrisis Theologica ad quæstiones de Gratia & Redemptione universali. *Groningæ, Bronchrostii*, 1661.
Jo. Henr. Heideggeri, Dissertationes Theologicæ. *Tiguri, Geßneri*, 1680. & 1675. . vol.
Jo. Hoornbeeck, Miscellanea Sacra. *Ultrajecti, Ribbii*, 1677. 2. vol.
Idem, de convertendis & convincendis Judæis. *Lugd. Batav. Leffen*, 1655.
Ejusdem, Socinianismi confutati, Tom. 1. & 3. *Ultrajecti, Waësberge*, 1650. & 1664. 2. vol.
De Arminii Sententia Scholastica disceptatio, *Amstelodami, Boumeesteri*, 1613.
Confessio Remonstrantium super articulis fidei Christianæ. *Hederwici, Danielis*, 1622.
Jo. Cloppenburgii, Compendiolum Socianismi. *Franckeræ, Balk*, 1651.
———— Antismalcius. *Ibidem*, 1652.
———— Disputationes VII. ad quinque Articulos Remostrantium, *Franckeræ, Arcerii*, 1656.
———— Gangræna Theologiæ Anabaptisticæ. *Ibidem*.
Friderici Spanhemii, Diatriba Historica de origine, progressu & sectis Anabaptistarum. *Ibidem*.
Sam. Pufendorfius, de habitu Religionis Christanæ ad vitam civilem. *Bremæ, Schwerdfegeri*, 1687.
Mart. Schoockius, de Bonis Ecclesiasticis. *Groningæ, Nicolai*, 1651.
Jo. Meyeri, Uxor Christiana. *Amsteladami, Waësberge*, 1688.
Phil. à Limborch, de veritate Religionis Christianæ. *Gouda, Abhœve*, 1687.
Guil. Amesius, de Conscientia. *Amstelodami, Janßonii*, 1630.
Ger. Jo. Vossius, de tribus Symbolis. *Amsteladami, Blaeu*, 1662.
———— De Baptismo. *Amsteladami, Elzevir*, 1648.
———— Theses Theologicæ & Historicæ. *Hagæ-Comiti, Vlacq*. 1658.
———— Historia Pelagiana. *Amsteladami, Elzevir*, 1655.
Jo. Henr. Bisterfeldius, de uno Deo Patre Filio ac Spiritu Sancto. *Lugd. Batav, Elzevir*, 1639.
Jo. Cocceii, Examen Apologiæ Socinianæ. *Ibidem*, 1656.
Franc. Cuperi, Arcana Atheismi revelata. *Roterodami, Narani*, 1676.
Petri Jurieu, Janua Cælorum reserata. *Amstelodami, Chayer*, 1692.
Censura in Confessionem Remonstrantium. *Lugd. Batav. Elzevir*, 1526.
Nicolai Arnoldi, Religio Sociniana seu Catechesis Racoviana. *Franckeræ, Alberti*, 1654.
Joannes Maccovius redivivus. *Ibidem*. 1647.
Jo. Crellii, Responsio ad librum Grotii, de satisfactione Christi. *Racoviæ, Typis Sternacianis*, 1623.

THEOLOGI, in quarto.

Andreæ Essenii, Triumphus Crucis. *Amsteladami, Elzevir*, 1649.
Jo. Volkelius, de vera Religione, cum ejus confutatione per Sam. Maresium. *Groningæ, Nicolai*, 1651. 1654. 1662. 3. vol.
Notæ in Libellum Martini, Smiglecii Jesuitæ. *Racoviæ, Typis Sternacianis*, 1614.
Jo. Volkelii, Responsio ad vanam refutationem dissolutionis nodi Gordii a Mart. Seniglecionexi. *Racoviæ*, 1618.
Th. Bilsonus, de perpetua Ecclesiæ Christi gubernatione. *Londini, Billei*, 1611.
Andreæ Sall, votum pro pace Christiana. *Oxonii, e Theatro, Sheldoniano*, 1678.
Sebast. Bene-field, Doctrina Christiana.
Irenæi Philadelphi, Epistola de motibus & controversiis nuper obortis in Anglia circa Religionem. 1641.
Thomas Mortonus, de Eucharistia. *Cantabrigiæ, Danielis*, 1640.
Matth. Sutlivius, de præsbyterio ejusque nova in Ecclesia Christiana politeia. *Londini, Bishop*, 1591.
——— De Missa Papistica. *Londini, Islip*, 1603.
In Georgium Blacuellum, Quæstio bipartita : prior continet jusjurandum de fidelitate præstitum ; altera hujusce juramenti assertionem. *Londini, Norton*, 1609.
Matth. Wren, increpatio Bar-Jesu. *Londini, Flesher*, 1660.
Joh. Durelli, Vindiciæ Ecclesiæ Anglicanæ. *Londini, Godbid*, 1669.
Georgii Bulli, Defensio fidei Nicœnæ. *Oxonii, e Theatro, Sheldon.* 1685.
——— Harmonia Evangelica. *Londini, Wels*, 1671.
Jo. Rainoldus, de Romanæ Ecclesiæ Idolatria in cultu Sanctorum. *Oxoniæ, Barnesii*, 1596.
Joachimi Zentgrafii Colluvies Quackerorum. *Argentorati, Stædel*, 1665.
Matth. Scriveneri Apologia pro SS. Ecclesiæ Patribus, contra J. Dallæum, item Apologia pro Ecclesia Anglicana adversus nuperum Schisma. *Londini, Wels*, 1672.
T. Browne, Concio de Canonica Cleri Anglicani, ineunte reformatione, Ordinatione. *Cantabrigiæ, Hayes*, 1688.
Ejusdem, Concio de vera Cleri Anglicani ordinatione, accessit concio quæ supra notatur, cum instrumento consecrationis Matthæi Parker Archiep. Cantuar. *Ibidem*, 1688.
Kirchen Ordnung. &c. C'est-à-dire Instruction Ecclesiastique du Prince Frederik, de Brunwihk & Lunebourg, avec les ceremonies qui sont en usage dans ces deux Eglises. *Imprim. à Lunebourg, en* 1643.
A Treatise of the corruption of scripture, councels, and faters by the Prelats, Pastors, and Pillers of the Church of Rome, for maintenance of Popecy and irreligion, By Thomas James. *At London, Lownes*, 1612.

F iij

46 *THEOLOGI, in quarto.*

C'est-à-dire. Traité sur la corruption de l'Ecriture, des Conciles & des Peres, par les Prelats Pasteurs & autres de l'Eglise Romaine. pour soutenir le Papisme. *Imprimé à Londres chez Thomas James, par Lownes en* 1612.

New. Kirchen Formular. C'est-à-dire, nouvelles formule de predications pendant toute l'année par Jean Scraderus, Curé du Diocese de Magdebourg. *Imprimé à Francfort, & Leipsik en* 1660. *par Cherlachs & Simon Peckhensteins.*

Præadamitæ, Jo. de la Pereyre, 1655.

Joh. Hilperti, Disquisitio de Præadamitis. *Hemeistadii, Mulleri*, 1656.

Spinosæ, Opera omnia. 1677.

―――― Tractatus Theologico-politicus. *Hamburgi*, 1670.

Theologiæ vere Christianæ Apologia, a Rob. Barclaio. *Londini, Clark*, 1676.

Theophili Alethei, Polygamia triumphatrix cum notis Ath. Vincentii. *Londini, Scañorum*, 1682.

IN OCTAVO, &c.

I. *Theologi Scholastici.*

S. Thomæ Aquinaris totius summæ Conclusiones. *Lugduni, Chevalier*, 1613. *in* 12.

F. Petri Alagona, Compendium summæ S. Thomæ. *Rothomagi, Ouyn*, 1635. *in* 8.

Raimundi de Sebunde, Theologia Naturalis. *Francofurti, Thomasoni*, 1635. *in* 8.

Ambr. Catharini, Annotationes in excerpta quædam de Commentariis Cajetani. *Parisiis, Colineai*, 1535. *in* 8.

―――― De Præscientia, Providentia, & Prædestinatione Dei & Christi, & de Statu futuro Puerorum sine Baptismo defunctorum. *Parisiis, Guillard*, 1541. *in* 8.

―――― Speculum Hæreticorum, liber de Peccato Originali, & de perfecta justificatione a fide & operibus. *Lugduni, Vincentii*, 1541. *in* 8.

Francisci a Victoria, Relectiones Theologicæ. *Lugduni, Landry*, 1586. *in* 8.

Melchior Canus, de locis Theologicis. *Lovanii, Sasseni*, 1569. *in* 8.

Mich. Baii, Opera Theologica. *Lovanii, Bogardi*, 1566, *in* 12.

Jac. Bolducius, de Ecclesia ante-lucem. *Lugduni, Landry*, 1626. *in* 8.

Mart. Becahi Analogia veteris ac novi Testamenti. *Parisiis, Dumesnil*, 1653. *in* 8.

Stephani Gausseni, Dissertatiunes Theologicæ. *Salmurii, Desbordes*, 1670. *in* 8.

THEOLOGI, in octavo.

Jo. Polmanni, Breviarium Theologicum. *Parisiis, Angot,* 1660. *in* 8.

Genebrardus, de S. Trinitate. *Parisiis, Gorbini,* 1585. *in* 8.

Fausses idées des Scholastiques sur la Trinité. 1696. *in* 12.

Refutation du Systême de Taidy. *Luxembourg, Chevalier,* 1699. *in* 8.

Quæstiunculæ in Dialogum de Processione Spiritus Sancti. 1682. *in* 12.

Duæ considerationes vocum terminorum & phrasium a Theologis in Doctrina Trinitatis Usurpatorum. 1684. *in* 12.

Dissertation sur le Messie, par M. Jacquelot. *La Haye, l'Honoré,* 1699. *in* 8.

Le Nestorianisme renaissant denoncé à la Sorbonne, premiere & seconde partie. *Cologne, Sambix,* 1693. *in* 12.

Lettre Apologetique de l'Auteur du Voyage du Monde de Descattes, accusé d'avoir fait le Nestorianisme renaissant. 1693. *in* 12.

Nova de Symbolo Athanasiano disquisitio. *Parisiis, Dezallier,* 1693. *in* 8.

Thomæ Angli, institutiones sacræ. 1652. *in* 12.

———— Sonus Buccinæ, & mentis innocentii X. reprehensio. *Parisiis,* 1654. *in* 12.

———— Sonus Buccinæ, Quæstio Theologica de Gratia, & Libero-Arbitrio, mens Augustini de Gratia Adami, & ratio villicationis de medio animarum statu. *Colonia, Agrip. Kinckii,* 1659. *in* 12.

———— Quæstio Theologica de Gratia & Libero-Arbitrio. *In* 12.

———— Eadem quæstio, mens Augustini de Gratia Adami. *Parisiis,* 1652.

———— Ratio villicationis suæ de medio animarum Statu. *Paris.* 1653. *in* 12.

———— Muscarium. *Londini,* 1661.

———— Exceptiones duorum Theol. Parisiensium adversus Doctrinam Albianam de medio, cum responsis ad easdem. 1662. *in* 12.

———— Eædem Exceptiones cum responsis ad easdem. *In* 12.

———— Exetasis scientiæ requisitæ in Theologo ad censuras Sententiis Theologicis inferendas. 1662. *in* 12.

———— Ratio villicationis, de medio animarum statu. *Parisiis.* 1953. *in* 12.

———— Monumetham excantatus. *Rothomagi,* 1660. *in* 12.

F. Vincentii de Bandelis, tractatus de singulari puritate & prærogativa Conceptionis J. C. &c. *Ad exemplar, Bononia,* 1481. *in* 12.

F. Petrus Pighius, de partu Virginis Dei-paræ adversus Judæos. *Roma, Paulini,* *in* 8.

THEOLOGI, in octavo, &c.

F. Leonardi ex Dominis de Paffano, trigeminum Marianæ Conceptionis examen. *Viennæ - Auftriæ*, 1678. *in* 8.

Nicolaii Lâvocat Billiad, vindiciæ Parthenicæ. *Parifiis, Langlois,*

F. Lucæ Wadingii, Opufculum, immaculatæ Conceptione B.M. V. non adverfari ejus mortem corporalem. *Romæ, Tinaffii,* 1655.

Chriftoph. Ranzovii, Epiftola ad Georgium Calixtum. *Romæ, Grignani*, 1651. *in* 8.

Jo. Everardi Nidhardi, Examen Theologicum IV. propofitionum contrà immaculatam SS. Dei Matris V. Conceprionem. *Antuerpiæ, Dunwalt*, 1682. *in* 12.

Prefcriptions touchant la Conception de N. D. 1676, *in* 12.

Decrets d'Innocent XI. pour la fuppreffion d'un Office de l'immaculée Conception. 1677. *in* 12.

Decreta Innocentii X. contra Officium immaculatæ Conceptionis, 1679. *in* 12.

F. Zutman, de gloria accidentali Corporis Beati in Cœlo Empiræo. *Leodii*, *in* 8.

Aub. Miræus, de Statu Religionis Chriftianæ, per Europam Afiam, &c. *Coloniæ Agrippinæ, Gualtheri*. 1619. *in* 12.

Petrus Ramus, de Religione Chriftiana. *Francofurti, Wecheli.* 1577. *in* 12.

Verité de la Religion Chretienne. *Rotterdam, Leers.* 1688. *in* 12. 2. vol.

Traité fur la Divinité de J. C. *Ibidem.* 1689. *in* 12.

L'Art de fe connoître foi-même, par abadie. *Roterdam, Vander-Slaar.* 1693. *in* 12.

Doctrina Chriftiana, arabice & lat. *Parifiis, Vitray.* 1655. *in* 12.

Doctrina Chriftiana, armenice & latine, ftudio Petræi. *Amftelod.* 1667. *in* 8.

Manuel du Catechifme Catholique de George Edere. *Lyon Patraffon.* 1579. *in* 8.

Joannes Dartis, de Statu Ecclefiæ tempore Apoftorum. *Parifiis, Dugaft.* 1634. *in* 8.

Joannis Launoius, de Simonis Stochii vifo, Sabbathinæ Bullæ Privilegio & Scapularis Carmelitarum Sodalitate. *Parifiis, Martin.* 1663.

———De Veteri ciborum delectu in jejuniis & quadragefima, De-veteri more baptifandi Judæos & Infideles, & de prifcis & folemnibus Baptifmi temporibus. *Ibidem.* 1663. *in* 8.

Jo. Launoius, de Cura Ecclefiæ, pro miferis & pauperibus. *Parif. Martini.* 1663 *in* 8.

———De vero autore Profeffionis fidei quæ Pelagio, Hieronymo, Auguftino tribui folet. *Ibidem.* 1651. *in* 8.

———De Veteri ciborum delectu, &c. *Ibidem.* 1663. *in* 8.

———Differtatio Duplex; prima de Veteri ciborum delectu altera,

qua

qua pauperibus dandum potius quam Ecclesiis probatur. *Ibidem.* 1649.

———Epistolæ duæ ad Ant. Faurum & una Andreæ Berruerio. *in* 8.

———Dissertatio de vera notione plenarii apud Augustinum Concilii in causa rebaptisantium. *Ibidem.* 1661.

———De recta Nicœni Canonis VI. & prout a Rufino explicatur intelligentia. *Ibidem.* 1662.

———De vero autore Professionis fidei quæ Pelagio, Hieronymo, Augustino tribui solet. *Ibidem.* 1663.

———De Victorino Episc. & Martyre. *Ibidem.* 1653.

———Epistolæ V.

———De mente Tridentini Concilii circa satisfactionem in Sacramento Pœnitentiæ. *Ibidem.* 1664. *in* 8.

F. Jo. Nicolai, Ord. Præd. Dissertatio de Concilio Plenario. *Paris. Meturas.* 1667. *in* 12.

Réponse aux Remarques de M. de Launoy, sur la Dissertation du Concile Plenier, &c. par le sieur David. *Paris, Billaine.* 1671. *in* 8.

J. B. Thiers, de retinenda, in Ecclesiasticis libris, voce Paraclitus. *Lugduni Guillimin.* 1669. *in* 12.

J. B. Thiers, de Festorum dierum imminutione. *Parisiis, Dupuys.* 1677. *in* 12.

———Factum contre le Chapitre de Chartres. *in* 12.

———Dissertations sur les principaux Autels, les Jubez, & la cloture du Chœur des Eglises. *Paris Dezallier.* 1688. *in* 12.

———Disceptatio de Stola. *Parisiis, Dupuis.* 1674. *in* 12.

———Dissertations sur les Porches des Eglises. *Orleans, Hotot.* 1679. *in* 12.

———Defensio adversus Jo. de Launoy Appendicem, ad Dissertationem de auctoritate negantis argumenti. *Parisiis, Leonard.* 1664. *in* 8.

———Traité de l'exposition du S. Sacrement de l'Autel. *Paris, Dupuis.* 1672. *in* 12.

———Traité des Superstitions. *Paris, Dezallier.* 1679. *en* 12.

La Sauce-Robert, ou avis salutaires à M. Jean Robert grand Archidiacre de Chartres. *in* 12.

Dissertation sur l'Hemine & sur la livre de pain de S. Benoist. *Paris, Savreux.* 1667. *in* 12.

Origo prima festi Corporis Christi, a Barthol. Fisen. *Duaci, Belleri.* 1628. *in* 8.

H. Morus, de Sacris Unctionibus. *Parisiis, Bichonii* 1593. *in* 8.

Petri Bacherii, Apologia pro Defunctis. *Antuerpiæ, Plantin.* 1587. *in* 8.

Alex. Plouvierii, Apocrisis in Epistolam Eusebii Romani, de cultu Sanctorum ignotorum. *Romæ, Buagni.* 1700. *in* 8.

G

THEOLOGI in octavo, &c.

L'Antiquité des Ceremonies qui se pratiquent dans l'administration des Sacremens, par J. Grancolas. *Paris, Remy.* 1692. *in* 12.

Conferentiæ Theologicæ Lovanii habitæ. *Colonia-Agrippina, Hilden.* 1685. *in* 24.

F. Jo. Nicolai, de Constantini Baptismo. *Parisiis, Delaunay.* 1680. *in* 12.

——— De Baptismi Antiquo usu ab Ecclesia instituto. *Parisiis, Couterot.* 1667. *in* 12.

Remarques de M. J. de Launoy, sur le Batême des Heretiques. *Paris, Martin.* 1671. *in* 12.

Jos. Vicecomes, de antiquis Baptismi ritibus ac Ceremoniis. *Par. Cramoisy.* 1618. *in* 8.

Onuphrius Panvinius, de Baptismate Paschali & origine consecrandi Agnos Dei, cum corollariis Jos. Mariæ Suaresii. *Romæ, Bernabo.* 1656. *in* 8.

Petri Aurelii, Orthodoxus. 1637. *in* 8.

Traité historique de la Pâque des Juifs, par le P. Lamy. *Paris, Pralard.* 1693. *in* 12.

Dissertations sur la Prison de S. Jean-Baptiste, & sur la derniere Pâque de J. C. contre le P. Lamy. *Paris, Seneuze.* 1620. *in* 12.

Guil. Ocham, de Sacramento altaris. *Parisiis, Levet. in* 16.

La Perpetuité de la Foi de l'Eglise Catholique touchant l'Eucharistie. *Paris, Savreux.* 1666. *in* 12.

Jac. Sirmondi, Antirrheticus de Canone Arausicano. *Parisiis, Cramoisy.* 1633. *in* 8.

Remontrance à M. de Melines sur son Decret contre le livre de la Frequente Communion. 1695. *in* 12.

Maximes touchant la Communion, par M. l'Ev. d'Arras. *in* 18.

Traité de l'Intinction, par M. Grancolas. *Paris, Remy.* 1694. *in* 12.

F. Hyach. Petronius, de necessitate præconversionis aquæ in vinum, in confectione Sacramenti Sanguinis Christi. *Roma, Mascardi.* 1621. *in* 8.

Trattato dell' SS. Sacrificio dell' altare. *in Lione.* 1563. *in* 8.

D. Jo. Mabillonius, de pane Eucharistico, azymo ac fermentato. *Parisiis, Billaine.* 1674. *in* 8.

Jac. Boileau, de Adoratione Eucharistiæ, & de præcepto divino Communionis subutraque specie. *Par. Martin.* 1685. *in* 8.

Idem de Sanguine Corporis Christi post resurrectionem. *Ibidem.* 1681. *in* 8.

Ant. Monchiacenus Demochares, de veritate Corporis & Sanguinis Christi in Missæ Sacrificio, ratione Transsubstantiationis. *Antuerpiæ, Plantin,* 1573. *in* 8.

Dion. Petavius, de potestate consecrandi Sacerdotibus a Deo concessâ, & de Commnnione usurpanda. *Parisiis, Cramoisy,* 1639. *in* 8.

THEOLOGI in octavo, &c.

Petri Picherelli Opuscula Theologica. *Lugd. Batav.* 1629. *in* 12.
Jo. Garetii, omnium ætatum consensus in veritatem Corporis Christi in Eucharistia, & assertio Sacrificii Missæ, precum, *Antuerpiæ, Nutii,* 1569. *in* 8.
Claud. Espencæus, de Eucharistia ejusque adoratione, & de utraque Missa. *Parisiis, Chaudiere,* 1573. *in* 8.
Joannes Hosman, de Communione sub utraque specie. *Venetiis, Nicolini,* 1571. *in* 8.
Jo. Waterlop, de Communione in statu gratiæ peteganda, modo recipiendi Baptismum, &c. *Tornaci, Inglebert,* 1681. *in* 8.
Jo. Chiffletii, consilium de Sacramento Eucharistiæ ultimo supplicio afficiendis non denegando. *Bruxellæ, Mommatii,* 1644.
Henr. Culens, Jubilæi, veteris Hebræorum & novi Christianorum collatio. *Antuerpiæ, Moreti,* 1617. *in* 8.
F. Bernardini Eretini, discursus canonicus, de usurarum voragine Judaicarum. *Romæ, Bernabo,* 1671.
——— De Romana Communione sub utraque specie. *Ibidem, in* 24.
Defensio juris Episcopalis & Libertatis qua fideles gaudent in missis, &c. a Jo. Bagotio. *Romæ Typis Cameræ Apostol.* 1659. *in* 8.
Petrus Sutor, de Potestate Ecclesiæ in occultis. 1534. *in* 8.
Jo. Filesacus, de Pœnitentia. *Parisiis, Morelli.* 1633. *in* 8.
Avertimenti di S. Carolo per li Confessori. *Roma.* 1702. *in* 12.
S. Caroli Borromæi, Enchiridion. 1651. *in* 16.
Franc. Hyach. Choquetius & Franc. d'Avila, de Confessione per litteras, seu internuncium. *Duaci, Belleri.* 1623. *in* 8.
Défense de la Penitence publique pour les pechez publics. *Senſ, Prussurot.* 1673. *in* 8.
Jac. Sirmondi, Historia Pœnitentiæ publicæ & Disquisitio de azymo. *Parisiis, Cramoisy.* 1651. *in* 8.
Hieron. Savonarolæ, Eruditorium Confessorum, *Monasterii Castii.* 1640. *in* 24.
Joannes Dartis, de Canonica Disciplina circa Pœnitentiam. *Par. Duvalii.* 1625. *in* 8.
Jo. Dartis, de Canonica Disciplina circa Pœnit. *Ibidem.*
Ejusdem oratio de Belli & Pacis causis, de fortitudine, Clementia, litterarum amore, & aliis regiis virtutibus. *Parisiis, Langlois.* 1622.
Remontrance au Roy pour l'Université de Paris, par le même. *Ibidem.* 1621. *in* 8.
Jo. Malderus, de Sigillo Confessionis Sacramentalis. *Antuerpiæ, Moreti.* 1626.
Idem, in Canticum Canticorum. *Ibidem.* 1628. *in* 8.
F. Domin. de Soto, de ratione tegendi & detegendi Secretum. *Duaci, Belleri.* 1623. *in* 8.
Pentalogus Diaphoricus, de Dilatione absolutionis. *in* 24.

Jac. Boileau, Historia Confessionis auricularis. *Parisiis, Martin.* 1684. *in* 8.
Jo. Launoius, circa Canonem; utriusque sexus. *Ibid.* 1679. *in* 8.
―――― De mente Concilii Tridentini, circa Contritionem & Attritionem. *Ibidem*, 1653.
―――― De frequenti Confessionis & Communionis usu. *Ibidem*, 1653. *in* 8.
Disquisitio Theologica de Charitate, ad obtinendam veniam in Sacramento Poenitentiæ, per Contritionem necessaria. *Embricæ, Cunei*, 1686. *in* 12.
Traité de l'Absolution de l'Heresie, par M. Thiers. *Paris, Dezallier*, 1695. *in* 12.
Francisci Farvacques, Veritas & Charitas. *Leodii, Streel*, 1680. *in* 8.
Joannis, Episc. Castoriensis, Amor Pœnitens. *Embricæ, Arnoldi*, 1683. *in* 8.
Joannis Perelii, animadversiones in librum cui titulus, *Amor Pœnitens*. *Mogantiæ, Nic. Heyl. in* 12.
Apologie de la Penitence. *Cologne, d'Egmond*, 1692. *in* 12.
De la Contrition necessaire pour obtenir la remission des pechez dans le Sacrement de Penitence. *Louvain*, 1676. *in* 12.
Censures & Lettres Pastorales de M. l'Ev. d'Arras touchant l'administration du Sacrement de Penitence. *in* 24.
Lettre de M. de Tournay aux Pasteurs de son Diocese sur divers Ecrits touchant l'usage du Sacrement de Penitence. *Lille, Nic. de Rache*, 1683. *in* 12.
Responsio Episcopi Tornacensis ad Epistolam apologeticam Petri Henneguier. *Insulis, Malte*, 1683. *in* 12.
Macarii Havermans, disquisitio Theologica de Amore Dei requisito & sufficiente cum Sacramento ad justificationem. *Lovanii, de Witte*, 1675. *in* 8.
Gilb. de Choyseul, Episcopi Tornac. brevis explicatio Sacramenti Pœnitentiæ. *Insulis, Nic. de Rache*, 1683. *in* 12. 2. vol.
Joannes Opstraet, de laborioso Baptismo. *Loeodii, Hyoux*, 1697. *in* 12. 2. vol.
Status, Origo & Scopus reformationis circa Sacramentum Pœnitentiæ. *Moguntiæ, Bourgeat*, 1675. *in* 12.
Praxis & doctrinæ communis Ecclesiæ absolvendi mox peccatores Ordinarios vindicata. *Lovanii*, 1697. *in* 12.
Methodus remittendi & retinendi peccata, à Gomm. Huygens. *Leodii, Kalcoven*, 1656. *in* 12.
Leonis Allatii, Græcorum cum Latinis consensio, de Purgatorio. *Francofurti*, 1656. *in* 12.
Jo. Tavernerius, de Purgatorio. *Par. Gaultherot*, 1551.
Defensio Ecclesiasticæ Liturgiæ. *Colonia, Birkmanni*, 1564. *in* 8.
Jo. Tavernerius, de SS. Eucharistia. *Par. Fremy*, 1558. *in* 8.

THEOLOGI, in octavo, &c.

Andræas Victorellus, de Extrema-Unctione. *Petavii*, 1609. *in* 8.
Jo. Launoius, de Sacramento unctionis infirmorum. *Par. Martin*, 1673. *in* 8.
Discours de la Tonsure Clericale, par M. Godeau. *Par. le Petit*, 1651. *in* 24.
Discours sur les Ordres Sacrez, par le même. *Ibidem*, 1658. *in* 12.
Leo Allatius, de ætate & interstitiis in collatione Ordinum apud Græcos servandis. *Romæ, Mascardi*, 1638. *in* 8.
Fabii Incarnati, Scrutinium Sacerdotale. *Lugduni, Rigaud*, 1658. *in* 8.
Bediani Morange, Schola Grammatices Ordinandorum. *Lugduni, Jullieron*, 1663. *in* 12.
De l'election du Celibat & vie claustrale, ou du Mariage. *in* 18.
Franc. Duysseldorpius, de Matrimonio non ineundo, cum his qui extra Ecclesiam sunt. *Antuerpiæ, Cnobbari*, 1636. *in* 8.
Ordonnances touchant les Mariages clandestins. *Paris, Martin*, 1660. *in* 8.
In Matrimonii Sacramentum notæ Catecheticæ à Jo. Lindeborn. *Coloniæ*, 1675. *in* 12.
Adr. Pulvæus, de Nuptiis sine Parentum consensu non contrahendis. *Par. Langelier*, 1578. *in* 8.
Franc. Florens, de Nuptiis consobrinarum prohibitis aut permissis. *Parisiis, Camusat*. 1636. *in* 8.
F. Jo. Nicolai, de Jejunio Christiano. *Par.* 1667. *in* 12.
Caroli Mazzii, responsio ad dissertationem de obligatione Jejunii singulis sextis Feriis & Sabbatis Quadragesimæ. *Venetiis, Balleonii*, 1684. *in* 8.
Petri de Marca, Dissertationes Posthumæ. 1669. *in* 12.
―― Eædem. *Par. Muguet*, 1681. *in* 8.
Maximil. Sandæus, de Prædestinatione & Synodo, &c. *Herbipoli, Volmari*, 1619. *in* 8.
Lud. Bail, de Gratia. *Par. Pocquet*, 1653. *in* 8.
F. Basilius Pontius, de tenenda SS. Augustini & Thomæ Doctrina. *Duaci, Wyon*, 1634. *in* 12.
Lucta D. Thomæ contra præmotiones Physicas, &c. 1651.
Manuale Catholicorum ad vitandas profanas vocum novitates. 1651. *in* 12.
De Augustini Doctrina, & Trident. Synodo dissertatio. *Parisiis, Cramoisy*, 1650. *in* 8.
S. Augustini Sententiæ de Prædestinatione, Gratia Dei, & libero hominis Arbitrio, studio Sirmondi. *Ibidem*, 1649. *in* 8.
Apostolicæ Sedis definitiones veteres de Gratia Dei. *Duaci, Kellami*, 1616. *in* 12.
Enchiridion salutis operandæ per gratiam Christi. *Correriæ, Faure*, 1699. *in* 12.
F. Ludov. Boroius, de Prædestinatione & Reprobatione. *Venetiis, Combis*, 1607. *in* 12.

T H E O L O G I, in octavo, &c.

Manuale Catholicorum ad vitandas profanas vocum novitates. 1651. *in* 12.

Manuale Catholicorum hodiernis controverfiis amice componendis neceffarium. *Chartopoli*, 1663, *in* 2.

Cornelius Janfenius Iprenfis fufpectus. *Parifiis, Cramoify*, 1650. *in* 8.

Lucta D. Thomæ contra præmotiones Phyficas. 1651. *in* 8.

Difputationes de Vindiciis Gratiæ Chrifti. *Francofurti*, 1658. *in* 8.

Renati Rapini, Evangelium Janfenianum. *Parifiis, Hainault*, 1656. *in* 8.

Franc. Vavafforis, Differtatio de Libello Suppofititio. *Parifiis, Cramoify*, 1653. *in* 8.

Antonii Gonzalez de Rofende, affertio Theologica de effentiali libertate Dei & Creaturæ. *Lugduui, in* 12.

Jac. Sirmondi, Prædeftinatorum hærefis, cum ejufdem libri cenfura. 1645. *in* 12.

Reliques de M. l'Abbé de S. Cyran. *Louvain*, 1646. *in* 8.

Quatriéme Partie de la Reponfe aux Apologies de P. R. par le fieur de S. Sorlin des Marets. *Paris, Hainault*, 1668. *in* 12.

L'anima di Cornelio Gianfenio, da Filippo Maria Bonini. *Poitiers, Mefnier*, 1654. *in* 12.

Corn. Janfenii Auguftinus Europæus à Phil. van-Warre. *Antuerpiæ, Robins*, 1709. *in* 8.

Melch. Leidecker, de Hiftoria Janfenifmi. *Ultrajecti, Halma*, 1695. *in* 8.

Les Imaginaires & vifionnaires. *Liege, Beyers*, 1667. *in* 12. 2. vol.

Hiftoire Generale du Janfenifme. *Amfterdam, de l'Orme*, 1700. *in* 8. 3. vol.

Tradition de l'Eglife Romaine, par M. Germain. *Cologne, Schouten*, 1687. 1690. & 1696. *in* 12. 4. vol.

Apologie hiftorique des deux cenfures de Louvain, & de Douay, par M. Gery. *Ibidem*, 1688. *in* 12.

Défenfe du fecret du Janfenifme, par le P. Defchamps, *Par. Michallet*, 1690. *in* 12.

Juftification des Religieufes de P. R. 1697. *in* 12.

Phantome du Janfenifme. *Cologne, Schouten*, 1688. *in* 12.

Hiftoire abregée du Janfenifme, & Remarques fur l'Ordonnance de M. de Paris. *Cologne, Drackerus*, 1697. *in* 8.

Recueil de Pieces concernant les Religieufes de P. R. des Champs, qui fe font foûmifes à l'Eglife. *Paris, de l'Imprimerie Royale*, 1710. *in* 12.

Expofition de la Foi Catholique touchant la Grace & la Predeftination. *Mons, Migeot, in* 8.

Hiftoire des cinq Propofitions. *Liege, Moumal*, 1699. *in* 12.

THEOLOGI, in octavo, &c.

Confutatio Memorial P. de Palazol. 1699. *in 8.*
Le Poison caché sous le Jansenisme. *Metz, Jean Antoine.* 1653. *in 8.*
Causa Arnaldina. *Leodii, Hoyoux,* 1699. *in 8.*
Histoire abregée de M. Arnauld. *Cologne,* 1695. *in 8.*
Testament Spirituel, de M. Arnauld. *in 12.*
Recrimination des Jesuites, convaincuë de Calomnies par la nouvelle Déclaration des Disciples de S. Augustin. *Cologne, d'Egmond.* 1690.
Question Curieuse, si M. Arnauld est heretique. *Cologne, Schouten,* 1690. *in 12.*
Histoire abregée de M. Arnauld. *Cologne, Schouten,* 1695. *in 12.*
La bonne foy de M. Arnauld & la mauvaise foy des Jesuites, touchant le Fait de Roüen, 1692. *in 12.*
Plainte de M. Arnauld, à M. l'Ev. d'Arras, 1691.
Seconde Plainte du même aux Jesuites, 1691. *in 12.*
Troisiéme Plainte du même, 1691. *in 12.*
Lettre à M. Arnauld sur ses plaintes, 1691. *in 12.*
Justification de la troisiéme Plainte, de M. Arnauld, 1692. *in 12.*
Réponse du P. Payen, à la troisiéme Plainte de M. Arnauld. *in 12.*
Correction faite au P. Payen, 1692. *in 12.*
Remarques sur la quatriéme Plainte de M. Arnauld. *in 12.*
Avis sur la deuxiéme Edition, de la quatriéme Plainte de M. Arnauld. *in 12.*
Le vain Triomphe des Jesuites, 1692. *in 12.*
Remarques sur la Lettre du P. de Waudripont &c. 1692. *in 12.*
Illusions de la Relation Sommaire &c. *in 12.*
Remarques sur l'Ecrit intitulé, Relation Sommaire, 1692. *in 12.*
Secrets du Party de M. Arnauld, découverts depuis peu, 1691.
Remarques sur la quatriéme Plainte, de M. Arnauld. *in 12.*
Secrets du Party de M. Arnauld, troisiéme Edition, 1692. *in 12.*
Remarques sur ce Corollaire, de M. Steyaert. *Formula juramenti,* &c. 1692. *in 12.*
Le Jansenisme démasqué, 1693. *in 12.*
Lettre à MM. de P. R. sur leur esprit de revolte. *in 12.*
Lettre écrite de Rome, touchant le Formulaire. 1694. *in 12.*
Lettre du P. Q. à M. l'Abbé de la Trappe, sur la mort de M. Arnauld. *in 12.*
Lettre d'un Docteur de Sorbonne, à M. le Febvre sur la Critique de l'Ordonnance de l'Archev. de Paris, 1696. *in 12.*
Lettre de M. Duguet, à M. Boyleau sur cette Ordonnance. *in 12.*
A M. l'Arch. de Paris, au sujet de sa derniere Ordonnance. *in 12.*
Lettre Pastorale de M. l'Arch. de Malines, pour remedier aux desordres causées dans son Diocese, par la nouvelle Doctrine. *Cologne,* 1693. *in 8.*
Ordonnance de M. l'Arch. de Reims, à l'occasion de deux Theses

THEOLOGI, in octavo, &c.

foutenuës dans le College des Jefuites. *Par. Aniffon*, 1697. *in* 8.

Remontrance à M. l'Arch de Reims, fur cette Ordonnance. *in* 12.

Hiftoire du Procès gagné depuis peu, par M. l'Arch. de Reims, contre les Jefuites. *Utrecht*, 1698. *in* 12.

Sentiment de M. l'Arch. de Reims, fur le Livre du Cardinal, Sfondrate. *Nodus, &c. in* 12

Syfteme de M. Nicole, touchant la Grace univerfelle. *Cologne, Egmont*, 1699.

Lettre à M. l'Abbé ***. Sur la nouvelle hiftoire des difputes de Auxiliis qu'il prepare. *Liege, Streel*, 1698.

Seconde Lettre fur la Thefe des Jefuites de Lyon, 1697.

Remontrance à M. l'Arch. de Reims, fur fon Ordonnance de 1697. *in* 12.

Recueil des pieces publiées en l'affaire des IV. Evêques, &c. *Cologne, Schoute*, 1669. *in* 8.

Hiftoire abregée de la paix de l'Eglife. 1668. *in* 24.

Miroir de la pieté Chrétienne, par Flore de S. Foy. *Liege* 1677. *in* 24.

Examen des Libelles, contre les Evêques. *Cologne, Schouten*, 1681. *in* 24.

De l'Etat de l'homme après le peché, & de fa predeftination au falut. *Amfterdam, Debordes*, 1634. *in* 24.

Hiftoire de la Congregation, de Auxiliis. *Francfort, Arnauld*, 1687.

Greg. Nunnii Coronel, Compendium Actorum Cogregationis de Auxiliis. *Ibidem*, 1687. *in* 12.

Lettre de M. l'Abbé ***. Sur la nouvelle hiftoire difputes de Auxiliis qu'il prepare. *Liege, in* 12.

Réponfe de M. l'Abbé le Blanc, à cette Lettre. *in* 12.

Les entretiens de Dieu donné & de Romain, touchant la Grace & la Predeftination. *Cologne, Valé*, 1691. *in* 12.

IV. & V. Lettre de la Morale fpeculative & pratique des Janfeniftes. *Cologne, Marteau*, 1698. *in* 12.

Lettres du Prince de Conty au P. Defchamps. *Cologne, Schouten*, 1691. *in* 12.

Ecclefia Gallicana vexata. *in* 12.

Memoire contenant 1. une déduction fommaire des conteftations doctrinales des Pays-bas, &c. 2. une Réponfe aux accufations de Janfenifme, &c.

Projet de la Bulle de Paul V. contre Molina, *in* 12.

Recueil des Bulles contre Bajus, &c. *in* 8.

Eclairciffement fur l'Ordonnance de M. de Cambray, contre le cas de Confcience. *in* 8.

Le veritable Efprit des nouveaux Difciples de S. Auguftin. *Bruxelles, Claudinot*, 1706. & 1707. *in* 12. 3. vol.

THEOLOGI, in octavo, &c.

La Paix de Clement IX. *Chamberry, Giraux*, 1700. *in* 12. 2. vol.
Meditations Chrétiennes, par le Sieur de Pressigny. *Anvers*, 1692. *in* 12.
Remontrance des Prêtres de l'Oratoire, au Chapitre de Liege. *Liege*, 1692. *in* 12.
Préjugés legitimes contre le Jansenisme. *Cologne, Dubois*, 1688. *in* 12.
Histoire abregée de l'Abbaye de Port-Royal. *Paris*, 1710. *in* 12.
Relation du Païs de Jansenie, par Loüis Fontaine. *Paris, Thierry*, 1660. *in* 12.
Vindiciæ editionis S. Augustini a Benedictinis adornatæ. *Roma, Komarek*, 1699. *in* 24.
Lettre de l'Abbé de *** aux Benedictins &c. 1999. *in* 12.
Lettre d'un Theologien à un de ses amis, contre la Lettre de l'Abbé de ***. 1699. *in* 12.
Memoire d'un Docteur en Theologie, sur la Réponse d'un Theologien &c. 1699. *in* 12.
Lettre d'un Benedictin non reformé aux Benedictins de la Congregation de S. Maur. 1699. *in* 12.
Lettre d'un Abbé Commendataire &c. 1699. *in* 12.
La conduite qu'ont tenu les Peres Benedictins, depuis qu'on a attaqué leur edition de S. Augustin. 1699. *in* 12.
Plainte de l'Apologiste des Benedictins, à Messieurs les Prelats de France. *in* 8.
Poëme sur les Ecrits des Jesuites, sur la nouvelle edition de S. Augustin. *in* 8.
Mandement de MM. les Evêques de Clermont, & de S. Flour. 1711. *in* 12.
Solution de divers Problemes. *Cologne, Marteau*, 1699. *in* 12.
Suite de la Solution de divers Problemes. *Ibidem*, 1700. *in* 12.
Le P. Quesnel seditieux, & heretique, 1707. *in* 12.
Questions importantes sur les Jansenistes. *in* 18.
Instruction familiere sur la Predestination, & sur la Grace. *Liege, Streel*, 1711. *in* 12.
Denonciation à M. l'Arch. de Reims, des erreurs enseignées par la Faculté de Theologie, &c. *Avignon, Chastel*, 1719. *in* 12.
Idée Generale de la nouvelle Constitution. 1713. *in* 12.
Memoire où l'on examine : s'il est permis à ceux qui croient la Constitution *Unigenitus* erronée, de la lire, &c. 1713. *in* 12.
Examen de la Constitution, selon la Methode des Geometres, 1714. *in* 12.
Lettre d'un Abbé à un Evêque, où l'on démontre l'équité de la Constitution. *Lyon, Lions*, 1714. *in* 12.
Renversement des libertés de l'Eglise Gallicane, 1716. *in* 12. 2. vol.
Conclusiones S. Facultatis Theol. Parisiensis, quæ spectant ad Syndicatum Magistri le Rouge. *in* 12.

Nouvelle Relation en forme de Lettres de toutes les Assemblées de Sorbonne, sur le sujet de la Constitution, 1716. *in* 12. 4. vol.

Projet de censure raisonnée dressé par M. l'Ev. de Langres avec des Notes, 1716. *in* 12.

Refutation de deux Memoires seditieux, touchant l'acceptation de la Bulle. *in* 12.

Lettre de M. l'Ev. de Soissons à M. l'Abbé ** sur le Mandement du Chapitre de Tours. 1718. *in* 12.

Instruction du même à une Dame, sur le parti le plus sur. 1719. *in* 12.

Liste des Appellans au futur Concile. Lettre de M. de Cambray à M. d'Arras. Mandement de M. de Cambray. Lettre du P. Polinier General de Sainte Genevieve. Opposition de M. le Gendre. *in* 8.

II. *Theologi Morales.*

D. Antonini Summa Confessionalis. *Lugduni, Rouillii,* 1564. *in* 12.

Ant. Fernandez de Moure, examen Theologiæ moralis. *Rothomagi, Vereul,* 1620. *in* 8.

Th. Sanchez, Compendium de S. Matrimonii Sacramento. *Lugduni, Pillehotte,* 1623. *in* 24.

Jo. Maldonati Summula, *Coloniæ, Honthemii,* 1605. *in* 12.

Censura S. Facultatis Parif. in Santarellum. *Par. Durand,* 1626. *in* 8.

Amedæi Guimenii Opera. *Colonia Agrippina, Kinekii,* 1665, *in* 12.

La Doctrine Ancienne des Docteurs de Paris, opposée à la censure de la même Faculté, sur le livre de J. Vernant. 1666. *in* 8.

Recueil de diverses pieces, concernant les censures de la Faculté de Theologie de Paris. *Munster, Raësfeld,* 1666. *in* 12.

Petri à S. Joseph, Fulienfis, Theses Theologicæ. *Par. Josse,* 1644. *in* 24.

―――― Idea Theologiæ Speculativæ. *Ibidem,* 1643. *in* 24.
―――― Idea Theologiæ Moralis. *Ibidem,* 1642. *in* 24.
―――― Idea Theologiæ Sacramentalis. *Ibidem,* 1640. *in* 24.
―――― Summa Casuum Conscientiæ. *Ibidem,* 1643. *in* 24.

F. Macarii Havermans, Defensio Theologiæ Moralis. *Coloniæ Agrippinæ, Egmond,* 1676. *in* 12.

La Franche acception du Deffy fait à F. Martin le Noir, sur la liberté, touchant la Messe Paroissiale. Avis à MM. les Curez de Roüen. Apologie contre la resolution de la sanctification du S. Dimanche & autres Fêtes. *Roüen,* 1605. *in* 8.

Theologie Morale. *Par. Pralard,* 1676. 2. vol. *in* 12.

THEOLOGI, in octavo, &c.

Confutatio Collectionis locorum quos Jesuitæ compilarunt tanquam sibi injuriosos. 1633. *in* 8.

Decretum Innocentii XI. contra Casuistarum LXV. Propositiones. 1679. *in* 12.

Les impostures & les ignorances d'un libelle intitulé : la Theologie Morale des Jesuites par l'Abbé de Boissic. 1644. *in* 8.

Lettres de Polemarque à Eusebe & d'un Theologien à Polemarque &c. *in* 12.

La Doctrine des Jesuites & des nouveaux Casuistes combattuë par les Curez de France &c. 1659. *in* 12,

Lud. Montaltii, litteræ Provinciales cum notis Wendrockii. *Coloniæ, Schouten*, 1679. *in* 8.

Bern. Stubrockii, Notæ in notas Wendrockii. *Coloniæ, Busæi*, 1659. *in* 8.

Réponse aux Lettres Provinciales. *Liege, Hovius*, 1658. *in* 12.

Entretiens de Cleandre & d'Eudoxe, sur les Lettres au Provincial. *Cologne, Marteau*, 1694. *in* 12.

Conference de Theodore & de Theotime, sur les Entretiens de Cleandre & d'Eudoxe &c. 1697. *in* 12.

Apologie des Lettres Provinciales de Louis de Montalte, divisée en IV. Parties. *Roüen*, 1697. *in* 12.

Lettre de M. l'Abbé..... touchant la nouvelle Apologie des Lettres Provinciales. *Cologne, Marteau*, 1698. *in* 12.

Lettres aux PP. Jesuites, sur leur nouvelle réponse aux Lettres Provinciales. *in* 12.

Lettre de M. Arnauld, à M. l'Evêque de Malaga. 1689. *in* 12.

Morale Pratique des Jesuites. *Cologne, Quentel*, 1669. 1682. & 1689. *in* 12. 4. vol.

Histoire de Dom Jean de Palafox, Evêque d'Angelopolis, &c. 1690. *in* 12.

Apologie de M. Arnauld & du P. Bouhours. *Mons, Lenclume*. 1694. *in* 12.

Difficultez proposées à M. l'Archevêque de..... sur divers endroits des Livres, dont il recommande la lecture. *in* 12.

Eclaircissemens des prétenduës difficultez, proposées à M. l'Arch. sur plusieurs points importans de la morale de J. C. 1696. *in* 8.

Neuf Lettres au P. Alexandre. 1696. & 1697. *in* 12.

Six Lettres aux PP. Jesuites, pour servir de réponse à &c.

I. Lettre d'un Docteur de Sorbonne, sur la dispute de la Probabilité, & les erreurs d'une Thèse des Jesuites de Lyon. 1697. *in* 12.

II. Lettre sur la Thèse des Jesuites de Lyon. 1697. *in* 12.

Sentiment des Jesuites, touchant le peché Philosophique. *Paris, Mabre-Cramoisy*, 1690. *in* 12.

Le P. Bouhours convaincu de nouveau de ses anciennes impos-

tures, &c. *Cologne, Schouten*, 1691. *in* 12.
Lettre d'un Abbé à un Prelat de la Cour, fur le decret de l'Inquifition du 7. Decembre 1690, contre XXXI. propofitions. 1691. *in* 12.
Recueil de quelques pieces concernant la Thefe de Caën, 1693. *in* 12.
Article IX. de l'Ordonnance de M. l'Archev. de Tours. 1697. *in* 12.
Cenfure faite par M. l'Ev. d'Arras de certaines propofitions, touchant le Scapulaire. *Arras, Hudfebaut*, 1697. *in* 12.
Regle des Mœurs. *Cologne, Schouten*, 1692. *in* 12.
Apologie du P. François Garaffus. *Par. Chappelet*, 1624. *in* °.
Jugement & cenfure de la Doctrine Curieufe du P. Garaffe. *Paris,* 1622. *in* 8.
Jo. Barnefii, Differtatio contra æquivocationes. *Par. Baragne,* 1625. *in* 8.
Profper Fagnanus, de opinione probabili. *Roma, Cafoni*, 1666. *in* 8.
Honor. Fabri, de Opinione Probabili. *Roma, Corbelletti*, 1659. *in* 8.
Apologia pro confcientiis infirmis. *Coloniæ, Alftorff*, 1682. *in* 12.
Refolution de plufieurs cas de confcience. *Par. Savreux*, 1666. *in* 24.
Cas de confcience, de Sainte Beuve. *Par. Defprez*, 1704. & 1705. 3. vol. *in* 8.
Cas de confcience de MM. Delamet & Fromageau. *Par. Guerin*, 1714. *in* 8.
Jo. Launoius, de Simonia. *Par. Martin*, 1675. *in* 8.
Traité de la Simonie, par M. Moreau. *Liege, Streel*, 1689. *in* 8.
Van-Efpen, de Simonia & de Penfionibus Ecclefiafticis. *Lovanii, Denique*, 1686. *in* 12.
Idem, de Peculiaritate & Simonia in Religione, 1684. *in* 12.
Decifion de Sorbonne, fur la pluralité des Benefices. *Par. Coignard*, 1697. *in* 12.
Traité des Reftitutions des Grands, & le Codicile d'or, 1665. *in* 24. 2. vol.
Traité contre l'impureté; par If. Oftervald. *Amfterdam, Jordan*, 1712. *in* 8.
De bono Divitiarum ufu. *Par. Cramoify*, 1641. *in* 8.
Traité des Billets. *Mons, Migot*. 1684. *in* 24.
De la Pratique des Billets. *in* 12.
L'ufure expliquée & condamnée par M. du Tertre. 1673. *in* 12.
Traité des ufures. *Par. Coignard*, 1694. *in* 8.
Lettre d'un Jurifconfulte fur l'ufure. *Mons, Migot*, 1698. *in* 12.
De ufuraria trium contractuum pravitate. *Lugduni, Certe*, 1673.
Refutatio hujufce differtationis. *Ibidem*, 1674. *in* 12.

THEOLOGI, in quarto.

Salmasius, de modo usurarum. *Lugd. Batav. Elzevir*, 1639. *in* 8.
────── De Usuris. *Ibidem*, 1638. *in* 8.
────── De Mutuo. *Lugd. Batav. Jo. Maire*, 1645. *in* 8.
────── De fœnore Trapezitico & de mutuo. *Ibidem*, 1640. *in* 8.
Polycarpi Sengeberi disceptatio de mutuo, contra Salmasium. *Par. Dupuis*, 1646. *in* 8.
Jo. Cloppenburgus, de fœnore & usuris. *Lugd. Batav. Elzevir*, 1640. *in* 8.
Du divertissement bienseant aux Ecclesiastiques. *Paris, Langlois*, 1684. *in* 12.
Mandement de M. l'Evêque d'Arras, contre la Comedie. *Paris, Ballard*, 1696. *in* 12.
Réponse à la Lettre d'un Theologien Défenseur de la Comedie. *Par. Girard*, 1694. *in* 12.
Discours sur la Comedie. *Par. Guerin*, 1694. *in* 12.
Pensées sur les Spectacles de M. l'Abbé Duguet. *in* 12.
Dissertation sur la condamnation des Theatres. *Par. le Febvre*, 1694. *in* 12.
Lettre d'un Theologien sur cette question : si la Comedie peut être permise, ou doit être absolument défenduë. *Par. Guignard*, 1694. *in* 12.
Lettre d'un Docteur de Sorbonne, touchant les dorures des habits des femmmes. *Par. Leonard*, 1696. *in* 12.
Histoire & abregé des Ouvrages, pour & contre la Comedie & l'Opera. *Orleans*, 1697. *in* 12.
Pasch. Justus, de Alea. *Amstelodami, Elzevir*, 1642. *in* 32.
Dan. Souteri, Paleamedes. *Ibidem*, 1622. *in* 8.
Desordres du jeu. *Par. Michallet*, 1691. *in* 12.
J. B. Thiers, des jeux & divertissemens. *Paris, Dezalliers*, 1686. *in* 12.
Traité du jeu, par J. Barbeyrac. *Amsterdam, Humbert*, 1709. *in* 12. 2. vol.
Resolution sur le jeu de hazard. 1698. *in* 12.
Traité des Danses. *Chez Franc. Etienne*, 1579. *in* 12.
Apologie des Dominicains Missionnaires de la Chine. *Cologne, Egmond*, 1699. *in* 12.
Lettre sur les progrez de la Religion de la Chine. *in* 8.
Six Lettres d'un Docteur, sur ce qui s'est passé dans les Assemblées de Sorbonne &c. *Cologne*, 1700. *in* 12.
Expositio facti, de controversiis Sinensibus. 1700. *in* 12.
Status quæstionis Romæ nunc temporis habitæ circa honores a Sinensibus exhibitos. *Bruxellis, Wattier*, 1700. *in* 8.
Continuatio Historiæ cultus Sinensium. *Coloniæ*, 1700. *in* 8.
Lettre de Messieurs des Missions étrangeres au Pape, &c. *Bruxelles, Wattier*, 1700. *in* 12.
Lettre de M. l'Abbé de Lionne, à M. Charmot, 1700. *in* 12.

THEOLOGI, in octavo, &c.

Lettre à Madame de Lionne, *in 12.*
Relation de ce qui s'est passé à la Chine, en 1697. 1698. & 1699. *Liege, Monmol,* 1700. *in* 12.
Tractatus Dogmaticus, de vocatione gentium, 1700. *in* 12.
Anciens traitez de divers Auteurs sur les Ceremonies de la Chine, par le P. Longobardi. *Par. Guerin,* 1701. *in* 12.
Lettre d'une personne de pieté, sur un écrit des Jesuites, contre la censure, &c. *Cologne, Egmond,* 1701. *in* 12.
F. Dominici Sarpetri, appendix ad acta de Sinensium ritibus. *Par. Pepie, in* 8.
Suite du Journal historique des Assemblées de Sorbonne, &c. 2. 3. 4. 6. & 7. Lettres, 1700. *in* 12.

III. *Mystici & Ascetici.*

Jo. Lanspergii, Pharetra Divini amoris. *Coloniæ, Aleatorii,* 1576. *in* 12.
Matth. Weyeri, Theologia mystica. *Amstelodami, Berkii,* 1658. *in* 12.
Henr. Harphii, Theologia mystica. *Par. Nivellii,* 1587. *in* 12.
Mystica Teologia, por Fernando Caldera. *en Valencia, Noguès,* 1652. *in* 16.
Raymundi Jordani, oculus mysticus, studio Theoph. Raynaudi. *Lugduni, Boissat,* 1641. *in* 12.
Idem. *Ibidem.*
Corn. Jansenius Iprensis, de reformatione interioris hominis. *Par. Vitray,* 1640. *in* 12.
Maxim. Sandæi Soc. Jesu, Maria sol Mysticus. *Coloniæ Agripp. Kinckii,* 1636. *in* 12.
Ejusdem, Maria Luna Mystica. *Ibidem,* 1634. *in* 12.
Institutions divines de Jean Thaulere. *Roüen, Besogne,* 1614. *in* 8.
Tresor divin de la Sapience Mystique, par Fr. Michel de Sainte Sabine. *Par. de Bresche. in* 32.
Pratique facile pour élever l'ame à la contemplation. *Par. Lambert,* 1670. *in* 12.
La Theologie du cœur. *Cologne, de la Riviere,* 1690. *in* 12. 2. vol.
Oeuvres & Vie de la B. Angele de Foligny. *Ibidem,* 1696. *in* 12.
Avis sur la Censure du Livre composé par Marie de Jesus, Abbesse d'Agreda. *in* 8.
Lettre à Messieurs les Docteurs en Theologie de la Faculté de Paris, sur ce Livre. *in* 12.
Abregé des Disputes causées à l'occasion de ce Livre. *in* 12.
Explication des maximes des S S. sur la vie interieure, par M. l'Archevêque de Cambray. *Paris, Aubouyn,* 1697. *in* 12.
Instruction sur les états d'Oraison, &c. par M. Bossuet Evêque de

THEOLOGI, in octavo, &c.

Meaux. *Paris, Anisson.* 1697. *in* 8.
Réponse de M. de Cambray à la Relation sur le Quiétisme. *in* 12.
Deux Lettres sur l'Oraison des Quiétistes. *Paris, Colombat.* 1697. *in* 12.
Quinque Archiepiscopi Cameracensis ad Episcopum Meldensem Epistolæ. *in* 8.
Réponse de M. de Cambray à l'Ecrit de M. de Meaux, intitulé: *Quæstiuncula*, &c. *in* 8.
Condamnation du Pape Innocent XII. du Livre intitulé: *Explication des Maximes des Saints. in* 8.
Recueil de diverses Lettres sur l'Ordonnance de M. l'Arch. de Paris, & sur la Doctrine de M. de Cambray. *in* 12.
Traité historique, contenant le jugement d'un Protestant sur la Theologie Mystique, le Quiétisme & les démêlés de M. de Meaux avec M. de Cambray, &c. 1699. *in* 8.
Apologie du veritable Amour de Dieu. *Amsterdam, Roger.* 1698. *in* 8.
Relation sur le Quiétisme, par M. l'Evêque de Meaux. *Paris, Anisson.* 1698. *in* 8.
Remarques sur la Réponse de M. de Cambray, à la Relation sur le Quiétisme, par le même. *Ibidem. in* 8.
Réponse de M. de Meaux aux IV. Lettres de M. de Cambray. *Ibidem. in* 8.
Réponse de M. de Cambray à Déclaration de MM. de Paris, de Meaux & de Chartres. *Bruxelles, Fricx.* 1698. *in* 12.
Lettre d'un Theologien à M. de Meaux, touchant ses sentimens & sa conduite à l'égard de M. de Cambray. *Toulouse.* 1698. *in* 12.
La même, avec le Traité de S. Bernard de la Grace & du Libre Arbitre. *in* 12.
Recueil de Lettres, tant en prose qu'en vers sur le Livre: *Explication des Maximes des Saints.* 1699. *in* 8.
Lettre sur l'avis Doctrinal demandé aux Docteurs sur douze Propositions du Livre de M. de Cambray. *in* 8.
Premiere, seconde & quatriéme Lettres de M. de Meaux, à M. l'Archev. de Paris, sur son Instruction Pastorale de 1697. *in* 12.
Trois Lettres de M. de Cambray à M. de Meaux. *in* 12.
Deux Lettres de M. de Cambray à M. de Chartres, en Réponse à la Lettre du Theologien. *in* 12.
Deux Lettres du même à M. de Meaux, sur les douze Propositions qu'il veut faire censurer par les Docteurs de Paris. *in* 12.
Trois Lettres, pour servir de Réponse à celles de M. de Meaux. *in* 12.
Lettres de M. de Cambray à quelques-uns de ses Amis. *in* 12.
Réponse du même à l'Ecrit de M. de Meaux, intitulé: *Relation sur le Quiétisme. in* 12.
Lettre du même, à M. de Meaux sur la Charité. *in* 12.

THEOLOGI, in octavo, &c.

Autre fur la Réponſe de M. de Meaux à l'Ouvrage intitulé : *Préjugés décisifs*, &c. in 12.

Deux Lettres de M. de Cambray, pour ſervir de Réponſe à la Lettre Paſtorale de M. l'Ev. de Chartres. *in* 12.

Deux Lettres du même à M. de Meaux, en Réponſe à l'Ecrit intitulé : *les Paſſages éclaircis*. *in* 12.

Réponſe de M. de Cambray à l'écrit intitulé : *Myſtici in tuto*. *in* 12.

Réponſe du même à l'Ecrit intitulé : *Scholaſtici in tuto*. *in* 12.

Inſtruction Paſtorale du même. *Lyon, Boudet*. 1698. *in* 12.

Reflexions d'un Theologien ſur la Lettre Paſtorale de M. de Chartres, &c. *Liege. in* 12.

Le Telemaque ſpirituel, condamné par Innocent XII. 1699. *in* 12.

Sentimens de M. de S. Cyran ſur l'Oraiſon Mentale. *Anvers, Jacob*. 1698. *in* 12.

Lettre Paſtorale de M. de Noyon contre les Erreurs du Quiétiſme. *Paris, Eſclaſſan*. 1697. *in* 12.

Les principales Propoſitions du Livre des Maximes de SS. juſtifiées. *in* 12.

Lettre d'un Theologien de Louvain touchant le ſentiment de M. l'Ev. de Meaux, ſur la Charité. *Liege, Hoyoux*. 1698. *in* 12.

Propoſitiones Libelli ab adverſariis impugnatæ Sactorum & Aſcetarum vehementioribus ſententiis confirmantur. *in* 12.

Les ſentimens de l'Abbé Philereme ſur l'Oraiſon Mentale. *Cologne, Marteau*. 1696. *in* 12.

Réponſe de M. de Cambray aux Remarques de M. de Meaux ſur la Réponſe à la Relation, &c. *in* 12.

Reſponſio ad Libellum cui titulus : *Summa Doctrinæ*, &c. *Bruxellis, Foppens*. 1698. *in* 12.

Les ſources de la vraye & de la fauſſe Devotion. 1698. *in* 12.

Recueil de divers Traitez de Theologie Myſtique. *Cologne, Jean de la Pierre*. 1699. *in* 12.

Le Quiétiſte. *Paris, Marbre-Cramoiſy*. 1687. *in* 12.

Les Illuſions du faux zele. *Paris, le Clerc*. 1696. *in* 12.

Inſtruction Paſtorale de M. l'Archev. de Paris, ſur la vie interieure. *Paris, Joſſe*. 1698. *in* 12.

Réfutation des principales Erreurs des Quiétiſtes. *Paris, Deſprez*. 1695. *in* 12.

Lettres ſur l'état préſent d'Italie. *Cologne, Marteau*. 1688. *in* 13.

Réfutation du Quiétiſme, par M. Grancolas. *Paris, Aniſſon*. 1695. *in* 12.

Recueil de Pieces concernant le Quiétiſme. *Amſterdam, Wolfgang*. 1688. *in* 12.

Lettre du P. Malebranche au P. Lamy. *in* 12.

S. Auguſtini Meditationes, ſtudio Sommalii. *Pariſiis, Cramoiſy*. 1650. *in* 12.

Ejuſdem

THEOLOGI, in octavo, &c.

Ejufdem Meditationes, foliloquia & Manuale, item Meditationes SS. Anfelmi & Bernardi, ftudio ejufdem. *Parifiis, Loyfon.* 1645. *in* 32.

Ejufdem Confeffiones, ftudio ejufdem. *Coloniæ-Agrippinæ, Egmond.* 1649. *in* 24.

Thomæ a Kempis, Opera omnia. *Coloniæ, Bufæi.* 1660. *in* 8.

L'Imitation de J. C. en vers françois, par P. Corneille. *Paris, le Petit.* 1654. *in* 12. 2. vol.

La Confolation interieure. *Paris, Robuftel.* 1690. *in* 12.

L'Imitation de J. C. traduction nouvelle. *Paris, Nully.* 1700. *in* 12.

Jo. Gerfen de Imitatione Chrifti, elegiace a Th. Meflero. *Bruxellis, Mommartii* 1649. *in* 24.

Mœurs des Ifraëlites & des Chrétiens, par M. Fleury. *Paris, Aubouyn.* 1690. *in* 12.

Pratique du P. Soyer pour fe préparer à la Profeffion Religieufe. *Paris, Muguet.* 1669. *in* 12. 2. vol.

Oeuvres fpirituelles de M. Helyot. *Paris, Coignard.* 1710. *in* 8.

F. Henrici Lancelotz, Anatomia Chriftiani deformati. *Antuerpiæ, Verdufii.* 1613. *in* 8.

F. Theodor. Van-Wucht, Paffer Solitarius in tecto. *Bruxellæ, Marchant,* 1672. *in* 8.

Confolation & remede pour les fcrupules. *Paris, Boudot.* 1692. *in* 24.

J. Biffelius, de Peftiferis peccatorum mortalium, fructibus. *Dilingæ, Bengard.* 1679. *in* 8.

Hadrianus Beverlandus, de Fornicatione cavenda. *Juxta exemplar Londinenfe.* 1698. *in* 12.

Traité de la Penitence, par Blaife de Vigenere. *Paris, Langelier.* 1602. *in* 8.

Nic. Hanigeri propugnaculum Caftitatis, pudicitiæ, &c. *Bafileæ, Henric. Petri.* 1575. *in* 8.

Familiare inftitutione della Chriftiana Religione, di M. Celio fecondo Curione. *Bafileæ. in* 8.

Dionyfii Carthufiani Opufcula. *Coloniæ, Novofiani.* 1534. *in* 8.

Jo. Lanfpergii, Enchiridion militiæ Chriftianæ. *Antuerpiæ, Steelfii.* 1551. *in* 32.

Memoire adreffé à la Sorbonne, touchant le Livre intitulé: *Devotion à la fainte Vierge*, par M. Baillet. 1693. *in* 12.

Deux Lettres à M. Hydeux, Approbateur de ce Livre 1693. *in* 12.

Avis falutaires de la B. V. M. à fes Devots indifcrets. *Lille, Nic. de Rache.* 1674. *in* 12.

Phil. Bofquieri, Monomachia Jefu-Chrifti & Luciferi, *Duaci, Borremans.* 1607. *in* 8.

Devotion des Trezains, par le P. Nicolas Bertin Minime. *Laon, Renneffon.* 1686. *in* 12.

F. Joannes a Jefu-Maria, de bono ufu contemptuque honorum, &c. *Romæ, Mafcardi.* 1613. *in* 12.

La voix de Dieu, qui appelle les Pecheurs à la Penitence. *in* 12.

De bono Eleemofinæ, ftudio Julii Fulci. *Romæ, Befa.* 1590. *in* 16.

Andreæ du Sauffay, Divina Doxologia. *Tulli, Belgrand.* 1657. *in* 24.

Caroli Pafchalii Chriftianæ preces. *Parifiis, Perrier.* 1609. *in* 12.

Explanatio Dominicæ precationis, &c. *Parifiis, Bignon.* 1539. *in* 16.

Joannis de Turrecremata Meditationes. *Colonia-Agrippina, Gualtheri.* 1607. *in* 24.

Martini de Lauduno, Carthufiani, Epiftola Sacra. *Parifiis, Joffe.* *in* 12.

Antonii Batt, Thefaurus abfconditus in agro Dominico. *Parifiis, Rocolet.* 1647. *in* 12.

D. Catharinæ Senenfis Dialogi. *Coloniæ-Agrippinæ, Birckmanni.* 1601. *in* 8.

Homelies fur la Paffion de N. S. J. C. par Dom Jean de Palafox; traduites par le fieur Amelot de la Houffaye. *Paris, Boudot.* 1691. *in* 12.

Carta Paftoral y Conocimientos de la Divina Gracia, Bonidad, y Mifericordia, por Don Juan de Palafox. *en Bruffelas, Vivien.* 1659. *in* 24.

Et Año Efperitual, por Don J. de Palafox. *en Bruffelas, Foppens.* 1662. *in* 8. 2. vol.

F. Joannis a S. Geminiano, Summa de exemplis & rerum fimilitudinibus. *Antuerpiæ, Belleri.* 1609. *in* 8.

Antonii de Balighem, morum a Brutis petita inftitutio. *Audomari, Bofcardi.* 1621. *in* 8.

Jo. Bufæi Panarion. *Lugduni, Frellon.* 1609. *in* 8.

Jo. Fabri, Alchymifta Chriftianus. *Tolofa, Bofc.* 1632. *in* 8.

Laurentii Landtmeteri, Encomium veritatis. *Antuerpiæ, Lefteenii.* 1645. *in* 8.

Fafciculus SS. Litaniarum græce & latine. *Augufta, Vindel.* 1614. *in* 12.

Jac. Lydii, Agoniftica Sacra. *Roterodami, Leers.* 1657.

Franc. Sanchez, tractatus Philofophicus. *Ibidem.* 1649. *in* 12.

Caroli Stengelii Gazophilacium Sacrarum cogitationum in feftis totius anni. *Ingolftadii, Haenlini.* 1645. *in* 12.

Dionyfii Carthufiani, vita Sacerdotum. *Coloniæ, Frieffem.* 1683. *in* 24.

Caroli a Mansfelt, Clericus. *Bruxellis, Vivieni.* 1627. *in* 12.

Philéremus Palæologus, de Oratione Dominica. *Parifiis, Defprez.* 1673. *in* 12.

Inftructions Chrétiennes fur la vie Monaftique. *Paris, Bouillerot.* 1695. *in* 12.

THEOLOGI, in octavo, &c.

Guill. Gumppenberg, Atlas Marianus. *in* 12.

Carolus Stengelius de S. Michaele Archangelo, Gabriele & Raphaele. *in* 12.

Chronicon Apparitionum S. Michaëlis Archangeli. *Duaci, Belleri.* 1632. *in* 8.

F. Sebastiani Ammiani, Christiana institutio virtutum & vitiorum. *Parisiis, Lambert.* 1650. *in* 12.

Inventaire des Saintes Reliques de N. D. par le P. Antoine de Balinghem. *Douay, Bellere,* 1626. *in* 8.

Maxim. Sandæi, Maria, fortuna Christianorum. *Coloniæ, Kalcoven,* 1644. *in* 12.

Vinc. Bruni, Meditationes de Passione & Resurrectione Domini. *Coloniæ, Birckmanni,* 1597. *in* 16.

Theophili Raynaudi, Nomenclator Marianus. *Lugduni, Boissat,* 1639. *in* 12.

Jo. Cognatus, de Prosperitate & exitio Salomonis mystico. *Duaci, Bogardi,* 1599. *in* 8.

Wolfg. Sedelius, de templo Salomonis mystico. *Moguntiæ, Behem,* 1548. *in* 8.

F. Michaelis à S. Sabina, Oraculum anachoreticum. *Parisiis, Rousset,* 1633. *in* 8.

Guiristinoaren Doctrina. *Parisen, Roger,* 1656. *in* 8. *C'est la version du Catechisme du Cardinal de Richelieu en langue des Basques par Silvain Pouvreau.*

Car. Stengelii, præsentium calamitatum origo causa & medicinæ. *Ingolstadii, Haenlini,* 1646. *in* 12.

Alb. Stanislai Radzivilli, Historia Passionis Christi. *Varsaviæ, Forsteri,* 1655. *in* 12.

Conduite d'Oraison du P. Seguenot. *Paris, Huré,* 1642. *in* 12.

Jac. Billii, Anthologia sacra. *Paris. Chesneau,* 1575. *in* 16.

Innocentius III. de contemptu mundi. *Coloniæ, Kinckii,* 1682. *in* 12.

Albertus Magnus, de adhærendo Deo. *In* 12.

Hieron. Savonarolæ Dialogus, cui titulus, *Solatium itineris mei.* *Lugd. Batav. Jo. Maire,* 1633. *in* 16.

Bellarminus, de ascensione mentis in Deum. *Paris. Chapelet,* 1616. *in* 24.

Idem. *Cornelii, ab Egmond,* 1626. *in* 24.

Bellarminus, de arte bene moriendi. *Ibidem, in* 24.

Idem, de septem verbis à Christo in cruce prolatis. *Sonnii,* 1618. *in* 12.

Angelini Gazæi, pia carmina. *Remis, Constant.* 1618. *in* 12.

Egaremens des hommes dans les voyes du salut. *Paris, Barbin,* 1693. *in* 12. 2. vol.

Retraite des hommes qui se fait dans Vannes sous la conduite des Jesuites. *Vannes, Galles,* 1678. *in* 24.

THEOLOGI, in octavo, &c.

Theoph. Spizelius, de converſione Litteratorum, & pius Litterati hominis feceſſus. *Auguſtæ-Vindel. Goebelii*, 1685. *in* 8. 2. vol.

IV. Concionatores.

Le Predicateur. *Paris, Camuſat*. 1638. *in* 8.
Jac. Pereſius, de S. ratione concionandi. *Antuerpiæ, Belleri,* 1598. *in* 8.
Franc. Bern. Ferrarius, de ſacris Concionibus. *Pariſiis, Billaine.* 1664. *in* 8.
Idea cœtus concionatoribus efformandis addicti. *Toloſa, Colomerii,* 1650. *in* 12.
L'art de prêcher, par le P. François Panigarolle. *Paris, Chaudiere,* 1624. *in* 12.
F. Michaelis Menoti, Sermones Quadrageſimales. *in* 16.
Idem. *Pariſiis,* 1530. *in* 8.
Oliv. Maillardi, Sermones. *Pariſiis, J. Petit, in* 8.
F. Philippi Boskeri, Conciones de Parabola prodigi Evang. *Moguntiæ, Crithii,* 1614. *in* 8.
F. Jacobi de Voragine, Sermones. *Pariſiis, Regnault,* 1533. *in* 8.
F. Jo. Hofineiſteri, Homiliæ in Evangelia. *Pariſiis, Parvi,* 1551. *in* 8.
M. Maruli Spalatenſis, Evangeliſtarium. *Coloniæ,* 1529. *in* 8.
Matt. Naxei, Sermones de S. Euchariſtiæ Sacramento. *Duaci, Belleri,* 1632. *in* 8.
Homelies des Saints, par le P. François Bourgoing. *Paris, Huré,* 1652. *in* 8
Panegyrique de S. Pierre. *in* 8.
Panegyriques des Saints par M. Flechier. *Cologne, Balth. d'Egmond,* 1695. *in* 12.
Sermons pour les grandes Fêtes de l'année. *Bruxelles, Fricx,* 169°. *in* 12.

V. Polemici in omnes hæreſes.

Phil. Rovenius, de Miſſionibus ad propagandam fidem, & converſionem Infidelium. *Lovanii, Haſtenii,* 1624. *in* 8.
Idem. *Ibidem,* 1626. *in* 12.
Cyrilli Lucaris, Confeſſio Chriſtianæ Fidei ; & gemina ejuſdem confeſſionis cenſura Synodalis, gr. lat. 1645. *in* 12
Parthenii Patriarchæ Conſtantinopolitani, Decretum Synodale ſuper dogmatibus Calvinianis. *Pariſiis, Cramoiſy,* 1643. *in* 8.
Fauſti Naironi Maronitæ, Evoplia Fidei Catholicæ Romanæ. *Romæ, Congreg. Propag.* 1694. *in* 8.
Vindiciæ Synodi Epheſinæ, & S. Cyrilli de Proceſſione ex Patre & Filio, Spiritus Sancti, a Leone Allatio. *Ibidem,* 1661. *in* 8.
Leo Allatius, de octava Synodo Phoriana. *Ibidem.* 1662. *in* 8.

THEOLOGI, in octavo, &c.

―――― De templis Græcorum, Narthele Ecclesiæ veteris & opinationibus quorumdam Græcorum. *Coloniæ, Kalcovii,* 1645. *in* 8.

―――― De mensura temporum & præcipue Græcorum. *Ibidem.*

Confutatio fabulæ de Johanna Papissa, cum notis Bart. Nihusii. *Ibidem, in* 8.

Leonis Allatii, Opusculorum Græcorum & Latinorum libri duo, studio Bart. Nihusii. *Ibidem,* 1653. *in* 8.

Antiquitates Ecclesiæ Orientalis, clariss. virorum Dissertationibus Epist. enucleatæ. *Londini, Wels,* 1682. *in* 8.

Confessio Ecclesiæ Orientalis, gr. lat. a Laurenrio Normanno. *Lipsiæ, Fritsch,* 1695. *in* 8.

Creance de l'Eglise Orientale sur la Transsubstantiation. *Paris, Moette,* 1687. *in* 12.

Histoire critique de la créance & les coûtumes des Nations du Levant par le sieur de Moni. *Francfort, Arnauld,* 1684. *in* 12.

F. Richardi, confutatio Legis latæ a Mahometo. *Romæ, Zannetti,* 1606. *in* 8.

Lud. Maraceii, Refutatio Alcorani. *Romæ,* 1691. *in* 8. 4. vol.

Alani opus, contra Valdenses. *Parisiis, Chevalier,* 1612. *in* 8.

Valdensium errorum confutatio, a Claudio Coussord. *Parisiis, Richardi,* 1648. *in* 8.

Roberti Cœnalis, opus quadripartitum de compescenda Hæreticorum petulantia. *Parisiis, Kerver,* 1557.

F. Jo. Feri, expositio Dominicæ Passionis. *Parisiis,* 1552. *in* 8.

Jo. Eckii, Apologia pro principibus Catholicis contra Buceri calumnias super actis comitiorum Ratisbonæ, & pro Cardinale Caspare Contareno. *Antuerpiæ, Steelsii,* 1542. *in* 8.

Ejusdem locorum communium Enchiridion adversus Lutherum & asseclas. XXI. Articuli Anabaptistarum per Jo. Cochlaum confutati. *Ibidem,* 1535. *in* 8.

Idem, de Purgatorio, *Par. Ruelliii,* 1548. *in* 16.

Tertullianus de præscriptionibus. Vincentii Lirinensis Commonitorium adversus Hæreses. Edmundi Campiani rationes Academicis Oxoniensibus oblatæ. Leonardi Lessii consultatio de Religione. *Lugduni, Landry,* 1622. *in* 16.

M. Cromerus, de vera & falsa Religione. *in* 8.

Wilh. Damasi Lindani, dubitantius de vera & certa per J. C. Evangelium salutis via instructus. *Coloniæ, Cholini,* 1565. *in* 8.

Mart. Peresius Ajala, de Divinis, Apostolicis & Ecclesiasticis traditionibus. *Par. Juliani,* 1562. *in* 8.

Frid. Staphyli, Apologia, latine a Laur. Surio. *Coloniæ,* 1562. *in* 8.

Defensio Frid. Staphyli contra Melancthonem & alios. *in* 8.

Stan. Hosius, de origine hæresium nostri temporis. *Lovanii, Sangrii,* 1559. *in* 8.

Confessio Christianæ Fidei, nomine Petricov. Synodi a Stanislao Hosio Card. conscripta. *Coloniæ, Cholini*, 1573. *in* 8. 2. vol.
Orthodoxæ fidei controversa, Caroli Scribani. *Antuerpiæ, Moreti*, 1609. *in* 8.
Divinæ fidei Analysis, Henr. Holden. *Coloniæ*, 1655. *in* 12.
Laurentii Foreri Quæstio, ubinam fuerit ante Lutherum &c. Protestantium Ecclesia. *Ambergæ, Haugenhofer*, 1653. *in* 8.
Judicii Universitatis, & Cleri Coloniensis contra Melancthonem &c. defensio. *Parisiis, Boucher*, 1545. *in* 8.
Adr. & Pet. de Walenburch, Tractatus generales contracti de controversiis. *Coloniæ*, 1682. *in* 12.
Laur. Reynerus, de Indulgentiis. *Duaci, Kellami*, 1636. *in* 8.
Idem. *Ibidem.*
Modus prædicandi & Mechlanho, de officio Concionatoris. *In* 8.
Defensio Ecclesiasticæ Liturgiæ. *Coloniæ, Birckmanni*, 1564. *in* 8.
Franc. Turriani, defensio pro Canonibus Apostolorum, & Epistolis Decretalibus. *Parisiis, Chesneau*, 1573. *in* 8.
Adami Contzen, de unione & Synodo generali Evangelicorum consultatio. *Moguntiæ, Gualtheri*, 1615. *in* 8.
Echo absurditatum Ulrici de Neufeld, demonstrante Valeriano magno Mediolanensi Capuccino. *Cracoviæ Kupisz*, 1646. *in* 12.
Ejusdem Commentarius de homine infami personato sub titulis; in jocosi severi medii. *Pragæ*, 1655. *in* 12.
Nostrorum temporum calamitas & deploratio, a Gabriele Prateolo. *Parisiis, Buon*, 1560. *in* 8.
Dos Tradados, el primaro es del Papa y de su autoridad, el segundo es dela Missa y de su santitad. 1588. *in* 8.
Jacobi Gorscii, Crusius. *Coloniæ, Cholini*, 1586. *in* 8.
Stanisl. Orichiovius de Stanchari funesta regno Poloniæ secta. *Ibid.* 1563. *in* 8.
Jo. Molanus, de historia SS. Imaginum &c. *Duaci, Pinchon*, 1617. *in* 8.
Franc. Agricolæ, Evangelicarum demonstrationum libri IV. *Coloniæ, Kholini*, 1578. *in* 12.
Idem, de Conjugio & Cœlibatu Sacerdotum. *Ibidem*, 1581. *in* 8.
Becani Compendium Manualis Controversiarum. *Parisiis, Héhault*, 1641. *in* 24.
Idem. *Rothomagi, de la Mare*. 1633. *in* 4.
Alberti Novi Campiani, Scopus Biblicus. *Antuerpiæ, Belleri*, 1572. *in* 24.
Nic. Sanderus, de justificatione contra Colloquium Altenburgense. *Augustâ-Trevirorum, Hatoti*, 1585. *in* 8.
Bellarminus, de Indulgentiis & Jubilæo. *Coloniæ, Hierat*, 1600. *in* 8.
Recognitio Operum Cardinalis Bellarmini: accessit Correctorium

THEOLOGI in octavo, &c.

errorum qui in libros ejusdem Cardinalis editionis Venetæ irrepserunt. *Ingolstadii, Sartorii,* 1608. *in* 8.

Jo. Capetius, de Indulgentiis. *Insulis, Tack,* 1597. *in* 8.

Petri Prost, Spicilegium Theolog. de Jubilæo. *Lugduni* 1625. *in* 8.

Franc. Balduini Responsio ad Calvinum. *Parisiis, Morelii,* 1562.

Religionis & Regis Defensio contra Calvini &c. factiones. *Parisiis, Sertenas,* 1562.

Georg. Cassander, de Viris Illustribus. *Coloniæ, Gymnici,* 1551. *in* 8.

Petri Cudsemii, Tractatus de desperata Calvini Causa. *Coloniæ, Gualteri,* 1612.

——— Hyperaspistes pro tractatu de desperata &c. *Ibidem.*

——— Vivum speculum Apostol. Ecclesiæ. *Ibidem.* 1610. *in* 8.

Censura Orientalis Ecclesiæ, de præcipuis nostri sæculi hæreticorum dogmatibus ab Hieremia Patriarcha Constantinop. Græce conscripta & Latine reddita a Stanislao Socolovio, cum notis Franc. Feu-ardentii. *Parisiis, Sittart,* 1584. *in* 8.

F. Costeri, Apologia contra Gomarum. *Lugduni, Rouillii,* 1604. *in* 12.

Author Libelli de officio pii viri cum præfationibus & responsionibus Franc. Balduini ad Calvinum & Bezam. *Parisiis, Fremy,* 1564. *in* 8.

Cornelii a Rynthelen, Jurista-Romano Catholicus. *Coloniæ-Agrippina, Hemmerden,* 1618. *in* 8.

Bart. Nihusii, Hypodigma. *Coloniæ, Kalcovii,* 1648. *in* 8.

Nullus & nemo. *Parisiis, Nivelle,* 1608. *in* 8.

Concilii Dordraceni Ascia, a Claudio Dausquio. *Atrebati, Riverii,* 1629. *in* 8.

Heriberti Rosweydi, syllabus malæ fidei Capellanæ. *Antuerpiæ, Moreti,* 1620.

Ejusdem Anticapellus. *Ibidem.* 1619. *in* 8.

Guil. Perkinsus, de Romanæ fidei ementito Catholicismo. *Hanoviæ, Antonii,* 1604.

Hub. Sturmius, de æternæ Dei prædestinatione. *Ibidem.*

Orthodoxus de Prædestinatione Tractatus. *Lichæ, Kezelii,* 1604.

Danielis Tossani, Pastor Evangelicus. *Ambergæ,* 1604. *in* 8.

Novi Testamenti Sacerdotium, a Jo. Mensingio. *Coloniæ, Ketteler,* 1681. *in* 12.

Cornelii Jansenii, Notarum spongia &c. *Lovanii, Zegeri.* 1641. *in* 12.

Examen Confessionis Fidei Christianæ a Guill. Cheisolmo Schoto. *Avenione, Bramereau,* 1601. *in* 8.

Petri Coreti, Defensio veritatis adversus Librum D. De la Noue. *Antuerpiæ, Moreti,* 1591. *in* 8.

Franc. Agricolæ, Defensio honoris Divini contra hæreses hujus

Sæculi, accedit Simius Genevenſis. *Coloniæ, Kinckii,* 1614. *in* 8.
Les Combats du fidele Papiſte. *Rouen,* 1552. *in* 16.
Apologie contre les Miniſtres de la nouvelle Egliſe d'Orleans, par Gentian Hervet. *Paris, Cheſneau,* 1561.
Deux Epitres du même aux Miniſtres. *Ibidem, in* 8.
Entremangeries miniſtrales, par François Feu-ardent. *Caen, Heron,* 1601. *in* 8.
Le Rabelais Reformé par les Miniſtres, & nommément par le ſieur du Moulin. *Bruſſelles, Girard,* 1619. *in* 8.
Le vray Reveil-matin des Calviniſtes, par A. Sorbin. *Paris, Chaudiere,* 1576. *in* 8.
Herm. Hugonis, de vera fide capeſſenda Apologetici Libri tres. *Antuerpiæ, Moreti,* 1620. *in* 8.
Cenſures prononcées par le Roi d'Angleterre contre les principaux Points de la Doctrine des Miniſtres. *Paris, Champenois,* 1621. *in* 8.
Actes de la Conference tenue à Evreux en 1600. publiez par M. l'Ev. d'Evreux. *Evreux, le Marié,* 1601. *in* 8.
Lettre de M. Drouart, ſur ſa converſion à la foi Catholique. *Paris, Rouillé,* 1674. *in* 8.
L'Auditeur de la Parole de Dieu, par le P. Antoine Sirmond. *Paris, Camuſat,* 1638. *in* 8.
Abregé de l'Euchariſtie paiſible, par le P. du Boſc. *Paris, Piot,* 1648. *in* 8.
Lettre du P. Nouet à M. Claude ſur la preſence Réelle. *Paris, Muguet,* 1668. *in* 8.
Le Threſor des grandes Richeſſes de l'Egliſe, par Nic. de Blairie. *Amiens, Hubault,* 1618. *in* 8.
L'avoiſinement des Proteſtans vers l'Egliſe Romaine, par M l'Ev. du Bellay. *Paris, Alliot,* 1640. *in* 8.
Motif de la Converſion du ſieur de la Parre. *Paris, Rolland* 1666. *in* 8.
Demonſtrations Catholiques du P. Alex. Regourd. *Paris Rouillard,* 1630. *in* 8.
Diſcours de la Vocation des Paſteurs, par Jean de Chaumont. *Paris, Paſlé,* 1650. *in* 8.
Examen academique des fautes du Miniſtre Aubertin. *Paris, Boulanger,* 1633. *in* 8.
Aphoriſmes de Controverſe. *Cologne, le Jeune,* 1687. *in* 12.
Apologie pour les Catholiques, contre le Livre intitulé: la Politique du Clergé. *Paris, Bronkart,* 1681. & 1682. *in* 12. 2. *vol.*
Sentimens d'Eraſme de Roterdam, conformez à ceux de l'Egliſe Catholique ſur les points controverſez. *Cologne, le Jeune,* 1688. *in* 8.

Traitez

Traitez &c. Lettres de M. de Gombaud, touchant la Religion. *Amsterdam, Lanclume*, 1676. *in* 12.

L'Impieté de la morale des Calvinistes. *Paris, Savreux*, 1675. *in* 12.

Le Calvinisme convaincu de nouveau. *Cologne, Binsfelt*, 1682. *in* 12.

Replique à M. Arnauld pour la défense du Livre des motifs invincibles, par M. le Febvre. *l'Isle, Bourdelot*, 1685. *in* 12.

Critique des Lettres Pastorales de M. Jurieu. *Lion, Anisson*, 1689. *in* 12.

Exposition de la Doctrine de l'Eglise Catholique, par M. Bossuet. *Paris, Marbre-Cramoisy*, 1671. *in* 12.

Reflexions sur les differends de la Religion. *Paris, Martin*, 1686. *in* 12. 2. *vol.*

Le Carême Catholique, par le P. Leon. *Paris, Pepie*, 1687. *in* 12.

Traité de la Lecture des Peres de l'Eglise. *Paris, Couterot*, 1688. *in* 12.

Traité de l'Invocation des Saints, par M. l'Abbé de Cordemoy. *Paris, Coignard*, 1686. *in* 12.

Avis important aux Refugiez sur leur prochain Retour en France. *Paris, Martin*, 1692. *in* 12.

Motifs invincibles d'attachement à l'Eglise Romaine. *Reims, Multeau*, 1713. *in* 12.

Salomonis Theodoti, Historica relatio dissidiorum Ministr. Hollandiæ. *Ursellis, Jungben*, 1618. *in* 8.

Mart. Smiglecii, Refutatio vani cujusdam Epicherematis missionem Ministrorum Evangelicorum propugnantis. *Coloniæ, Boetzeri*. 1611. *in* 12.

Franc. Jordani Responsio ad Danæum, Sabellianismo doctrinam de S. Trinitate inficiantem. *Parisiis, Gorbini*, 1581. *in* 8.

L'Anti-Socinien, par Noel Aubert de Versé. *Paris, Mazuel*, 1692. *in* 12.

Concertatio Ecclesiæ Catholicæ in Anglia adversus Calvino-Papistas & Puritanos. *Augusta-Trevirorum, Hatoti*, 1583. *in* 8.

Defensio Decreti Tridentini & Sententiæ Bellarmini de auctoritate Vulgatæ Editionis adversus Wittakerum. *Antuerpiæ, Keerbergii*, 1604. *in* 8.

Synopsis Apostasiæ M. Antonii de Dominis. *Antuerpiæ, Meursii*, 1617. *in* 8.

Respublica Ecclesiastica M. Antonii de Dominis per ipsum e fundamentis eversa. *Coloniæ, Gualteri*, 1622. *in* 8.

Hypocrisis M. Antonii de Dominis detecta. *Antuerpiæ, Moreti*, 1620. *in* 8.

Examen professionis M. Antonii de Dominis, à Laur. Beyerlinck. *Ibidem*. 1617. *in* 8.

74 *THEOLOGI, in octavo, &c.*

Cenſura S. Facultatis Pariſienſis in Libros M. Antonii de Dominis *Pariſiis, Thierry,* 1618. *in* 8.

Cenſura S. Facultatis Colonienſis in eumdem. *Colonia, Hierat.* 1618.

Leonardi Marii aſſertio Catholicæ Hierarchiæ Eccleſiaſticæ. *Ibidem, in* 8.

Jo. Barclaii, Pæreneſis ad Sectarios. *Roma, Zannetti,* 1617. *in* 8.

Alex. Whitte, Redargutio Schiſmatis Anglicani. *Lovanii, Nempæi,* 1651. *in* 8.

Ad perſecutores Anglos pro Catholicis reſponſio. *in* 8.

Staniſlai Chriſtanovic, Examen Catholicum Edicti Anglicani contra Catholicos lati. *Pariſiis, Huby,* 1607. *in* 8.

Becani, Examen Concordiæ Anglicanæ, de Primatu Eccleſiæ regio. *Moguntiæ,* 1613. *in* 8.

Antonii Champnæi, Tractatus de vocatione Miniſtrorum. *Pariſiis, Nivellii,* 1618. *in* 8.

Réfutation du Syſtême de Spinoſa. *Paris, Nully,* 1696. *in* 12.

VI. *Theologi Heterodoxi.*

Waldenſia, ſtudio Balth. Lydii. *Roterodami, Berewout.* 1616. *in* 8.

Mart. Lutheri, Catecheſis minor, Germ. Lat. Gr. & Hebraice. *Witeberge,* 1594. *in* 8.

Mart. Chemnitii, Examen Concilii Tridentini. *Francofurti,* 1599. *in* 8. 2. *vol.*

Davidis Paræi, Tractatus de S. Euchariſtia, ſtudio Joach. Urſini. *Ambergæ,* 1612. *in* 8.

Idem, de poteſtate Eccleſiaſtica & civili. *Francofurti, Pitzeri,* 1633. *in* 12.

Jo. Henr. Urſini, Analecta Theologica & Philologica. *Norimbergæ, Endteri,* 1660. *in* 8.

Valent. Alberti, intereſſe præcipuarum Religionum Chriſtianarum. *Lipſiæ, Fleiſcheri,* 1681. *in* 12.

Lucæ Oſiandri, Enchiridion capitum Biblicorum. *Tubingæ, Grappenbachii,* 1593.

Matth. Haffenretteri, Loci Theologici. *Ibidem.* 1600. *in* 8.

Jo. Fechtii Schediaſmata ſacra. *Durlaci, Murleri,* 1688. *in* 8.

Philippi Malancthonis, Loci communes Theologici. *Baſileæ,* 1562.

Leonardi Steckelii, annotationes Locorum communium &c. *Ibidem, in* 8.

Libelli aliquot utiles Philippi Melancthonis, de Eccleſia, Pœnitentia &c. *Viteberga, Lufft,* 1560. *in* 8.

Confeſſio fidei de Euchariſtiæ Sacramento &c. *Magdeburgi, Kirchner,* 1557. *in* 8.

D. Tilemanus Heshusius, de præsentia Corporis Christi in Cœna Domini, *Noriberga*, 1561. *in* 8.
Sexcenti errores Pontificiorum ab eodem collecti. *Francofurti*, 1577. *in* 8.
Norma invocationis Divinæ, a Jac. Durfeldio. *Rintelii*, 1625.
Psalterium decachordum. *Coloniæ, Gymnici*. 1600. *in* 8.
Ger. Von Mastricht, Historia Juris Ecclesiastici & Pontificii. *Duisburgi, Hagen*, 1678. *in* 8.
Theod. Graswinckelius, de præludiiis Justitiæ & Juris & de fide hæreticis & rebellibus servanda. *Dordraci, Andrea*, 1660. *in* 12.
Joachimus Cluten, de hæreticis, an sint persequendi &c. *Argentorati, Caroli*, 1610. *in* 8.
Joh. Henr. Heideggerus, de Peregrinationibus religiosis. *Tiguri, typis Schaufelbergerianis*, 1670. *in* 8.
Officium sacrum quod in æde æde D. Sebaldi primaria Norimbergensium singulis diebus exhiberi solet, a Mich. Endter. *Norimberga* 1664. *in* 12.
Martini Nesselii, Exercitationes miscellæ. *Francofurdi, Bergeri*, 1667. *in* 12.
M. Antonii Majoragii, Philochrysus. *Lubecæ, Bockmanni*, 1690. *in* 12.
Sibr. Lubertus, de Papa Romano. *Franekeræ, Radæi*, 1594. *in* 8.
Sibr. Lubertus, de principiis Christianorum dogmatum. *Typis Radai*, 1595. *in* 8.
Ejusdem, Replicatio de principiis Christianorum Dogmatum. *Ibidem*. 1608. *in* 8.
Joh. Georgii Sigwartii, Disputationes Theologicæ. *Tubingæ, Cellii*, 1603. *in* 8.
Hexemeron Dei opus, explicatum a Wolfg. Fa. Capitone. *Argentorati, Rihelii*, 1539. *in* 8.
Jac. Schopperus, de Sacros. Cœna D. N. J. C. *Witebergæ, Meissneri*, 1594.
Valent. Schachtii, Assertio declarationis verborum Cœnæ Dominicæ. *Witebergæ, Mulleri*, 1595. *in* 8.
Georgii Calixti, judicium de controversiis Theologicis Lutheranos inter & Reformatos &c. & studium concordantiæ Ecclesiasticæ. *Sedani, Chayet*, 1661. *in* 12.
Danielis Arcularii, Synopsis doctrinæ Christianæ. *Francofurti, Spiessii*, 1604.
Joh. Georg. Sigwartii, Disputationes Theologicæ. *Tubingæ, Cellii*, 1603. *in* 8.
Alb. Graweri, Disputationes Anti-Jesuiticæ. *Jenæ*, 1614. *in* 8.
Acta disputationis de S. Cœna, Heidelbergæ an. 1584. habitæ. Accessit Conradi Schonhenei Oratio contra Calvinum. *Jenæ, Steinman*, 1587. *in* 8.

THEOLOGI, in octavo, &c.

Examen examinis Vauthieriani quadruplicis, à Daniele Rixinger. *Argentorati, Caroli*, 1621. *in* 8.

Amandi Polani a Polansdorf, Collegium anti-Bellarminianum, studio Jo. Georgii Grossii. *Basilea, Konig*, 1613. *in* 8.

Ratio disciplinæ ordinisque Ecclesiastici in unitate Fratrum Bohemorum. 1643. *in* 8.

Eustr. Johann. Zialouski, brevis delineatio Ecclesiæ Orientalis græcæ cum notis Wolffg. Gundlingii. *Noriberga, Knorgii*, 1681. *in* 8.

Ant. Reiseri, Anti-Barclaius. *Typis Rebenlinianis*, 1683. *in* 8.

Idem, de origine, progressu & incremento Atheismi. *Augusta-Vindelicorum, Gœbelii*, 1669. *in* 8.

Confessio Fidei & Doctrinæ Electorum, Principum & Theologorum qui August. fidem amplectuntur, unanimi consensu repetita. *Lipsia, Lamberg*, 1606. *in* 8.

Matth. Martinius, de veritate divinæ naturæ J. C. *Brema, Wesfelii*, 1612. *in* 8.

Casp. Schuvenckfeldii, epistola mysteriorum plena, de salvifica cognitione Christi, de duabus ipsius naturis, & de gloria carnis Christi.

—— Epistola plena pietatis de dissensione & dijudicatione opinioum Luther. & Zuingl. in articulo de Cœna Domini.

—— Quæstiones aliquot de Ecclesia Christiana. 1561. *in* 8.

Tobias Pfannerus, de donis miraculosis antiquæ Ecclesiæ. *Francofurti, Reyheri*, 1680. *in* 12.

Melch. Steinbruccii, Systema Collegii Apostolici intra gloriosam Christi Ascensionem & visibilem Spiritus Sancti effusionem super Apostolos. *Jena, Steinman*, 1607. *in* 8.

Casp. Finckii, Centuria Canonum Theologicorum. *Giessia-Hassorum, Hampelii*, 1612.

Ejusdem Tractatus Theologicus de Monachis. *Jena, Steinman*, 1717. *in* 8.

Joh. Henr. Hottingeri, analecta Historico-Theologica. *Typis Bodmeri*, 1652. *in* 8.

Ejusdem, Eucharistia defensa. *Tiguri, Bodmeri*, 1663. *in* 8.

Prediche di Bernardino Ochino, *In Basilea*, 1562. *in* 8. 5. vol.

Il Catechismo di Bern. Ochino. *Ibidem*. 1561. *in* 8.

Theologia Germanica. *Antuerpia, Plantin*, 1558. *in* 24.

La Théologie Germanique avec un Traité de l'amour de Dieu. *Amsterdam, Boom*, 1676. *in* 24.

Theologia Germanica.

Lud. Blosii, Enchiridion parvulorum. *in* 12.

Hieron. Zanchius, de S. Scriptura. *Heidelberga*, 1593. *in* 8.

Quomodo legere oporteat S. Scripturas &c. studio Theod. Bibliandri. *Basilea, Oporini*, 1550. *in* 8.

Interim adultero-germanum. Vera Christianæ pacificationis &

Ecclesiæ reformandæ ratio. 1549. *in* 8.
Petri Martyris, Dialogus de utraque in Christo natura. *Tiguri, Froschoveri,* 1561. *in* 8.
Franc. Junii, animadversiones ad Controversiam Bellarmini de membris Ecclesiæ militantis. *in Bibliopolio Commeliniano.* 1602. *in* 8.
Jac. Gothofredus, de Ecclesia & Incarnatione Christi. *Geneva, Chouet,* 1649. *in* 8.
Le Mystere de Pieté expliqué par Moyse Amirault. *Saumur, Lesnier,* 1651. *in* 8.
Revision du Concile de Trente. 1600. *in* 8.
Lettres & Memoires de François de Vargas &c. touchant le Concile de Trente, Traduits par Michel-le Vassor. *Amsterdam, Brunel,* 1699. *in* 8.
Lettre mistique, Reponse, Replique par M. D. L. F. *Leiden,* 1603. *in* 8.
Actes du Synode Universel de la S. Reformation, tenu à Montpellier en 1598. *Montpellier, le Libertin,* 1599. *in* 8.
Ignorantia Jesuitarum ab Isaaco Cheironio prolata. *Geneva, de la Rouiere,* 1613. *in* 8.
Principis Christiani institutio, a Franc. Junio. *Heidelbergæ.*
Examen enuntiationum & argumentationum Gratiani Prosperi, ab eodem. *Lugd. Batav. Raphelengii,* 1596. *in* 8.
Petrus Viretus, de origine veteris & novæ idolatriæ. *Geneva, Crispini,* 1552.
Consensio mutua in re sacramentaria Ministrorum Tigurinæ Ecclesiæ & Jo. Calvini. *Ibidem.* 1551.
Jo. Calvini, Epistolæ duæ. *Ibidem.* 1550. *in* 8.
Locus Calvini vindicatus adversus Genebrardum. *Beglæ, Vernoy,* 1677. *in* 8.
Defensio Jo. Cameronis. *Salmurii, Girardi,* 1624. *in* 8.
Jacobi Lectii, Prælectiones Theologicæ. *Geneva, de la Rouiere,* 1607. *in* 8.
Mutius Pansa, de osculo seu consensu Ethnicæ & Christianæ Philosophiæ. *Marpurgi, Egenolphi,* 1605. *in* 8.
Franc. Junius de Pace Ecclesiæ Catholicæ. *Lugd. Batav. Raphelengii,* 1693. *in* 8.
Moses Amiraldus de secessione ab Ecclesia Romana, & de pace inter Evangelicos constituenda. *Salmurii, Desbordes,* 1647. *in* 8.
Moses Amyraldus, de ratione pacis in Religionis negotio inter Evangelicos constituendâ. *Salmurii, Desbordes,* 1662. *in* 8.
——— in Orationem Dominicam. *Salmurii, Ribottai,* 1662 *in* 8.
——— de Libero hominis arbitrio. *Salmurii, Lesnerii,* 1667. *in* 8.

THEOLOGI., in octavo, &c.

La vie & Religion de deux bons Papes Leon. I. & Gregoire I. par Pierre du Moulin. *Sedan, Chayer,* 1650. *in* 8.

Antonii Sadeelis, disputatio Theologica de veritate humanæ naturæ J. C. typis. *Jo. le Preux,* 1688.

Idem de spirituali & sacramentali manducatione Corporis Christi 1690. *in* 8.

Verité de la Religion Chretienne par Phil. de Mornay. *Leyde, Elzevir.* 1651. *in* 8.

Traité de l'Eglise, par le même. *la Rochelle, Haultin,* 1600. *in* 8.

Catechesis Religionis Christianæ, gr. lat. *Geneva, Berjon,* 1619. *in* 8.

Examen d'un livret du P. Adam, intitulé. *Projet presenté à MM. de la Religion* &c. *in* 8.

Franciscus Villerius, de statu primitivæ Ecclesiæ. *Hierapoli, Crispini,* 1554.

Sommaire Recueil des signes sacrés, sacrifices & sacremens institués de Dieu depuis la creation dn monde & de la vraie origine du Sacrifice de la Messe 1561. *in* 8.

Traité des Reliques & de l'invocation des Saints par Matth. Bochart. *Saumur, Lesnier,* 1651. *in* 8.

Bened. Aretii, Problemata Theologica. *Morgiis, le Preux,* 1680, *in* 8.

Refutation de la declaration du sieur de Sponde. 1595. *in* 8.

Zero du Jes. Franc. Veron. *Amsterdam, Colin* 1715.

Lettre sur le Sujet des *Agnus Dei*, & apologie du sieur de la Tour. *in* 12.

Histoire de l'Eucharistie, par Matth. Larrogue. *Amsterdam, Elzevir,* 1671. *in* 8.

Déclaration de Pierre Jarrige ci-devant Jesuite. *Leyde, Dupré,* 1648. *in* 12.

Action de grace pour la paix par Isaac Sarrau. 1679. *in* 8.

Lettres de Theod. de Maimbourg, des raisons qui l'ont obligé à quitter la Communion de l'Eglise Romaine. *Charenton, Perrier,* 1659. *in* 8.

Sermon sur le sujet du naufrage arrivé à Charenton par Charles Drelincourt. *Ibidem,* 1655. *in* 8.

Matth. Larroquani, Dissertatio duplex de Photino hæretico & de Liberio Pontifice Romano. *Geneva, de Tournes,* 1670. *in* 8.

Jo. Scharpius, de misero hominis statu sub peccato. *Geneva, Chouet,* 1610.

Jac. Arminii, disputationes de diversis Religionis Christianæ capitibus. *Lugd-Bat. Basson.* 1609.

Jo. Piscator, de prædestinatione. *Herborna Nassoviorum, Coroini.* 1698. *in* 8.

Factum ou defenses de ceux de la R. P. R. *in* 8.
L'Antechrist Romain. 1604. *in* 12.
L'antidote d'apostasie par Jean Mose 1619 *in* 12.
Refutation de trois points de doctrine que tiennent ceux de l'Eglise Romaine. *Niort, Portau*, 1599. *in* 8.
Le Discord entre le Pere Veron, & le Sieur de la Milletiere. *Charenton, Petit*, 1639. *in* 12.
Réponse de P. du Moulin, à une Lettre de Samuel de Langle, 1649. *in* 12.
Apologie de du Moulin, contre le livre de Limbourg. *in* 8.
Petri Carpenterii Epistola ad Franc. Portum, Latino-Gallica, 1572. *in* 8.
Devis d'Eusebe & Romain le paisible sur le tombeau des héretiques bâti par Georges l'Apôtre. *Pontorson*, 1600. *in* 8.
Traduction du Traité de Samuel Petit, touchant la réünion des Chrétiens, 1670. *in* 12.
Abregé des controverses par Charles Drelincourt. *Bionne, Rousselet*. 1674. *in* 12.
Neuf Dialogues, contre les Missionnaires sur le service des Eglises Reformées par C. Drelincourt. *Geneve, Chouët*, 1655. *in* 8.
De l'union des Eglises Evangeliques par God. Hotton, traduit par Elie Poirier, *Amsterdam, Blaeu*, 1647. *in* 8.
Remarques sur un livre intitulé: *La réünion du Christianisme*. 1670. *in* 12.
Le tombeau des controverses. *Leyden, Diquan*, 1673. *in* 12.
Le Protestant pacifique par Leon de la Guittonniere. *Amsterdam, Taxer*, 1684. *in* 12.
L'Ebionisme des Moines, par Charles Daubus. *Sedan, Janon*, 1647. *in* 8.
Lettre de Blondel, contre la Milletiere. *Charenton, Vendosme*, 1640. *in* 8.
Traité des anciennes ceremonies. *Quevilly, Lucas*, 1673. *in* 12.
Discipline des Eglises Reformées de France, par J. d'Huisseau. *Bionne, Rousselet*, 1675. *in* 12.
Discipline des Eglises prétenduës Reformées de France. *Par. Vendosme*, 1663. *in* 12. 2. vol.
Sermon de la Perseverance du fidele par P. Rondelet. *Amsterdam, Commelin*, 1667. *in* 12.
Lettre adressée aux Reformés de France, 1686. *in* 24.
Lettre d'un Pasteur banni à une Eglise qui n'a point fait son devoir durant la derniere persecution. *Cologne, Marteau*, 1686. *in* 24.
Traité du Juge Souverain des Controverses au fait de Religion, par Jean Cameron. *Sedan, Chayer*, 1661. *in* 24.
Lettres de quelques Protestans pacifiques au sujet de la réünion des Religions à MM. du Clergé de France. 1685. *in* 24.

La Cabale Chimerique. *Rotterdam, Leers,* 1691. *in* 12.
Apologie pour les Proteſtans. *Amſterdam, Warnaer,* 1572. *in* 8.
Diſputations Chrétiennes de P. Viret touchant l'état des Tré-
 paſſez. *Geneve,* 1552.
La Phyſique Papale, par le même. *Ibidem, in* 8.
Oeures de J. d'Eſpagne. *Geneve, de Tournes, in* 12. 3. *vol.*
Les mêmes. *La Haye, Leers,* 1674. *in* 12. 2. *vol.*
La Manducation du Corps de J. C. par le même. *Charanton, Mondiere,* 1642. *in* 12.
Les Erreurs populaires ès points generaux qui concernent l'intel-
 ligence de la Religion, par le même. *Ibidem.* 1643. *in* 12.
Petri Molinæi, Tractatus de Cognitione Dei. *Lugd. Batav., Elzevir,* 1625. *in* 32.
Sept Sermons de J. Cameron, ſur le Chap. VI. de l'Evangile de
 S. Jean. *Saumur, Mignon,* 1624. *in* 12.
Examen de l'avis de l'accommodement des differends de la Re-
 ligion du ſieur de la Milletiere par J. Daillé, *Charenton, Petit,* 1637. *in* 8.
Jo. Dallæi, Diſputatio adverſus Milleterianam de conciliandis
 religionibus Sententiam. 1637. *in* 8.
Idem, de Imaginibus. *Lugd. Batav. Elzevir,* 1642. *in* 8.
―――― De Pſeudepigraphis apoſtolicis. *Hardervici, Tollii,* 1653. *in* 8.
―――― De fidei ex Scripturis demonſtratione. *Geneva, de Tournes,* 1660. *in* 8.
Quatre Sermons de J. Daillé. *Charanton, Auvray,* 1644. *in* 12.
XV. autres Sermons du même. *Saumur, Lerpiniere,* 1655. *in* 8.
Les deux derniers Sermons du même avec un abregé de ſa Vie.
 Charenton, Perier, 1670. *in* 8.
Jo. Dallæi Apologia pro Eccleſiis reformatis. *Geneva, de Tournes,* 1677.
Idem, de fidei ex Scripturis demonſtratione. *Ibidem. in* 8.
Ejuſdem Apologia pro duabus Eccleſiarum in Gallia Proteſtan-
 tium Synodis Nationalibus. *Amſtelodami, Raveſteinii,* 1655. *in* 8. 2. *vol.*
Jo. Dallæi, Vindiciæ pro duabus Eccleſiarum in Gallia Prote-
 ſtantium Synodis Nationalibus. *Amſtelodami, Raveſteinii,* 1657. *in* 8.
Idem, de Jejuniis & Quadrageſima. *Daventria, Columbii,* 1654. *in* 8.
Traité de la maniere d'examiner les differends de Religion, par
 Michel le Vaſſor. *Amſterdam, Brunel,* 1697. *in* 12.
Défenſe de la Reformation, par J. Claude. *La Haye, Arondeus,* 1683. *in* 12. 2. *vol.*
La Parabole des Noces & les fruits de la Repentance: Sermons
 par le même. *Geneve, de Tournes,* 1678. *in* 8.

Oeuvres

Oeuvres Posthumes, du même. *Amsterdam, Savouret*, 1688. *in* 8.
Défense du Sermon de M. Hisperien, par André Lortie. *Saumur, Desbordes*, 1675. *in* 12.
Traité de la Sainte Céne, par le même. *Saumur, Pean*, 1675. *in* 12.
La Politique des Jesuites. *Cologne, Marteau*, 1689.
La Religion des Jesuites. *La Haye, Troyel*, 1689. *in* 12.
Apologie pour les Reformez. *La Haye, Arondeus*, 1683.
Le Janseniste convaincu de Sophistiquerie. *Amsterdam, Desbordes*, 1683. *in* 12.
Le Proselite abusé. *Roterdam, Leers*, 1984. *in* 12.
Lettres à l'Eglise de *** sur sa chute. *Roterdam, Acher*, 1685. *in* 12.
Les derniers efforts de l'Innocence affligée. *Ville-Franche, du Four*, 1682. *in* 12.
Les mêmes. *La Haye, Arondeus*, 1682. *in* 12.
Considerations sur les Lettres Circulaires de l'Assemblée du Clergé. 1682. *Ibidem*, 1683. *in* 12.
Les mêmes d'une autre Edition. *in* 12.
Reflexions politiques par lesquelles on fait voir que la persecution des Reformez est contre les veritables interêts de la France. *Cologne, Marteau*, 1686. *in* 12.
Lettre de M. Drelincourt, sur l'Episcopat d'Angleterre. *in* 8.
Entretien sur les Conferences que MM. du Clergé proposent aux Reformez de France. *Cologne, Marteau*, 1685. *in* 12.
Préparation au Jeune & Repentance. *La Rochelle, Hebert*, 1617. *in* 12.
Traité de la Nature & de la Grace, par M. Jurieu. *Rotterdam, Acher*, 1688. *in* 8.
L'Esprit de M. Arnauld. *Deventer, Columbius*, 1684. *in* 12. 2. *vol.*
Friderici Spanhentii, Exercitationes de Gratia universali. *Lugd. Batav. Jo. Maire*, 1646. *in* 8. 3. *vol.*
Ejusdem, Epistola de variis Ecclesiarum politiis. *Lugd. Batav. Gaesbeeck, in* 12.
Arnoldi Pœlenburgii, examen disputationis Theol. in auguralis Frid. Spanhemii. *Amsteledami, Jo. Henrici*, 1658.
Ejusdem Dissertatio Epistolica, qua demonstratur non posse remonstrantes cum contra-Remonstrantibus S. Sinaxeos communionem colere. *Ibidem. in* 8.
Mich. Michonius, de decessione ab Ecclesia Romana. *Ultrajecti, Ribbii*, 1675. *in* 12.
Hermannus Witzius, de principiis fidei Judaicæ. *Ultrajecti, Jac. a Doeyenborgh*, 1661. *in* 12.
Jac. Arminii, Orationes & Tractatus aliquot de quæstionibus in S. Theologia hoc in tempore controversis. *Lugd. Batav. Basson*, 1611. *in* 8.

THEOLOGI, in octavo, &c.

Ejufdem, Examen Libelli Perkinfiani de prædeftinationis modo & Ordine & de amplitudine gratiæ Divinæ. *Ibidem.* 1612.

Danielis Tileni, Confideratio Sententiæ Jac. Arminii de Prædeftinatione, &c. *Francofurti, Rofa,* 1612. *in* 8.

Gisberti Voetii, Confraternitas Mariana. *Ultrajecti, Waesberge,* 1642. *in* 12.

Juft. Hurnius, de vocatione Ethnicorum & Judæorum ultima ad Fidem Chriftianam. *Lugd. Batav. Elzevir,* 1628. *in* 12.

Explicatio Decalog. *Amftelodami, Blaeu,* 1640. *in* 12.

Dan. Tileni, Exegefis de Anti-chrifto. *Amftelodami, Janffonii,* 1640. *in* 12.

Utilitas diftinctionis duorum vocabulorum fcripturæ, &c. demonftrata, a Jo. Cocceio. *Lugd. Batav. Lopez de Haro,* 1666. *in* 12.

Jo. Cocceius, de Anti-chrifto. *Franckera, Alberti,* 1640. *in* 12.

Sam. Marefius, de Anti-chrifto. *Amfterodami, Janffonii,* 1640. *in* 12.

Jac. Triglandii, Meditationes, in variorum opiniones de voluntate Dei, & gratia univerfali, &c. *Lugd. Batav. de Vogele,* 1642. *in* 12.

Jo. Cloppenburgii, Gangræna Theologiæ Anabaptifticæ Spanhemius de Origine progreffu & fectis Anabaptiftarum. *Franekera Balckii,* 1645. *in* 12.

Pauli Voet, Jurifprudentia facra. *Amftelodami, Waesberge,* 1662. *in* 12.

Marci Frid. Wendelini, Chriftiana Theologia. *Lugd. Batav. Elzevir,* 1656. *in* 12.

Idem, *Geneva, Chouet,* 1659. *in* 8.

Recit veritable de l'affaire du Sieur de Labadie. *in* 12.

Suite du fidel recit de ce qui s'eft paffé au Synode de Naerden, *la Haye.* 1669. *in* 12.

Lettres Ecclefiaftiques à un politique où eft examinée la 1. partie de l'Apologie du Synode de Naerden. *Amfterdam Confians.* *in* 12.

Guill. Amefii. anti-Synodalia fcripta. *Amftelodami. Janffonii.* 1633. *in* 12.

Ejufdem Bellarminus enervatus. *Ibidem.* 1658. *in* 12. 2. vol.

Via ad pacem Ecclefiafticam Georgii Caffandri confultatio de articulis Religionis Catholicos inter & Proteftantes controverfis. *Amfterdami. Blaeu.* 1642. *in* 8.

Hugonis Grotii, Annotata in Confultationem Caffandri cum notis Andreæ Riveti, & tractatus de vera Chriftianæ pacificationis & Ecclefiæ reformandæ ratione. *Lugd. Batav. Elzevir.* 1642. *in* 8.

⸺ Defenfio fidei Catholicæ de fatisfactione Chrifti contrà Fauftum focinum. *Londini. Danielis.* 1661. *in* 12.

THEOLOGI, in octavo, &c.

——— Dissertatio de cœnæ administratione ubi pastores non sunt. Item an semper communicandum per symbola cum diversorum responsionibus. *Londini. Tooke.* 1685. *in* 8.

Justi Pacii, revisio judicii. *Dicæarchiæ. Sebastiani.* 1647. *in* 8.

Andreæ Riveti, Vindiciæ apologetici sui pro vera pace Ecclesiæ. *Roterodami. Leers.* 1646. *in* 8.

Nic. Vedelius, de prudentia veteris Ecclesiæ. *Amstelodami Janssonii.* 1633. *in* 8.

Petri Molinæi vates. *Gorinchemi. Vink.* 1672. *in* 8.

Observations sur la fausse prophetie de P. Du moulin, par le P. Doucin. *Paris. Herissant.* 1687. *in* 12.

Innoc. Gentileri, Exament Concilii Tridentini. *Gorinchemi. Lever.* 1678. *in* 8.

Abrahami Boreelii, Missilia sacra. *Ultrajecti. Zylii* 1659. *in.* 12.

Simplicii Verini, liber de Transsubstantatione. *Hagiopoli. Eudoxi.* 1646. *in* 8.

Jo. Jonstoni, syntagma de Communione veteris Ecclesiæ. *Amstelodami. Elzevir.* 1656. *in* 12.

Justitiæ antistitis Dissertatio de peccato originali. *Eleutheropoli.* 1678. *in* 8.

Catechesis Religionis Christianæ, ex mandato illustr. Hollandiæ ordinum edita. *Lugd. Batav. Commelini,* 1626. *in* 8.

Jo. Wollebii, Compendium Theologiæ Christianæ, *Amstelod. Valkenier,* 1655. *in* 12.

Festi Hommii, Disputationes Theologicæ adversus Pontificios, *Lugd. Batav. Olers.* 1614. *in* 8.

Melchior. Leydecker, de Æconomia trium personarum in negotio salutis humanæ, *Ultrajecti. Halma.* 1682.

——— Apologeticus pro face veritatis. *Ibidem*, 1681.

——— De SS. Trinitate Dissertatio. *Ibidem*, 1682.

——— Exercitationes practicæ de cognitione peccati ex lege, paupertate spirituali & ductu Spiritus Sancti. *Ibidem,* 1681. *in* 12.

Steph Junii, Vindiciæ Religionis, 1631. *in* 12.

Joannis Broun, Examen libelli Lud. Wolzogen de Scripturarum interprete. *Amstelodami*, 1670.

——— Lamberti Velthusii Sententia libertino, Erastiana refutata. *Ibidem. in* 8.

Samuelis Maresii, Anti-christus revelatus. *Amstelodami*, *Janssonii*, 1642. *in* 8.

Gerh. Von-mastricht; de susceptoribus infantium ex baptismo. *Duisburgi, Sas,* 1670. *in* 12.

Traité de la Religion Chrétienne par rapport à la vie civile, de Samuel Pufendorf traduit par M. de S. Amant. *Utrecht*, *Schouten,* 1690. *in* 12.

Jo. Hoornbeeck, Summa controversiarum Religionis. *Ultrajecti*, *Waësberge,* 1653. *in* 8.

L ij

THEOLOGI, in octavo, &c.

Sam. Petitus, de jure, Principum edictis, Ecclesiæ petito, &c. Amst. Elzevir 1649, de Sacrorum diffidiorum caufis effectis & remediis. *Ibidem. in 8.*

Steph. Curcellæi, Differtationes Theologicæ. *Amstelædami, Henricii,* 1659. *in* 8.

Defensio Sententiæ Jac. Arminii, de prædestinatione &c. a Jo. Arn. Corvino. *Lugd. Batav. Patii,* 1613. *in* 8.

Nic. Vedelius, de arcanis Arminianismi. *Lugd. Batav. Hegeri,* 1631. *in* 8.

Joh. Amos Comenius, de Irenico Irenicorum. *Amsterodami,* 1660. *in* 12.

Interpretatio numeri 666, de Anti-christo. *Amstelodami,* 1677. *in* 8.

Petrus Chauvin, de naturali Religione. *Roterodami, Slaart,* 1693.

Eclairciffemens fur un Livre de la Religion naturelle par M. **. *Ibidem. in 8.*

Joh. Meyerus, de festis. *Amstelodami, Wolfters,* 1693. *in* 8.

Samuel de Pufendorf, de confenfu & diffenfu Protestantium. *Lubecæ,* 1695. *in* 8.

Jac. Bafnage, differtationes hiftorico Theologicæ. *Roterodami, Slaart,* 1694. *in* 12.

L'œconomie divine, par Pierre Poiret. *Amsterdam, Wetstem.* 1687. *in* 12. 7. vol.

Le Chef des Moqueurs démafqué, par Neophile l'Aléthée. *la Haye, de Voys,* 1707. *in* 12.

Traité de la Confcience, par M. Bafnage. *Amsterdam, Brunel,* 1696. *in* 12. 2. vol.

Les juftes bornes de la Tolerance, avec la défenfe des Myfteres du Chriftianifme. *Amsterdam, Chayer,* 1691. *in* 12.

Abregé de la doctrine, de la Tolerance civile. *Rotterdam, Bos,* 1691. *in* 24.

La Balance de la Religion & de la Politique. *Philadelphie,* 1697. *in* 12.

Ruardi Tappart, Apotheofis. *Franckeræ,* 1693. *in* 24.

Jac. Acontii, Stratagemata Satanæ. *Amstelædami, Ravesteinii,* 1652. *in* 12.

Idem. Neomagi, Hoogenhuyfe, 1661. *in* 12.

Herm. Cingalli, Scriptura S. Trinitatis revelatrix. *Goudæ, de Craëf,* 1678. *in* 12.

Catechefis Ecclefiarum Polonicarum, Crellii &c. *Irenopoli,* 1659. *in* 8.

Stan. Lubieniecii, Hiftoria Reformationis Polonicæ. *Freiftadii,* 1685. *in* 8.

Jo. Crellii, Declaratio Sententiæ, de caufis mortis Chrifti, 1637. *in* 12.

Defensio Tractatus, de Ecclefia & miffione miniftrorum, Theophili Nicolaidis. *Racoviæ,* 1612. *in* 8.

Lud. Wolzogen, Orator sacer & oratoris idea. *Ultrajecti, Ribbir,* 1671. *in* 8.
Ejusdem, Orthodoxa fides. *Ibidem,* 1668. *in* 8.
Jo. Maccovii, Distinctiones & Regulæ Theologicæ ac Philosophicæ, a Nic. Arnoldo editæ. *Amstelodami, Elzevir,* 1656. *in* 12.
Christoph. Sandius, de origine animæ. *Cosmopoli,* 1671. *in* 12.
Ejusdem interpretationes Paradoxæ IV. Evangeliorum & dissertatio de Verbo. *Ibidem,* 1670. *in* 8.
Disceptatio de Verbo cujus fit mentio apud Paraphr. Chaldæos Jonathan, Onkelos & Targum Hierosol. *Irenopoli, Laringhii,* 1946.
Confessionis Christianæ ad rogum damnatæ & combustæ manium, a Nic. Chicovio Lacessitorum sui vindices. 1652.
Jonæ Schlichtingii Epistola Apologetica, 1650.
Apologia pro veritate accusata &c. 1654. *in* 8.
Sam. Episcopii disputationes Theologicæ Tripartitæ. *Amstelodami, Blaeu,* 1646. *in* 8.
Joh. Tuelli, Apologia Ecclesiæ Anglicanæ. *Londini, Hatfield,* 1599. *in* 24.
Matth. Sutlivius, de vera Christi Ecclesia, conciliis & eorum autoritate, Monachis, &c. *Hanoviæ, Vileriani,* 1602. *in* 8.
Tuba Academica. *Londini, Stafford,* 1603. *in* 12.
Guill. Whitakeri, prælectiones de Ecclesia. *Herborna, Nassov.* 1603.
―――― Cygnea Cantio. *Ibidem.*
―――― Prælectiones de Concilis. *Ibidem,* 1607. *in* 8.
De Turco-Papismo. *Londini, Bishop,* 1604. *in* 8.
Thomæ Mortoni, Apologia Catholica de notis Ecclesiæ, *Londini, Norton,* 1606. *in* 8.
Thomas Lydiat de annis nativitatis, Baptismatis & cruciatus adeoque universi in terris ministerii D. N. J. C. *Londini, Harper,* 1613. *in* 12.
Scuogli del Christiano naufragio, quali va scoprendo la santa chiesa di Christo. 1618. *in* 12.
Rob. Abbot, de suprema potestate regia. *Hanoviæ Typis, Wechelianis,* 1619. *in* 8.
Differens Ouvrages de M. Joseph Hall, traduits par Th. Jacquenot. *Geneve,* 1628. *& suiv. in* 12. 8. vol.
Disceptatio, de Baptismatis infantilis vi & efficacia inter Sam. Vardum & Th. Gatakerum. *Londini, Danielis,* 1652. *in* 8.
Thomæ Halli, Apologia pro ministerio Evangelico. *Francofurti, Broun,* 1658. *in* 8.
Rich. Brathwait, lignum vitæ. *Londini, Grismond,* 1658. *in* 8.
Oliverus Bowles, de Pastore Evangelico. *Juxta exemplar, Londinense,* 1659. *in* 12.
Confessio fidei, autoritate Parlamenti Anglicani edita cum Cate-

chifmo Duplici. *Cantabrigia*, *Field*, 1659. *in* 8.
Hiftoire des Nouveaux Presbyteriens Anglois & Ecoffois, 1660. *in* 8.
Thomæ Tailorii, Chriftus revelatus. *Lugd. Batav.* 1661. *in* 12.
Hammond, de confirmatione. *Oxoniæ*, *Hall*, 1661. *in* 8.
Hiftoria Gottefchalci & Prædeftinationæ controverfiæ, a Jac. Ufferio. *Hanoviæ*, *Lafche*, 1662.
De Origine ubiquitatis. *Typis*, *le Preux*, 1597. *in* 8.
Jugulum Caufæ feu ratio per quam doctrinæ, de quibus lis eft inter Proteftantes & Pontificios, & Papa ejufque imperium funditus evertuntur. *Juxta exemplar*, *Londini*, 1671. *in* 8.
Petrux Alix, de Trifagii Origine. *Rothomagi*, *Lucas*, 1674.
Idem de fanguine D. N. J. C. de conciliorum quorumvis definitionibus expendendis, de Tertulliani vita & fcriptis. *Par. Celier*, 1680. *in* 8.
Hiftoria Tranffubftantiationis Papalis, a Joh. Epifc. Dunelmenfi. *Londini*, *Royeroft*, 1675. *in* 8.
Rome Proteftante. *Londres*, *Prefton*, 1675. *in* 12.
Th. Smith, Epiftolæ de moribus ac inftitutis Turcarum, & de notitia Septem Afiæ Ecclefiarum & Conftantinopoleos. *Oxonii*, *Davis*, 1674. *in* 8.
——— Mifcellanea. *Londini*, 1686. *in* 8.
——— De Ecclefiæ grecæ hodierno ftatu. *Londini*, *Pitt.* 1678. *in* 8
Traité fur la queftion, fi un Proteftant laiffant la Religion Proteftante pour embraffer celle de Rome, peut fe fauver dans la Religion Romaine, traduit de l'Anglois de M. Stillingfleet. *Londre*, *le Blanc*, 1677. *in* 8.
Catholicæ circa SS. Trinitatem fidei delineatio, per Sam. Gardinerum. *Londini*, *Tooke*, 1877. *in* 8.
Jac. Windet, de vita functorum ftatu & de Tartaro Apoftoli Petri, *Londini*, *Newcomb.* 1677. *in* 8.
Edoarbi Brerewodi, Scrutinium Religionum & linguarum. *Francofurti*, *Gozii*, 1679. *in* 12.
Les principes & la doctrine de Rome, fur le fujet de l'excommunication & de la dépofition des Rois, traduit de l'Anglois de l'Ev. de Lincoln. *Londres*, *Kooke*, 1679. *in* 8.
G. Ashwellus, de Socino & Socinianifmo. *Oxoniæ*, *Hall*, 1680. *in* 8.
Rob. Sanderfonus, de obligatione confcientiæ. *Londini*, *Litsbury*, 1684. *in* 12.
De revolutione animarum humanarum. *Juxta exemplar*, *Londinenfe*, 1684. *in* 12.
Pacificatorium Orthodoxæ Theologiæ Opufculum. *Londini*, *Royeroft*, 1635. *in* 8.
Determinatio F. Joannis Parifienfis Prædicatoris, de modo exiftendi Corpus Chrifti in Sacramento Altaris, alio quamfit ille quem tenet Ecclefia, præfixa eft præfatio hiftorica de dog-

THEOLOGI, in octavo, &c.

mate Transsubstantiationis. *Londini, Cailloué*, 1686. *in* 8.
Tractatus, de Politia Ecclesiæ Anglicanæ, &c. *Londini, Royeroft*, 1983. *in* 8.
Apologie pour l'Eglise Anglicane. *Amsterdam, Savouret*, 1688, *in* 12.
Les très merveilleuses Victoires, des femmes du nouveau monde par G. Postel. *Paris, Gueuljart*, 1553.
Absconditorum a constitutione mundi clavis, ab eodem, *in* 18.
Jul. Cæs. Vaninus, de admirandis naturæ Reginæ Deæque mortalium arcanis. *Par. Perier*, 1616. *in* 8.
Ejusdem, amphitheatrum æternæ providentiæ divino magicum, &c. *Lugd. Harsy*, 1615. *in* 8.
Præadamitæ, 1655. *in* 12.
Idem.
Eusebii Romani Animadversiones in librum Præadamitarum. 1656. *in* 12.
J. Pythii Responsio excrastica ad tractatum cui titulus. *Præadamita, Lugd. Batav.* 1656. *in* 12. *Elzevir.*
B. Morange, Analysis libri de Præadamitis. *Lugduni, Jullieron*, 1656. *in* 12.
Jo. B. Morini, Refutatio ejusd. libri. *Par. Menard*, 1657. *in* 12.
Lettre de la Peyrere à Philotime. *Paris, Courbé*, 1658. *in* 8.
Lucii Antistii Constantis liber, de jure Ecclesiasticorum. *Alethopoli*, 1665. *in* 8.
Traité des Ceremonies superstitieuses des Juifs, tant anciens que modernes. *Amsterdam, Smith, in* 12.
L'impie convaincu ou dissertation contre Spinosa. *Amsterdam, Jean Crelle*, 1685. *in* 8.

CONCILIA
ET EA QUÆ AD CONCILIORUM CANONES, JUS CANONICUM ET PONTIFICIUM PERTINENT.

IN FOLIO.

I. *Concilia.*

PAndectæ Canonum SS. Apostolorum & Conciliorum ab Ecclesia græca receptorum, gr. lat. Cura Beveregii. *Oxonii, e Theatro Sheldoniano*, 1672. 2. vol.
Tomus Primus IV. Conciliorum generalium, 47. Conciliorum

Provinc. Authenticorum Decretorum 69. Pontificium ab Apoſtolis & eorumdem canonibus uſque ad Zachariam 1. Iſidoro authore. *Par. Galioti, a Prato,* 1524.

SS. Conciliorum collectio maxima ad Regiam editionem exacta, quarta parte auctior, ſtudio Phil. Labbæi & Coſſartii. *Par.* 1672. 17. vol.

Nova Collectio Conciliorum, Steph. Baluzii, tom. primus. *Par. Muguet,* 1683.

Synodia Ugonia Epiſcopi Phamauguſtani.

Dominin. Card. Jacobatius, de Concilio. *Romæ, Ant. Bladi.* 1538.

F. Franc. Porter, Ord. Min. Syntagma Decretorum Dogmaticorum ab initio naſcentis Eccleſiæ, huc uſque editorum, *Avenione, Offray.* 1693.

Aëneas Sylvius Piccolom de Conſilio Baſileæ celebrato cum multis aliis nunquam antehac impreſſis circa annum, 1520.

Aurea Bulla Caroli IV. Romanorum Imperatoris. *Moguntiæ, Scoëffer,* 1549.

Faſerculus rerum expetendarum ac fugiendarum, in quo Continetur Concilium Baſileenſe ab Ænea ſylrio conſcriptum, item Epiſtolæ, libelli, tractatus & opuſcula diverſorum, collecta ab Orthuino Gratio. *Coloniæ,* 1535.

Hiſtoria Concilii Florentini per ſilv. Sguropulum græce conſcripta & Latine verſa a Rob. Creighton. *Hagæ-Commitis. Ulacq,* 1660.

S. ac Generalis Synodus Florentina, adjectis Gennandii ſcholarii ſcriptis, græce. *Romæ, Zannetti,* 1577.

Concilium Tridentinum, hoc eſt, Canones & Decreta, litteræ & mandata, orationes, habitæ, ſententiæ &c. *Louani, Zangirii.* 1567.

Hiſtoire du Concile de Trente, traduite de l'Italien de Pierre Soave Polan, par Jean Diodati. *Troyes, Oudot,* 1655.

Hiſtoria del Concilio di Trento, dal P. Sfoza Palavicino. *in Roma Ang. Bernabo.* 1656. 1657. 2. vol.

Statuta ſeu Decreta Provincialium & Dioceſanarum ſynodorum Eccleſiæ Colonienſis. *Coloniæ, Quentel,* 1554.

Concilia, decreta, leges, conſtitutiones in re Eccleſiarum, Orbis Britannici, ſtudio Henr. Spelman. *Londini,* 1639. & 1664. 2. vol.

Lima linnata Concilii conſtitutionibus Synodalibus & aliis monumentis, ſub Toribio Alponſo Mogroveio Arch. limano, ex Hiſpano latine cum notis a F. Franc. Haroldo Ord. Min. *Romæ, Corvi,* 1673.

II. *Jus Canonicum. in Folio.*

Bibliotheca juris Eccleſiaſtici veteris, gr. lat. edita, cum notis,

JUS CANONICUM, in folio.

a. Guill. Voello & Henr. Juſtello. *Pariſiis, Billaine,* 1661. 2. vol.

D. Burchardi, Epiſc. Wormacienſis, decreta edita a Bart. Queſtenburgh. *Colonia, Noveſiani,* 1648.

Corpus juris Canonici, Gregorii XIII. juſſu editum. *Lugduni, Huguetan,* 1671. 3. vol.

Anton. Auguſtini, arch. Tarraconenſis, Epitome juris Pontificii veteris. *Pariis, Soly,* 1641.

F. Ang. Petricca, de appellationibus omnium Eccleſiarum ad Romanam S. Petri cathedram. *Roma, Alberti,* 1648.

Jo. Cabaſſutii, notitia Eccleſiaſtica. *Lugdini, Poſuel,* 1685.

F. Petri Creſpetii, Cœleſtini, ſumma Catholicæ fidei, Apoſtolicæ doctrinæ & Eccleſiaſticæ diſciplinæ, nec non totius juris canonici. *Lugduni, Pillehotte,* 1598.

Jo. Ciampinus, de origine Abbreviatorum de Parco majori. *Romæ Typis, Camera Apoſt.* 1691.

Alv. Pelagius, de Planctu Eccleſiæ. *Venetiis, Sanſovini,* 1560.

De juriſdictione, authoritate & præeminentia Imperiali ac poteſtate Eccleſiaſtica, deque juribus Regni & imperii, variorum ſcripta, Collecta a Sim. Schardio. *Baſilea, Oporini,* 1566.

Melchior Goldaſtus, Monarchia S. R. Imperii, ſeu de juriſdictione Imperiali Regia & Pontificia, *Francofurti, Zunneri,* 1668. 3. vol.

Ejuſdem, Politica Imperialia. *Francofurti, Bringeri,* 1614. 2. vol.

——— Collectio Conſtitutionum & legum Imperialium. *Francofurti, Kopffii,* 1613.

Petrus de Marca, de concordia Sacerdotii & Imperii. *Pariſiis, Muguet,* 1663.

Petrus de Marca, de Primatu Lugdunenſi. *Par. Typis, Regiis,* 1644.

Preuves des libertez de l'Egliſe Gallicane, ſeconde Edition. *Par. Cramoiſy,* 1651. 2. vol.

Petri Rebuffi, Praxis Beneficiorum additis concordatis &c. *Par. Guignard,* 1664.

La Bibliotheque Canonique de Bouchel, augmentée par Blondeau. *Par. Thierry,* 1689. 2. vol.

Godefr. Hermant, Clavis Eccleſiaſticæ diſciplinæ, ſtudio Petri Auger. *Par. Dezallier,* 1693.

Lud. Thomaſſini, Vetus & Nova Eccleſiæ diſciplina. *Pariſiis, Hortemels,* 1691. 3. vol.

F. Petri Mariæ Paſſerini, Ord. Præd. Tractatus de Electione ſummi Pontificis. *Roma, Tinaſſii,* 1670.

Ejuſdem, Tractatus de Indulgentiis. *Venetiis, Albritii,* 1695.

Car. Felix de Matta, de Canonizatione Sanctorum. *Roma, Tinaſſii,* 1678.

Jac. Cohellii, Notitia Cardinalatus. *Roma, Caſonii,* 1653.

Gabr. Palæotus Card. de Bononienſis Eccleſiæ adminiſtratione. *Roma, Zannetti,* 1594.

M

CONCILIA, in folio.

Andreæ du Sauſſay, Panoplia Epiſcopalis. *Par. Cramoiſy*, 1646.
——— Panoplia Sacerdotalis. *Ibidem*, 1653.
——— Panoplia Clericalis. *Ibidem*, 1649.
Franc. Bivarius, de veteri Monachatu & regulis monaſticis, continuatus a Th. Gomez. *Lugduni, Borde*, 1663.
F. Patricii Flemingi, Collectanea Sacra. *Lovanii, Bouveri*, 1667.
Forma Inſtitutionis Canonicorum & Sanctimonialium, cum notis Aub. Miræi. *Antuerpiæ, Trognæſii*, 1638.
Défenſe de l'exemption & juriſdiction de l'Abbaye de Feſcamp, contre M. l'Archev. de Roüen.
Recueil tiré des Procedures civiles, faites en l'Officialité de Paris, par Pierre de Combes. *Paris, le Gras*, 1705.
F. Nicol. Eymerici, Directorium Inquiſitorum. *Venetiis, Zalterii*, 1607.
Phil. a Limborch, Hiſtoria Inquiſitionis, & liber Sententiarum Inquiſitionis Tolozanæ ab anno 1307. ad ann. 1323. *Amſtelodami, Wetſtenii*, 1692.

III. *Liturgiæ, Ritus & Officia Eccleſiaſtica.*

Sacrarum Cerimoniarum Romanæ Eccleſiæ, libri tres, Chriſtoph. Marcelli Archiep. Corcyrenſis. *Venetiis, Greg. de Gregoriis*, 1516.
Menologium, græce. *Venetiis, Pinelli*, 1629. 2. vol.
Menologium, Typicon, Paracletice, Triodion & Pentecoſtarion, græce. *Ibidem*, 6. vol.
Februarius, græce. *Venetiis, Steph. de Sabio*, 1536.
Divinum Evangelium, græce. *Venetiis, Pinelli*, 1624.
Paracletice, græce. *Ibidem*, 1625.
Triodion, græce. *Venetiis*, 1636.
Pentecoſtarion, græce. *Venetiis*, 1634.
Anthologion, græce. *Ibidem*, 1650.
Euchologion ſeu Rituale Græcorum, gr. lat. Goar. *Par. Piget*, 1647.
Liturgia Armena. *Romæ, Congr. Propag.* 1677.
Miſſale Pariſienſe, juſſu Henr. de Gondy Pariſ. Epiſcopi editum. *Par. Thierry*, 1615.
Miſſale Eccleſiæ Heduenſis. *Hedua, Amelini*, 1556.
Ritus Eccleſiæ Laudunenſis redivivi, ſtudio Ant. Bellote. *Pariſ. Savreux*, 1662.

CONCILIA
ET EA QUÆ AD CONCILIORUM CANONES,
Jus Canonicum & Pontificum pertinent.

IN QUARTO.

I. Concilia.

Apostolorum & SS. Conciliorum decreta, græce edita a Joh. Tilio Engolismensi. *Par. Neoberii*, 1540.

Apostolorum & SS. Conciliorum decreta, gr. lat. edita a M. Elia Ehingero. *Witebergæ, Seuberlichiani*, 1614.

Constitutiones SS. Apostolorum, Doctrina Catholica a Clemente Romano scripta, studio Franc. Turriani. *Venetiis, Zileti*, 1563.

Codex Canonum Ecclesiæ primitivæ, vindicatus a Beveregio. *Londini Royerost*, 1678.

Van-Espen, in omnes Canones Conciliorum. *Leodii, Hoyoux*, 1693.

Edm. Richerii, Historia Conciliorum generalium. *Colonia, Hetsingh*, 1680, & 1681. 2. vol.

Lud. Thomassini, Dissertationes, Commentarii & Notæ in Concilia. *Par.* 1667.

F. Christ. Lupi, Scholia & notæ in Canones decreta Gener. ac Provinc. Synodorum, *Bruxellis, Foppens*, 1673. 5. vol.

Idem, de Appellationibus ad Romanam S. Petri Cathedram. *Moguntiæ, Bourgeat*, 1681.

Concilia illustrata, a Joh. Lud. Ruelio & Joh. Lud. Hartmanno. *Noribergæ, Endteri*, 1675. 6. vol.

Conciliorum œcumenicorum diatribæ, a Joh. Lud. Ruelio. *Typis Winterbergeri*, 1670.

Emanuelis a Schelstrate, antiquitas illustrata circa Concilia, &c. *Antuerpiæ, Paris*, 1678.

Guill. Durandus, de modo celebrandi generalis Concilii. *Typis Crespini*, 1534.

Sam. Schelguigius, de Concilio Hierosolimitano, una cum examine quæstionis de sanguine Cibario. *Lipsiæ, Mola*.

Variorum Patrum Epistolæ ad Ephesinum Concilium.

Commonitorium Cœlestini Papæ, Episcopis, & Presbyteris euntibus ad Orientem.

Tituli Decretorum Hilarii Papæ.

Neapolitanum Concilium.

Epistolæ Anacleti Antipapæ: omnia hæc edita a Chr. Lupo. *Lovanii*, *Nempæi*, 1681.

Andr. Chevillerius, in Synodum Chalcedonensem. *Par. Trichard*, 1664.

Eman. a Schelstrate, Concilium Antiochenum. *Antuerpiæ*, *Verdussen*, 1681.

——— Ecclesia Africana sub Primate Chartag. *Paris.*

——— Acta Constantientis Concilii, &c. *Antuerpiæ, Verdussen*, 1683.

——— Tractatus de sensu & autoritate decretorum Constantiensis Concilii, &c. *Romæ, Congr. Propag.* 1686.

Histoire du Concile de Constance par J. l'Enfant. *Amsterdam, Humbert*, 1714. 2. vol.

Gennadii Scholarii defensio V. Capitum Synodi Florentinæ interpr. Fabio Benevolentio. *Romæ*, 1579.

Instructions & missives des Roys T. Ch. & de leurs Ambassadeurs, & autres pieces concernant le Concile de Trente. 1612.

Petri Suavis Polani, Historia Concilii Tridentini, ex Ital. latine facta. *Gorinchemi, Vink,* 1658.

Histoire du Concile de Trente, de Fra Paolo Sarpi, traduite par le Sieur de la Mothe-Josseval. *Amsterdam, Blaeu,* 1683.

Decreta Ecclesiæ Tarvisinæ usque ad ann. 1601. *Tarvisii, Deuchini*, 1604.

Synodus Tarvisina III. anni 1604. *Ibidem.*

Synodi Provinciales Beneventanæ ann. 1567, & 1599. *Romæ, Facciotti*, 1605.

Synodus Diœcesana Albanensis anni 1687. *Romæ, Komareck,* 1689.

Concilia ac Synodalia decreta Rotomagensis Ecclesiæ, cum notis D. Ang. Godin Bened. *Rothomagi, le Brun*, 1677.

Statuts du Diocese d'Angers. *Angers, Avril,* 1680.

Concilium Provinciale Cameracense anni, 1565. *Antuerpiæ, Sylvii*, 1566.

Synodus Diœcesana Audomarensis, anni 1583. *Duaci, Bogardi*, 1583.

Recueil d'Ordonnances, de Mandemens, &c. de M. l'Archev. de Reims, 1686. 1694. 1697. 1700. Item de M. l'Evesf. de Châlons, &c.

Actes de l'Assemblée générale du Clergé de France, de 1682, concernant la Religion. *Paris, Leonard*, 1682.

Mandement de M. l'Ev. de Châlons, pour la publication de la Censure du Clergé de 1700.

II. *Jus Canonicum.*

Canones Pœnitentiales cum notis Ant. Augustini. *Venetiis, Valgrisii,* 1584.

JUS CANONICUM, in quarto.

Breviarium Canonum Ecclesiasticorum Ferrandi & Cresconii, cum notis Franc. de Hauteserre. *Pictavi, Thorellii,* 1630.

C. Annibalis Fabroti, prælectio in Titulum, de vita & honestate Clericorum. *Par. Courbé.* 1651.

Ejusdem, disquisitiones duæ de justo partu & de numero puerperii. *Ibidem.*

Franciscus de Roye, ad Canonem, *Ego Berengarius. Andegavi, Avril,* 1656.

Ant. Dadini Alteserræ, juris Canonici Dissertationes. *Tolosa, Colomerii* 1651.

Andreæ Barbacii Quæstio, si Eugenius Papa potest facere duos Episcopos in una Diœcesi aut duo capita in uno ordine S. Francisci, de clausula proprio motu & ex certa scientia; & quid Papa facere possit sine cœtu Cardinalium.

Jo. Dartis, de Ordinibus & dignitatibus Ecclesiasticis. *Parisiis, Billaine,* 1648.

De la Jurisdiction Ecclésiastique au Royaume de France, cas privilegié & appellation comme d'abus. 1635.

Jo. Davezan, de jure Patronatus. *Par. Langlois,* 1666.

Idem, de renuntiationibus seu resignationibus Beneficiorum Eccles. *Aurelia, Borde,* 1657.

Jo. Cabassutii Theoria & praxis juris Canonici. *Lugduni, Borde,* 1685.

Gasp. Scioppii, Ecclesiasticus. *Hartberga,* 1611.

Marcellus Francolinus, de tempore horarum Canonicarum. *Roma, Osmarini,* 1581.

Oliv. Bonartius, de horis Canonicis & SS. Missæ Sacrificio. *Antuerpia, Woons,* 1653.

Franc. Mariæ Samuellii, Praxis observanda in Ecclesiasticis sepulturis. *Taurini, Vernonis,* 1678.

Nicolaus le Maistre, de bonis & possessionibus Ecclesiarum. *Par. Buon,* 1636.

Vincent Turturetus, de Capellis & Capellanis Regum. *Madriti, Martines,* 1630.

Hieron Gigantis, Responsa in materia Ecclesiast. Pensionum. *Venetiis,* 1562.

G. le Duc de l'œconomie de l'Eglise. *Roüen, Osmont,* 1644.

Jo. Launoii, Regia in matrimonium potestas. *Par. Martin,* 1674.

Ejusdem, Contentorum in libro Galesii Erratorum index. *Ibidem,* 1677.

D. Galesii, Ecclesiastica in matrimonium potestas. *Roma, Tinassii,* 1678.

M. Gerbais, sur les empêchemens du mariage. *Paris, Hortemiels,* 1693.

M. Ducasse de la Jurisdiction Ecclesiastique. *Toulouse, Boude,* 1706.

Droit Canonique de France. *Par. Emery*, 1708.
Le parfait Notaire Apoſtolique & Procureur des Officialitez, & Cours Eccleſiaſtiques par Claude Horry. *Paris, Guignard*, 1688.
Gabr. Palæotus Card. de ſacri conſiſtorii conſultationibus. *Venetiis, Zalterii*, 1596.
Jo. a Chokier, in Indultum primariarum precum. *Leodii, Streel*, 1658.
Guill. de Ocham, de poteſtate & dignitate Papali. *Lugd.* 1496.
Autoritas Papæ & Concilii, ſive Eccleſiæ comparata a F. Thoma Cajetano. *Romæ, Silber*, 1511.
Franc. Torrenſis, de ſummi Pontificis ſupra concilia autoritate, de reſidentia Paſtorum jure divino ſcripto ſancita, de actis veris ſextæ Synodi, deque ſeptima Synodo, & multiplici octava. *Florentiæ, Torrentini*, 1551.
F. Antonius Capellus, de ſummo Pontificatu B. Petri & ſucceſſione Epiſcopi Romani in eumdem Pontificatum. *Coloniæ, Kinckii*, 1621.
F. Thomas Ramon, Ord. Præd. de Primatu D. Petri & SS. Pontificum. *Toloſæ, Colomerii*, 1617.
Alex. Careſuis, de poteſtate Romani Pontificis adverſus impios Politicos. *Patavii, Bolzetæ*, 1599.
Antoninus Diana, de Primatu ſolius D. Petri & differentia inter ipſum & D. Paulum. *Romæ, Manelphii*, 1647.
Theoph. Banoſius, de politia civitatis Dei & Hierarchia Romana. *Francofurti, Wecheli*, 1592.
Ejuſdem Cenſura Orthodoxa in Excommunicationem Sixti V. contra Henricum Borbonium. *Ibidem.*
Iſaac Habertus, de primatu Singulari D. Petri. *Par. Blaiſe*, 1645.
Jo. Laur. Luccheſinius, de notorietate præſtantiæ Pontificis max. ſupra concilia & infaillibilitatis in declaranda fide etiam ante Eccleſiæ conſenſum. *Romæ, Typis Cameræ, Apoſtol.* 1694.
D. Alphonſus de Eſcobar, de Pontificia & Regia juriſdictione in ſtudiis generalibus & de judicibus & foro ſtudioſorum. *Matriti, Sanchez*, 1643.
Melch. Goldaſti, Replicatio pro ſacra Cæſarea & Regia Francorum majeſtate & Imperii Ordinibus adverſus Jac. Gretſerum: acceſſerunt S. R. Imperii Principum Apologiæ pro Henrico IV. Imperatore contra Gregorii VII. & aliorum criminationes. *Hanoviæ, Villeriani*, 1611.
Hiſtoria particolare delle coſe paſſate tra'l Paolo V. e la Republica di Venetia. *In Mirandola*, 1624.
Raccolta de gli ſcritti uſciti nella cauſa del Paolo V. co' Signori Venetiani. *In Coira, Marcello*, 1607. 2. vol.
Th. Mortonus, de autoritate & dignitate principum Chriſtianorum contra Bellarminum. *Londini, Billii*, 1620.

JUS CANONICUM, in quarto.

Emundi Richerii Libellus de Ecclesiastica, & politica potestate cum defensione ejusdem Libelli. *Coloniæ, Egmond*, 1701. 2. vol.

—— Apologia pro Jo. Gersonio. *Lugd. Bat. Moriaen*, 1676.

—— Vindiciæ doctrinæ majorum scholæ Parisiensis. *Coloniæ, Egmond*, 1683.

Simonis Vigorii Opera omnia. *Par. Aubouyn*, 1683.

Raisons pour le desaveu fait par les Evêques de ce Royaume, d'un livret intitulé : *Jugement des Cardinaux*, &c. par le Cardinal de la Rochefoucault. *Paris*, 1626.

Mich. Rabardæi, Optatus Gallus de Cavendo schismate, &c. *Par. Camusat*, 1641.

Chimæra excisa, ex gallico sulpitii Mandrinii. *Par. Lorgii*, 1641.

Isaac. Habertus, de consensu Hierarchiæ & Monarchiæ, adversus Parænecticum Optati Galli. *Par. Blaise*, 1640.

Lud. Ellies Dupin, de antiqua Ecclesiæ Disciplina. *Par. Seneuze*, 1686.

Emanuel a Schelstrate, de autoritate Patriarchali & Metropolitica. *Romæ, Herculis*, 1687.

Jo. Morini, Congr. Orat. Exercitationes Ecclesiasticæ. *Par. Stephani*, 1626.

Hieron Alexandri, Refutatio anonymi de suburbicariis Regionibus & Diœcesi Episcopi Rom. *Par. Cramoisy*, 1619.

Liber Diurnus Rom. Pontificum, studio Jo. Garnerii. *Parisiis, Martin*, 1680.

Jo. Dartis, de ordinibus & dignitatibus Ecclesiasticis. *Par. Billaine*, 1648.

Cœremoniale continens ritus Electionis Romani Pontificis, jussu Gregorii XV. editum. *Romæ, Typis Cameræ, Apostol.* 1622.

Andræas du Saussay, de Sacro ritu præferendi crucem majoribus Prælatis Ecclesiæ. *Par. Stephani*, 1628.

Angelus Rocca. de Campanis. *Romæ, Facciotti*, 1612.

Ang. Rocca, de Apostolico sacrario Chronhistoria. *Romæ Facciotti*, 1605.

—— De SS. Christi Corpore, Romanis Pontificibus iter conficientibus præferendo. *Ibidem*, 1599.

—— De Canonizatione Sanctorum. *Ibidem*, 1601.

Urbani VIII. Decreta servanda in Canonizatione & Beatificatione Sanctorum. *Romæ*, 1642.

Relatio Canonizationis S. Caroli Borromæi. *Romæ, Typis Cameræ Apostolicæ*, 1610.

Relatio Canonizationi. Beatæ Theresiæ &c. Et B. Isidori Agricolæ de Matrito. 1622.

Franc. Florens, de usu & autoritate Pallii. *Parisiis, Cramoisy*, 1640.

Paris Crassus Bonon. de Cerimoniis Cardinalium & Episcoporum in eorum Diœcesibus. *Romæ* 1564.

CONCILIA, in quarto.

Idem. *Romæ, in Ædibus Populi Romani*, 1580.
Franc. Mariæ, Card. Brancatii Differtationes. *Romæ, Tinaffii*, 1672.
Ant. Scappus, de Birreto rubeo S. R. E. Cardinalibus Regularibus. *Romæ, Ferrarii*, 1592.
Pauli Piafecii, praxis Epifcopalis. *Veneriis, Ginammi*, 1647.
Thomæ Zerolæ, Praxis Epifcopalis. *Coloniæ, Ketteler*, 1680.
Aug. Barbofæ, Formularium Epifcopale. *Ibidem*, 1680.
Mauritius de Alzedo, de præcellentia Epifcopalis dignitatis. *Lugduni, Durand*, 1630.
De antiquis & majoribus Epifcoporum Caufis. *Leodii, Hovii*, 1678.
Mich. Rouffel, Hiftoria Pontificiæ Jurifdictionis. *Parifiis, Richer* 1625.
F. Regin. Luccarini, Epifcopus Regularis. *Romæ, Typis Caballinis*. 1659.
Jof. Sacripante, Defenfio Jurifdictionis Ecclefiafticæ. *Romæ, Typis Cam. Apoftol.* 1688.
F. Jacobi a S. Antonio Carmel. Confultationes Canonicæ. *Coloniæ, Alftorff*, 1682.
Le Rang des Abbez dans la Hierarchie de l'Eglife, par Gafpard Cordier. *Paris, Le Beau*, 1642.
Speculum Sacerdotii, a Joh. Quintino Hæduo, *Parifiis, Wecheli*, 1559.
Pragmatica Sanctio, cum gloffis Cofmæ Guymier, ftudio Phil. Probi. *Parifiis, Galeoti a Prato*, 1546.
Jo. Corafii, Paraphrafis in univerfam Sacerdotiorum materiam cum notis Jo. Solier. *Tolofæ, Camufat*, 1687.
Memoires pour l'Univerfité de Paris contre les Etats de Flandres, &c. contenant la défenfe du droit de Nomination &c. par François Cuvelier. *Paris, De la Caille*.
Factum pour Jean Milta Gradué & Profeffeur feptenaire &c.
Autre pour J. B. du Feftel, Chanoine Theogal de Soiffons.
Défenfe du Chapitre de l'Eglife de Châlons contre M. L. Antoine de Noailles Evêque de Châlons.
Andræas du Sauffai, de Epifcopali monogamia & unitate Ecclefiaftica. *Parifiis, Chaudiere*, 1932.
Ordinationes Cleri Gallicani circa Regulares, cum Commentariis Franc. Hallier. *Parifiis, Vitré*, 1665.
L'Autorité Epifcopale défendue contre les Entreprifes des Reguliers Mandians du Diocefe d'Angers &c. par François Bonichon. *Angers, Avril*, 1658.
Defenfa de la autoridad real en la perfonas Ecclefiafticas del Principado de Cataluña, por Franc. Marti y Viladamor. *en Barcelona, Dexen*, 1646.
Gafp. Scioppii, Aftrologia Ecclefiaftica & aftrum inextinctum. *ex Officina SansGeorgiana*. 1634.

F.

F. Romani Hay, Ord. Bened. astrum in extinctum. *Coloniæ, Henningii*, 1636.
Astri inextincti a Gasp. Scioppio & Romano Hay Ord. Bened. evulgati, Eclipsis, a Joanne Crusio. *Coloniæ, Gualtheri*, 1639.
Aula Ecclesiastica & hortus Crusianus, a F. Romano Hay. *Francofurti, Pressii*, 1648.
Commenta Hayana Ecclesiasticæ & Horti Crusiani discussa a Joanne Clusio. *Coloniæ, Kalcovii*, 1653. 2. vol.
Sebastiani Acosta de Andrada, Quæstioniarium ad Explicationem S. Bullæ Cruciatæ. *Eboræ, de Lyra*, 1606.
Synopsis veterum Religiosorum rituum atque legum, cum notis Ant. Caraccioli. *Romæ, Zanetti*, 1612.
Idem, auctior. *Parisiis, Maucroy*, 1667.
RR. PP. Thomæ Prestoni & Thomæ Greenæi, Benedict. ad Gregorium XV. supplicatio. *Augustæ, Fabri*, 1621.
Eorumdem appellatio a Cardinalibus ad Indicem deputatis ad Romanum Pontificem. *Ibidem*, 1620.
Traité des Etudes Monastiques, par D. Jean Mabillon, *Paris, Robustel*, 1691.
Jo. Launoii, Assertio Inquisitionis in Monasterii S. Medardi Suessionensis Privilegium. *Parisiis, Martin*. 1661.
Status Strictioris Reformationis in ordine Præmonstratensi institutæ, *Mussiponti, Bernardi*, 1630.
F. Laur. Landmeter, Ord. Præmonstr. de Clerici Monachi vetere instituto. *Lovanii, Hastenii*, 1626.
Nova Collectio Statutorum Ordinis Cartusiensis. *Parisiis, Theodorici*, 1582.
Origen de los Frayles Hermitanos de la Orden de San. Augustin, por F. Joan. Marquez. *en Salamanca, Ramirez*, 1618.
F. Mich. Muñoz, Propugnaculum Eliæ & propaginis Carmeliticæ. *Romæ, Grignani*, 1636.
Privilegiorum SS. Ord. Fratrum mendicantium & non mendicantium Collectio a Jo. Bapt. Confettio. *Venetiis, Mejetti*, 1604.
Pro tuenda atque augenda reformatione Fratrum Recollectorum ad Paulum V. Supplicatio. *Burdigalæ, Millangii*, 1613.
Bullæ diversorum SS. Pontificum pro locis terræ sanctæ, studio F. Franc. Ripol. *Romæ, Typis Cameræ Apostol.* 1655.
Tratado, en el qual se da razon del instituto, de la Religion de la Compañia de Jesus, por Pedro de Ribadeneyra, 1605.
Rosario della glorios. Virgine, dal P. Luigi di Granata, con le meditationi d'Antonio Ciccarelli. *Romæ, Basæ*, 1585.
Thomas Erastus, de Excommunicatione. *Pesclavii, Sultaceteri*, 1589.
Jo. Davezan, de Censuris Ecclesiasticis cum Dissertatione de Pontificia & Regia potestate. *Aureliæ, Hotot*. 1654.

N

Barth. Ugolinus, de Cenfuris Romano Pontifici refervatis. *Venetiis, Scoti.* 1609.
F. Jo. Bapt. Neri, Ord. Minim. Praxis fanctæ Inquifitionis. *Florentiæ, Matini.* 1685.
F. Bernardi Comenfis Ord. Præd. Lucerna hæreticorum hæreticæ pravitatis & Tractatus de Strigibus, cum notis Franc. Pegnæ. *Romæ, Graffi.* 1584.
Difcorfo dell' origine, dell' Inquifitione, del P. Paolo, dell' ordine de Servi. 1639.
Hiftoria particolare delle cofe paffate tr'al Paolo V. è la Republica di Venetia. *in Mirandola.* 1624.

III. *Liturgiæ, Ritus & Officia Ecclefiaftica.*

Guill. Durandi, Rationale Divinorum Officiorum. *Lugduni, Giunta,* 1551.
Jofephi Vice-comes, de Miffæ apparatu Obfervationes Ecclefiafticæ. *Mediolani,* 1626.
────── De antiquis Confirmationis ritibus, & de Miffæ ritibus. *Ibidem,* 1618. 2 vol.
Barthol. Gavantus, in Rubricas Miffalis & Breviarii Romani. *Lugd. Boiffat.* 1664.
Jo. Bona, Card. de rebus Liturgicis. *Parif. Billaine.* 1672.
D. Joh. Mabillon, Liturgia Gallicana. *Parif. Martin.* 1685.
D. Edmundi Martene, de Antiquis Ecclefiæ ritibus, Liber primus. *Rotomagi, Behours.* 1701. 2. vol.
Idem, de Antiquis Monachorum ritibus. *Lugduni, Aniffon.* 1690.
Jac. Eveillon, de recta ratione Pfallendi. *Flexiæ, Laboë.* 1646.
O Parafcevafticum, Theoph. Raynaudi. *Lugduni, Fourmy.* 1661.
Paulus Maria Quartus, de Proceffionibus Ecclefiafticis, Litaniis Sanctorum & Sacris Benedictionibus. *Coloniæ, Bufæi.* 1672.
Precationes Hebraicæ, item quid obftet Judæis quominus credant in Chriftum, hebr. & lat. per Paulum Fagium. 1542.
Euchologion, græce. *Venetiis.* 1571.
Apoftolos græce. *Venetiis, Pinelli.* 1633.
Divina Miffa S. Joannis Chryfoftomi, gr. lat. *Venetiis de Sabio.* 1528.
Pfalterion, græce. *Venetiis, Zannetti.* 1547.
Kalendarium, Armenice. *Romæ, Bafæ.* 1584.
Kalendarium, Arabice, a Mich. Efronita, Maronita. *Romæ, Cong. Propag* 1637.
Jac. Pamelii, Rituale SS. Patrum Latinorum. *Coloniæ, Trieffem.* 1675. 2. vol.
Codices Sacramentorum, nongentis annis vetuftiores, ftudio Jof. Mar. Thomafii. *Romæ, Ang. Bernabo.* 1680.
Jof. M. Cari, Antiqui libri Miffarum Romanæ Ecclefiæ. *Romæ, Vannaccii.* 1691.

JUS CANONICUM, in quarto.

―― Responsorialia & Antiphonaria. *Ibidem.* 1686.
―― Psalterium, Hymnarium & Orationale. *Romæ, Tinassii.* 1683.
Cœremoniale Episcoporum, jussu Innocentis X. recognitum. *Romæ, Typis Cameræ Apostol.* 1651.
Missa per Sacerdotes recens Ordinatos Pontifici concelebrantes recitanda. *Paris. Targa.* 1648.
Altera, Sabbato IV. temporum adventûs recitanda. *Paris. de Brassche.* 1681.
Missale Parisiense. *Parisiis, Kerver.* 1557.
Sacerdotale Remense. *Remis, de Foigny.* 1621.
Rituel de Reims. *Paris, Leonard.* 1677.
Maniere d'administrer les Sacremens de l'Eglise, dressée par M. Nicolas de Thou, Ev. de Chartres. *Paris, Kerver.* 1580.
Le Sacramentaire des Pasteurs, par J. F. Joliot. *Paris, de Nully.* 1710.
Kirken Ordnung, &c. *Luneburg.* 1643.
New Kircken Formular, &c. per Jo. Seraderum. *Francfurt.* 1660.
La Liturgie Angloise. *Londres, Bill.* 1616.
A Collection of Articles, Injunctions, Canons, Orders, Ordinances, & Constitutions Ecclesiastical, &c. *London. Pawlet.* 1684.
C'est-à-dire : Recueil des Articles, Injonctions, Canons, Ordres, Ordonnances & Constitutions Ecclesiastiques, &c. *Imp. à Londres, chez Pawlet*, en 1684.

CONCILIA

ET EA QUÆ AD CONCILIORUM CANONES, jus Canonicum & Pontificium pertinent.

IN OCTAVO, &c.

I. *Concilia.*

Codex Canonum Ecclesiæ universæ, gr. lat. cum notis Christ. Justelli. *Paris. Beys.* 1610. *in* 8.
Codex Canonum Ecclesiæ Africanæ, gr. lat. cum notis ejusdem. *Paris. Pacard.* 1615. *in* 8.
Codex Canonum Ecclesiasticorum Dionysii Exigui. Epistola Synodica S. Cyrilli, & Concilii Alexandrini contra Nestorium. *Paris. Dupuys.* 1628. *in* 8.
Guilb. Durandus, de modo generalis Concilii celebrando; additi sunt alii tractatus, &c. *Paris. Clousier.* 1671. *in* 8.

CONCILIA, in octavo, &c.

Collectio Romana veterum aliquot Historiæ Ecclesiasticæ monumentorum, a Luca Holstenio. *Romæ, Dragondelli.* 1662. *in* 8.
Barth. Carranzæ summa Conciliorum. *Parif. Seneuze.* 1668. *in* 8.
Le Promptuaire des Conciles avec les Schismes, par Jean le Maire. 1545. *in* 24.
Gelasii Cyziceni, Commentarius actorum Nicœni Concilii cum corollario Theodori Presb. de Incarnatione Domini, gr. lat. studio Balforei. *Parif. Morell.* 1599. *in* 8.
Concilii Nicœni Præfatio cum titulis & argumentis Canonum ac Constitutionum ejusdem Concilii, ex arab. lat. ab Abrahamo Echellensi. *Parif. Vitré.* 1645. *in* 8.
Canones Græci Concilii Laodiceni, cum versionibus Gentiani Herveti, Dionysii Exiguii, Isidori mercatoris & observationibus Wolfg. Gundlingii. *Noribergæ Ziegeri.* 1684. *in* 8.
Commentarius in Responsionem Synodalem Concilii Basileensis de autoritate cujuslibet Concilii generalis supra Papam. *Coloniæ.* 1613. *in* 8.
Concilium Tridentinum, cum notis Jo. Sotealli & Horatii Latii. *Antuerpiæ, Moreti.* 1611. *in* 8.
Idem, Curante Phil. Chiffletio. *Parif. Hauteville.* 1646. *in* 12.
Idem. *Coloniæ, Egmond.* 1653. *in* 12.
Le Concile de Trente, traduit par Gentian Hervet. *Reims, de Foigny.* 1566. *in* 8.
Le même. *Paris, Valet.* 1588. *in* 12.
Catechismus Concilii Tridentini. *Parif. Leonard.* 1671. *in* 12.
Ant. Sebastiani Minturini, Orationes Tridentinæ de Officiis Ecclesiæ præstandis. *Venetiis, Valvassoris.* 1564. *in* 8.
Cæsar Aquilinius, de tribus Historicis Concilii Tridentini. *Autuerpiæ, Verbrugge.* 1662. *in* 12.
De l'Impossibilité du Concile, par M. d'Amboise. *Lyon, Ancelin.* 1608. *in* 12.
Decisiones & declarationes Cardinalium Concilii Tridentini interpretum, studio Joannis de Gallemart. *Duaci, Belleri.* 1618. *in* 8.
Caroli magni & Synodi Parisiensis scripta de imaginibus. 1549. *in* 8.
Synodus Ecclesiæ Gallicanæ habita Durocortori Remorum cum Apologia, ejusdem Synodi a Gerberto. *Francofurti, Wecheli.* 1600.
S. Valeriani Cemeliensis Sermo de bono disciplinæ, cum S. Isidori Hispal. fragmento de Prælatis, studio Goldasti. *Genevæ.* 1601.
Dosithei Magistri liber tertius continens D. Adriani Imperat. sententias & Epistolas. *Ibidem.*
Sibrandus Lubbertus, de Conciliis. *Genevæ. Crispini.* 1601.
Speculum tyrrannidis Philippi Regis Castellæ in usurpanda Portugallia. *Parisiis,* 1595.

Statuta Synodalia trium Episcoporum Parisiensium. *Par. Sonnii*, 1578. *in* 8.

Concilium Provinc. Coloniense anni 1536. accedunt Reformatio Cleri Germaniæ, Statuta Synodalia Episcopi Hildesemensis, Formula vivendi canonicorum, &c. *Par. Boucher*, 1545. *in* 8.

Concilii Remensis, quod in causa Godefridi Ambianensis Episcopi celebratum fertur, falsitas demonstrata. *Par. Billaine*, 1663. *in* 8.

Cleri Valentini Reformatio per Jo. Monlucium Episcopum Val. *Par. Vascosani*, 1558. *in* 8.

Les Canons des conciles de Tolede, Meaux, Mayence, Oxfort & Constance, advis & censures de la Faculté de Theologie de Paris, Arrests de Parlement de Paris, par lesquels la doctrine de déposer & tuer les Roys & Princes est condamnée, &c. 1615. *in* 8.

Ordonnances Synodales de Narbonne. *Narbonne, Besse*, 1667. *in* 8.

Synodus Ultrajectina anni, 1612. cum notis Gutsenii. *Hagiopoli*, 1614. *in* 8.

Le Concile Provincial de Normandie, tenu à Roüen par le Cardinal de Bourbon en 1581. *Paris, L'huillier*, 1583. *in* 8.

Synodicon Ecclesiæ Parisiensis, jussu Franc. de Harlay Arch. Paris. editum. *Par. Muguet*, 1674. *in* 8.

Synodus Hierosolimitana adversus Calvinistas anno 1662. celebrata gr. lat. *Par. Martin*, 1678. *in* 8.

Codex selectorum canonum Ecclesiæ Metensis. *Metis, Antoine*, 1699. *in* 8.

Mandement de M. l'Arch. de Reims pour la publication de la Censure & Déclaration faite par l'Assemblée du Clergé de 1700. *Paris, Anisson*, 1701. *in* 8.

Recueil des Ordonnances, Mandemens & Censures de M. l'Ev. d'Arras. *Arras, Duchamp*, 1710. *in* 12.

II. *Jus Canonicum.*

Decretum D. Ivonis Carnotensis emendatum opera Melchioris a Vosmediano. *Lovanii, Bergagne*, 1557. *in* 8.

Legum Pontificiarum Gregorii IX. Pentateuchus in Epitomen redactus a M. Mesnartio. *Par. Guillard*, 1555. *in* 8.

Jo. Arnoldi Corvini, Jus Canonicum per Aphorismos explicatum. *Amstelodami, Elzevir*, 1663. *in* 12.

Idem, Manu notatum. *Ibidem*, 1648. *in* 12.

Henr. Canisii, summa juris Canonici. *Ingolstadii, Sartorii*, 1604. *in* 8.

Idem. *Colonia, Busai*, 1660. *in* 12.

Danielis Venatorii, Analysis Methodica juris Pontificii. *Lugduni, Landry*, 1604. *in* 8.

Idem. *Lugduni, Dufour*, 1642. *in* 8.
Breviſſimæ Juris Canonici inſtitutiones. *Par. Jombert*, 1687. *in* 12.
Phil. Priorius, de litteris Canonicis, cum appendice de tractoriis & Synodicis. *Par. Billaine*, 1675. *in* 8.
Franc. Florentis diſſertationes ſelectæ juris Canonici. *Par. Camuſat*, 1632. *in* 8.
Marcelli Ancyrani, diſquiſitiones duæ de reſidentia Canonicorum : acceſſit tertia de tactibus impudicis, &c. *Par. Couterot*, 1695. *in* 8.
Petrus Sutor, de poteſtate Eccleſiæ in occultis. *Par. Gaignot*, 1534. *in* 8.
Cæſaris Ortinelli, Conſilia de reditibus Eccleſiæ poſt tranſlationem percipiendio, &c. *Romæ, Gardani*, 1586. *in* 8.
Nicolaus Vitalis, de ſpeciali voto. *Venetiis, Bertani*, 1651. *in* 8.
Scalæ Jacob Spongia contradictionum a Jo. Lindeborn. *Antuerpiæ, Metelen*, 1667. *in* 8.
Traité du délit commun & cas privilegié, par Benigne Milletot. *Dijon, Guyot*, 1615. *in* 8.
Traité des diſpenſes par M. Loyens. *Cologne, Schouten*, 1687. *in* 12.
Conferences Eccleſiaſtiques ſur le Mariage. *Paris, Etienne*, 1713. *in* 12. 5. vol.
Zeg. Bernardi Van-Eſpen, Repagulum Canonicum adverſus nimiam exemptionum a juriſdictione Epiſcopali extenſionem. *Lovanii, Denique*, 1688. *in* 12.
Idem, de inſtituto & officiis Canonicorum. *Lovanii, Saſſenii*, 1685. *in* 8.
F. Bruno Neuſſer, Ord. Min. de Horis Canonicis. *Moguntiæ, Schonwetteri*, 1669. *in* 8.
Conſultatio de Reformandis Horis Canonicis, 1644.
Appendix ad hanc conſultationem, 1646. *in* 8.
Nic. de Bralion, Pallium Archiepiſcopale. *Par. Camuſat*, 1648. *in* 8.
Traité de la Canonization des Saints par F. François Victon Minime. *Par. Cramoiſy*, 1634. *in* 8.
Traité des droits honorifiques des Seigneurs ès Egliſes, par M. Maréchal. *Paris, Buon*, 1615. *in* 8.
Le même augmenté d'un traité du droit de Patronage, &c. par M. Simon. *Paris Guignard*, 1697. *in* 12. 2. vol.
Recueil Hiſtorique des Bulles & Conſtitutions, Brefs & autres Actes, &c. *Mons, Migeot*, 1697. *in* 8.
Le même, augmenté de pluſieurs Pieces. 1710.
Vigilii Papæ Epiſtola decretalis pro confirmatione V. Synodi, œcumenicæ gr. lat. a Petro de Marca, &c. *Par. Camuſat*, 1642. *in* 8.
Decret d'Alexandre VII. contre les opinions relâchées des nouveaux Caſuiſtes, 1687.

Decret d'Innocent XI. contre plusieurs Propositions de Morale, 1679. *in* 12.
Taxa S. Cancellariæ Romanæ, cum notis L. Banck. *Franekeræ, Alberti*, 1651. *in* 8.
Traité des libertés de l'Eglise Gallicane. *Paris*, *Robinot*, 1608, *in* 12.
Autoritas sedis Apostolicæ Vindicata per F. Franc. d'Enghien. *Coloniæ*, *Kinckii*, 1684. *in* 8.
Guill. Beyer, de Hierarchia Ecclesiastica & præeminentia Sacerdotii. *Antherpiæ*, *Metelen*, 1666. *in* 12.
La Grandeur de nos Rois & de leur Souveraine puissance. *Paris*, 1615. *in* 8.
Simon Vigor, de l'Etat & gouvernement de l'Eglise. *Troyes*, *Sourdet*, 1621, *in* 8.
Examen de quatre actes publiés de la part des Jesuites contenant la déclaration de leur doctrine touchant le temporel des Roys. *Paris*, 1633. *in* 8.
Guill. Barret, jus Regis. *Basileiæ*, *Pisti*, 1612. *in* 8.
Georgii Hakewil, scutum Regium, *Londini*, *Stansbii*, 1612.
Rich. Thomsoni, Elenchus Refutationis Tortura torti. *Londini*, *Barkeri*, 1611. *in* 8.
Andreæ Eudæmon-Joannis, Responsio ad Epistolam Isaaci Causaboni. *Coloniæ*, *Kinckii*, 1612.
Ejusdem Epistola ad amicum Gallicum super Dissertatione politica Leidhresseri. *Ibidem*, 1613. *in* 8.
Apologia Card. Bellarmini pro jure Principum a Rog. Widringtono. *Cosmopoli*, *Prati*, 1611. *in* 8.
Discussio discussionis Concilii lateranensis adversus Leonardum Lessium, ab eodem. *Augustæ*, *Libii*, 1618. 8.
Ejusdem supplicatio ad Paulum V. cum appendice contra Schulckenii Calumnias. *Albionopoli*, 1616. *in* 8.
Petrus Molinæus, de temporali Monarchia Pontificis Romani. *Typis*, *Auberti*, 1614. *in* 8.
Guill. Riveti, Defensio libertatis Ecclesiasticæ. *Genevæ*, *Chouët*, 1625. *in* 8.
Hugo Grotius, de imperio summarum Potestatum circa sacra, cum scholiis Dav. Blondelli: accessere Tractatus de jure plebis in regimine Ecclesiastico & de officio Magistratus Christiani *Hahæ-Comitis*, *Vlacq*. 1661. *in* 8.
Advis sur l'appel interjetté par Edmond Richer de la censure de son Livre de Eccles. & polit. potestate: par Paul de Gimont. *Liege*, 1612. *in* 8.
Cérémonial de l'élection des Papes dressé par le commandement de Gregoire XV. traduit en françois & le Traité de l'election des Papes de M. Bignon. *Paris*, *Sommaville*, 1655. *in* 8.
Joannes Dartis, de Urbicariis & Sububicariis Regionibus & Eccle-

fiis. *Parifiis*, *Langlois*, 1620. *in* 8.
Jac. Gutherii fpecula ad Jac. Lefchafferii obfervationem de Ecclef. fuburbicariis. *Parifiis*, *Buon*, 1618. *in* 8.
Jac. Ufferii. Epifcoporum & Metropolitanorum Origo. Idem, de Afia Proconfulari. Edw. Brerewood, veteris Ecclefiæ. Gubernatio Patriarchalis. Appendix de antiquâ Ecclefiæ Britannicæ libertate & privilegiis. *Londini*, *Smith*, 1687. *in* 8.
Jo. Adami Weber, Nucleus juris Epifcopalis. *Salifburgi*, *Mayr*, 1681. *in* 8.
Walo Meffalinus, de Epifcopis & Prefbiteris contra Dion. Petavium. *Lugd. Batav. Jo. Maire*, 1641. *in* 8.
G. Genebrardus, de facrarum Electionum jure & neceffitate. *Leodii*, *de Coerswaremia*, 1601. *in* 8.
M. Ant. Capellus, de appellationibus Ecclefiæ Africanæ ad Romanam fedem. *Parifiis*, *Buon*, 1622. *in* 8.
Cenfura animadverfionis Dion. Buthillerii, de infirmis refignantibus, per Adrian. Behotium. *Rothomagi*, *l'Oifelet*, 1613. *in* 8.
M. Guillelmi, ad Adrian. Behotium de fua Cenfura, admonitio Macaronica. *Parifis*, *Macæi*, 1614. *in* 8.
Laurentii a Dript, Cautio judicialis Prælatorum Ecclefiafticorum & Regularium. *Neuhufii*, *Todt*, *in* 12.
Plainte Apologetique pour M. l'Eveque d'Angers, par Claude Menard. *Angers*, 1625. *in* 8.
Réponfe du Capitre de l'Eglife d'Angers, à la Plainte Apologetique pour M. l'Éveque d'Angers. *Paris*, *Durand*, 1626. *in* 8.
Réponfe aux moyen de nullité publiés par le Chapitre de Roüen. *Paris*, *Cramoifi*, 1610. *in* 8.
Defenfio facræ Epifcoporum autoritatis contra Acephalos, à Mich. Roguerio. *in* 8.
Moyens de nullité que propofe le Chapitre de Roüen contre les Status à eux envoyés par le Cardinal de Joyeufe. 1610
De l'autorité des Chapitres. *Roüen*, 1610. *in* 8.
Le Polyphéme ou Apologetique en la caufe de la verité. *in* 8.
Claud. Fontejus de antiquo jure Prefbyterorum *Taurini*. 1676. *in* 12.
Differtatio de bonis Ecclefiafticis contra Schoockium. *Ultrajecti*, *Vaësberge*, 1651. *in* 12.
L'autorité des Évêques fur les Benefices. *Cologne*, *Marteau*. 1677. *in* 12.
Jean Filleau, des droits & prérogatives des Eglifes Cathédrales. *Paris*, *Targa*, 1628. *in* 8.
Recueil des Edits, Declarations & Arrets rendus en faveur des Curez, Vicaires perpetuels. *Paris*, *Saugrain*, 1694. *in* 8.
Traité de l'alienation du bien d'Eglife & Baux Emphyteotiques par J. Chenu. *Paris*, *Lemur*, 1625. *in* 8.
Germain Forget des Perfonnes, chofes Eccléfiaftiques & Décima-
les

JUS CANONICUM, in quarto, &c.

les avec un Traité des droits de Regale & Pensions Beneficiales. *Roüen, Osmont,* 1611. *in* 8.

De l'origine du droit d'amortissement, par Eusebe de L****. *Paris, Bobin,* 1692. *in* 12.

Historia dal P. Paolo dell' ordine de Servi, soprà li Benefici Ecclesiastici. *in Colonia, Albertino.* 1672. *in* 12.

La même Traduite en francois. *Amsterdam, Westein.* 1685. *in* 12.

Traité des seminaires par M. Ant. Godeau. *Aix, Roize,* 1660. *in* 8.

Considerations sur la declaration du Roy pour l'etablissement des Seminaires. *in* 12.

Histoire de l'origine des Dixmes. *Lyon, Anisson,* 1689. *in* 12.

Traité touchant l'origine des Dixmes & l'origine de les payer. *Paris, Hortemels,* 1687. *in* 12.

Entretiens sur les dixmes, aumônes & autres liberalitez faites à l'Eglise. *Paris, Guignard.* 1694. *in* 12.

Deux Lettres touchant le Pecule des Religieux faits Curez ou Evêques. *Paris, Leonard,* 1695. *in* 12.

Abregé des Matieres Beneficiales selon l'usage de l'Eglise Gallicane par Husson Charloteau. *Paris, Langlois,* 1667 *in* 12.

Franc. Ingolus, de Parochis & eorum officio. *Bononiæ, Benatii,* 1622. *in* 8.

Richardi Archiep. Armachani, Defensorium Curatorum. *Parisiis, Billaine,* 1623. *in* 8.

Idem. *Parisiis, Libert.* 1625. *in* 8.

Hieron. Caratus, de juribus Parochialibus. *Mediolani,* 1625. *in* 8.

Steph. de Melles, de Origine & divisione parochiarum, earum dotatione, Parochorum gradu, instit. & officiis. *Parisiis, Le Cointe,* 1678. *in* 12.

Nic. Januarius, de Archidiaconi jure & officio. *Parisiis, Feugé,* 1625. *in* 12.

De l'antiquité des Eglises Parochiales par jean Chabanel. *Toloze, Colomiez,* 1608.

Le Prosne de la Sainte Messe. *Ibidem,* 1607. *in* 8.

J. B. Thiers, de la Dépoüille des Curez. *Paris, Desprez,* 1683. *in* 12.

Des obligations des Ecclesiastiques. *Paris, Muguet,* 1676. *in* 12.

F. Paulus Fraxinellus, Ord. S. Aug. de sacerdotum obligationibus ad Missas pro aliis ex justitiâ celebrandas. *Coloniæ, Crithii,* 1630. *in* 12.

Jacobi Simonettæ, Tractatus reservationum Beneficiorum, auctus à Paulo Granuccio. *Romæ, Muretti,* 1588. *in* 8.

Concordata inter Leonem X. & Franciscum I.

Textus Pragmaticæ Sanctionis cum scholiis C. Guymier.

Regulæ, ordinationes & constitutiones generales Cancellariæ Romanæ.

Decreta Concilii Tridentini, seff. 1. 2. 3. 4. 5. & 6. *Parisiis, Galeoti a Prato*, 1551. *in* 8.

Jo. Doujat, specimen juris Ecclesiastici apud Gallos usu recepti. *Parisiis, Alliot,* 1671. *in* 12.

Jus Belgarum circa Bullarum Pontificiarum receptionem. *Leodii, Creel,* 1645.

Defensio Belgarum contra Evocationes & peregrina judicia. *Ibidem* 1665. *in* 12.

L'Evêque de Cour opposé à l'Evêque Apostolique divisé en cinq Entretiens. 1674. *in* 12.

L'Abbé Commendataire. *Cologne, Schouten,* 1673. & 1674. *in* 12. 2. vol.

Defense des Abbés Commendataires & des Curés primitifs &c. *la Haye, Moetjens,* 1685. *in* 12.

Préféance pour les Abbés Reguliers & Commendataires &c. par Sebast. Roulliard. *Paris, Robinot,* 1608. *in* 8.

La Clef du grand Pouillé de France par J. Doujat. *Paris, Alliot,* 1671. *in* 12.

Eugenii Lavanda Notæ in astrum inextinctum F. Rom. Hay. 1641. *in* 12.

Hipparque du Religieux Marchand, par René de la Vallée. 1645. *in* 12.

Henrici Petreji, tractatus de monasteriis. *Augusta-Trebocorum, Caroli.* 1610. *in* 12.

Reflexion sur l'Edit touchant la Reformation des Monasteres. 1667. *in* 12.

Thomæ Galletti Religiosus. *Lugduni, Cardon,* 1615. *in* 12.

De la Mendicité légitime des Pauvres séculiers par M. l'Evêque de Belley. *Douay, Vyon,* 1624. *in* 12.

F. Bartholomæus à S. Fausto, Fuliensis, de vitio proprietatis quo paupertas religiosa violatur. *Parisiis, de Heuqueville,* 1616. *in* 24.

Quel est le meilleur Gouvernement, le rigoureux ou le doux. *Paris,* 1636. *in* 8.

Examen de l'avant-propos du livre fait par le P. Yves de Paris Capucin intitulé: les Heureux succés de la piété. 1633. *in* 8.

Explication du mot de Religieux par J. P. C. 1642. *in* 8.

J. B. Thiers, de la Clôture des Religieuses. *Paris, Dezalier,* 1681. *in* 12.

Constitutiones congregationis Clericorum Regularium, *Parisiis, Roullard,* 1659. *in* 12.

Regulæ Societatis Jesu. *Lugdini, Roussin,* 1606. *in* 12.

Collectio Bullarum, Decretorum, Canonum, Ordinationum Instructionum, Epistolarum &c. ad institutum Societatis Jesus spectantium. *Antuerpiæ, Meursii,* 1635. *in* 8. 7. vol.

JUS CANONICUM, in octavo, &c.

Indiculus Decretorum eafdem res tractantium in congregationibus Generalibus Societatis Jefus. *Lugdini, Canier*, 1653. *in* 12.
Decreta & Canones Congregationis nonæ generalis. *in* 8.
Crifis pro Societatis Jefu pietate doctrina & fructu multiplici, à P. Andræa Mendo. *Lugdini, Boiffat*, 1666. *in* 12.
Conftitutiones S. Ordinis Vallis-Scholarium. *Remis, de Foigny*, 1629. *in* 12.
Dionyfius Carthufianus de vita & moribus Canonicorum *Coloniæ, Egmont.* 1670. *in* 12.
Idem. *Typis, Frellon.*
Jo. Molanus, de Canonicis. *Coloniæ, Birckmanni*, 1987.
Ejufdem, Medicorum Eccleſ. Diarium *Lovanii, Mafii*. 1595.
Dionyfius de vita Sacerdotali. *Typis Heringianis*, 1614. *in* 8.
Nic. Defnos, Canonicus fecularis & Regularis. *Parifiis, Couterot*, 1674. *in* 8.
Traité du nom, vie & mœurs d'un chanoine par Vital Bernard. *au Puy*, 1647. *in* 8.
Explication de la Regle de S. Benoift par D. Matthias Lambert. *Liege, Hovius*, 1596. *in* 8.
Explication du Chapitre 48. de la Regle de S. Benoift pour fervir d'éclairciſſement à la queftion des études monaftiques, par F. Colomban. *in* 12.
Entretiens de Timocrate & de Philandre fur les devoirs de la vie Monaftique. *Cologne, Marteau*, 1685. *in* 12.
F. Jo. Craesbeeck, Ord. Cifterciensis, Commentarius in Regulam S. Benedicti. *Duaci, Belleri*, 1624. *in*. 8.
Placitum Magni Confilii pro Gallicana Benedictorum Congregatione adverfus Majoris Monafterii Monachos. *Par. Thierry.* 1606.
Semeftrium placitorum Magni confilii, quoad Beneficiorum controverfias liber primus. *Ibidem. in* 8.
J. B. du Hamel, de Privilegiis Monafterii S. Germani Parifienfis. *Par. Muguet.* 1668. *in* 12.
Privilegium S. Germani propugnatum a D. Roberto Quatremaires. *Par. Bechet*, 1657. *in* 8.
Privilegium S. Medardi Sueffionenfis propugnatum ab eodem. *Ibidem*, 1659. *in* 8.
Jo. Launoii, inquifitio in Privilegium S. Medardi Sueffion. *Par. Martin*, 1657.
―――― Inquifitio in Chartam fundationis & Privilegio Vindocinenfis Monafterii.
―――― Judicium de Hadriani Valefii difceptatione quæ de Bafilicis infcribitur. *Par. Martin*, 1658. *in* 8.
Claudii Hemeræi, Carthufianus feu iter ad Sapientiam. *Auguftæ-Veromanduorum, le Queux*, 1627. *in* 8.
Petrus Sutor, de vita Çarthufiana; acceffit Arnoldus Boftius de

108　*JUS CANONICUM, in octavo, &c.*

illuſtribus aliquot ejuſdem Ordinis viris. *Coloniæ, Gualtheri,* 1609. *in* 8.

Manuale Solitariorum, ſtudio Franc. Chiffletii. *Divione, Chavance,* 1657. *in* 8.

F. Norberti Cailleu, Reſponſio ad inquiſitionem Jo. Launoii in Privilegia Præmonſtratenſis Ordinis. *Par. Leonard,* 1661. *in* 8.

Jo. Launoii, Inquiſitio in Privilegia Præmonſtratenſis Ordinis. *Par. Martin,* 1558.

Examen du Privilege d'Alexandre V. pour ſervir au jugement du Procès qui eſt entre M. l'Evêque de Laon & les Religieux de S. Martin de Laon.

Jo. Launoii, Cenſura Reſponſionis F. Norberti Caillocii. *Par. Martin,* 1676.

―――― Capituli Laudunenſis jus apertum in Monaſteria Præmonſtratenſium Diœceſis. *Ibidem,* 1673. *in* 8.

Idem, de Simonis Stochii viſo, Sabbathinæ Bullæ Privilegio & Scapularis Carmelitarum Sodalitate. *Ibidem,* 1663. *in* 8.

―――― De Origine & Confirmatione, Scapularis Carmelitarum & viſione Simonis Stochii. *Lugd. Batav. Elzevir,* 1642. *in* 8.

Heroica Carmeli Regula Vindicata a F. Valentino a S. Amando. *Coloniæ, Alſtorff.* 1682.

F. Valentini a S. Amando, Pomum diſcordiæ. *Coloniæ, Alſtorff,* 1682.

―――― Prodromus Carmelitanus. *Coloniæ, Frieſſem,* 1682.

―――― Harpocrates Jeſuiticus. *Ibidem, in* 8.

Regula Fratrum, de monte Carmeli. *Antuerpiæ, Meurſii. in* 8.

Diſciplina Monaſtica exhortationibus digeſta in Regulam Fratrum Diſcalceatorum de monte Carmelo, per Fr. Joannem a Jeſu-Maria. *Coloniæ Gualtheri,* 1619. *in* 12.

F. Jo. Nider, Ord. Præd. de Reformatione Religioſorum. *Antuerpiæ, Moreti,* 1611. *in* 8.

Notitia antiquitatis Ordinis Prædicatorum. *Par. le Beau,* 1643. *in* 8.

Petri a Valle-Clauſa, Diatribæ de immunitate autorum Cyriacorum a Cenſura. *in* 8.

Ordo Fratrum Prædicatorum a Calumniis Petri a Valle-Clauſa vendicatus. *Par. de Launay.* 1664. *in* 8.

Diſcours de l'Aſſemblée du Chapitre Provincial de la Province de France des Freres Prêcheurs dreſſé par F. Nicolas le Febvre. *Angers, Hernault,* 1625. *in* 8.

Aubertus Miræus, de congregationibus Clericorum in communi viventium. *Coloniæ, Gualtheri,* 1632. *in* 8.

Conſtitutiones Fratrum Charitatis B. Mariæ. *in* 8.

Statuta generalia Barcinonenſia pro familia Ciſmontana. *Pariſiis, Moreau,* 1619. *in* 24.

Carte de viſite faite à l'Abbaye de N. D. des Clairets. *Paris, Muguet,* 1690. *in* 12.

Conſtitutions du Monaſtere de Port-Royal du S. Sacrement. *Bruxelles, Marchant,* 1674. *in* 12.

JUS CANONICUM, *in octavo*, &c.

Constitutions du Monastere de l'Annonciade de Gennes. *Paris, Duval.* 1626. *in* 8.
Factum pour les Religieuses de S. Catherine lès Provins contre les Peres Cordeliers. *Doregnels, Braessem*, 1679.
Réponse au factum des filles de S. Catherine lès Provins. 1669. *in* 8.
E. de Molinier, des Confrairies Pénitentes. *Toloze, Colomiez*, 1625. *in* 8.
Peregrinationes civitatis sanctæ Jerusalem, cum peregrinationibus urbis Romæ. *Andegavi, De la Tour*, 1593. *in* 16.
Statuts & reglemens de l'hôpital general de Reims. *Reims, Pottier*, 1686. *in* 8.
Quintil. Mandosius, de Monitoriis. *Spiræ, Albini*, 1587. *in* 8.
Jac. Severtius, de multiplici anathemate juris æquivalente ad nominatim. *Parisis, Buon*, 1692. *in* 8.
Epit. processus de occidendis hæreticis & vi conscientiis inferenda inter J. Lipsium & Th. Coornhertium. *Goudæ, Hœnii*, 1597.
Defensio hujusce processus a Coornhertio. *Ibidem.*
Breve documentum de cogitationum observatione ab eodem. *Ibidem. in* 8.
Jac. Schultes de fide hæreticis Religiose servanda. *Francofurti, Weissii*, 1652. *in* 8
Jo. Molanus, de fide hæreticis & rebellibus servanda & de fide & juramento quæ a Tyranno exiguntur. *Coloniæ*, 1654. *in* 8.
Historia Inquisitionis P. Pauli Veneti, ex Ital. Latine ab Andr. Colvio. *Roterodami, Leers*, 1651. *in* 12.
De Inquisitione Hispanica, Oratiunculæ septem. *Heidelbergæ*, 1603. *in* 8.
Histoire de l'Inquisition & de son origine. *Cologne, Marteau*, 1693. *in* 8.

III. *Liturgiæ, Ritus & Officia Ecclesiastica, in octavo, &c.*

Jo. Belethi, Rationale divinorum officiorum, editum a Cornelio Laurimano. *Venetiis, Bindoni*, 1561. *in* 8.
De Ritibus liber, in quo de sacris Ecclesiæ Ceremonis ac de Breviario & Missali Diœcesanis. *in* 24.
Manuel des Ceremonies Romaines. *Paris, Langlois*, 1670. *in* 12.
Manuel du service Divin par P. Milhard. *Tholoze*, 1608. *in* 8.
Gabr. Biel, Expositio SS. Canonis Missæ. *Venetiis*, 1578. *in* 12.
Dissertations sur les mots de Messe & de Communion par Dom Claude de Vert. *Paris, de Laulne*, 1694. *in* 12.
Liber de Processionibus Ecclesiasticis. *Par. Guillemot.* 1641. *in* 8.
Traité des Processions des Chrétiens par René Benoist. *Par. de Roigny. in* 8.
Eclaircissement sur la Reformation du Breviaire de Clugni par

Liturgiæ Ritus & Officia Ecclesiastica, in octavo, &c.

Dom Claude de Vert. *Paris, Muguet,* 1690. *in* 12.
Réponse aux Remarques sur le nouveau Breviaire de Paris. *Par. Martin,* 1680. *in* 8.
La Coutume de prier & d'adorer debout. *Liege, Henri Van Rhyn,* 1700. *in* 12. 2. vol.
Consultation faite par un Avocat du Diocese de Saintes sur la diminution du nombre des fêtes ordonnée dans ce Diocese, par M. l'Ev. de Saintes. *Par. Dupuys,* 1670. *in* 12.
Precationes Biblicæ & Cantica, hebr. gr. & latine. *in* 8.
Liturgia S. Jacobi Apostoli, græce. *Venetiis,* 1645.
——— S. Joannis Chrysostomi, græce. *Ibidem,* 1644.
——— S. Basilii Magni & Præsanctificatorum, græce. *Ibidem,* 1645. *in* 8.
Liturgiæ SS. Patrum Jacobi, Basilii Magni Joannis Chrysostomi: item de Ritu Missæ & Euchariftiæ ex libris B. Dionysii Areop. Justuni Martyris & a Claudio de Sainctes. *Antuerpiæ, Stelsii,* 1562. *in* 8.
Horologium, græce. *Venetiis, Pinelli,* 1617. *in* 16.
Idem, græce, 1535. *in* 8.
Octhœcus, græce. *Venetiis, Pinelli,* 1635. *in* 8.
Cathemerinon, gr. lat. a Joh. Sylvio. *Antuerpiæ, Plantin,* 1571. *in* 8.
Officium Dominicæ Passionis secundum ritum græcorum. *Romæ, Vannaccii,* 1695. *in* 16.
Ordo Benedictionis & Processionis Palmarum juxta ritum Maronitarum. *Romæ, Herculis,* 1695. *in* 8.
Antiquitatum Liturgicarum arcana. *Duaci, Belleri,* 1605. *in* 8. 3. vol.
Breviarium Romanum. *Par.* 1620. *in* 16.
Breviarii Romani pars æstivalis. *Par.* 1650. *in* 24.
——— Pars autumnalis. *Par.* 1660. *in* 12.
Breviarium, Cardinalis Quignonii. *Coloniæ, Soter,* 1536. *in* 8.
Missale Romanum. *Par. Eustache,* 1511. *in* 8.
Idem ex decreto Concilii Tridentini restitutum. *Par. Kerver,* 1584. *in* 8.
Ordo Missæ pro informatione Venerab. Sacerdotum. *Romæ, Bladi,* 1559. *in* 8.
Breviarii Remensis jussu Card. a Sotharingia edita pars æstivalis. *in* 8.
——— Jussu Lud. a Lotharingia editi pars æstivalis. *in* 8.
Breviarium Remense. *Remis, Constant,* 1630. 2. vol. *in* 16.
Breviarium Remense. *Par. Muguet,* 1685. *in* 12. 4. vol.
Prieres de la Procession de la Pompelle. *Reims, Multeau,* 1713. *in* 12.
Breviarium ad usum Ecclesiæ S. Quintini Veromanduensis. *Par. Bessin,* 1642. *in* 8. 2. vol.

Liturgiæ Ritus & Officia Ecclesiastica, in octavo, &c.

Diurnale ad usum ejusdem Ecclesiæ. *Ibidem*, 1643. *in* 12.
Breviarium Parisiense. *Par. Kerver*, 1544. *in* 16.
Officia Propria Sanctorum Massiliensis Ecclesiæ. *Massiliæ, Garcin*, 1662. *in* 8.
Proprium Sanctorum Ecclesiæ S. Barbaræ in Algia Diœcesis Lexoviensis. *Cadomi, Poisson*, 1678. *in* 12.
Jo. Chapeaville de necessitate & modo administrandi Sacramenta tempore Pestis. *Salisburgi, Mayr*, 1680. *in* 12.
Precationes Collectæ per Andr. Musculum. *Lipsiæ*, 1571. *in* 16.
Sim. Verepæi, Enchiridion precationum. *Antuerpiæ, Belleri*, 1598. *in* 16.
Manuale Laponicum. *Stockolmis*, 1648. *in* 8.
La Liturgie de l'Eglise Anglicane. *Londre, Scott*. 1678. *in* 8.

JUS PUBLICUM ET CIVILE.

IN FOLIO.

Corpus juris civilis, cum notis Russardi. *Lugduni, Rouillii*, 1561. 2. vol.
Franc. Balduini, commentarius in IV. Institutionum libros. *Par. Dupuys*, 1554.
Jac. Spiegelii Lexicon Juris Civilis. *Basileæ, Hervagii*, 1564.
Lexicon Juridicum, Calvini. *Hanoviæ, Typis Wechelianis*, 1619.
Petri Fabri Commentarius ad Titul. de diversis regulis juris antiqui. *Par. Duvallii*, 1585.
Hyppoliti Grasseti Soc. J. Anatome Necis proditoriæ. *Lugduni, Coral*. 1660.
Leges Salicæ, Ripuariæ Alemannorum, Bojoariorum, Saxonum, Vuestphalorum, Angliorum, Vuerinorum, Thuringorum, Frisionum, Burgundionum, Langobardorum, Francorum, Theutonum; Studio Bas. Jo. Herold. *Basileæ, Henric-Petri*, 1557.
Ben. Carpzovii, Commentarius in legem Regiam Germanorum. *Hanoviæ, Aubrii*, 1669.
Imperialis judicii cameræ constitutio & ordinatio a Carolo V. Imperatore.&c. *Francofurti, Egenolphi*, 1564.
Sueciæ Regni leges Provinciales & civiles notis illustrata a Jo. Loccenio. *Holmiæ*. 1662.
Didaci Covarruvias opera omnia cum notis Jo. Ustellii. *Antuerpiæ, Verdussen*, 1627.

Jus Publicum & Civile, in folio.

Nic. Antonius, de exilii pœna antiqua & nova exulumque conditione & juribus. *Antuerpiæ, Meurfii,* 1659.

Oéuvres de M. Charles Loyfeau. *Paris,* 1678.

Traité des fiefs & de leur Origine par Louis Chantereau le Febvre. *Paris, Billaine,* 1662.

Traitté de L'abus, par Ch. Fevret. *Lyon, Girin,* 1677.

Plaidoyés & Harangues de M. le Maitre donnés au public par M. Iffaly. *Paris, le Petit,* 1657.

Traité des Succeffions par Denis le Brun. *Paris, Guignard,* 1692.

Traité des Donations par Ricard. *Ibidem.* 1685.

Factum pour Nicolas Verceval contre Simon Defmolins &c.

Coûtumes génerales & particulieres de France. *Paris, Dallin,* 1664. 2. vol.

Coûtumes de Paris, par Claude Ferriere. *Paris, Thierry,* 1685. 3. vol.

Affifes & bons ufages du Royaume de Jerufalem par Jean D'Ibelin: enfemble les Coûtumes de Beauvoifis & autres anciennes Coutumes par Phil. de Beaumanoir avec les notes de M. de la Thaumaffiere. *Bourges, Toubeau,* 1690.

IN QUARTO.

Rei Agrariæ authores legefque variæ, cura Willelmi Goefii una cum Nic. Rigaltii notis & gloffario. *Amftelodami, Vaëfberge,* 1674.

Theophili Antecefforis Inftitutionum libri I V. gr. lat. cum notis Car. Ann. Fabroti. *Parifiis, Dupuis,* 1638.

Conftantini Harmenopuli, Epitome juris civilis, græce, a Theod. Adamæo. *Parifiis, Vecheli,* 1540.

Nic. Rigaltii, Gloffarium de verborum fignificatione quæ ad novellas Impp. de re militari conftitutiones pertinent. *Parifiis, Morelli,* 1601.

Leges politicæ veteris & novi Teftamenti collectæ a Franc. Raguello cum notis Laur. Bochelli: accedit ejufdem Bochelli Commentarius ad Leges Ciceronis de jure publico. *Parifiis, du Foffé,* 1615.

Jac. Gothofredi, Opufcula juridica politica hiftoria critica. *Geneva, de Tournes,* 1654.

Francifcus de Roye, de Miffis Dominicis, eorum officio & poteftate. *Andegavi, Avril,* 1672.

Petri Fabri, Semeftrium liber 1. *Par. Jo. Benenati,* 1570.

Informatione de la caufa fra Scipione Vimercato, e Lodovico Birago.

Libro del confolato de Marinari. *In Venetia, Ravenoldo.* 1567.

Henr. Guntheri, Thulemarii, de Bulla aurea argentea plumbea & cerea in genere, nec non in fpecie de aurea Bulla Caroli V. Imp. &c. *Francofurti, Olffen,* 1687.

Jus Publicum & Civile, in quarto.

Capitulationes Imperatorum & Regum Romano-Germanorum, cum notis Jo. Limnæi. *Argentorati, Spoor,* 1658.
Jo. Limnæi, Observationes in Bullam auream Caroli V. Imperatoris Romani. *Ibidem,* 1662.
Jo. Limnæi, Jus publicum imperii Romano-Germancii. *Ibidem,* 1657. 4. vol.
Domin. Arumæi, Discursus Academici de jure publico, in quibus de Imperatoris, Regis Romanorum Electione & potestate, Electorum origine &c. *Jenæ, Beithmanni,* 1616. 1620. & 1623. 5. vol.
Hermannus Conringius, de finibus Imperii Germanici. *Helmestadii, Mulleri,* 1654.
Lupoldus de Behenburgh, de juribus Regni & Imperii Romanorum: accessit Hieronymi Balbi de Coronatione liber, cum notis M. Freheri, accurante Matthia Berneggero. *Argentorati, Rihelii,* 1624.
Antiquæ Frisiorum leges notis illustratæ a Sibrando Siccama. *Franekeræ, Lamrinck,* 1617.
Theod. Hoppingi, Tractatus de prisco & novo jure Sigillorum. *Noribergæ, Endreri,* 1642.
Dionysius Gothofredus, de tutelis Electoralibus Testamentariis Legitimas excludentibus. *Typis, Vægelini,* 1611.
Johannes Heringius, de Molendinis & eorum jure. *Lugduni Pillehotte,* 1663.
Nic. Mylerus, de Officialibus Magistatibus & administris. *Stutgardiæ, Cottæ,* 1678.
Georgii Rolbacii, Certamen Masculo-fœminæum. *Spiræ, Spiesii,* 1602.
Observationes Eugenialogicæ & Heroïcæ. *Coloniæ, Egmont,* 1678.
Jo. Gryphiandri Tractatus de Insulis. *Francofurti, Ropffii,* 1624.
Petrus Stockmans, de jure devolutionis. *Francofurti, Serlini,* 1668.
Theod. Grafwinckelius, de jure magestatis. *Hagæ-Comitis, Maire,* 1642.
Gerardi Noot Julius Paulus, sive de partus expositione & nece apud veteres. *Lugd. Batav. Hucaring,* 1700.
Fleta seu Commentarius juris Anglicani: accedunt Tractatus vetus de agendi excipiendique formulis Gallicanus & Jo. Seldeni ad Fletam Dissertatio historica. *Londini, Thwyford.* 1685.
Joh. O. Stiernhook, de jure Suenum & Gothorum vetusto. *Holmiæ, Wankiif.* 1672.
Jo. Seldeni, Mare Clausum. *Lugd. Batav. Jo. Maire,* 1639.
Theod. Grafwinckelii Stricturæ ad censuram Joannis à Felden ad Libros Hug. Grotii de jure Belli ac pacis. *Amsteladami, Blaeu,* 1654.
Sam. Puffendorfius, de Jure naturæ & gentium. *Amstelod. Hoogenhuysen,* 1688.

P

Jus Publicum & Civile, in quarto.

Joh. Wandalinus, de jure Regio. *Hauniæ, Godiani,* 1663.
David Blondellus de formulæ, regnante Christo, in veterum monumentis usu. *Amstelodami, Blaeu,* 1646.
Marculphi Monachi formulæ veteres & liber legis Salicæ Cum notis Hieron. Bignonii. *Parisiis, Cramoisi,* 1666.
De ducibus & Comitibus Provincialibus Galliæ libri tres : accessit de origine & statu feudorum primoribus Galliæ liber singularis, auth. Dadino Altessera. *Tolosæ, Colomerii,* 1683.
Pandectes ou digestes du droit Francois par Loys Charondas le Caron. *Lyon, Veyrat,* 1602.
Recueil d'Arrets notables des Cours souveraines de France par Jean Papon. *Geneve, Planchant,* 1637.
Remarques du Droit François. *Lyon, Raymond de l'Eglise,* 1614.
De la Souveraineté du Roy par Char. le Bret. *Paris, du Bray,* 1632.
Divers opuscules tirez des Memoires de M. Antoine Loysel avec quelques ouvrages de M M. J. B. Du Mesnil & Pierre Pithou recueillis par M. Joly. *Paris, Guillemot,* 1652.
Du Franc-alleu & origine des droits Seigneuriaux. *Paris, Richer,* 1637.
Contre le Franc-alleu avec le texte des Loix données aux Pays d'Albigeois par Simon Comte de Monfort. 1629.
Traité des Fiefs suivant les Coutume de France &c. par Claude de Ferriere. *Paris, Cochart,* 1680.
La Justice Criminelle de la France par Laurent Bouchel. *Paris, Petit-Pas,* 1622.
Arrêts du Parlement de Bretagne pris des Memoires & Plaidoyez de Seb. Frain avec ses Remarques & les annotations de Pierre Hevin. *Rennes, Garnier,* 1684. 2. vol.
Stile Civile par Gauret. *Paris,* 1702.
Playdoyé de M. Charles de Fourcroy. *Paris, Blaisot,* 1619.
Recueil des Edits, Declarations, Arrets & Reglemens concernant les Desseichemens des marais. *Paris, Leonard,* 1666.
Pierre Ayrault, des procez faits aux Cadavres, aux cendres, à la memoire, aux Bêtes brutes, choses inanimées & aux contumax. *Angers, Hernault,* 1591.
Histoire du Conseil du Roy depuis le commencement de la monarchie jusqu'à la fin du Regne de Louis le Grand &c. par M. Guillard. *Paris, Coustelier,* 1718.
Observations sur le Traité du Péculat.
Conferences des Ordonnances par Phil. Bornier. *Paris,* 1681.
Les mêmes augmentées. *Paris,* 1703. 2. vol.
Le Nouveau Praticien François par feu M. Lange &c. *Paris, Guignard,* 1697.
Libertates per illust. Principes Delphinos Viennenses Delphinalibus subditis concessæ. Statuta & decreta ab eisdem Principibus necnon Delphinatus præsidibus & Gubernatoribus edita Gratianopoli. Franc. Pichari. *Vetus editio.*

Abregé du Memoire de Madame la Duchesse de Longueville &c. touchant la compétence des trois Etat de Neufchatel.

Factum pour la Marquise de Brinvilliers. *Paris, le Gentil*, 1676.

Memoire du Procez Extraordinaire contre la même. *Paris*, 1676.

Recueil contenant l'Edit du Roy sur l'etablissement de la jurisdiction des Consuls en la ville de Paris. *Paris, Ballard*, 1678.

Avis & conseils sur les plus importantes matieres de commerce par Jacques Savary. *Paris, Guignard*, 1688.

Avis pour établir une Banque generale en ce Royaume.

Justiniani Institutionum libri IV. *Lugd. Batav. Gaesbekii*, 1670. *in* 12.

Idem *Parisiis*, 1648. *in* 24.

Hub. Giphanii & Francisci Gurneti, de Justiniano Imp. Commentarii duo. *Noriberga, Endteri*, 1660. *in* 12.

Jus Orientale, gr. lat. cum notis Bonefidii. *apud Henr. Stephanum*. 1573. *in* 8.

Mich. Pseli, synopsis legum gr. lat. cum notis Franç. Bosqueti, *Parisiis, Camusat*. 1632. *in* 8.

Arnoldi Vinnii, Tractatus de Pactis, editus a Sim. Vinnio. *Lugd. Batav, Elzevir*, 1646. *in* 12.

Petri Stockmans, de Jure devolutionis Tractatus. *Amstelodami, le Grand*, 1667. *in* 12.

Willhelmus a Loon, de manumissione servorum apud Romanos, *Ultrajecti, Ribbii*, 1685. *in* 12.

P. Ærodius, de patrio jure ad filium Pseudo-Jesuitam. *Parisiis, Perier*, 1594. *in* 8.

Jo. Molanus, de Piis testamentis, *Coloniæ, Demenii*, 1661. *in* 8.

Cl. S. Tractatus de subscribendis & signandis Testamentis. *Lugd. Batav. Elzevir*, 1648. *in* 8.

Christ. Rodenburgii, Tractatus de jure conjugum. *Antuerpiæ, Parys*, 1676. *in* 8.

Petrus Gregorius Tholosanus de juris arte, methodo & præceptis. *Lugdini, Gryphii*, 1580. *in* 16.

Bernardi Sutholt, dissertationes undeviginti quibus universum jus institutionum ex Principiis explicatur. *Amstelodami*, 1665. *in* 12.

Nicolai Vander-Hooch, singularia juris. *Antuerpiæ*, 1621. *in* 8.

Barnabas Brissonius, Antonius & Franciscus Hotmannus de veteri ritu nuptiarum & jure connubiorum. *Amstelodami, le Grand*, 1662. *in* 12.

Antonii Monachi Taurinensis Tractatus de executione in vestibus. *Coloniæ, Smitz*. 1620.

Gabriel Palæotus, de nothis spuriisque filiis: accedit Ponti Heuteri, Tractatus de libera hominis nativitate. *Hagæ-Comitis, Verhœve*. 1655. *in* 8.

Memoire pour montrer que tous les Enfans Donataires entrevifs tant premiers que derniers doivent contribuer à la légitime des autres enfans. *Paris, Morel*, 1694. *in* 12.

Difcours fur la détraction de la légitime entre les Enfans. *Paris, Bobin*, 1693. *in* 12.

Theod. Grafwinckelius, de jure præcellentiæ inter Republicam Venetam & Sabaudiæ Ducem. *Lugd. Batav. Elzevir*, 1644. *in* 8.

Petri Sarpi, liber de Jure Afylorum. *Venetiis, Mejetti*, 1677. *in* 12.

Jofephi Nerii Analecta. *In Augufta-Perufia, Naccarini*, 1619. 8.

Nicolai Vegelii, methodus juris civilis. *Lugduni, Juncta*. 1565.

Leges XII. tabularum, cum notis Theod. Marcilii. *Parifiis, Prevofteau*, 1600. *in* 8.

Leges politicæ veteris & novi Teftamenti collectæ per Franc. Raguellum. *Francofurti*, 1567.

Conciliatores fuper codice. *Argentorati, Emmelii*, 1567. *in* 8.

Caroli Molinæi, Exercitatio Labirinthi de eo quod intereft &c. *Parifiis, Galteri*, 1546. *in* 8.

Car. Degraffalii, libri duo Regalium Franciæ. *Parifiis, Galeoti Pratenfis*. 1545. *in* 8.

Jac. Gothofredi, manuale juris. *Lugd. Bat. Verbeffel*, 1684. *in* 12.

Mifcellæ Denfenfiones pro Cl. Salmafio de variis obfervationibus ad jus Atticum & Romanum pertinentibus. *Lugd. Bat. Maire*, 1645. *in* 8.

H. F. Salomon, de judicis & pœnis & de officiis vitæ civilis Romanorum. *Burdigala, Delacourt*, 1665. *in* 12.

Cafp. Bitfchius, de Tefauris. *Noriberga, Taubergi*, 1674. *in* 8.

Claudii Mondain liber fingularis de feditionibus. *Parifiis, Morelli*, 1567. *in* 8.

Paulus Voet, de Duellis licitis & illicitis. *Ultrajecti, Zill*, 1646. *in* 12.

Alberici Gentilis libri duo Hifpanicæ advocationis. *Amftelredami, Ravefteneii*, 1661. *in* 8.

Petri Alcionii Medices Legatus. *in* 8.

Jo. Corvini Enchiridium feu inftitutiones Imperiales. *Amftelredami, Elzevir*, 1664. *in* 12.

Antonii Perizii, inftitutiones Imperiales. *Parifiis, De Luynes*, 1671. *in* 12.

Cyriacus Lontulus de jure circa bella & pacem obfervando & de prudentia militari. *Herborna-Naffoviorum*. 1664. *in* 8. 2. vol.

Ludovicus Von-Hornigt, de regalis Poftarum jure. *Francofurti, Beyeri*, 1663. *in* 8.

Georgius Schubhard Romhildam de Auftregis S. Rom. Imperii. *Heidelberga, Wilhelmi*, 1663. *in* 8.

Jo. Relfendfo, de fumma Principum Germanicorum poteftate. 1669. *in* 12.

Jus Publicum & Civile, in octavo, &c.

Tractatus ad jus pnblicum S. Rom. Imperii. 1681. *in* 8.
Hermanni Wulteji, idea juris Logica, Diatribe de causis juris constituentibus Expositio sexdecim posteriorum titulorum lib. 2. institutionum. *Francofurti*, *Wecheli*, 1585.
Ejusdem Disceptationum juris Scholasticarum libri duo. *Marpurgi, Egenolphi*, 1594. *in* 8.
Phil. Andr. Oldenburgerus, de quatuor Elementis juridicis. *Genevæ, Widerhold*, 1672. *in* 8.
* Samuelis Rachelii, Otium Noviomagense de jure publico Germanico. *Amstelædami*, *Wetstenii*, 1685. *in* 12.
Nic. Vigelii, Methodus praticarum observationum Cameræ Imperialis. *Coleniæ*, *Gymnici*. 1630. *in* 12.
Jurisconsultus vetus & personatus. *Noribærga, Endteri*, 1664.
Arnoldi Corvini, Imperator Justinianus Catholicus. *Moguntiaci, Heyl.* 1662. *in* 12.
Jac. Bouricii Advocatus. *Leovardia*, *Jansonii*, 1643. *in* 12.
Hard. Beverlandus de stolatæ virginitatis jure. *Lugd. Batav. Lindani*, 1680. *in* 8.
Nic. Burgundi, ad Consuetudines Flandriæ aliarumque gentium tractatus controversiarum: accedit auctarium de Flandriæ jurisdictione. *Antuerpia*, *Paris*, 1666. *in* 12.
Martis Gallici subsidiariæ velitationes, auctore J. Janegesio. *Bruxella*, *Velpii*, 1639. *in* 8.
Reinoldi Curicke, Commentarius juridico-Historico-Politicus, de Privilegiis. *Dantisci*, *Forsteri*, 1652. *in* 12.
P. ab Eyndhoven, de inani actione propter inopiam Dissertatio Theoretico-practica. *Ultrajecti*, *Halma*, 1688. *in* 8.
Sam. Pufendorf, Elementorum jurisprudentiæ universalis libri duo *Hagæ-Comitis*, *Vlacq*, 1660. *in* 8.
Arthurus Duck, de usu & authoritate juris civilis Romanorum per Dominia Principum Christianorum. *Londini*, *Dring*, 1679. *in* 8.
Le même, traduit en françois. *Paris*, *Guignard*, 1689. *in* 8.
Hugo Grotius, de jure belli ac pacis. Item Annotata in Epist. Pauli ad Philemonem. *Amsterdami*, *Blaeu*, 1642. *in* 8.
Hugo Grotius de jure belli ac pacis: accedunt Annotata Ejusdem in Epist. Pauli ad Philemonem, Dissertatio de mare libero & libellus singularis de æquitate indulgentia & facilitate; nec-non Jo. Frid. Gronovii notæ in opus de jure belli & pacis. *Hagæ-Comitis*, *Leers*, 1680. *in* 8.
Joh. a Felden annotata in Hugonem Grotium de jure belli ac pacis. *Amstelodamii*, *Jansonii*, 1653. *in* 12.
Theod. Grafwinckelii stricturæ ad Censuram Jo. a Felden ad libros Hugonis Grotii de jure belli & pacis. *Amstelædami*, *Blaeu*, 1654. *in* 12.
Martinus Scookius, de jure pacis. *Amstelædami*, *Jansonii*, 1650.

Jus Publicum & Civile, in octavo, &c.

Erycii Puteani stateta belli & pacis. *Cosmopoli, in* 12.
De Jure inter gentes. *Hagæ-Comitis, Verhoeve,* 1659. *in* 12.
Abb. Jo. Bapt. Pacichellius de jure hospitalitatis universo. *Coloniæ, Frissem,* 1675.
―――― De pede *Ibidem.*
―――― De varia ac multiplici manus administratione. *Ibidem,* 1673. *in* 8.
Joannes Palatius, de dominio meris, *Venetiis, Combi,* 1663. *in* 12.
Hugo Grotius, de mare libero & P. Merula de maribus, *Lugd. Batav. Elzevir,* 1633. *in* 12.
Julii Patii, de Dominio maris Hadriatici Dissertatio. *Lugduni, Vincentii,* 1619. *in* 8.
Joh. Isacii Pontani, Discussiones historicæ: accedit Casparis Varrerii commentarius de Ophyra regione & ad eam navigatione *Hardervici-Gelrorum, Wieringen,* 1637. *in* 8.
Joh. Loccenius, de jure maritimo ac navali. *Holmiæ, Janssonii,* 1652. *in* 12.
Balth. Ayala, de jure & officiis Bellicis & Disciplina militari, *Duaci, Bogardi,* 1582. *in* 8.
Institution au Droit françois. à *Paris, Aubouyn,* 1692. *in* 12. 2. vol.
Traité des Criées, par A. Bruneau. *Paris, Guignard,* 1678. *in* 12.
Observations de Jaques Leschassier. *Paris, Morel,* 1602. *in* 8.
Plaidoyers & œuvres diverses de M. Patru. *Paris, Marbre-Cramoisy,* 1681. *in* 8.
Essais de Jurisprudence. *Paris, Coignard,* 1694. *in* 12.
Opuscules par contr'opinions, de Clement Vaillant. *Paris, Hozé,* 1598. *in* 8.
Histoire du Droit François. *Paris, Le Petit,* 1674. *in* 12.
Edits & Ordonnances de François I. Henry II. François II. Charles IX. Henry. III. Henry IV. Louis XIII. & Louis XIV. sur le fait de la justice & abbréviation des procés avec les annotations de Pierre Neron & Etienne Girard. *Paris, Guignard,* 1643. *in* 8.
Recueil des Cas & matieres Criminelles par Henry de Hilleryn. *Paris, Morel,* 1624.
Des Prevots des Mareschaux &c. Ensemble de la jurisdiction de la Mareschaussée à la Table de marbre &c. *Ibidem, in* 8.
Explication des articles & Chefs du crime de leze Majesté par P. Bougler. *Paris, Rousset,* 1622. *in* 8.
Edits, Ordonnances & Reglemens sur le fait ordre & police des mines & minieres de France *Paris, Millot.* 1619. *in* 8.
Ordonnances Royaux sur le fait de l'Amirauté. *Roüen le Megissier,* 1600. *in* 8.
Observations sur un Manuscrit intitulé, *Traité du Peculat.* 1666. *in* 12.

Discours notables des Duels, par Jean de la Taille *Paris, Rigaud,* 1607. *in* 12.
Le Combat des Seigneurs d'Aguerre & de Fendilles avec le jugement intervenu sur icelui. *Sedan, Raoult,* 1620. *in* 8.
Les anciennes constitutions du Chastelet de Paris, *in* 12.
Abregé du Procez fait aux Juifs de Metz. *Paris, Leonard,* 1670. *in* 24.
Coutumes de la Prevôté & Vicomté de Paris avec les notes de C. du Moulin; ensembles les annonations de J. Tournet, J. Joly &c. *Paris,* 1691. *in* 12. 2. vol.
Coutume de Bretagne avec des observations sommaires par René de la Bigotiere. *Rennes, Vatar,* 1694. *in* 12.
Ordonnances de Leopold. I. Duc de Lorraine & de Bar. *Nancy, Barbier,* 1701. *in* 12. 2. vol.

GEOGRAPHI.

IN FOLIO.

Strabonis, de situ orbis libri XVII. gr. lat. studio Marci Hopperi. *Basilea, Henric. Petri,* 1599.
Pomponius Mela, de situ orbis, cum commentariis Joach. Vadiani. *Parisiis,* 1540.
Claudii Salmasii Plinianæ exercitationes in Caii Julii Solini Polyhistora: item C. Jul. Solini Polyhistor emendatus. *Parisiis, Morelli,* 1629. 2. vol.
Arriani, Ponti Euxini & maris Erythræi Periplus. gr. lat cum scholiis Jo. Guill. Stuckii. *Lugduni, Vincentii,* 1577.
Stephanus Bizantius, de urbibus & populis, gr. lat. studio Thomæ de Pinedo. *Amstelodami, de Jonge,* 1678.
Lucæ Holstenii notæ & castigationes in Stephanum Bizantinum de urbibus, editæ a Theod. Ryckio. *Lugd. Batav. Hackii,* 1684.
Sebastiani Munsteri, Cosmographia universalis. *Basilea, Henric. Petri,* 1550.
Receuil des Cartes particulieres du Royaume de France. *in Folio Magno.*
Recueil de Cartes de Geographie ancienne & nouvelle & de plusieurs pieces servantes à l'histoire, Chronologie & connoissance des Blasons. *in Folio Magno.* 2. vol.
Caroli a S. Paulo, Geographia sacra. *Parisiis, Tavernier,*
Samuelis Bocharti, Geographia sacra. *Cadomi, Cardonelli,* 1646.

Geographi, in quarto.

Isaaci Vossii, observationes ad Pomponium Melam de situ orbis. *Hagæ-Comitis, Ulacq.* 1658.
Ejusdem liber de motu marium & ventorum. *Ibidem,* 1663.
Ejusdem appendix Observationum ad Pomponium Melam, & Responsio ad tertias P. Simonii objectiones. Pauli Colomesii ad Henr. Justellum Epistolam. *Londini, Scot.* 1686.
Vetus orbis descriptio græci Scriptoris sub Constantio & Constante Impp. græce edita cum duplici versione & notis Jacobi Gothofredi. *Genevæ, Chouet,* 1628.
Itinerarium Antonini cum notis Claudii Menardi. *Juliomargi, Andium, Avril.* 1640.
Guill. Postelli, compendium cosmographiæ. *Basileæ, Oporini,* 1551.
Ejusdem liber de universitate. *Parisiis, Juvenis,* 1563.
P. Bertii, Breviarum totius orbis terrarum. *Parisiis, Henault,* 1624.
Cosmografia di Gio Lorenzo d'Anania. *in Venetia,* 1576.
Phil. Cluverii, introductio in universam Geographiam cum notis Joh. Bunonis, Joh. Frid. Hekelii, & Joh. Reiskii. *Amstelædami, Wolters,* 1697.
Historia orbis Terrarum Geographica & civilis. *Francofurti,* 1680.
Riflessione Geografice circa le terre incognite del Padre Terra-Rossa *in Padoua, Cadorrino,* 1685.
Metropolitanarum urbium Historia civilis & Ecclesiastica, a Petro Josepho Cantelio, *Parisiis, Michallet,* 1648. *Tomus primus.*
Le Theatre de la guerre en Italie &c. par J. B. Nolin *Paris,* 1701.
Regni Hungariæ & regionum quæ ei quondam fuere unitæ delineatio novissima. *Amstelodami,* 1688. *Cette carte est sur satin.*

Geographi, in Octavo, &c.

Itinerarium Antonini Augusti & Burdigalense Commentario explicatum ab Hieron. Surita. *Coloniæ, Mylii,* 1600. *in 8.*
Itinerarium Benjamini Tudelensis, ex hebr. lat. a Bened. Aria Montano. *Antuerpiæ, Plantin,* 1575.
Aug. Sig. Busbequii, itinera Constantinopolitanum & Amasium, & de re militari contra Turcam instituenda consilium. *Ibidem,* 1583.
Abrah. Ortelii Itinerarium per nonnullas Galliæ Belgicæ partes. *Ibidem,* 1584.
Georgii Douzæ Epistola de itinere suo Constantinopolitano. *Typis, Raphelengii,* 1590. *in 8.*

Jo. Honteri, Rudimentorum Cosmographicorum libri tres. *Antuerpiæ, Ricardi, in* 8.
Discours sur la Carte universelle par Louis de Mayerne-Turquet. *Paris, 1648. in* 12.
Elemens de la Geographie, par H. de Bonair. *Paris, Rouillard, 1633. in* 12.
Guill. Samson, disquisitiones Geographicæ in Geographiam antiquam Mich. Antonii Baudran. *Parisiis, Coignard, 1682. in* 12.
Sim. Pauli, orbis terraqueus in tabulis Geographicis & Hydrographicis descriptus. *Argentorati, 1670. in* 8.
Dionysii, orbis descriptio gr. lat. cum commentario critico & Geographico Guill. Hill. *Londini, Clerck, 1679. in* 8.
Denis Alexandrin, de la situation du monde traduit par Benigne Saumaize. *Paris, Perier, 1597. in* 12.
Frid. Spanhemii, introductio, in Geographiam sacram. *Lugd. Bat. Gaesbeeck, 1679. in* 8.
P. Bertii, Breviarium orbis terrarum. *Parisiis, Henault, 1626. in* 8.
Bernh. Varenii Geographia generalis. *Amstelodami, Elzevir, 1664. in* 12.
Aub. Miræi, notitia Episcopatuum, orbis Christiani. *Antuerpiæ, Moreti, 1613. in* 8.
Joach. Vadiani, Epitome trium terræ partium Asiæ, Africæ & Europæ compendiariam descriptionem continens. *Tiguri, Froschoveri, 1534. in* 8.
Plutarchi libellus de fluviorum & montium nominibus, gr. lat. cum notis Maussaci. *Toloza, Bosc, 1615. in* 8.
Papyrii Massoni, Descriptio fluminum Galliæ. *Parisiis, Quenel, 1618. in* 8.
Genuina Steph. Byzantii de urbibus & populis fragmenta cum notis Berkelii : accedit Hannonis Chartag. Regis Periplus gr. lat. *Lugd. Batav. Gaesbeeck, 1674. in* 12.
Bart. Keckermanni, Systema Geographicum & problemata Nautica. *Hanoviæ, 1612. in* 8.
Lucæ Holstenii, Annotationes Geographicæ. *Roma, Dragondelli, 1666. in* 8.
Description de l'Asie ancienne & moderne par Allain Manesson Manet. *Paris, Thierry, 1683. in* 8.
Description de L'univers par figures. *in* 18.
Itinera sex a diversis Saxoniæ Ducibus & Electoribus in terram Sanctam facta &c. studio Balth. Mencii. *Witebergæ, Meisner, in* 12.
Joh. Ang. Werdenhagen, introductio universalis in omnes Respublicas. *Amsterdami, Blaeu, 1632. in* 24.
Guill. Postellus, de Cosmographica disciplina & signorum cœlestium vera configuratione. *Lugd. Bat. Jo. Maire. 1636. in* 24.
Ejusdem de universitate libri duo. *Ibidem, 1635. in* 24.

Petrus Cunæus, de Republica Hebræorum. *Lugd. Bat. Elzevir,* 1632. *in* 24.
Ubbonis Emmii, Græcorum Respublicæ. *Ibidem*, 1632. *in* 24. 2. vol.
P. Gyllius, de Constantinopoleos-topographia. *Ibidem*, *in* 24.
Idem de Bosphoro Thracio. *Ibidem*, *in* 24.
Turcici Imperii status. *Ibidem.* 1630. *in* 24.
Mart. Schoockii, Respublicæ Achæorum & Veientium. *Ultrajecti, Zylii*, 1664. *in* 24.
Respublica Romana. *Lugd. Batav. Elzevir*, 1629. *in* 24.
De Principibus Italiæ Tractatus varii. *Ibidem*, 1631. *in* 24.
Sabaudiæ Respublica & Historia. *Lugd. Batav. Elzevir*, 1634. *in* 24.
Don. Jannotius, de Republica Venetorum *Ibidem*, 1631. *in* 24. 2. vol.
Gallia sive de Francorum Regis dominiis & opibus. *Ibidem*, 1629. *in* 24.
Respublica Namurcensis, Hannoniæ & Lutzenburgensis. *Amstelodami, Janssonii*, 1634. *in* 24.
Belgii Confœderati Respublica. *Lugd. Bat. Elzevir*, 1630. *in* 24.
Respublica Hollandiæ & urbes. *Lugd. Batav. Jo. Maire*, 1630. *in* 24.
De Leodiensi republica autores præcipui editi a M. Zuerio Boxhornio. *Amstelodami, Janssonii*, 1633. *in* 24.
Josiæ Simleri Vallesiæ & Alpium descriptio. *Lugd. Batav. Elzevir*, 1633. *in* 24.
Hispania sive de Regis Hispaniæ regnis & opibus. *Ibidem*, 1629. *in* 24.
Portugallia sive de Regis Portugalliæ regnis & opibus. *Ibidem*, 1641. *in* 24.
Jac. Lampedii, Respublica Romano-Germanica. *Lugd. Batav. Jo. Maire*, 1634. *in* 24.
Respublica & status Imperii Romano-Germanici. *Lugd. Batav. Elzevir*, 1634. *in* 24. 2. vol.
Status particularis Regiminis Ferdinandi I I. Imp. *Ibidem*, 1637. *in* 24.
Joh. Ang. Verdenhagen, de rebus publicis Hanseaticis. *Lugd. Bat. Jo. Maire*, 1631. *in* 24. 4. vol.
Helvetiorum Respublica. *Lugd. Batav. Elzevir*, 1627. *in* 24.
F. Sprecheri. Rhetia. *Ibidem*, 1633. *in* 24.
Pauli Stranskii, Respublica Bohemiæ. *Ibidem*, 1634. *in* 24.
Respublica & status Regni Hungariæ. *Ibidem*, 1634. *in* 24.
Th. Smith, de Republica Anglorum. *Ibidem*, 1630. *in* 24.
Respublica sive status Regni Scotiæ & Hiberniæ. *Ibidem*, 1627. *in* 24.
Respublica sive status regni Poloniæ Lituaniæ, Prussiæ, Livoniæ &c. *Ibidem*, 1627. *in* 24.

Suecia five de Suecorum regis Dominiis & opibus. *Ibidem*, 1633. *in* 24.
De Regno Daniæ & Norvegiæ. *Ibidem*, 1629. *in* 24.
Respublica Moscoviæ & urbes. *Lugd. Bat. Jo. Maire*, 1630. *in* 24.
Russia seu Moscovia, itemque Tartaria. *Lugd. Bat. Elzevir*, 1630. *in* 24.
Joannis Leonis Africani, descriptio Africæ. *Ibidem*, 1632. *in* 24. 2. vol.
Arabia seu Arabum vicinarumque gentium Orientalium leges, ritus &c. *Amstelodami, Janssonii*, 1633. *in* 24.
Jo. Sleidanus de quatuor summis imperiis. *Lugd. Bat. Elzevir*, 1631. *in* 24.
Persia seu Regni Persici status. *Lugd. Batav. Elzevir*, 1633. *in* 24.
De Imperio Magni Mogolis. *Ibidem*, 1631. *in* 24.
Regni Chinensis Descriptio. *Ibidem*, 1639. *in* 24.

CHRONOLOGI ET HISTORIÆ UNIVERSALIS SCRIPTORES.

IN FOLIO.

Thesaurus Temporum Eusebii Pamphili &c. Cum notis Jos. Scaligeri. *Lugd. Batav. Basson*, 1606.
Jos. Scaligeri, Opus de emendatione temporum. *Colonia, Allobrogum. Typis, Roverianis*, 1629.
Dion. Petavius S. J. de Doctrina Temporum. *Par. Cramoisy*, 1627. 2. vol.
Hieronymi Vecchietti, de anno primitivo ab exordio mundi ad annum Julianum accommodato & de Sacrorum temporum ratione libri octo. *Augusta-Vindelicorum, Andr. Aperger*, 1621. *In Folio Magno*.
Joh. Jacobi Hainlini, Chronologia Mystica & Elenchus Chronologicus S. Scripturæ. *Tubinga, Brunni*, 1646.
Pomp. Lympii, Dactylismus Ecclesiasticus. *Venetiis, Junta*, 1613.
Marci Maximi, Episc. Cæsar-Aug. Continuatio Chronici Fl. Lucii Dextri ad annum 612. cum additionibus S. Braulionis & aliorum, studio Franc. Bivarii. *Madriti, Diaz*. 1651.
Gilb. Genebrardi, Chronographia: Subjuncti sunt libri Hebræorum Chronologici. *Par. Gorbini*, 1585.
Christoph. Elvici Theatrum Historicum & Chronologicum continuatum a Joh. Justo Winkelmanno. *Francofurti, Klemii*, 1666.

CHRONOLOGI, in folio.

Alex. Sculteti Chronographia. *Roma, Hieron, de Cartulariis,* 1546.
Hugonis Robinfoni, Annales mundi Univerfales. *Londini, Smith,* 1685.
Sethi Calvifii, Opus Chronologicum. *Francofurti, Genfch,* 1685.
Appendix Operis Chronologici Sethi Calvifii. *Ibidem.*
Cl. Barth. Morifoti, Orbis maritimi five rerum in mari & littoribus geftarum, Generalis Hiftoria. *Divione, Palliot,* 1643.
Catalogus annorum & Principum five Monarcharum mundi geminus, per D. Valer. Anfelmum Ryd. *Berna,* 1550.
Witichindi Saxonis rerum ab Henrico & Ottone I. Impp. Geftarum libri tres una cum aliis variorum authorum hiftoriis. *Bafilea, Hervagii,* 1632.
Nouveau Theatre du monde contenant les Etats, Empires, Royaumes & Principautez, &c. par le Sieur D. T. V. Y. *Paris, Loyfon,* 1655.
Table Chronographique de l'Etat du Chriftianifme, par Jacques Gaulthier. *Lyon, Rouffin,* 1613.
Æneæ Sylvii Piccolominei, poftea Pii II. Opera, edita a Marco Hoppero. *Bafilea, Henric-Petri,* 1551.
Pii II. Commentarii rerum memorabilium quæ fuis temporibus contigerunt, a Joanne Gobelino compofiti & a Franc. Bandino Piccolomineo recogniti: Accedunt Jac. Piccolominei Cardinalis rerum geftarum fui temporis commentarii & Epiftolæ. *Francofurti, Aubrii,* 1614.
Pauli Piafeccii, Epifc. Præmiflienfis Chronica geftorum in Europa Singularium ab anno 1571, ad 1614. *Juxta exemplar Cracoviæ impreffum.*
Natalis Comitis, univerfa hiftoria fui temporis edita a Gafp. Bitfchio. *Argentorati, Zetzneri,* 1612.
Jul. Cæf. Bulengeri hiftoriarum fui temporis libri decem. *Lugduni,* 1619.
Reinerii Reineccii, Syntagma Heroicum. *Helmæftadii, Sucii,* 1594.
Principum Chriftianorum Stemmata ab Ant. Albizzio Collecta. *Augufta, Vindelicorum,* 1612.

IN QUARTO.

Rerum toto orbe geftarum Chronica a Chrifto nato ad noftra ufque tempora, autoribus, Eufebio, Hieronymo, Sigeberto Gembl. Anfelmo Gemblac. Aub. Miræo & aliis. *Antuerpiæ, Verduffi,* 1608.
Hippolyti Epifcopi Canon Pafchalis cum Jof. Scaligeri commentario.
Excerpta ex computo græco If. Argyri, de correctione Pafchatis.
Jof. Scaligeri Elenchus & Caftigatio anni Gregoriani. *Lugd. Bat. Raphelengii,* 1595.

R. David Ganz, Chronologia Sacro-profana: addita sunt Capitula R. Eliezer, ex hebr. latine cum notis Guill. Henr. Vorstii. *Lugd. Bat. Jo. Maire*, 1644.
Rob. Cardinalis Bellarmini Chronologia. *Groninge, Collenii*, 1664.
Samuelis Petiti, Eclogæ Chronologicæ. *Par. Morelli*, 1632.
Joh. Marsham Canon Chronicus Agyptiacus Hebraicus græcus, cum Ejusdem disquisitionibus. *Lipsiæ, Birckneri*, 1676.
Ger. Jo. Vossii, Isagoge Chronologiæ Sacræ. *Hagæ-Comitis, Vlacq*, 1659.
Georgii Hornii, Defensio dissertationis de vera ætate mundi contra Castigationes Is. Vossii. *Lugd. Bat. Elzevir*, 1659.
P. Jacobi Grandamici S. J. Quæstio Evangelica, de die supremo & natali Christi. *Fixæ Andegavorum, Laboe*, 1661.
Frid. Spanhemii, introductio ad Chronologiam & Historiam Sacram ac præcipue Christianam. *Lugd. Bat. Gaesbeeck*, 1683.
Chronicon Victoris Episc. Tunnunensis.
Chronicon Joannis Biclarensis Episc. Gerundensis.
Legatio Luitprandi Cremonensis Episc. ad Niceph. Phocam Imperat.
Synodus Bavarica sub Tassibone &c. Omnia edita ab Henr. Canisio. *Ingolstadii, Typis, Ederianis*, 1600.
Chronologia ab origine mundi ad annum Christi 1200. Autore Anonymo Monacho Altissiodorensi, edita cum appendice ad annum 1223, a Nic. Camuzæo. *Trecis, Moreau*, 1608.
Eadem. *Ibidem*, 1609.
Joh. Pearsonii, opera posthuma Chronologica ab H. Dodwello edita. *Londini, Royeroft*, 1688.
M. Zuerii Boxhornii, Historia universalis Sacra & profana. *Francofurti, Eltingeri*, 1675.
Phil. Glaseri, Historiæ universalis Synopsis Theorica & practica edita a Gaspare Dornavio. *Gorlicii, Rhamba*, 1615.
M. Henrici Kippingi, Historiæ universalis libri XXIV. *Bremæ, Vogelii*, 1665.
Christiani Matthiæ, Theatrum Historicum Theoretico-practicum. *Erythropili*, 1684.
Histoire du monde par Chevreau. *Paris, Martin*, 1686. 2. vol.
Pii II. Commentarii rerum memorabilium quæ temporibus suis contigerunt a Jo. Gobellino Compositi & a Franc. Piccolomineo recogniti. *Romæ, Basa*, 1584.
Il Mercurio, overo Historia de' correnti tempi di Vittorio Siri. *In Geneva*, 1649. Primi tres tomi. in 4. vol.
Memorie recondite di Vittorio Siri dall' anno 1601. Sino al 1640. *In Lione, Anisson, e Posuel*, 1678. 8. vol.
Le Denoüement des intrigues du tems. *Bruxelles*, 1673.
Lettres sur les Matieres du Tems, seconde année. *Amsterdam, Savouret*, 1689.

IN OCTAVO, &c.

Leonis Allatii, Exercitatio de mensura temporum antiquorum & præcipue græcorum. *Coloniæ, Kalcovii,* 1645. *in* 8.
Dion. Petavii, Rationarium temporum. *Par. Cramoify,* 1663. *in* 12.
Freculphi Episc. Lexoviensis, Chronicorum libri duo. *Typis, Commelini,* 1597. *in* 8.
Martini Poloni, Arch. Confentini, Chronicon, opera Suffridi Petri. *Antuerpiæ, Plantin,* 1574. *in* 8.
Chronologia Hiftoriæ Herodotis & Thucydidis recognita & additis Eccleſiæ Chriſti ac Imperii Romani rebus præcipuis ad noſtram uſque ætatem contexta a Dav. Chytræo. *Roſtochii, Lucii,* 1573. *in* 8.
Petri Opmeeri, Chronographia a mundi exordio ad ſua uſque tempora cum Hiſtoria Martyrum Bataviæ. *Coloniæ, Gualtheri,* 1625. *in* 8.
Jo. Henr. Alſtedii, Theſaurus Chronologiæ. *Herbonæ-Naſſoviorum,* 1630. *in* 8.
Thomæ Lydiat Canones Chronologici, nec non ſeries Summorum Magiſtratuum & Triumphorum Romanorum. *Oxonii, e Theatro, Sheldoniano,* 1675. *in* 8.
M. Henr. Guthberleti, Chronologia. *Amſtelædami, Raveſtinii,* 1656. *in* 8.
Jo. Carionis, Chronicorum libellus. *Par. Foucherii,* 1543. *in* 8.
Dav. Paræi, Synopſis Chronologiæ ſacræ vindicata a Serhi Calviſii Cavillis. *Francofurti, Richteri,* 1607. *in* 8.
Jani Templum Chriſto naſcente reſeratum, a Jo. Maſſon. *Roterodami, Bos,* 1700. *in* 8.
Nouvelle Science des tems par le Sieur Menard. *Paris, Martin,* 1675. *in* 12.
Le Diſciple des tems, par Jacques d'Auzoles la Peyre. *Par. Alliot,* 1631. *in* 8.
Abregé Chronologique de l'Hiſtoire Sacrée & profane, depuis Adam juſques à Louis XIV. par le P. Phil. Labbe, Jeſuite. *Paris,* 1666. *in* 12. 5. vol.
Pauli Oroſii, adverſus Paganos libri VII. *Coloniæ, Eucharii,* 1536. *in* 8.
Achillis Pirminii, Epitome Hiſtoriarum & Chronicorum mundi. *Lugduni, Sapidi.*
Mich. Ritius, de Regibus Francorum, Hiſpaniæ, Hieroſolimorum, Neapolis, Siciliæ & Ungariæ. *Baſileæ, Froben,* 1534. *in* 8.
Achillis Pirminii, Epitome Hiſtoriarum & Chronicorum mundi. *Lugduni, Sapidi.*
Supputatio Annorum mundi. *in* 8.
Chriſt. Adami Ruperti, obſervationes ad Hiſtoriæ univerſalis Sy-

CHRONOLOGI, in octavo, &c.

nopsin Besoldianam minorem editæ cum supplemento ad hæc usque tempora & tabulis Chronologicis a Christoph. Arnoldo. *Noriberga, Endteri,* 1659 *in* 8.

Gabrielis Bucelini, Nucleus Historiæ Universalis. *Ulmæ-Görlini*, 1654. *in* 12.

Horatii Fusellini, Epitome Historiarum. *Lugduni, Cardon*, 1621. *in* 12. 2. vol.

Georgii Hornii, Historia Imperiorum & Regnorum ab orbe condito ad nostra usque tempora. *Lugd. Batav. Hackii,* 1666. *in* 12.

Joh. Gualterii, Chronicon Chronicorum Ecclesiastico Politicum. *Francofurti, Aubrii*, 1614. *in* 8. 8. vol.

Introduction à l'Histoire des Principaux Etats de l'Europe, de Sam. Puffendorff, traduite par Claude Rouxel. *Cologne, Marteau,* 1685, & *Utrecht, Ribbius.* 1689. *in* 12. 4. vol.

Samuelis Puffendorfii, introductio ad Historiam Europæam latine reddita a Jo. Fred. Cramero. *Ultrajecti, Vande-Water,* 1693.

Mich. ab Isselt Historia sui temporis. *Coloniæ, Quentelii* 1602. *in* 8.

A. Jansonii, Narratio rerum a mense aprili anni 1596, ad autumnum anni 1597, tota Europa gestarum. *Coloniæ-Agripp. Grevenbruch, in* 8.

Jo. Bisselii, Soc. J. Ætatis nostræ gestorum eminentium medulla Historica ab anno 1601, ad annum 1607. *Ambergæ, Burger,* 1675. & *seqq. in* 8. 6. vol.

Adolphi Brachelii, Historia sui temporis ab anno 1618, ad ann. 1651. Continuata ad annum 1660, per Christ. Adolphum Tuldenum & ad annum 1671. per Henricum Brewer. *Colonia, Kinckii,* 1652. & *seqq. in* 8. 9. vol.

Chronologie Septenaire, ou l'Histoire de la Paix entre les Rois de France & d'Espagne, & les choses memorables depuis l'an 1508. jusqu'en 1604. *Paris, Richer*, 1612. *in* 8.

Le Mercure François ou la suite de l'histoire de la paix, commençant l'an 1605, & continué jusqu'en 1644. *Paris, Richer,* 1619. & *suiv. in* 8. 25. vol.

Journal historique de l'Europe, pour l'année 1694. *Strasbourg, Crutzner,* 1695. *in* 12.

Mercure historique & politique, depuis le mois de Novembre, 1686, jusques au mois de Juillet 1687. *Parme, Batanar,* 1686, & 1687. *in* 12. 2. vol.

La Description Politique de tous les Etats du monde, par Louis du May. *Geneve, Widelhold,* 1681. *in* 12. 3. vol.

Ant. Wilhelmi Schouvarti, observationes Historico-Genealogicæ in quibus totius Europæ Regum, Electorum, &c. Origines, gesta &c. ad annum 1690, exponuntur. *Francofurti, Schrey,* 1690. *in* 8.

HISTORIÆ ECCLESIASTICÆ

Generalis, Pontificæ, & Monasticæ Scriptores.

IN FOLIO.

I. *Historia Ecclesiastica Generalis,*

Flavii Josephi, Antiquitatum Judaicarum libri V. tantum, gr. lat. & de Bello Judaico liber I.

Histoire de Flave Joseph, traduite par Gilbert Genebrard. *Paris, Foüet,* 1609.

Histoire des Juifs de Flave Joseph, écrite sous le titre des Antiquitez Judaiques, traduite par Arnauld d'Andilly. *Paris, le Petit,* 1667.

La même edition nouvelle, enrichie de figures en tailles douces: plus l'histoire de la guerre des Juifs contre les Romains. Reponse à Appion, martyre des Macchabées, &c. *Amsterdam, Wetstein,* 1681.

Jac. Usserii, Armach. Annales veteris & novi Testamenti. *Par. Dupuis,* 1673.

Historiæ Ecclesiasticæ authores, videlicet Eusebius, Ruffinus, Socrates, Theodoretus, Sozomenus, Theodorus Lector, Evagrius & Dorotheus Episc. Tyri. *Basileæ, Froben,* 1557.

Eusebii Pamphili Historia Ecclesiastica gr. lat. cum notis H. Valesii. *Par. Vitré,* 1659.

Socratis Scholastici & Hermiæ Sozomeni Historia Ecclesiastica, gr. lat. cum notis Valesii. *Ibidem,* 1668.

Theodoreti & Evagrii Historia Ecclesiastica: item excepta ex Historia Eccles. Philostorgii & Theodori Lectoris, gr. lat. cum notis Valesii. *Par. le Petit,* 1673.

Nicephori Callisti, Historia Ecclesiastica gr. lat. studio Frontonis Ducæi. *Par. Cramoisy,* 1630. 2. vol.

Historia Ecclesiastica a Christo nato per Centurias congesta per aliquot Studiosos Magdeburgenses. *Basileæ, Oporini,* 1564. 8. vol.

Annales Ecclesiastici, autore Cæsare Baronio Cardinale a Christo nato ad annum 1198. *Antuerpiæ ex Off. Plantin,* 1597. & seqq. 12. vol.

Eorumdem Tomus tertius, seu potius continuatio ab anno 1198, ad annum 1299, autore Abrahamo Bzovio. *Antuerpiæ, Aertsii,* 1617.

Cæsaris Cardinalis Baronii, de Monarchia Siciliæ Differtatio e tomo XI. Annal. Eccles. excerpta. *Par. Billaine.*

Annales Ecclesiastici, autore Odorico Raynaldo ab anno 1198. ad ann. 1534. *Romæ Mascardi*, 1646, &c. 8. vol.

Ejusdem Continuationis Tomus XXI. pars prima & secunda. *Romæ*, 1676. 2. vol.

Annales Ecclesiastici ex tomis octo redacti ab eodem, *Romæ, Vasii*, 1668.

Annalium Ecclesiasticorum continuatio ab anno 1597, ad ann. 1646. per Henr. Spondanum. *Par.* 1647. 2. vol.

Annales Ecclesiastici ex XII. tomis Baronii in Epitomen redacti ab Henr. Spondano. *Par.* 1649. 2. vol.

Ejusdem Spondani, Annales Sacri a mundi creatione ad ejusdem reparationem. *Par.* 1647.

Andreæ Magendei, Auimadversiones in Annales Cardinalis Baronii, cum epitome lucubrationum Criticarum Causauboni in tomi primi annos 34. Accesserunt quædam animadversiones ad Baronium, Dav. Blondelli. *Lugd. Bat. Mestrezatii.* 1679.

F. Antonii Pagi, Ord. Min. Critica Historico-Chronologica in Annales Ecclesiasticos Card. Baronii pars prima usque ad annum Christi 394. *Par. Martin*, 1689.

Antiquitas Ecclesiæ dissertationibus, monumentis & notis illustrata studio Emmanuelis a Schelstrate. *Romæ, Congr. Propag.* 1696. & 1697. 2. vol.

Illustrium Ecclesiæ Orientalis Scriptorum qui primo Christi sæculo & secundo floruerunt &c. vitæ & documenta, a Petro Halloix. *Duaci, Bogardi*, 1633. & 1636. 2. vol.

Histoire de l'Estat & succez de l'Eglise dressée en forme de Chronique generale & universelle, depuis la Nativité de J. Ch. jusqu'en l'an 1580. par G. du Preau. *Par. Chaudiere*, 1583.

Histoire de la délivrance de l'Eglise Chrétienne par l'Empereur Constantin & de la grandeur & Souveraineté temporelle née à l'Eglise Romaine par les Roys de France, composée par J. Morin. *Paris, Moreau*, 1630.

§ I. *Historiæ & Vitæ Summorum Pontificum & Cardinalium.*

Anastasii Bibliothecarii Historia Ecclesiastica, sive Chronographia Tripartita & de vitis Pontificum, ad MSS. collata cum notis Car. Ann. Fabroti. *Par. Typis, Regiis*, 1649.

Bonifacii Symonetæ, Abbatis Ord. Cistertiensis, Opus de Christianæ Fidei & Romanorum Pontificum persecutionibus. *Basilea, Kesler*, 1509.

Bapt. Platinæ, Historia de vitis Summ. Pontificum, adjectis ipsius Opusculis. *Coloniæ, Gennepæi*, 1551.

R

Onuphrii Panvinii, XXVII. Pontificum Max. Elogia & imagines. *Romæ, Lafrerii,* 1568.

Vitæ & res geſtæ Pontificum Romanorum & S. R. E. Cardinalium ab initio uſque ad Clementem IX. Ciaconii & aliorum, ab Aug. Oldoino recognitæ. *Romæ, de Rubeis,* 1677. 4. vol.

Concordiæ inter Alexandrum III. & Fridericum I. Imperatorem, Venetiis confirmatæ narratio, cum notis Felicis Contelorii. *Par. de la Noüe,* 1632.

Flores Hiſtoriæ Sacri Collegii S. R. E. Cardinalium, autore Lud. Donio d'Attichy. *Par. Cramoiſy,* 1660. 2. vol.

III. *Vitæ & Acta Sanctorum.*

Cæſ. Baronii Martyrologium Romanum Gregorii XIII. juſſu editum & Urbani VIII. autoritate recognitum. *Romæ, Typis Vaticanis,* 1630.

Vetuſtius Occidentalis Eccleſiæ Martyrologium D. Hieronymo tributum, editum cum notis F. Mariæ Florentinii. *Lucæ, Pacii,* 1668.

Georgii Vicelii, Hagiologium ſeu de Sanctis Eccleſiæ. *Moguntiæ, Behem,* 1541.

Vitis Aquilonia, ſeu vitæ Sanctorum qui Scandinaviam rebus geſtis illuſtrarunt, opera Jo. Vaſtovii. *Coloniæ, Hierati,* 1623.

IV *Hiſtoriæ Monaſticorum Ordinum.*

Hiſtoriæ Societatis Jeſu, pars prima, ſive Ignatius, a Nic. Orlandino Soc. J. *Antuerpiæ, Nutii,* 1620.

Ejuſdem hiſtoriæ pars ſecunda, ſive Lainius, a Franc. Sacchino Soc. J. *Ibidem.*

Imago primi ſæculi Societatis Jeſu, a Provincia Flandro-Belgica ejudem Societatis repræſentata. *Antuerpiæ, Moreti,* 1640.

Clari Bonarſcii, Amphitheatrum honoris, in quo Calviniſtarum in Societatem Jeſu criminationes jugulatæ. *Palæopoli-Aduaticorum, Verheyden,* 1606.

Acta SS. Ordinis S. Benedicti in quinque ſæcula diſtributa collecta a D. Luca d'Achery & edita a D. Joh. Mabillon qui notas & obſervationes adjecit. *Par. Billaine,* 1668, *& ſeqq.* 7. vol.

Apoſtolatus Benedictinorum in Anglia, a P. Clemente Reynero. *Duaci, Kellami,* 1626.

Bibliotheca Cluniacenſis, in qua SS. Patrum Abbatum Cluniacenſium vitæ, miracula ſcripta, &c. Collecta a D. Mart. Marrier & Andræa Quercetano. *Pariſ. Cramoiſy.* 1614.

Menologium, Regula, conſtitutiones & privilegia Ordinis Ciſtertienſis, cum notis P. Chryſoſtomi Henriquez. *Antuerpiæ, Moreti.* 1630.

Annales Ordinis Carthusiensis, tomus primus complectens ea quæ ad institutionem, Disciplinam & Observantias Ordinis spectant. *Correriæ, Fremon.* 1687.

Annales Ordinis SS. Trinitatis pro Redemptione Captivorum, Centuria prima, ab anno 1198. ad annum 1297. a F. Bonaventura Baro, Ord. S. Franc. *Romæ, Ang. Bernabo.* 1684.

Encomiasticon Augustinianum, in quo personæ Ord. Erem. S. Augustini, sanctitate, prælatura, legationibus, scriptis,&c. præstantes enarrantur a F. Philippo Elssio. *Bruxellis, Vivieni.* 1654.

Chronicon generale Ordinis Minimorum, a P. Franc. Lanovio. *Parif. Cramoify.* 1635.

De Origine Seraphicæ Religionis Franciscanæ ejusque progressibus, Regularis Observantiæ Institutione, forma administrationis ac legibus, opus R. P. Francisci Gonzagæ, ejusdem Religionis Ministri generalis. *Romæ.* 1587. 2. vol.

Jus regnandi Apostolicum per Missiones Ecclesiasticas Religiosorum totius Ordinis Hierarchici, præsertim Capuccini ab initio Ecclesiæ a F. Matthia Ferrerio Capuccino. *Augusta-Taurinorum.* 1659.

Stabilimenta Rhodiorum militum Sacri Ordinis Hospitalis S. Johannis Hierosolimitani, a Guill. Caoursin Vice-Cancellario compilata. *Ulinæ, Joannis Reger,* 1496.

Histoire de Malthe, avec les Statuts & Ordonnances de l'Ordre, par J. Baudouin, enrichie de figures. *Paris, Dallin.* 1643.

HISTORIÆ ECCLESIASTICÆ

Generalis, Pontificiæ & Monasticæ Scriptores,

IN QUARTO.

I. Historia Ecclesiastica Generalis.

Histoire des Empereurs & autres Princes qui ont regné durant les six premiers siécles de l'Eglise, par le sieur de Tillemont. *Paris, Robustel.* 1690. & suiv. 5. vol.

Histoire de la naissance, progrès & décadence de l'Hérésie de ce siécle, par Florimod de Ræmond. *Rouen, de la Haye.* 1648.

Histoire des Hérésies & des Hérétiques qui ont troublé l'Eglise, depuis la naissance de J. C. jusqu'à présent. *Paris, Barbin.* 1697.

Histoire des Révolutions, en matiere de Religion, arrivées dans l'Europe, par M. Varillas. *Paris, Barbin.* 1686. 2. vol.

Premier & second Entretiens d'Eudoxe & d'Eucharistie, pour servir de défense à la Thèse d'un Bachelier de Sorbonne fur le Livre des Iconoclaftes du P. Maimbourg. 1674.

If. Cafauboni de rebus Sacris & Ecclefiafticis exercitationes XVI. ad Baronii Prolegomena, in Annales & primam eorum partem cum Prolegomenis authoris. *Geneva, de Tournes.* 1663.

Samuelis Bafnagii, de rebus Sacris & Ecclefiafticis exercitationes Hiftorico-Criticæ, in quibus Baronii Annales ab anno Chrifti 35. in quo Cafaubonus defiit, expenduntur, tum & multa adverfus Bellarminum, Lightfootum Pagium, & alios difcutiuntur. *Ultrajecti, Vande-Watter.* 1692.

Joh. Henrici Ottii, Examen perpetuum Hiftorico-Theologicum in Annales Baronii. *Tiguri, Geffneri.* 1676. 2. vol.

Obfervationes anonymi de Arminis, ad Annales Ecclef. Henr. Spondani. 1656.

Cardinalis de Laurea, Index alphabeticus locorum & rerum memorabilium ad Annales Baronii, editus a Joanne de Lima. *Romæ, Bernabo.* 1694.

Jofuæ Arndii, Lexicon antiquitatum Ecclefiafticarum. *Gripfwaldiæ, Doifcheri.* 1669.

Acta primorum Martyrum fincera & felecta e MSS. collecta notifque illuftrata a D. Theod. Ruinard, Ord. S. Benedicti. *Parif. Muguet.* 1689.

Ant. Gallonii Liber de SS. Martyrum cruciatibus. *Parif,* 1659. *cum figuris.*

Chriftiani Kortholti, de Vita & Moribus, Chriftianis primævis per Gentilium malitiam afflictis, Liber. *Kilonii, Reumanni.* 1683.

Joh. Henrici Horbii, Hiftoria Origeniana. *Francofurti, Zunneri.* 1670.

Theod. Althufii, Hiftoria Eutychiana. *Lipfiæ, Chrift. Michaëlis.* 1659.

Eutychii Ægyptii patriarchæ, Origines Alexandrinæ Ecclefiæ, Arabice, cum verfione Latina & Commentario Jo. Seldeni. *Londini, Bishop.* 1642.

Eutychii Patriarchæ Alexandrini, Annales Arabice, cum verfione Latina Pocockii. *Oxoniæ, Robinfon.* 1658. & 1659. 2. vol.

Eutychius Patriarcha Alexandrinus vindicatus contra Seldenum: accedit Cenfura in Hiftoriam Orientalem Joh. Henr. Hottingeri; authore Abrahamo Echellenfi. *Romæ, Typis Congreg. Propag.* 1661.

Hiftoria Jacobitarum feu Coptorum, opera Jofephi Abucdani. *Oxonii, e Theatro Sheldoniano.* 1675.

Difquifitio de Judaïca Ecclefia a Joanne Fechtio. *Argentorati, Stadelii.* 1670.

Matthiæ Zimmermanni, Amœnitates Hiftoriæ Ecclefiafticæ. *Drefdæ, Guntheri.* 1681.

Eliæ Ehingeri, Hiftoria Ecclefiaftica. *Francofurti, Gotzii.* 1662.

Jacobi Capelli, Historiæ Ecclesiasticæ Centuriæ V. ab Augusti nativitate ad Imp. Valentinianum III. *Sedani, Jannoni.* 1622.

Christoph. Sandii, Nucleus Historiæ Ecclesiasticæ, exhibitus in Historia Arianorum, & tractatus de veteribus scriptoribus Ecclesiasticis. *Coloniæ, Nicolai.* 1676.

Ejusdem Appendix addendorum & emendandorum, ad Nucleum Historiæ Eccles. *Ibidem.* 1678.

Timanni Gesselii, Historia rerum Memorabilium in orbe gestarum ad annum Christi 1625. *Ultrajecti, Zylii.* 1661. 2. vol.

Les Religions du monde, ou demonstration de toutes les Religions & Hérésies de l'Afrique, Asie, Amerique, & de l'Europe, depuis le commencement du monde jusqu'à présent, d'Alexandre Ross. & traduite par Thomas la Gruë. *Amsterdam, Schipper.* 1666. avec figures.

II. *Historiæ & vitæ Summorum Pontificum & Cardinalium.*

Joannis Ciampini, Examen libri Pontificalis, sive vitarum Romanorum Pontificum quæ sub nomine Anastasii Bibliothecarii circumferuntur. *Romæ, Komarek.* 1688.

Martini Poloni, Archiep. Consentinii, Chronica Summorum Pontificum, Imperatorum Romanorum. *Coloniæ, Grevenbruch.* 1616.

Papyrii Massoni, Libri sex, de Episcopis Urbis, qui Romanam Ecclesiam rexerunt rebusque eorum gestis. *Paris. Nivellii.* 1585.

Sacra Monarchia S. Leonis Magni, passim & ubique fulgens, in polemica Historia Concilii Chalcedonensis, a Jo. Laurentio Lucchesinio. *Romæ, Typis Cameræ Apostol.* 1693.

Clypeus Fortium, sive vindiciæ Honorii Papæ a Franc. Marchesio. *Romæ, Dragondelli.* 1680.

Gelasii II. vita a Pandulpho Pisano conscripta, edita cum notis a D. Constantino Cajetano. *Romæ, Typis Caballinis.* 1638.

Vita & Passio S. Erasmi Antiochiæ Episcopi, scripta a Joanne Cajetano, edita cum notis a D. Constantino Cajetano. *Ibidem.* 1638.

Bonifacius VIII. Joannis Rubei. *Romæ, Corbelletti.* 1651.

Clementes, titulo Sanctitatis vel morum Sanctimonia illustres simul editi, cum Animadversionibus Aug. Oldoini. *Perusiæ, Ciani.* 1675.

Vita D. Petri Coelestini, Conscripta a Petro ab Alliaco Cardinale, locupleta a Dion. Fabro. *Paris. Stephani.* 1539.

Athenæum Romanum, in quo summorum Pontificum, ac Pseudo-Pontificum necnon S. R. E. Cardinalium & Pseudo-Cardin. Scripta exponuntur, Studio Aug. Oldoini. *Perusiæ, Zechini.* 1676.

Vitæ Paparum Avenionensium, hoc est, Historia Pontificum Romanorum qui in Gallia Sederunt ab anno Christi 1305. usque ad annum Christi 1394. cum notis Steph. Baluzii. *Parif. Muguet.* 1693. 2. vol.

Specimen Historiæ Arcanæ, sive Anecdotæ de vita Alexandri VI. ex diario Joh. Burcardi Argentinensis. *Hanoveræ, Forsteri,* 1696.

Amedeus Pacificus, seu de Eugenii IV. & Amedei Sabaudiæ Ducis in sua obedientia Felicis Papæ V. nuncupati Controversiis Commentarius. *Taurini, Tarini.* 1624.

De vita Pauli IV. Collectanea Historica, Studio Ant. Caraccioli; item vitæ Cajetani Thienæi, Bonifacii a Colle, Pauli Consiliarii, qui una cum Paulo IV. Ordinem Clericorum Regularium fundaverunt, ab eodem. *Coloniæ, Kinchii.* 1612.

Invicti quinarii numeri series quæ summatim a Superioribus Pontificibus & maxime a Sixto V. res præclare quadriennio gestas adnumerat, a Joanne Pinadello. *Romæ Zannetti.* 1589.

Vincentius Stampa, de aquæductu felici ad Sixtum V. *Romæ, Bonfadini,* 1586.

Vita del gloriof. Papa Pio V. scritta de Girolamo Catena, con una raccolta di lettere di Pio V. *In Roma, Accolti,* 1586.

Compendio delle heroiche & gloriose attioni & santa vita di Papa Gregorio XIII. raccolto da Marc'Antonio Ciappi. *in Roma, Accolti,* 1596.

La prima parte delle vite d'alcuni Pape, e di tutti Cardinali, di Hieron. Garimberto. *In Vinegia, Giolito,* 1567.

Nomenclator S. R. E. Cardinalium qui ab anno Christi 1000. quippiam commentati sunt. *Tolosæ, de la Case,* 1614.

Franc. Maria Turrigius, de Eminentissimis S. R. E. Cardinalibus Scriptoribus. *Romæ, Paolini,* 1641.

Histoire de l'administration du Cardinal d'Amboise, par Michel Baudier. *Paris, Rocolet,* 1634.

Histoire de l'administration du Cardinal Ximenés, par le même. *Paris, Cramoisy,* 1635.

Histoire du Cardinal Ximenés, par M. Fléchier. *Paris, Anisson,* 1693.

Vita Cæs. Baronii Card. ab Hieron. Barnabeo. *Romæ, Mascardi,* 1651.

III. *Vitæ & Acta Sanctorum.*

Historia Christi Persice conscripta a P. Hieronymo Xavier Latine reddita notifque illustrata a Lud. de Dieu. *Lugd. Bat. Elzevir,* 1639.

Historia S. Petri Persice, Latine reddita cum notis ejusdem. *Ibidem.*

Rudimenta linguæ Persicæ ab eodem: accedunt duo priora capita Geneseos ex persica translatione Jacobi Tawusi. *Ibidem.*

La Vie de Jesus-Christ par Saint Real. *A Paris, Guignard,* 1678.

HISTORIA ECCLESIASTICA, in quarto. 135

Catalogus Sanctorum & gestorum eorum, collectus a Petro de Natalibus. *Lugduni, Davost,* 1508.

Martyrologium Ecclesiæ Germanicæ pervetustum nunc primum editum cum Commentario Mathiæ Frid. Beckii. *Agusta-Vindelicorum, Goebelii,* 1687.

Sancta Maria Ægyptiaca peccans & pœnitens, &c. A Theoph. Raynaudo. *Gandavi Kerchovii,* 1658.

Ejusdem in Symbolicam S. Antonii Magni imaginem commentatio. *Ibidem,* 1659.

Vita S. Athanasii Eremitæ a D. Athanasio græce scripta, Latine reddita notisque illustrata a Davide Hœschelio. *Augusta-Vindelicorum, Franc.* 1611.

Vita D. Aur. Augustini a F. Joanne Rivio. *Antuerpiæ, Verdussii.* 1646.

Vitæ Sanctorum græce a Maximo Episcopo Cytherensi. *Venetiis, Pinelli,* 1621.

Historia delle Sante Virgini Romane, opera di Antonio Gallonio. *In Roma, Donangeli,* 1591.

Athanasii Kircherii, Historia Eustachio-Mariana. *Romæ, Varesii,* 1665.

La Vie de S. Philippe Benizi V. General de l'Ordre des Servites, par François Malaval. *Marseille, Garcin.* 1652.

Vita ac Miracula S. Canuti Regis Daniæ per Andræam Angelettum. *Romæ, Jac. Fei.* 1667.

Historia S. Huberti, ultimi Tungrensis & primi Leodiensis Episcopi, a Joh. Roberti S. J. *Luxemburgi, Reulandt,* 1621.

Sententia definitiva in favorem pietatis & Doctrinæ B. Raymundi Lullii Martyris, &c. *Parisiis, Blaisot,* 1676.

De vita & rebus gestis S. Francisci Salesii Episcopi Gebennensis libri X. a Car. Augusto Salesio. *Lugduni, Labottiere,* 1634.

Vida de Gregorio Lopez por Franc. Losa. *En Madrid, en la imprenta Real.* 1642.

Traité historique du Chef de S. Jean-Baptiste, par Charles du Fresne, sieur du Cange. *Paris, Cramoisy,* 1675.

Eusebii Romani ad Theophilum Gallum Epistola, de cultu Sanctorum ignotorum. *Parisiis, de Bats,* 1698.

Historia monogramma, sive pictura linearis Sanctorum medicorum in Breviarium redacta, &c. a Guill. Duval. *Parisiis, Blageart,* 1643.

Explicatione del Sacro Lenzuolo nel quale fu involto il Signore, di Alfonso Paleoto. *In Bologna, Rossi,* 1599.

Jo. Jac. Chiffletii, de Linteis sepulchralibus Christi Servatoris, Crisis historica. *Antuerpiæ, Moreti,* 1624.

Erycii Puteani, Diva Virgo Bellifontana in Sequanis, Loci ac pietatis descriptio. *Ibidem,* 1631.

Balthazaris Alvarez vita, hispanice scripta a Lud. de Ponte. Latine vero reddita a Carolo Bovio. *Romæ, Tinaſſii*, 1670.

IV. *Hiſtoriæ Monaſticorum Ordinum.*

Julii Clementis Scoti Placentini, Liber de Poteſtate Pontificia in Societatem Jeſu, evulgatus a Franc. Solangue. *Pariſiis, Macæi.* 1646.

Catalogus Patrum Soc. Jeſu, qui poſt obitum S. Franciſci Xaverii in imperio Sinarum Jeſu Chriſti fidem propagarunt. 1686.

Jo. Argenti liber de ſtatu Societatis Jeſu in Provinciis Poloniæ & Lithuaniæ. *Ingolſtadii, Angermariæ,* 1616.

Proaulium tubæ pacis occentæ Scioppiano belli ſacri Claſſico, Salpiſte Teod. Bereñico. *Argentorati, Wyriot,* 1620.

Petri Stevartii, Apologia pro Societate Jeſu contra commentitiam hiſtoriam Ordinis Jeſuitici a Polycarpo Leyſero, &c. *Coloniæ Falckemburg,* 1694.

Sanctii Galindi Anatomia Societatis Jeſu. *Lugduni, Baumgartneri,* 1633.

Laurentii Foreri Soc. J. Anatomia anatomiæ ſocietatis Jeſu. *Oeniponte, Gackii,* 1634.

F. Proſperi Stellartii, Chronologia Monaſtica.

Ant. Dadini Alteſerræ, Originum rei Monaſticæ libri X. *Pariſiis, Billaine,* 1674.

Matthæus Lauretus, de vera Exiſtentia S. P. Benedicti in Caſſinenſi Eccleſia deque ejuſdem tranſlatione. *Neapoli,* 1607.

Chronologia Sanctorum & aliorum virorum illuſtrium ac Abbatum Lerinenſium, a Vicentio Barrali. *Lugduni, Rigaud.* 1613

Les Mazures de l'Abbaye Royale de l'Iſle-Barbe, ou Hiſtoire de ce qui s'eſt paſſé dans ce celebre Monaſtere, par Claude le Laboureur. *Paris, Couterot,* 1681. & 1682. 2. vol.

Monaſterii Regalis S. Martini de Campis Pariſ. Ord. Cluniacenſis Hiſtoria per D. Mart. Marrier, *Pariſ. Cramoiſy.* 1637.

L'auguſte Baſilique de l'Abbaye Royale de S. Arnoul de Metz, Ordre de ſaint Benoiſt, par André Valladier, *Paris, Chevalier.* 1625.

Deſcription de l'origine & premiere Fondation de l'Ordre Sacré des Chartreux, par F. François Jarry, *Paris, Chaudiere.* 1578.

Jo. Trithemii, liber de laudibus Carmelitanæ Religionis, *Florentiæ, Mareſcotti.* 1593.

Vindiciæ communitatis Norbertinæ antiqui Rigoris à Jo. Midotio *Muſſi-Ponti, Bernardi.* 1632.

Vita S. Philippi Nerii, Congr. Orat. Fundatoris ab Ant. Gallonio. *Romæ, Zannetti.* 1600.

Figures des differens habits des Chanoines Reguliers en ce ſiecle, & un diſcours ſur les habits des Chanoines, par le P. C. du Molinet, *Paris, Piget.* 1666.

HISTORIA ECCLESIASTICA, in quarto. 137

Chronicon rerum totius Sacri Ordinis Servorum B. Mariæ Virginis, a F. Michaële Florentino Servita., *Florentiæ,* 1567.

Certamen Seraphicum Provinciæ Angliæ pro sanctæ Dei Ecclesia a F. Angelo a S. Francisco. *Duaci, Belleri.* 1649.

Brieve Histoire de l'Institution des Ordres Religieux, avec les Figures de leurs habits, gravées, par Odoart Fialetti. *Paris, Menier,* 1658.

Lettre de P. Hippolyte Helyot sur la nouvelle edition de l'Histoire des Ordres Religieux de M. Hermant. *Paris, Coignard.* 1710.

Histoire des Ordres Monastiques Religieux & Militaires, & des Congregations séculieres de l'un & de l'autre sexe, qui ont été établies jusqu'à present. *Paris, Coignard.* 1714. *& suiv.* 8. vol.

Histoire de l'Ordre de Fontevrauld, par le P. Honorat Nicquet Jesuite, *Paris, Soly.* 1642.

Abregé des vies des principaux Fondateurs des Religions de l'Eglise, representées dans le chœur de l'Abbaye de S. Lambert de Liessies en Haynault, par le P. Etienne Binet. *Anvers, Nutius.* 1634.

F. Petrus Saulnier de capite Ordinis Sacri Sancti Spiritus. *Lugduni, Barbier.* 1649.

Fundamina & Regulæ omnium Ordinum Monasticorum & Militarium Prosp. Stellartii. *Duaci, Belleri.* 1626.

Ejusdem, Annales Monastici. *Duaci, Pinchon.* 1627.

V. *Historiæ Hæreticorum.*

Elenchus Hæreticorum omnium ab orbe condito ad nostra usque tempora per Gabr. Prateolum. *Coloniæ, Quentelii.* 1605.

Joh Henrici Heïdeggeri & Franc. Guicciardi, Historia Papatus. *Amstelodami, Wetstenii.* 1684.

Joh. Henrici Heideggeri & Franc. Guicciardini, Historia Papatas. *Amstelodami, Wetstenii,* 1684.

Joh. Henr. Oltii, Annales Anabaptistici, *Basileæ, Regis.* 1672.

Relatione dello Stato della Religione tradotta dell'Inglese di Edoino Sandis. 1625.

HISTORIÆ ECCLESIASTICÆ

Generalis, Pontificiæ, & Monasticæ Scriptores.

IN OCTAVO, &c.

I. *Historia Ecclesiastica Generalis,*

Friderici Spanhemii, Introductio ad Historiam & Antiquitates sacras, cum appendice Geographica & critica, *Lugd. Bat. Severini,* 1675. *in* 12.

S

HISTORIAE ECCLESIASTICAE, in octavo, &c.

Jo. Thomæ Freigii, Mofaicus, continens Hiftoriam Ecclefiafticam ab orbe condito ad Mofis mortem. *Bafileæ, Henric-Petri.* 1683. *in* 8.

Abregé de l'Hiftoire de Jofeph, par M. Graviffet. *Paris, Mazuel.* 1696. *in* 12.

Hegefippus, de bello Judaico & urbis Hierofolimitanæ excidio libri V. cum fcholiis Cornelii Gualtheri. *Coloniæ, Cholini.* 1559. *in* 8.

Nicephori Callifti, Hiftoriæ Ecclefiafticæ libri XII. a Jo. Lango redditi Latine. *Parif. Turrifani.* 1566. *in* 8.

Sulpitii Severi Opera omnia accurante, cum Commentariis variorum, Georgio Hornio. *Lugd. Bat. Hackii.* 1654. *in* 8.

Ejufdem Hiftoriæ Ecclefiafticæ libri duo cum notis. *in* 12.

Haymonis Halberftatenfis Epitome Hiftoriæ Sacræ, cum notis P. Galefinii, *Coloniæ, Hierat.* 1610. *in* 16.

Hiftoria perfecutionis Vandalicæ ftudio Theod. Ruinart. *Parif. Muguet.* 1694. *in* 8.

Tablettes chronologiques, contenant avec ordre l'état de l'Eglife en Orient & en Occident, &c. par G. Marcel. *Paris, Thyery.* 1682. *in* 8.

F. Natalis Alexandri, Ord. Præd. Selecta Hiftoriæ Ecclefiafticæ veteris Teftamenti capita & in loca quidem infignia diffettationes hiftoricæ, chronologicæ, criticæ. *Parif. Dezallier.* 1683. *in* 8. 6. vol.

—— Differtationum Ecclefiafticarum trias. 1. de Epifcoporum fupra Presbyteros eminentia & Chorepifcopis. 2. de Sacrorum Miniftrorum cœlibatu. 3. de vulgata S. Scripturæ verfione. *Parif. Dupuys.* 1678.

—— Differtatio Polemica de confeffione facramentali. *Ibidem. in* 8.

—— Selecta Hiftoriæ Ecclefiafticæ capita & in loca ejufdem infignia Differtationes Hiftoricæ, chronologicæ, criticæ, dogmaticæ. *Parif. Dupuys,* 1676. *& feqq. in* 8. 26. vol.

Hiftoria Geftorum in Ecclefia memorabilium ab anno 1517. ad an. 1546. autore Equite de la Bizardiere. *Parif. Jombert.* 1700. *in* 12.

Hiftoire de l'Arianifme par le P. Maimbourg J. *Parif. Mabre-Cramoify.* 1682. *in* 12. 3. vol.

Hiftoire de l'herefie des Iconoclaftes, & de la tranflation de l'Empire aux François, par le même. *Ibidem.* 1683. *in* 12. 2. vol.

Hiftoire des Croifades, par le même. *Ibidem.* 1687. *in* 12. 4. vol.

Hiftoire du grand fchifme d'Occident, par le même. *Ibidem.* 1681. *in* 12. 2. vol.

Hiftoire du Lutheranifme, par le même. *Ibidem.* 1681. *in* 12. 2. vol.

HISTORIA ECCLESIASTICA, in octavo, &c. 139
Histoire du Calvinisme, par le même. *Ibidem.* 1682. *in* 12. 2. vol.
Aub. Miræi, de statu Religionis Christianæ per Europam, Asiam, Africam & orbem novum libri IV. *Lugduni, Pillehotte.* 1620. *in* 12.
Jac. Usserius, de Christianarum Ecclesiarum, præcipue Occidentalis, successione & statu ab Apostolorum temporibus ad nostram usque ætatem. *Hanoviæ, Aubrii.* 1658. *in* 8.
Animadversiones in Annales Ecclesiasticos Baronii & Is. Casauboni exercitationes. *Paris. Langlæi.* 1606. *in* 8.
Celebris Historia Monothelitarum atque Honorii controversia. *Paris. Dupuys.* 1678. *in* 8.
Frid. Spanhemii, Dissertationes Historicæ. *Lugd. Batav. Gaesbeek.* 1679. *in* 8.
Franc. Mariæ Phœbei, Dissertatio de identitate Cathedræ in qua S. Petrus Romæ primum sedit, & de antiquitate & præstantia solemnitatis Cathedræ Romanæ. *Roma, Jo. de Andreolis.* 1666. *in* 8.
Jos. Mariæ Soresini, opusculum de capitibus SS. Apostolorum Petri & Pauli in S. Ecclesia Lateranensi asservatis. *Roma, Mascardi.* 1673. *in* 8.
Claudii Joly, Dissertatio de verbis Usuardi quæ in Martyrologio Parisiensi referuntur in. festo Assumptionis B. Mariæ Virg. *Senonis, Prussurot.* 1669. *in* 12.
Ejusdem Epistola Apologetica pro Usuardo & conclusione Capituli Ecclesiæ Parisiensis. *Rothomagi, Viret.* 1670. *in* 12.
Jo. Launoii, judicium de controversia super exscribendo Parisiensis Ecclesiæ martyrologio exorta. *Lauduni, Rennesson. in* 8.
Idem, auctior, *Paris. Martin.* 1671. *in* 8.
Refutatio eorum quæ contra Thomæ Kampensis vindicias scripsere D. Rob. Quatremaire & Jo. de Launoy. *Paris. Cramoisy.* 1650. *in* 8.
Argumenta duo nova pro Thoma Kempensi. 1. Theophili Eustathii. 2. Jo. Frontonis. *Ibidem.* 1651.
Georgii Heseri adversus Pseudo-Gersenistas præmonitio nova. *Ibidem.*
Thomas de Kempis a seipso restitutus, a Thoma Carreo, *Paris. Blageart.* 1651. *in* 8.
Causæ Kempensis conjectio pro Curia Romana a Gabr. Naudæo. *Paris. Cramoisy.* 1651. *in* 8.
Ant. Franc. Payen Testimonium adversus Gersenistas triplex. *Paris. Cramoisy.* 1652. *in* 8.
Remarques sommaires sur un livre intitulé : La contestation touchant l'Auteur de l'Imitation de J. Ch. par J. de Launoy. *Paris, Martin.* 1652. *in* 8.
Libri de Imitatione Christi Joanni Gerseni iterato adserti., *Paris, Billaine.* 1674. *in* 8.

Animadverſiones in vindicias Kempenſes. *Ibidem.* 1677. *in* 8.
F. Bern. Guyart, diſſertatio, utrum S. Thomas calluerit linguam græcam & obſervationes in priores Launoii Epiſtolas Theologicas. *Pariſ. Le Cointe.* 1667. *in* 8.
Eclairciſſemens ſur la Doctrine & ſur l'Hiſtoire Eccleſiaſtique des deux premiers ſiecles, par l'Abbé Faydit. 1695. *in* 8.
Septem Aſiæ Eccleſiarum & Conſtantinopoleos notitia, a Thoma Smitho. *Ultrajecti Halma.* 1644. *in* 8.
Hiſtoria Jacobitarum ſeu Coptorum opera Joſephi Abucdani. *Oxonii, e Theatro Sheldoniano.* 1675. *in* 12.
Fauſti Naironi, Maronitæ, diſſertatio de origine, nomine, ac Religione Maronitarum. *Romæ.* 1679. *in* 8.
Clementis Galani, Hiſtoria Armena Eccleſiaſtica & politica. *Coloniæ.* 1686. *in* 8.
Joh. Henſ. Hottingeri, compendium Theatri Orientalis de Arabum, Perſarum, Turcarum, &c. ſtatu politico, eccleſiaſtico & œconomico, & topographia Eccleſiæ Orientalis. *Heidelbergæ, Broun.* 1662. *in* 8.
Davidis Chytræi, oratio de ſtatu Eccleſiarum hoc tempore in Græcia, Aſia, Bohemia, &c. Epiſtolæ Conſtantinopolitanæ : item de Ruſſorum & Tartarorum religione & moribus, &c. *Francofurti Wecheli.* 1583. *in* 8.
Hiſtoire Eccleſiaſtique des Egliſes réformées au Royaume de France, depuis l'an 1521. juſqu'en 1563. *Geneve, Remy. in* 8. 3. vol.
Epitome hiſtoriæ Ecclefraſticæ de converſionibus Gentium, Perſecutionibus Eccleſiæ, Hæreſibus & Conciliis Oecumenicis, Collecta a Joh. Pappo. *Argentorati, Jobini,* 1596. *in* 8.
Abrahami Sculteti, Annales Evangelii paſſim per Europam decimo quinto ſalutis pactæ ſæculo renovati ab anno 1516. ad annum 1536. *Heidelbergæ, Lanceloti,* 1618. *in* 8.
Joh. Henr. Hottingeri, Hiſtoriæ Eccleſiaſticæ, novi Teſtamenti Euneas. *Hanoviæ & Tiguri* 1655. *& ſeqq. in* 8. 9. vol.
Georgii Hornii, Hiſtoria Eccleſiaſtica & politica. *Gorinchemi, Lever.* 1683. *in* 12.
Chriſtoph. Sandii, Nucleus hiſtoriæ Eccleſiaſticæ : præfixus eſt Tractatus de ſcriptoribus Eccleſiaſticis. *Coſmopoli,* 1668. *in* 8.

II. *Hiſtoriæ & Vitæ Summorum Pontificum & Cardinalium.*

Scriptores duo Anglici coœtanei de vitis Pontificum Romanorum; ſcilicet Robertus Barns & Johannes Baleus quos edidit ac continuavit uſque ad Paulum V. Johannes Martini Lydius. *Lugd. Batav. Marſſe,* 1615. *in* 8.
F. Franciſci Carriere, Minoritæ, Hiſtoria Chronologica Pontificum Romanorum uſque ad Innocentium XII. *Lugduni, Thioly,* 1694. *in* 12.

HISTORIA ECCLESIASTICA, in octavo, &c. 141

Joannis Stellæ, opus de vitis ac gestis summorum Pontificum ad Julium II. 1650. *in* 12.

Jacobi Revii, Historia Pontificum Romanorum, compendio perducta usque ad annum 1632. *Amstelodami, Janssonii*, 1632. 8.

Pontificum Romanorum qui e Gallia oriundi in ea federunt, Historia ab anno Christi 1305. ab annum 1394. edita notisque illustrata a Franc. Bosqueto. *Parisiis, Cramoisy,* 1632. *in* 8.

Vita S. Leonis Papæ IX. Wiberto Archidiacono coœtaneo authore. *Ibidem*, 1615. *in* 8.

Theoderici a Niem, Historiarum sui temporis libri IV. de Schismate inter Urbanum VI. Clementem Antipapam eorumque successores, Accesserunt

Francisci de Zabarellis tractatus de ejus temporis Schismate, & Joannis Marii Belgæ liber de 24. Schismatis in Ecclesia & Conciliorum Gallicanæ Ecclesiæ præstantia & utilitate. *Argentorati, Zetzeneri*, 1609. *in* 8.

Frid. Spanhemii, de Papa Fœmina inter Leonem IV. & Benedictum III. Disquisitio historica. *Lugd. Bat. Verbessel*, 1691. *in* 8.

Davidis Blondelli, Examen de Johanna Papissa. *Amstelodami, Blaeu*, 1657. *in* 8.

Davidis Blondelli, Examen de Joanna Papissa. *Amstelodami, Blaeu*, 1957.

Ven. Bedæ Opuscula quædam nunc primum edita, accessit Egberti Archiep. Eboracensis dialogus de Ecclesiastica institutione cum notis Jac. Waræi. *Parisiis, Billaine*, 1636. *in* 8.

Traité contre l'éclaircissement donné par Blondel en la question: si une femme a été assise au Siége Papal, &c. par Congnard. *Saumur, Ribotteau*, 1655. *in* 8.

Clemens IV. Galliæ suæ & Grossorum gentis illustre Ornamentum, a Claudio Clemente Soc. J. *Lugduni, Jullieron*, 1624. *in* 12.

Vida y hechos de Pio V. por Antonio de Fuenmayor. *En Madrid, Sanchez*, 1639. *in* 8.

La Vie du Pape Pie V. traduite de l'Italien du P. Archange Carace par René Gaulthier. *Paris, Chastelain*, 1625. *in* 12.

Vita di Sixto V. Scritta da Gregorio Leti. *Losanna, Grec.* 1669. *in* 12. 2. vol.

Vita di Gregorio XIII. Scritta dal Antonio Ciappi. *In Roma, Rossi*, *in* 8.

Historia Pontificatus Gregorii XIII. a P. Ignatio Bomplano Soc. J. *Dilinga, Bencard.* 1685. *in* 12.

Il Syndicato di Alessandro VII. con il suo viaggio nell' altro mondo. 1667. *in* 12.

Le Syndicat du Pape Alexandre VII. avec son Voyage en l'autre monde, traduit de l'Italien, 1669. *in* 12.

Conclavi de' Pontefici Romani, fin' al Alexandro VII. 1668. *in* 12.

S iij

Histoire des Conclaves depuis Clement V. jufqu'à Clement XI. Plus le Traité de l'origine des Cardinaux & des Legats. *Cologne*, 1703. *in* 12. 2 vol.

Conclave de Clement IX. traduit de l'Italien. *Paris, Charles de Sercy*, 1669. *in* 12.

Il Nepotifmo di Roma. 1667. *in* 12.

Nepotifmus Theologice expenfus, & Innoncentii XII. Conftitutio moderatoria donationum & diftributionis redituum Ecclefiafticorum in confanguineos vel affines Romani Pontificis. *In* 12.

Relation de la Cour de Rome faite au Pregadi en 1661. par Angelo Cornaro. *Leyde*, 1663. *in* 12.

Itinerario della corte di Roma, overo teatro hiftorico, chronologico e politico della fede Apoftolica Dataria e Cancellaria Romana. *In Valenza, Guerini*, 1675. *in* 12. 3. vol.

Memoires des intrigues de la Cour de Rome, depuis l'an 1669. jufques 1676. *Paris, Michallet*, 1677. *in* 12.

De la Dignité de Cardinal, par Aubery. *Paris, Dupuys*, 1673. *in* 12.

Il Cardinalifmo di Santa Chiefa. 1668. *in* 12. 3 vol.

Elenchus Congregationum Tribunalium & Collegiorum almæ urbis Romæ : accedit Catalogus Eminent. Cardinalium, &c. *Romæ, Typis Cameræ Apoftolicæ*, 1701. *in* 12.

La Vie du Cardinal d'Amboife, par le fieur des Montagnes. *Par. Richer*, 1631. *in* 8.

La Vie du Cardinal Bellarmin, traduite de l'Italien de Jacques Fuligati, par le P. Pierre Morin J. *Paris, Cramoify*, 1625. *in* 8.

Petrus Roverius, de vita & rebus geftis Francifci de la Rochefoucauld Cardinalis. *Ibidem*. 1645. *in* 8.

La Vie du Cardinal Albornox, par le Chevalier de Lefcale. *Paris, du Bray*, *in* 8.

Idea perfecti Præfulis in vita B. Nicolai Albergati Cardinalis a D. Lud. Donio d'Attichy. *Auguftoduni, Simonot*. 1656. *in* 8.

Vita Alphonfi Lud. Pleffæi Richelii Cardinalis Archiep. Lugdunenfis, autore M. D. P. *Parifiis, Vitré*, 1653. *in* 12.

Hiftoire du Cardinal Alberoni, par M. J. R. traduit de l'Efpagnol. *la Haye, Moetjens*, 1719. *in* 12.

Exuvium Leonis, in quo Illuftriff. P. Bargelini præcipua Prælaturæ munera & facinora defcribebat Petrus Hercules de Bellois. *Lugduni, Liberal*, 1674. *in* 12.

III. *Vitæ & Acta Sanctorum.*

Ufuardi Martyrologium cum annotationibus & additionibus Jo. Molani qui tractatum de Martyrologiis & indeculum Sancto-

HISTORIA ECCLESIASTICA, in octavo, &c. 143
rum Belgii adjecit. *Antuerpiæ, Nutii,* 1583. *in* 8.
Kalendarium Romanum, nongentis annis antiquius, notis & duplici
dissertatione illustratum a J. Fróntone. *Parisiis, Cramoisy,* 1652.
in 8.
Vitæ Sanctorum ex Aloysio Lipomano & Laur. Surio potissimum
Collecta per Franc. Haræum. *Lugduni, Soubron,* 1594. *in* 8.
Festa Christianorum, notis philologicis illustrata a M. Andræa
Wilckio, nunc vero revisa a Georgio Hesso. *Lipsiæ, Arnstii,*
1676. *in* 8. 2 vol.
Fasti Christiani, a Jo. Bachot. *Parisiis, Boulanger,* 1624. *in* 8.
Viridarium Sanctorum, a Matthæo Radero Soc. J. *Lugduni, Chevalier,* 1627. *in* 12.
Dissertation pour la défense des deux Saintes Marie Magdeleine &
Marie de Bethanie sœurs de S. Lazare. *Paris, Negot,*
1685. *in* 12.
Martini Delrio Vindiciæ Areopagiticæ contra Jos. Scaligerum.
Antuerpiæ, Moreti, 1607.
Fasti Sanctorum quorum vitæ in Belgicis Bibliothecis MSS. extant,
& Acta præsidialia SS. Martyrum Taraci Probi & Andronici,
Collectore Herib. Rosweydo Soc. J. *Ibidem, in* 8.
D. Germani Millet, Vindicata Ecclesiæ Gallicanæ de suo Areopagita Dionysio gloria. *Parisiis, Bechet,* 1638. *in* 8.
B. Dionysii Parisiorum Apostoli Miracula per Jo. de Launoy Collecta. *Parisiis,* 1641.
Ejusdem animadversiones in Palladium Galliæ seu Dionysium Areopagitam Samblacati. *Ibidem.*
—— Dissertatio de Commentitio Lazari & Maximini, Magdalenæ & Marthæ in Provinciam appulsu. *In* 8.
D. Germani Milet Responsio ad dissertationem nuper evulgatam
de duobus Dionysiis. *Parisiis, Bechet,* 1642. *in* 8.
Jo. Launoii, Varia de duobus Dionysiis, Atheniensi & Parisiensi
Opuscula, quorum fronti Jac. Sirmondi Dissertatio de eadem
materia præfigitur: Accessit disquisitio de veteribus Ecclesiis
Parisiensibus. *Parisiis, Martin,* 1660. *in* 8.
Vitæ Sanctorum Selectæ & notis illustratæ ab Antonio, tomus primus. *Perusiæ, Bartoli,* 1651. *in* 12.
Litaniæ Pictonicæ seu Sanctorum qui ortu vel incolatu Pictonum
oram incolarunt concinnatæ notisque illustratæ ab Henr.
Lud. Castanæo de la Rochepozay. *Augustoriti Pictonum, Thoreau,* 1641. *in* 12.
Passio SS. Martyrum Abundii, Abundantii, Marciani & Joannis
ejus filii, inventiones translationes & ad historiam notæ.
Romæ, Zannetti, 1584. *in* 8.
La Vie, Martyre, translation & miracles des SS. Martyrs, Can,
Cantian & Cantianne leur sœur. *Paris, Verac.* 1618. *in* 8.
Elogia Sanctorum illustrium cum aliis nonnullis a D. Simpliciano
Gody. *Parisiis, de Bresche,* 1647. *in* 12.

S. Odiliæ Virg. & Mart. e Colonia in Monafterium Clari-Loci per F. Joannem Banelium. *Coloniæ, Grevenbruch*, 1621. *in* 8.

La Vie de S. Sigisbert, Roy d'Auftrafie, par Georges Aulbery. *Nancy, Garnich*, 1616. *in* 8.

Vie de S. Ifabelle de France, fœur du Roy S. Loüis, Fondatrice de l'Abbaye de Long-Champ, par Sebaftien Roulliard. *Paris, Taupinart*, 1619. *in* 8.

Hiftoire de la vie de Sainte Gertrude, par Guill. de Rebreviette. *Paris, Huby*, 1612. *in* 8.

Hiftoire de la vie, vertus, mort & miracles de S. Eloy, Evêque de Noyon, traduit du Latin de S. Oüen, par Loüis de Montigny. *Paris, Cramoify*, 1626. *in* 8.

Tableau de la vie & miracles de S. Thierry, Abbé & Patron de l'Abbaye Royale du Mont-d'Or lez Reims, dit S. Thierry, par le fieur Bailly, Abbé de ladite Abbaye. *Paris*, 1632. *in* 8.

La vie & éminentes vertus de S. Gombert & de S. Berthe Fondatrice du Val-d'Or d'Aveñay, par le P. Etienne Binet. *Pont à Mouffon, Cramofy*, 1625. *in* 12.

La vie de Sainte Genevieve, traduite par le P. Pierre Lallemant. *Paris, Dezallier*, 1683. *in* 12.

La vie de S. Fiacre, fils du Roy d'Ecoffe, avec fon Office, par Don Michel Pirou. *Paris*, 1625. *in* 12.

Vita S. Romani Epifcopi Rotomagenfis, edita a Nic. Rigaltio. *Parifiis, Thierry*, 1609. *in* 8.

Apologia pro S. Romano per Adrianum Behotium. *Parifiis, Macæi*, 1609. *in* 8.

Vita S. Patricii, Hiberniæ Apoftoli, a Richardo Stanihurfto. *Antuerpiæ*, 1687. *in* 8.

Vitæ S. Guillelmi Magni Explanatio a P. Guill. de Waha Soc. J. *Leodii, Streel*, 1693. *in* 12.

B. Gofwini vita, a Richardo Guibbono S. J. *Duaci Wyon*, 1620.

Brevis & Succincta narratio miraculorum Virhinis Foyenfis *Ibidem. in* 8.

Vita S. Caroli Comitis Flandriæ, autore Coœtaneo Franc. Gualthero. *Parifiis, Cramoify*, 1615. *in* 8.

Vitæ & Miracula SS. Adalberonis Epifcopi Herbipolenfis, Altmanni Epifc. Patavienfis & Gebehardi Archiep. Salisburgenfis. *Augufta Vindelincorum*, 1619. *in* 12.

Vita S. Leufredi Abbatis. *Parifiis* 1698. *in* 8.

Differtatio hiftorica de S. Servatio Epifc. Tungrenfi. *Leodii, Streel*, 1684.

Diatriba Chronologica & Hiftorica de tempore & caufa Martyrii B. Lamberti Epifc. Tungrenfis. *Ibidem*, 1679. *in* 8.

Vita S. Liborii, Calculo laborantium Patroni Comment. illuftrata a J. Bollando. *Antuerpiæ, Meurfii*, 1648. *in* 8.

La

La vie & les éminentes vertus de S. Elzear de Sabran & de la B. Comtesse, Dauphine, Vierges & Mariez, par le P. Etienne Binet. *Rouen, Besogne*, 1633. *in* 12.

De la Sainte Hiérarchie de l'Eglise & la vie de S. Adelralde Archidiacre de Troyes, par le même. *Paris, Cramoisy*, 1633. *in* 12.

La vie de S. Vulphy, Prêtre, Curé de la Ville de Ruë en Ponthieu, par le P. Simon Martin, Minime. *Paris, Debors, in* 12.

F. Edineri Angli, de vita D. Anselmi Cantuar. Archiepiscopi libri duo. *Antuerpiæ Gravii*, 1651. *in* 12.

De vita & miraculis B. Bernardi primi Claræ-vallensis Abbatis Carmen. *Nanceii, Savine*, 1609. *in* 8.

S. Ludovici Episcopi Tolosani Vita Commentario illustrata a F. Henr. Sedulio, *Antuerpiæ, Moreti*, 1602. *in* 8.

Vita, Officium & Missa cum Cantu S. Antonini Archiep. Florentini a F. Vincentio de S. Geminiano, Ord. Præd. *Parisiis de Marnef.* 1526. *in* 8.

Acta publica Canonizationis Sanctæ Theresiæ a Jesu Fondatricis Carmelitarum. *Parisiis, Sonnii*, 1625. *in* 12.

La vie de Sainte Therese, traduite de l'Espagnol. *Douay, Patté*, 1629. *in* 8.

Vita B. Joannis Chisii, Ord. Erem. S. August. *Antuerpiæ, Aertssens.* 1641. *in* 8.

La vie, mort, vertus & miracles du B. Ambroise de Sansedoine de l'Ordre des Freres Prêcheurs, par le P. P. Garra. *Paris, Sonnius*, 1623. *in* 12.

Vita di San Tomaso d'Aquino, di Partenio Etiro. *In Venetia, Ginamni*, 1636. *in* 24.

Histoire de la vie de S. Hyacinthe de l'Ordre de S. Dominique, traduite par le P. Etienne le Clou. *Arras, Bauduin*, 1617. 8.

Vita B. Mariæ Raggiæ, tertii Ord. S. Dominici, ex Hispano latine versa ab Arnoldo de Raisse. *Duaci, Wyon*, 1622. *in* 8.

Vita & Miracoli di S. Francesco di Paolo, da Paolo Reggio Vescovo di Vico. *In Vinetia, Somasco*, 1591. *in* 8.

Vie & Miracles de S. François de Paule, par le P. Claude du Vivier. *Douay, Bellere*, 1632. *in* 8.

Epistola Apologetica P. Claudii du Viviere; quod S. Franciscus de Paula sit unicus parentibus suis. *Duaci, d'Oby*, 1626. *in* 8.

Vita & Miracula S. Francisci a Paula a Francisco Viron. *Parisiis, Sonnii*, 1627. *in* 12.

Vita B. Joannis a Deo, item Petri Peccatoris, Latinitate donata ab Arnoldo de Raisse. *Duaci, Fampoux*, 1623. *in* 8.

Vita F. Archangeli Scoti Capuccini & D. Margaritæ Gordong, Matris ejus, a F. Faustino Diestenii. *Colonia, Christophori*, 1620. *in* 12.

Histoire de la vie de S. Cairine, Duc d'Aquitaine, par F. Tho-

mas d'Aquin de S. Joseph, Carme Deschauss. *Tulles, d'Avy*, 1646. *in* 12.
La vie de Sœur Catherine de Jesus, Religieuse Carmelite. *Paris, Martin,* 1624. *in* 8.
Martyrographia Augustiniana, a F. Georgio Maigretio, Ord Erem. S. Augustini. *Antuerpia, Verdussii,* 1625. *in* 8.
La vie de Claude Bernard, dit le Pauvre Prêtre, par Thomas le Gauffre. *Paris, Sonnius,* 1642. *in* 8.
La vie de la B. Passidée Crogi de Sienne. *In* 8.
La vie de S. Gaëtan de Thienne, Instituteur des Théatins. *Paris, Guignard,* 1698. *in* 8.
Vita di S. Lorenzo Giustiniano. *In Venetia, Galetti.* 1690. *in* 12.
Vies des SS. Marie du Secours & Natalie, Religieuse de l'Ordre de N. D. de la Mercy, par le P. François d'Athia. *Paris, Huré,* 1631. *in* 12.
La vie de Dom Barthelemy des Martyrs, de l'Ordre de S. Dominique, Archev. de Brague, en Portugal. *Paris, le Petit,* 1663. *in* 8.
Défense de M. Vincent de Paul, Instituteur & premier Superieur de la Mission. 1668. *in* 12.
B. Margaritæ Arbouziæ a Sancta Gertrude Panegyricus, a Ludov. Bonnet. *Parisiis, Moreau,* 1628. *in* 8.
La vie de Françoise d'Amboise, Fondatrice des Religieuses Carmelites de Bretagne, par le P. Leon, Carme. *Paris, Henault,* 1669. *in* 12.
La vie de M. Bordon, Prêtre, natif de Limoges, par le P. Etienne Petit. *Bordeaux, Millanges,* 1636. *in* 8.
L'Illustre Pénitente de Beziers, ou l'Histoire admirable de Mademoiselle Bachelier du Tiers Ordre de S. François, par le P. Casimir de Tolose, Capuc. *Roüen, Vaulthier,* 1680. *in* 12.
Vida de Gregorio Lopez por P. Alonso Remon. *En Madrid, Martinez,* 1630. *in* 8.
La vie de M. la Duchesse de Montmorency, Superieure de la Visitation de St Marie de Moulins. *Paris, Guignard,* 1684. *in* 8.
La vie de Madame Helyot. *Paris, Michallet,* 1683. *in* 8.
La vie du Grand Apôtre de la Chine, Jean-Baptiste de Morales de l'Ordre de S. François. *In* 12.
Jo. Molani, de Historia SS. Imaginum & Picturarum Libri duo. *Lugduni, Durand,* 1619. *in* 12.
Thomæ Cantipratani, Ord. S. Dominici, Miraculorum & exemplorum memorabilium sui temporis Libri duo notis illustrati a Georgio Colvenerio. *Duaci, Belleri,* 1605. *in* 8.
Jo. Bapt. Lauri, Commentarius de annulo pronubo Deiparæ Virginis, qui Perusiæ adservatur. *Colonia, Kinckii,* 1626. 8.
Componimenti poetici volgari, Latini e Greci di diversi Sopra la S. Imagine della B. Vergine dipinta da San Luca con la

HISTORIA ECCLESIASTICA, *in octovo*, &c. 147
   sua historia da Ascanio Persii. *Bolonia, Benatii*, 1601. *in* 8.
Opera di Francesco Bocchi Sopra l'Imagine Miracolosa della San-
   tissima Nunziata di Fiorenza. *In Fiorenza*, 1592. *in* 8.
Histoire de l'Abbaye & des Miracles de N. Dame de Mont-Serrat,
   par Matthieu Olivier. *Lyon, Rouille*, 1617. *in* 8.
Histoire de la belle Image de Liesse & des Miraculeux transports
   d'icelle, par Claude le Brun de la Rochette. *Lyon, Rigaud*,
   1615. *in* 12.
Histoire & Miracles de N. D. de Liesse. *Paris, Febvrier*, 1617. *in* 12.
Annales Congregationum B. Virginis Mariæ, Collecti ex Annalibus
   Soc. J. *Burdigala, de la Court*, 1624. *in* 8.
La Naissance Miraculeuse de la Chapelle de Bethleem, en France,
   par Don Guill. Morin. *Paris, Sevestre*, 1611. *in* 12.
Dissertation sur le lieu où repose presentement le Corps de S. Firmin
   le Confez, &c. par J. B. Thiers. *Liege*, 1699. *in* 12.
Réponse à la Lettre du P. Mabillon, touchant la prétenduë Sainte
   Larme de Vendôme, par le même. *Cologne, Egmond*, 1700.
   in 12.
Recherche & avis sur le Corps de S. Jacques le Majeur. *Angers,*
   Hernault, 1610. *in* 8.
Idem. *Ibidem.*
Hiberniæ sive antiquioris Scotiæ Vindiciæ adversus Dempsterum :
   accessit Catalogus Sanctorum Hiberniæ. *Antuerpiæ, Copinan.*
   1621.
Dissertatio de Sancta Brigida. *Parisiis, Cramoisy*, 1620.
Scotia illustrior seu Mendicabula repressa modesta parecbasi Thomæ
   Dempsteri. *Lugd. Ronsier, in* 8.
Symbola Antoniana, ignis B. Antonio appictus multipliciter ex-
   pressus à Theoph. Raynaudo Soc. J. *Roma*, 1648. *in* 12.

IV. *Historiæ Monasticorum Ordinum.*

Chronicon Canonicorum Regularium Ord. S. Augustini, Capituli
   Windesemensis a J. Bruschio : accedit Chronicon Montis
   S. Agnetis, a Thoma a Kempis, cum vindiciis Kempensibus
   pro libro de Imitatione Christi ab Heriberto Rosweydo Soc.
   J. *Antuerpiæ, Belleri*, 1621. *in* 8.
Aub. Miræi, de Collegiis Canonicorum per Germaniam, Belgium
   Galliam, &c. Liber singularis. *Coloniæ, Gualtheri*, 1615. *in* 8.
Vita & Martyrium Magistri Thomæ Prioris Regularis Abbatiæ
   S. Victoris Paris. a Phil. Gourreau. *Paris. Savreux*, 1665. *in* 12.
Monachatus Augustini ab Augustino potissimum propugnatus stu-
   dio P. Bonaventuræ a S. Anna Augustiniano. *Lugduni, Cète*,
   1694. *in* 12.
Discours où l'on fait voir que S. Augustin a été Moine. *Paris,*
   Lambin, 1689, *in* 12.

T ij

Vita S. Augustini per Gerardum Moringum cum notis Ant. Sanderi. *Antuerpiæ Verduffii*, 1644. *in* 8.
De vita & moribus Ignatii Loyolæ, Soc. Jesu Fundatoris libri tres, a Jo. Petro Maffeio. *Coloniæ*, *Cholini*, 1585. *in* 8.
Idem. *Parisiis*, *Camusat*, 1641. *in* 12.
Vita Ignatii Loyolæ, a Petro Ribadeneyra. *Antuerpiæ*, *Plantini*, 1587. *in* 12.
Relationes factæ in Consistorio Secreto Coram Gregorio XV. an. 1622. super vita, Sanctitate actis Canonizationis & Miraculis B. Ignatii & B. Francisci Xaverii. *Parisiis*, *Chappelet*, 1622. *in* 8.
Abregé de la vie de S. Ignace de Loyola & de S. François Xavier. *la Fléche*, *Griveau*, 1622. *in* 24.
De vita S. Francisci Xaverii libri sex, Horatii Tursellini. *Antuerpiæ*, *Trognæsii*, 1696. *in* 8.
Idem. *Rotomagi*, *de Manneville*, 1676. *in* 12.
Vita B. Francisci Borgiæ a P. Ribadeneyra Hispanice scripta, Latine versa ab Andræa Schotta : accesserunt opuscula pia Francisci Borgiæ. *Moguntiæ*, *Lippii*, 1603. *in* 12.
La vie du P. Jacques Laynez, par le P. Ribadeneyra, traduite en François. *Douay*, *Bellere*, 1597. *in* 8.
Vita Gasp. Barzæi Belgæ, a Nicolao Trigault. *Antuerpiæ*, *Trognæcii*, 1610. *in* 8.
De vita Petri Cotoni Libri tres, a Petro Roverio. *Lngd. Liberal*, 1660. *in* 8.
De vita Petri Canisii Libri tres, a Matthæo Radero. *Antuerpiæ*, *Verduffen*, 1615. *in* 12.
La vie du B. Pierre Canisius, par le P. Jean Dorigny. *Paris*, *Giffart*, 1607. *in* 12.
Vita B. Stanislai Kotskæ, a Franc. Sacchino. *Coloniæ*, *Kinckii*, 1617. *in* 24.
Vita B. Josephi Anchietæ, a Sebast. Beretario. *Coloniæ*, *Kinckii*, 1617. *in* 24.
Vita B. Aloysii Gonzagæ, a Virgilio Cepario. *Valencenis*, *Veruliet*, 1609. *in* 8.
Vita & Martyrium Edm. Campiani, a Paulo Bombino. *Antuerpiæ*, *Nutii*, 1618. *in* 12.
Annus dierum illustrium Societatis Jesu. *Romæ*, *Varesii*, 1657. *in* 12.
Litteræ annuæ provinciæ paraquariæ Societatis Jesu ad P. Mutium Vitelefchum Generalem. *Antuerpiæ*, *Meursii*, 1636. *in* 8.
Emanuelis Acostæ, Historia rerum a Societate Jesu in Oriente gestarum ad annum, 1568.
De Japonicis rebus Epistolarum libri IV. & recentium de rebus Indicis Epistolarum liber, usque ad annum 1570. *Parisiis*, *Sonnii*, 1572. *in* 8.

HISTORIA ECCLESIASTICA, in octavo, &c.   149
Franc. Turriani, Soc. J. Apologeticus contra Bosquinum Zuin-
   glianum Societatis Jesu Calumniatorem. *Colonia, Alectorii*,
   1578. *in* 8.
Relatio de studiis Jesuitarum abstrusioribus castigata per Jacobum
   Gretserum. *Ingolstadi, Sartorii*, 1609. *in* 8.
Determination de la Faculté de Theologie de Paris, conclue le
   1. Decembre 1554. sur les deux Bulles des Papes Paul III.
   & Jules III. presentées par les Jesuites.
Epitre au Roy Louis XIII. par un Personnage du Tiers Estat.
   1614.
Histoire veritable de ce qui s'est passé en Allemagne. *Paris, de*
   Bordeaux, 1611.
Lettre Justificative du P. François Solier touchant la censure de
   quelques Sermons faits en Espagne, en l'honneur du B. Ignace
   de Loyola. *Poitiers, Mesnier,* 1611.
Recueil des Lettres Patentes octroiées aux Jesuites, par Henry IV.
   & Louis XIII. Concernans leurs retablissemens avec la Re-
   montrance du Parlement, les oppositions de la Faculté de
   Theologie & de l'Université, &c. *Paris, Petitpas,* 1612.
Playdoyer de Pierre de la Marteliere pour le Recteur & Université
   de Paris, contre les Jesuites, 1712.
Petri Hardivillerii Academiæ Rectoris, Actio pro Academia adver-
   sus Presbyteros & Scholasticos Collegii Claromontani ha-
   bita in senatu Parisiensi. *Par. Petitpas,* 1612.
Prosecutio, continuatio & innovatio omnium & singularum inter-
   cessionum ad hanc usque diem factarum ab Universitate Parisf.
   adversus admissionem Jesuitarum. 1615.
Prima Societatis Jesu restauranda Summo Pontifici, latino-galli-
   ca expostulatione proponitur. 1614.
Memoires & advis pour rendre les Jesuites utiles en France. 1614.
Advis de ce qu'il y a à reformer en la Compagnie des Jesuites, pre-
   senté au Pape & à la Congregation generale par le Pere
   Hernando de Mendoça Jesuite &c. 1615.
Epistola Monitoria ad Academiæ Parisiensis perturbatores. *Cado-*
   mi, 1614.
Apologie pour les Peres Jesuites. *Paris, Etienne,* 1615. *in* 8.
Censure de la Faculté de Theologie de Paris, contre les impies
   & execrables Parricides des Roys & des Princes. *Paris, Blan-*
   villain, 1610.
Lettre Déclaratoire de la Doctrine des Peres Jesuites, conforme
   decrets du Concile de Constance par le P. Coton. *Paris,*
   Chapelet, 1610.
Anti-Coton. 1610.
Epistola M. Arthusii de Cressonnieriis ad Dominum, de Parisiis
   super attestatione sua justificante & nitidante Patres Jes. 1611.
Is. Casauboni, ad Frontonem ducæum Epistola, in qua disseri-

T iij

tur de Apologia communi Jesuitarum nomine ante aliquot menses. *Par. Edita*, 1611.

Playdoyé de M. de la Marteliere &c. *Paris, Petitpas*, 1612.

Arrestum Curiæ Parlamenti latum in causa Sacerdotum & Scholasticorum Collegii Claromontani, &c. 1618.

Discours veritable de ce qui s'est passé en la Ville de Troyes, sur les poursuites faites par les Jesuites pour s'y établir &c. *Troyes*, 1612.

Extrait d'une Lettre écrite de Tolose a un Parisien, le 25 Decembre, 1611.

Contrepoids aux Jesuites & aux Ministres de la R. P. R. 1617.

Dell' anno Secolare solemnemente celebrato in Roma dalli Padri della Compagnia di Giesu nel 1637. *in 8.*

Le Catechisme des Jesuites. *Ville-franche, Grenier*, 1602. *in 8.*

Lud. Richeomi, Expostulatio Apologetica ad Henricum IV. pro Societate Jesu in libellum anonymum qui inscribitur: ingenua & vera oratio &c. & in alterum cui titulus: Catechismus Jesuitarum. *Lugduni, Cardon*, 1606. *in 8.*

La Chasse du Renard Pasquin, ou refutation du libelle intitulé: Catechisme des Jesuites par Felix de la Grace. *Ville-franche, le Pelletier*, 1692. *in 12.*

Le Mercure Jesuite. *Geneve, Aubert*, 1631. *in 8.*

Doctrinæ Jesuitarum præcipua capita. *Rupella, Regii*, 1580. *in 8.*

Arcana Societatis Jesu, 1639. *in 8.*

Alphonsi de Vargas, relatio ad reges & principes Christianos de Stratagematis & Sophismatis Politicis Societatis Jesu. 1641. *in 12.*

Arcanorum Societatis Jesu dædalus a Laur. Forero dedolatus. *Ingolstadii, Henlin*, 1636. *in 8.*

Lucii Cornelii Europæi, Monarchia Solipsorum. *Venetiis*, 1645. *in 12.*

Idem cum clavi Onomastica. 1648. *in 12.*

Philander Philænax, de natura, fine, mediis Jesuitarum, 1619. *in 12.*

La Religion des Jesuites. *La Haye, Troyel*, 1689. *in 12.*

Bête à sept têtes ou Bête Jesuitique, conferences entre Theophile & Dorothée. *Cologne*, 1693. *in 12.*

Gabr. Bariaci introductio in artem Jesuiticam. 1599.

Danielis Chamierii Epistolæ Jesuiticæ. *Geneva, Roüiere*, 1599. *in 8.*

Epistola R. P. Goswini Nickel, Præpositi Generalis Societatis Jes. ad Patres & Fratres ejusdem Societatis. *in 8.*

Réponse de René de la Foin pour les Jesuites au Playdoyé de Simon Marion. *Ville-franche, Grenier*, 1599. *in 8.*

Réponse d'un Etudiant en l'Université de Paris à un sien amy qui se plaignoit du déreglement qu'il disoit être dans les Col-

leges de cette Université, 1616. *in* 8.
Le Franc & véritable discours au Roy, sur le rétablissement qui lui est demandé par les Jesuites, 1602. *in* 12.
Le même. *in* 8.
Anti-Coton, 1610.
Aphorismes ou Sommaires de la Doctrine des Jesuites & de quelques autres Docteurs de l'Eglise Romaine. 1610. *in* 8.
Confutatio Anti-Cotoni, a P. Andræa-Eudæmon-Joanne Cydonio Soc. J. *Moguntiæ, Eliz,* 1611. *in* 8.
La Doctrine des Jesuites touchant le temporel des Roys, conforme aux SS. Conciles & decrets des Papes. *Par. Bachot,* 1626.
Pour la sureté de la vie & de l'Etat des Roys. 1626. *in* 8.
Petri de Wangen, Paralipomena ad amphitheatrum honoris Jesuitarum. *Lugduni,* 1611. *in* 8.
Pour les Universitez de France jointes en cause contre les Jesuites demandeurs en cassation d'Arrest du Parlement de Thoulouse.
Avertissement pour les Universitez de France contre les Jesuites, par Gaspard Froment. *Paris,* 1624. *in* 8.
Requête, Procez-Verbaux & advertissements faits à la diligence de M. le Recteur & par Ordre de l'Université. *Par. Jacquin,* 1644. *in* 8.
La même. *Ibidem,* 1644. *in* 8. *Elle est de differente impression.*
III. Requête de l'Université de Paris, &c. *Paris,* 1644. *in* 8.
Arrest du grand Conseil donné le 19 Septembre 1625, pour l'Université de Paris contre les Jesuites & autres pieces. *Paris, Durand,* 1624. *in* 8.
Cenomanica. 1632. *in* 8.
Apologie pour les Jesuites, par le P. Nicolas Caussin. *Roüen,* 1644. *in* 12.
D. Leidhresseri, super Doctrinæ capitibus inter Academiam Parisiensem & Soc. Jesu Patres controversis, Dissertatio politica. *Coloniæ, Frid. Gandavi,* 1612. *in* 8.
Les Enluminures du fameux Almanach des Jesuites. *in* 8.
Catholica quærimonia ; juxta exemplar matriti excusum. 1626. *in* 12.
Histoire du Procés gagné depuis peu par M. l'Arch. de Reims, contre les Jesuites, *Utrecht,* 1698. *in* 12.
Ecclaircissement Historique & Dogmatique, sur le fait & le droit d'une These soutenuë chez les Jesuites de Reims en 1698. *Liege. in* 12.
Lettre à M. l'Arch. de Besançon, au sujet des poursuites que les Jesuites ont faites pour avoir la direction de son Seminaire. *in* 12.
Lettre d'un Theologien sur le livre intitulé : Défense des nouveaux Chrétiens &c. *in* 12.

II. Lettre où l'on fait voir que ce que les Jesuites ont debité comme des veritès certaines, touchant l'Auteur du *Theatro Jesuitico*, sont des fauffetez manifeftes. *in* 12.

Réponfe d'Eufebe au Theologien de courte robbe fur le fujet du libelle intitulé ; la Theologie Morale des Jefuites. 1644. *in* 12.

Lettre d'Arias Montanus au Roi d'Efpagne Philippe II. touchant la conduite que le Gouverneur des Pays-bas, pour Sa Majefté devoit garder envers les Jefuites. 1692. *in* 12.

Troifiéme Lettre aux PP. Jefuites, de M. l'Abbé Margon, 1716. *in* 12.

Lettre d'un Theologien fur cette queftion importante : s'il eft permis d'approuver les Jefuites pour prêcher & pour confeffer. 1716. *in* 12.

Arreft du Parlement de Bordeaux, portant Reglement fur l'Etat de ceux qui font congediés de la Societé de Jefus. *Bordeaux*, 1697. *in* 8.

Theoph. Raynaudi, Confiteor Reformatum. *Lugduni*, *Jullieron*, 1654. *in* 12.

Les Moines empruntez par Pierre Jofeph. *Cologne*, *Marteau*, 1696. *in* 12.

Idem. *Ibidem*, 1698. *in* 12.

Réponfe pour les Religieux Carmes au livre intitulé : les Moines empruntés. *Cologne*, *Etmuler*, 1697. *in* 12.

Martyrologium Sanctorum Ordinis D. Bened. obfervationibus illuftratum a D. Hugone Menardo. *Par. Germont*, 1629. *in* 8.

S. P. Benedicti Vita & Regula verfibus expreffa a D. Gabriele Bugnotio. *Par. Billaine*, 1662. *in* 12.

Origines Benedictinæ, five illuftrium cœnobiorum Ord. S. Bened. exordia & progreffus, ab Aub. Miræo. *Coloniæ*, *Gualtheri*, 1614. *in* 8.

Origines omnium Hannoniæ Cœnobiorum ; fubnectitur Auctarium de Collegiatis ejufdem Provinciæ Eccleſiis, a Phil. Braffeur. *Montibus*, *Waudræi*, 1650. *in* 8.

Chronicon Ciftertienfis Ordinis, ab Aub. Miræo. *Coloniæ*, *Gualtheri*, 1614. *in* 8.

Originum Anachoreticarum Sylva, a Jac. Middendorpio. *Coloniæ*, *Cholini*, 1615. *in* 8.

F. Georgii Garnefelt, Elucidationes facræ in libros V. de imaginibus antiquorum Eremitarum : acceffit vita S. Joannis Chryfoftomi ab eodem notis illuftrata. *Coloniæ*, 1621. *in* 8.

Martiniana hoc eft, tituli, litteræ &c. Monafterii S. Martini a Campis. *Par. Dufoffé*, 1606. *in* 8.

Jo. Launoii, Inquifitio in Chartam immunitatis quam B. Germanus Parifiorum Epifcopus Suburbano Monafterio dediffe fertur. *Par. Martin*, 1657. *in* 8.

HISTORIA ECCLESIASTICA, in octavo, &c.

Brevis Confutatio Epiſtolæ a Roſcelino hæretico in B. Robertum de Abriſello nequiter confictæ ſub nomine Goffridi Vindocin. Abbatis.

Diſſertationes in Epiſtolam contra B. Robertum de Arbriſello ſcelerate Confictam. *Salmurii. Hernon*, 1682. *in* 8.

Clypeus naſcentis Fontebraldenſis Ordinis, contra priſcos & novos ejus calumniatores. *Pariſiis, Joſſe*, 1684. *& ſeqq. in* 8. 3 vol.

Chronicon Ordinis Præmonſtratenſis, ab Aub. Miræo. *Coloniæ, Gualtheri*, 1613.

Canonicorum Regularium Ord. S. Auguſtini Origines ac progreſſus, ab eodem. *Ibidem*, 1614. *in* 8.

Annales Ordinis Grandimontis, Collectore F. Joanne l'Evêque Trecis. *Regnault*, 1662. *in* 8.

Andreæ du Sauſſay, Epiſtola didaſcalica de cauſa Converſionis S. Brunonis Carthuſianorum Patriarchæ. *Juxta exemplar Coloniæ editum, in* 8.

Diſſertatio Hiſtorico-Theologica, de Patriarchatu Eliæ a F. Thoma Aquinate a S. Joſeph. *Pariſiis, Baillet*, 1632. *in* 8.

De ortu ac progreſſu, ac viris illuſtribus Ordinis B. Mariæ de Monte Carmelo Tractatus Jo. Trithemii, Aub. Miræi, & Jo. de Carthagena. *Coloniæ, Kalchoven*, 1643. *in* 8.

F. Philiberti Fezaji Carmelitæ, Controverſiæ de privilegiato Carlitarum Scapulari & de viſione S. Simonis Stoch contra Jo. de Launoy. *Aquis-Sextiis, David*, 1649. *in* 8.

La vie de S. Romualde, Fondateur de la Camaldule, traduite en François. *Lyon, Morillon*, 1615. *in* 12.

Romualdina, ſeu Eremetica Montis-Coronæ Camaldulenſis Ordinis hiſtoria, auctore Luca Eremita Hiſpano, in Eremo Ruhenſi. *In agro Patavino*, 1587. *in* 8.

Romualdina, ſeu Eremetica Camaldulenſis Ordinis Hiſtoria, a S. Archangelo Haſtivillio. *Pariſiis, Cramoiſy*, 1631. *in* 8.

Abregé de la vie de S. Pierre de Nolaſque, Fondateur de l'Ordre de N. D. de la Mercy, par le P. François d'Athia. *Paris, Feugé*, 1631. *in* 12.

La Verité pour les Peres Celeſtins. *Paris*, 1615. *in* 12.

La vie du B. Philippe Nerio, Fondateur de la Congr. de l'Oratoire, traduite du Latin d'Ant. Gallonius. *Paris, Saugrain*, 1606. *in* 8.

Alcoranus Franciſcanorum. *Daventria, Columbii*, 1651. *in* 12.

Vera & dilucida explicatio præſentis ſtatus totius Seraphicæ Fratrum Minorum Religionis per F. Bonitum Combaſſon Minoritam. *Coloniæ, Munich*, 1651. *in* 12.

Deliciæ Ordinum Equeſtrium ſive Militarium Ordinum Studio Franc. Nennanii. *Coloniæ, Kinchii*, 1613. *in* 8.

Origines Equeſtrium ſive Militarium Ordinum, ab Aub. Miræo. *Coloniæ, Kinchii*, 1638. *in* 8.

La Fondation, Vie & Regle du Grand Ordre Militaire & Monaſtique des Chevaliers Religieux de S. Anthoine en Ethiopie, &c. *Paris, Tompere, 1632. in 8.*

Les vies des Saints & Saintes de l'Ordre de S. Jean de Jeruſalem traduite de l'Italien de Bozio, par J. Baudoüin. *Paris, Villery, 1631. in 8.*

La vie du Venerable Pierre l'Hermite, Auteur de la premiere Croiſade, par le P. Pierre d'Oultreman. *Paris, Boulanger, 1645. in 12.*

Nicolai Gurtleri, Hiſtoria Templariorum obſervationibus Eccleſiaſticis aucta. *Amſteladami, Wetſtenii, 1691. in 8.*

Traitez concernant l'Hiſtoire de France; ſçavoir, la Condamnation des Templiers, avec quelques Actes, l'Hiſtoire du Schiſme, les Papes tenans le Siege en Avignon, &c. par M. Dupuy, *in 12.*

Le Mauſolée de la Toiſon d'Or. *Amſterdam, Desbordes, 1689 in 8.*

Hiſtoria Flagellantium. *Pariſiis, Aniſſon, 1700. in 12.*

Lettre ſur le Livre intitulé : *Hiſtoria Flagellantium. In 8.*

V. *Hiſtoriæ Hæreticorum.*

Hæreticorum Catalogus, a Conrado Schluſſelburgio. *Fracofurti, Saurii, 1601. in 8. 13. vol.*

Hiſtoria Albigenſium & Sacri belli in eos anno 1209. Suſcepti, autore Petro Monacho Vallis-Sernenſis, Ord. Ciſtertienſis, edita a Nic. Camuzatio. *Trecis, Griffard. 1615. in 8.*

Hiſtoire des Vaudois & des Albigeois, par Jean Paul Perrin. *Geneve, Berjon, 1618. in 8.*

La même. *Geneve, Choüet, 1619. in 8.*

Hiſtoire des Albigeois ou Vaudois, avec une Carte Geographique des Vallées, par le P. Benoiſt, de l'Ordre de S. Dominique. *Paris, le Febvre, 1691. in 12. 2. vol.*

Hiſtoire de l'héréſie de Viclef, de Jean Hus & de Jerome de Prague, par Varillas. *Lyon, Certe, 1682. in 12. 2. vol.*

Le Levain du Calviniſme ou commencement de l'Héréſie de Geneve, par Sœur Jeanne de Juſſie, Religieuſe de Sainte Claire de Geneve. *Chambery, du Four, in 12.*

Conradi Heresbachii, Hiſtoria Anabaptiſtica, de factione Monaſterienſi anno 1534. & ſeqq. edita cum notis a Theod. Strackio : accedit Tumultuum Anabaptiſtarum liber, Lamb. Hortenſii. *Amſterdami, Laurentii, 1637. in 8.*

Hiſtoire des Anabaptiſtes concernant leur doctrine & les diverſes opinions qui les diviſent en pluſieurs Sectes. *Amſterdam, Desbordes. 1700. in 12.*

Hiſtoria de vita, moribus, rebus geſtis, ſtudiis ac denique morte prædicantium Lutheranorum, a Caſp. Ulenbergio. *Coloniæ, Gualtheri, 1622. in 8.*

HISTORIA ECCLESIASTICA, in octavo, &c. 155

Histoire des vies & faits de Martin Luther, de Jean Oecolampade, de Huldrich Zuingle & de Jean Calvin. *Orleans*, 1564. *in* 8.

Vita Philippi Melanchthonis. *in* 12.

Histoire de la vie & mort de Jean Calvin, par Theod. de Beze. *Geneve, Perrin*, 1565. *in* 8.

Histoire de la vie, moeurs, actes, doctrine & mort de Jean Calvin par Hierofme Hermes Bolfec. *Paris, Chaudiere*, 1578. *in* 8.

Joannis Pistorii ob Evangelicæ veritatis assertionem primum apud Hollandos exusti Martyrium descriptum a Guill. Gnaphæo & editum a Jacobo Revio. *Lugd. Bat. Leffen*, 1650. *in* 8.

Lettres de M. le Grand a M. Burnet, touchant l'histoire des Variations, l'histoire de la Reformation & l'histoire du divorce de Henry VIII. & de Catherine d'Arragon. *Paris, Boudot*, 1611. *in* 12.

Critique du neuviéme Livre de l'histoire de Varillas, où il traite des revolutions arrivées en Angleterre en matiere de Religion traduite de l'Anglois de M. Burnet. *Amsterdam, Savouret*, 1686. *in* 12.

Réponse de M. Varillas à la critique de M. Burnet sur les deux premiers tomes de l'histoire des revolutions sur la copie imprimée. *Paris, Barbin*, 1687. *in* 12.

Défense de l'histoire des Variations, contre la Réponse de M. Basnage, par Jac. Benigne Bossuet Evêque de Meaux. *Par. Aniffon*, 1691. *in* 12.

Histoire du Fanatisme de nôtre tems, par M. de Brueys. *Paris, Muguet*, 1692. *in* 12.

Relation de l'Etat de la Religion, tirée de l'Anglois d'Edwin Sandis avec des additions notables. 1641.

La Sainte Corographie, ou description des lieux où reside l'Eglise Chrétienne par tout l'Univers, par P. Gessin, *Amsterdam, Elzevir*, 1641. *in* 12.

HISTORIÆ GRÆCÆ,

Bizantinæ, Saracenicæ & Turcicæ Scriptores.

IN FOLIO.

I. *Historia Græca Antiqua.*

Pausaniæ, accurata Græciæ descriptio, gr. lat. ex versione Rom. Amasæi, cum Guil. Xylandri & Frid. Sylburgii annotationibus novisque notis Joachimi Kuhnii. *Lipsiæ, Fritsch*, 1616.

HISTORIA GRÆCA, in folio.

Herodoti Halicarnaffæi, Hiftoriarum libri IX. mufarum nominibus infcripti. Ejufdem Narratio de vita Homeri. Excerpta e Ctefiæ libris de rebus Perficis & Indicis, gr. lat. cum Apologia pro Herodoto Henr. Stephani. *Londini*, 1679.

Les Hiftoires d'Herodote mifes en François par P. du Ryer. *Par. Sommaville*, 1646.

Les Vies des Hommes illuftres de Plutarque, traduites par Jac. Amyot. *Laufanne, le Preux*, 1574.

Les œuvres morales & mêlées de Plutarque, traduites par le même. *Paris, Macé*, 1588.

Les mêmes. *Lyon, Michel*, 1579.

II. *Hiftoria Bizantina.*

Corpus Bizantinæ Hiftoriæ, five delineatio Apparatus Hiftoriæ Bizantinæ emittendæ, proponente Phil. Labbe Soc. Jefu. Item Excerpta de legationibus ex variorum monumentis & Eclogæ Hiftoricorum de rebus Bizantinis, gr. lat. *Par. Typis, Regiis*, 1648.

Joannis Zonaræ Annales, gr. lat. cum verfione ac notis Caroli du Frefne du Cange. *Ibidem*, 1686. & 1687. 2. vol.

Pafchalion feu Chronicon Pafchale a mundo condito ad Heraclii Imperatoris annum fecundum, gr. lat. ab eodem editum. *Ibidem*, 1688.

Procopii Cæfarienfis, Hiftoriarum fui temporis libri VIII. gr. lat. interprete Claudio Maltreto. *Ibidem*, 1662.

Ejufdem de ædificiis Juftiniani libri fex, gr. lat. eodem interprete. *Ibidem*, 1663.

Ejudem Arcana Hiftoria, gr. lat. Nicolao Alemanno interprete, cum ejus & Maltreti notis. *Ibidem*, 1663.

Nicephori Cæfaris Briennii commentarii de rebus Bizantinis, gr. lat. Studio Petri Poffini. *Ibidem*, 1661. 2. vol.

Agathiæ Scholaftici, de imperio & rebus geftis Juftiniani Imperat. libri V. gr. lat. ex verfione & cum notis Bonav. Vulcanii: accedunt Agathiæ Epigrammata cum verfione latina. *Ibidem*, 1660.

Theophilacti Simocattæ, Hiftoriarum libri VIII. gr. lat. Studio Car. Annib. Fabroti. *Ibidem*, 1647.

S. Nicephori Patriarchæ Conftantinop. Breviarum hiftoricum de rebus geftis ab obitu Mauricii ufque ad Conftant. Copronymum, gr. lat. Studio Dion. Petavii. *Ibidem*, 1648.

Georgii Monachi Syncelli Chronographia ab Adamo ufque ad Diocletianum & Nicephori Conftantinop. Patriarchæ Breviarum Chronographicum ab Adamo ad Michaelis & ejus Filii Theophili tempora, gr. lat. Studio Jac. Goar. *Ibidem*, 1652.

HISTORIA GRÆCA, in folio.

S. P. N. Theophanis, Chronographia.
Leonis Grammatici, vitæ recentiorum Impp. gr. lat. a Jac. Goar cum ejusdem & Fr. Combefis notis. *Ibidem*, 1655.
Historiæ Bizantinæ Scriptores post Theophanem, gr. lat. editi a Franc. Combefis. *Ibidem*, 1685.
Georgii Cedreni, compendium Historiarum, gr. lat. ex versione Guill. Xylandri, cum ejusdem, Jac. Goar & Car. Annib. Fabroti notis. *Item.*
Joannes Scylitzes nunc primum græce editus cum lat. versione. *Ibidem*, 1647. 2. vol.
Michaelis Glycæ, Annales, a mundi exordio, ad obitum usque Alexii Comneni, gr. lat. ex versione Joannis Leunclavii, cum notis Phil. Labbe. *Ibidem*, 1660.
Annæ Comnenæ Porphyrog. Alexias gr. lat. ex versione Petri Possini cum ejusdem & Davidis Hoëschelii notis. *Ibidem*, 1651.
Joannis Cinnami, Historiarum libri VI. gr. lat. Accedunt Caroli du Fresne du Cange Notæ in Nicephori Briennii, Annæ Comnenæ & Jo. Cinnami historiam, & Pauli Silentiarii descriptio Sanctæ Sophiæ, gr. lat. cum commentario. *Ibidem*, 1670.
Constantini Manassis Breviarium historicum, gr. lat. cum Jo Leunclavii & Jo. Meursii notis, variis lectionibus ab Allatio & Fabroto & glossario græco-barbaro ejusdem Fabroti. *Ibidem*, 1655.
Georgii Codini & alterius Anonymi excerpta de antiquitatibus Constantinop. gr. lat. Studio P. Lambecii.
Manuelis Chrysoloræ Epistolæ tres de comparatione veteris & novæ Romæ.
Leonis Imp. Sapientis, Oracula, cum figuris & antiqua græca Paraphrasi.
Explicatio Officiorum Sanctæ ac magnæ Ecclesiæ, interprete Bern. Medonio. *Ibidem*, 1655.
Nicetæ Acominati Choniatæ, Historia gr. lat. interprete Hieron. Wolfio cum glossario græco barbaro Car. Annib. Fabroti, *Ibidem*, 1647.
Georgius Codinus Curopalata de officiis & officialibus Curiæ & Ecclesiæ Constantinop. gr. lat. ex versione Jac. Gretseri, cum ejusdem comment. & opere de imaginibus non manufactis : accedunt recentiores Episcopatuum Orientalium notitiæ &c. a Jac. Goar. *Ibidem*, 1648.
Georgii Acropolitæ magni Logothetæ Historia.
Joelis Chronographia compendiaria.
Joannis Canani, Narratio de Bello Constantinop. gr. lat. studio Leonis Allatii cum Theod. Douzæ observationibus : accedit Diatriba de Georgiorum Scriptis. *Ibidem*, 1651.

HISTORIA GRÆCA, in folio.

Ducæ Michaelis, Ducæ Nepotis Historia Bizantina a Joanne Palæologo I. ad Mahometem II. Accessit Chronicon breve quo Græcorum Venetorum & Turcorum aliquot gesta continentur gr. lat, edita notisque illustrata ab Ism. Bullialdo. *Ibidem*, 1649.

Georgii Pachymeris, Michael Palæologus, gr. lat. cum observationibus Petri Possini & appendice in quo specimen sapientiæ Indorum veterum. *Romæ, Typis Barberinis*, 1666.

Ejusdem, Andronicus Palæologus, gr. lat. cum observationibus Petri Possini. *Ibidem*, 1669. 2. vol.

Joannis Cantacuzeni, Ex-Imperatoris, Historiarum libri IV. gr. lat. ex versione Jac. Pontani cum ejusdem & Jac. Gretseri notis. *Par. Typis Regiis*, 1643. 3. vol.

Historia Bizantina duplici commentario illustrata, I. Familiæ Bizantinæ. II. Constantinopolis Christiana, authore Carolo du Fresne Domino du Cange. *Par. Billaine*, 1680.

Histoire de l'Empire de Constantinople sous les Empereurs François par le même. *Paris, de l'Imprimerie Royale*, 1657.

De Bello Constantinopolitano & Imperatoribus Comnenis per Gallos & Venetos restitutis Historia Pauli Ramnusii. *Venetiis, Brogioli*, 1634.

Belli Sacri Historia, autore Guillelmo Tyrio Archiepiscopo, edita a Philib. Poyssenoto. *Basileæ, Brylingeri*, 1549.

De Bello Sacro continuatæ historiæ libri sex ad Guill. Tyrium addicti a Joanne Herold. *Ibidem*.

III. *Historia Saracenica & Turcica.*

Chronicon Orientale Latinitate Donatum ab Abrahamo Echellensi : accessit ejusdem supplementum Historiæ Orientalis. *Par. Typis, Regiis*, 1551.

Laonici Chalcondylæ Historiarum de origine ac rebus gestis Turcarum libri X. gr. lat. interprete Conrando Clausero.

Annales Sultanorum, ex interpretatione Jo. Leunclavii : omnia studio Car. Annibalis Fabroti. *Ibidem*, 1650.

Historiæ Musulmannæ Turcorum de monumentis ipsorum exscriptæ libri XVIII. a Jo. Leunclavio. *Francofurti, Wecheli*, 1591.

Turco-Græciæ libri VIII. gr. lat. a Martino Crusio editi, quibus Græcorum status sub imperio Turcico describitur. *Basileæ, Henric-Petri*, 1584.

Machumetis Saracenorum Principis ejusque successorum vitæ, doctrina, ac ipse Alcoran.

Confutationes legis Muhammedicæ a variis doctissimisque viris.

Historiæ de Saracenorum sive Turcarum origine moribus ac rebus gestis &c. Studio Theod. Bibliandri. 1550.

HISTORIÆ GRÆCÆ

Bizantinæ, Saracenicæ & Turcicæ Scriptores.

IN QUARTO.

I. Historia Græca Antiqua.

Quinte Curce, de la vie & des actions d'Alexandre le Grand de la traduction de M. de Vaugelas, avec les Supplemens de Jean Freinshemins traduits par P. du Ryer. *Par. Courbé,* 1655.

II. Historia Bizantina.

Antonius Maria Gratianus, de Bello Cyprio. *Roma, Zannetti,* 2624.

Historia Constantinopolitana, Imperatorum Orientalium & Occidentalium ab anno 1080, vel circiter res gestas complectens, græce edita cum notis a Davide Hoëschelio, 1618.

Petri Dontremanni Soc, Jesu, Constantinopolis Belgica. *Tornaci, Adriani, Quinque,* 1643.

III. Historia Saracenica & Turcica.

Historia Orientalis Gregoria Abulpharaii a mundo condito ad tempora authoris, Arabice & latine edita notisque illustrata ab Edwardo Pocockio. *Oxonia, Hall.* 1672.

Historia Saracenica, qua res gestæ Muslimorum a Muhammede explicantur, arabice olim exarata a Georgio Elmacino, latine vero reddita studio Thomæ Erpenii: accedit Roderici Ximenez Historia Arabum. *Lugd. Bat. Elzevir,* 1625.

Mahometis Abdallæ filii Theologia, Hermanno Nellingaunense interprete.

Alcorani Epitome, interpr. Roberto Ketenense Anglo.

Joh. Alberti Widmestadii notationes falsarum impiarumque Opinionum Mahummetis, 1543.

Muhammedis Testamentum sive Pacta cum Christianis in Oriente inita: accessit Theod. Bibliandri Apologia pro Editione Alcorani edita a Joh. Fabricio qui addidit specimen Arabicum. *Rostochii, Mederi,* 1638.

Compendium historicum eorum quæ Muhammedani de Christo &

Præcipuis aliquot Religionis Christianæ Capitibus tradiderunt, a Levino Warnero. *Lugd. Bat. Jo. Maire,* 1643.

Joh. Henr. Hottingeri, Historia Orientalis, quæ agit de Muhammedismo, Saracenismo, Chaldaismo, &c. *Tiguri, Bodiri,* 1651.

Rerum memorabilium in Pannonia sub Turcarum Impp. a capta Constantinopoli ad nostram ætatem gestarum narrationes Variorum, recensente Nicolao Reusnero. *Francofurti, Marnii,* 1603.

Annales Sultanorum Othmanidarum a Turcis sua lingua scripti, germanice translati a Joanne Gaudier dicto Spiegel, latine vero redditi, auctiusque ad annum 1588. notisque illustrati a Jo. Leunclavio. *Ibidem.* 1588.

Guillaume Postel, de la Republique des Turcs. *Poictiers, de Marnef.*

Histoire de l'état present de l'Empire Ottoman, traduit de l'Anglois de M. Ricaut, par M. Briot. *Par. Mabre-Cramoisy.* 1670.

HISTORIÆ GRÆCÆ

Bizantinæ, Saracenicæ, & Turcicæ Scriptores.

IN OCTAVO, &c.

I. *Historia Græca Antiqua.*

THucydidis de Bello Peloponnesiaco libri tres latine versi notisque illustrati à Georgio Acacio Enenckel. *Argentorati, Zetzneri,* 1614. *in* 8.

Quinti-Curtii Rufi Historia Alexandri Magni cum notis Variorum. *Amstelodami, ex Officina Elzevir,* 1664. *in* 8.

Quintus-Curtius. *Lugduni, Morillon,* 1620. *in* 18.

Jacobi Gronovii Supplementa Lacunarum in Ænea Tactico, Dione Cassio, & Arriano de expeditione Alexandri. *Lugd. Bat. Gaesbeck,* 1675. *in* 8.

Historia Alexandri Magni, sive prodromus quatuor Monarchiarum, a Christiano Matthia. *Amstelodami, Elzevir,* 1645. *in* 18.

Plutarchi Chæronensis Opera quæ extant gr. lat. cum annotationibus Henrici Stephani. Additus est Æmilii Probi de vita excellentium Imperatorum Liber. *Typis Henr. Stephani,* 1572. *in* 8. 13. vol.

Plutarchi Cheronæi, Vitæ comparatæ illustrium virorum Græcocorum & Romanorum, Hermanno Cruserio interpr. Adjectus Aemilius Probus. *Lugduni, Gryphii,* 1567. *in* 18. 2. vol.

Nic. Cragius, de Republica Lacædemoniorum. *Lugd. Bat. Joannis a Gelder,* 1670.

Heraclidæ Pontici, de Politiis libellus gr. lat. editus a Nicolao Cragio. *Ibidem.*

Ex Nicolao Damasceno excerpta de moribus Gentium, gr. lat. edita ab eodem. *Ibidem*, *in* 8.

II. *Historia Bizantina.*

Georgii Codini Selecta de Originibus Constantinopolitanis, gr. lat. ex versione Georgii Dousæ, cum notis Jo. Meursii, *Geneva*, *Roüiere*, 1607. *in* 8.

Curopalatæ, de Officialibus Palatii Constantinopolitani, & Officiis Magnæ Ecclesiæ libellus gr. lat. editus a Julio Pacio cum notis. *Apud Jo. Mareschallum*, 1588. *in* 8.

III. *Historia Sarracenica & Turcica.*

Profetia de Mahometani & altre cose Turchesche, tradotte per Lodovico Domenichi. *In Firenze*, 1548. *in* 8.

Philippi Loniceri, Chronicon Turcicum. *Francofurti*, *Wecheli*, 1582. *in* 8.

Jo. Cuspinianus, de Turcarum Origine, Religione ac eorum in Christianos Tyrannide, deque viis per quas Christiani Principes Turcas profligare & invadere facile possent. *Lugd. Batav. Jo. Maire*, 1654. *in* 12.

Aulæ Turcicæ Othomanicique Imperii descriptio latine versa a Wilhelmo Godelevæo : accessere

Belli Cyprii inter Venetos & Zelimum Turcarum Imperatorem novissime gestis libri tres.

Bellum Pannonicum contra Maximilianum II. Imperator. a Solimo Turcarum Imp. motum.

Epitome insigniorum atque recentiorum Europæ historiarum hinc inde gestarum ab anno 1564. ad an. 1673. a Petro Bizaro. *Basilea*, *Henric-Petri*, 1573.

Nicolai Clenardi, Peregrinationum ac de rebus Machometicis Epistolæ. *Lovanii*, *Rotarii*, 1551. *in* 8.

Joachimi Vageti Anatolius Horothetes sive de regni Turcici Periodo Diascepsis cum prolegomenis de Religionum imprimis Orientalium varietate. *Hamburgi*, *Langi.* 1611. *in* 18.

Bartholomæi Georgievi, Epitome de Turcarum moribus. *Parisiis*, *de Marnef.* 1566. *in* 18.

Joh. Pickeri Libellus de Turcarum moribus. *Hanoviæ*, *Aubry*, 1686. *in* 12.

Ottomannus Lazari Soranzi, sive de rebus Turcicis liber unus. *Excudebat Guillelmus Antonius.* 1600. *in* 12.

Origo & gesta Ottomanicæ Stirpis, Latine translata a Jo. Bapt. Podesta. *Noriberga*, *Endteri*, 1672. *in* 8.

Etat general de l'Empire Ottoman, depuis fa fondation jufqu'à prefent, & l'Abregé des vies des Empereurs, traduit par M. de la Croix. *Paris, Heriffant*, 1695. *in* 12. 3 vol.

Hiftoire de Mahomet II. Empereur des Turcs. *Paris, Lucas*, 1690. *in* 12. 2. vol.

L'Hiftoire du R. P. Dominique Ottoman, de l'Ordre des Freres Prêcheurs, fous le nom du Prince Ofman, fils du Sultan Ibrahim Empereur des Turcs. *Paris, Cuffon*, 1665. *in* 12.

Hiftoire des Grands Vizirs, Mahomet Coprogli Pacha & Achmet Coprogli Pacha. *Paris, Michallet*, 1676. *in* 12.

Hiftoire des voyages de M. le Marquis de Ville, en Levant, & du Siege de Candie. *Paris, Clouzier*, 1669. *in* 12.

Memoires Hiftoriques & Géographiques du Royaume de la Morée, Negrepont & des Places Maritimes, jufqu'à Theffalonique, enrichis des Cartes du Païs & des Plans des Places, par le P. Coronelli. *Amfterdam, Wolfgang*, 1686. *in* 12.

Athenes ancienne & nouvelle & l'Etat prefent de l'Empire des Turcs, contenant la vie du Sultan Mahomet IV. &c. par le Sieur de la Guilletiere. *Paris, Michallet*, 1675. *in* 12.

Lacedemone ancienne & nouvelle par le fieur de la Guilletiere. *Paris, Barbin*, 1676. *in* 12. 2. vol.

Rifvegliamento a Prencipi Chriftiano contro il Turco. *In Roma, Manelfi*, 1646. *in* 8.

L'Efploratore Turco, e le di lui relazioni Secrete alla Porta Ottomana fcoperte in Parigi nel regno di Luigi il Grande, tradotte in Italiano da Gian Paolo Marara, Tomo I. *In Parigi, Barbin.* 1684. *in* 12.

Les Voyages de M. Quiclet à Conftantinople par terre, enrichis d'Annotations. *Paris, Promé*, 1664. *in* 12.

Cæsarea Legatio, quam mandante Leopoldo I. Imperat. Walterus Comes de Leflie fufcepit ad Portam Ottomanicam, expofita a Paulo Tafferner Soc. J. *Vienna-Auftriæ.* 1672. *in* 8.

Orator Terræ Sanctæ feu Sacrarum Philippicarum in Turcarum Barbariem & importunas Chriftianorum difcordias notæ a P. Philippo Boskiero Francifcano. *Duaci, Borremans*, 1606. *in* 8.

HISTORIÆ ROMANÆ
SCRIPTORES.
IN FOLIO.

I. *Scriptores Antiqui.*

Polybii Lycortæ F. Megalopolitani, Historiarum libri qui supersunt, gr. lat. editi Commentario illustrati ab Isaaco Casaubono.
Æneæ Tactici Commentarius de toleranda obsidione, gr. lat. ab eodem cum notis. *Typis Wechelianis.* 1609.
Dionis, Romanarum Historiarum libri XXIII. a 36. ad 58. usque, Græce. *Paris. Rob. Stephani*, 1548.
Dionis Cassii, Historiæ Romanæ Libri XLVI. cum fragmentis omissorum, gr. lat. cum notis Jo. Leunclavii, Roberti & Henrici Stephani, Guill. Xylandri, Frid. Sylburgii & F. Ursini. *Hanoviæ, Typis Wechelianis.* 1606.
C. Cornelii Taciti Opera quæ extant cum Commentario & notis Justi Lipsii. *Antuerpiæ, Plantini*, 1585.
Tacito Español ilustrado con aforismos por Don Baltasar Alamos de Barrientos. *En Madrid, Sanchez*, 1614.
C. Suetonii XII. Cæsares cum Comment. Phil. Beroaldi & M. Ant. Sabellici. *Parrhisiis, Honken*, 1512.
C. Suetonii Tranquilli, de XII. Cæsaribus libri VIII. Ejusdem de inlustribus Grammaticis & de Cleris Rhetoribus, ex recensione Is. Casauboni cum ejusdem animadversionibus & doctissimorum virorum Commentariis. *Parisiis, Beys*, 1610.
Ammiani Marcellini, rerum gestarum libri XVIII. qui de 31. supersunt emendati annotationibusque illustrati ab H. Valesio. *Parisiis, Dezallier*, 1681.

II. *Scriptores Recentiores.*

Wolfgangi Lazii, Commentariorum Reipublicæ Romanæ libri XII. *Basileæ Oporini.*
Ejusdem, de Gentium aliquot migrationibus, Sedibus fixis, reliquiis, linguarumque initiis & immutationibus ac Dialectis, libri XII. *Ibidem.* 1557.
Steph. Vinandi Pighii, Annales Romanorum, qui commentarii vicem Supplent in omnes veteres Historiæ Romanæ Scriptores, tribus tomis distincti, aucti & illustrati Studio Andreæ Schotti. *Antuerpiæ, Moreti*, 1615. 3. vol.

Caroli Sigonii, fasti Consulares ac Triumphi acti a Romulo Rege ad Ti. Cæsarem cum Commentario : & de Nominibus Romanorum Liber. *Basilæ, Episcopii*, 1559.

Ejusdem, de antiquo jure Civium Romanorum, Italiæ Provinciarum, Romanæ jurisprudentiæ, juris civilis libri XI. de Republica Athenienfum eorumque & Lacedemoniorum temporibus libri V. *Parisiis, du Puys*, 1576.

Caroli Sigonii, Historiarum, de Regno Italiæ, libri XV. *Bononiæ*, 1530.

Ejusdem Historiarum de rebus Bononienfibus libri VII. De vita Andreæ Doriæ libri duo. Orationes aliquot, Emendationes & difputationes Patavinæ adverfus Franc. Robortellum, Nicolai Gruchii de Comitiis Romanis libri tres & adverfus hos Sigonii Sententiæ. *Francofurti, Marnii*, 1604.

III. Nummi antiqui & Inscriptiones.

Historia Augusta da Giulio Cefare a Conftantino il Magno, illustrata con la verita dell' Antiche Medaglie da Francesco Angeloni, e col Supplimento de Rouefchi defcritti da Gio: Petro Bellori. *In Roma, Cefaretti*, 1685.

Numifmata ærea Imperatorum, Auguftarum & Cæfarum in Coloniis, Municipiis & Urbibus jure latio donatis ex omni modulo percufla a J. Foy-Vaillant. *Parifiis, Moette*, 1688.

Veteres arcus Auguftorum triumphis infignes ex reliquis quæ Romæ adhuc fuperfunt, cum imaginibus triumphalibus reftituti, antiquis nummis notifque Jo. Petri Bellorii illuftrati, nunc primum per Jo Jacobum de Rubeis, æneis typis evulgati. *Romæ*, 1690. Folio Magno.

Romanum Mufæum, five Thefaurus eruditæ antiquitatis, in quo Gemmæ, Idola, infignia Sacerdotalia, &c. Tabulis æneis incifa referuntur ac dilucidantur, ftudio Michaelis Angeli Caufei de la Chauffe. *Romæ, Komarek*, 1690.

Infcriptionum Romanarum Corpuo a Jano Grutero : Accedunt XXIV. Scaligeri Indices & Notæ Tyronis ac Senecæ. *Typis Commelinianis*.

Thomæ Reynefii, Syntagma infcriptionum antiquarum, cum primis Romæ veteris, quarum omiffa eft recenfio in vafto Jani Gruteri opere. *Lipfiæ, Hahnii*, 1682.

Mifcellanea Eruditæ antiquitatis, in quibus Marmora, Statuæ, Mufiva, Toreumata, Gemmæ, Numifmata hucufque inedita referuntur & illuftrantur a Jac. Sponio. *Lugd. Huguetan*, 1685.

Mufæ Lapidariæ antiquorum in Marmoribus Carmina, feu infcriptiones cum notis hiftoricis a Jo. Bapt. Ferretio. *Veronæ, Antonii de Rubeis*, 1672.

Sertorii Urfati, de notis Romanorum Commentarius. *Patavii Frambotti*, 1672.

HISTORIA GRÆCA, in folio.
Onomafticon Hiftoriæ Romanæ, Joannis Glandorpii. *Francofurti, Marnii,* 1589.

HISTORIÆ ROMANÆ SCRIPTORES.

IN QUARTO.

I. Scriptores Antiqui.

Dionis Nicæi, rerum Romanarum a Pompeio Magno ad Alexandrum Mamææ filium Epitome, Jo. Xiphilino autore & Guill. Blanco Albienfi interprete. *Parifiis.* 1551.
Les Oeuvres de C. Sallufte, traduites en François & illuftrées d'annotations, par J. Baudouin. *Paris, Richer,* 1617.
Jac. Phil. Thomafini, T. Livius Patavinus. *Patavii, Varifci de Varifcis,* 1630.
Æmilii Probi feu Cornelii Nepotis, Liber de vita excellentium Impp. cum Comment. Dion. Lambini. *Parifiis, Jo. Benenati,* 1569.
I. Commentari di C. Giulio Cefare, con le figure, fatte da Andrea Palladio. *In Venetia, Fogliotti,* 1618.
Ex libris XXIII. Commentariorum in vetera Impp. Romanorum Numifmata, Ænea Vici, liber primus. *Venetiis,* 1562.
Annotationes Julii Salineri ad Cornelium Tacitum. *Geneva, Pavonis,* 1602.
P. Andreæ Canonherii, differtationes politicæ ac difcurfus varii in Taciti Annalium libros. *Roma, Zannetti,* 1609.
Idem, Francofurti. *Matth. Beckeri,* 1610.
Jani Gruteri, Difcurfus Politici in Corn. Tacitum & notæ politicæ in T. Livium. Acceffere Balthaz. Venatoris Panegyricus Jano Grutero Scriptus, & Frid. Hermannus Flayderus de ejufdem vita morte & operibus. *Lipfia, Scholvini,* 1679.
Tacite, avec des notes politiques & Hiftoriques I. partie contenant les fix premiers Livres de fes Annales. *Paris, Martin,* 1690.
La Bilancia politica, di Trajano Boccalini, vel, Obfervationi politiche Sopra gli Annali di Cornelio Tacito, illuftr. da gli auvertimenti del S. Lodovico du May. 1678. 2 vol.
Tibere, difcours politiques fur Tacite, par le S. Amelot de la Houffaye. *Amfterdam, Elzevier.* 1683.
Difcorfi del S. Filippo Cauriana Sopra i primi V. libri di Cornelio Tacito. *In Fiorenza, Giunti,* 1567.

HISTORIA ROMANA, in quarto.

C. Suetonii Tranquilli XII Cæfares, cum Lævini Torrentii Commentario. *Antuerpiæ, Moreti.*

Hiftoriæ Auguftæ Scriptores fex, Ælius Spartianus, Julius Capitolinus, Ælius Lampridius, Vulcatius Gallicanus, Trebellius Pollio & Flavius Vopifcus, emendati notifque illuftrati ab If. Cafaubono. *Parifiis, Drouart*, 1603. 2. vol.

Theodori Metochitæ, Hiftoriæ Romanæ a Giulio Cæfare ad Conftantinum Magnum Liber. gr. lat. editus, notifque illuftratus a Jo. Meurfio. *Lugd. Bat. Colfteri*, 1618.

II. Scriptores Recentiores.

Alex. Donati, Roma vetus ac Recens utriufque ædificiis illuftrata. *Amfteladami, Wolfters*, 1695.

Jacobi Hugonis, Vera Hiftoria Romana, feu Origo Italiæ ac Romæ ad hanc diem ignota. *Romæ, Monetæ* 1655.

III. Nummi Antiqui & Infcriptiones.

Epitome Thefauri antiquitatum, hoc eft, Impp. Romanorum Orient. & Occident. iconum ex antiquis Numifmatibus delineatæ ex mufæo Jacobi de Strada Mantuani. *Lugd. Guerini*, 1553.

Numifmata Impp. Auguftarum & Cæfarum a populis Romanæ ditionis græce loquentibus ex omni modulo percuffa, a Jo. Vaillant. *Paris, Cramoify*, 1698.

Joannis Harduini, Soc. Jo. Chronologiæ ex nummis antiquis reftitutæ fpecimen primum: Numifmata fæculi Conftantiniani, *Pari. Boudot.* 1697.

Ejufdem Chronologia veteris Teftamenti ad vulgatum verfionem exacta ex nummis antiquis illuftrata: fpecimen alterum Chronologiæ ex, &c. *Ibidem.*

Thefaurus Selectorum numifmatum antiquorum a Julio Cæfare ad Conftantinum Magnum cum Commentariis, Jac. Oifelii. *Amftelodami, Boom*, 1677.

Thefaurus Numifmatum antiquorum & recentiorum ex auro argento & ære, a Petro Mauroceno Senatore Veneto, Sereniffimæ Reipublicæ Legatus. *Venetiis.*

Obfervationi Hiftoriche Sopra alcuni medaglioni antichi di Filippo Buonarotti. *In Roma, Ercole*, 1698.

Abrahami Gorlæi, Dactyliotheca, feu annulorum Sigillarium promptuarium cum explicationibus Jacobi Gronovii. Acceffit Marbodæi Galli Poetæ Vetufti, Carmen de Gemmis feu Lapidibus pretiofis. *Lugd. Bat. Petri Vander - Aa.* 1695. 2 vol.

Claudii Salmafii, duarum Infcriptionum veterum Herodis Attici Rhetoris & Rhegillæ Conjugis honori pofitarum explicatio.

HISTORIÆ ROMANÆ, in quarto.

Ejusdem ad Dosiadæ aras, Simmiæ Rhodii ovum, alas securim, Theocriti fistulam notæ. *Parisiis, Drouart*, 1619.

HISTORIÆ ROMANÆ
SCRIPTORES.
IN OCTAVO, &c.

I. *Scriptores Antiqui.*

EX Ctesia, Agatharchide, Memnone excerptæ historiæ.
Appiani Iberica & de gestis Annibalicis græce edita cum H. Stephani, Castigationibus. *Par. H. Stephani*, 1557. *in* 8.
Herodiani, de Impp. Romanorum præclare gestis libri VIII. gr. lat. Angelo Politiano interprete. *Basileæ, Henric-Petri. in* 8.
Idem, gr. lat. cum præfatione H. Stephani. *Par. Thiboust*, 1665. *in* 8.
Titi-Livii Historiarum quod extat cum perpetuis Gronovii & variorum notis. *Amstelodami, Elzevirii*, 1665. *in* 8. 3. vol.
T. Livii liber XXXIII. præcipua parte quæ desiderabatur expletus, ex codice MS. *Romæ, Zannetti*, 1616. *in* 8.
Jac. Gronovii Epistolæ, in quibus multa T. Livii loca Geographica emendantur & illustrantur. *Amstelodami, Elzevirii*, 1678. *in* 8.
Justini Epitome Historiarum Philippicarum Trogi Pompeii. *Rothomagi, Boullenger*, 1635. *in* 24.
L. Annæi Flori, rerum Romanarum libri IV. ex recensione Jani Gruteri, & Ruffi Festi Breviarum. *Par. Cramoisy*, 1619. *in* 18.
C. Velleius Paterculus, cum variorum notis, ex recensione Antonii Thysii. *Lugd. Bat. Hackii*, 1659. *in* 8.
Jo. Alberti Burerii, variantes lectiones ad Velleium. *in* 18.
Abregé de l'histoire Romaine & Grecque tiré de Velleius Paterculus & autres par M. Doujat. *Paris, Guignard*, 1679. *in* 12.
Cornelii Nepotis, Vitæ excellentium Impp. notis variorum illustratæ, accurante Roberto Keuchenio. *Lugd. Batav. Hackii*, 1658. *in* 8.
C. Julii Cæsaris rerum gestarum commentarii XIV. cum notis variorum. *Lugduni, Ant. de Harsy*, 1613. *in* 8.
C. Julii Cæsaris quæ extant cum selectis variorum comm. studio Arnoldi Montani. Accedunt notitia Galliæ & notæ auctiores

HISTORIA ROMANIA, in octavo, &c.

Jof. Scaligeri. *Amftelodami, Elzevir,* 1661. *in* 8.
Martini Scoockii difputatio hiftorica exhibens C. Octavium Cæfarem Auguftum. *Groningæ, Jo. Nicolai,* 1647. *in* 12.
C. Salluftii Crifpi quæ extant ex recenfione Jo. Fred. Gronovii cum variorum obfervationibus ab Ant. Thyfio Collectis. *Lugd. Batav. Hackii,* 1665. *in* 8.
C. Cornelius Tacitus. *Amftelodami, Elzevir,* 1649. *in* 12.
Jo. Henrici Boecleri in Taciti primordia Annalium & hiftorias commentatio. *Argentorati, Spoor,* 1664. *in* 8.
Cyriaci Lentuli Janus referatus, politicus & militaris in Cornelium Tacitum commentarius. *Marburgi, Kurfneri,* 1665. *in* 8.
Les œuvres de Tacite, de la Traduction de N. Perrot d'Ablancourt. *Paris, Jolly,* 1674. *in* 12. 3. vol.
C. Suetonius Tranquillus & in eum commentarius, exhibente Jo. Schildio. *Lugd. Bat. Hackii,* 1662. *in* 8.
C. Suetonii Tranquilli Opera & in illa commentarius Samuelis Pitifci. *Ultrajecti, Halma,* 1690. *in* 8. 2. vol.
Suetone Tranquille de la vie des douze Cefars, traduit par George de la Boutiere. *Paris, Micard,* 1577. *in* 16.
S. Aurelii Victoris, Hiftoriæ Romanæ Breviarium. *Rothomagi, Lallemant,* 1676. *in* 24.
Eutropius & Aurelius Victor, ex recenfione & cum notulis Tan. Fabri. *Salmurii, Pean,* 1672. *in* 12.
Notitia dignitatum Imperii Romani, ex recenfione Phil. Labbe Soc. J. cum aliis opufculis & notis. *Par. Typis, Regiis,* 1651. *in* 12.
Hiftoire Romaine écrite par Xiphilin, Zonare & Zofime, traduite par M. Coufin. *Sur la copie imprimée à Paris,* 1686. *in* 12. 2. vol.

II. *Scriptores Recentiores.*

Hiftoire de Theodofe le Grand, par M. Flechier. *Paris, Marbre-Cramoify,* 1679. *in* 12.
Imp. Juftiniani defenfio adverfus Alemannum, a Thoma Rivio. *Francofurti, Beyeri,* 1628.
Roma illuftrata five antiquitatum Romanarum Breviarium. Acceffit Georgii Fabritii Veteris Romæ cum nova collatio, ex recenfione Antonii Thyfii. *Amftelodami, Elzevir,* 1657. *in* 12.
Joh. Theod. Sprengeri, Roma nova. *Fancofurti, Rohneri,* 1660. *in* 12.
G. Vander Mueleu, Differtatio de ortu & interitu Imperii Romani. *Ultrajecti, Vander-Watte,* 1698. *in* 8.
Engelberti Abbatis Admontenfis liber, de ortu & fine Imperii Romani. *Bafilea, Oporini,* 1553. *in* 8.

III. *Nummi Antiqui & Inscriptiones.*

Romanorum Impp. effigies elogiis ex diversis Scriptoribus per Thomam Freterum collectis illustratae & studio Jo. B. de Cavalleriis aeneisque typis incisae. *Romae, 1590. in 8.*

Renati Bottereau, Hadrianus legislator. *Pictavii, Fleuriau, 1661. in 8.*

Selecti nummi duo Antoniniani, quorum primus anni novi auspicia, alter commodum & Annium Verum Cesares exhibet. *Romae, Dragondelli, 1676. in 8.*

Aureus Constantini Augusti nummus, de urbe, devicto ab exercitu Gallicana Maxentio, liberata explicatus. *Romae, Chracas, 1703. in 8.*

Inscriptionum antiquarum Sylloge notis illustrata a Guill. Fleet Wood. *Londini, Graves, 1691. in 8.*

Joannis Bisselii S. J. Reipublicae Romanae veteris ortus & interitus. *Dilingae, Mayer, 1664. in 8.*

Carthago seu Carthaginensium Respublica a Christoph. Hendreich. *Amstelodami, Waesberge, 1664. in 8.*

Jo. Gilleyi, in laudem Annibalis e Livio expressam a rebus ejus gestis & comparatione Impp. Romanorum commentariolus. *Basileae, Oporini, 1551. in 8.*

RERUM ITALICARUM
SCRIPTORES.
IN FOLIO.

I. *Historia Universalis.*

Italia Sacra, seu de Episcopis Italiae & insularum adjacentium, Opus Ferdinandi Ughelli. *Romae, Bernard. Tani, 1644. & seqq. 9. vol.*

Italiae illustratae, seu rerum urbiumque Italicarum Scriptores varii in unum collecti. *Francofurti, Cambierii, 1610.*

Albertini Mussati, Historia Augusta Henrici VI. Caesaris & alia quae extant opera, Laur. Pignorii Spicilegio, Fel. Osii & Nic. Villani Castigationibus Collationibus notisque illustrata. *Venetiis, Pinelli, 1636.*

Pauli Jovii, Historiarum sui temporis libri XLV. *Basileae, Pernae, 1578.*

Idem. *Florentia, Torrentini, 1550. 2. vol.*

Jo. Bapt. Pignæ de Principibus Ateſtinis Hiſtoriarum libri VIII. ab inclinatione Romani Imperii ad annum 1476, ex Ital. latine verſi a Jo. Barone. *Ferrariæ, Baldini,* 1595.

II. *Roma Moderna.*

Roma ſubterranea noviſſima, in qua poſt Ant. Boſium, Jo. ſeveranum & alios, antiqua Chriſtianorum & præcipue martyrum cœmeteria illuſtrantur, a Paulo Aringho, congr. orat. *Romæ, Maſcardi,* 1651. 2. vol.

Speculum Romanæ magnificentiæ, omnia fere, quæ in urbe monumenta extant, repræſentans. *Romæ, Lafreri,* 1573. *folio magno.*

Vetera Monimenta, in quibus præcipue Muſiva opera Sacrarum profanarumque ædium, ac nonnulli antiqui ritus diſſertationibus iconibuſque illuſtrantur a Joanne Ciampino. *Romæ, Komarek,* 1690.

De Sacris Ædificiis a Conſtantino Magno conſtructis, Synopſis Hiſtorica, Jo. Ciampini. *Ibidem.* 1693.

De Baſilica & Patriarchio Lateranenſi Libri IV. autore Cæſare Raſpono. *Romæ, Ignatii Delazeris.* 1656.

Baſilicæ S. Mariæ Majoris de urbe a Liberio Papa ad Paulum V. deſcriptio & delineatio, aut Abbate Paulo de Angelis. *Romæ, Zannetti,* 1621.

Romanorum Fontinalia ſive nitidiſſimorum perenniumque intra & extra urbem Romam Fontium varia & accurata delineatio, a Jo. Bapt. Falto. *Norimbergæ, Typis Frobergianis,* 1685.

III. *Bononia.*

Hiſtoria di Bologna del P. Cherubino Ghirardacci dell' Ordine Eremitano de S. Agoſtino, parte prima. *In Bologna Roſſi,* 1596.

IV. *Neapolis.*

Ant. Caraccioli, Cler. Regul. de Sacris Eccleſiæ Neapolitanæ, monumentis liber ſingularis. *Neapoli, Beltrani,* 1645.

V. *Sicilia.*

Rerum Sicularum Scriptores, ex recentioribus præcipui in unum corpus congeſti. *Francofurti, Wecheli,* 1579.

Franciſci Baronii ac Manfredis, de Majeſtate Panormitana libri IV. *Panormi, Alph. de Iſola,* 1630.

VI. *Mediolanum.*

Bernardini Corii, Historia Mediolanensis. *Mediolani, Minutiani,* 1503.
Joh. Simonetæ, rerum gestarum Franc. Sfortiæ Mediolani ducis libri 31. *Mediolani, Ant. Zaroti,* 1479.
Georgii Merulæ, de antiquitatibus Vice-comitum Longobardorum libri X. *Vetus, Editio.*
Idem. *Impressum circa annum.* 1630.
Cremona fidelissima citta & nobilissima Colonia de' Romani rappresentata con una breve Historia e ritratti de' Duchi e Duchesse di Milano, da Ant. Campo. *In Cremona,* 1585.

VII. *Venetia.*

Petri Justiniani, rerum Venetarum, ab orbe condito ad annum 1575, historia. Accesserunt quædam aliorum Opuscula. *Argentorati, Zeztneri,* 1611.
Andræ Mauroceni, Historia Veneta ab anno 1521, ad annum 1615. *Venetiis, Pinelli,* 1623.
Henr. Palladii, rerum Forojuliensium libri XI. ab orbe condito usque ad annum 452, & de oppugnatione Gradiscana libri V. *Utini, Nicolai Schiratti,* 1659.

VIII. *Monsferratus.*

Ant. Possevini Medici, Historia belli Monferratensis ab anno 1612. ad annum 1618. *Geneva, Chouet,* 1637.

IX. *Florentia.*

Vita di Cosmo de' Medici Gran duca di Toscana, descritta da Aldo Manucci.

X. *Genua.*

Annali della Republica di Genoa, di Agost. Giustiniano. *In Genoa, Ant. Bettono,* 1537.
Dell' Historie di Genova di M. Uberto Foglietta libri XII. tradotte per Franc. Serdonati. *In Genova, Bartoli,* 1597.

XI. *Placentia.*

Dell' Historia Ecclesiastica di Piacenza di Pietro Maria Campi, parte prima seconda e Terza. *In Piacenza, Bazachi,* 1651. e 1652. 2. vol.

RERUM ITALICARUM
SCRIPTORES.
IN QUARTO.

I. *Historia Universalis.*

Catalogus Sanctorum Italiæ a Phil. Ferrario. *Mediolani, Bordonii*, 1613.

Leonardi Aretini, de bello Italico & Gothico libri IV. *Parif.* 1507.

Historia della Riviera di Salo descritta per Bongiani Grattarolo. *In Brescia, Sabbio*, 1599.

Trattato di Domenico di Guido Mellini, dell' origine fatti, costutumi, e lodi di Matelda la Gran Contessa d'Italia. *In Fiorenza, Giunti*, 1589.

Compendio della Storia di Franc. Guicciardini. *In Fiorenza.*

II. *Roma Moderna.*

I. vestigi dell' antichita di Roma, raccolti & ritratti in perspettiva da Stephano du Perac. *In Roma, de Scaichi*, 1621.

Vestigi della antichita di Roma, Tivoli, Pozzuolo & altri luochi, come si retrovavano nel Secolo 1500. *In Roma Rossi.*

Antiquæ urbis Splendor: hoc est, præcipua ejusdem templa, Amphitheatra, Theatra, Circi, Naumachiæ, Aureus Triumphales, Mausolea aliaque sumptuosiora ædificia, Pompæ Triumphalis & Colossæarum imaginum descriptio studio Jac. Lauri in æs incisa. *Romæ*, 1612.

Felicis Contelorii, de Præfecto urbis Liber.

Raph. Fabretti, de aquis & aquæductibus Veteris Romæ, Dissertationes tres. *Romæ, Bussotti*, 1680.

Jo. Ciampini, Sacro-Historica disquisitio de duobus Emblematibus quæ in Cimelio Cardinalis Carpinei asservantur in quorum altero præcipue disceptatur: an duo Philippi Impp. fuerint Christiani. *Romæ, Komarek*, 1691.

De Lateranensibus Parietinis a Franc. Card. Barberino restitutis Dissertatio historica Nicolai Alemanni. *Romæ, Zannetti*, 1625.

Efemeride Vaticana per i pregi Ecclesiastici d'ogni giorno dell' Augustiss. Basilica di S. Pietro in Vaticano, dall'Abbate Carlo Bartolomeo Piazza. *in Roma, Corbelletti*, 1687.

HISTORIA ITALICA, in quarto. 173

Vago e dilettevole Giardino di Varie Lettioni di Mutio Panza. *in Roma, Mascardi*, 1608.
Il vero Stato de gli Hebrei di Roma. *in Roma, Varese*, 1668.

III. *Status Ecclesiasticus.*

Clypeus Lauretanus adversus hæreticorum sagittas, a Ludovico Centoflorenio. *Roma, Caballi*, 1643.
Della Nobilta di Bologna di Franc. Amadi d'Agostino, compresa nel suo specchio della nobilta d'Europa. *In Cremona, Draconi*, 1588.
Athenæum Augustum, in quo Perusinorum scripta publice exponuntur, ab Aug. Oldoino. *Perusiæ, Ciani*, 1678.

IV. *Neapolis.*

Pandulphi Collenutii, Historiæ Neapolitanæ libri sex, ex Italico latine redditi a Jo. Nicolao Stupano. *Basileæ, Perna*, 1572.
Antiqui Chronologi IV. Herempertus Langobardus, Lupus Protospata, Anonymus Cassinensis, Falco Beneventanus cum appendicibus Historicis nunc primum editi ab Ant. Caracciolo cum Commentario. *Neapoli, Typis Scorigianis*, 1626.
De Regibus Siciliæ & Apuliæ, nominatim de Alphonso Rege Arragonum Epitome Felini Sandæi. Item Parallela Alfonsina, sive apophtegmata Principum Alphonsi Regis dictis & factis per Ant. Panormitam collectis opposita per Æneam Sylvium Piccolom. Accedunt Barth. Faccii de humanæ vitæ felicitate & de excellentia ac præstantia hominis libri. *Hanoviæ, Typis Wechelianis*, 1611.
Historiæ Marsorum libri tres una cum eorumdem Episcoporum Catalogo, a Mutio Phœbonio. *Neapoli, Mich. Monachi*, 1678.
Descrittione della citta di Massa Lubrense, dal Gio Battista Persico. *In Neapoli, Savio*, 1646.
Dell' antico Ginnasio Napoletano, Opera posthuma di Pietro Lasena.
De præstantia Regalis Cancellariæ Neapolitanæ a Car. Tapia *Neapoli, Ægidii Longhi.* 1632.
Appendix Cancellariæ Anhaltinæ, a Fabio Hercyniano. *Salmenhemii, Rheinfelder*, 1624.
Vindex Neapolitanæ Nobilitatis, Caroli Borelli animadversio in Franc. Ælii Marchesii Librum de Neapolitanis familiis. *Neapoli, Ægidi Longhi*, 1653.

V. *Sicilia.*

Siciliæ Antiquæ Tabulæ cum Georgii Gualtheri animadversionibus. *Messanæ, Petri Brea.*

Messina descritta in VIII. Libri da Guiseppe Buonfiglio e Costanzo. *In Venetia, Franceschi,* 1606.

Relation veritable des Procedez des deux Cours de Rome & de Sicile, sur les contestations au sujet de la Monarchie, *traduit de l'Italien.*

V I. *Mediolanum.*

Decadis quartæ Historiarum Mediolanensis Ecclesiæ sive de Pontificatu Gasparis Vicecomitis libri duo, a Petro Paulo Bosca. *Mediolani, Vigoni,* 1682.

Investiture du Duché de Milan & autres lieux.

Erycii Puteani, Historiæ Mediolanensis seu Insubricæ ab origine gentis ad Othonem Magnum Imp. libri sex cum notis Rudolphi Gotofr. Knichemii. *Francofurti, Scholvini,* 1686.

Ejusdem Historiæ Cisalpinæ Libri duo, res potissimum circa Lacum Larium a Jo. Jac. Mediceo gestæ ; & Galleatii Capellæ de Bello Mussiano liber. *Lovanii, Dormalii.* 1614.

Commentariorum memorabilium Multiplicis Historiæ Tarvisinæ Locuples promptuarium a Barthol. Burchelato. *Tarvisii, Rughetini,* 1616.

Bern. Sacci Ticinensis, de Italicarum rerum varietate & elegantia libri X. in quibus præcipue de Ticinæ Urbis primordiis ac de Ticinensium rebus gestis. *Papiæ, Bartholi,* 1565.

V I I. *Venetia.*

Pancratii Justiniani de præclaris Venetæ Aristocratiæ gestis Liber. *Venetiis, Jacuini,* 1527.

Paradoxa. *Ibidem,* 1530.

Pandecta. *Ibidem,* 1527.

Petri Bembi, rerum Venetarum Historiæ Libri XII. *Parisiis, Vascosani,* 1551.

Della Historia Venitiana di Pietro Bembo Card. volgarmente Scritta Libri XII. *In Vinegia,* 1552.

Theod. Grasswinckelii, Libertas Veneta. *Ludg. Bat. Commelini,* 1634.

Vite de' Prencipi de Vinegia di Pietro Marcello, tradotte in volgare da Lodovico Domenichi *In Venetia, Pietra-Santa,* 1557.

Vittoria Navali ottenuta dalla Republica Venetiana contra Othone figlivolo di Federico I. Imperadore, per la restitutione d'Alessandro III. descritta da Girolamo Bardi. *In Venetia,* 1584.

Isole che son da Venetia nella Dalmatia & per tutto l'Arcipelago fino a Constantinopoli, con le loro fortezze e con le terre piu notabili di Dalmatia. *In Vinegia, Pinargenti,* 1673.

De Gymnasio Patavino Commentariorum Antonii Ricconi libri V. *Patavii, Bolzeta,* 1598.

HISTORIA ITALICA, in quarto.

Le Historie e fatti de Veronese, ne i tempi del popolo e signori Scaligeri, dal Torello Saraina. *In Verona, Discepoli.* 1586.

VIII. *Sabaudia & Pedemontium.*

S. R. E. Cardinalium, Archiepiscoporum, Episcoporum & Abbatum Pedemontanæ regionis Chronologica Historia a Franc. Aug. ab Ecclesia. *Taurini, Tarini.* 1645.

Historia del B. Amadeo III. Duca di Savoja, da Pietro Franc. Maleto. *In Torino, Seghino,* 1613.

IX. *Etruria & Florentia.*

Antiquitatum Etruriæ seu de Situ Clanarium Fragmenta Historica, deque rebus feliciter gestis civitatis Aretinæ, Clusinæ ac Cortonensis, cum Senensibus, Florentinis, &c. *Senogallia, Perciminei,* 1696.

Leonis Allatii animadversiones in antiquitatum Etruscarum Fragmenta ab Inghiramio edita. *Parisiis, Cramoisy,* 1640.

La prima parte delle historie universali de suoi tempi di Giov. Villani. *In Venetia, Giunti,* 1559.

Istorie di Matteo Villani, che Continua quelle di Giovanni suo fratello, con l'aggiunta di Filippo suo figliuolo, che arrivano fino all' anno 1364. *In Firenze, Giunti,* 1581.

Istoria delle Cose, avenute in Toscana dell' anno 1301. al 1348. Scritta per autore che ne' med. tempi visse, cioe Istorie Pistolesi. *In Firenze, Giunti,* 1678.

Historia da Sienna Scritta da Orlando di M. Bernado Malavolti. *In Venetia, Marchetti,* 1599.

Le Historie della citta di Fiorenza di Jacobo Nardi, dal'anno 1494. fino al'anno 1531. *In Lione, Ancelin,* 1582.

Istoria di M. Poggio Fiorentino reveduta per Franc. Serdonati. *In Fiorenza, Giunti,* 1598.

Istoria de suoi tempi di Giov. Battista Adriani, dall'anno 1537. all'anno 1573. *In Venetia, Giunti,* 1583. 2. vol.

X. *Genua.*

Gli Annali di Genova d'al 1528. che ricupero la liberta fino al 1550. di Giacomo Bonfadio tradotte da Bart. Paschetti. *In Genova, Bartoli,* 1586.

Lettera del S. Federico Federici nella quale si narrano brevemente alcune memorie della Republica Genovese. *In Genoa, Favoni,* 1634.

Uberti Folietæ, Conjuratio Jo. Lud. Flisci, Tumultus Neapolitani, Cædes Lud. Petri Farnesii, Placentiæ Ducis. *Genua, Bartoli,* 1587.

Iſtoria di Uberto Foglietta, della ſacra lega contra Selim, e d'alcune altre impreſe di ſuoi tempi, Cioe dell' impreſe del Gerbi, Succorſo d'Oram, &c. tradotta per Giulio Guaſtavini. *In Genova, Pavoni*, 1598.

De Dominio Genuenſis Reipublicæ in mari Liguſtico libri duo, Petri Baptiſtæ Burgi. *Romæ, Marciani*, 1641.

Aug. Oldoini, Athenæum Liguſticum ſeu ſyllabus ſcriptorum Ligurum nec non Sarzanenſium ac Cyrnenſium Reipublicæ Genuenſis Subditorum. *Peruſiæ, Ciani*, 1680.

XI. *Mantua.*

Dell' Iſtoria di Mantoua Libri V. Scritta in Commentari da Mario Equicola, riformata per Benedetto Oſanna. *In Mantoua, Franc. Oſanna*, 1610.

XII. *Inſulæ Minores.*

Jo. Meurſii Creta, Rhodus, Cyprus; ſive de nobiliſſimarum harum inſularum rebus & antiquitatibus Commentarii. *Amſtelodami, Wolfgangi*, 1675.

Nicolai Villagagnonis Equitis Melitenſis, de Bello Melitenſi Commentarius. *Par. C. Stephani*, 1533.

RERUM ITALICARUM
SCRIPTORES.
IN OCTAVO, &c.

I. *Hiſtoria Uuiverſalis.*

Petri Leonis Caſellæ, de primis Italiæ Colonis, de Tuſcorum Origine & Republica Florentina, Elogia illuſtrium Artificum, Epigrammata & inſcriptiones. *Lugduni, Cardon*, 1606. in 8.

Jo. Henr. a Pflaumern, Mercurius Italicus Hoſpiti fidus per Italiæ præcipuas regiones & urbes dux. *Lugduni, Burckhardi*, 1628. *in* 12.

Itinerarium totius Italiæ. *Coloniæ, Clipei*, 1602. *in* 12.

Itinerario o vero deſcrittione de' Viaggi principali d'Italia, di Andrea Scoto. *In Padoa, Bolzeta*, 1629. *in* 8.

Franc.

Franc. Schotti & F. Hieronymi Ex-Capugnani, Itinerarium no-
 biliorum Italiæ regionum, urbium oppidorum & locorum.
 Vicentiæ, Bolzetta, 1601. *in* 8.
Cœlestini Guicciardini, Mercurius Campanus. *Neapoli, Novelli,
 de Bonis*, 1667. *in* 12.
Nouveau Voyage d'Italie, avec un memoire contenant des avis
 à ceux qui voudront faire le même voyage par Max. Misson.
 La Haye, Bulderen, 1694. 2. vol. avec figures. *in* 12.

II. *Roma Moderna.*

Les Curiositez de l'une & de l'autre Rome, par Nicolas de
 Bralion. *Paris, Couterot*, 1655. *in* 8.
Le Gouvernement de Rome, par Michel de S. Martin. *Caën, le
 Blanc*, 1659. *in* 8.
Relatione della corte di Roma e de riti da osservarsi in essa &c.
 del Girolamo Lunadoro. *In Padoua, Frambotto*, 1640. *in* 12.
Relatione della corte di Roma, di Girolamo Lunadoro. Il Maestro
 di Camera del S. Francesco Sestini. Roma ricercata nel suo
 sito & nella Scuola di tutti gli antiquarii, di Fioravante
 Martinelli. *In Venetia, Brigonci*, 1660. *in* 12.
Idem, *Ibidem*, 1664. *in* 12.
Le differend des Barberins avec le Pape Innocent X. par P. Linage
 de Vauciennes. *Paris, Thierry*, 1678. *in* 12.
Villa Borghese descritta da Jacomo Manilli. *In Roma Grignani*,
 1650. *in* 8.

III. *Status Ecclesiasticus.*

Horatii Tursellini Lauretanæ Historiæ libri V. *Rothomagi, Rom.
 de Beauvais*, 1617. *in* 16.
L'Historia della traslatione della S. Casa della Madonna a Loreto,
 tradotta da Giu. Cesare Galeo i. *In Macerata, Matellini*,
 1593. *in* 12.
La S. Casa Abbellita, del S. Silvio Serragli da Pietra Santa. *In
 Loreto Serafini*, 1637. *in* 8.
Le glorie maestose del Santuario di Loreto, opera nuova di Bal-
 dassare Bartoli. *In Macerata, Pannelli*, 1696. *in* 8.
Ragionamento intorno d'un'antico marmo discoverto nella citta
 di Pozzuoli, da Antonio Bulifon. *In Napoli, Roselli*, 1694.
 in 12.
La vera antichita di Pozzuolo descritta da Giulio Cesare Capac-
 cio. *In Roma, Rossi*. 1652. *in* 8.

IV. *Neapolis.*

Apparato delle statue nuovamente trovate nella distratta Cuma

278 *HISTORIA ITALICA, in octavo, &c.*
con le dichiarationi & discorsi dal S. Antonio Ferro. *In Napoli, Tarquinio, Longo,* 1606. *in* 8.
Guida de Forestieri Curiosi di vedere e d'intendere le cose piu notabili della citta di Napoli, dal Pompo Sarnelli, e ampliata da Antonio Bullifon. *In Napoli Roselli,* 1697. *in* 12.
Compendio delle historie del regno di Napoli, da Pandolpho Collenutio. *In Venetia,* 1539. *in* 8.
L'Etat de la Republique de Naples sous le Gouvernement de M. le Duc de Guyse, traduit par Mlle. Marie Turge-Loredan. *Paris, Leonard,* 1679. *in* 12.
Le Rivolutioni di Napoli, descritte dal S. Alessandro Giraffi. 1648. *Conforme la copia di Venezia. in* 8.
Idem. *In Genova,* 1648. *in* 8.
Varios Discorsos sobre la reduccion de Napoles de Don Francisco de Eguia Beaumont. *En Mantua-Carpentana,* 1649. *in* 8.
Series & Succincta narratio rerum a Regibus Hierosolimorum Napoleos Siciliæque gestarum a Christoph. Bezoldo. *Argentina, Zetzneri,* 1636. *in* 8.
Compendio Historico dell' incendio del monte Vesuvio, scritto da Antonio Bulifon. *In Napoli,* 1698. *in* 12.
Gabrielis Barrii, de antiquitate & situ Calabriæ libri quatuor. *Roma, Jos. de Angelis,* 1571. *in* 8.

V. *Sicilia.*

Cæs. Baronii Cardinalis Tractatus de Monarchia Siciliæ, accessit Arcanii Card. Columnæ de eodem tractatu judicium cum Baronii responsione Apologetica adversus Card. Columnam & Epistola ad Philippum III. Regem Hispaniæ. *Par. Beys,* 1609. *in* 8.
Défense de la Monarchie de Sicile, contre les entreprises de la Cour de Rome. 1716. *in* 8.
Lettre de M. Boccone Sicilien, touchant l'embrasement du Mont Etna. *in* 12.
Della Historia di Malta & successo della guerra seguita tral gran Turcho Sulthan Solimano l'anno, 1565. *in* 8.

VI. *Mediolanum.*

Historia Pontificale di Milano, da Gio Franc. Besozzo. *In Milano, Malatesta,* 1623. *in* 8.
Rerum patriæ Andreæ Alciati libri tres. *Mediolani, Bidelli,* 1625. *in* 8.
Commentarii Galeatii Capellæ de rebus gestis pro restitutione Francisci II. Mediolanensium Ducis. *Par.* 1538. *in* 16.
Erycii Puteani Historiæ Insubricæ libri sex qui irruptiones barba-

HISTORIA ITALICA, in octavo, &c.
rorum in Italiam continent. *Oxonii, Turner,* 1634. *in* 12.

VII. *Venetia.*

Guerini Pisonis Soacii, de Romanorum & Venetorum Magistratuum inter se Comparatione libellus. *Lipsiæ, Corberi,* 1614. *in* 8.

Le cose meravigliose & notabili della citta di Venetia, da Leonico Goldioni. *In Venetia, Imberti,* 1641. *in* 8.

Vite de Prencipi di Vinegia di Pietro Marcello, tradotto da Lodov. Domenichi. *In Venetia, Marcolini,* 1558. *in* 8.

Republica di Venetia, del Cardinal Contarini, Gianotti & altri autori. *In Venetia, Storti,* 1650. *in* 12.

Relatione della Republica Venetiana, di Giovanni Botero. *In Venatia, Varisco,* 1605. *in* 8.

Libro dela Republica di Vinitiani, composto per Donato Giannotti.

Gasp. Contareni Cardinalis, de Venetorum Magistratibus & Republica libri V. accessit Guerini Pisonis Soacii libellus de Romanorum Magistratuum interse comparatione. *Venetiis, Ciotti,* 1592. *in* 8.

Squitinio della Republica di Venetia, Squitinato dal Raphaele della Torre. *In Genova, Guasco,* 1652. *in* 12.

Examen de la liberté originaire de Venise, traduit de l'Italien, avec une harangue de Loüis Helian, Ambassadeur de France, contre les Venitiens, & des remarques historiques. *Ratisbonne, Jean Aubry,* 1677. *in* 8.

La Politique Civile & Militaire des Venitiens. *Paris, Sercy.* 1668. *in* 12.

Antidoto a las venenosas consideraciones de F. Paulo de Venegia sobre las Censuras de Paulo V. por el P. Hernando de la Bastida J. *En Leon, Tuillet.* 1607. *in* 8.

Responsio Card. Bellarmini ad duos Libellos, super Censuris Pauli V. *Romæ, Zannetti.* 1606. *in* 8.

Pieces du memorable Procès émû l'an 1606. entre le Paul V. & les Venitiens, traduit d'Italien en François. *S. Vincent, Marceau.* 1607. *in* 8.

Cæsaris Baronii Card. Parænesis ad Rempublicam Venetam. *Augustæ-Vindelicorum, Franci.* 1606. *in* 8.

Supplément à l'Histoire du Gouvernement de Venise. *Paris, Leonard.* 1677. *in* 8.

La Congiura de gli Spagnuoli contro le Republiche di Vinezia e di Genova. *In Colonia, Martello.* 1681. *in* 12.

Historia della nobilita & degne qualita del Lago Maggiore dal F. Paolo Morigia. *In Milano, Bordone.* 1603. *in* 8.

Histoire des Uscoques, traduite par le sieur Amelot de la Houssaye. *Paris, Barbin.* 1682. *in* 12.

Histoire du Marquis de Courbon, Maréchal des Camps & Armées

HISRORIA ITALICA, in octavo.

... de la S. Republique de Venife. *Lyon, Amaulry.* 1692. *in* 12.

VIII. *Sabaudia & Pedemontium.*

Elogia Sereniff. Sabaudiæ Ducum a Papyrio Maffono. *Parif. Quefnel.* 1619. *in* 8.

Lettera fopra il titolo, di Altezza reale de Duca di Savoia, e i trattamenti Regii, &c. 1702. *in* 8.

Della vita del Prencipe Filiberto di Savoia, libri tre di Franc. Caftagnini. *In Torino, Cavalleri,* 1630. *in* 8.

Hiftoire generale des Guerres de Piedmont, Savoye, Montferrat, Mantoüe & Duché de Milan, depuis l'an 1550. jufqu'en 1592. *Paris, Guignard,* 1630. *in* 8. 2. vol.

IX. *Etruria & Florentia.*

Ad Antiquitates Etrufcas, quas Volaterræ nuper dederunt, obfervationes. *Amftelodami, Janffonii,* 1639. *in* 24.

Erycii Puteani, Hiftoriæ Mediceæ libri duo : accedit Galeatii Capellæ de Bello Muffiano liber. *Antuerpiæ, Cnobbari.* 1634. *in* 24.

Les Anecdotes de Florence, ou l'Hiftoire fecrette de la Maifon de Medicis, par Varillas. *La Haye, Leers.* 1687. *in* 8.

Difefa della citta di Firenze & de i Fiorentini, da Paolo Mini. *In Lione, Tinghi.* 1577. *in* 8.

Nic. Machiavelli Hiftoria Florentina. *Hagæ-Comitis, Vlacq.* 1658. *in* 12.

X. *Genua.*

Hieronymi de Marinis, Compendiaria Defcriptio Dominii, gubernationis, potentiæ, dignitatis Seren. Reipublicæ Genuenfis. *Genuæ, Franchelli.* 1675. *in* 12.

Uberto Foglietta, delle cofe della Republica di Genova. *In Milano, Gio Antonio.* 1575. *in* 8.

Uberti Folietæ, Clarorum Ligurum Elogia. *Romæ, Jofephi de Angelis.* 1577. *in* 8.

La Conjuration du Comte Jean Louis de Fiefque. *Paris, Barbin,* 1665. *in* 12.

XI. *Mantua.*

La Vie de Claire Ifabelle Archiducheffe d'Infpruk, femme de Charles II. Duc de Mantoüe, avec l'Hiftoire du Religieux marié. 1696 *in* 12.

RERUM GALLICARUM
SCRIPTORES.
IN FOLIO.

I. *Historia Generalis Ecclesiæ Gallicanæ.*

Annales Ecclesiastici Francorum, authore Carolo le Cointe, Congr. Orat. *Parif. Typis Regiis.* 1665. *& seqq.* 8. vol.

Gallia Christiana. Opus Fratrum Gemellorum Sammarthanorum auctum, & editum a Petro Abelio Nicolao Sammarthanis. *Parif. Pepingué,* 1656. 4. vol.

II. *Historici antiqui in unum Collecti.*

Historiæ Francorum Scriptores coætanei, ab ipsius Gentis Origine ad Philippum Pulchrum, editi ab Andræa du Chesne. *Parif. Cramoisy.* 1636. *& seqq.* 5. vol.

Historiæ Normannorum Scriptores antiqui, res ab illis gestas explicantes ab anno 838. ad annum 1220. ab eodem editi. *Parisiis,* 1619.

III. *Historia Franciæ Universalis.*

Les Annales & Chroniques de France, depuis la destruction de Troyes jusques au tems du Roy Louis XI. par Nicole Gilles, revûës & additionnées jusques à cet an 1557. par Denis Sauvage. *Paris, Jean Longis.* 1557.

Histoire de France, par J. de Serres; tome premier. *Paris, Cotinet.* 1648.

Histoire de France, depuis Pharamond jusqu'au regne de Louis le Juste, par le sieur de Mezeray. *Paris Thiery.* 1685. 3. vol.

IV. *Historiæ singulorum Regum.*

Histoire de S. Louis, par Jean, sire de Joinville, enrichie de nouvelles Observations & Dissertations historiques, &c. par Charles du Fresne, sieur du Cange. *Paris, Cramoisy.* 1668.

Histoire du Roy Charles VI. écrite par un Auteur contemporain Religieux de S. Denis, traduite sur le manuscrit Latin, & illustrée de Commentaires par J. le Laboureur, avec l'Histoire

HISTORIA GALLICA, in folio.

de Jean le Febvre, Seigneur de S. Remy, aussi contemporain. *Paris, Billaine.* 1663.

Histoire du Roy Charles VI par Jean Juvenal des Ursins, Archevêque de Reims, augmentée de Memoires, Journeaux & autres Actes & Pieces du tems, par Denis Godefroy. *Paris, de l'Imprimerie Royale.* 1653.

Histoire du Roy Charles VII. par Jean Chartier, Jacques le Bouvier, dit Berry, Matthieu de Coucy, & autres Historiens, enrichie de Tiltres & Pieces Historiques, par Denis Godefroy. *Ibidem.* 1661.

Memoires de Philippes de Commines, contenant l'histoire des Roys Louis XI. & Charles VIII. revuës & augmentées de divers actes & observations par Denis Godefroy. *Ibidem,* 1649.

Jac. Aug. Thuani, Historiarum sui temporis, ab anno 1543. ad annum 1607. libri 138. Accedunt comment. de vita sua libri sex. *Parisiis,* 1606, & 1607. *Et Geneva, Rouiere,* 1630. 6. vol.

Histoire de Bertrand du Guesclin, Connêtable de France, &c. par M. P. H. Seigneur D. C. *Par. Guignard,* 1666.

Lettres & Memoires d'Estat des Roys, Princes, Ambassadeurs & autres Ministres sous les Regnes de François I. Henry II. & François II. recueillis par Guillaume Ribier. *Blois,* 1677. 2. vol.

Les Memoires de M. le Duc de Nevers, enrichis de plusieurs Pieces du tems, par le sieur de Gomberville. *Paris, Billaine,* 1665. 2. vol.

Les Ambassades & Negociations du Cardinal du Perron, recueïllies par Cesar de Ligny son Secretaire. *Paris, Chaudiere,* 1633.

Les Memoires de Michel de Castelnau, Seigneur de Mauvissiere, illustrez & augmentez de plusieurs Pieces, par J. le Laboureur. *Paris, Pierre Lami.* 1659. 2. vol.

Memoires des Oeconomies Royales & des Servitudes Loyales de Maximilien de Bethune, Duc de Sully. *Amstelredam,* 2. vol.

Decade contenant la vie du Roy Henry le Grand, par Baptiste le Grain. *Paris, J. Laquenay,* 1614.

Decade commençant l'Histoire du Roy Loüis XIII. par le même. *Paris, Guillemot.* 1619.

Histoire du Ministere du Cardinal de Richelieu, avec des Reflexions politiques & diverses Lettres des Negociations des affaires du Piedmont & du Montferrat. *Sur l'imprimé, chez Alliot,* 1649.

Les Memoires de Michel de Marolles, Abbé de Villeloin. *Paris, Sommaville,* 1656.

Histoire de Loüis le Grand, par les Medailles, Emblemes, Devises, Jettons, Inscriptions, Armoiries & autres Monumens publics recueillis & expliquez par le P. Claude-François Menestrier. *Paris, Robert Pepie & J. B. Nolin*, 1693.

V. *Tractatus de Regum Franciæ Juribus, prærogativis Dignitate, &c.*

Histoire Généalogique de la Maison de France, par Scævole & Loüis de Sainte-Marthe. *Paris, Buon*, 1628. 2. vol.

Genealogiæ Franciæ plenior assertio Davidis Blondelli contra Chiffletium, *Amsteladami, Blaeu*, 1654. 2. vol.

Le Ceremonial François, ou description des Ceremonies, Rangs & Seances observées en France, en divers Actes & Assemblées solemnelles, recueillis par Theodore Godefroy, & mis en lumiere par Denis Godefroy. *Paris, Cramoisy*, 1649. 2. vol.

Les Recherches de la France d'Estienne Paquier, augmentées. *Paris, Pierre Menard*, 1643.

Jo. Jac. Chiffletii Opera Politico-Historica: accedunt leges salicæ illarum Natale solum cum glossario Salico, Auth. Godefrido Wendelino. *Antuerpia, Moreti*, 1650. 2. vol.

Memoires & Instructions pour servir dans les negociations & affaires concernant les Droits du Roy de France. *Paris, Cramoisy*, 1665.

Traité touchant les Droits du Roy Très-Chrêtien, sur plusieurs Etats & Seigneuries possedées par divers Princes voisins, par M. Dupuy. *Roüen Maurry*, 1670.

Recherches curieuses des Monnoyes de France, depuis le commencement de la Monarchie, par Claude Bouteroüe. *Paris, Edme Martin*, 1666.

VI. *Historiæ Provinciarum & Urbium.*

Historia Ecclesiæ Parisiensis, a Gerardo du Bois, Congr. Orat. *Parisiis, Muguet*, 1690.

Metropolis Remensis Historia, a Frodoardo primum digesta nunc aucta & illustrata ad nostrum usque sœculum, studio D. Guil. Marlot. *Insulis & Remis*. 1669 & 1679. 2. vol.

Histoire & antiquité de la Ville & Duché d'Orleans, par François le Maire. *Orleans, Maria Paris*, 1648.

Histoire des Comtes de Poitou & Ducs de Guyenne, verifiée par titres, ensemble plusieurs Traitez Historiques, par J. Besly. *Paris, Alliot*, 1647.

De l'origine des Bourguignons & antiquitez des Etats de Bourgogne: plus, des antiquitez d'Autun, Chalon, Macon & de l'Abbaye & Ville de Tournus, par Pierre de S. Julien. *Paris, Nicolas Chesneau*, 1581.

Histoire de Bresse & de Bugey, par Samuel Guichenon. *Lyon, Huguetan.* 1650. 2. vol.

Histoire de l'Abbaye Royale de S. Ouen de Roüen, par un Religieux Benedictin de la Congrégation de S. Maur. *Rouen, Lallemant,* 1662.

Histoire Généalogique de plusieurs maisons illustres de Bretagne, avec l'Histoire Chronologique des Evêques de tous les Dioceses de Bretagne, par F. Augustin du Paz, de l'Ordre des FF. Prêcheurs. *Paris, Nicolas Buon.* 1619.

Histoire de Bearn, par Pierre de Marca. *Paris, Camusat,* 1640.

Histoire des Comtes de Tolose, par Guill. Catel. *Tolose, Pierre Bosc,* 1623.

Petri Quiquerani de Laudibus Provinciæ libri tres. *Parisiis, Dodu,* 1551.

Abregé de l'Histoire de la Souveraineté de Dombes. *Thoissei, Jacques le Blanc,* 1696.

Tableau de l'Histoire des Princes & Principauté d'Orange, par Joseph de la Pise. *La Haye Theod. Maire,* 1640.

Considerations Historiques sur la Généalogie de la Maison de Lorraine. I. partie des Memoires redigez par Loüis-Chantereau le Febvre. *Paris, Nicolas Bessin,* 1642.

La veritable origine des Maisons d'Alsace, Lorraine, &c. par le P. Vignier. *Paris, Meturas,* 1649.

Alsace Françoise, ou nouveau Recueil de ce qu'il y a de plus curieux dans la Ville de Strasbourg, avec une explication exacte des Planches qui le composent. *Strasbourg, G. Boucher,* 1700.

VII. *Historiæ Genealogicæ Familiarum.*

Histoire Genealogique de la Maison Royale de Courtenay, justifiée par plusieurs Chartes, &c. par M. du Bouchet. *Paris, Jean Dupuis,* 1661.

Histoire de la Maison de Dreux, de Bar-le-Duc, de Luxembourg & Limbourg du Plessis, de Richelieu, de Broyes & de Chateauvillain, par André du Chesne. *Paris, Cramoisy,* 1631.

Histoire de Sablé, I. Partie, par M. Ménage. *Paris, le Petit,* 1683.

Recherche de la Noblesse de Champagne, par M. de Caumartin. 1673. *In folio Magno,* 2. vol.

Excellentium familiarum in Gallia Genealogiæ, ab earum Origine ad præsens ævum deductæ & notis historicis illustratæ cum iconibus insignium & indicibus necessariis, a Jac. Wilhelmo Imhoff. *Norimbergæ, Endteri,* 1687.

Les Portraits des hommes illustres François qui sont peints dans la Gallerie du Palais Cardinal de Richelieu, avec leurs principales actions, armes, devises & éloges latins, par M de Vulson

HISTORIA GALLICA, in folio.

Vulſon, ſieur de la Colombiere. *Paris Pepingué* 1675. *Fol. magno.*

Les hommes illuſtres qui ont paru en France pendant ce Siecle, avec leurs Portraits par M. Perrault de l'Acad. Françoiſe. *Paris, Dezallier,* 1696.

RERUM GALLICARUM SCRIPTORES.

IN QUARTO.

I. *Hiſtoria Generalis Eccleſiæ Gallicanæ.*

ARchiepiſcoporum & Epiſcoporum Galliæ, Chronologica hiſtoria, a Jo. Chenu. *Pariſiis, Buon,* 1621.

II. *Acta Cleri Gallicani.*

Acta quædam Eccleſiæ Gallicanæ pro libertatibus Eccleſiæ & juris Communis defenſione. *Pariſiis,* 1608.

Recueil general des affaires du Clergé de France. *Paris, Ant. Vitray,* 1636. 5. vol.

Actes de l'Aſſemblée generale du Clergé de 1682. ſur l'affaire de Toulouſe & de Pamiez, & ſur celle de Charonne. *Paris, Leonard,* 1682.

III. *Hiſtoria Franciæ Univerſalis.*

Remarques ſur la Carte de l'ancienne Gaule, tirée des Commentaires de Ceſar, par le ſieur Samſon. *Paris,* 1649.

Ægidii Lacarry, Soc. J. Hiſtoria Galliarum ſub præfectis Prætorii Galliarum. *Claromonti, Jacquard,* 1672.

Epitome Hiſtoriæ Regum Franciæ ex Dion. Petavio excepta Chronologia Regum Franciæ, Breviculum expeditionis Ludovici XIV. adverſus Batavos. *Ibidem.*

In omnium Regum Franconiæ & Franco-Galliæ res geſtas a Pharamundo ad Franciſcum I. Compendium Ferrandi de Bez. *Pariſiis, Dionyſii a Prato,* 1577.

Papyrii Maſſoni, Annalium libri IV. quibus res geſtæ Francorum explicantur. *Pariſiis, Nicolai Cheſneau,* 1577.

Antonii Dadini Alteſerræ notæ & obſervationes in X. Libros hiſtoriæ Francorum B. Gregorii Turonenſis Epiſcopi & ſupplementum Fredegarii. *Toloſa, Joannis Pekii,* 1679.

Abregé Chronologique de l'hiftoire de France par le fieur de Mezeray. *Par. Thomas Jolly*, 1668. 3. vol.

Hiftoire des Gaules & Conquêtes des Gaulois en Italie, Grece & Afie par Antoine de Leftang. *Bourdeaux, Millanges*, 1618.

IV. *Hiftoriæ Singulorum Regum.*

Anaftafis Childerici Francorum Regis, five Thefaurus Sepulchralis Tornaci Nerviorum effoffus & commentario illuftratus a Jo. Jac. Chiffletio. *Antuerpia, Moreti*, 1655.

Acta D. Dagoberti Regis & Martyris nunc primum edita a Joanne Floncel & in ea Notationes Alex. Wilthemii Soc. J. *Augufta-Trevirorum, Reulandt.* 1653.

Guill. Brittonis Aremorici Philippidos libri XII. editi notifque illuftrati a Cafp. Barthio. *Cygnea, Gopneri.* 1657.

La vie de S. Louis par M. l'Abbé de Choify. *Par. Barbin*, 1689.

Johannæ Darc Lothar. vulgo Aurelianenfis puellæ Hiftoria a Joanne Hordal. *Ponti-Muffi, Bernardi*, 1612.

Sybilla Francica feu de Aurelianenfi Puella differtationes aliquot coævorum Scriptorum Hiftoricæ & Philologicæ. Dialogi duo de querelis Franciæ & Angliæ, & jure Succeffionis utrorumque Regum in Regno Franciæ, Studio Goldafti. *Urfellis, Sutorii*, 1606.

Les Vigiles du Roy Charles VII. par Martial de Paris. *Paris, Michel le Noir*, 1505.

Les Memoires d'Olivier de la Marche, augmentez d'un Etat particulier de la maifon du Duc Charles le Hardy. *Bruxelles, Hubert Antoine*, 1616.

Memoires contenant la vie de Bertrand du Guefclin Connêtable de France fous les Roys Jean & Charles V. *Par. Langlois*, 1693.

Hiftoire de Jean de Boucicault Marêchal de France & de fes actions en France, Italie &c. fous Charles V. & Charles VI. jufques en l'an 1408. écrite du vivant dudit Marêchal & mife en lumiere par Theodore Godefroy. *Par. Pacard*, 1620.

Les Croniques du Roy Louis XI. depuis l'an 1460. jufques en l'an 1483. *De la premiere Edition.*

L'ordre des trois Etats tenus à Tours par le Roy Charles VIII. les Remontrances faites par la Cour au Roy Louis XI. touchant la Pragmatique Sanxion. *Paris, chez Galiot du Pré.*

Hiftoire du Regne de Charles VIII. par Guill. de Jaligny & autres, mife en lumiere par Theod. de Godefroy.

Hiftoire du Chevalier Bayard & de plufieurs chofes memorables avenuës en France, Italie, Efpagne & ès Pays-bas depuis l'an 1489. jufques en 1524. mife en lumiere par Theodore de Godefroy, *Paris, Pacard*, 1619.

Entrevuës de Charles IV. Empereur & de Charles V. Roy de

HISTORIA GALLICA, in quarto. 187

France, à Paris l'an 1378. & de Louis XII. Roy de France & de Ferdinand Roy d'Arragon, à Savonne l'an 1504. Discours sur l'origine des Roys de Portugal. Memoires concernans la dignité & Majesté du Roy de France par Theod. Godefroy. *Paris, Chevalier,* 1612.

Histoire du Roy Louis XII. & des choses memorables avenuës en France & en Italie jusques en l'an 1510. par Jean de Saint Gelais, mise en lumiere par Theodor. de Godefroy. *Paris, Pacard,* 1622.

Gesta impiorum per Francos sive Gesta Francorum per impios, collecta a Ludovico de Cruzamonte. *Rhenopoli,* 1632.

Exemplaria litterarum quibus Rex Franciscus ab adversariorum maledictis defenditur, & controversiarum causæ, ex quibus bella hodie inter ipsum & Carolum V. Imp. emerserunt, explicantur. *Par. Rob. Stephani,* 1537.

Histoire de Charles IX. par Varillas. *Paris, Barbin,* 1683. 2. vol.

Les Memoires de Michel de Castelnau S. de Mauvissiere, contenant les choses remarquables qu'il a vuës & negotiées, sous les Roys François II. & Charles IX. *Paris, Chappelet,* 1621.

Recueil de Memoires & instructions servans à l'histoire de France, depuis 1586. jusques en 1591. *Par. Bouillerot,* 1626.

Histoire de la vie de Messire Philippes de Mornay, Seigneur du Plessis Marly. *Leyde, Elzevir,* 1547.

Histoire du Cardinal Duc de Joyeuse, avec plusieurs Memoires, Lettres, Dépêches, Instructions, Ambassades, Relations & autres Pieces. *Paris, Robert Denain,* 1654.

Negotiations ou Lettres d'affaires Ecclesiastiques écrite au Pape Pie IV. & au Cardinal Charles Borromée par Hyppolite d'Est, Cardinal de Ferrare Legat en France, traduites de l'Italien avec des annotations par Jean Baudoüin. *Paris, Piget,* 1658.

Les Lettres de M. Paul de Foix, Arch. de Tolose & Ambassadeur à Rome écrites au Roy Henry III. *Paris, Chappelain,* 1628.

Traité de paix faite à Château-Cambresis l'an 1559. Ensemble la Remontrance faite sur l'injuste occupation du Royaume de Navarre par les Roys d'Espagne, & l'instruction & Ambassade du Sieur de Lancosme en Turquie pour Henri III. en l'an 1585. *Paris, Jean Camusat,* 1637.

Historia delle guerre Civili di Francia, di Henrico Caterino d'Avila. *In Venetia, Baglioni,* 1650.

Journal des choses memorables advenuës, durant tout le Regne de Henri III. avec des additions à la main. 1621.

De Successione Prærogativæ Primi Principis Franciæ, morte Francisci Valesii Ducis Andegavensis, Carolo Borbonio Cardinali delatæ. *Par. Bessaut,* 1588.

Idem. *Ibidem.*

Aa ij

De Jezabelis Angliæ parricidio, varii generis poëmata latina & Gallica.

Les Memoires de feu M. le Duc de Guife. *Par. Martin*, 1668.

Ceremonies obfervées au Sacre & Couronnement du Roy Henri IV. *Par. Mettayer*, 1594.

Articles du Traité fait en l'année 1604. entre le Roy Henry le Grand & Sultan Amat Empereur des Turcs, par l'entremife de François Savary Seigneur de Breves, lors Ambaffadeur à la Porte. *Paris, Paulin*, 1615.

Recueil de ce qui s'eft paffé en l'affemblée des Etats tenus à Paris, en l'an 1614, par Florimond de Rapine. *Paris*, 1651.

Lettres du Cardinal d'Offat avec des notes hiftoriques & politiques par M. Amelot de la Houffaye. *Par. Boudot*, 1698. 2. vol.

Memoires de la vie de Jacques Augufte de Thou, traduits du Latin en François. *Rotterdam, Leers*, 1711.

Recueil de Pieces pour fervir à l'hiftoire, depuis l'an 1626. jufques en l'an 1634. *Imprimé en* 1639.

Memoires pour fervir à l'hiftoire depuis l'an 1596. jufques en 1636. *Fontenay, Pierre Petit-Jan*, 1643.

Recueil de diverfes pieces pour fervir à l'hiftoire, depuis 1526. jufques en 1634. *Imprimé en* 1639.

La défenfe de la Monarchie Françoife, & autres Monarchies par J. Baricave. *Touloufe, Dominique Bofc*. 1614.

Les verités Françoifes oppofées aux calomnies Efpagnoles. *Par.* 1643.

Jugement du Curé Bourdelois pour fervir à l'hiftoire des mouvemens de Bordeaux. 1651.

Pieces fur l'entrée du Roy & de la Reine dans Paris. *Par. Loyfon*, 1660.

Amici ad amicum, fuper Epiftola de ftatu tractatuum Pacis amici ad amicum, Refponfio, &c. 1645.

Traité de Paix conclu à Nimégue entre la France & l'Efpagne, en 1678. *Paris, Leonard*, 1678.

Traité de Paix conclu à Nimégue entre l'Empereur Leopold, & Louis XIV. en 1679. *Ibidem*, 1679.

Arcana pacis Weftphalicæ. *Francofurti, Knochii*, 1698.

Anonymi cujufdam Epiftola, de Pacis tractatibus Monafterii inftitutis, & in hanc finceri Germani accuratior inquifitio. 1645.

Journal de l'Affemblée de la Nobleffe tenuë à Paris, en 1651.

Hiftoire de France fous le Regne de Louis XIV. par M. de Larrey. Tome I. contenant ce qui s'eft paffé depuis fon avenement à la Couronne, jufqu'à la paix de Nimégue. *Rotterdam, Michel, Bohm*, 1718.

Jugement de tout ce qui a été imprimé contre le Cardinal Mazarin, depuis le 6. Janvier jufqu'à la déclaration du 1. Avril 1649, ou Dialogue de S. Ange & de Mafcurat. *Par G. Naudé*.

Le même, d'une autre Edition.

V. *Tractatus de Regum Franciæ, dignitate, juribus, prærogativis, &c.*

Originum Françicarum libri VI. auctore Joh. If. Pontano. *Hardervici, Th. Henrici*, 1616.
De Tribus Dagobertis Francorum Regibus, Diatriba, Godefridi Henschenii, Soc. J. *Antuerpiæ, Meursii*, 1645.
Le Faux Childebrand relegué aux fables par Jean Jacques Chifflet Latin & François, avec d'anciennes pieces, 1659.
Le Vrai Childebrand ou Réponse au traité injurieux de Chifflet, par le S. Auteuil de Combaud. *Paris, Lamy*, 1659.
Francia exterorum Principum summa Protectrix, a Francisco de Hauteserre. *Par. Lamberti*, 1646.
Des Justes prétentions du Roy sur l'Empire par le S. Aubery. *Par. Antoine, Bertier*, 1667.
Les Grandeurs de la maison de France. *Paris, Billaine*, 1667.
Pietas Francica seu Francorum Regum Heroumque in Ecclesiam & Summos Pontifices merita, & horum in Reges injuriæ & odia.
Les Eloges de nos Roys, & des enfans de France qui ont été Dauphins, avec des remarques du Pays & de la Noblesse du Dauphiné par F. Hilarion de Coste, Minime. *Paris, Cramoisy*, 1643.

VI. *Historiæ Provinciarum & Urbium.*

Plans du Château de Chantilly, de ses Canaux, Fontaines Bosquets, de Fontainebleau, Meudon & autres.
Claudius Hemeræus, de Academia Parisiensi qualis primo fuit in Insula & Episcoporum Scholis. *Par. Cramoisy*, 1637.
Histoire de l'Abbaïe de S. Denis en France, par F. Jacques Doublet Religieux de ladite Abbaye. *Paris, Nicolas Buon*, 1625.
De Ordinis S. Benedicti Gallicana Propagatione liber unicus, a D. Philippo Bastido. *Autissiodori, Garnier*, 1683.
De Sanctis Franciæ Cancellariis Syntagma Historicum, cum notis F. Francisci Lanovii, Ord. Minim. *Par. Cramoisy*, 1634.
Rothomagensium Pontificum dignitas & authoritas in suam Diœcesanam Pontasiam, a Roberto Denyaldo. *Paris. Chatelain*, 1633.
Memoires des Pays, Villes, Evêchés & Evêques, Comté & Comtes de Beauvais & Beauvoisis, par Ant. Loisel. *Par. Thibouft*, 1617.
Annales de l'Eglise Cathedrale de Noyon, par Jacques le Vasseur. *Par. Robert Sara*. 1633.
De vera Senonum Origine Christiana adversus Joh. de Launoy criticas observationes, Dissertatio D. Hugonis Mathoud. *Par. Langronne*, 1687.

HISTORIA GALLICA, in quarto.

Hiſtoire de l'Egliſe Metropolitaine de Reims de Flodoard, traduite par Nicolas Cheſnau. *Reims, Jean de Foigny*, 1580.

Le Deſſein de l'hiſtoire de Reims, par Nicolas Bergier. *Reims, Bernard,* 1635.

Table Chronologique extraite ſur l'hiſtoire de l'Egliſe, Ville & Province de Reims, compoſée par Pierre Coquault. *Reims, Bernard,* 1650.

Tîtres & Procedures pour l'union de l'Abbaye de S. Thierry, à l'Archevêché de Reims.

Memoire contre l'érection de l'Egliſe de Cambray en Archevêché. *Paris, de l'Imprimerie Royale.* 1695.

Apologie pour les Pelerinages de nos Roys à Corbeny au Tombeau de S. Marcou par Dom Oudard Bourgeois Benedictin. *Reims, Bernard,* 1638.

Auguſta-Viromanduorum vindicata & illuſtrata a Claudio Hemeræo. *Par. Beſſin,* 1643.

La défenſe des principales prérogatives de la Ville, & de l'Egliſe Royalle de S. Quentin en Vermandois, par Claude Bendier. *S. Quentin, le Queux,* 1671.

Bibliotheca Sebuſiana, ſive variarum chartarum, diplomatum, Fondationum, Privilegiorum, donationum &c. Miſcellæ centuriæ duæ collectæ notiſque illuſtratæ a Sam. Guichenon. *Lugduni, Barbier,* 1690.

Le Theriſte, ou défenſe Apologetique pour le voile du viſage n'agueres pris par les Religieuſes, Abbeſſe & Convent de N. D. de Troyes, par Sebaſtien Rouillard. *Par. Jean Meſtais,* 1626.

Les illuſtrations de Gaule & ſingularité de Troye, traité de la difference des Schiſmes & des Conciles. La vraie hiſtoire & non fabuleuſe du Prince Syach Iſmaël dict Sophy, par Jean le Maire de Belges. *Paris,* 1548.

Hiſtoire des Evêques du Mans & de ce qui s'eſt paſſé de plus mémorable dans le Dioceſe, pendant leur Pontificat par Antoine le Courvaiſier de Courteilles. *Par. Cramoiſy,* 1648.

Fondation faite par M. le Duc de Nivernois & Rethelois pour marier doreſnavant par chacun an à perpetuité en leurs terres & Seigneuries, juſques au nombre de 60. pauvres filles 1588. *Imprimé ſur velin.*

Chronique Bourdeloiſe, traduite du latin de Gabriel de Lurbes & augmentée par Jean Darnal. *Bourdeaux, Millanges,* 1619.

Hiſtoire de la Ville de Melun, plus la vie de Burchard Comte de Melun: enſemble la vie de Jacques Amyot Evêque d'Auxerre avec le catalogue des Seigneurs & Dames illuſtres de la maiſon de Melun, par Sebaſtien Rouillard. *Par. Guignard,* 1628.

Le Siege de la Ville de Dole Capitale de la Franche-Comté de

Bourgogne & son heureuse délivrance, racontés par Jean Boyvin. *Dole, Binart*, 1637.
Privileges de la Ville de Bourges & confirmation d'iceux *Bourges, Chaudiere*, 1660.
Evêques de Poitiers avec les preuves par Jean Besly. *Par. Alliot*, 1646.
Les Recherches & antiquités du Duché de Normandie, mais specialement de la Ville & Université de Caën, par Charles de Bourgueville. *Caën, Jean de Feure*, 1588.
Inventaire de l'histoire de Normandie. *Rouen, Osmont*, 1646.
Traité de l'ancien Etat de la petite Bretagne & du droit de la Couronne de France sur icelle par Nicolas Vignier. *Paris, Adrian Perier*, 1619.
Catalogue Chronologique & historique des Evêques de Nantes, Leon, S. Malo, Treguier & Cornouaille avec un Bref recit des choses memorables avenuës de leurs tems audits Dioceses. *Avec des annotations à la main.*
Histoire d'Artus II. Duc de Bretagne, contenant ses memorables faits depuis l'an 1413. jusques en l'an 1457. mis en lumiere par Theod. de Godefroy. *Paris, Pacard*, 1622.
Histoire Generale du Pays de Gastinois, Senonois & Hurepoix par Dom Guill. Morin. *Paris, Chevalier*, 1630.
Description de la Limagne d'Auvergne en forme de Dialogue, traduit de l'Italien de Gabriel Simeon par Antoine Chappuys. *Lyon, Guill. Rouille*, 1561.
Historicorum Burgundiæ conspectus ex Bibliotheca Philippi de la Mare. *Divione, Jo. Ressaire*, 1689.
Rerum Aquitanicarum libri V. ab Ant. Dadino Alteserra. *Tolosa, Colomerii*, 1648.
Arnoldi Oihenarti notitia utriusque Vasconiæ tum Ibericæ tum Aquitanicæ : accedunt Catalogi Pontificum Vasconiæ Aquitanicæ. *Par. Cramoisy*, 1638.
Idem emendatus & auctus. *Ibidem*, 1656.
Traité en forme d'abregé de l'Histoire d'Aquitaine, Guyenne & Gascogne, par Pierre Louvet. *Bourdeaux, de la Court*, 1659.
Les Saintes Antiquites de la Vosge, par Jean Ruyr. *Espinal, Ambroise*, 1633.
Histoire des Comtes de Carcassonne, par G. Besse. *Beziers, Arnauld Estradier*, 1645.
Histoire des Ducs, Marquis & Comtes de Narbonne, par le même. *Paris, Sommaville*, 1659.
De rebus gestis Valentinorum & Diensium Episcoporum Libri IV. autore Joanne Columbi. *Lugduni, Jacobi Canier*, 1652.
Histoire de la Maison de Luxembourg, par Nicolas Vignier. *Paris, Thomas Blaise*, 1619.
Apologie particuliere pour M. le Duc de Longueville. *Amsterdam*, 1650.

Genealogie des Ducs de Lorraine, par Theod. Godefroy, 1624.
Genealogie des Comtes & Ducs de Bar, jufques à Henry Duc de Lorraine & de Bar, l'an 1508. par Theodore de Godefroy. *Paris, Martin* 1627.
Suite Hiftorique des Ducs de la Baffe Lorraine, & en paffant l'Hiftoire Genealogique de Godefroy de Bouillon, par le fieur du Bofc. de Montandre. *Paris, Boiffet,* 1672.
La conjonction des Lettres & des Armes de Charles Cardinal de Lorraine & de François Duc de Guife, traduit du Latin de Jacques Boucher, par Jacques Tigeou. *Rheims, Jean de Foigny,* 1579.
Difcours Hiftorique contenant le Mariage d'Ansbert & de Blithilde prétenduë fille du Roy Clotaire I. ou II. par Loüis Chantereau le Febvre. *Paris, Antoine Vitré,* 1647.
Deffeins des Profeffions nobles & publiques, contenant plufieurs Traitez divers & rares, avec l'Hiftoire de la Maifon de Bourbon, &c. par Antoine de Laval. *Paris, Angelier,* 1613.

VII. *Hiftoria Genealogica Familiarum.*

Le Palais de la Gloire, contenant les Genealogies hiftoriques des illuftres Maifons de France & de plufieurs Nobles Familles de l'Europe. *Paris, Pierre Beffin,* 1664.
Nobiliaire de Picardie, contenant les Generalitez d'Amiens, Soiffons, Pays reconquis & partie de l'Election de Beauvais, par M. Haudicquer de Blancourt. *Paris, de la Caille,* 1693.

RERUM GALLICARUM
SCRIPTORES.

IN OCTAVO, &c.

I. *Defcriptiones Geographicæ.*

IN Pharum antiquæ Galliæ Philippi Labbe Difquifitiones Geographicæ a Nicolao Samfon. *Parifiis,* 1647. & 1648. *in* 12. 2. vol.
Jododi Sinceri, Itinerarium Galliæ. *Amftelodami, Janffonii,* 1649. *in* 12.

II. *Historia Generalis Ecclesiæ Gallicanæ.*

Hadriani Valesii, Disceptatio de Basilicis quas primi Francorum Reges condiderunt, an ab origine monachos habuerint. *Parisiis, Cramoisy*, 1657. *in* 8.

Ecclesiæ Gallicanæ in Schismate status; en Latin & en François. *Paris, Patisson*, 1594. *in* 8.

III. *Historia Franciæ Antiqua & Universalis.*

Gaudentius Merula de Gallorum Cisalpinorum antiquitate ac origine. *Lugduni, Gryphii*, 1538. *in* 8.

Antonii Gosselini, Historia Gallorum veterum. *Cadomi, Poisson*, 1636. *in* 8.

Aimoini Monachi Historiæ de gestis Francorum libri V. *Parisiis, Wecheli*, 1567. *in* 8.

Chronicon de Regibus Francorum a Pharamundo ad Henricum II. *Parisiis*, 1548.

Audomari Talæi, institutiones Oratoriæ. *Parisiis, Davidis*, 1548.

Cebetis Thebani Tabula & aurea Pithagoræ carmina, græce. *Parisiis, Wecheli*, 1548. *in* 8.

Continuatio Chronici Ademari Monachi Engolismensis ab anno 1032. ad an. 1652. a D. Petro a S. Romualdo, Ord. Cistertiensis. *Parisiis, Chamhoudry*, 1652. *in* 12.

Florus Francicus sive rerum a Francis bello gestarum Epitome ab anno 420. ad annum 1661. a Petro Berthault. *Parisiis, Thiboust*, 1660. *in* 12.

Le Thresor des Histoires de France, par Gilles Corrozet. *Paris, Jean Corrozet*, 1630. *in* 8.

Inventaire des erreurs, faussetez & déguisemens remarquables en l'Inventaire General de l'Histoire de France, par J. de Serres, par Scipion du Pleix. *Paris, Sonnius*, 1630. *in* 8.

Inventaire general de l'Histoire de France, par Jean de Serres. Tome premier. *Paris, Guillemot, in* 8.

Jani Cæcilii Frey, Admiranda Galliarum Compendio indicata. *Parisiis, Targa*, 1628. *in* 8.

IV. *Historia Singulorum Regum.*

La vie de Sainte Bathilde, Reine de France, Fondatrice & Religieuse de Chelles par le P. Etienne Binet. *Paris, Chappelet*, 1624. *in* 12.

L'Heritiere de Guyenne, ou Histoire d'Eleonore, fille de Guillaume dernier Duc de Guyenne, femme de Loüis VII. Roy de France, & ensuite de Henry II. Roy

HISTORIA GALLICA, in quarto.

d'Angleterre, par le fieur de Larrey. *Amfterdam Reinier Leers*, 1691. *in* 8.

La Minorité de S. Loüis avec l'Hiftoire de Loüis XI. & de Henry II. par Varillas. *La Haye, Moetjens*, 1687. *in* 8.

Hiftoire de la vie, faits héroiques & voyages de Loüis III. Duc de Bourbon, fous les Roys Jean, Charles V. & Charles VI. mis en lumiere par J. Maffon. *Paris, Huby*, 1612. *in* 8.

Hiftoire de Charles VII. *Paris, Guill. de Luyne*, 1697. *in* 12. 2. vol.

Hiftoire & difcours du Siege pris par les Anglois devant Orleans, & de fa délivrance par Jeanne d'Arc, dite la Pucelle. *Orleans, Hotot*, 1621. *in* 12.

Journal de la Paix d'Arras entre le Roy Charles VII. & Philippe le Bon Duc de Bourgogne, mis en lumiere par Jean Collart. *Paris, Billaine*, 1651. *in* 12.

Addition à l'Hiftoire de Loüis XI. par Gabriel Naudé. *Paris, Targa*, 1630. *in* 8.

Froffardi Hiftoriarum opus Latine redditum a Jo. Sleidano. *Amfterdami, Blaeu*, 1656.

Philippus Cominæus de rebus geftis a Ludovico XI. & Carolo VIII. Latine redditus ab eodem. *Ibidem, in* 12.

Les Remontrances faites au Roy Louis XI. fur les Privileges de l'Eglife Gallicane, & les Plaintifs & doleances du peuple; plus, l'Inftitution & Ordonnance des Chevaliers de l'Ordre des T. C. Rois de France, avec la forme & l'ordre de l'Affemblée des trois Etats tenus à Tours, fous le Regne de Charles VIII. &c. *Paris, Sertenas*, 1561. *in* 8.

Rerum Burgundicarum libri fex, a Ponto Heutero, *Hagæ-Comitis, Theod. Maire*, 1639. *in* 8

Lettres du Roy Louis XII. & du Cardinal d'Amboife, avec plufieurs autres Lettres, Memoires & Inftructions depuis 1504. jufques en 1514. *Bruxelles, Foppens*, 1712. *in* 8. 4. vol.

Hiftoire de la ligue faite à Cambray, entre le Pape Jules II. l'Empereur Maximilien I. Louis XII. Roy de France, contre les Venitiens. *La Haye, Moetjens*, 1710. *in* 12. 2. vol.

Recueil & difcours du voyage du Roy Charles IX. & des Princes de Champagne, Bourgogne, &c. és années 1564. & & 1565. recueillis par Abel Jouen. *Paris, Bonfons*, 1566. *in* 8.

Recueil des chofes memorables faites & paffées pour le fait de la Religion & état de ce Royaume, depuis la mort du Roy Henry II. jufqu'au commencement des troubles. 1565. *in* 8. 2. vol.

Du grand & loyal devoir, fidelité & obéiffance de MM. de Paris envers le Roy & Couronne de France. 1567. *in* 12.

Excellent & libre difcours fur l'état prefent de la France, avec la Copie des Lettres Patentes du Roy, depuis qu'il s'est retiré de Paris, ensemble deux Lettres du Duc de Guyse. 1588. *in* 12.

De gli Stati di Francia & della lor possanza, di Matteo Zampini. *In Parigi, Duvallo*, 1578. *in* 8.

Ordre tenu au Sacre & Couronnement d'Elisabeth d'Austriche Reine de France. *Paris, Robinot*, 1610. *in* 8.

Rerum in Gallia gestarum ob Religionem libri tres sub Henrico & Francisco II. & Carolo IX. 1570.

Supplicatio contra Guisios Carolo IX. exhibita. *&c.* 1570. *in* 8.

Recueil des choses jour par jour avenuës en l'Armée conduite d'Allemagne en France, par M. le Prince de Condé, pour le rétablissement de l'Etat du Royaume, & nommément pour la Religion. 1577. *in* 12.

Histoire des troubles & choses memorables avenuës, tant en France qu'en Flandres & Pays circonvoisins, depuis l'an 1562. jusques en 1570. *Basle, Pierre Davantes*, 1572. *in* 8.

Commentaire des dernieres guerres en la Gaule Belgique, entre Henry II & l'Empereur Charles V. & Philippes son fils Roy d'Espagne, par François de Rabutin. *Paris, Loqueneulx*, 1574. *in* 8.

La Legende de Charles Cardinal de Lorraine & de ses Freres de la Maison de Guise, par François de Lisle. *Reims, Jacques Martin*, 1576. *in* 8.

Histoire des troubles & choses memorables avenuës tant en France qu'en Flandres & Pays circonvoisins, depuis l'an 1562. jusqu'en 1577. *Basle, Barth. Germain*, 1578. *in* 8.

Histoire de France, depuis l'an 1550. jusqu'en 1577. par la Popeleniere. 1582. *in* 8. 4. vol.

Apologie Catholique contre les Libelles, Declarations, Avis, Consultations faites & écrites par les Liguez, *&c.* 1586. *in* 8.

Memoires de la Ligue sous Henry III. & Henri IV. depuis l'an 1576. jusques en 1598. Imprimé en 1602. *in* 8. 6. vol.

Recueil de plusieurs Pieces de la Ligue. 1586. *in* 8.

De justa Henrici III. e Francorum regno abdicatione, libri IV. *Parisiis, Nivellii*, 1589. *in* 8.

La vie & faits notables de Henry de Valois. 1589.

Le Martyre du Cardinal & du Duc de Guise, par Henry de Valois. 1589.

Histoire du meurtre & assassinat commis en la personne du Duc de Guise & du Cardinal son frere. 1589.

Le Bon François & de la foy des Gaulois, traduit du Latin de Michel Rit. *Lyon*, 1589.

Les Causes qui ont contraint les Catholiques à prendre les Armes. 1589.

Bb ij

Reduction des Villes de Senlis, Pont S. Maxence, Creil, Clermont en Beauvoifis & Crefpi en Valois, à l'union de l'Eglife Catholique. 1589.
La délivrance de la Ville de Rennes d'entre les mains des Hérétiques. *Lyon, Pilehotte*, 1589.
Le faux vifage découvert du fin Renard de la France. 1589.
Origine de la maladie de la France avec les remedes propres à la guérifon d'icelle.
Difcours véritable de ce qui eft arrivé aux Etats tenus à Blois. 1589.
Les Sorcelleries de Henry de Valois. 1589.
Remontrance faite par Madame de Nemours à Henry de Valois, avec la réponfe de Henry de Valois : enfemble les lamentations de Madame de Guife fur la réponfe de M. de Guife. 1589.
Oraifon funebre du Cardinal de Lorraine & du Duc de Guife. *Paris, Roffet*, 1589.
Tombeau & Epitaphe fur la mort de M. le Duc de Guife. *Paris, Bichon*, 1589.
Forme du Serment qu'il convient faire par tout le Royaume, pour l'entretenement de la Sainte Union. *Lyon, Pillehotte*, 1589.
Les regrets, complaintes & confufion du Duc d'Efpernon, fur fon département de la Cour. 1579. *in* 8.
Le Miroir des François, par Nicolas de Montand. 1581. *in* 8.
Le Cabinet du Roy de France, dans lequel il y a trois Perles d'ineftimable valeur. 1581. *in* 8.
Delaration de la volonté du Roy fur les nouveaux troubles de ce Royaume. *Paris, Federic Morel*, 1585. *in* 8.
La vertu du Catholicon d'Efpagne, avec un abregé de la tenuë des Etats. 1594. *in* 8.
Satyre Menippée de la vertu du Catholicon d'Efpagne. 1624. *in* 8.
La même avec des remarques. *Ratisbonne*, 1664. *in* 12.
Le Mafque de la Ligue & de l'Efpagnol découvert. *Tours, Mettayer*, 1590. *in* 8.
Meflanges hiftoriques de ce qui s'eft paffé depuis l'an 1390. jufques en l'an 1580. par Nicolas Camufat. *Troyes, Moreau*, 1619. *in* 8.
Quatre excellens difcours fur l'état prefent de la France. 1595. *in* 8.
Difcours & raport véritable de la Conference tenuë entre les Députez de la Ligue & les Députez du parti du Roy de Navarre. *Paris, Morel*, 1593. *in* 8.
Le même. *Ibidem*, mais d'une autre impreffion. *In* 8.
Hiftoires des derniers troubles de France, fous les Regnes de Henry III. & Henry IV. *Lyon, Etienne Bonaventure*. 1597. *in* 8.
Commentaires de M. Blaife de Montluc. *Paris, Jean Joft.* 1639. *in* 8.

Ad Franc. Hotomani Franco-Galliam Responsio Antonii Matharelli. *Parisiis, Morelli*, 1575. *in* 8.
Discours merveilleux de la vie, actions & déportemens de Catherine de Medicis. 1649. *in* 8.
La fatalité de S. Cloud, près Paris. 1672. *in* 8.
Guillelmi Fossi, de vita Henrici III. libri IX. *Parisiis, Dion. Langlæi*, 1628. *in* 8.
Recueil de diverses pieces servant à l'Histoire d'Henry III. *Cololongne, Marteau*, 1666. *in* 12.
Moyens d'abus, entreprises & nullitez du Rescrit & Bulle de Sixte V. contre le Prince Henry de Bourbon, &c. *Ambrun, Chaubert*, 1586. *in* 8.
Anti-Sixtus. 1590. *in* 8.
La vie, mœurs & déportemens de Henry Bearnois, soi-disant Roy de Navarre. *Paris, Pierre des-Hayes*, 1589. *in* 8.
Histoire de la Conquête du Pays de Bresse & de Savoye, par le Roy Henry IV. par le sieur de la Popeliniere. *Paris, de Monstrœil*, 1601. *in* 8.
Remontrance au Roy Henry le Grand par Messieurs de Parlement, le 24. Décembre 1603. pour le dissuader de l'Edit par lequel les Jesuites ont été depuis rapellés & rétablis en France. 1610. *in* 8.
Histoire de France & des choses memorables avenuës aux Provinces étrangeres durant sept années de Paix du Régne d'Henry IV. *Roüen, Osmont*, 1615. *in* 8. 2. vol.
Le Cavalier de Savoye, ou Réponse au Soldat François. 1607.
Discours servant d'apologie contre les Calomnies du Cavalier. Savoysien. 1607. *in* 12.
Henrici IV. Regis Galliæ.&c. Epistolæ. *Ultrajecti, Ribbii*, 1679. *in* 8.
Henrici Magni vita a Rodolpho Botereio. *Par. Chevallerii*, 1611. *in* 8.
Histoire du Roy Henry le Grand par Henry de Perefixe. *Amsterdam, Elzevier*, 1661. *in* 12.
Memoires d'Etats sous les Regnes des Rois Henry III. & Henry IV. *Paris, Mauger*, 1664. *in* 12. 2. vol.
Memoires du Duc d'Angoulesme, pour servir à l'Histoire d'Henry III. & d'Henry IV. *Paris, Barbin*, 1667. *in* 12.
Memoires du Maréchal d'Estrées, de la Regence de la Reine Marie de Medecis. *Paris, Thierry*, 1666. *in* 12.
Hemerologium ex Jac. Aug. Thuani Historiarum operibus contextum a Joh. Fabricio. *Neapoli-Nemetum, Vetteri*, 1617. *in* 12.
Memoires de la Reine Marguerite. 1658. *in* 12.
Decisions Royales sur les principales difficultez de l'Edit de Nantes. *In* 8.
Le Catholique d'Etat, par le sieur du Ferrier. *Paris, Bouilleret*, 1625. *in* 8.
Origine des deux Compagnies des Gentilshommes ordinaires de la Maison du Roy. *Paris, Heuqueville*, 1614. *in* 8.

La défense du Roy & de ses Ministres, par le sieur des Montagnes. *Paris, Richer*, 1631. *in* 8.

Diverses Pieces pour la défense de la Reine mere du Roy Louis XIII. par Matthieu de Morgues. Tome second. 1637. *in* 8.

Les véritez Françoises opposées aux Calomnies Espagnoles. *Beauvais*, 1635. *in* 8.

L'homme du Pape & du Roy. 1635. *in* 8.

Lettre du P. de Chantelove aux nouvelles Chambres de Justice.

Lettre de la Cordonniere de la Reine Mere, à M. de Beradas.

Rabbi Benoni visiones & doctrina.

Le Catholicon François.

Derniers avis à la France, par un bon Chrêtien & fidéle Citoyen.

Le Prophete François, à M. le Cardinal de Richelieu.

Les justes plaintes de l'Hollandois Catholique & pacifique sur les affaires du tems.

L'esprit bienheureux du Maréchal de Marillac, à l'esprit malheureux du Cardinal de Richelieu. *In* 8.

De gestis Ludovici XIII. in Normannia & Aquitania Compendiosa descriptio per Nicol. des Carneaux. *Parisiis*, 1620. *in* 8.

Ludovici XIII. Quadrimestre itinerarium ab Oceano Neustrico ad montes Pyrenæos, a Rodolpho Botereio. *Parisiis, Chevalier*, 1621. *in* 8.

Alexandri Patricii Mars Gallicus, seu de justitia armorum & fœdorum Regis Galliæ libri duo. 1639. *in* 12.

Chronologie des Etats Generaux où le Tiers Etat est compris depuis l'an 422. jusques en 1615. par Jean Savaron. *Paris, Chevalier*, 1615. *in* 8.

Recueil concernant les Etats tenus sous plusieurs Roys de France. Par. *Martin Gobert*, 1614. *in* 8.

Discours sur les Etats de France, par J. L. P. I. C. D. *in* 8.

Histoire Chronologique des hommes illustres de France sous les Regnes des Roys Louis XI. Charles VIII. Louis XII. François I. Henry II. François II. Charles IX. Henry III. Henry IV. & Louis XIII. par C. Malingre. *Par. Tiffaine*, 1617. *in* 8.

Histoire de la vie du Duc d'Epernon, par M. Girard. *Paris, Billaine*, 1673. *in* 12. 3. vol.

Histoire du Regne de Louis XIII. par Michel le Vassor. *Amsterdam, Brunel*, 1700. *in* 12. 9. vol.

Histoire veritable de tout ce qui s'est passé dans la Ville de Touloufe en la mort de M. de Montmorency.

Journal de M. le Cardinal de Richelieu és années 1630. & 1631. *Amsterdam, Wolfgang*. 1664. *in* 12. 2. vol.

Histoire du Ministere du Cardinal de Richelieu. *Leyde, Jean, Sambix*, 1652. *in* 12. 2. vol.

Memoires pour l'histoire du Cardinal Duc de Richelieu, recueillis

par le Sieur Aubery. *Cologne, Marteau*, 1667. *in* 12. 7. vol.
Lettres du Cardinal de Richelieu. *Lyon*, 1695. *in* 12.
Histoire du Cardinal Duc de Richelieu, par le Sieur Aubry. *Cologne*, 1666. *in* 12. 2. vol.
La même. *Paris, Denis Thierry*, 1688. *in* 12. 2. vol.
Testament politique du Card. de Richelieu. *Amsterdam, Desbordes*, 1688. *in* 12.
La vie du Cardinal Duc de Richelieu. *Cologne*, 1696. *in* 12. 3. vol.
Le veritable Pere Joseph Capucin nommé au Cardinalat, contenant l'histoire abregée du Cardinal de Richelieu. *Saint Jean de Maurienne, Butler*, 1704. *in* 12.
Memoires du Maréchal de Bassompierre. *Cologne, Marteau*, 1665. *in* 12. 2. vol.
Memoires de Gaston Duc d'Orleans contenant ce qui s'est passé en France de plus considerable depuis l'an 1608. jusques en l'an 1636. *La Haye, Moetjens*, 1685. *in* 12.
Memoires du Sieur de Pontis, contenant plusieurs circonstances des guerres & du Gouvernement sous les Regnes des Roys Henry IV. Louis XIII. & Louis XIV. *Rouën*, 1676. *in* 12. 2. vol.
Les Memoires de Jacques de Chastenet Seigneur de Puysegur, sous les Regnes de Louis XIII. & Louis XIV. donnés au public par M. Duchesne avec des instructions militaires. *Par. Morel*, 1690. *in* 12.
Divers Memoires concernant les dernieres guerres d'Italie, avec trois traitez de feu M. Sylhon. *Paris, Mabre-Cramoisy*, 1669. *in* 12. 2. vol.
Memoires de la minorité de Louis XIV. par Varillas. *Ville-Franche, Jean de Faul*, 1689. *in* 12.
Le Sacre & Couronnement de Louis XIV. *Paris, Jean Michel, Garnier*, 1720. *in* 12.
Protestation du Chapitre de l'Eglise Metropolitaine de Reims, contre le Procez Verbal de M. l'Evêque de Soissons. *Reims*, 1695.
Procez Verbal du Sacre de Louis XIV. fait par M. Simon le Gras Evêque de Soissons. *Reims, Multeau*, 1697. *in* 8.
Memoires du Cardinal de Retz. *Amsterdam*, 1718. *in* 12. 3. vol.
Memoires de Joly. *Rotterdam, Leers*, 1718. *in* 12. 2. vol.
Les Affaires qui sont aujourd'hui entre les maisons de France & d'Austriche, 1649. *in* 12.
Le même, 1662. *in* 12.
La politique de la Maison d'Austriche avec un discours sur la conjoncture presente des affaires d'Allemagne par le Sieur de Bon-air. *Sur l'imprimé à Paris*, 1658. *in* 12.
Les années Françoises ou les Campagnes de Louis XIV. par le

Sieur de Cerisiers. *Paris, Charles Angot*, 1658.
De l'interest des Princes & Etats de la Chrétienté par M. le Duc de Rohan. *Par. Loyson*, 1650. *in* 12.
Recueil des traitez de confédération & alliance entre la Couronne de France, les Princes & Etats étrangers depuis l'an 1621. jusques à present avec quelques autres pieces apartenantes à l'histoire. 1651. *in* 8.
Il trattato della pace conclusa fra le due corone a San Gio. de luz nell' anno 1659. descritta del Conte Gualdo Priorato. *In Bremen*, 1608. *in* 8.
Histoire du traité de la paix concluë sur la frontiere d'Espagne entre les deux Couronnes en l'an 1659. avec un recueil de diverses matieres concernantes le Duc de Lorraine. *Cologne, Pierre de la Place*, 1665. *in* 12.
Negociations de paix faite à Francfort.
Remarques sur la reddition de Dunkerque entre les mains des Anglois.
Traité de paix entre la France & l'Angleterre. *Paris, Cramoisy*, 1659. *in* 12.
Factum de M. Fouquet, 1666. *in* 12.
Relation de la conduite présente de la Cour de France, traduite de l'Italien. *Cologne*, 1665. *in* 12.
Recueil historique contenant diverses pieces curieuses de ce tems. *Cologne, Dyck*, 1666. *in* 12.
Memoires de M. de Lionne au Roy interceptez par la Garnison de l'Isle. 1668. *in* 12.
Lettre touchant l'Etat present de la Negociation de la paix entre les Couronnes de France & d'Espagne avec les articles de ladite paix concluë à Aix la Chapelle, 1668.
Lettre de M. du Mouliere resident de Sa Majesté en Suisse à MM. du Canton de Fribourg & aux Etats Generaux des treize Cantons avec les Réponses d'un Conseiller du Magistrat de Fribourg. *Geneve, Bordellier*, 1670. *in* 12.
Les Pourtraits de la Cour pour le present, c'est-à-dire du Roy, des Princes & des Ministres d'Etats & autres. *Cologne*, 1667.
Le Portrait de Madlle D. L. V. avec les devises sur les armes de M. Colbert,
La Revuë des Troupes d'Amour. *in* 12.
Principis Furstembergii violenta abductio & injusta detentio, cum Wolfangici libelli censura. *Antuerpiæ*, 1674. *in* 12.
Memoires de M. L. D. M. *Cologne, Marteau*, 1675. *in* 12.
Ludovico Magno post expeditionem Batavicam epinicium. *Paris. de Luyne*, 1672. *in* 8.
Lettres & autres pieces curieuses sur les affaires du tems. *Amsterdam*, 1672. *in* 12.
Avis fidele aux veritables Hollandois, touchant ce qui s'est passé

dans les Villages de Bodegrave & Swammerdam &c. avec un Memoire de la derniere marche de l'armée du Roy de France en Brabant & en Flandre. 1673. *in* 12.

Relation des violences exercées au Palatinat és années 1673. & 1674. *Cologne*, 1675. *in* 12.

Relation de ce qui s'est passé dans les armées du Roy en Allemagne & en Flandre en 1675. & 1676. *Cologne*, 1676. *in* 12.

Journal du Siege de Philisbourg en 1676. *Strasbourg*, *Paully*, 1676. *in* 12.

L'Orateur François, ou Harangue de M. l'Archevêque d'Ambrun &c. *Liege*, *Chocquier*, 1674. *in* 12.

L'Europe esclave si l'Angleterre ne rompt ses fers. *Cologne*, 1678. *in* 12.

La France sans bornes, comment arrivée à ce pouvoir suprême & par qui. *Cologne*, *Marteau*, 1684. *in* 12.

Memoire des contraventions faites par la France au traité de paix, conclu à Nimégue &c. 1682. *in* 12.

Réponse au livre intitulé : la conduite de la France depuis la paix de Nimégue. 1683. *in* 12.

Idea y proceder de Francia des de la pazes de Nimega. *En Colonia*, *War-Sager*, 1684. *in* 8.

Histoire de la vie de Louis de Bourbon, Prince de Condé. *Cologne*, 1693. *in* 12.

Projet de paix delivré par les Ambassadeurs Plenipotentiaires de France &c. 1697. *in* 12.

Les amours de Mad. de Maintenon. *Ville-Franche*, *Dufour*, 1694. *in* 12.

Memoires de M. J. B. de la Fontaine. *Cologne*, *Marteau*, 1699. *in* 8.

Memoires politiques pour servir à la parfaite intelligence de l'histoire de la paix de Riswick par M. du Mont. *La Haye*, *François l'Honoré*, 1699. *in* 12. 4. vol.

Memoires de M. d'Artagnan, contenant quantité de choses secrettes & particulieres qui se sont passées sous le Regne de Louis le Grand. *Cologne*, *Marteau*, 1701. *in* 12.

Lettres de M. Fits-Moritz sur les affaires du tems, traduites de l'Anglois par M. de Garnesey. *Rotterdam*, *Leers*, 1718. *in* 12.

VI. *Tractatus de Regum Franciæ juribus, prærogativis, dignitate, &c.*

Matth. Zampinus de origine & atavis Hugonis Capeti illorumque, cum Carolo magno, Clodoveo, atque antiquis Francorum Regibus, agnatione & gente. *Par. Brumennii*, 1581. *in* 8.

Histoire de la veritable origine de la troisiéme race des Roys de France, composée par M. le Duc d'Epernon, & publiée par

M. de Prade. *Paris, Cramoisy*, 1680. *in* 12.
Traité historique des armes de France & de Navarre & de leur origine par M. de Sainte Marthe. *Paris, Roulland*, 1673. *in* 12.
Traité de la Majorité de nos Roys & des Regences du Royaume avec les preuves & un traité des prééminences du Parlement de Paris. *Amsterdam, Waësberge*, 1722. *in* 8. Tomes premier second & quatriéme.
Hadriani Valesii, observationis de annis Dagoberti Francorum Regis adversus Chiffletium defensio, & Ejusdem Notitiæ Galliarum adversus Germinium defensio. *Parisiis, Cramoisy*, 1684. *in* 8.
Decora Franciæ in Ludovici Regis unctione reflorescentia, a Claudio Dormay. *Par. Josse*, 1655. *in* 8.
Les Recherches des Recherches & autres œuvres d'Estienne Pasquier. *Paris, Chappelet*, 1622. *in* 8.
Le Grand Aumônier de France par Sebast. Rouillard. *Par. Douceur*, 1607. *in* 8.
Discours des Etats, Offices tant du Gouvernement que de la Justice & des Finances de France par Charles de Figon. *Par. Corrozet*, 1608. *in* 8
Declaration du Roy contre les Reaux d'Espagne fabriquez au Perou de l'an 1650. *Paris, Cramoisy*, 1650. *in* 8.
L'Etat de la France. *Par. Guignard*, 1712. *in* 12. 3. vol.
Memoires & instructions pour servir dans les Negociations & affaires concernant la France. *Par. le Febvre*, 1689. *in* 12.
Préliminaire des Traitez faits entre les Roys de France & tous les Princes de l'Europe depuis le Regne de Charles VII. *Par. Leonard*, 1692. *in* 12.
Traité des usurpations des Roys d'Espagne sur la Couronne de France depuis Charles VIII. ensemble un discours des prétentions des Roys T. Ch. sur l'Empire, par C. Balthazard. *Par. Morel*, 162,.
Ce même traité augmenté d'un Sommaire des droits de cette Couronne sur les Comtés de Bourgogne, Cambray &c. *Ibidem*, 1626. *in* 8.
Traité des Parlemens ou Etats Generaux, par Pierre Picault. *Cologne, Marteau*, 1679. *in* 12.
Les Recherches des Droits du Roy & de la Couronne de France, &c. par Jacques de Cassan. *Par. Bagot*. 1646. *in* 8.
Hiatus Jac. Castani obstructus a Franc. Zypæo. *Antuerpia, Verdussii*, 1639. *in* 8.
Idem. *Ibidem*, 1640. *in* 8.
La Verité défenduë des Sophismes de la France & réponse à l'Auteur des prétentions du Roy T. C. sur les Etats du Roy Catholique, traduit de l'Italien. 1668. *in* 12.

Traité des droits de la Reyne sur divers Etats de la Monarchie d'Espagne. *Paris, de l'imprimerie Royale,* 1667. *in* 12.
Dialogue sur les Droits de la Reyne T. C. 1667. *in* 12.
Remarques pour servir de réponse à deux écrits imprimés à Bruxelles contre les droits de la Reyne sur le Brabant, &c. 1667. *in* 12.
Bouclier d'Etat & de Justice contre le dessein manifestement découvert de la Monarchie universelle sous le vain prétexte des pretentions de la Reyne de France. 1667. *in* 12.
Recherche des Connêtables, Maréchaux & Admiraux de France par M. A. Mathas. *Par. Julliot,* 1623. *in* 8.
Traité singulier du Blason, contenant les regles des Armoiries des armes de France & de leur Blason, ce qu'elles representent & le sentiment des Auteurs qui en ont écrit. *Par. Mabre-Cramoisy,* 1673. *in* 12.
Les diverses especes de Noblesse & des manieres d'en dresser les preuves par le P. Menestrier. *Par. de la Caille,* 1682. *in* 12.
Traité de la Noblesse & de son origine. *Paris, Morel,* 1700. *in* 12.

VI. *Historiæ Provinciarum & Urbium.*

La Métropole Parisienne par André du Saussay. *Paris, Petitpas,* 1625. *in* 8.
Eclaircissement de l'ancien droit de l'Eglise de Paris, sur Pontoise. &c. par M. Deslyons. *Par. Villery,* 1697. *in* 8.
H. Guionii, Oratio de restauratione reparationis Academiæ. *Par. le Clerc,* 1613. *in* 8.
De Decanatu Nationis Gallicanæ, a Bulæo Rectore Universitatis. *Par. Varisquet,* 1662. *in* 8.
Statuta honorandæ nationis Gallicanæ recognita & reformata &c. edita a J. B. Freteau. *Par. Thiboust,* 1689. *in* 8.
Explication du Tableau donné par M. Aubert au grand Bureau des Pauvres. *Par. Ribou,* 1680. *in* 8.
Description Sommaire du Château de Versailles. *Par. Desprez,* 1674. *in* 12.
Recueil des figures, grouppes, thermes, fontaines, vases & autres Ornemens du Château, & parc de Versailles; gravées par Thomassin. *in* 8.
Annales Ecclesiastiques du Diocese de Châlons eu Champagne, par le P. Charles Rapine Recollect. *Par. Sonnius,* 1636. *in* 8.
Nic. Camuzat, Promptuarium sacrarum antiquitatum Tricassinæ Diœcesis. *Trevis, Moreau,* 1610. *in* 8.
Symph. Guyon, Notitia Sanctorum Ecclesiæ Aurelianensis & Historia Chronologica Episcoporum ejusdem Eccl. *Aurelia, Hotot,* 1637. *in* 8.
La Solemnelle entrée des Evêques d'Orleans en leur Eglise, &c.

HISTORIA GALLICA, *in octavo*, &c.
par Jacques Guyon. *Orleans, Borde*, 1648. *in* 8.
Histoire de l'Eglise de Chartres par Sebastien Rouillard. *Paris, Thierry*, 1609. *in* 8.
Memoire des Comtes du Maine par P. Trouillard. *Au Mans*, 1643. *in* 12.
Jo. Richardi, Antiquitatum Divionensium & de statuis noviter divione repertis in Collegio Codraniorum liber. *Parisiis Linocerii*, 1585. *in* 8.
La découverte de la Ville d'Antre en Franche-Comté. *Par.* 1697. *in* 1*.
Indiculus Sanctorum Lugdunensium concinnatus a Theophilo Raynaudo. *Lugduni, Landry*, 1629. *in* 12.
Petri de Marca, Dissertatio de primatu Lugdunensi & cæteris primatibus. *Parisiis, Camusat*, 1644. *in* 8.
Histoire de l'antiquité & sainteté de la Cité de Vienne en la Gaule Celtique, par Jean le Lievre. *Vienne, Poyet*, 1623. *in* 8.
Discours de l'antiquité & Echevinage de la Ville de Reims. *Reims, de Foigny*, 1628. *in* 8.
Historica & Chronologica Præsulum S. Regiensis Ecclesiæ nomenclatura a Sim. Bartel. *Aquis-Sextiis, David*, 1636. *in* 8.
Eadem aucta Apologetico pro Sanctitate & fide Orthodoxa Fausti Episcopi Regiensis. *Ibidem*, 1637. *in* 8.
Jo. Launoii Dissertationes tres, 1. de Septem Episcoporum adventu in Galliam, 2. de primis Galliæ Martyribus, 3. de primi Cœnomannorum Antistitis Epocha. *Parisiis, Martin*, 1670.
——Dispunctio Epistolæ, quo primum in Galliis suscepta est Christi fides. *Ibidem* 1659.
——Judicium super Chiffletii de uno Dionysio Dissertatione. *In* 8.
Apologia Capituli Ecclesiæ Andegavensis pro S. Renato Episcopo suo. *Andegavi, Avril*, 1650. *in* 8.
Jo. Launoii, duplex Dissertatio, 1. de autore vitæ S. Maurillii, 2. de Renati Andegav. Episcopi historia: subjicitur Apologia pro Nefingo hujus nominis 1. Andegav. Episcopo. *Parif. Martin*, 1663.
——Dissertatio de autore librorum de Imitatione Christi. *Ibidem.*
——Remarques Sommaires sur un livre intitulé : La Contestation touchant l'Auteur de l'Imitation de Jesus-Christ. *Ibidem. in* 8.
Epistolæ quædam de amicitia olim contracta a diversis Ecclesiis propter S. Maximum Episc. Rhegii in Provincia, renovata a Joanne Theroude. *Parisiis, Charles*, 1636. *in* 8.
Histoire de S. Quentin, Patron du Vermandois, par Claude de la Fons. *S. Quentin, le Queux*, 1629. *in* 8.
De Scholis publicis eorumque Magisteriis Dissertatio pro Regali Ecclesia S. Quintini cum Tabella Chronologica Decanorum Custodum & Canonicorum ejusdem Ecclesiæ, &c. a Claudio Hemeræo. *Parisiis, de la Perriere*, 1633. *in* 8.

HISTORIA GALLICA, in octavo, &c.

Projet d'une Histoire de Roussillon, de M. L. R. *in* 12.
La Guyenne de M. Antoine Loysel. *Paris, Langelier,* 1605. *in* 8.
Lettres contenant la relation des Travaux pour la communication des deux Mers en Languedoc. *Toulouse, Camusat,* 1672. *in* 8.
Le Valois Royal. Exrrait des Memoires de Nicolas Bargeron. *Paris, Gilles Beyss.* 1583. *in* 12.
Chronicon Abbatialis Canonicæ Eccl. S. Joannis apud vineas Suession. a Petro Grisio. *Parisiis, Sevestre,* 1619. *in* 8.
Compendiosum Abbatiæ Longipontis Suessionensis Chronicon ab Antonio Muldrac. *Parisiis, Jo. Bessin.* 1652. *in* 8.
Ecclesiæ S. Martini Turonensis jura propugnata, a Rad. Mousnier. *Parisiis, Pepingué,* 1663. *in* 8.
Antiquité & choses plus remarquables de la Ville d'Amiens, avec le Catalogue des Evêques, par Adrian de la Morliere. *Amiens.* 1624. *in* 8.
Julii Cæsaris portus Iccius illustratus a Guill. Somnero, & Carolo Du Fresne, latine versus & auctus nova dissertatione ab Edm. Gibson. *Oxonii, e Theatro Sheldoniano,* 1694. *in* 8.
Recherche de l'antiquité d'Abbeville, par N. Sanson. *Paris, Mansion,* 1636. *in* 8.
Stylus Jurisdictionis Ecclesiasticæ Archiepiscopalis Primat. & Patriarchalis Bituricensis cum notis Jo. Chenu : accedit omnium Archiepiscoporum ejusdem Ecclesiæ Catalogus & Beneficiorum. *Parisiis, Foüet.* 1603.
Privileges de la Ville de Bourges, avec les remarques & annotations de Jean Chenu. *Ibidem, in* 8.
Memoires sur l'état du Clergé & de la Noblesse de Bretagne, par le P. Toussaint de S. Luc, Carme. *Paris, Prignard,* 1691. *in* 8. 2. vol.
Histoire du Royaume de Navarre. *Paris, Nicolas Gilles,* 1596. *in* 8.
Jo. Samblancati, Index Comitum Ruscinonensium. *Tolosæ, d'Estey,* 1642. *in* 8.
Question historique, si les Provinces de l'ancien Royaume de Lorraine doivent être appellez de l'Empire ; par Louis Chantereau le Febvre. *Paris, Bertault,* 1644. *in* 8.

VII. *Familiæ & Vitæ Illustrium.*

Arrest contre Charles II. Duc de Lorraine, avec les remarques de J. Juvenal des Ursins. *Paris, Villery,* 1634. *in* 8.
Histoire de Filippe Emanuel Duc de Mercœur. *Cologne, Marteau,* 1689. *in* 8.
Enterrement de Claude de Lorraine, Duc de Guise, &c. par Emond du Boulay. *Paris, Taupinart,* 1620. *in* 8.

HISTORIA GALLICA, in octavo, &c.

Vie de François de Lorraine, Duc de Guife. *Paris, Mabre-Cramoify.* 1681. *in* 8.

Gallia in Seren. Domum Lotharingicam, Lotharingiam & Orbem reliquum verecunda Germaniæ candidæ repræfentata. *Hagæ-Comitis, Laurentii*, 1671. *in* 12.

Hiftoire de l'emprifonnement de Charles IV. Duc de Lorraine détenu par les Efpagnols dans le Château de Tolede. *Cologne, Marteau*, 1688. *in* 12.

Teftament politique de Charles Duc de Lorraine & de Bar. *Lipfic, Weitman*, 1696. *in* 8.

Suite des Memoires du Marquis de Beauveau, pour fervir à l'Hiftoire de Charles V. Duc de Lorraine & de Bar. *Cologne, Marteau*, 1688. *in* 12.

Repréfentations du procedé tenu en l'inftance faite devant le Roy, par MM. de Courtenay, pour la confervation de l'honneur de leur Maifon & droit de leur naiffance. *Paris*, 1608. *in* 8.

Hiftoire abregé des Comtes Souverains de Neufchatel, par M. Defmolins. *Paris, Giffart*, 1706. *in* 12.

Vie de M. l'Abbé de Val-Richer, par le P. Buffier Jefuite. *Paris, Boudot*, 1696. *in* 12.

Memoires de Brantome, contenant les vies des hommes illuftres & Grands Capitaines François de fon tems. *Leyde, Jean Sambix.* 1666. *in* 12. 4. vol.

Memoires du même, contenant les vies des Dames illuftres de France de fon tems. *Ibidem.* 1665. *in* 12.

Oraifon funebre fur le trépas du Maréchal de Savigny, par Jehan Boucher. *Bruxelles, Monmaert*, 1596. *in* 8.

Vie de Gafpard de Coligny. *Cologne, Marteau*, 1686. *in* 12.

Vie du Vicomte de Turenne, par du Buiffon. *Cologne, Jean de Clou*, 1686. *in* 12.

Vie de J. B. Colbert, Miniftre d'Etat, fous Louis XIV. *Cologne.* 1695. *in* 12.

Teftament Politique de J. B. Colbert. *La Haye, Bulderen*, 1694. *in* 12.

Memoires de la vie de François Duffon, contenant ce qui s'eft paffé de plus confiderable pendant les dernieres troubles de France, au fujet de la Religion. *Amfterdam*, 1677. *in* 12.

Memoires de Pierre-François Prodez. *Amfterdam, le Jeune*, 1677. *in* 12.

Hiftoire de la vie du Maréchal de Crequy. *Grenoble, Provenfal*, 1683. *in* 12.

Hiftoire du Maréchal de Fabert. *Amfterdam, Des Bordes*, 1697. *in* 12.

Lettre de M. Hevin, touchant l'Hiftoire de la Comteffe de Chateaubriand. *In* 8.

Abregé de la vie de Maurice Eugene de Savoye, Comte de Soiffons. *Paris, Girard*, *in* 12.

Memoires de M. le Comte de Montbas sur les affaires de Hollande. *Sur l'Imprimé à Utrecht*, 1672. *in* 12.

RERUM GERMANICARUM
Hungaricarum, Polonicarum & Regionum Septentrionalium Scriptores.

IN FOLIO.

I. *Historia Germaniæ Antiqua & Universalis.*

Germanicarum rerum Scriptores aliquot insignes, qui res a Carolo Magno ad Fridericum III. Imp. reliquerunt tomus I. a Marquardo Frehero editus. *Francofurti, Typis Wechelianis*, 1624.

Eorumdem tomus II. res sub Friderico III. & Maximiliano I. Impp. gestas continens. *Ibidem*, 1637.

Eorumdem Tomus III. in quo res sub Carolo V. Imp. gestæ habentur. *Hanoviæ, Marnii*, 1611.

Alamannicarum rerum Scriptores aliquot vetusti & recentiores editi a Melchiore Goldasto. *Francofurti, Porssii*, 1661.

Rerum Germanicarum Tomi tres; I. continens Historicos Germanicos ab H. Meibomio seniore editos II. Historicos ab H. Meibomio juniore editos III. Dissertationes Historicas utriusque Meibomii. Edidit H. Meibomius junior. *Helmæstadii, Hammii*, 1686. 2 vol.

Conradi a Liechtenaw Abbatis Urspergensis Chronicon usque ad Friderici II. Imp. tempora, cum paralipomenis rerum memorabilium ad Carolum V. *Basileæ, Pernæ*, 1569.

Joh. Trithemii, Opera Historica edita a Marq. Frehero. *Francofurti, Typis Wechelianis*, 1601.

Ejusdem, Annalium Hirsaugiensum opus MSS. Monasteris S. Galli *Typis ejusdem Monasterii per Jo. Georgium Schelegel*, 1690. 2. vol.

Germaniæ Historicorum illustrium, ab Henrico IV. Imp. ad annum Christi 1400. tomus unus editus studio Christiani Urtisii. *Francofurti, Seyler*, 1670.

De Germanorum prima origine, moribus, institutis, legibus & memorabilibus Libri XXXI. ex Germanicis scriptoribus latine tralati ab H. Mutio. *Basileæ, Henrie-Petri*, 1539.

Beati Rhenani rerum Germanicarum libri tres. *Basileæ, Froben*, 1531.

Tacuini Sanitatis Elluchasem Elimithar Medici de Baldath de sex rebus non naturalibus, earum naturis, operationibus & rectificationibus, publico omnium usui conservandæ sanitatis, recens exarati

Albengnesit de virtutibus medicinarum & Ciborum.

Jac. Alkindus, de rerum gradibus. *Argentorari, Schotti*, 1531.

Bilibaldi Pirckheimeri, Opera politica historica Philologica & Epistolica edita a Melch. Goldasto. *Francofurti, Hermanni a Sande*, 1665.

Jo. Petri Lotichii, rerum Germanicarum sub Matthia, Ferdinandis II. & III. Impp. gestarum libri IV. *Francofurti, Hoffmanni*, 1646.

Gabrielis Bucelini, Germania Topo-Chrono-Stemmato-Graphica Sacra & Profana. *Ulmæ, Gorlini*, 1655.

Caroli Carafa, Commentaria de Germania Sacra restaurata sub SS. Pontificibus Gregorio XV. & Urbano VIII. regnante Ferdinando II. Imp. *Aversæ, Ægidii, Longhi*, 1630.

Decreta, Diplomata, Privilegia aliqua ex multis quæ in favorem Ecclesiæ Catholicæ & Catholicorum in Germania emanarunt, ab anno 1620. ad ann. 1629. ex Cancellaria Aulica Imperii, &c.

Jac. Wilhelmi Imhoff, Notitia S. Rom. Imperii Procerum tam Ecclesiasticorum quam Sæcularium, Historico - Heraldico-Genealogica, &c. *Tubingæ, Jo. Georgii, Cottæ*, 1687.

XIV. Tabulæ Genealogicæ quibus exhibentur præcipuæ familiæ hodiernorum Principum Imperii. *Ibidem*. 1685.

Assertio juris Imp. Caroli V. in Geldriæ Ducatu & Zutphaniæ comitatu edita in comitiis Ratisbonensibus anno 1541. & confutatio oppugnationum Guilielmi Cliviæ Ducis Francfordiæ exhibitarum anno 1539. *Nuremberga, Joh. Petreii*.

Justi Asterii examen comitiorum Ratisbonensium sive disquisitio politica de nupera electione Regis Romanorum. *Hanoviæ, Meinhardi*, 1637.

Acta rescripta monumenta ac documenta publica Electionem Regis Romanorum concernentia, &c.

Annales rerum belli domique gestarum ab Austriacis Habspurgicæ gentis Principibus, a Rodolpho I. ad Carolum V. per Gerardum de Roo. *Oeniponti, Jo. Agricolæ*, 1592.

Austria Jo. Cuspiniani, cum omnibus ejusdem Marchionibus Ducibus, Archiducibus ac rebus præclare ad hæc usque tempora ab iisdem gestis. *Francofurti, Typis, Wechelianis*, 1601.

Jo. Ludovici Schonleben, Dissertatio Polemica de prima Origine Domus Habspurgo-Austriacæ a Carolo Magno Imp. Prolegomenon ad annum Sanctum Austriacum. *Labaci, Jo. Bapt. Mayre*, 1680.

Ejusdem Carniolia antiqua & nova seu Ducatus Carnioliæ Annales Sacro-Prophani ab orbe condito ad annum Christi millesimum. *Ibidem*, 1681.

II. *Electoratus Eccles. Trevirensis.*

Annales sive commentarii de origine & statu Augustæ-Trevirorum, a Wilhelmo Kyriandro. *Biponti*, *Wittelii*, 1603.
Defensio Abbatiæ Imperalis S. Maximini juxta muros Trevirensis per Nicol. Zyllesium. *Typis*, *ejusd.* *Monasterii*, 1638.

III. *Bavaria.*

Jo. Aventini, Annalium Boiorum libri VII. recogniti & aucti a Nicolao Cisnero. *Basileæ*, *Lecythi*, 1580.
Bavaria Sancta, a Matthæo Radero S. J. *Monachii.* *Sadeler*, 1615.
Ejusdem Bavaria Pia. *Ibidem*, 1628.

IV. *Palatinatus Rheni.*

Deductio juris Palatini &c. 1638.

V. *Suevia.*

Mart. Crusii Annales Suevici sive Chronica rerum gestarum Suevicæ gentis. *Francofurti*, *Bassæi*, 1595. & 1596. 2. vol.
Basilica SS. Udalrici & Afræ Augustæ-Vindelicorum Historice descripta & æneis figuris illustrata a Bernando Hertfelder. *Augusta-Vindelicorum*, *Apergeri.* 1627.

VI. *Saxonia.*

Davidis Chytræi Saxonia ab anno Christi 1500. ad annum 1600. recognita & ad annum 1611. continuata. *Lipsiæ*, *Grossii*, 1611.
Jo. Palatii Aquila Saxonica seu Impp. Saxones ab Henrico aucupe ad Henricum Sanctum. *Venetiis*, *Hertz*, 1673.
Ejudem Aquila Sancta sive Barbarica. *Ibidem*, 1674.

VII. *Bohemia.*

Bohuslai Balbini, Soc. J. Miscellanea Historica Regni Bohemiæ. *Pragæ*, *Czernoch*, 1679. & *seqq.* 4. vol.
Justi Asterii Dissertatio, de pace Pragensi anno 1535. *Par. Cramoisy*, 1636.
Du Droit des Roys de France sur plusieurs Royaumes, Duchez, &c. Manuscrit.

VIII. *Hungaria.*

Annales Ecclesiastici regni Hungariæ, a Melch. Inchofer, Soc. J.

Tomus I. ad annum Chrifti, 1059. *Roma, Grignani*, 1644.
Rerum Hungaricarum Scriptores varii Hiftorici Geographici. *Francofurti, Marnii*, 1600.
Nic. Ifthuani, Hiftoriarum de rebus Hungaricis libri XXXIV. *Colonia, Frieffem*, 1685.
Vienna Auftriæ a Turcis oppugnata & a Chriftianis defenfa & liberata, anno 1683.

IX. *Sclavonia.*

Il Regno de gli Slavi hoggi corrottamente detti Schiavoni Hiftoria di Don Mauro Orbini Raufeo. *In Pezaro, Girolamo concordia* 1601.

X. *Polonia.*

Martini Cromeri de origine & rebus geftis Polonorum libri XXX. cum ejufdem oratione in funere Sigifmundi Regis. *Bafilea, Oporini*, 1555.
Reinholdi Heidenfteinii, rerum Polonicarum ab exceffu Sigifmundi Augufti libri XII. *Francofurti, Wachtleri*, 1672.

XI. *Mofcovia.*

Antonii Poffevini, Soc J. Mofcovia & alia opera. *Colonia, Birckmanni*, 1587.

XII. *Suecia.*

Samuelis Pufendorfii Commentariorum, de rebus Suecicis libri XXVI. *Ultrajecti, Ribbii*, 1686.

XIII. *Dania.*

Saxonis Grammatici Hiftoriæ Danicæ libri XVI. recognitifque illuftrati a Stephano Johannis Stephanio. *Sora, Moltkenii*, 1644.
Stephani Johannis Stephanii Notæ uberiores ad Hiftoriam Danicam Saxonis Grammatici, una cum prolegomenis ad eafdem notas. *Sora, Henr. Crufii*, 1645.
Olai Wormii Antiquitates Danicæ, Litteratura Runica, Lexicon Runicum, monumenta Runica, Fafti Danici. *Hafniæ, Martzan*, 1651.
Joannis Meurfii Hiftoria Danica pariter & Belgica. *Amftelodami, Blaeu*, 1638.

RERUM GERMANICARUM,

Hungaricarum, Polonicarum, & Regionum Septentrionalium Scriptores.

IN QUARTO.

I. *Historia Universalis Germaniæ.*

Delitiæ Germaniæ, sive totius Germaniæ Itinerarium. *Coloniæ, Hemmerdeni*, 1600.

W. Chr. Kriegsmanni Conjectaneorum, de Germanicæ gentis origine ac conditore liber unus. *Tubingæ, Reisii*, 1684.

Lamberti Hortensii de Bello Germanico, libri VII. *Basileæ*, 1560.

Julius Pflug Episc. Numbergensis de Republica Germaniæ seu Imperio constituendo. *Antuerpiæ, Sylvii*, 1562.

Dissertatio historica de ludibriis aulæ Romanæ in translatione Imperii Romani. *Rhinthelii*, 1678.

Epitome Regii ac vetustissimi ortus DD. Ferdinandi Ungariæ ac Bohemiæ Regis omniumque Archiducum Austriæ ac Habsburgensium Comitum, edita ab Hieronymo Gabuilero. *Haganoæ, Servii*, 1530.

Historia Caroli Magni Imp. Romani, studio Jo. Joachimi Franczii accessit Eginhardi Carolus cum præfatione, Jo. Henrici Boecleri. *Argentinæ, Mulbii*, 1644.

Nicolai Burgundi Historia Bavarica, sive Ludovicus IV. Imperator. 1636.

Imp. Ludovici IV. Bavariæ Ducis Sententia Separationis, inter Margaretam Ducissam Carinthiæ & Johannem Regis Bohemiæ filium, ejusdemque dispensatio inter eandem Margaretam & Ludovicum Marchionem Brandenburgicum cum consultationibus & responsis Marsilii de Padua & Guillelmi Occami. *Heidelbergæ, Comelini*, 1598.

Discours Historique de l'Election de l'Empereur & des Electeurs de l'Empire, par Vicquefort. *Paris, Courbé*, 1658.

Discursus Historico-Politicus de Electione Regis & Imperatoris Romanorum ejusque solemnitatibus.

Legitima & Germana Regia Romana, Ferdinando III. Hungariæ Bohemiæ,&c. Regi, anno 1636. imposita corona. *Petro Ostermanno*, 1640.

Nicolai Myleri ab Ehrenbach, Archologia Ordinum Imperialium. *Tubingæ, Jo. Georgii Cotta*, 1683.

Jac. Wilhelmi Imhoff, Notitia S. Romani Germanici Imperii Procerum tam Ecclesiasticorum quam sæculiarum, Historia Heraldico-Genealogica. *Ibidem*, 1687.

II. *Electoratus Ecclesiastici.*

Ægidii Gelenii, de admiranda Sacra & civili magnitudine Coloniæ Agrippinensis Libri IV. *Coloniæ, Kalcovii*, 1645.
Moguntiacarum rerum, ab initio ad annum 1604. libri V. a Nicolao Serario.

III. *Palatinatus Rheni.*

Annalium de vita & gestis Friderici II. Electoris Palatini Libri XIV. ab Huberto Thoma Leodio. *Francofurti, Ammonii*, 1624.
Memoires sur la vie & mort de Louise Juliane Electrice Palatine, née Princesse d'Orange, &c. *Leyden, Jean Maire*, 1644.

IV. *Alsatia.*

Dagobertus Rex Argentinensis Episcopatus fundator notis illustratus a Jodoco Coccio Soc. J. *Molshemii, Hartmanni*, 1623.
Franc. Guillimanni, de Argentinensibus Episcopis liber commentarius. *Friburgiæ-Brisgoiæ*, 1608.
Hermanni Coringii Censura diplomatis, quod Ludovico Imp. fert acceptum Coenobium Lindaviense. *Helmestadii, Mulleri*, 1672.

V. *Helvetia.*

Franc. Guillimanni, de rebus Helvetiorum sive antiquitatum Libri V. *Friburgi-Aventicorum*, 1598.
Jo. Henr. Suizeri, Chronologia Helvetica, res gestas Helvetiorum ad nostra usque tempora complectens. *Hanoviæ, Typis Wechel*, 1607.
Origines Murensis Monasterii in Helvetiis, Ord. S. Benedicti cum variis privilegiis atque imprimis antiq. Comitum Hansburgensium genealogia qua vera Austriacæ domus origo certissime demonstratur. *Spirembergii, Brucknauseini*, 1627.
Historia motuum & bellorum postremis hisce annis in Rhoetia excitatorum & gestorum a Fortunato Sphechero a Berneck. *Geneva, Chouet*, 1629.
Urbis & Agri Basileensis, monumenta Sepulchralia, templorum omnium, Curiæ, Academiæ aliarumque ædium publicarum Latinæ & Germanicæ inscriptiones, olim a Joh. Grossio ad annum 1619. sparsim collecta, nunc vero in ordinatam seriem locata & ad annum 1661. continuata opera Johannis Tonjolæ. *Basileæ, Konig*, 1661.

HISTORIA GERMANICA, in quarto.

Different de la Ville de Berne avec le Duc de Longueville, touchant certains Bourgeois de Neufchastel. *En Allemand.* 1618.

VI. Suevia.

Suevicarum rerum Scriptores aliquot veteres a Melch. Goldasto editi. *Francofurti, Richteri,* 1605.

Caroli Stengelii, commentarius rerum Augustæ Vindelicorum ab urbe condita ad nostra usque tempora. *Ingloſtadii, Henlin,* 1647.

Mantissa ad Caroli Stengelii commentarium rerum August. Vindelicorum. *Augustæ Vindelicorum, Apergeri,* 1650.

VII. Franconia.

Fuldensium antiquitatum Libri IV. a Christoph. Brouvero S. J. *Antuerpiæ, Moreti,* 1612.

VIII. Westphalia.

De antiquis Westphaliæ colonis commentarius a Joh. Neuwaldo. *Osnabrugi, Schwanderi,* 1674.

IX. Saxonia, &c.

Chronicon Portense, a Justino Pertuchio. *Lipsiæ, Apellii,* 1612.

Jo. Gryphiandri de Weichtildis Saxonicis sive Colossis Rulandinis urbium quarumdam Saxonicarum Commentarius Historico-Juridicus. *Argentorati,* 1666.

Antiquitates Brunsvicenses, hoc est monumentorum variorum Domus Bruunsvigio-Luneburgica vetustatem declarantium Sylloge cum auctario a Joachimo-Johanne Madero. *Helmstadii, Mulleri,* 1678.

Historia Principum Anhaltimorum, Casp. Sagittarii. *Jenæ, Meyeri,* 1686.

Antiquitates Archiepiscopatus Magdeburgensis, sub præsidio Casp. Sagittarii. *Jena, Nisii,* 1684.

Origines Ducum Brunswico-Luneburgensium Historice discussæ a Casp. Sagittario & Petro Floto. *Ibidem.*

Historia Marchiæ Solt-Wedelensis sub præs. Casp. Sagittarii. *Ibidem,* 1685.

Historia Marchionum ac Electorum Brandenburgensium ab origine Marchiæ ad præsentem usque statum repetita sub ejusdem præsidio. *Ibidem,* 1684.

Casp. Sagittarii Epistolæ de antiquo statu Thuringiæ sub indigenis Francorum Germaniæque Regibus ut & Ducibus, Comitibus Marchionibus usque ad Landtgraviorum ortum. *Jenæ, Bielckii*, 1675.

Origines Pomeranicæ nec non XXIV. Diplomata vetusta Patriæ antiquitates illustrantia typis evulgata cum notis & animadversionibus Historico-politicis Martini Rangonis. *Colbergæ, Georgeii Bothii*, 1684.

Origines Palatinæ a Marquardo Frehero. *Heidelbergæ*, 1686.

Cancellaria Secreta Anhaltina & Paræneſis eidem oppoſita. 1632.

Petri Lambecii Origines Hamburgenſes, ſive rerum Hamburgicarum liber I. ab urbe condita ad annum 1225. cum appendice quæ duplicem S. Anſcharii primi Archiep. Hamburg. vitam continet. *Hamburgi, Typis Piperianis*, 1652.

Petri Lambecii, verum Hamburgicarum Liber II. ab anno 1225. ad annum 1292. Cui accedunt Chronologia & auctarium Libri I. ab anno 808. ad annum 1072. *Ibidem*, 1661.

Hiſtoria Davidis Georgii Hereſiarchæ conjecta a Jacobo Stolterfoht. *Lubecii, Janovii*, 1635. *Germanice*.

Joach. Hagemieri Commentarius de fœdere civitatum Hanſeaticarum. *Francofurti, Beieri*, 1662.

Jobus Ludolphus de Bello Turcico feliciter conficiendo: accedunt Epiſtolæ quædam Pii V. & alia nonnulla ejuſdem argumenti. *Francofurti, Zunneri*, 1686.

Philippi Eyſtettenſis Epiſcopi Commentarius de ejuſdem Eccleſiæ divis tutelaribus editus cum notis & Catalogo Hiſtorico omnium Epiſcoporum Eyſtettenſium a Jacobo Grotſero Soc. J. *Ingolſtadii, Ederi*, 1617.

Petri de Dusburg Chronicon Pruſſiæ, in quo ordinis Teutonici Origo & res ab ejuſdem ordinis Magiſtris ab anno 1226. ad ann. 1326. geſtæ exponuntur cum incerti continuatione ad ann. 1435. & notis Chriſtophori Hartknoch. *Jenæ, Niſii*, 1679.

Almæ Ingolſtadienſis Academiæ tomus 1. primum inchoatus a Valentino Rotmaro & abſolutus a Jo. Engerdo. *Ingolſtadii, Sartorii*, 1581.

Collegium Lavinganum, Epigrammaton Liber Michaelis Fendii. *Lavingæ, Reimmichælii*. 1587.

X. Bohemia.

Catholicon & Notarium Imp. Ferdinandi II. & Friderici V. Elect. Palatini, utriuſque Regis Bohemiæ electi pro jure S. Imperii. 1625.

De Bello Bohemico Ferdinandi II. Cæſaris auſpiciis feliciter geſto commentarius Aub. Miræi. *Bruxellis, Pepermanni*.

Specchio tragico delli atti generoſi & Heroici del infelice Cavagliero Mansfeld & altri ſuoi adherenti fatti dal principio della guerra & rebellione di Bohemia fin' all'anno preſente. 1623.

XI. Silesia.

Nicolai Henelii Silesiographia & Breslographia. *Francofurti, Bringeri*, 1613.

XII. Hungaria.

Recopilacion Historica de los Reyes, guerras, tumultos, y rebelliones de Ungria, espacio de mas de mil y Ducientos, por Don Nicolas de Oliver y Fullana. *En Colonia, Egmont*, 1687.
Commentaire Historique de la vie & de la mort de Christofle Vicomte de Dohna. *Geneve, Chouet*, 1639.

XIII. Sclavonia.

Andreæ Wengerschii libri IV. Slavoniæ reformatæ continentes Historiam Ecclesiasticam Ecclesiarum Slavonicarum. *Amstelædami, Janssonio-waesbergii*, 1679.
Chronica Slavorum Helmoldi Bosoviensis & Arnoldi Lubecensis edita notisque illustrata ab Henrico Bangerto. *Lubecæ, Wesselii*, 1659.
Systema Historico-Chronologicum Ecclesiarum Slavonicarum ad annum 1650. libris IV. adornatum studio Adriani Regenvolscii. *Ultrajecti, Waesberga*, 1652.

XIV. Polonia.

Chronica sive Historiæ Polonicæ compendiosa descriptio a Joanne Herbusto de Fulstin. *Basileæ, Oporini*, 1571.
Les Chroniques & Annales de Pologne, par Blaise de Vigenere. *Paris, Jean Richer*, 1573.
Jo. Demetrii Sulicovii, Archiep. Leopoliensis Commentarius rerum Polonicarum a morte Sigismundi Augusti Poloniæ regis. *Dantisci, Forsteri*, 1647.
Commentariorum Chotinensis Belli libri tres a Jac. Sobieski. *Ibidem*, 1646.
Andreæ Maximil. Fredro, Gesta populi Poloni sub Henrico Valesio Polonorum postea Galliæ Rege. *Dantisci, Forsteri*, 1659.
Polonia defensa contra Joannem Barclaium. *Ibidem*. 1648.
Georgii Ducis in Ossolin, &c. Orationes habitæ apud Summum Pontificem, Imperatorem, Reges, Principes ac Rempublicam Venetam cum publicas obiret legationes Regum Sigismundi III. & Uladislai IV. *Ibidem*, 1647.
Polonia Defensa contra Jo. Barclaium. *Ibidem* 1648.
Historiæ Belli Scythico-Cosaici Libri duo a Joach. Pastorio. *Ibidem*, 1652.

Relation du voyage de la Reine de Pologne, & du retour de Madame la Maréchale de Guébriant en France, par Jean le Laboureur. *Paris, Camufat*, 1647.

Joh. Casimiri Poloniarum Sueciæque Principis Carcer Gallicus ab Everardo Waffenbergio confcriptus. *Gedani, Forfteri*, 1644.

Simonis Starovolscii Polonia cum Præfatione Hermanni Conringii. *Wolferbyti, Bunonis*, 1556.

Defcription d'Ukranie par le fieur de Beauplan. *Roüen, Cailloüé*, 1660.

Simonis Starovolscii, Sarmatiæ Bellatores. *Colonia, Crithii*, 1631.

XV. Suecia.

Hiftoriæ Metropolitanæ Ecclefiæ Upfalenfis a Joanne Magno Gotho Collecta, opera Olai Magni Gothi edita. *Roma, Luchini*, 1660.

Arma Suecica, five defcriptio Belli quod Guftavus Adolphus contra Ferdinandum II. Imp. geffit in Germania a Phil. Arlanibæo. *Francofurti, Hulfii*, 1631.

Armorum Suecicorum continuatio. *Ibidem*, 1632.

Aufa Caroli Sudermanniæ, &c. Ducis, adverfus Sigismundum III. Sueciæ ac Poloniæ regem fufcepta cum refutatione Apologiæ D. Caroli. *Dantifci, Jacobi Rhodi*, 1598.

Inftrumentum pacis a Plenipotentiariis Cæfareis & Regiis Suecicis Ofnabrugis anno 1648. approbatum. *Stetini, Typis Rhetianis*.

Nicolai Vernulæi Difcurfus Hiftorico-politici quibus Caufæ Belli Sueco-Germanici, Franco-Lotharingi, armorum Belgico-Batavicorum Oratorie ventilantur. *Colonia, Binghii*, 1643.

Vita Ponti de la Gardie exercituum Sueviæ Supremi Campi Ducis regnante Johanne III. Suecorum Rege cujus occafione totius fere Livonia Hiftoria exhibetur, a Claudio Arrhenio. *Lipfiæ, Gleditfch*, 1690.

Hiftoire de la Laponie avec plufieurs additions, traduite du Latin de Schœffer, par le P. Lubin. *Paris, Varennes*, 1678.

XVI. Dania.

Hiftoria Compendiofa Daniæ Regum, ftudio Erpoldi Ledenbrogh. *Lugd. Bat. Raphelengii*, 1595.

M. Adami, Hiftoria Ecclefiaftica, continens Religionis propagatæ gefta a temporibus Karoli Magni ad Henricum IV. in Ecclefiis Hamburgenfi & Bremenfi vicinifque locis Septentrionalibus, ftudio ejufdem edita. *Ibidem*.

Hiftoria Archiepifcoporum Bremenfium a Tempore Caroli magni ad Carolum IV. ab eodem edita. *Ibidem*.

Expromiffio Regis Daniæ.

Refponfum

Responsum Legati Gallici.
Litteræ Daniæ Regis ad Gallicum in Germania Legatum 23. Augusti Scripta circa eosdem tractatus de pace.
Litteræ sive Declaratio Regis Hungariæ ad Regem Daniæ super tractatu præliminarium Hamburgi Concluso.
Tractatus de Præliminaribus pacis universalis.
Exemplum Litterarum ad Daniæ Regem a Gallico per Germaniam Legato scriptarum circa tractatus pacis. *Amstelodami*, 1642.

RERUM GERMANICARUM,

Hungaricarum, Polonicarum & Regionum Septentrionalium Scriptores.

IN OCTAVO, &c.

I. *Historia Generalis Germaniæ.*

Caroli Carafa Commentaria de Germania Sacra restaurata sub Gregorio XV. & Urbano VIII. regnante Ferdinando II. Imper. *Coloniæ, Egmond,* 1639. *in* 8.

C. Peutingeri Sermones Conviviales de finibus Germaniæ contra Gallos, accedit ejusdem de inclinatione imperii fragmentum. Item Beati Rhenani Origines Gothicæ, Hieron. Nuenarii, Origines Francicæ, Abrah. Ortellii Antiquitates Gallo Belgicæ. *Jenæ, Oerling, in* 8.

Epitome rerum Germanicarum ab anno 1617. ad annum 1643. gestarum. *Impressum anno* 1624. *in* 24

Bulla aurea Caroli IV. Romanorum Imp. Norimbergæ Sancita anno 1356. & Collegium Electorale de eligendo Romanorum Imperatore. *Impress. anno* 1657. *in* 8.

Historia de electione & coronatione Caroli V. Cæsaris a Georgio Sabino. Relatio gestorum Caroli V. a Nicolao Mamerano.

Pompa celeberrima quæ in coronatione Cæsarum apparari solet. per Hartmannum Maurum. *Coloniæ, Henr. Mamerani,* 1560. *in* 8.

Jo. Sleidani de statu Religionis ac Reipublicæ, Carolo V. Cæsare, commentarii. *Typis Conradi Badii,* 1559.

Ejusdem de quatuor summis imperiis libri tres. *Ibidem, in* 8.

Commentaire de Louis d'Avila, contenant la guerre d'Allemagne faite par Charles V. és années 1547. & 1548. traduit par Gilles Boileau. *Paris, Wechel.* 1551. *in* 8.

Réponse aux remontrances faites à l'Empereur par aucun de ses

218 *HISTORIA GERMANICA, in octavo, &c.*

Sujets, fur la reſtitution du Royaume de Navarre & Duché de Milan. *Paris, Caveiller, in* 8.

Diſcours de ce qui s'eſt paſſé à Francfort, fur le Meyn, en 1612. en l'Election & Couronnement de l'Archiduc Matthias d'Auſtriche, &c. *Paris, Du Breuil,* 1612. *in* 8.

Germaniæ antiquæ & novæ contentio ſingularis, auctoribus Servio Pacato & Sigefrido Priſco. 1676. *in* 12.

Fabiani Guſtmeieri Diſſertatio, de Summo regimine Bellico imperii Romano-Germanici. *Amſtelodami, Waësberge.* 1662. *in* 12.

Everardi Waſſenbergii Florus, Germanice. *Amſtelodami, Elzevir,* 1647. *in* 8.

Recueil de pluſieurs pieces, touchant la guerre de Bohéme. *in* 8.

La Menzogna Scuoperta oſia l'auguſtiſſimo pacifico Pietra di Paragone tra l'auguſtiſſimo trionfante, l'auguſto vendicato, e la verita foſtenuta &c. da Nicolo Cevoli. *In Vienna d'Auſtria,* 1677. *in* 8.

Hyppoliti a lapide diſſertatio de ratione ſtatus in Imperio noſtro Germanico. *Freyſtadii,* 1647. *in* 12.

Severini de Monzambano, de ſtatu Imperii Germanici liber unus. *Genevæ, Columeſii,* 1667. *in* 12.

Jo. V. V. Reldfenſo Heromontanus, de Summa Principum Germanicorum poteſtate, 1669. *in* 12.

Cæſarinus Furſtenarius, de jure ſuprematus ac legationis Principum Germaniæ, 1678. *in* 8.

Rationes exhibitæ in comitiis Ratisbonenſibus an. 1663. quibus demonſtratum eſt membra & ſtatus Imperii teneri ſuccurrere Belgicis Provinciis quando Bello impetuntur a Rege Chriſtianiſſimo.

Scriptum Gallicum contra Securitatem circuli Burgundici nuper in comitiis Ratisbonenſibus compoſitum, &c.

Refutatio Scripti Gallici, contra Circuli Burgundici Securitatem compoſiti. *in* 12.

Relation de la Cour Imperiale faite au Doge de Veniſe, par le Sieur Sacredo. *Paris, Cottin,* 1670. *in* 12.

La Séance de l'Empereur, *Solio Elevato,* & celle des Princes de l'Empire. *Par. Clouzier,* 1674. *in* 12.

Memoire du Comte de Vordac General de l'armée de l'Empereur. *Paris, Cochart,* 1711. *in* 12.

Diarium Auſtriacum ſive Calendarium Hiſtoricum Domus Auſtriæ & Habsburgicæ, ab Hieronymo Megifero. *Auguſta-Vindelicorum, Mangi,* 1614. *in* 8.

S. Romano - Germanici Imperii Procerum tam Eccleſiaſticorum quam Sæcularium notitia Hiſtorico-Heraldico-Genealogica &c. Jo. Wilh. Imhoff. *Tubingæ, Cotta,* 1684. *in* 8. 2. vol.

Supplementa & additiones quæ Wilh. Imhoff, notitiæ S. Rom. Imperii Germanici procerum tam Eccleſiaſticorum quam ſæ-

HISTORIA GERMANICA, in octavo, &c. 219
cularium accefferunt in nova emendatione. *Ibidem*, 1688. *in* 8.
Lapis Lydius five Henninges redivivus ad hæc ufque tempora augmentatus de Genealogiis ac Stemmatibus antiquiff. nobilitatis Germaniæ a J. A. Paftorio. *Coloniæ, Bingii,* 1658. *in* 8.
Le Fidele Conducteur pour le Voyage d'Allemagne, par le Sieur Coulon. *Par. Cloufier,* 1654. *in* 8.

II. *Electoratus Ecclesiastici.*

Magni Operis de omnibus Germaniæ Epifcopis Epitomes, tomus I. Continens Annales Epifcopatus Moguntini ac XII. Epifcopatuum Suffraganeorum a Gafp. Bruchio. *Neuribergæ, Montani,* 1649. *in* 8.
Electorum Ecclefiafticorum, ideft, Colon. Mogunt ac Trevir. Catalogus; item Epifcop. Leodienfium, Ultraject. Monaft. Ofnabr. ac Minden, a Petro Merffæo Cratepolio. *Coloniæ, Godefridi Kempenfis,* 1580. *in* 8.
Sacrarium Agrippinæ, hoc eft defignatio Ecclefiarum Colonienfium, præcipuarum Reliquiarum, Antiquitatum &c. a F. Erhardo Winheimio. *Coloniæ, Gualteri,* 1607. *in* 8.
Michaelis ab Iffelt de Bello Colonienfi libri IV. Hoc eft, rerum ab electione Gebhardi, Truchfefii in Archiepifcopum Colonienf. ufque ad recuperatam ab Ernefto Duce Bavariæ ejus Succeffore Weftphaliam. *Coloniæ, Godefr. Kempenfis,* 1584. *in* 8.
Hiftoire de la Guerre de Cologne, contenant ce qui s'eft paffé depuis l'Election de Guebbard de Truchfez, &c. *Par. Thierry,* 1588. *in* 8.

III. *Palatinatus.*

Danielis Paræi Hiftoria Palatina. *Francofurti, Fitzeri,* 1633. *in* 12.

IV. *Helvetia.*

Epitome Hiftoriæ Bafilienfis, a Chrift. Urtifio: acceffit Ænei Sylvii Bafilea. *Bafilea, Henric-Petri,* 1577. *in* 8.
Abregé de l'hiftoire Generale de Suiffe par J. B. Plantin. *Geneve de Tournes,* 1666. *in* 8.
Jofiæ Simleri Tigurini, de Helvetiorum Republica, pagis fœderatis, Stipendiariis oppidis &c. libri duo. *Par. Dupuys,* 1577. *in* 8.
Exhortation aux Suiffes en General pour leur confervation contre les efmeutes & dangers du tems prefent. 1639.
La Republique des Suiffes de Jofias Simlere, traduite en François. *Geneve, Planchant,* 1639. *in* 8.

Discours sur l'affaire de la Valteline & des Grisons, traduit de l'Italien. *Paris, Bouillerot,* 1625. *in* 8.
Histoire de la Valteline & des Grisons depuis l'an 1620. jusques à present. *Geneve, Albert,* 1632. *in* 8.
Le Mercure Suisse. *Par. Martin,* 1634. *in* 8.
Historia Naturalis Helvetiæ Curiosa a Joh. Jacobo Wagnero. *Tiguri, Lindinneri,* 1680 *in* 12.
Histoire de la Ville & de l'Etat de Geneve, par Jacob Spon. *Lyon, Amaulry,* 1682. *in* 12. 2. vol.

VI. *Westphalia.*

La vie & les faits memorables de Christophle Bernard Van Galen Evêque de Munster par M. G. *Leyde, J. Mortier,* 1679. *in* 12.
Annales Episcoporum Slesvicensium a Joh. Adolpho Cypræo. *Colonia, Woringen,* 1634. *in* 8.

VII. *Bavaria.*

Annales Boiorum ab eorum origine ad annum 1314. authore Andræa Brunner Soc. J. Monachii. *Leysserii,* 1626. *& seqq. in* 8. 3. vol.

VIII. *Bohemia.*

Joachimi Camerarii Historica narratio de fratrum Orthodoxorum Ecclesiis in Bohemia Moravia & Polonia. *Heidelberga, Typis Voegelinianis. in* 8.
Histoire generale de la rebellion de Boheme depuis l'an 1617. jusques à present. *Paris, Jean Petitpas,* 1623. *in* 8.
Zisca le redoutable aveugle avec l'histoire des guerres & troubles pour la Religion dans le Royaume de Boheme. *Leyde,* 1685. *in* 12.
Discours sur le Traité de Prague fait entre l'Empereur & le Duc de Saxe de l'an 1635. *Paris, Mabre-Cramoisy,* 1637. *in* 8.

IX. *Hungaria.*

Lettre d'un Ministre de Pologne a un Seigneur de l'Empire sur les affaires de la Hongrie. *in* 12.
Origines Hugaricæ, studio Francisci Foris Otrokocsi. *Franekera, Strick* 1693. *in* 8. 2. vol.
Historia rerum gestarum inter Ferdinandum & Johannem Hungariæ Reges usque ad ipsius Johannis obitum, autore Johanne Zermech. *Amsteladami, Lepidii,* 1662. *in* 12.
Histoire du Ministere du Cardinal Martinusius Archevêque de

Strigonie Primat & Regent du Royaume de Hongrie, avec l'origine des guerres de ce Royaume & de celle de Transylvanie. *Paris*, 1715. *in* 12.

Histoire du Comte de Tekeli. *Cologne*, 1693. *in* 12.

La même. *Ibidem*, 1694. *in* 12.

Origines & Casus Transsylvanorum a Laurentio Toppeltino. *Lugduni, Boissat.* 1667. *in* 12.

Discours historiques & poliques sur les causes de la guerre de Hongrie, & sur les causes de la paix entre l'Empereur Leopold & Mahomet IV. par Louis du May. *Lyon, Riviere,* 1665. *in* 12.

X. *Polonia.*

Joachimi Pastorii ab Hirtenberg, Historiæ Polonæ plenioris partes duæ & Dissertatio de Originibus Sarmaticis. *Dantisci, Beckensteinii,* 1685. *in* 8.

Ejusdem Florus Polonicus. *Lugd. Bat. Hegeri,* 1642. *in* 12.

Stanislai Orichovii Annales Polonici ab excessu Sigismundi I. accessit vita Petri Kmithæ. *Dantisci, Forsteri,* 1643. *in* 12.

Histoire de Pologne & du grand Duché de Lithuanie. *Amsterdam, Daniel Pain,* 1698. *in* 12.

Relation historique de la Pologne par le Sieur de Hauteville. *Par. Villery,* 1697. *in* 12.

Histoire des diettes de Pologne, pour les Elections des Roys par M. de la Bizardiere. *Par. Moette,* 1697. *in* 12.

Histoire de la Scission ou division arrivée en Pologne le 27. Juin 1697. au sujet de l'Election d'un Roy, par le même. *Ibidem,* 1699. *in* 12.

Les Anecdotes de Pologne, ou Memoires secrets du Regne de Jean Sobieski III. du nom, par le Sieur Dalcyrac. *Paris, Aubouyn,* 1699. *in* 12. 2. vol.

Memoires sur les dernieres revolutions de la Pologne, où on justifie le retour du Roy Auguste, par un Gentilhomme Polonois. *Amsterdam, Fritsch,* 1710. *in* 8.

L'origine veritable du soulevement des Cosaques contre la Pologne, par le P. Lignage de Vauciennes. *Par. Clousier,* 1674. *in* 12.

XI. *Moscovia.*

De rebus Moschovitis libri IV. *Patavii, Frambotti,* 1680. *in* 8.

Relation Curieuse de l'Etat present de la Russie, traduite d'un Auteur Anglois, avec l'histoire des revolutions arrivées sous l'usurpation de Boris & l'imposture de Demetrius. *Paris, Billaine,* 1679. *in* 12.

Relation du Voyage de M. Evert-Isbrand envoyé du Czar à l'Empereur de la Chine par Adam Brend avec une Lettre sur

l'Etat prefent de la Mofcovie. *Amfterdam; de Lorme.* 1699. *in* 12.
Voyage en Mofcovie d'un Ambaffadeur de l'Empereur Leopold, envoyé au Grand Duc de Mofcovie. *Leyde, Harring,* 1688. *in* 12.

XII. Suecia.

Gothicarum & Langobardicarum rerum Scriptores aliquot veteres a Bon. Wulcanio editi cum obfevationibus. *Lugd. Batav. Jo. Maire.* 1617. *in* 8.
Hiftoria Gotthorum, Vandalorum & Langobardorum ab Hugone Grotio partim verfa, partim in ordinem digefta cum ejufdem Prolegomenis de rerum Gothorum origine & Chronologia. *Amftelodami, Elzevir,* 1655. *in* 8.
Gothorum Suconumque Hiftoria Collecta a Jo. Magno Gotho. *Typis Zachariæ Schureri,* 1617. *in* 8.
Erici Olai Hiftoria Suecorum Gothorumque a Joh. Loccenio edita notifque illuftrata. *Holmiæ, Janffonii,* 1654. *in* 8.
Johannis Loccenii Hiftoriæ rerum Suecicarum a primo Rege Sueciæ ad Caroli Guftavi obitum deductæ libri IX. *Upfaliæ, Henr. Curionis,* 1622. *in* 8.
Olai Magni Gentium Septentrionalium Hiftoriæ Breviarium. *Lugd. Batav. Wijngaerden,* 1652. *in* 12.
Johannis Meffeni Chronicon Epifcoporum per Sueciam, Gothiam & Finlandiam. *Lipfiæ, Meyeri,* 1685. *in* 12.
De Thule veterum differtatio, præfide magno Celfio, propofita a Swen Karbftrom. *Holmiæ, Typis Vankiviants,* 1673. *in* 8.
Efchauguette de laquelle on peut voir clairement l'Etat illuftre des Suedois & des Goths, traduit du Latin de Jean Meffenius par Jonas Hambræus. *Paris, des Hayes,* 1655. *in* 12.
Hiftoire des intrigues galantes de la Reyne Chriftine de Suede, & de fa Cour pendant fon féjour à Rome. *Amfterdam, Jean Henry,* 1697. *in* 12.
Recueil de quelques pieces curieufes, fervant à l'éclairciffement de l'hiftoire de la vie de la Reyne Chriftine. *Cologne, Marteau,* 1668, *in* 12.
Hiftoire des revolutions de Suede. *Paris, Brunet,* 1695. *in* 12. 2. vol.
Memoires de ce qui s'eft paffé en Suede & aux Provinces voifines depuis l'année 1645. jufques en 1655. tirez des dépêches de M. Chanut Ambaffadeur pour le Roy en Suede par le P. Linage de Vauciennes. *Par. Billaine,* 1675. *in* 12. 3. vol.
Hiftoire de Guftave Adolphe dit le Grand, & de Charles Guftave Comte Palatin Roys de Suede, & de tout ce qui s'eft paffé en Allemagne depuis la mort du grand Guftave, jufqu'en l'an 1648. par le Sieur de Prade. *Par. Hortemels,* 1686. *in* 12.

HISTORIÆ GERMANICÆ, in octavo, &c. 223

Guſtavus Magnus, ſive Panegyricæ Orationes de vita & obitu Guſtavi Magni. *Lugd. Bat. Cloucquii*, 1637. *in* 12.
Le Soldat Suedois. *in* 8.
Diſcours de l'Etat & Couronne de Suede. *Par. Courbé*, 1633. *in* 8.

XIII. Dania.

Jo. Henr. Boecleri, Hiſtoria Belli Sueco-Danici. *Argentorati*, 1679. *in* 8.
Caroli Ogerii Ephemerides, ſive iter Danicum Suecicum & Polonicum: accedunt Nicolai Borbonii Epiſtolæ ad Comitem Avauxium Legatum. *Par. le Petit*, 1656. *in* 8.
Commentarii hiſtorici duo: alter de regibus vetuſtis Norvegicis: alter de profectione Danorum in terram Sanctam circa annum 1185. ab incerto authore, ſtudio Joh. Kirchmanni editi. *Amſtelodami, Waësberge*, 1684. *in* 8.
Matthiæ Boetii de Cataclyſmo Norſtrandico Commentariorum libri tres. *Sleſvici, Hoferi*, 1623. *in* 8.
Voyage des Pays Septentrionaux par le Sieur de la Martiniere. *Paris, Vendoſme*, 1672. *in* 12.
Nouveau Voyage du Nort. *Amſterdam, Roger, in* 8. avec figures.
Relation de l'Iſlande & du Groenland. *Paris, Thomas, Jolly*, 1663. *in* 8.
Hiſtoire des Pays Septententrionaux écrite par Olaus le Grand, Goth, Archevêque d'Upſale, traduite en François. *Paris, Martin le Jeune*, 1561. *in* 8.

RERUM BELGICARUM
SCRIPTORES.
IN FOLIO.

Adriani Schrieckii Rodornii, Originum rerumque Celticarum & Belgicarum libri XXIII. *Hypre, F. Bellet*, 1614.
Rerum Belgicarum Annales Chronici & Hiſtorici de bellis, moribus, ſitu & urbibus gentis, antiqui recentioreſque ſcriptores editi a Franc. Sweertio. *Francofurti, Aubrii*, 1620.
Aub. Miræi, rerum Belgicarum Chronicon ad annum 1636. *Antuerpia, Leſteenii*, 1636.
Menſonis Alting, Notitia Germaniæ inferioris antiquæ. *Amſtelædami, Wetſtenii*, 1697.

Ægidii Bucherii, Soc. J. Belgium Romanum Ecclesiasticum & Civile. *Leodii, Hovii*, 1655.

Belgarum aliarumque gentium Annales, authore Everardo Reidano, Dionisio Vossio interprete. *Lugd. Bat. Jo. Maire*, 1633.

Athenæ Belgicæ, sive nomenclator inferioris Germaniæ Scriptorum, a Francisco Sweertio. *Antuerpia, Guillelmi a Tungris*, 1628.

Antonii Sanderi, Chronographia Sacra Brabantiæ sive celebrium aliquot in ea Provincia Ecclesiarum & Cœnobiorum descriptio imaginibus æneis illustrata. *Bruxella, Vlengartii*, 1659. 2. vol.

Franc. Haræi, Annales Ducum seu Principum Brabantiæ, totiusque Belgii cum iconibus. *Antuerpia, Moreti*, 1623. 2. vol.

Castella & Prætoria Nobilium Brabantiæ, Cœnobiaque celebriora ad vivum delineata ærique incisa in IV. partes divisa complectentes agrum Lovaniensem, Bruxellensem, Antuerpiensem & Sylvæ-Ducensem, cum brevi eorumdem descriptione, ex Musæo Jacobi Baronis le Roy. *Antuerpia, Thieullier*, 1696.

Pompa Introitus honori Ferdinandi Austriaci Hispaniarum Infantis, S. E. R. Cardinalis a Senatu Populoque Antuerpiensi decreta & adornata, &c. inscriptionibus illustrata a Gasp. Gevartio. *Antuerpia, Theod. a Thulden. Folio Magno.*

La veritable origine de la trés ancienne illustre Maison de Sohier. *Leyden, François Hacke*, 1670. *Folio Magno.*

Recueil des Armoiries & Blasons des principales Villes, &c. de Flandres.

Rerum & Urbis Amstelodamensium Historia, Joh. Isacii Pontani. *Amsterodami, Jod. Hondii*, 1611.

Lamberti Hortensii Montfortii, Secessionum Civilium Ultrajectinarum & Bellorum anno XXIV. supra M. CCCCC. usque ad translationem Episcopatus ad Burgundos, Libri VII. *Ultrajecti, Joannis à Doorn*, 1642.

Histoire des Pays-Bas d'Emmanuel de Meteren, ou Recueil des guerres & choses memorables avenuës depuis l'an 1315. jusques à l'an 1612. traduite de Flamand en François. *Amsterdam, Jean de Ravesteyn*, 1670.

Annales & Histoire des Troubles du Pays-Bas, par Hugo-Grotius. *Amsterdam*, 1672.

Histoire abregée des Provinces-Unies des Pays-Bas, enrichies de Figures. *Amsterdam, Jean Malherbe*, 1701.

Histoire de Guillaume III. Roy d'Angleterre, Prince d'Orange, &c. par Medailles, Inscriptions, Arcs de Triomphe & autres Monumens publics, recueillis par Nic. Chevallier. *Amsterdam*, 1692.

RERUM BELGICARUM
SCRIPTORES·
IN QUARTO.

Donationum Belgicarum libri duo, in quibus Ecclesiarum & Principatuum Belgii Origines, incrementa, mutationes, &c. proponuntur notisque illustrantur, ab Aub. Miræo. *Antuerpiæ, Cnobbari,* 1629.

Codex Donationum piarum, in quo testamenta, Codicilli, Litteræ fundationum, &c. continentur cum notis Aub. Miræi. *Bruxellis, Merbecii,* 1624.

Diplomatum Belgiorum libri duo, in quibus Litteræ fundationum ac donationum piarum, testamenta, Codicilli, contractus ante nuptiales, fœdera Principum, &c. continentur, ab eodemque illustrantur. *Bruxellis, Pepermani,* 1627.

Arnoldi Raissii, Belgia Christiana sive Synopsis successionum & gestorum Episcoporum Belgicæ Provinciæ.

Arnoldi Havensii Commentarius de erectione novorum in Belgio Episcopatuum, deque iis rebus quæ ad nostram usque ætatem gestæ sunt. *Coloniæ, Kinchii,* 1609.

Inferioris Germaniæ Provinciarum unitarum antiquitates cum tabulis Geographicis. Item Picturæ Operum ac monumentorum veterum, nec non Comitum Hollandiæ, Zelandiæ ac Frisiæ icones eorumdemque Historia, ex musæo Petri Scriverii. *Lugd. Batav. Elzevirii,* 1611.

Jo. Meursii, Ferdinandus Albanus, sive de rebus ejus in Belgio per Sexennium gestis libri, additus est de induciis Liber singularis. *Lugd. Batav. Elzevir,* 1615.

J. B. Gramaye, Antiquitates Ducatus Brabantiæ. *Bruxellæ, Momartii,* 1610.

Rerum Brabanticarum Libri XIX. authore Petro Divæo Lovan. editi notisque illustrati ab Aub. Miræo. *Antuerpiæ, Verdussii,* 1610.

Inclyti Brabantiæ Duces Belgici, Burgundici, Austriaci a Godefrido Duce ad Carolum II. Hispan. & Indiar. Regem. *Coloniæ, Kerckove,* 1675.

De vita Alberti Pii Belgarum Principis commentarius ab Auberto Miræo: accedunt Laurentii Beyerlinck & aliorum de eodem Principe elogia. *Antuerpiæ, Plantin.* 1622.

Brevis & succincta narratio rerum memorabilium Bello & pace

HISTORIA BELGICA, in quarto.

gestarum sub Lotharingiæ, Brabantiæ & Linburgi Ducibus ab anno Christi 67. ad annum 1633. authore Huberto Loyens. *Bruxellis, Frix.* 1672.

Histoire des choses plus memorables avenuës depuis l'an 1130. jusqu'à nôtre Siecle digerées selon l'ordre & le tems qu'ont dominé les Seigneurs d'Enghien, terminés ès familles de Luxembourg & de Bourbon, par Pierre Colins. *Mons, Waudré,* 1634.

Caroli Scribanii Soc. J. Origines Antuerpiensium. *Antuerpiæ, Moreti,* 1610.

Ant. Matthæi, de nobilitate, de Principibus, Ducibus, Comitibus, Baronibus, &c. de Comitatu Hollandiæ & Diœcesi Ultrajectina. *Amstelædami, Waesberge,* 1686.

Andreæ Catulli Tornacum, Civitas Metropolis & Episcopalis Cathedra Nerviorum. *Bruxellæ, Mommartii,* 1652.

Histoire Genealogique des Pays-Bas, ou Histoire de Cambray & du Cambresis, contenant ce qui s'y est passé sous les Empereurs & les Rois de France & d'Espagne, &c. par Jean le Carpentier. *Leyde,* 1664. 2. vol.

Godefridi Henschenii, Diatriba de Episcopatu Trajectensi, Episcoporum, Regumque Franciæ iis Coævorum Chronologia & populis Diœcesi illi subjectis. *Antuerpiæ ; Meursii,* 1653.

Instruction sur les veritables intérêts de la Hollande & de Væt-Frise, par Mr. de West. *Leyde, chez Hacchens, en* 1669. *en Hollandois.*

Comentarios del S. Alfonso de Ulloa de la guerra que el Principe Don Hernando Alvarez de Toledo Duque de Alva, ha hecho contra Guillelmo de Nansau Principe de Oranges, &c. el año 1568. *In Vinegia, Farris,* 1569.

Della guerra di Fiandra, descritta dal Cardinal Bentivoglio, parte prima. 1634.

Leonis ab Aitzema, Historia pacis a fœderatis Belgis ab anno 1621. ad hoc usque tempus tractatæ. *Lugd. Bat. Elzevier.* 1654.

Michaelis Aitsingeri, de Leone Belgico ejusque Tographica atque Historica descriptione Liber.

Jo. Meursii Athenæ Batavæ, sive de Urbe Leydensi & Academia virisque claris, &c. Libri duo. *Lugd. Bat. Cloucquii,* 1625.

Martini Hamconii, Frisia, seu de viris rebusque Frisiæ illustribus Libri duo. *Franekeræ, Lamrinck,* 1620. *cum fig.*

RERUM BELGICARUM
SCRIPTORES.
IN OCTAVO, &c.

RErum Belgicarum Annales ex vetustis tabulis & Diplomatibus hausti ab Aub. Miræo. *Bruxellis, Pepermanni.* 1624. *in* 8.
Fasti Belgici & Burgundici ab eodem. *Ibidem*, 1622. *in* 8.
Stemmata Principum Belgii ab eodem. *Bruxellæ, Meerbecii.* 1626.
Origines Equestrium sive militarium Ordinum libri duo, ab eodem. *Coloniæ, Kinchii,* 1638.
Deliciæ Equestrium sive militarium ordinum & eorumdem Origines, statuta, Symbola, &c. Studio Francisci Mennenii. *Ibidem, in* 8.
Petri Divæi Lovan. de antiquitatibus Galliæ Belgicæ liber unus statum ejus quem sub Romanorum imperio habuit complectens. *Antuerpiæ, Plantin,* 1566. *in* 8.
Arnoldi Rayssii Hierogazophilacium Belgicum, sive Thesaurus Sacrarum Reliquiarum Belgii. *Duaci, Pinchon,* 1628. *in* 8.
Natales Sanctorum Belgii & eorumdem chronica recapitulatio a Jo. Molano. *Lovanii, Masii,* 1595. *in* 8.
Militia Sacra Ducum & Principum Brabantiæ a Jo. Molano, cum Petri Louwii annotationibus. *Antuerpiæ, Moreti,* 1592. *in* 8.
Tableaux sacrez de la Gaule Belgique, &c. par Guillaume Gazet. *Arras, Riviere,* 1610. *in* 8.
Nicolai Burgundi Historia Belgica ab anno 1558. *Ingolstadii. Jo. Bayr.* 1633. *in* 8.
Disquisitio Historica de origine Beghinarum & Beghinagiorum cum notis Petri Coens. *Leodii, Ouwerx.* 1629. *in* 8.
Adriani Barlandi Historia rerum gestarum a Brabantiæ Ducibus. *Bruxellæ, Foppens,* 1665, *in* 12.
Pasquilli Meri Chronicon Ducatus Geldriæ. 1562. *in* 8.
Chronicon Cameracense & Atrebatense sive Historia utriusque Ecclesiæ abhinc 600. annis fere conscripta a Baldrico Noviomensi & Tornacensi Episcopo, edita notisque illustrata a Georgio Colvenerio. *Duaci, Bogardi,* 1615. *in* 8.
Andreæ Mocenici Bella Cameracense. *Venetiis,* 1525. *in* 8.
Assertion de l'Episcopat de S. Piat Apôtre & premier Evêque de Tournay & du lieu où reposent ses Reliques, par P. R. Sieur du Plessis. *Tournay, Martin,* 1619. *in* 8.
Abrah. Golnitzii, Ulysses Belgico-Gallicus. *Amsterodami, Elzevir.* 1655. *in* 12.

Commentariolus de statu confœderatarum Provinciarum Belgii. Accessit de eadem materia Pauli Merulæ Diatriba necnon Decretum Ordd. Hollandiæ & West-Frisiæ de antiquo jure Reipublicæ Batavicæ. *Hagæ-Comitis, Verhœve*, 1659. *in* 12.

Idem. *Hagæ-Comitum, Ulacq*, 1668. *in* 12.

Joannis Lindebornii Historia sive notitia Episcopatus Daventrientrienfis. *Coloniæ Joachimi a Metelets*, 1670. *in* 8.

Rerum Frisicarum Historiæ libri sex ab Ubbone Emmio. *Franekeræ, Radæi*, 1596. *in* 8.

Gotfridi Hegenitii Itinerarium Frisio-Hollandicum & Abrah. Ortelii Itinerarium Gallo-Brabanticum : accedit Georgii Loysii Pervigilium Mercurii. *Lugd. Bat. Verbiest*, 1661. *in* 12.

Gotfridi Hegenitii Itinerarium Frisio-Hollandicum & Abrahami Ortelii Itinerarium Gallo-Brabanticum. *Lugd. Bat. Elzevir.* 1630. *in* 24.

Declaratio Ordd. Hollandiæ West-Frisiæque ex ipsis fundamentis Regiminis Belgici deprompta, qua jus & potestas singularum Provinciarum cum externis Principibus contrahendi & de quibuscumque negotiis constituendi proponitur nisi quid fœdere Unionis anno 1579. Ultrajecti composito aut speciatim Fœderatorum Procerum conventui delatum fuerit, &c. *Lugd. Bat. Jo. Maire*, 1654. *in* 12.

Apologeticus eorum qui Hollandiæ West-Frisiæque & vicinis quibusdam nationibus ex legibus præfuerunt ante mutationem quæ evenit anno 1618. scriptus ab Hugone Grotio. *Parisiis*, 1665. *in* 12.

La Religion des Hollandois. *Paris, Clousier*, 1673. *in* 12.

Remarques sur l'état des Provinces-Unies des Pays-Bas faites en l'an 1672. par le Chevalier Temple. *La Haye, Steucker*, 1680. *in* 12.

Origo & Historia tumultuum Belgicorum immanissimæque Crudelitatis per Cliviam & Westphaliam patratæ tabellis æneis repræsentata : accedit Historia Tragica de furoribus Gallicis, authore Ernesto Eremundo. *Lugd. Bat. Vander Bild.* 1619. *in* 8.

Florentii Vander Haer, de initiis tumultuum Belgicorum libri duo. *Duaci, Bogardi*, 1587. *in* 8.

Pacificatorium dissecti Belgii per Salomonem Theodotum. *Ursellis, Junghen.* 1618. *in* 8.

Johannis a Sande Epitome Historiarum Belgicarum ab anno 1566. ad ann. 1648. *Ultrajecti, Waesbergæ*, 1652. *in* 12.

Historia Belgicarum Tumultuum, continens Hispanorum Regum Sanguinaria Diplomata & S. Inquisitionis arcana. *Amstelolodami, Janssonii*, 1641. *in* 8.

Historia della guerra della Germania inferiore di Jeronimo Conestagio. 1634. *in* 8.

Della guerra di Fiandra del Cardinal Bentivoglio, parte prima. *In Colonia*, 1635. *in* 8.

Famiani Stradæ, de Bello Belgico Decas prima. *Antuerpia, Cnobbari*, 1640. *in* 8.
Decas secunda. *Paris, Duval*, 1648. *in* 8.
Petri Opmeeri Historia Martyrum Batavicorum sive defectionis a fide Majorum Hollandiæ initia. *Coloniæ, Gualteri*, 1625. *in* 8.
L'Histoire de l'Archiduc Albert Gouverneur General & puis Prince Souverain de la Belgique. *Cologne, Egmond*, 1693. *in* 12.
Alberti Belgarum Principis Elogium & funus ab Aub. Miræo. *Bruxellis, Pepermanni*, 1622. *in* 8.
L'Histoire d'Alexandre Farnese, Duc de Parme & de Plaisance, Gouverneur de la Belgique. *Amsterdam, Michils*, 1692. *in* 12.
Historia Batavica a Gerardo Geldenhaurio. *Colonia, Cervicorni*, 1541. *in* 8.
Histoire de l'établissement de la Republique de Hollande ou sa révolte, par M. le Noble. *Paris, Bouillerot*, 1689. *in* 12.
Histoire de la Republique des Provinces-Unies des Pays-Bas, depuis son établissement jusqu'à la mort de Guillaume III. Roy de la Grande Bretagne. *La Haye, Guill. de Voys*, 1704. *in* 12. 3. vol.
Histoire de Hollande, depuis la Tréve de 1609. jusqu'à nôtre tems, par M. de la Neuville. *Paris, De Luynes*, 1693. *in* 12. 4. vol.
Les Delices de la Hollande avec un Traité du Gouvernement, &c. par J. de Parival. *Paris*, 1665. *in* 12.
Histoire de Guillaume I. Prince d'Orange, avec les actions les plus remarquables de Guillaume III. Roy de la Grande Bretagne. *Amsterdam, Marret*, 1689. *in* 12.
Esprit politique ou Histoire abregée de la vie & actions de Guillaume III. de Nassau, &c. *Amsterdam, Elzevier*, 1695. *in* 12.
Memoires pour servir à l'Histoire de Hollande & des autres Provinces-Unies, par Louis Aubery. *Paris, Jean Villette*, 1680. *in* 8.
Histoire des Princes d'Orange de la Maison de Nassau. *Amsterdam, Marret*, 1692. *in* 12.
Le veritable Portrait de Guillaume-Henry de Nauffau. *Bruxelles, Marchant*, 1689. *in* 8.
Idem. *In* 12.
Historia della guerra d'Olanda del conte di San Majolo. *In Parigi, Luyne*, 1682. *in* 12.
Vie de Corneil Tromp Amiral de Hollande. *La Haye, Foulque*, 1695. *in* 12.
Vie & actions memorables de Michel de Ruyter, Amiral des Provinces unies. Sur l'imprimé, *Amsterdam*, 1678. *in* 12.
Discours d'un veritable Hollandois sur les affaires presentes de la guerre & de la paix d'Angleterre, 1668. *in* 12.
Le Mercure Hollandois. *Amsterdam, Boom*, 1678. *in* 12. 7. vol.

Relation de la Guerre des Hollandois de la Compagnie des Indes Orientales, avec les Regens de Macaſſar, depuis l'an 1666. juſques en 1669. *Paris, Leonard*, 1670. *in* 12.

RERUM ANGLICARUM,

Scoticarum, & Hibernicarum Scriptores.

IN FOLIO.

THeatrum imperii magni Britanniæ, exactam Regnorum Angliæ, Scotiæ, Hiberniæ & Inſularum adjacentium Geographiam ob oculos ponens, una cum civitatibus centuriis urbibibus & Primariis Comitatuum oppidis intra Regnum Angliæ diviſis & deſcriptis, ex Anglico Johannis Spedo, latinitate donatum a Philemone Hollando. *Londini, Sudburi*, 1616.

Rerum Anglicarum Scriptores poſt Bedam præcipui, videlicet Wilhelmus Malmesburienſis, Henricus Huntindonienſis, Rogerus Hovedenus, Ethelwardus, Ingulphus Croylandenſis, editi ab Henrico Savile: accedit Chronologia rerum & Epiſcoporum Angliæ uſque ad Wilhelmum Seniorem. *Francofurti, Typis, Wechelianis*, 1601.

Rerum Anglicarum Scriptorum veterum Tomus I. videlicet Ingulphi Croylandenſis, Hiſtoria, Petri Bleſenſis continuatio, Chronica de Mailros, Annales Burtonenſes, Hiſtoriæ Croylandenſis continuatio. *Oxoniæ, e Theatro Sheldon.* 1684.

Anglica, Normannica, Hibernica, Cambrica a veteribus ſcripta edita a Guill. Camdeno edita. *Francofurti, Marnii*, 1603.

Hiſtoriæ Anglicanæ Scriptores X. antiqui: Simeon Monachus Dunelmenſis, Johannes Prior Hagulſtadenſis, Richardus Prior Hagulſtadenſis, Ailredus Abbas Rievallenſis, Radulphus de Diceto Londonienſis, Joannes Brompton Jornallenſis, e MSS. editi cum variis Lectionibus & Gloſſario a Jo. Seldeno. *Londini, Flesher*, 1652. 2. vol.

Flores Hiſtoriarum per Matthæum Weſtmonaſterienſem Collecti præcipue de rebus Britannicis ab exordio mundi ad annum D. 1307. & Chronicon ex chronicis ab initio mundi ad ann. D. 1118. deductum a Florentio Wigornienſi Monacho: acceſſit continuatio uſque ad ann. 1141. per quemdam ejuſdem cœnobii eruditum. *Francofurti, Typis, Wechelianis*, 1601.

Ælfredi Magni Anglorum Regis vita tribus libris comprehenſa a Johanne Spelman anglice conſcripta, latine vero reddita no-

HISTORIA ANGLICA, in folio.

tisque illustrata ab alumnis universitatis Oxoniensis. *Oxonii, e Theatro Sheldon.* 1678.

De antiquitate Britannicæ Ecclesiæ & nominatim, de Privilegiis Ecclesiæ Cantuariensis atque de Archiepiscopis ejusdem Ecclesiæ LXX. Historia. *Hanoviæ, Typis Wechelianis.* 1605.

Historia Ecclesiastica Anglicana a primis gentis fidei susceptæ incunabulis ad nostra fere tempora deducta a Nicolao Harpsfeldio: adjecta Edmundi Campiani Brevis narratio de divortio Henrici VIII. ab uxore Chatarina & ab Ecclesia Catholica Romana discessione, edita studio Rich. Gibboni Soc. J. *Duaci, Wyon,* 1622.

Florum Historiæ Ecclesiasticæ gentis Anglorum libri VIII. collectore Rich. Smitheo. *Par. Leonard,* 1654.

Anglia Sacra, sive collectio Historiarum partim antiquitus, partim recenter scriptarum de Archiepiscopis & Episcopis Angliæ a prima fidei Christianæ susceptione ad ann. 1540. *Londini, Chiswel.* 1691.

Monasticon Anglicanum sive Pandectæ Cœnobiorum, Benedictinorum, Cluniacens. Cistertiens. Carthusian. a primordiis ad eorum usque dissolutionem: ex Archivis & MSS. collectæ per Rogerum Dodsworth & Gulielmum Dugdale. *Londini, Hodgkinson,* 1655. 2. vol.

Ejusdem Monastici Anglicani volumen secundum, de Canonicis Regularibus Augustinianis, scilicet Hospitalariis, Templariis Gilbertinis, Præmonstratensibus & Mathurinis sive Trinitariis cum appendice ad volumen I. *Londini, Warren,* 1661. 2. vol.

Matthæi Paris, Monachi Albanensis Historia major cum MSS. fideliter collata: accesserunt duorum Offarum Merciorum Regum & 23. Abbatum S. Albani vitæ una cum libro additamentorum per eumdem autorem: edita a Wilhelmo Wats qui variantes lectiones & glossarium adjecit. *Par. Pelé,* 1644.

Polydori Vergilii, Urbinatis, Angliæ Historiæ libri XXVII. *Basileæ, Isingrinii,* 1556.

Historia rerum Britannicarum ab anno 1572. ad ann. 1628. a Rob. Jonstono. *Amstelædami, Ravesteynii,* 1655.

Annales rerum Anglicarum & Hibernicarum regnante Elizabetha ad ann. 1569. a Guill. Camdeno. *Londini, Stansbii,* 1615.

Francisci Baconis, Baronis de Verulamio Opera omnia quæ extant, his præfixa est authoris vita. *Francofurti, Schonwetteri,* 1665.

Britannicarum Ecclesiarum antiquitates, quibus inserta est Hæreseos Pelagianæ Historia: accedit gravissimæ quæstionis de Christianarum Ecclesiarum successione & statu historica explicatio, a Jac. Usserio Archiep. Armachano. *Londini, Tooke,* 1687.

Historia & antiquitates Universitatis Oxoniensis. *Oxonii, e Theatro Sheldon.* 1674.

Rerum in Ecclesia gestarum, maximarum hisce postremis temporibus persecutionum ac Sanctorum Dei Martyrum Commentarii pars prima ; in qua præcipue de rebus per Angliam & Scotiam gestis sub Maria Regina, auctore Joanne Foxo Anglo. *Basileæ, Brylingeri*, 1559.

Histoire des Troubles de la Grande Bretagne depuis l'an 1633. jusques en 1646. par Robert Mentet de Salmonet. *Paris, Courbé*, 1661.

Regum Pariumque magnæ Britanniæ Historia Genealogica, studio Jac. Wilh. Imhoff. *Norimbergæ*, 1690.

Heræologia Anglica, hoc est, clarissimorum Anglorum qui floruerunt ab anno 1500. ad præsentem annum 1620. effigies, vitæ &, elogia.

Georgii Buchanani, Historia rerum Scoticarum. *Edimburgi, Arbuthneti*, 1582.

Cambrensis eversus, sive potius Historica fides, in rebus Hibernicis, Gyraldo Cambrensi abrogata a Gratiano Lucio. 1662.

RERUM ANGLICARUM,

Scoticarum, & Hibernicarum Scriptores,

IN QUARTO.

Bedæ Presbyteri & Fredegarii Scholastici concordia in duas partes divisa, &c. a P. Franc. Chiffletio Soc. J. *Parisiis, Martin*, 1681.

Joannis Pitsei, Relationum Historicarum de rebus Anglicis, tomus I. *Par. Thierry*, 1619.

Franc. Godwini de Præsulibus Angliæ Commentarius. *Londini, Billii*, 1616.

Congregationis Anglicanæ Ordinis S. Benedicti Trophæa collecta per P. Edowardum Maihew. *Remis, Constant*, 1625. 5. vol.

Historiæ Britannicæ defensio, a Joanne Priseo. *Londini, Binneman*, 1573.

Rerum Anglicarum, Henrico VIII, Edwardo VI. & Maria Regnantibus, Annales. *Londini, Billii*, 1628.

Annales des choses plus remarquables arrivées tant en Angleterre qu'ailleurs sous les Regnes d'Henry VIII. Edouard VI. & Marie traduites par le S. de Loigny. *Par. Rocolet*, 1647.

Histoire de la Reformation de l'Eglise d'Angleterre, traduit de l'Anglois de Burnet par M. de Rosemond. *Londres, Chiswel*, 1683. & 1685. 2. vol.

Histoire

HISTORIA ANGLICA, in quarto.

Histoire d'Elizabeth Reyne d'Angleterre, traduite du latin de Camden, par Paul de Bellegent. *Par. Thiboust*, 1627.

Memoires de Charles I. écrits de sa propre main dans sa Prison, traduits par le S. de Marsy. *Par. Preuveray*, 1649.

Relation veritable envoyée au Roi de la grande Bretagne de plusieurs divers jugemens faits en France, sur le sujet de sa déclaration de Sa Majesté pour le droit des Roys & l'independance de leurs Couronnes, par François de Kermadec. *Caen*, 1615.

u gement d l'Université d'Oxford sur la ligue & convenant d'Angleterre & d'Ecosse, le serment negatif contre le Roy, & les Ordonnances touchant la discipline & le service divin &c. traduit de l'Anglois, 1648.

Sylloge variorum tractatuum quibus Caroli I. Angl. Regis innocentia illustratur & paricidium Pseudo-Parlamenti declaratur ex Angl. Latine. 1649.

Guillelmi Ursino de Rivo vindiciæ pro capite Regis Angliæ contra rebelles Parricidas. *Hagæ-Comitis, Broun*, 1650.

Elenchus motuum nuperorum in Anglia simul ac juris Regii & Parlamentarii brevis enarratio. *Francofurti, Sam. Broun*, 1650.

Tortura Torti, sive ad Matthæi Torti librum Responsio. *Londini, Barkeri*, 1609.

Actio in Henricum Garnetum, Soc. J. in Anglia superiorem &c. ex Angl. latine versa a Guillelmo Camdeno. *Londini, Norton*, 1607.

Histoire d'Oliver Cromwel, par le S. Raguenet. *Paris, Barbin*, 1691.

Anarchia Anglicana: or The History of independency with observations historicall and politique uponthis present Parliament, &c. C'est-à-dire, Histoire des independans avec des observations historiques & Politiques sur le present Parlement. By *Theodorus Verax*. 1648.

Copie d'une lettre touchant la justice ou l'injustice des armes du Parlement, contre le Roy de la grande Bretagne.

Memoires Sommaire contre les Raisons qui doivent obliger les Princes confederés Catholiques de contribuer au rétablissement de Sa Majesté Britannique.

Notitia Oxoniensis Academiæ. *Londini*, 1675.

Jo. Leslæi Episcopi Roffensis, de origine, moribus & rebus gestis Scotorum libri X. *Romæ, in ædibus Populi Romani*, 1578.

Ejusdem libellus de titulo & jure Mariæ Scotorum Reginæ, quo Regni Angliæ successionem sibi juste vindicat. *Rhemis, Jo. Fognai*, 1580.

Thomæ Dempsteri Historia Ecclesiastica Bononiæ Thebaldini, 1627.

Menologium Scotorum ab eodem collectum. *Ibidem*, 1622.

Apparatus ad Hiſtoriam Scoticam libri duo : accedunt Martyrologium Scoticum & Scriptorum Scotorum nomenclatura. *Ibidem.*

Davidis Camerarii, de Scotorum fortitudine, doctrina & pietate ; ac de ortu & progreſſu hæreſis in regnis Scotiæ & Angliæ, libri IV. *Par. Baillet,* 1631.

Velitatio in Georgium Buchananum circa Dialogum quem ſcripſit de jure Regni apud Scotos, auctore Niniano Winzeto Benfroo. *Ingolſtadii, Sartorii,* 1582.

Ogygia rerum Hibernicarum Chronologia ab univerſali diluvio ad annum Chriſti 428. a Roberto Flaharty. *Londini, Everingham,* 1685.

Richardi Stanihurſti Dublinienſis, de rebus in Hibernia geſtis libri I V. cum appendice rerum Hybernicarum ex Sylv. Gyraldo Cambrenſi collecta. *Antuerpiæ, Plantin,* 1584.

Veterum Epiſtolarum Hibernicarum Sylloge partim ab Hibernis, partim ad Hibernos de rebus Hibernicis conſcriptæ editæ a Jacobo Uſſerio. *Dublini,* 1632.

Lyra ſive Anacephalæoſis Hibernica, in qua de gentis Hibernicæ Origine moribus & ritibus tractatur. Acceduut Annales ejuſdem Hiberniæ, necnon rerum geſtarum per Europam ab anno 1148. ad annum 1650. auctore Thoma Carve. *Sulzbaci, Lichtenthaleri.*

RERUM ANGLICARUM,

Scoticarum, & Hibernicarum Scriptores.

IN OCTAVO, &c.

Angliæ Deſcriptionis Compendium, per Gulielmum Paradinum. *Par. Gaultherot,* 1545. *in* 8.

Le Fidele Conducteur dans le Voyage d'Angleterre, par le Sieur Coulon. *Troyes, Oudot,* 1654. *in* 8.

Richardi Viti, Hiſtoriarum libri V. ab origine Anglorum ad Conſtantium. *Atrebati, Riverii,* 1597. *in* 8.

Elenchus antiquitatum Albionenſium Britannorum, Scotorum, Danorum, Anglo-Saxonum Origines & geſta ad annum 449. explicans una cum brevi Regum Pictonum, Chronico per Danielem Langhornium. *Londini,* 1673. *in* 8.

Examen Trophæorum Congregationis Prætenſæ Anglicanæ Ordinis S. Benedicti. *Remis, Euſeb. Cordati,* 1622. *in* 12.

Polydori Vergilii Urbinatis Hiſtoriæ Angliæ libri XXVI. ex edi-

HISTORIA ANGLICA, *in octavo*, &c.

tione Antonii Thysii. *Lugd. Batav. Jo. Maire*, 1649. *in* 8.
Anglorum prælia ab anno 1327. ad ann. 1558. Carmine perstricta. item de pacatissimo Angliæ statu regnante Elizabetha compendiosa narratio, a Christophoro Orlando : accedit Alexandri Nevilli Kettus, sive de furoribus Norfolciensium Ketto Duce. *Londini, Nuberi*, 1582. *in* 8.
Georgii Hornii, rerum Britannicarum libri VII. quibus res in Anglia, Scotia, Hibernia ab anno 1645. bello gestæ exponuntur. *Lugd. Batav. Hackii*, 1648. *in* 8.
Chronicon Regum Anglorum ab Hengisto usque ad Heptarchiæ finem una cum Regum Catalogis & Schematibus Genealogicis cupro incisis, per Danielem Langhornium. *Londini*, 1679. *in* 8.
Joannis Twini, de rebus Albionicis, Britannicis atque Anglicis Commentariorum libri duo. *Londini, Bollifanti*, 1590. *in* 8.
Thomæ Smith, de republica & administatione Anglorum libri tres latine conversi a Joanne Buddeno. *Londini, Norton. in* 8.
Introduction à l'histoire d'Angleterre par le Ch. Temple, traduite de Langlois. *Amsterdam, de Lorme*, 1695. *in* 12.
Histoire des singularitez naturelles d'Angleterre d'Ecosse & du Pays de Galles traduite de Langlois de M. Childrey par M. B. *Paris, Ninville*, 1667. *in* 12.
Abregé de l'Histoire d'Angleterre, d'Ecosse & d'Irlande, par le S. du Verdier, premiere partie. *Paris, Girard*, 1667. *in* 12.
Teatro Britannico di Gregorio Leti. *In Amsterdamo, Wolfgang.* 1684. *in* 12. 5. vol.
Henrici Warton Historia de Episcopis & Decanis Londinensibus & Assavensibus ad ann. 1540. *Londini, Chiswel*, 1695. *in* 8.
Historia delle cose occorse nel regno d'Inghilterra, in materia del Duca di Notomberlan dopo la morte di Odoardo VI. nell'Academia Venetiana. 1558.
Histoire des guerres civiles d'Angleterre, depuis Edouard II. & Richard II. par M. de Rosemond. *Amsterdam, Desbordes*. 1690. *in* 12.
S. Thomæ Cantuariensis & Henrici II. Anglorum Regis Monomachia de libertate Ecclesiastica, a Richardo Brunæo, subjuncto ejusdem argumenti dialogo. *Coloniæ, Egmundt*, 1626. *in* 8.
Nicolai Sanderi, de origine ac progressu schismatis Anglicani libri tres, aucti per Edouardum Rishtonum. *Ingolstadii, Ederi*, 1587.
Histoire du Schisme d'Angleterre de Sanderus, & les vies des Cardinaux Polus & Campege, traduite par M. Maucroix. *Paris, Pralard*, 1678. *in* 12.
Franc. Baconi, Historia Regni Henrici VII. Angliæ Regis. *Lugd. Bat. Hackii*, 1647. *in* 12.
Histoire du Régne d'Henry VII. Roy d'Angleterre, traduite de l'Anglois de François Bacon. *Paris, Recolet*, 1627. *in* 8.

HISTORIA ANGLICA, in octavo.

Histoire du Divorce d'Henry VIII. Roy d'Angleterre & de Catherine d'Arragon, avec la défense de Sanderus, la refutation des deux premiers Livres de l'Histoire de la Réformation de M. Burnet, & les Preuves par Joachim le Grand. *Paris, Martin*, 1688. *in* 12. 3. vol.

Lettre de M. Burnet à M. Thevenot, contenant une courte critique de l'Histoire d'Henry VIII. par M. le Grand, avec des remarques dudit S. le Grand. *Ibidem, in* 12.

Nuntius a mortuis, hoc est Stupendum juxta ac tremendum Colloquium inter manes Henrici VIII. & Caroli I. Angliæ Regum. *Londini, Palingenii Rolandi*, 1659. *in* 8.

Responsio Matth. Torti ad Librum inscriptum: Triplici nodo triplex cuneus. *Coloniæ, Gualtheri*, 1608. *in* 8.

Elenchus refutationis torturæ torti, a Richardo Thomsonio. *Londini, Barckeri*, 1611. *in* 8.

Exetasis Epistolæ nomine Regis Magnæ Britanniæ Scriptæ ad omnes Christianos Monarchas, Principes & ordines quæ præfixa est ipsius Apologiæ pro juramento fidelitatis, a Bartholom. Pacenio. *Montibus, Adami Galli.* 1610.

Apologia Cardinalis Bellarmini pro responsione sua ad librum Jacobi Magnæ Brittanniæ Regis, &c. *Coloniæ, Kinckes*, 1610.

Rob. Bellarmini Cardin. Responsio ad librum inscriptum: Triplici nodo triplex cuneus. *Ibidem, in* 8.

Fragmenta Regalia, ou le Caractere veritable d'Elizabeth Reine d'Angleterre & de ses favoris, traduit de l'Anglois de Robert Naunton, par Jean le Pelletier. *Roüen, Lucas*, 1683. *in* 12.

Vie d'Elizabeth Reine d'Angleterre, traduite de l'Italien de Gregorio Leti. *Amsterdam, Desbordes*, 1694. *in* 12.

Historia de la vita & de la morte dell'illustr. Sign. Giovanna Graia gia Regina eletta, e publicata d'Inghilterra, &c. 1607. *in* 8.

Imago Regis Caroli in suis ærumnis & solitudine. *Hagæ - Comitis, Sam. Broun.* 1649. *in* 12.

Réponse au Livre intitulé: *Imago Regis Caroli, &c.* par Jean Milton, traduit de l'Anglois. *Londres*, 1652. *in* 8.

Casp. Ziegleri circa Regicidium Anglorum exercitationes: accedit Jacobi Schalleri ad loca quædam Miltoni Dissertatio. *Lugd. Bat. Sambix.* 1653. *in* 12.

Defensi Regia pro Carolo I. ad Carolum II. *Rothomagi, Berthelin*, 1650. *in* 8.

Idem, sumptibus Regiis. 1649. *in* 12.

Idem. *Ibidem. Sed altera editione, in* 12.

Jo. Miltoni Defensio pro populo Anglicano contra Defensionem Regiam. *Londini, Typis Dugardianis*, 1651. *in* 12.

Ejusdem defensio secunda pro Populo Anglicano: accedit Alex. Mori fides publica contra Calumnias Jo. Miltoni. *Hagæ-Comitum, Vlacq.* 1654. *in* 12.

HISTORIA ANGLICA, in octavo, &c.

Jo. Miltoni pro se defensio contra Alex. Morum. *Londini, Typis Neucomianis*, 1655. *in* 8.

Polemica sive Supplementum ad Apologiam anonymam pro Rege & populo Anglicano adversu Jo. Miltoni defensionem populi Anglicani, & irenica sive cantus receptui ad Christianos omnes. *Per J. Rowlandum.* 1653. *in* 12.

Pro rege & populo Anglicano Apologia contra J. Miltonum. *Antuerpiæ, Verdussen*, 1652. *in* 12.

Ratio constitutæ nuper Reipublica Angliæ Scotiæ & Hiberniæ penes D. Protectorem & Parlamentum, ex Anglo latine. *Hagæ-Comitum, Ulacq*, 1654. *in* 12.

Idem. *Ibidem.* 1655. *in* 12.

Alex. Mori fides publica contra Calumnias Jo. Miltoni. *Ibidem.* 1654. *in* 12.

Regii Sanguinis Clamor ad coelum adversus Parricidas Anglos. *Ibidem.* 1652. *in* 12.

Sermon presenté au Roy Charles II. contenant les solides consolations contre la mort & le souverain remede contre les afflictions, &c. *Londres*, 1669. *in* 12.

Histoire entiere & veritable du Procez de Charles Stuart Roy d'Angleterre, traduite de l'Anglois. *Londres.* 1650. *in* 12.

L'état present d'Angleterre, traduit de l'Anglois d'Edoüard Chamberlayne. *Amsterdam, Blaeu*, 1669. *in* 12.

Histoire du tems ou relation de ce qui s'est passé de memorable en Europe & principalement en Angleterre, depuis les Regnes de Charles II. & de Jacques II. avec des Reflexions politiques, traduite de l'Anglois. *Amsterdam, Wolfgang*, 1691. *in* 12. 5. vol.

La Relation de trois Ambassades de M. le Comte de Carlisle de la part du Roy Charles II. vers le Czar & les Roys de Suede & de Dannemarc. *Amsterdam, Blaeu*, 1669. *in* 12.

Memoires d'Edmond Ludlow, contenant ce qui s'est passé sous le Regne de Charles I. jusqu'à Charles II. traduit de l'Anglois. *Amsterdam, Marret*, 1699. *in* 8. 2. vol.

Litteræ Pseudo-Senatus Anglicani, Cromwellii reliquorumque perduellium nomine ac jussu conscriptæ a Jo. Miltono. 1676. *in* 12.

La Tyrannie heureuse ou Cromwel politique, par M. de Galardi. *Leyde, Pauvels*, 1671. *in* 12.

Angliæ notitia. *Oxoniæ, Lichfield*, 1686. *in* 12.

Memoires de la Cour d'Angleterre, par Madame d'Aunoy. *Paris, Barbin*, 1695. *in* 12. 2. vol.

Conferences sur les intérêts de l'état present de l'Angleterre, touchant les desseins de la France. 1668. *in* 12.

Commentariorum de rebellione Anglicana libri duo, pars prima auctore R. M. Eq. aur. *Londini, Meredith*, 1686. *in* 8.

238 *HISTORIA ANGLICA, in octavo, &c.*

Hiſtoriæ Parliamenti Angliæ Breviarum, auctore T. M. *Juxta exemplar Londini.* 1651. *in* 12.

Elenchus motuum nuperorum in Anglia ſimul ac juris Regiis ac Parlamentarii brevis enarratio, a Georgio Bateo. *Londini,* 1676.

Motus compoſiti, a Thoma Skynner. 1676. *in* 8.

Motuum Britannicorum verax Cuſhi ex ipſis Joabi & oculati teſtis prototypis totus tranſlatus. *Roterodami, Leers,* 1647. *in* 8.

Memoire pour ſervir à l'hiſtoire d'Angleterre, concernant la mort du dernier Comte d'Eſſex. *Londres, H. Cadman,* 1685. *in* 12.

Défenſe de la Nation Britannique par M. Abadie. *La Haye, Hondt,* 1693. *in* 12.

Memoires de Molesworth Envoyé de Sa Majeſté Britannique au Roy de Dannemarc l'an 1692. *Nancy,* 1695. *in* 12.

Conſultation de l'Oracle par les puiſſances de la terre pour ſçavoir ſi le Prince de Galles Dieu-donné eſt ſuppoſé ou legitime. *Wittehal,* 1688. *in* 12.

Hiſtoire du Droit Hereditaire de la Couronne de la grande Bretagne écrit en faveur du Prince de Galles &c. refutée par des Remarques ſur le veritable droit de la Reyne, les juſtes motifs de la reſolution & la ſucceſſion dans l'illuſtre maiſon d'Hanover, traduit de l'Anglois. *La Haye, Pierre Huſſon,* 1714. *in* 8.

La vie d'Anne Stuart Reyne de la grande Bretagne, traduite de l'Anglois. *Amſterdam, Humbert,* 1716. *in* 12.

Abregé de la vie du Duc de Marlbourough & du Prince Eugene de Savoye, traduit de l'Anglois. *Ibidem,* 1714. *in* 12.

Scotia illuſtrior, ſeu mendicabula repreſſa a Thoma Dempſtero. *Lugduni, Rouſier, in* 8.

Rerum nuper in Regno Scotiæ geſtarum Hiſtoria per Irenæum Philalethen. *Dantiſci,* 1641. *in* 8.

Georgius Thomſonus, de antiquitate Religionis Chriſtianæ apud Scotos. *Duaci, Belleri,* 1594. *in* 12.

Martyre de la Reyne d'Ecoſſe, Douairiere de France. *Edimbourg, Jean Naſeild,* 1587. *in* 8.

Summarium rationum de morte Mariæ Stuartæ. *Coloniæ, Henningii,* 1627.

Maria Stuarta Regina Scotiæ, a cœde d'Atleana innocens, vindice Oberto Barneſtapolio. *Ibidem, in* 8.

De rebus, a Jacobo Montis-roſarum Marchione &c. Supremo Scotiæ Gubernatore clare geſtis anno 1644. & duobus ſequentibus. 1647. *in* 8.

Le Capucin Ecoſſois, traduit de l'Italien de J. B. Rinuccini par le P. François Barrault. *Par. Jean Guignard,* 1650. *in* 8.

Memoires Hiſtoriques contenans pluſieurs evenemens trés importans par rapport à l'Angleterre & à l'Ecoſſe ſous les Regnes d'Elizabeth, de Marie Stuart, de Jacques I. par Jacques Melvil. *Lyon, Anisson,* 1695. *in* 12. 2. vol.

Réponse de Matthieu Kennedy à une lettre que le P. de la Haye Religieux Ecossois de l'Ordre de Ste. Genevieve a écrite à Milord Duc de Perth, &c. *Paris, Sevestre,* 1715. *in* 12.

Analecta Sacra mira & nova, de rebus Catholicorum in Hibernia pro fide & religione gestis. *Coloniæ, Rolini,* 1616. 1617. & 1619. *in* 8. 3. vol.

Jac. Waræi Disquisitiones de Hibernia & antiquitatibus ejus, accesserunt rerum Hibernicarum, regnante Henrico VIII. Annales. *Londini, Tyler,* 1638. *in* 8.

Histoire Monastique d'Irlande. *Par. Louis Lucas,* 1630. *in* 12.

Vindiciarum Catholicorum Hiberniæ, a Philopatro Irenæo, ad Alitophilum libri duo. *Par. Camusat,* 1650. *in* 12.

Panegyrique de Marie Stuart, Princesse d'Orange decedée a Kinsington le 28. Decembre 1694. par Jean Abadie. 1697. *in* 12.

RERUM HISPANICARUM

Et Lusitanicarum Scriptores.

IN FOLIO.

Historia Ecclesiastica de España que contiene centurias septimas primeras por Don Francisco de Padilla. *En Malaga, Bolan,* 1605. 2. vol.

Hispania illustrata, seu rerum urbiumque Hispaniæ, Lusitaniæ, Æthiopiæ & Indiæ Scriptores varii editi & collecti ab Andræa Schotto. *Francofurti, Marnii,* 1603. 1606. & 1608. 4. vol.

Compendio Historial de las Chronicas y universal Historia de todos los Regnos de España, por Estevan de Garibay. *En Anverez, Plantin,* 1571. 3. vol.

Illustraciones Genealogicas de los Catholicos Reges de las Españas y de los Christianissimos de Francia, y de los Imperadores de Constantinopla, por Estevan de Garibay. *Madrid, Sanchez,* 1596.

Chronica de los Moros de España, por F. Jayme Blede. *En Valencia, Fel. Mey,* 1618.

Nobiliario Genealogico de los Reyes y titulos de España, por Alonso Lopez de Haro. *En Madrid, Sanchez,* 1622.

Primera y segunda parte de las grandelas, y cosas notables de Espa-

ña, compuesta por Petro de Medina, y ampliada por Diego Perez de Mezza. *En Alcala, Juan Gracian,* 1595.
Teatro de la grandezas de la villa de Madrid, por Gil Gonçalez d'Avila. *En Madrid,* 1623.
Historia de la Imperial Ciudad de Toledo por Don Pedro de Royas. *En Madrid, Diego, Diaz,* 1654. *y* 1663. 2. vol.
Descripcion del real Monasterio de S. Lorenzo del Escurial por el P. Francisco de los Santos. *En Madrid, en la Imprenta real,* 1657.
Historia y primera parte de la guerra que Don Carlos V. Emperador y Rey de España y Alemania movio contra los Principes y Ciudades rebelles del Reyno de Alemannio por Pedro de Salazar. *En Napoles,* 1540.
Segunda parte de la guerra de Alamannia, MSS.
Historia de Sevilla en la qual se contienen sus antiquedades grandezas y cosas memorables &c. por Alonso Margado. *En Sevilla, Pafcioni,* 1587.
Nobleza del Andalusia por Gonçalo Argore de Molina. *En Sevilla, Fernando Diaz,* 1588.
Decada primera de la Historia de la insigne y coronada Ciudad y Regno de Valencia, por Gaspar Escolano. *En Valencia, Mey,* 1610. *y* 1611. 2. vol.
Aragonensium rerum Commentarii, auctore Hieronymo Blanca. *Cæsar-Augustæ, Robles,* 1588.
Annales de la Corona de Aragon por Geronimo Curita. *En Caragoça, Robles,* 1610. 7. vol.
Indices rerum ab Aragoniæ Regibus gestarum ab Hieronimo Surita tribus libris parati & expositi. *Cæsar-Augusta, Dom. a Portonariis,* 1578.
Lucii Marinei Siculi, de primis Aragoniæ Regibus & eorum rerum gestarum perbrevi narratione libri V. *Cæsar-Augusta, Alemani,* 1509.
Coronica de España, por Diego de Valera.
Fundacion Milogrosa de la Capilla Angelica y Apostolica de la Madre de Dios del Pilar y excellentias de la imperial Ciudad de Saragoça por F. Diego Murillo. *En Barcelona, Matenad.* 1616.
Summari index o Epitome dels admirables y nobilissims titols de honor de Cathalanya Rossello y Cerdania por Andrea Bosch. *En Perpinya, Pere la Cavalleria,* 1628.
Marca Hispanica, sive Limes Hispanicus, hoc est Geographica & Historica descriptio Cataluniæ, Ruscinonis, &c. a Petro de Marca & a Steph. Baluzio edita. *Parisiis, Muguet,* 1688.
Jus Succedendi in Lusitaniæ Regnum. *Parisiis, Cramoisy,* 1641.
Historia de Varoens illustres do appellido Tavora, continuata em por senhores da cazae morgado de caparica, con a rellacam de todos

HISTORIA HISPANICA, in quarto. 241
todos os succeſſos publico deſta Reyno e ſuas conquiſtas, &c. recolhida por Alvara Pirez de Tavora, e publicado por Lorenzo de Tavora. *Em, Paris Cramoiſy,* 1648.
Topographia e Hiſtoria general de Argel, por Diego de Hædo. *En Valladolid,* 1612.

RERUM HISPANICARUM

& Luſitanicarum Scriptores.

IN QUARTO.

Illuſtrium Controverſiarum Biga, 1. de S. Jacobi Apoſtoli acceſſu ad Hiſpaniam, 2. de funere S. Martini a S. Ambroſio celebrato, aut. Antonio Caracciolo. *Coloniæ, Kinckii,* 1619.
Dos diſcurſos en que ſe defiende la venida y predicacion del Apoſtolo Sant-Jago en Eſpaña. *En Valladolid, Sanchez,* 1605.
De Regibus Hiſpaniæ, Hieruſalem Galliæ, utriuſque Siciliæ & Ungariæ Hiſtoria a Mich. Riccio. *Neapoli, Longhi,* 1645.
Varias antiquedades de Eſpaña, Africa y otras Provincias, por Bernardo Aldrete. *En Amberes,* 1614.
Inventaire general de l'Hiſtoire d'Eſpagne, extrait de Mariana Turquet & autres, & continuée juſqu'à preſent par P. M. L. H. *Paris, Guillemot,* 1608.
Corona Gothica politicamente illuſtrada por Don Diego Saavedra Faxardo. *En Munſter, Janſonio,* 1646.
Defenſio fidei in cauſa Neophitorum ſive Moriſchorum Regni Valentiæ totiuſque Hiſpaniæ a Jacobo Bleda: accedit ejuſdem tractatus de juſta Moriſchorum ab Hiſpania expulſione. *Valentiæ, Gerriz,* 1610.
Cancellaria Hiſpanica. *Freiſtadii,* 1622.
Jacobi Valdeſii Tractatus de dignitate & præeminentia regum regnorumque Hiſpaniæ, &c. *Francofurti, Hofmanni,* 1626.
Diſcurſos de la Nobleza de Eſpaña por Bernabe Moreno de Vargas. *En Madrid, Quinonez,* 1636.
Hiſtoria verdadera del Rey Don Rodrigo por Elſabio Alcayde Abulcacim. *En Valencia, Macé,* 1646.
Hiſtoria del Duque Carlos de Borgoña, Biſaguelo del Emperador Carlos V. *En Pamplona, Porralis,* 1586.
Laurentii Vallenſis, Hiſtoriarum Ferdinandi Regis Aragoniæ libri tres. *Pariſiis, Colinæi,* 1521.
Vita del Filippo II. Re delle Spagne, da Gregorio Leti. *En Coligni, Chouet,* 1679. 2. vol.

De felici excessu Philippi II. Hispaniarum Regis libri tres, ex Hispano Cerveræ Turriani Latine versi a Franc. Guillimanno. *Friburgii, Longii,* 1609.

Guerra de granada por el Rei Philippe II. contra los Morischos por Diego de Mendoça. *En Lisboa,* 1627.

Les Etats d'Espagne tenus à Tolede l'an 1560. par le Mandement du Roy Philippe II. traduit de l'Espagnol en François, par G. A. D. V. *Paris, Nicolas Edoard,* 1663.

Justification de las actiones de Espana. Manifestacion de las Violentias de Francia.

Tubus Galilæanus, hebescentibus Ludovici Camerariis oculis in Litura Hispanicæ Cancellariæ male advertantibus, ad clarius videndum tornatus a Fabio Hereyniano, additis in fine ipsius Camerarii Apostolis. 1625.

Rhaberbarum domandabili quam in apologia sua proritavit Lud. Camerarius, propinatum ab eodem. 1625.

La Libra di Grivilio Vezzalini traducida de Italiano en lengua Castellana: Pe San Selas ganancias y las perdidas de la Monarquia de España en el Felicissimo Regnado de Filippe IV. *En Pamplona.*

Viage Successos y guerras del Infante Cardenal Don Fernando de Austria, por Diego de Aedo y Gallart. *En Madrid, Sanchez,* 1637.

Acta vitæ S. Ferdinandi Regis Castellæ & Legionis, cum posthuma illius gloria & Historia S. Crucis Caravacanæ, &c. illustrata commentariis annotationibus & iconibus a Daniele Papebrochio Soc. J. *Antuerpiæ, Cnobbari,* 1684.

Obras de Fray Barth. de las Casas o Casaus. *En Sevilla, Trugillo,* 1553.

Coronaciones de los Reyes de Aragon, por Geronimo de Blancas. *En Saragoça, Diego Dormer,* 1541.

Proclamacion Catholica a la Majestad piadosa de Filippe el grande Rey de las Españas, y Emperador de las Indias. 1640.

Presagios fatales del mando Frances Cataluña por D. Ramon Dalmao de Rocaberti. *En Saragoça, Lanaja,* 1646.

Expedicion de los Catalanes y Aragoneses contra Turcos y Griecos por Francesco de Moncada. *En Barcelona,* 1623.

Batalla peregrina entre amor y fidelidad, concluida mediante la gracia del mas excellente Sacramento & Santissimo de la Eucharistia, con portentoso trionpho de las armas de España, Exemplar obediencia de la fidelissima Ciudad y Pueblo de Napoles, &c. *En Mantoa,* 1651.

Politica de la verdad Alivio de este Reyno por D. Antonio Navarrere. *Primera parte.*

Anacephalæosis, id est summa Capita actorum Regum Lusitaniæ ab Antonio Vasconcellio Soc. J. & Emanuelis Pimentæ Epigrammata in singulos Reges. *Antuerpiæ, Belleri,* 1621.

HISTORIÆ HISPANICA, in octavo, &c. 243

Anti-Caramuel, o defensa del manifesto des Reyno de Portugal por M. Fr. de Villareal. *En Paris, Blageart, 1643.*
Ecco politico responde en Portugal a la voz de Castilla. *En Lisboa, Craesbeeck, 1645.*
Jornada y muerte del Rey Don Sebastian de Portugal por Fray Antonio de San Roman. *En Valladolid, Juan Iñiguez, 1603.*
Antiquedad de la Ciudad y Ecclesia Cathedral de Tuy y de los Obispos, por Don Prudentio de Sandoval. *Em Braga, 1610.*
Memora vel Relaçam da perda da nao conceicam que os Turcos queimarao a vista da barra de Lisboa, varios successos das pessoas que nella Cativarao, Edescripçao, nova da cidade de Argel, &c. por Joam Carvelho Mascarenhas. *En Lisboa, Alvarez, 1627.*
Discursos varios politicos, por Manoel Severim de Faria. *En Evora, Carvalho, 1624.*

RERUM HISPANICARUM

Et Lusitanicarum Scriptores.

IN OCTAVO, &c.

Hispaniæ & Lusitaniæ Itinerarium. *Amstelodami, Valckenier, 1656. in 12.*
Voyage d'Espagne. *Cologne, Marteau, 1667.*
Relation de l'état du Gouvernement d'Espagne, avec une Relation particuliere de Madrid. *Ibidem, in 12.*
Le fidele Conducteur pour le voyage d'Espagne, par le sieur Coulon. *Troyes, Oudot, 1654. in 8.*
Thomæ Campanella discursus de Monarchia Hispanica. *Amstelodami, 1640.*
De rebus Hispanicis, Lusitanicis, Aragonicis, Indicis & Æthiopicis opera Damianija Goes, Hieronymi Pauli, Hieronymi Blanci, Jacobi Tevii. *Colonia, Birckmanni, 1602.*
Lud. Nonii Hispania; sive populorum, Urbium, Insularum ac fluminum in ea descriptio. *Antuerpiæ, Verdussii, 1607. in 8.*
Epitome des Histoires des Roys d'Espagne & Castille, des Roys d'Arragon, des Ducs & Roys de Boheme, des Roys de Hongrie, & des Maisons d'Absbourg & d'Austriche, par Gilles Corrozet. *Paris, 1553. in 8.*
Advertencias al adicionador de la Historia del P. Juan de Mariana. *En Paris, 1676. in 12.*

244 HISTORIA HISPANICA, in octavo, &c.

Hispanicæ Dominationis Arcana, per J. L. W. *Lugd. Bat. Commelini*, 1643. *in* 12.

Memoires curieux envoyés de Madrid, sur les fêtes ou combats de Taureaux, le Serment de fidelité, le Mariage des Infantes, &c. *Paris, Leonard*, 1670. *in* 12.

Relation de Madrid ou Remarques sur les mœurs de ses Habitans. *In* 12.

La Politique de Ferdinand le Catholique Roy d'Espagne, par Varillas. *Amsterdam, Brunel*, 1688. *in* 12.

Histoire du Ministere du Cardinal Ximenez, par Marsolier. *Toulouse*, 1693. *in* 12.

Les dernieres Paroles de Philippes III. Roy d'Espagne. *Par. Rocolet.*

Les grandes actions & notables changemens faits par le Roy Philippes III. à son avenement à la Couronne; ensemble, la remise de la Valteline au Roy T. C. Loüis XIII. *Paris, Saugrain*, 1621.

Histoire admirable & declin pitoyable advenu en la personne d'un Favori de la Cour d'Espagne. *Paris, Rousset*, 1622.

Relation de ce qui s'est passé de plus memorable au changement du Roy de Portugal. *Paris*, 1641. *in* 8.

La Guerre d'Espagne, de Baviere & de Flandres, ou Memoires du Marquis D ***. *Cologne, Marteau*, 1710. *in* 12. 2. vol.

Histoire politique & secrette de la Cour de Madrid dés l'avenement du Roy Philippes V. avec les considerations sur l'état present de la Monarchie Espagnole. *Cologne*, 1719. *in* 12.

Dichos y hechos notables del Rey Don Alonso de Aragon, adicionados por Eneas Silvio. *En Anvers, Steelsio*, 1554. *in* 8.

Expulcion justificada de los Morischos Españoles, por Pedro Aznar Cardona. *En Huesca, Cabarte*, 1612. *in* 8.

Catalania Galliæ vindicata adversus Hispaniensium Scriptorum imposturas a Fratre Ludovico Mesplede, Ord. Præd. *Parisiis, Huré*, 1643. *in* 8.

Epitome de la vida de D. Fernando de Cordoba, por Rodrigo Mendez. *En Madrid*, 1649. *in* 8.

Inventaire general des plus curieuses recherches des Royaumes d'Espagne, par A. de Salazar. *Paris, du Breuil*, 1612. *in* 12.

Declaration du droit de légitime succession sur le Royaume de Portugal, appartenant à la Royne Mere du Roy T. C. par M. P. B. *Anvers*, 1582. *in* 8.

Thesaurus Arcanus Lusitanis Gemmis refulgens, in quo Ægidii Magi olim Theurgici stupenda Historia, &c. per F. Stephanum de Sampayo, Ord. Præd. *Parisiis, Perier*, 1586. *in* 8.

Speculum Tyrannidis Philippi Regis Castellæ in usurpanda Portugallia, verique Portugallensium juris in eligendis suis Regibus ac principibus. *Paris.* 1595. *in* 8.

Discurso da vida de el Rey Don Sebastiam de Portugal, por D. Joam de Castro. *Em Par. Verac.* 1602.

HISRORIA HISPANICA, in octavo, &c.

Ajunta do que os Espanhoes fizeram a el Rey Dom Sebastiam. *Ibidem, in* 8.

La vie de Marie de Savoye Reynæ de Portugal, & de l'Infante Isabelle sa fille, par le P. d'Orleans J. *Paris, Ballard,* 1696. *in* 12.

Histoire de la vie & actions de D. Jean II. Roy de Portugal, traduit de l'Espagnol de D. Augustin Emanuel & Vasconcelos. *Paris, Loüis Vendosme,* 1641. *in* 8.

Brieve & Sommaire, description de la vie & mort de Dom Antoine I. Roy de Portugal, avec plusieurs Lettres servantes à l'Histoire du tems. *Paris, Alliot,* 1629. *in* 8.

Histoire de la Conjuration de Portugal. *Paris, Martin,* 1689. *in* 12.

Dell'unione del Regno di Portugallo alla Corona di Castiglia. Istoria del Jeronymo Conestaggio. *In Venetia, Rossi,* 1642. *in* 8.

Relation des troubles arrivez dans la Cour de Portugal és années 1667. & 1668. *Par. Clousier,* 1674. *in* 12.

La même. *Amsterdam,* 1674. *in* 12.

Réponse faite par un Soldat de l'Armée de l'Estramadure à une Lettre du Ministre de Madrid, contenant une relation du combat de Ville-Vitieuse. 1665. *in* 12.

Vida y hechos heroicos del gran Condestable de Portugal, Don Nuño Alvarez Pereyra, por D. Francisco Manuel de Melo. *In* 8.

Vita S. Elisabethæ Lusitaniæ Reginæ Collecta a F. Hilarione de Coste Ord. Minim. *Paris. Rob. Stephani,* 1626. *in* 8.

Historia della revolutione del Regno di Portogallo, dal Gio. Battista Birago. *Presso Stephano Gamoreto,* 1646. *in* 8.

Historia della disunione del Regno di Portogallo, della corona di Castiglia, dal Gio Battista Birago, con l'aggiunta di molte cose notabili dal F. Ferdinando Elevo dell'ord de Predicatori. *In Amsterdam, Ravesteyn,* 1647. *in* 8.

Le Mercure Portugais ou Relations politiques de la revolution arrivée en Portugal depuis la mort de D. Sebastien jusqu'au Couronnement de D. Jean IV. *Paris, Sommaville,* 1643. *in* 8.

RERUM ASIATICARUM,

Africanarum, Americanarum, & variarum Peregrinationum Scriptores.

IN FOLIO.

I. *Asia.*

PAlladius de gentibus Indiæ & Bragmanibus, gr. lat.
S. Ambrosius de moribus Bragmanorum.
Anonymus de Bragmanibus, Edoardus Biffæus edidit. *Londini, Royeroft*, 1665.
Petri Maffeii, Soc. J. Historiarum Indicarum Libri XIII. Selectarum item ex India Epistolarum libri IV. Accessit Ignatii Loyolæ vita. *Coloniæ Agrippinæ, Birckmanni.* 1589.
Confucius Sinarum Philosophus, sive Scientia Sinensis Latine exposita studio & opera Prosperi Intorcettæ & aliorum e Soc. Jesu adjecta est tabula Chronologica Sinicæ Monarchiæ ab hujus exordio adhæc usque tempora. *Parisiis, Hortemels*, 1687.
Athanasii Kircheri China monumentis Sacro-prophanis nec non variis & actis spectaculis aliarumque rerum memorabilium argumentis illustrata. *Amstelodami, Waesberge*, 1667.
L'Ambassade de la Compagnie Orientale des Provinces Unies vers l'Empereur de la Chine ou Grand Cham des Tartares, recueillie par Jehan Nieuhoff & misé en François par Jean le Carpentier. *Leyde, Jacques de Meurs.* 1665.
Decada Primeira, Segunda y Terceira da Asia de Joao de Barros, dos feitos que os Portuguefes Fezeraono, descobrimento & conquista dos meres & terras do Oriente. *En Lisboa, Rodriguez*, 1628. 3. vol.
Decada quarta. *En Madrid. Na impressao real*, 1615.
Decada quarta por Diego do Couto. *En Lisboa, Cralbeeck*, 1602.
Decada quinta. *En Madrid, Na impressao real*, 1615.
Decada sexta y setima. *En Lisboa, Craesbeeck*, 1616.
Octava, nona, & decima decadas, da istoria da India por Diego do Couto. 2. *Vol. manuscrits.*
Da Decada Outava Livro Primeiro. *En Lisboa, Joam de Costa*, 1673.
Cinco livros primeiros da decada doze. *Em Paris.* 1645.

II. Africa.

Description de l'Afrique, traduite du Flamand d'Odappor. *Amsterdam, Wolfgang*, 1686.
Jobi Ludolphi Historia Æthiopica sive descriptio Regni Habessinorum quod vulgo male Presbyteri - Joannis vocatur. *Francofurti, Wustii*, 1681.

III. America.

Histoire du nouveau monde ou description des Indes Occidentales par Jean de Laet. *Leyde, Elzeviers*, 1640.
Joannis de Solorzano Pereira Disputatio de Indiarum jure, sive de justa Indiarum Occidentalium inquisitione, acquisitione & retentione. *Matriti, Martinez*, 16 9.
Varones illustres del nuevo mundo, descubridores, conquistadores y pacificadores del imperio delas Indias Occidentales, &c. por D. Fernando Pizarro y Orellana. *En Madrid, Diego Diax de la Carrera*, 1639.

IV. Peregrinationes variæ.

Relations de divers voyages curieux, traduits d'Hacluyt & autres par M. Thevenot divisée en 5. parties. *Par. Langlois*, 1663. &c. 3. vol.
Delle Navigationi & Viaggi, raccolta da Gio. Battista Ramusio. *In Venetia Giunti*, 1613. 3. vol.

RERUM ASIATICARUM,

Africanarum, Americanarum, & variarum Peregrinationum Scriptores.

IN QUARTO.

I. Asia.

ASia, sive Historia universalis Asiaticarum gentium & rerum ab iis gestarum, auctore Jo. Bapt. Gramaye. *Antuerpia, Belleri*, 1604.
Itinerarium Hierosolymitanum & Syriacum : accessit Synopsis Reipublicæ Venetæ, a Joanne Cotovico. *Antuerpia, Verdussit*, 1619.

248 *HISTORIA ASIATICA, in quarto, &c.*

Marci Pauli Veneti, de regionibus Orientalibus libri tres notis illuſtrati : accedit Haithoni Armeni Hiſtoria Orientalis quæ & de Tartaris inſcribitur item Andreæ Mulleri de Chataya diſquiſitio Geographica & Hiſtorica. *Colonia-Brandenburgica,* 1671.

Journal des Voyages de Monconis. *Lyon, Boiſſat* 1665. & 1666, 2. vol.

Relation du voyage de Moſcovie, Tartarie & de Perſe, traduite de l'Allemand d'Olearius. *Par. Clouzier,* 1656.

Tarich five ſeries Regum Perſiæ, cum Commentario Wilhelmi Schickardi. *Tubingæ, Verlini,* 1628.

Paradiſus Saraceno-Judaica. *Ibidem.*

Triumphator vapulans. *Ibidem,* 1622.

Wilhelmi Schickardi Memoria & Elogium. *Tubingæ, Brunnii,* 1636.

Cehil ſurun, ſeu explicatio utriuſque Theatri quadraginta columnarum in Perſide Orientis, cum adjecta fuſiori narratione de Religione moribuſque Perſarum, &c. a Petro Bedik. *Viennæ-Auſtriæ, Voigt,* 1678.

De Chriſtiana expeditione apud Sinas fuſcepta a Societate J. ex P. Matthæi Riccii Commentariis libri V. in quibus Regni Sinenſis mores, leges atque inſtituta & novæ illius Eccleſiæ difficillima primordia deſcribuntur a P. Nicolao Trigautio. *Auguſtæ-Vindel. Mangii,* 1615.

Joannis Argenti, Soc. J. liber de ſtatu ejuſdem Societatis in Provinciis Poloniæ & Lithuaniæ. *Ingolſtadii, Angermariæ,* 1616.

Voyage des Peres Jeſuites envoyez par le Roy au Royaume de Siam avec leurs obſervations, par le P. Guy Tachard. *Par. Seneuze,* 1686.

Second Voyage des Peres Jeſuites au Royaume de Siam. *Paris, Seneuze,* 1689. *in* 4.

Voyages de Jean Struys en Moſcovie en Tartarie, aux Indes & en d'autres Pays étrangers. Relation d'un naufrage d'un Vaiſſeau Hollandois vers la côte de Bengala par M. Glanius. *Amſterdam, Meurs,* 1681.

II. *Africa.*

Jo. Bapt. Gramaye, Africæ illuſtratæ libri X. *Tornaci, Quinqué,* 1623.

Relacion del origen y ſucceſſo de los Xaifes y del eſtado de los Regnos de Marruecos, Fez, Tarundate &c. por Diego de Torrez. *En Sevilla, Franc. Perez,* 1586.

Relations veritables & curieuſes de l'Iſle de Madagaſcar & du Breſil avec l'hiſtoire de la derniere guerre faite au Breſil entre les Portugais & les Hollandois, trois Relations d'Egypte & une de Perſe. *Par. Courbé,* 1651.

III,

III. America.

Vera Historia Navigationis quam Huldricus Schmidel in Americam juxta Brasiliam & Rio della Plata confecit. *Noriberga, Hulsii*, 1599. *cum figuris.*

Narratio Regionum Indicarum per Hispanos devastatarum, ex hispano Barthol. Casai latine versa. *Francofurti, Theod. de Bry*, 1598.

Extrait ou Recueil des Isles nouvellement trouvées en la grande Mere Oceane, traduite du latin de Pierre Martyr de Milan: item trois narrations &c. *Par. Simon de Colines*, 1532.

Relaçam Annal das cousas que fezeram dos Padres da Companhia de Jesus nas partes da India Oriental por Padre Fernao Guerreiro. *En Lisboa, Craesbeeck*, 1609.

Tradado de confirmaciones reales de encomiendas officies y casos en que se requieren para las Indias Occidentales por Antonio de Leon. *En Madrid, Gonzalez*, 1630.

Il supplice Schiavo Indiano di D. Bartolomeo delle case o casaus tradotto per opera di Marco Ginammi. *In Venetia*, 1635.

Histoire des Yncas Roys du Peru, &c. Traduite par J. Baudouin. *Par. Courbé*, 1633.

Claudii Bartholomæi Morisoti, Peruviana. *Divione, Guyot*, 1645.

Histoire de la conquête du Mexique ou de la nouvelle Espagne, traduite de l'Espagnol de D. Antoine de Solis. *Par. Jean, Boudot*, 1691.

Histoire naturelle & morale des Isles Antilles de l'Amerique, enrichie de figures. *Rotterdam, Leers*, 1658.

Detectio freti Magellani facta a Guill. Schoutenio annis 1615. 1616. & 1617. totum orbem terrarum circumnavigante. *Amsterodami, Jansonii*, 1619.

Relation du voyage de la Mer du Sud, aux côtes de Chily & du Perou fait pendant les années de 1712. 1713. & 1714. par M. Frezier avec figures. *Par. Nyon*, 1716.

Diurnal und Historische Beschreybung der Nassawischer Flotten 50. under dem Admiral Jacob l'heremite im 1623. 1624. 1625. und 1626. &c. *Strasburg, Zetzners*, 1629.

C'est-à-dire Journal historique de la flotte de Nassau, au voyage qu'elle a fait autour du monde sous l'Admiral Jacob l'Hermitte en 1623. &c.

RERUM ASIATICARUM,

Africanarum, Americanarum, & variarum Peregrinationum Scriptores.

IN OCTAVO, &c.

I. *Asia*.

L'Art de voyager utilement. *Amsterdam, de Lorme*, 1698. *in* 12.
Georgii Hornii Ulissæa sive studiosus peregrinans omnia lustrans littora. *Lugd. Batav. Drie Huysen*, 1671. *in* 12.
Les Entretiens des Voyageurs sur la Mer. *Cologne, Marteau*, 1683. *in* 12.
Voyages de M. Payen où sont contenues les descriptions d'Angleterre, Flandres, Brabant, Hollande, Dannemarc, Suede, &c. *Par. Loyson*, 1667. *in* 12.
Nouveau voyage autour du monde, par Guill. Dampierre. *Amsterdam, Marret*, 1698. *in* 12.
Voyage de François Drach tout à l'entour du monde. *in* 8.
L'esclave Religieux & ses avantures. *Par. Hortemels*, 1690. *in* 12.
Jacobi de Vitriaco Cardinalis libri duo, quorum prior Orientalis sive Hierosolymitanæ, alter Occidentalis Historiæ nomine inscribitur, editi a Francisco Moscho. *Duaci, Belleri*, 1597. *in* 8.
Voyage de Hierusalem fait en l'an 1593. par Nicolas de Hault. *Par. Saugrain*, 1601. *in* 24.
Voyage nouveau de la Terre Sainte, par le P. Michel Nau Jesuite. *Par. Pralard*, 1679. *in* 12.
Voyage d'Italie, Dalmatie, Grece & Levant, fait aux années 1675. & 1676. par Jacob Spon & George Welher. *Lyon, Cellier*, 1678. *in* 12. 3. vol.
Voyage de Suisse d'Italie &c. fait ès années 1685. & 1686. par M. Burnet. *Rotterdam, Acher*, 1688. *in* 12.
Voyage de Dalmatie, Grece & Levant, par George Welher. *Anvers*, 1689. *in* 12. 2. vol.
Journal du Voyage du Chevalier Chardin en Perse, & aux Indes Orientales par la Mer noire & par la Colchide. *Amsterdam*, 1686. *in* 12.
Recueil de Voyages, par M. Thevenot. *Par. Michallet*, 1681. *in* 8.
Histoire de la Religion des Banians &c. traduite de l'Anglois de

HISTORIA ASIATICA, in octavo, &c.

Henry Lord. *Par. Robert de Ninville*, 1667. *in* 12.
Viaggi di Pietro della Valle. *In Venetia Baglioni*, 1664. *in* 12. 4. vol.
Historia de las cosas, mas notables, ritos y costumbres del gran Reyno de la China, por F. Joan-Gonçalez de Mendoça de la Orden de San Aug. con un itinerario del nuevo mundo. *En Anvers Bellero*, 1596. *in* 8.
Historia de la conquista de la China por el Tartaro, por Don Juan de Palafox y Mendoça. *Em Paris, Bertier*, 1670. *in* 8.
P. Martini Martinii, Historia de Bello Tartarico. *Amstelodami, Janssonii*, 1655. *in* 12.
Ejusdem, Sinicæ Historiæ decas prima res a gentis Origine ad Christum natum in extrema Asia sive magno Sinarum imperio gestas complexa. *Amsteladami, Blaeu*, 1659. *in* 8.
Voyage fait par terre depuis Paris, jusqu'à la Chine par le Sieur de Feynes avec son retour par Mer. *Par. Rocolet*, 1630. *in* 8.
Relation du voyage de M. Evert-Isbrand envoyé du Czar à l'Empereur de la Chine en 1692. 1693. & 1694. par Adam-Brand avec une lettre sur l'état present de la Moscovie. *Amsterdam, de Lorme*, 1699. *in* 12.
Relation abregée des missions & des voyages des Evêques François envoyez aux Royaumes de la Chine, Cochinchine, Tonquin & Siam, par F. Pahlu Evêq. d'Heliopolis. *Par. Becher*, 1668. *in* 8.
P. Francisci de Rougemont Soc. J. Historia Tartaro Sinica. *Lovanii, Hullegaerde*, 1673. *in* 8.
Relation des Missions des Indes Orientales par le P. Jean Maracci, J. *Par. Cramoisy*, 1651. *in* 8.
P. Jo. Oranus, Soc. J. de rebus apud Indos, Sinas, Mogores a Patribus Socitatis Jesu gestis annis 1598. & 1599. *Leodii*, 1601. *in* 8.
De rebus Japonicis Indicis ac Peruanis Epistolæ recentiores a Joanne Hayo Soc. J. collectæ. *Antuerpiæ, Nutti*, 1605. *in* 8.
Rerum a Societate Jesu in Oriente gestarum volumen. *Coloniæ, Galenii*, 1574. *in* 8.
Josephi Acosta Soc. J. libri VI. de procuranda Indorum Salute. *Lugduni, Anisson*, 1670. *in* 8.
Nouvelle Relation d'un voyage fait aux Indes Orientales par M. Dellon. *Amsterdam, Marret*, 1699. *in* 12.
Histoire de l'Isle de Ceylan, traduite du Portugais de Jean Ribeiro. *Par. Boudot*, 1701. *in* 12.
Bernhardi Varenii, descriptio Regni Japoniæ & Siam. Item de Japonensium & Siamensium Religione &c. *Cantabrigiæ, Jo. Hayes*, 1673. *in* 8.
Relation de l'Ambassade de M. le Chevalier de Chaumont, à la Cour du Roy de Siam. *Par. Seneuze*, 1686. *in* 12.
Histoire de M. Constance premier Ministre du Roy de Siam & de

la derniere revolution de cet état par le P. d'Orleans Jesuite. *Tours, Maſſon*, 1690. *in* 12.

II. Africa.

Histoire des avantures guerrieres du Roy Almançor, traduit d'Espagnol par le S. de Vieux-Maisons. *Par. Clouzier*, 1641. *in* 8.

De Abiſſinorum rebus, deque Æthiopiæ Patriarchis Jo. Nonio Barreta & Andræa Oviedo libri tres, a P. Nicolao Godigno Soc. J. *Lugduni, Cardon*, 1615. *in* 8.

Voyage pour la redemption des Captifs aux Royaumes d'Alger & de Tunis fait en 1720. par les Peres François Comelin, Philemon de la Mothe & Joseph Bernard, Mathurins. *Par. Seveſtre*, 1721. *in* 12.

Relation de la Captivité & liberté d'Emanuel d'Aranda, mené esclave à Alger. *Bruxelles, Mommart*, 1656. *in* 12.

Histoire des conquêtes de Mouley Archy & de Mouley Ismael Roy de Fez, Maroc, Tafilet &c. par G. Mouette. *Paris, Couterot*, 1683. *in* 12.

Relation de la Nigritie. *Ibidem*, 1689. *in* 12.

Wilhelmi Ten Rhyne Schediasma de Promontorio Bonæ Spei ejusque tractus incolis Hottentottis. *Schafuzii, Oſvaldi*, 1686. *in* 8.

Voyages du S. le Maire aux Isles Canarie, Cap verd, Senegal & Gambie. *Par. Colombat*, 1695. *in* 12.

Traité de la navigation & des voyages de découvertes & conquêtes modernes & principalement des François, avec la description des Isles Canaries. *Par. Heuqueville*, 1629. *in* 8.

Histoire des Isles Mariannes, par le P. Charles le Gobien. *Paris, Pepie*, 1700. *in* 8.

III. America.

Joannis de Laet notæ ad diſſertationem Hugonis Grotii de origine Gentium Americanarum. *Par. Pelé*, 1643. *in* 8.

Georgii Hornii, de Originibus Americanis libri IV. *Haga-Comitis, Vlacq*, 1642. *in* 8.

Joannis Biſſelii, Soc. J. Argonauticon Americanorum sive Hiſtoriæ periculorum Petri de Victoria ac Sociorum ejus libri XV. *Gedani, Waesberge*, 1698. *in* 12.

Relation des Missions des Peres Jesuites dans les Isles & dans la terre-ferme de l'Amerique Meridionale, par le P. Pierre Pelleprat J. *Par. Cramoiſy*, 1655. *in* 8.

Itinerarium ad Regiones sub æquinoctiali plaga conſtitutas, Alexandri Gerardini Episcopi civitatis S. Dominici apud Indos Occidentales. *Roma, Facciotti*, 1631. *in* 8.

HISTORIA ASIATICA, *in octavo, &c.*

Relations des voyages & des découvertes que les Espagnols ont faites dans les Indes Occidentales, écrite par Dom Barthelemy de las casas o. Casaüs Evêque de Chiapa avec la relation curieuse des voyages du Sieur de Mautauban Capitaine des Filbustiers en Guinée. *Amsterdam, de Lorme,* 1698. *in* 12.

Nouvelles découvertes dans l'Amerique Septentrionale de M. de la Salle, mises au jour par M. le Chevalier Tonty. *Paris, Guignard,* 1697. *in* 12.

Casparis Barlæi, rerum per octennium in Brasilia & alibi gestarum sub præfectura J. Mauritii Nassaviæ &c. Comitis, Historia: accesserunt Guil. Pisonis tractatus de aëribus locis & aquis in Brasilia, arundine saccharifera, melle sylvestri & radice altili mandihoca. *Clivis, Gilberling,* 1660. *in* 8.

De rebus Peruvianis Commentarius P. Dieghi de Torres Soc. J. ex Italo Latine versus a Joanne Hayo. *Antuerpiæ, Nutii,* 1614. *in* 8.

Histoire de la découverte & conquête du Perou, traduite de l'Espagnol d'Augustin de Zarata par S. D. C. *Amsterdam, de Lorme,* 1710. *in* 12.

Relation de l'Isle de Tabago ou de la nouvelle Oualchre l'une des Antilles, par le S. de Rochefort. *Par. Billaine,* 1666. *in* 12.

L'Amerique Angloise ou description des Isles & terres du Roy d'Angleterre dans l'Amerique, traduit de l'Anglois. *Amsterdam, Wolfgang,* 1688. *in* 12.

Nouvelle Relation contenant les voyages de Thomas Gage dans la nouvelle Espagne traduit de l'Anglois par le S. Beaulieu. *Par. Clouzier,* 1676. *in* 12. 2. vol.

La terre Australe connuë par M. Sadeur. *Vannes, Varneuil,* 1676. *in* 12.

Les avantures de Jacques Sadeur dans la découverte & le voyage de la terre Australe. *Par. Barbin,* 1692. *in* 12.

Histoire des Avanturiers ou Boucaniers par Alexandre Olivier Oexmelin, traduite par Frontignieres. *Par. le Febvre,* 1686. *in* 12. 2. vol.

HISTORIA MISCELLANEA

Illustrium Vitæ & Elogia.

IN FOLIO.

IStoria de Poeti Greci, Scritta da Lorenzo Crasso. *In Napoli Bulifon,* 1678.

Dictionnaire Historique & Critique de M. Bayle. *Rotterdam, Reinier Leers,* 1697. 4. vol.

HISTORIA MISCELLANEA, in folio.

Academies des Sciences & des Arts, contenant les vies & Eloges Hiſtoriques des Hommes Illuſtres &c. par Iſaac Bullart. *Bruxelles, Foppens,* 1695. 2. vol.

Pauli Jovii, vitæ & elogia illuſtrium virorum. *Baſileæ, Henric-Petri,* 1578.

Heinrici Pantaleonis, Proſopographia Heroum atque illuſtrium virorum totius Germaniæ. *Baſileæ, Brylingeri,* 1565.

Monumenta illuſtrium virorum & elogia, ſtudio Marci Zuerii Boxhornii. *Amſtelodami, Janſſonii,* 1638.

D. Pauli Freheri, Theatrum virorum eruditione ſingulari clarorum. *Noribergh, Hofmanni,* 1688. 2. vol.

Iconografia cioe diſegni d'Imagni de famoſſimi Monarchi, Regi, Filoſofi, Poeti ed' oratori dell' antichiti, cavati da Giovan Angelo Canani &c. data in luce con aggiunta di alcune annotationi da Marc-Antonio Canini. *In Roma, Ignatio de Lazari,* 1669.

Veterum illuſtrium Philoſophorum, Poëtarum, Rhetorum & Oratorum Imagines ex vetuſtis nummis, Gemmis &c. deſumptæ a Jo. Petro Bellorio. *Romæ, Jo. Jacobi de Rubeis,* 1685.

Recueils de Portraits des Papes, Cardinaux, Evêques, Empereurs, Roys, Princes & hommes illuſtres &c. de differentes grandeurs. *In Folio Magno.* 2. vol.

HISTORIA MISCELLANEA,

Illuſtrium Vitæ & Elogia.

IN QUARTO.

Johannis Seldeni, Tituli honorum, latine verſi notiſque illuſtrati a Sim. Johanne Arnold. *Francofurti, Schrey,* 1696.

Philippi Camerarii, Operæ Horarum ſubciſivarum ſive meditationes Hiſtoricæ. *Francofurti, Emmelii,* 1615. 1618. & 1620. 3. vol.

Nicolai Leonici Tomæi, de varia Hiſtoria libri tres. *Baſileæ, Froben,* 1531.

Eliæ Reuſneri, ſeptem illuſtrium quæſtionum Hiſtoricarum Enucleatio. *Jenæ, Lippoldi,* 1609.

Ejuſdem Iſagoges Hiſtoricæ appendix commentariolum continens de vera annorum mundi ad natum Chriſtum ſupputatione. *Ibidem.*

Joannis Schildi, de coalitione populorum ac rerum publicarum libri tres. *Hagæ-Comitum, Vlacq,* 1661.

HISTORIA MISCELLANEA, in quarto.

Tresor de l'Histoire des Langues de cet Univers, par Claude Duret. *Yverdun*, 1619.

Fasti Academici studii Generalis Lovaniensis, edente Valerio Andræa. *Lovanii, Nempæi.*

Statuta Universitatis Remensis. *Remis, Pottier,* 1717.

Bulle d'érection de l'Université de Reims, avec les Lettres Patentes de Sa Majesté, & les Arrêts d'enregistrement, &c. *Reims, Multeau,* 1717.

Status pour le College de Reims, à Paris, faits en 1720. par Commission expresse de M. le Cardinal de Mailly. *Reims, Multeau,* 1720.

Jacobi Mentelii, de vera Typographiæ originæ parænesis. *Parisiis, Ballard,* 1650.

Histoire de l'Imprimerie & de la Librairie, où l'on voit son origine & son progrés jusqu'en 1689. *Paris, Jean de la Caille,* 1689.

L'Origine de l'Imprimerie de Paris. Dissertation historique & critique, par André Chevillier. *Paris, J. de Laulne,* 1694.

Joh. Andreæ Quenstedt, Dialogus de patris illustrium doctrina & scriptis virorum qui ab initio mundi ad annum 1600. claruerunt. *Wittembergæ, Mevii,* 1654.

Ant. Maria Gratianus, de Casibus virorum illustrium, studio D. Flecherii. *Parisiis, Cellier,* 1680.

Vitæ Selectorum aliquot virorum qui doctrina, dignitate, aut pietate inclaruere. *Londini, Wels,* 1681.

Virorum illustrium ex Ordine Eremitarum D. Augustini, cum singulorum expressis ad vivum iconibus, a Fr. Cornelio Curtio. *Antuerpiæ, Cnobari,* 1636.

Vitæ Comparatæ Aristotelis ac Demostenis, ab Andræa Schotto S. J. *Augustæ-Vindelicorum, Ch. Mangi,* 1603.

Elogia Ciceroniana Romanorum domi Militiæque illustrium Selecta a Joanne Brantio. *Antuerpiæ, Verdussen,* 1612.

Vita Def. Erasmi Roter. ex ipsius manu fideliter repræsentata: adjecti sunt Epistolarum quæ necdum Lucem aspexerunt libri duo editi a Paulo Merula. *Lugd. Batav. Basson,* 1607.

G. Budæi vita per Ludovicum Regium. *Paris. Roigny,* 1540.

Icones virorum virtute atque eruditione illustrium cum Natalium eorumdem brevi & succincta narratione, studio Theod. de Bry. *Francfordii,* 1599.

Illustrium Galliæ Belgicæ Scriptorum Icones & Elogia ab Auberto Miræo. *Antuerpiæ, Gallæi,* 1607.

Icones virorum doctrina & pietate illustrium, &c. additis eorumdem vitæ & operæ descriptionibus & Emblematibus, per Theod. Bezam. *Genevæ,* 1580.

Le même en François. *Ibidem,* 1581.

Recueil de Portraits curieux de Personnes illustres.

HISTORIA MISCELLANEA, *in quarto.*

Histoire de Pierre d'Aubuffon Grand Maître de Rhodes, par le P. Bouhours J. *Paris, Mabre-Cramoify*, 1676.

La vie de M. Defcartes. *Paris, Hortemels*, 1691.2. vol.

Vita Petri Ærodii & Guill. Menagii ab Ægidio Menagio. *Parifiis, Journel*, 1655.

Vita Matthæi Menagii, ab eodem. *Parifiis, Martin*, 1674.

Marci Antonii Gourguei Parentalia a P. Leonardo Alamay Soc. J. *Burdigalæ, de la Court*, 1629.

Henrici du Bouchet Memoria elogia Academiæ Parifienfis, epicediifque aliorum celebrata. *Parifiis, Cramoify*, 1654.

Mufæum Hiftoricum & Phyficum Joannis Imperialis. *Venetiis, Juntæ*, 1640.

Illuftris Academia Lugduno-Batava, ideft virorum clariffimorum Icones, Elogia ac vitæ qui eam fcriptis fuis illuftrarunt. *Lugd. Batav. Cloucquii*, 1613.

De Juris peritis libro duo a Joanne Bertrando. *Tolofæ, Colomerii*, 1617.

Jac. Philippi Thomafini Petrarcha redivivus, Laura Comite. *Petavii. Frambotti*, 1601.

Vita Joannis Vicentii Pinelli a Paulo Gualdo. *Auguftæ-Vindelicorum*, 1607.

Elogia Francifci Ponæ utriufque latii ftylo confcripta. *Veronæ, Tami*, 1629.

Ritratti & Elogii di Capitani illuftri, defcritti da Giulio Rofcio, Agoftino Mafcardi, Fabio Leonida, &c. *In Roma, Roffi*, 1646.

Teatro d'huomini Letterati aperto dall'Abbate Girolamo Shilini. *In Venetia, Guerigli*, 1647.

Scena d'huomini illuftri d'Italia del Co. Galeazzo Gualdo Priorato. *In Venezia, Giuliani*, 1659.

Vita del Cavaliero Gio. Lorenzo Bernino Scultore Architetto & Pittore Scritta da Philippo Baldinucci. *In Firenze, Vangelifti*, 1681.

La vita del Valentino, defcritta do Tomafo Tomafi. *In Monte Chiaro, Luciovero*, 1655.

Hiftoria della vita & fatti di Bartolomeo Coglione Scritta per Pietro Spino. *In Venetia, Percaccino*, 1569.

Delle lodi del Commendatore Caffiano del Pozzo, Orazione di Carlo Dati. *In Firenze*, 1664.

Elogi Hiftorici di Brefciani illuftri, Teatro di Ottavio Roffi. *In Brefcia, Fontana*, 1620.

Vite di cinque Huomini illuftri, M. Farinata de gl'Uberti, Duca d'Athena, M. Salveftro Medici, Cofimo Medici il piu Vecchio, e Francefco Valori, Scritta dall'Abbate D. Silvano Rozzi. *In Firenze Giunti*, 1602.

Pictorum aliquot Celebriorum Germaniæ inferioris Effigies. *Antuerpiæ, Cock*, 1572.

Le Maraviglie dell'arte, overo le vite de gl'illuftri Pittori Veneti e dello ftatuto, Defcritte da Carlo Ridolfi. *In Venetia, Sgava*, 1648.
Vite di Pittori, di Giorgio Vafari. *In Bologna*, *Dozza*, 1647. 3. vol.
Vite de Pittori, Scultori & Architetti, fcritta da Gio. Baglione. *In Roma*, *Manelfi*, 1649.
Images de divers hommes d'efprits fublimes, Peintres, Graveurs, &c. avec leurs briefs éloges, par Corneille de Brie, mifes en lumiere par Jean Meyffens. *Anvers*, 1649.

HISTORIA MISCELLANEA

Illuftrium vitæ & Elogia.

IN OCTAVO, &c.

Claudii Æliani, Varia Hiftoria, gr. lat. emendata a Tanaq. Fabro. *Salmurii, Lenerii*, 1667. *in* 8.
Dictys Cretenfis de Bello Trojano & Dares Phrygius de excidio Trojæ, cum notis ad Dictim. *Amftelodami, Janffonii*, 1631. *in* 24.
Valerius Maximus, cum variorum notis, ex recenfione A. Thyfii. *Lugd. Batav. Hackii*, 1665. *in* 8.
Speculum tragicum Regum, Principum & Magnatum Superioris fæculi a J. Dickenfono. *Lugd. Batav. Elzevir*, 1605. *in* 8.
Difcorfi fopra l'emergenfe d'Europa in otto conferenze. *Friburgo, Cicogna*, 1676. *in* 12.
Chriftophori Cellarii, Smalcadienfis, Hiftoria antiqua multis acceffionibus aucta & emendata cum notis perpetuis & tabulis fynopticis. *Cizæ, Bielckii*, 1685. *in* 12.
Antiquæ Hiftoriæ ex XXVII. authoribus contextæ libri VII. opera Dionyfii Gothofredi. *Lugduni*, 1591. *in* 16.
Hiftoria Adriani Barlandi. *Coloniæ, Gualtheri*, 1603. *in* 8.
Threfor d'Hiftoires admirables & memorables de nôtre tems recuëillies par Simon Goulart. *Geneve ; Crefpin*, 1620. *in* 8. 2. vol.
Statuta S. facultatis Theologiæ Parifienfis, *in* 8.
Réformation de l'Univerfité de Paris. *Paris, Thibouft*, 1667. *in* 8.
Jo. Launoii Liber de fcholis celebrioribus, feu a Carolo Magno, feu poft eundem Carolum per Occidentem reftauratis. *Parifiis, Martin*, 1672. *in* 8.
Relation contenant l'hiftoire de l'Academie Françoife par Paul

258 *HISTORIA MISCELLANEA*, *in octavo*, &c.
Peliſſon Fontanier. *Paris, Pierre le Petit*, 1653. *in* 8.
Statuta ſelecta è corpore ſtatutorum Univerſitatis Oxonienſis. *Typis Litchfield*, 1661. *in* 12.
Chriſtiani Widman, Academiæ ſtatus pro manuductione generali ad ſtatus Europæ cognoſcendos. *Irenopoli*, 1681. *in* 12.
L'Italia Academica deſcritta da Gioſeppe Malateſta Garuffi, parte prima. *in Rimino*, 1688. *in* 12.
Academiarum univerſi Litterarum orbis libritres a Jacobo Middendorpio. *Coloniæ, Cholini*, 1583. *in* 8.
Les Impoſteurs inſignes par J. B. de Rocoles. *Amſterdam, Wolfgang*, 1683. *in* 12.
Strasburger trachtein buechlein darinnen von man und Weils perſonen ausfgangen &c. 1668. *in* 12. *fig.* C'eſt-à-dire, les differentes manieres de s'habiller à Strasbourg repreſentées en figures.
Leonardi Cozzandi, de magiſterio antiquorum Philoſophorum libri ſex. *Genevæ, de Tournes* 1684. *in* 8.
Eunapius Sardianus de vitis Philoſophorum & Sophiſtarum Gr. Lat. Hadriano junio interprete emend. & edidit Hieron. Commelinus. *Genevæ, Stephani*, 1616. *in* 8.
Heſychii Mileſii, de his qui eruditionis fama claruere liber, eodem interprete. *Antuerpiæ, Plantin*, 1572. *in* 8.
Hiſtoria Mulierum Philoſopharum, ſcriptore Ægidio Menagio. *Lugduni, Poſuel*, 1690. *in* 12.
Memoriæ Theologorum, Juriſconſultorum, Philoſophorum, Oratorum, Poëtarum, Hiſtoricorum, Philologorum & Medicorum noſtri ſæculi, Curante Henningo Witten. *Francofurti, Jo. Andreæ*, 1674. & ſeqq. *in* 8. 5. vol.
Vitæ Germanorum Philoſophorum, Collectore Melchiore Adamo. *Heidelbergæ*, 1615. *in* 8.
Vitæ Germanorum Medicorum, eodem Collectore. *Ibid.* 1620. *in* 8.
Leonis Allatii Apes Urbanæ ſeu de viris illuſtribus qui ab anno 1630. per totum 1632. Romæ adfuerunt. *Romæ, Grignani*, 1633. *in* 8.
Vita Claudii Galeni ex propriis operibus collecta per Philipp. Labbeum Soc. J. *Pariſiis, Benard*, 1660. *in* 8.
Les Poëtes Grecs de M. le Fevre, premiere partie. *Saumur*, 1664.
Le Mariage de Belfegor: nouvelle Italienne, 1664. *in* 12.
Icones Litteris Clariſſimorum virorum Italiæ, Græciæ, Germaniæ, Galliæ, Angliæ, Ungariæ cum elogiis variis per Nicolaum Reüſnerum. *Baſileæ Valdkirch*, 1589.
Icones aliquot virorum clarorum Germaniæ, Angliæ, Galliæ, Ungariæ cum elogiis & Parentalibus factis a Theodoro Zuyngero. *Ibid.* in 8.
La vie d'Ariſtippe traduite du Grec de Diogene par M. le Febvre. *Paris, Jolly*, 1668. *in* 12.

HISTORIA MISCELLANEA, *in octavo*, &c.

Petri Diaconi Monachi Casinensis Opusculum de viris illustribus Casinensibus editum notisque illustratum studio Jo. Baptistæ Mari Romani. *Parisiis Billaine*, 1666. *in* 8.

Elogia illustrium Belgii scriptorum ab Auberto Miræo. *Antuerpiæ, Belleri*, 1602. *in* 8.

Jani Nicii Erithræi, sive Jo. Victoris Rossi, Pinacotheca imaginum illustrium doctrinæ, vel ingenii laude virorum, qui authore superstite obierunt. *Coloniæ, Kalcovii* 1645. *in* 8.

Le vite delli piu celebri & antichi primi Poëte Provenzali che fiorirno nel tempo delli Rei di Napoli & Conti di Provenza, tradotte in lingua Italiana da Giov. Giudici. *In Lione, Marsilii*, 1575. *in* 8.

La vie des plus celebres & anciens Poëtes Provençaux qui ont fleury du tems des Comtes de Provence, mise en langue françoise par Jehan de Nôtre-Dame. *Lyon, Marsilii,* 1575. *in* 8.

Peplus Italiæ, Jo. M. Toscani opus in quo illustres viri Grammatici, Oratores, Historici, Poëtæ, Mathematici, Philosophi, Medici, &c. qui 300. abhinc annis Italia floruerunt, tum carmine, tum solutâ oratione recensentur. *Par. Morelli,* 1578. *in* 8.

Le Brillant de la Reyne, ou les vies des hommes illustres du nom de Medicis par Pierre Boissat. *Lyon, Bernard*, 1613. *in* 8.

Jo. Baptista Egnatius, de exemplis illustrium virorum Venetæ civitatis atque aliarum gentium. *Par. Audoëni Parvi*, 1554. *in* 16.

De vita & gestis Andreæ Brachii libri VI. ab Antonio Campano, *in* 8.

La vie de Cassiodore par D. de Sainte Marthe. *Paris, Coignard*, 1694. *in* 12.

Hieronymi Savonarolæ Ord. Præd. Epistolæ spirituales & Arceticæ collectæ latineque editæ a F. Jacobo Quetis Ord. Præd. necnon ejusdem vita a Jo. Franc. Pico. *Paris. Billaine*, 1674. *in* 12. 3. vol.

Elogia Siculorum qui veteri memoria litteris floruerunt, ab Hieronymo Ragusa Soc. J. *Avenione, Du Perier*, 1690. *in* 12.

Jacobi Mutii Attendulæ, Cottignolæ, Sforciæ nuncupati vita a Paulo Jovio, item Ægidii Albornotii res gestæ, a Joanne Genesio Sepulveda, & descriptio Hispani Collegii Bononiæ fundati ab Albornotio. *Basileæ, Winter,* 1542. *in* 8.

De vita Arnaldi Boreti, Libri IV. a Petro Possino. *Paris. Camusat*, 1639. *in* 8.

Vita di Torquato Tasso, scritta da Gio. Battista Manso. *in Roma, Çavalli*, 1634. *in* 12.

Vita Joannis Reuchlini Phorcensis, a Joh. Henrico Mayo. *Duaci, Mulleri*, 1687. *in* 8.

Abregé de la vie de M. Daillé. *Quevilly, Cailloué*, 1670. *in* 12.

Merici Casauboni pietas contra maledicos patrii nominis & Religionis hostes. *Londini*, 1621. *in* 8.

260 *HISTORIA MISCELLANEA*, *in octavo*, *&c.*

Theodori Janſſonii ab Almeloveen, de viris Stephanorum Diſſertatio Epiſtolica, ſubjecta eſt H. Stephani Querimonia artis Typographicæ cum ejuſdem epiſtola de ſtatu ſuæ Typographiæ. *Amſtelædami*, *Waesbergii*, 1683.

Philiberti de la Mare Epiſtola de moribus & ſcriptis Guillelmi Philandri Caſtilionii, 1667. *in* 8.

Gaſp. Peuceri Hiſtoria Carcerum & Liberationis Divinæ, edita a Chriſtoph. Pezelio. *Tiguri*, 1605. *in* 8.

Thomæ Hobbes Angli vita. *Carolopoli*, 1681. *in* 12.

Recüeil de Portraits de Perſonnes illuſtres gravées par Montcornet, *in* 8.

Jo. Papyrii Maſſonis Elogia varia, cum ipſius Maſſonis vita a Jac. Aug. Thuano, edita a Joanne Balesdens. *Pariſ. Huré*, 1638. *in* 8. 2. vol.

Gallorum Doctrina illuſtrium elogia a Scævola Sammarthano. *Auguſtoriti-Pictonum*, *Blanceti*, 1602. *in* 8.

Emmanuelis Theodoſii a Turre Arverniæ Ducis Albretenſis Cardinalis renuntiati Iconiſmus. *Leodii*, *Streel*, *in* 12.

Vies de François de Beaumont, Baron des Adrets, de Charles Dupuy Seigneur de Montbrun, & de Soffrey de Colignon Chancelier de Navarre, par Guy Allard. *Cologne*, *Jean Nicolas* 1671. *in* 12.

Vies de Jacques & Antoine de Chabannes par le Sieur du Pleſſis. *Paris*, *Jean Libert*, 1617. *in* 8.

Petri Caſtellani, Magni Franciæ Eleemoſinarii vita a Petro Gallandio, edita cum notis a Stephano Baluzio : Accedunt Petri Caſtellani Orationes duæ habitæ in funere Franciſci I. Francorum Regis. *Pariſ. Muguet*, 1674. *in* 8.

Eloge de François de Harlay Archevêque de Paris. *Paris*, *Langlois*, 1695. *in* 8.

Franciſci de Harlay Laudatio a Ludovico le Gendre. *Pariſ. Guignard*, 1698. *in* 8.

Liſcours ſur la vie, actions & mort de Achilles de Harlay, Premier Préſident, &c. par Jacques de la Vallée. *Paris*, *J. Corozet*, 1616. *in* 8.

Stephani Baluzii Epiſtola de vita, rebus geſtis, moribus & ſcriptis Petri de Marca Arch. Pariſienſis. *Pariſ. Muguet*, 1663. *in* 8.

Vie de Guillaume Bedell, Evêque de Kilmore en Irlande, traduite de l'Anglois de M. Burnet par L. D. M. *Amſterdam*, *Savouret*, 1687. *in* 12.

Vie du R. P. Marin Merſenne, Minime. *Paris*, *Cramoiſy*,1649. *in* 8.

Reflexions d'un Academicien ſur la vie de M. Deſcartes. *La Haye*, *Leers*; 1692. *in* 12.

Claudii Joly Canonici & Officialis Pariſ. Laudatio a Ludovico le Gendre. *Pariſ. Guignard*, 1702. *in* 8.

Elogium Claudii Thevenin, Eccleſiæ Pariſ. Canonici, ab eodem, *in* 8.

Jo. Launoii elogium unà cum ejusdem notis in Censuram duarum Propositionum A. Arnaldi. *Lond. Playford*, 1685. *in* 8.
Vie d'Edmond Richer par Adrien Baillet. *Liege*, 1714. *in* 8.
Vie & Sentimens de Lucilio Vanini. *Rotterdam, Fritsch.* 1717. *in* 12.
Memoires concernant les vies & les ouvrages de plusieurs Modernes celebres dans la Republique des Lettres par M. Ancillon, *Amsterdam, Wersteins*, 1709. *in* 12.
Eloges des hommes sçavans, tirez de l'Histoire de M. de Thou, avec des additions contenant l'abregé de leur vie, le jugement & le Catalogue de leurs Ouvrages par Ant. Teissier. *Utrecht, Halma*, 1697. *in* 12. 2. vol.
Abregé de la vie des Peintres, avec des Reflexions sur leurs ouvrages, & un Traité du Peintre Parfait, &c. *Paris, Muguet*, 1699. *in* 12.
Memoires de Brantôme, contenant les vies des Dames galantes de son tems : tome premier. *Leyde, Sambix*, 1666. *in* 12.

BIBLIOTHECARII.

IN FOLIO.

PHOTII Bibliotheca, seu librorum quos legit Photius Patriarcha Constantinop. excerpta & censuræ gr. lat. cum scholiis Andreæ Schotti. *Rothomagi, Berthelin*, 1607.
Antonii Possevini Soc. J. Bibliotheca selecta de ratione studiorum, recognita. *Coloniæ, Gymnici*, 1607.
Ejusdem Apparatus Sacer ad scriptores veteris & novi Testamenti, eorum interpretes, Synodos, Patres, Theologos, &c. *Ibid.* 1608. 2. vol.
Index Universalis Alphabeticus materias in omni facultate pertractatas eorumque scriptores & locos designans cum appendice. Item Elenchus autorum qui in SS. Biblia vel universè vel singulatim scripserunt, a Fabiano Justiniano. *Romæ, Typis Cameræ Apostolicæ*, 1612.
Petri Ravanelli Bibliotheca Sacra. *Genevæ, Chouet*, 1650. 2. vol.
Guillelmi Cave scriptorum Ecclesiasticorum Historia Litteraria. *Gen. Sam. de Tournes*, 1693.
Henrici Warthon appendix ad Guill. Cave Historiam Litterariam. *Ibidem.*
Bibliotheca Ecclesiastica sive nomenclatores VII. veteres, videlicet S. Hieronymus, Gennadius Massiliensis, Ildefonsus Toletanus, Sigebertus Gemblacensis, Isidorus Hispalensis, Honorius Augustodunensis, Henricus Gandavensis; auctariis &

BIBLIOTHECARII, in folio.

scholiis illustrata ab Aub. Miræo. *Antuerpiæ, Mesii* 1639.
Ejusdem Bibliotheca Ecclesiastica sive de scriptoribus Ecclesiasticis qui ab anno 1494. ad nostra tempore floruerunt. *Ibid.* 1649.
Georgii Matthæi Konigii Bibliotheca vetus & nova. *Altdorfii, Meyeri*, 1678.
Julii Bartoloccii, Bibliotheca magna Rabbinica. *Romæ, typis Congregat. Propag.* 1675. 1678. & 1683. 3. vol.
La Bibliotheque Orientale, par M. d'Herbelot. *Paris*, 1697.
Catalogus Librorum manuscriptorum Angliæ & Hiberniæ, cum indice Alphabetico. *Oxoniæ, è Theatro Sheldoniano*, 1697. 2. vol.
Catalogus Librorum MSS. Bibliothecæ Cottonianæ cui præmittitur D. Roberti Cottoni vita & Bibliothecæ Cottonianæ Historia & synopsis, scriptore Thoma Smitho. *Oxonii, è Theatro Sheldoniano*, 1696.
Conradi Gesneri, Bibliotheca universalis, sive Catalogus omnium scriptorum Lat. Gr. & Hebraïc. *Tiguri, Froschoveri*, 1645.
Appendix Bibliothecæ Conradi Gesneri. *Ibidem*, 1555.
Epitome Bibliothecæ Conradi Gesneri conscripta a Conrado Lycosthene, recognita & locupletata per Josiam Simlerum. *Ibid.*
Martini Lipenii Bibliotheca realis Theologica. *Francofurti Joh. Gorlini*, 1682. 4. vol.
Ejusdem Bibliotheca realis Philosophica. *Franc. Ægidii Vogelii*, 1682. 4. vol.
Ejusdem Bibliotheca realis juridica. *Franc. Gorlini*, 1679.
La Bibliotheque du Sieur de la Croix du Maine, ou Catalogue general des Auteurs qui ont écrit en françois. *Paris, Langelier*, 1584.
Bibliotheca Germanica, sive notitia scriptorum rerum Germanicarum collecta a Michaele Hertzio. *Erfirti, Empells.*
Bibliotheca Napoletana, del Nicolo Toppi. *In Napoli, Bulifon*, 1678.
Index Librorum Bibliothecæ Barberinæ typis editorum. *Romæ, Typis, Barberinis*, 1681.
Nicolai Antonii, Bibliotheca Hispana. *Romæ, Tinaffi*, 1672. 2. vol.
Ejusdem, Bibliotheca Hispana vetus. *Romæ, Antonii de Rubeis*, 1696.
Catalogus impressorum librorum Bibliothecæ Bodleianæ, cura Thomæ Hyde. *Oxonii, e Theatro Sheldoniano*, 1674.
Idem, in quo multi manu notantur libri in foliis adjectis. 2 vol.
Bibliotheca Telleriana. *Parif. Typis Regiis*, 1693.
Catalogus Scriptorum Societatis Jesu per facultates digestus ad annum 1675. *Romæ, Varesii*, 1684.
Projet d'une nouvelle methode pour dresser le Catalogue d'une Bibliotheque, selon les matieres avec le Plan.
Le même: Seconde Edition augmentée. *Paris*, 1698.
Index Librorum prohibitorum & expurgandorum novissimus D.

Antonii a Soto-Major in Regnis Hispaniarum Generalis Inquisitoris jussu recognitus. *Juxta exemplar Madriti Impr. 1667.*

Index Librorum prohibitorum, Alexandri VII. jussu editus. *Juxta exemplar Romæ excusum*, 1667.

BIBLIOTHECARII.

IN QUARTO.

Bibliothecæ tam privatæ quam publicæ Extructio, instructio, cura, usus: accessit descriptio Bibliothecæ S. Laurentii Escurialis, a P. Claudio Clemente Soc. J. *Lugd. Prost.* 1635.

De Bibliothecis atque Archivis virorum Clarissimorum Libelli & commentationes, cum præfatione de Scriptis & Bibliothecis ante Diluvianis, a Joach. Johanne Madero. *Helmestadii, Mulleri*, 1666.

Joh. Henr. Hottingeri, Bibliothecarius quadripartitus. *Tiguri, Stauffacheri*, 1664.

Systema Bibliothecæ Collegii Parisiensis Societatis Jesu. *Parisiis, Mabre-Cramoisy*, 1678.

Discours au Roy sur le rétablissement de la Bibliotheque Royale de Fontainebleau, par Abel de Sainte Marthe. 1668.

Catalogus interpretum Scripturæ juxta numerorum ordinem quo exstant in Bibliotheca Bodleiana a D. Jamesio. *Oxonia, Lichfield*, 1635.

Christiani Kortholti, de variis S. Scripturæ Editionibus, Tractatus Theologico-Philologicus. *Kilonii, Reumani*, 1668.

Georgii Calixti Scriptorum in Typogr. Calixtino edendorum Catalogus. *Helmestadii*, 1658.

Disputatio Philologo-Historico-Theologica de Sacris scriptionibus, præside Mullero. *Tiguri, Bodmeri*, 1660.

Petri Besodneri, Bibliotheca Theologica. *Francofurti, Eichorn*, 1608.

Elenchus omnium authorum sive scriptorum qui in utroque jure ad nostram usque ætatem floruerunt, auctior, a Jo. Wolfgango Freymonio. *Francofurti*, 1585.

Joannis Jonsii, de Scriptoribus Historiæ Philosophicæ Libri IV. *Francofurti, Gotzii*, 1659.

Georgii Abrah. Mercklini Lindenius renovatus, de scriptis Medicis. *Norimbergæ, Endteri*, 1686. 2. vol.

Martini Hankii, de Bizantinarum rerum Scriptoribus græcis Liber. *Lipsiæ, Kastneri*, 1677.

Ejusdem de Romanarum rerum Scriptoribus Liber. *Lipsiæ, Christ. Michaëlis*, 1669.

Joannis Molani, Bibliotheca Materiarum. *Coloniæ, Kinchii*, 1618.

Bibliotheca Pontificia, in qua 1. de Romanis Pontificibus qui Scriptis Claruerunt, 2. de iis qui eorum vitas & laudes scripserunt, autore Lud. Jacob, Carmelita. *Lugduni, Boissat*, 1643.

Prosperii Mandosii, Bibliotheca Romana seu Romanorum Scriptorum Centuriæ. *Romæ, Ignatii de Lazaris*, 1682.

Ludov. Jacob, de Claris Scriptoribus Cabilonensibus. *Parisiis, Cramoisy*, 1652.

Bibliotheca Norfalciana sive Catalogus Librorum quos Henricus Dux Norfolciæ Regiæ Societati Londinensi donavit. *Londini, Chiswel*, 1681.

Caroli de Visch Bibliotheca Scriptorum S. Ordinis Cistertiensis. *Coloniæ, Busæi*, 1656.

Bibliotheca Carmelitana seu illustrium aliquot Carmelitanæ Religionis Scriptorum & eorum Operum Catalogus a R. P. Petro Lucio Belga. *Florentiæ, Marescotti*, 1593.

Joannis Trithemii de Laudibus Carmelitanæ Religionis Liber recognitus & defensus ab eodem R. P. Petro Lucio. *Ibidem*.

Catalogus Scriptorum Florentinorum a Michaele Pocciantio. *Florentiæ, Junctæ*, 1589.

Bibliotheca almi conventus SS. Joannis & Pauli Venetiarum, Ordinis Prædicat. a F. Jacobo Maria Janvitio. *Venetiis, Prodocimi*, 1683.

Georgii Draudii Bibliotheca Classica. *Francofurti, Ostern*, 1625. 3. vol.

Epitome de la Biblioteca Oriental, Occidental, Nautica, Geographica, por Antonio de Leon. *En Madrid, Juan Gonçalez*, 1629.

Valerii Andreæ Desseli, Bibliotheca Belgica, de Belgis vita scriptisque claris: præmissa tographica totius Belgii descriptione. *Lovannii, Zegers*, 1643.

Ant. Sanderi, libri tres de Scriptoribus Flandriæ. *Antuerpiæ, Guill. a Tongris*, 1624.

Ejusdem de Brugensibus eruditionis fama claris libri duo. *Ibidem*.

Ejusdem, de Gandavensibus eruditionis fama claris, libri tres. *Ibidem*.

Bibliotheca Belgica manuscripta Collecta & edita ab Antonio Sandero. *Insulis, le Clerc*, 1641. & 1643.

Bibliographus Belgicus, seu Index Librorum, qui in Belgio emendatiores prodierunt annis 1640. 1641. 1642. a Claudio Doresmieulx. *Insulis, le Clerc*, 1641.

Bibliothecæ Corbinianæ Catologus. *Parisiis, Pellé*, 1654.

Inventaire des Livres trouvés en la Bibliotheque de François de Bassompierre.

Catalogi duo Operum Def. Erafmi, Roterod. ab ipfo confcripti.
Item Epitaphia in ejus mortem. *Bafileæ, Froben*, 1537.
Lexicon Symphonum, quo quatuor linguarum Græcæ, Latinæ, Germaniæ ac Sclavinicæ Concordia ac confonantia indicatura Sigifmundo Gelenio. *Ibidem.*
Index Manufcriptorum Bibliothecæ Auguftanæ, a M. Antonio Reifero. *Auguftæ-Vindelicorum, Koppmajeri*, 1675.
Bibliothecæ Norimbergenfis memorabilia, cum notis Joh. Jacobi Leibnitzii: accedit Chriftoph. Arnoldi Epiftola de Urnis Sepulchralibus in agro Anglorum Nortfolcienfi repertis. *Norimbergæ, Endteri*, 1674.
Joh. Hallervordii, Bibliotheca curiofa. *Regiomonti, Nifii*, 1676.
Bibliotheca Anti-Janfeniana. *Parifiis, Cramoify*, 1654.
Catalogus authorum qui librorum Catalogos, Indices, Bibliothecas, virorum Litteratorum Elogia, vitas aut orationes funebres fcriptis confignarunt ab Antonio Teifferio, cum Philippi Labbei Bibliotheca Nummaria, & mantiffa antiquariæ Supellectis ex annullis, figillis, Gemmis, &c. collecta. *Genevæ, de Tournes*, 1686.
Petri Pauli Bofchæ, de Origine & ftatu Bibliothecæ Ambrofianæ Hemidecas. *Mediolani, Lud. Montiæ*, 1672.
Mufeo del Manfredo Settala tradotto in Italiano por Petro Francefco Scarabelli. *In Tortona, Viola*, 1666.
Bibliothecæ Cordefianæ Catalogus. *Par. Vitray*, 1643.
Bibliotheca Slufiana, feu Catalogus librorum quos Jo. Gualterus Cardinalis Slufius collegit, Studio Francifci de Seine digeftus. *Romæ, Komarec*, 1690.
Memoranda Francofurtana, Notitia Univerfitatis, Catalogus Bibliothecæ, Chronicon civitatis, Catalogus Plantarum a Joh. Chriftoph. Becmano. *Francofurti, Eichornii*, 1676.
Catalogus omnium librorum & Manufcriptorum Bibliothecæ D. Adriani Pauw. *Hagæ-Comitis*, 1654.
Catalogus librorum Bibliothecæ Raph. Tricheti du Frefne. *Par.* 1662.
Catalogus librorum editorum ab anno 1500. ad 1602. Nundinarum autumnalium a Jo. Cleffio. *Francofurti, Jo. Saurii*, 1602.
Catalogus librorum Muficorum Venalium. *Ultrajecti in offic. Joannis a Doorn*, 1639.
Catalogus librorum MSS. Arabicorum Bibliothecæ Lugduno-Batavæ, quos Jacobus Golius ex Oriente advexit.
Ludovici Jacob, Carmel Catalogus librorum Parifiis excufforum annis, 1643. 1644. 1645. 1646. 1647. 1648. 1649. 1650. & 1651.
Catalogus librorum in Germania Gallia Belgio &c. imprefforum ab anno 1674. ad annum 1680. inclufive. *Amfteladami, Waesberge*, 1657.

Catalogus Bibliothecæ Jani Rutgerſii Dordraceni. *Lugd. Batav. Elzevir*, 1633.
Ariſtotelis & Platonis græcorum interpretum typis editorum conſpectus, ſtudio Phil. Labbe. *Par. Cramoiſy*, 1657.
Bibliotheca Claremontana Soc. J. Carmine deſcripta. *Pariſiis, Martin*, 1661.
Philippi Labbe Sexdecim librorum initia &c. *Par. Cramoiſy*, 1662.
Bibliograghia Patrum Soc. J. in Regno Franciæ anni 1661. cum anteceſſione librorum anni 1662. *Par. Benard*, 1662.
Catalogus librorum quos hactenus emiſit aut ſub prælo habet Phil. Labbe cum appendice librorum ab anno 1657. ad an. 1662. *Ibidem*.
Catalogus P. Chevalier & Th. Blaize Bibliopolarum Pariſienſ.
Deux Lettres d'un Gentilhomme Suedois, touchant l'état preſent des affaires de France avec le Catalogue des écrits publiez. *Par. du Pont*, 1649.
Catalogus librorum Bibliothecæ Sam. Petiti. *Par. Sorberii*, 1645.
Catalogus Simonis Piget Bibliopolæ Pariſienſis, 1646.
Hiſtoire univerſelle en figures où par un Recueil de pieces hiſtoriques diviſé en 88. tomes, on peut ſe remettre en memoire l'hiſtoire du monde.
Catalogus librorum Myſtico - Politicorum Nundin. *Francoford*. 1626.
Index Operum Alberti Magni. *Par. Saſſier*, 1646.
Index præcipuorum authorum qui ſpiritualia moralia & Aſcetica ſcripſerunt. *Par. Bertier*, 1647.
Catalogue des Livres de Meſſieurs D. B. & C.
Catalogus librorum venalium apud Lucam Jenniſium. *Francofurti*, 1625.
Catalogus librorum Cura Lazari Zetzneri editorum.
Elenchus librorum typis S. Congregationis de Propaganda fide impreſſorum. *Romæ*, 1639.
Catalogus librorum Petri Belleri Bibliopalæ Antuerpienſis. 1645.
Indiculus variorum tractatuum Antonii Sanderi. *Ypris, Lobelii*, 1646.
Catalogus librorum in Italia emptorum a Georgio Thomaſono Bibliopola Londinenſi.
Elenchus Operum Leonardi Bruni. *Divione, Palliot*, 1653.
Catalogus librorum venalium apud Rob. Martinum. *Londini*, 1639.
Catalogue des Livres apportés à la foire S. Germain en 1640. par Pierre du Buiſſon.
Catalogue des Livres de Thomas Blaize, 1641.
Catalogue des Livres de la veuve Chevalier.
Bibliotheca Myſtica Ludovici Servini, 1626.
Catalogus librorum Morelli.
Memoires des Livres de la Bibliotheque de feu M. Ruault.

BIBLIOTHECARII, *in quarto.* 267

Catalogus librorum Jo. Meursii. *Lugd. Batav. Hackii*, 1642.
Catalogus librorum Adriani Ulacq, 1644.
Catalogus librorum venalium in foro S. Germani, 1645.
Index geminus operum Alberti Magni Studio F. Petri Louvet. *Par. Remigii*, 1642.
Alter index ejusdem operum desumptus ex iis quæ F. Bernardus Gausolinus edidit anno 1630. *Par. Saffier*, 1646.
Inventaire des Livres de Jean le Bouc, Libraire.
Catalogue des Livres de Louis Marhon.
Catalogus Bibliothecæ D. Grenet.
Operum H. Cardani Catalogus.
Catalogue des Livres de Feu M. Moreau &c.
Bibliotheca Jacobi Lescot, Carnot. Episcopi.
Catalogue des Livres de M. l'Abbé de Salmonet.
Catalogus librorum quos Sebast. Cramoisy ab anno 1654. ad annum 1659. excudit.
Catalogus librorum D. Theodori Graswinckel. *Haga-Comitis, Duercant*, 1667.
Bibliotheca Gallo-Suecica.
Catalogus librorum qui Aureliæ in Bibliotheca Germanicæ Nationis extant. 1664.
Catalogue des Livres de Guillaume Desprez.
Catalogue des Livres de Thomas Blaise.
Catalogue des Livres de la Bibliotheque de M. Eleonor d'Estampes Archevêque de Reims.
Inventaires des Livres de feu M. Bonneau.
Nicephori Constantinop. Patriarchæ Sententia de Latinis SS. Bibliorum interpretibus.
Catalogue des Livres composés par Jean P. Camus Evêque de Belley.
Catalogue des Livres arrivés chez la Veuve Pelé & Jean Duval. *Paris*, 1646.
Bibliothecæ Patavinæ publicæ & privatæ, Studio Jacobi Philippi Thomasini. *Utini, Schiratti*, 1639.
Ecloga Oxonio-Cantabrigiensis, continens Catalogum librorum MSS. in Bibliothecis Academiarum Oxon. & Cantabr. opera Th. James. *Londini, Bishop.* 1600.
Nomenclator authorum omnium quorum libri vel manuscripti, vel typis impressi extant in Bibliotheca Academiæ Lugduno-Batavæ. *Lugd. Batav. Raphelengii*, 1595.
Catalogus librorum Bibliothecæ Lugdunensis cum oratione Danielis Heinsii.
Hermanni Coningii Epistola de Bibliotheca augusta quæ est in arce Wolfenbuttelensi. *Helmestadii, Mulleri*, 1661.
Catalogii Varii librorum venalium, Nundinis Francofurtensibus. 10. vol.

Ll ij

Catalogus librorum Jo. a Doorn Bibliopolæ. *Vltrajecti*, 1644.
Catalogus librorum venalium apud Jo. Janssonium. 1640.
Catalogus librorum per Galliam annis 1652. & 1653. excusorum. *Par. Cramoisy.*
Justi Lipsii, Syntagma de Bibliothecis. *Antuerpiæ, Moreti*, 1619.
Dissertatio parænetica pro instituto Bibliothecæ publicæ Gandavensis.
Catalogue des Livres de la Bibliotheque de M. Galand. *Paris, des Hayes*, 1653.
Catalogue des Livres de M. Digby.
Catologus librorum a Dionysio Petavio editorum.
Catalogue des Livres de Louis de Villac.
Clarorum Mathematicorum Chronologia.
Censura celebriorum authorum, sive tractatus, in quo varia virorum doctorum de clarissimis cujusque sæculi scriptoribus judicia traduntur, Studio Thomæ Pope Blount. *Genevæ de Tournes*, 1694.
Jac. Gretserus de jure & more prohibendi expurgandi & abolendi libros hæreticos & noxios. *Ingolstadii, Ederi*, 1603.
Theoph. Raynaudi Erotemata de bonis ac malis libris deque justa & injusta eorum confixione. *Lugduni, Huguetan*, 1653.
Index librorum prohibitorum & expurgatorum, Bernardi de Sandoval jussu editus, juxta exemplar matriti 1612. excusum, auctus B. Turreti Præfatione &c. *Genevæ Crispini*, 1619.
Index librorum expurgatorum, Gasparis Quiroga Cardinalis jussu editus, juxta exemplar madriti 1584. impressum. *Salmurii, Portau*, 1601.
Daniel Francus, de Papistarum Indicibus librorum prohibitorum & expurgandorum. *Lipsiæ, Richtari*, 1684.
Censura quorumdam Scriptorum quæ sub nominibus Sanctorum & veterum a Pontificiis citari solent, a Roberto Coco. *Londini, Field*, 1623.

BIBLIOTHECARII.

IN OCTAVO, &c.

ELenchus Scriptorum in S. Scripturam tam græcorum quam latinorum &c. Studio Guill. Crowæi. *Londini*, 1672. *in 8.*
Joh. Freder. Gronovii, observationes in scriptoribus Ecclesiasticis. *Daventriæ, Columbii*, 1651. *in 12.*
Rob. Bellarminus Cardinalis de Scriptoribus Ecclesiasticis, cum

appendice Philologica & Chronologica Phil. Labbe. *Par. Cramoify*, 1658. *in* 8.

F. Cafimiri Oudin Supplementum de Scriptoribus vel fcriptis Ecclefiafticis a Bellarmino omiffis ad annum 1460. *Parifiis, Dezallier*, 1686. *in* 8.

Nouvelle Bibliotheque des Auteurs Ecclefiaftiques par Louis Ellies Dupin : tome I. des Auteurs des trois premiers Siecles de l'Eglife. *Paris, Pralard*, 1686. *in* 8.

——— Neuviéme Siecle. *Ibidem*, 1694. *in* 8.

Remarques fur la Bibliotheque des Auteurs Ecclefiaftiques de M. Dupin, par Dom Matthieu Petit-Didier Benedictin tome I. fur le premier Volume. *Par. Hortemels*, 1691.

Philippi Labbe Soc. J. de Scriptoribus Ecclefiafticis Philologica & Hiftorica differtatio. *Par. Cramoify*, 1660. *in* 8. 2. vol.

Index Bullarum, Brevium & Conftitutionum Apoftolicarum &c. *Romæ, Typis Cameræ Apoftolicæ*, 1627. *in* 12.

Hippolyti Maraccii Bibliotheca Mariana. *Romæ, Caballi*, 1648. *in* 8. 2. vol.

Petri Ribadeneyræ Catalogus Scriptorum Societatis Jefu. *Antuerpiæ, Moreti*, 1613. *in* 8.

Guillelmi Cave Chartophylax Ecclefiafticus, quo Scriptores Ecclefiaftici ad annum 1517. recenfentur. *Lipfiæ*, 1687. *in* 8.

Recenfiti authores Bibliothecæ Patrum concionatoriæ a F. Franc. Combefis. *Par. Foucault*, 1662. *in* 8.

Bibliotheque des Auteurs qui ont écrit l'hiftoire & Topographie de France par André Duchefne. *Par. Cramoify*, 1618. *in* 8.

La même Augmentée. *Ibidem*, 1627. *in* 8.

Athena Orthodoxorum Sodalitii Francifcani Studio F. Henrici Willet, Ord. Min. *Leodii*, 1598. *in* 8.

La Bibliotheque de Dauphiné par Guy Allard. *Grenoble, Gilibert*, 1680. *in* 12.

La France Sçavante, ideft, Gallia erudita critica & experimentalis noviffima, Studio Cornelii a Beughem. *Amftelodami, Wolfgang*, 1683. *in* 12.

La Bibliotheque Françoife de M. Sorel. *Paris*, 1664. *in* 12.

Bibliotheca Anti-Trinitariorum Studio Chriftoph. Sandii : accedunt alia quædam fcripta. *Freiftadii, Aconii*, 1684. *in* 8.

Catalogue des traitez que le Sieur Boffe a mis au jour. *in* 8.

Bibliotheca librorum novorum collecta a S. Neocoro. *Ultrajecti, Halma*, 1697. 4. vol. *in* 12.

Th. J. ab Almeloveen, Bibliotheca promiffa & latens. Accedunt G. Huron. Velfchii de fcriptis fuis ineditis Epiftolæ. *Goudæ*, 1688. *in* 8.

Traité des plus belles Bibliotheques publiques & particulieres par Louis Jacob. *Paris, le Duc*, 1644. *in* 8.

Joannis Lomeieri, de Bibliothecis liber fingularis. *Ultrajecti, Ribbii*, 1680. *in* 8.

BIBLIOTHECARII, in octavo, &c.

Traité des plus belles Bibliotheques de l'Europe par le Sieur le Gallois. *Par. Michallet*, 1680. *in* 12.

Bibliotheque choifie de Calomiés. *La Rochelle, Savouret,* 1682. *in* 12.

Advis pour dreffer une Biblioteque par Naudé. *Par. Targa.* 1627. *in* 8.

Sacra Bibliothecarum arcana retecta a Theophilo Spizelio. *Augufta-Vindelicorum, Typis Pratorianis,* 1668. *in* 8.

Codicum Cabalifticorum Manufcriptorum, quibus ufus eft Jo. Picus Comes Mirandulæ, Index a Jac. Gaffarello exaratus. *Par. Blageart,* 1651. *in* 8.

Jo. Henr. Otthonis Hiftoria Doctorum Mifnicorum. *Oxonii, Hall.* 1672. *in* 24.

Catalogus librorum Chaldæorum tam Ecclefiafticorum quam profanorum, authore Habediefu metropolita Sobenfi, latine verfus & notis illuftratus ab Abrahamo Echellenfi. *Romæ, Congr. Propag.* 1653. *in* 8.

Alberti Bartholini, de Scriptis Danorum liber. *Hafnia, Godicchenii,* 1666. *in* 8.

Bibliotheca Gallo-Suecica ab Erafmo Irenico Collecta. *in* 8.

Cornelii a Beughem Bibliographia Hiftorica Chronologica & Geographica. *Amfteladi, Waesberge,* 1685. *in* 12.

Ejufdem Bibliographia Medica & Phyfica. *Ibidem,* 1681. *in* 12.

Ejufdem Bibliographia juridica & politica. *Ibidem,* 1680. *in* 12.

Jo. Georgii Schenckii a Gravenberg, Bibliotheca medica. *Francofurti, Spieffii,* 1609. *in* 8.

Pafch. Galli, Bibliotheca Medica. *Bafilea, Waldkirch,* 1590. *in* 8.

Petri Borelli, Bibliotheca Chimica. *Par. Dumefnil,* 1654. *in* 12.

Jo. Antonidæ Vander Linden, de fcriptis medicis libri duo. *Amftelredami, Blaeu,* 1637. *in* 8.

Matthiæ Bartels Biblionomia Hiftorico-politico-Geographica. *Venetiis,* 1682. *in* 12.

Phil. Labbe Bibliotheca Bibliothecarum fecundis curis auctior: accedit Bibliotheca Nummaria. *Par. Billaine,* 1664. *in* 8.

Auteurs déguifez fous des noms étrangers, empruntez &c. *Paris, Dezallier,* 1690. *in* 12.

Jugemens des Sçavans fur les principaux ouvrages des Auteurs: tomes premier fecond & troifiéme. *Paris, Dezallier,* 1685. 4. vol. *in* 12.

Anti-Baillet, par M. Menage. *La Haye, Vandole,* 1690. *in* 12. 2. vol.

Reflexions fur les Jugemens des Sçavans. *La Haye, Arnout Leers,* 1691. *in* 12.

Ouvrages des Sçavans publiés à Leipfik, l'année 1682. *La Haye, Leers,* 1685. *in* 12. 2. vol.

Nouvelles de la Republique des Lettres depuis le mois de Mars, 1684. jufqu'au mois de Novembre 1684. inclufivement. *Amfterdam, Desbordes,* 1684. 2. vol. *in* 12.

Histoire des ouvrages & de la vie des Sçavans depuis le mois de Septembre 1687. jusques au mois de Fevrier 1688. *Rotterdam, Leers, in* 12.
Bibliotheque Universelle & historique des années 1686. & 1687. *Amsterdam, Wolfgang,* 1687. *in* 12. 6. vol.
Memoires pour l'histoire des Sciences & des beaux Arts : sçavoir Janvier, Fevrier, May, Juin, Juillet, Août, Septembre, Octobre, Novembre & Decembre 1701. & Septembre 1715. *Trevoux.*
Bibliotheca Oiseliana. *Lugd. Batav. Hackii*, 1688. *in* 12.
Bibliotheca Heinsiana. *Lugd. Batav.* 1682. *in* 12.
Eadem. *Ibidem, sed altera editione. in* 12.
Catalogus Bibliothecæ Thuanæ editus a Josepho Quesnel. *Parif.* 1679. *in* 8. 2. vol.
Catalogus Codicum MSS. Bibliothecæ Paulinæ concinnatus a L. Joachimo Fellero. *Lipsiæ, Gleditsch*, 1686. *in* 8.
Bibliotheca Bigotiana. *Parif.* 1706. *in* 12.
Bibliotheca Carpzoviana. *Lipsiæ Zeidleri,* 1700. *in* 8.
Catalogue de la Bibliotheque de feu M. Boucot. *Paris, Noyers,* 1699. *in* 12.
Catalogue des Manuscrits de la Bibliotheque de M. le Chancelier Seguier. *in* 12.
Catalogus Librorum Bibliothecæ Guill. Van-Hamme. *Antuerpiæ.*
Catalogus Librorum Bibliothecæ D. Michaëlis Poncet, Archiep. Bituricensis. *Parif. in* 8.
Della Biblioteca volante di Giov. Ginelli, Scanzia tertia in Napoli, 1685. è Scanzia XIII. *Roma*, 1697. *in* 8. 2. vol.
Bibliotheca Thevenotiana. *Parif.* 1694. *in* 12.
La Biblioteca Aprosiana di Cornelio Aspasio. *Bologna*, 1673. *in* 12.
Bibliotheca D. Joannis Galloys. *Parif.* 1710. *in* 12.
Catalogue de la Bibliotheque de M. Du Pont de Carles. *Paris,* 1701. *in* 12.
La Bibliopraphie politique du Sieur Naudé. *Paris, Pelé,* 1642.
Catalogus Librorum Caroli Chastelain Bibliop. *Parif.* 1646.
———— Viduæ Petri Chevalier Bibliop. *Parif.* 1648. *in* 8.
Index Codicum Caballisticorum MSS. a Jacobo Gaffarello exaratus. *Parif. Blageart,* 1641.
Catalogus Librorum Jo. Bapt. Devenet Bibliopolæ. *Lugd.* 1653. *in* 8.
Catalogus Librorum vænalium apud Jo. Blaeu. *Amstelodami* 1662. *in* 8.
Catalogus Librorum qui reperiuntur apud viduam Ed. Martini, 1685. *in* 8.
Supplementum hujusce catalogi. 1687. *in* 8.
Librorum Lud. Billaine, Typogr. Chilias I. quæ est Theologorum, 1681. *in* 8.

Catalogus Librorum Bibliothecæ D. Antonii Godeau Epifc. Vencienfis. *Parif.* 1666.
La Bibliotheque de Charenton, 1614.
Index expurgatorum in libros Theologiæ Myfticæ, Henrici Harphii. *Parif. Nivelle*, 1598. *in* 12.
Libri venales apud viduam Edm. Martini. *Parif.* 1674.
Catalogue des Livres de M. l'Abbé de Benjamin.
Catalogues des Livres imprimez chez Theod. Girard, Claude Barbin, Pierre de Brefche, Thomas Jolly & Gafpard Meturas.
Index Librorum in Typographia Plantiniana excuforum. *Antuerpiæ*, 1656. *in* 8.
Catalogus Officinæ Wechelianæ. *Francofurti*, 1590.
Petri Pomponatii Mantuani Nomenclator. *Parif. Cotard*, 1633.
Catalogus Librorum Bibliothecæ Mediceæ, editus ab Henr. Ernftio. *Amftelodami*, *Janffonii*, 1641.
Leonardus Aretinus de Studiis & Litteris. *Parif. Pelé*, 1642.
Catalogus Librorum Genevæ imprefforum ufque ad annum, 1647.
Catalogue des Livres apportés à Paris en 1650. par P. Du Buiffon.
Catalogue des Livres imprimez de M. l'Evêque de Belley.
Catalogus Librorum Genevæ imprefforum apud Jo. Ant. & Sam. de Tournes, 1653.
Catalogue des Livres à vendre chez Thomas Jolly & Michel Duan.
Catalogus Librorum Parifiis excuforum apud Sebaft. Huré. 1656.
Catalogue des Livres de Jean Henault *in* 8.
Catalogues des Livres imprimez à Paris chez Edme Couterot, Jean Couterot & Thomas Jolly.
Catalogus Librorum qui proftant Genevæ apud Sam. de Tournes. *in* 12.
Catalogus Librorum vænalium apud Lud. Billaine & vid. Ant. Cellier. *Parif. in* 12.
Catalogus Librorum Frid. Leonard. *Parif. in* 12.
Memoire des Livres qui fe trouvent à Geneve chez J. Ant. & Sam. de Tournes, *in* 8.
Catalogus Librorum Gilberti Genebrardi. *Parif. Nivellii*, 1591.
Catalogus Librorum vænalium Lugduni apud Jo. Cardon.
Jacobi le Royer, caufæ fluxus & refluxus maris, ventorum & febris intermittentis. *Parif. Jo. de la Caille*, 1660. *in* 16.
Catalogus Librorum vænalium Amftelodami in Offic. Wefteniana, *in* 12.
Indice delle ftampe intagliate in Rama albuliuo ed'all'acqua forte di Gio. Giacomo de Roffi, *in Roma*, 1696. *in* 12.
Catalogus Librorum vænalium Lugduni in offic. Laur. Aniffon, 1652. *in* 12.
Catalogue des Livres qui fe trouvent à Rotterdam chez Fritfch, & Boom. 1713. *in* 12.
Catalogus Librorum vænalium Lugduni in offic. Phil. Borde, Laur. Arnauld,

Arnauld, & Claudii Aniffon, 1636. *in* 12.
Catalogus Librorum qui reperiuntur Parifiis apud Jo. de la Caille,
    Frid. Leonard, J. Seneufe, Thibouft, Loyfon, le Queux, *in* 12.
Catalogus Librorum Jacobi Piget, Bibliop. Parifienfis, 1670. *in* 12.
Catalogue des Livres d'Eftampes & de Figures en taille-douce, par
    M. de Marolles Abbé de Villeloin. *Paris, Leonard*, 1666. *in* 8.
Autre de même, 1672. *in* 12.
Index Librorum in Typographia Plantin. Excuforum. *Antuerpiæ*,
    Moreti, 1615.
——————Elzeviriana & Janfoniana, *in* 8.
Catalogus Librorum vænalium in Bibliopolio Vetfteniano. *Amfte-*
    lædemi, *in* 12.
Notitia Librorum Romano Catholicorum Noribergæ venalium in
    offic. Jo. Endteri, 1687. *in* 8.
Index Librorum prohibitorum, Innocentii XI. juffu editus. *Romæ*,
    typis Cameræ Apoftolicæ, 1681.
Appendix ad Indicem librorum prohibitorum ufque ad annum
    1696. *in* 8.
Index Librorum prohibitorum Clementii X. juffu editus. *Ibidem*,
    1670. *in* 12.
Elenchus Librorum omnium ad annum 1640. prohibitorum, Di-
    geftus per F. Francifcum Magdalenum Lapiferreum Ord. Præd.
    1640. *in* 8.
Index Librorum prohibitorum, authoritate Pii IV. comprobatus.
    Venetiis, 1564. *in* 8.
Idem. *Coloniæ, Cholini*, 1598. *in* 12.
Index expurgatorius Librorum juffu Philippi II. Regis Catholici,
    editus. *Argentorati Xetzneri*, 1599. *in* 12.

PHILOSOPHI.

IN FOLIO.

I. *Philofophi antiqui.*

LE Pimandre de Mercure Trifmegifte, traduit par François de
    Foix, avec Commentaires. *Bourdeaux, Millanges*, 1549.
Platonis Opera omnia, interprete Marfillio Ficino, collata ad
    græcum codicem a Sim. Grynæo. *Bafileæ Froben*, 1539.
Ariftotelis Opera omnia, Gr. Lat. ex variorum interpretationibus,
    cum Guill. Duval commentario. *Par. Morellii*, 1639. 4. vol.
Ariftotelis Opera Latine recognita ab A. Jacobo Martino. *Lugdu-*
    ni, Honorati, 1581.

Averrois Cordubensis in omnia Aristotelis Opera Commentarii, ex Arab. in Latinum a Jac. Mantino conversi, cum Levi Gersonidis annotationibus in Logices libros, & M. Antonii Zimaræ in Aristotelis & Averrois dicta contradictionum solutionibus. Accedunt Græcorum Arabum & Latinorum monumenta quædam ad hoc opus spectantia. *Venetiis, Junta*, 1550. & 1552.

Julii Palamedis Tabula in Aristotelis Averroisque Opera. *Venetiis, Valgrisii*, 1561. 9. vol.

M. Ant. Zimaræ Tabula & dilucidationes in dicta Aristotelis & Averrois. *Venetiis, Valgrisii*, 1563.

II. *Philosophi recentiores.*

Francisci Patricii, Discutiones Peripateticæ. *Basileæ, Pernæ*. 1581.

P. Rami. Scholæ in Liberales artes. *Basileæ, Episcopii*, 1578.

Ludovici Septalii, commentaria in Aristotelis problemata. *Lugd. Landri*, 1632.

Apollinaris Ostredi, Commentaria una cum quæstionibus in 1. Aristot. posteriorum analyticorum librum. *Cremonæ, Draconii*, 1581.

Ludovici Medæ Papiensis commentarii in libros posteriorum analyticorum Aristot. quæstionibus gravissimis. illustrati. *Venetiis, Somaschi*, 1618.

Marsilii Ficini, Florentini, Opera omnia. *Paris. Bechet*, 1641. 2. vol. C. M.

Francisci Patricii Nova de Universis Philosophia. Accedunt Zoroastris Oracula, &c. *Venetiis, Mejetti*, 1593.

Antoniana Margarita, Opus Phisico-medicum per Gometium Pereiram, in quo præcipue de immortalitate animæ. *Methymnæ Campo, Guill. de Millis*, 1554.

Michaelis a Palacios objectiones adversus nonnulla ex multiciplicibus Antonianæ Margaritæ paradoxis & apologia eorumdem. *Ibidem*, 1555.

Gometii Pereiræ Medicina nova & experimentis & rationibus comprobata. *Methymnæ, Franc. à Canto*, 1558.

Hieronymi Cardani opera omnia, a Carolo Sponio edita. *Lugd. Huguetan*, 1663. 10. vol.

Roderici de Arriaga, Soc. J. Cursus Philosophicus. *Antuerpiæ, Moreti*, 1632.

Henrici Mori, Cantabrigiensis, Opera omnia. *Londini, Macok*, 1679. 2. vol.

Thomæ Campanellæ, Ord. Præd. Metaphisica. *Paris.* 1638.

Athanasii Rhetoris, Presbyteri Bizantini Aristotelis suam de animæ immortalitate mentem explicans, gr. lat. *Parisiis, Jo. Dubray*, 1641.

PHILOSOPHI, in folio.

Amphitheatrum Sapientiæ æternæ folius veræ, Christiano-Kabalisticum, Divino - Magicum, &c. Henr. Kunrath. *Hanoviæ, Guill. Antonii*, 1609.
Petri Gassendi opera omnia. *Lugduni, Anisson*, 1658. 6. vol. C. M.
Stephani Chauvin, Lexicon Philosophicum. *Roterodami, Petri-Vander Slaart*, 1692.
H. Lud. Castanæi de la Rochepozay, Distinctiones Philosophicæ & Theol. *Augustoriti-Pictonum, Mesner i*, 1619.
Seminarium totius Philosophiæ, Aristotelicæ & Peripateticæ, studio Jo. Bapt. Bernardi Collectum. *Typis Jac. Stoer*, 1599. 2. vol.
La Philosophie expliquée en tables, par Loüis de l'Esclache. *Folio Magno.*

III. Phisici.

Petri Pomponatii Dubitationes in IV. Meteorologicorum Aristotelis librum. *Venetiis, Francisci*, 1563.
Magisterium naturæ & artis, opus Physico-Mathematicum P. Francisci Tertii de Lanis, Soc. J. *Brixiæ, Ricciardi*, 1684. & 1686. 2. vol.
Athanasius Kircherus, de magnetica arte. *Romæ, Masotti*, 1654.
Ottonis de Guerricke Experimenta nova, ut vocantur, Magdeburgica de vacuo, Spatio, &c. *Amstelodami, Waesberge*, 1672.
Alphonsi Pandulphi Disputationes de fine mundi. *Bononiæ, Typis Ferronianis*, 1658.

IV. Ethici.

Jo. Stobæi Loci communes Sacri & profani sententiarum ex græcis autoribus congestarum, simulque Antonii & Maximi, gr. lat. editi a Conrardo Gesnero. *Francofurti, Wecheli*, 1581.
Eustratii Episcopi Nicœni explanationes in Aristotelis Moralia. Aspasii quoque & Michaelis Ephesii & aliorum in eadem Moralia expositiones, Latine a Jo. Bernardo Feliciano. *Venetiis, Hieron. Scoti*, 1589.
Proteus Ethico-politicus, seu de multiformi hominis statu ad normam virtutis concinnato, a Jos. Maria Maraviglia Clerico Regulari. *Venetiis, Valvasensis*, 1660.
Philippi Mocenici, Archiep. Nicosiensis, Universales institutiones ad hominum perfectionem. *Venetiis, Aldi*, 1581.
Julii Sirenii, de fato libri IX. & Hieron. Magii in eosdem Periochæ. *Venetiis, Zileti*, 1563.
Alphonsi Archiep. Toletani Quæstiones in tres Aristotelis libros de anima. *Ibidem*, 1566.
F. Dominici Soto, Ord. Præd. Summulæ. *Salmanticæ, Petri Tovans*, 1539.

M m ij

Jo. Bapt. Crispi, Disputationes de Ethnicis Philosophis caute legendis. *Romæ, Zannetti,* 1594.

V. *Politici.*

Andreæ Frici Modrevii, de Republica emendanda libri V. *Basileæ, Oporini,* 1559.

Les six Livres de la République de Jean Bodin, troisieme édition augmentée. *Paris, Dupuys,* 1578.

Nicolai Vernulæi, institutionum politicarum libri IV. *Lovanii, Vrienborch,* 1647.

Musladini Sadi, Rosarium politicum, Persice & Latine editum notisque illustratum a Georgio Gentio. *Amsteladami, Jo. Blaeu,* 1651. 2. vol.

PHILOSOPHI,

IN QUARTO.

I. *Philosophi Antiqui.*

Mercurii Trismegisti, Pimandras, gr. lat. restitutus a Franc. Flussate Candalla. *Burdigallæ, Millangii,* 1574.

Idem. *Ibidem.*

In Cosmopoeiam, id est, mundi creationem Paraphrasis Petri Picherelli. *Paris. Patissonii,* 1579.

Mercurii Trismegisti Pimander, & Asclepius & Hermetis Crates. *Paris. Colinæi,* 1478.

Platonis Timæus, græce cum latina Ciceronis & Chalcidii explanatione. *Paris. Jo. Benenati,* 1579.

Chalcidii Timæus de Platone translatus & ejusdem in eumdem Commentarius cum notis Jo. Meursii. *Lugd. Batav. Colsteri,* 1617.

L. Apuleii Madaurensis Apologia, notis illustrata a Joanne Priceo: accesserunt antiquitatum fragmenta quædam æri incisa. *Paris. Fevrier,* 1625.

II. *Philosophi Recentiores.*

Jo. Duns Scoti, Quæstiones super libris Aristotelis de anima notis illustratæ per F. Hugonem Cavellum, Ord. Min. *Lugd. Landri,* 1625.

Philippi Scherbii Clavis Philosophiæ Peripateticæ: accessere quæ-
stiones Logicæ Flaminii Nobilii Pisani. *Francofurti, Schmidlin*,
1625.
Allegoria Peripatetica, de generatione, amicitia & privatione in
Aristotelicum Ænigma : Elia Lelia Crispis, a Fortunio Li-
ceto. *Patavii, Crivellarii*, 1630.
Ejusdem Liceti Controversiæ de Cometarum quiete, Loco Bo-
reali sive occasu, parallaxi Aristotelea sede celesti & exacta
Theoria Peripatetica. *Venetiis, Valentini*, 1625.
Joannis Magiri Physiologiæ Peripateticæ libri VI. cum commen-
tariis. Accedunt Caspari Bartholini Malmogii Dani Metaphy-
sica major & Joh. Magiri Liber de memoria artificiosa. *Can-
tabrigiæ, Danielis*, 1642.
Rodolphi Gochlenii Diatribæ & meletemata Philosophico-Theolo-
gica. *Marpurgi, Hutwelcheri*, 1617.
Anatomia ridiculi muris, hoc est Dissertatiunculæ J. B. Morini
astrologi adversus expositam a P Gassendo Epicuri Philoso-
phiam. Item obiter Prophetiæ falsæ a Morino ter evulgatæ de
morte ejusdem Gassendi per Franciscum Bernerium, &c. *Pa-
risiis, Soly*, 1651.
Renati Descartes, Opera Philosophica Videlicet Meditationes de
prima Philosophia, Epistola ad Gisbertum Voëtium, Prin-
cipia Phisolophiæ, Dissertatio de Methodo Dioptricæ, Me-
teora, Tractatus de passionibus animæ. *Amstelodami, Elzevir*,
1656.
Joannis Claubergii, Paraphasis in Renati Descartes meditationes de
prima Philosophia. *Duisburgi, Wingaerden*, 1658.
Jo. Danielis Mylii Philosophia reformata. *Lucæ, Jennis*, 1622.
Thomæ Hobbes, opera Phisolophica latina omnia. *Amstelodami,
Blaeu*, 1668. 2. vol.
Barlaami Monachi Logistica gr. lat. edita Scholiisque illustrata a
Joanne Chambero. *Parisiis, Auvray*, 1600.
Scipionis Aguelli, Disceptationes de ideis. *Venetiis, Ambrosii*, 1615.
Samuelis Parkeri Disputationes de Deo & providentia Divina. *Lon-
dini, Clark*, 1678.
Thomæ Bonartis, Concordia Scientiæ cum fide. *Coloniæ*, 1659.
Petri Poiret, cogitationum rationalium de Deo anima & malo
libri IV. *Amstelodami, Elzevir*, 1677.
Animæ rationalis immortalitas simul cum ipsius vera ex semine
propagatione indagatur ab Antonio Rocco. *Francofurti, Hertz.*
1644.
Fortunii Liceti, de rationalis animæ varia propensione ad corpus li-
bri duo. *Patavii, Frambotti*, 1634.
Ejusdem de propriorum operum historia libri duo. *Ibidem*.
Rodolphi Goclenii, Lexicon Philosophicum, *Francofurti, Beckeri*,
1613.

Ex naturali divina & morali Philofophia mille quingenta & feptuaginta Theoremata & problemata a Jo. Bapt. Mella difputandum. *Romæ, Pauli de Dianis*, 1586.

III. *Phyfici.*

* Commentarii Collegii Conimbricenfis Soc. J. in octo libros Gr. Lat. Phyficorum Ariftotelis. *Coloniæ, Zetzneri*, 1602.
Ejufdem Collegi. Commentarii in IV. Libros de cœlo, Meteorologicos & parva naturalia. *Ibidem*, 1603.
Commentarii Collegii Conimbricenfis Soc. J. in Octo libros gr. lat. Phyficorum Ariftotelis. *Lugd. Cardon.* 1602.
Jacobi Zabarellæ de rebus naturalibus libri XXX. *Coloniæ, Zetzneri*, 1597.
Benedicti Pererii, Soc. J. de Communibus omnium rerum naturalium principiis & affectibus libri XV. *Parifiis, Brumennii*, 1585.
Philofophia naturalis reformata per Gerardum & Arnoldum Botios. *Dublinii*, 1641.
Scipionis Portii, Siculi, Opus Phyfiologum in quo varia quæfita fcitaque digna hactenus diligenter difcuffa elucidantur. *Meffanæ, Petri Breæ*, 1618.
Honorati Nicquetii, Soc. J. Phyfiognomia humana libris IV. didictinta. *Lugd. Proft.* 1648.
Pauli Cafatii, Soc. J. Differtationes Phyficæ de igne. *Francofurti, Gleditfch*, 1688.
Cæfaris Cremonii difputatio de formis quatuor Corporum fimplicium quæ vocantur elementa. *Venetiis, Ciotri*, 1605.
Thomæ Angli de mundo Dialogi tres. *Parif. Moreau*, 1642.
Nonii Marcelli Tractatus in quo adverfus antiquorum & præcipue Peripateticorum opinionem, terram effe aqua majorem multis rationibus & experientia demonftratur. *Parifiis, Perrier*, 1585.
Claudii Daufquii, terra & aqua feu terræ flutantes. *Tornaci, Quinqué*, 1633.
Jo. Bapt. Morini Medici differtatio de atomis & vacuo contra Petrum Gaffendum. *Parif.* 1650.
Ejufdem defenfio fuæ Differtationis de atomis & vacuo, contra Franc. Bernerii anatomiam ridiculi muris. *Ibidem*, 1651.
Vincentii Panurgi Epiftola de tribus impoftoribus contra J. B. Morinum. *Par. Bouillete*, 1654.
Fortunii Liceti de animarum coëxtenfione corpori libri duo. *Patavii, Bertellii*, 1616.
Ejufdem de perfecta conftitutione hominis in utero liber unus. *Ibidem.*
Liberti Fromondi Labyrinthus, five de compofitione continui li-

ber unus. *Antuerpiæ, Moreti, 1631.*
Ejusdem Anti-Aristarchus sive orbis terræ immobilis. *Ibidem.*
Vacuum proscriptum, disputatio Physica a Paulo Casato Soc. J.
Genuæ, Dom. Peri, 1649.
Nouvelles pensées sur les causes de la lumiere, du débordement du Nil & de l'amour d'inclination par le S. de la Chambre. *Par. Rocolet, 1634.*
Trattato della grandezza dell' acqua & della terra, di Agostino Michele. *In Venetia, 1583.*
Andreæ Grandorgæi, de natura ignis lucis & colorum dissertatio. *Cadomi, Yvon, 1664.*
Vesuvius ardens, sive exercitatio medico-physica ad motum & incendium Vesuvii montis in Campania, Vincentii Alsarii Crusii. *Romæ, Facciotti, 1632.*
Johannis Herbinii dissertationes de admirandis mundi cataractis supra & subterraneis earumque principio &c. *Amsterodami, Waësberge, 1678.*
Gasp. Schotti, Soc. J. Magia universalis naturæ & artis. *Herbipoli, Pigrin, 1657. 1658. & 1659. 4. vol.*
—— Mechanica hydraulico-pneumatica. *Ibidem, 1657.*
—— Technica Curiosa sive mirabilia artis. *Ibidem, Hertz, 1664.*
—— Schola Steganographica. *Ibidem, 1665.*
—— Physica Curiosa aucta & correcta. *Ibidem, 1667. 2. vol.*
Ejusdem Schotti, Organum Mathematicum. *Ibidem, 1668.*
Petri Borelli, Observationum mierocospicarum Centuria. *Hagæ-Comitis, Ulacq, 1656.*
Idem de inventore Telescopii & de conspiciliis.
Guill. Gilberti, de mundo nostro sublunari Philosophia nova. *Amstelodami, Elzevir, 1651.*
D. de Stair Physiologia nova Experimentalis. *Lugd. Bat. Boutesteyn, 1686.*
Miscellanea curiosa Medico-Physica Academiæ naturæ Curiosorum sive Ephemeridum Medico-Physicarum Germanicarum Curiosarum annus primus 1670. *Lipsiæ, Baüeri, 1670.*
Earumdem annus secundus 1671. *Jenæ, Krebsii, 1671.*
Essais des merveilles de nature & des plus nobles artifices par René François. *Par. Osmont, 1621.*

IV. Ethici.

Simplicii Commentarius in enchiridion Epicteti gr. lat. cum versione Hieron. Wolphii & Cl. Salmasii animadversionibus. *Lugd. Batav. Jo. Maire, 1640.*
Tabula Cebetis, græce arabice & latine, item aurea Pithagoræ Carmina cum paraphrasi arabica Joh. Elicmani & Præfatione Cl. Salmasii. *Ibidem.*

M. Antonius Imperator de rebus suis gr. lat. Studio Gatakeri. *Cantabrigiæ, Thomæ Busch*, 1652.

Philosophorum Sententiæ de fato & de eo quod in nostra est potestate collectæ & de græco versæ per Hugonem Grotium. *Parisiis, Camusat*, 1648.

Synopsis propositorum Sapientiæ Arabum Philosophorum ex arabico latine versa ab Abrahamo Echellensi. *Parisiis, Vitray*, 1641.

Philosophus autodidactus sive epistola Abi Jaafar ebn Tophail de Hai ebn Yokdhan, in qua ostenditur quomodo ex inferiorum contemplatione ad superiorum notitiam ratio humana ascendere possit, ex arab. Latine versa ab Eduardo Pocockio. *Oxonii, Hall.* 1671.

Brevis explicatio mentis humanæ sive animæ rationalis ab Henrico Regio dilucidata & a notis Renati Cartesii vindicata. *Ultrajecti*, 1657.

Ricardi Cumberland, de legibus naturæ Disquisitio Philosophica. *Londini, Flesher*, 1672.

Samuelis Strimesii Philosophia moralis demonstrativa, Pythanologiæ Hobbesianæ opposita. *Francofurti*, 1677.

Flamini Nobilii, de hominis felicitate libri tres. *Lucæ, Busdraci*, 1563.

Thanatosophia sive mortis Musæum a Joanne Caramuclio Lokoovitzio. *Bruxellæ, Meerbecii*, 1637.

Danielis Heinsii de contemptu mortis libri IV. *Lugd. Batav. Elzevir*, 1621.

Guil. Budæi, de contemptu rerum fortuitarum libri tres. *Typis Ascensianis.*

L'honnête homme ou l'art de plaire à la Cour par le S. Faret & traduit en Espagnol par Dom Ambrosio de Salazar. *Paris, Quinet*, 1634.

La Philosophie de l'honnête homme par Chorier. *Par. Jean Remy*, 1648.

V. Politici.

Franc. de Quevedo Villegas, Excursus politici in Plutarchi Marcum Brutum, ex hispano latine versi a Theod. Graswinckel. *Hagæ-Comitis, Vlacq*, 1660.

Georgii Rakoci Principis Transsilvaniæ instructio D. Sigismundo Rakoci filio suo. *Albæ-Juliæ*, 1640.

Stanislai Orichovii fidelis subditus, sive de institutione regia libri duo. *Cracoviæ, Cæsarii.*

Andreæ de Pilca, Perspectiva politica Regno Poloniæ elaborata. *Dantisci, Forsteri*, 1652.

Jo. Mariana S. J. de Rege & Regis institutione. *Toleti, Roderici*, 1599.

Hieron

Hieron. Elveri Confualia, hoc eft, de conciliis, confiliariis & confiliis doctrina politica. *Francofurti, Schonwetteri*, 1620.

Joh. Chriftoph. Eberti difcurfus politici de variis hominum conceptibus, ad plures hominum ftatus in Republica viventium &c. accommodati. *Cofmopoli*, 1687.

Jacobi Bornitii, Tractatus politicus de rerum fufficientia in Republica & civitate procuranda. *Francofurti, Tampachii*, 1625.

Georgii Richteri, Gorlichii, Axiomata Oeconomica aucta. *Gorlicii, Joh. Rhambæ*, 1604.

Johannis Althufii, Politica methodice digefta atque exemplis facris & profanis illuftrata. Adjecta eft oratio Panegyrica de neceffitate & antiquitate Scholarum. *Groningæ, Radæi*, 1610.

Pacifici a Lapide, Homo politicus, hoc eft, confiliarius novus officiarius & aulicus fecundum hodiernam praxim. Accefferunt monita privata Societatis Jefu. *Cofmopoli*. 1668.

Celfi Mancini, de juribus Principum libri IX. *Romæ, Facciotti*, 1596.

De Statu politico feu civili libri fex. *Francofurti, Emmelii*, 1617.

Petri Andreæ, monita politica. *Francofurti, Schonwetteri*, 1616.

Difcours politiques & militaires fur Corneille Tacite, traduits paraphrafez & augmentez par Laur. Melliet. *Rouen, Cailloüé*, 1633.

Traité de l'œconomie politique par Ant. de Mont-Chrétien. *Rouen, Ofmont*, 1615.

Difcorfi politici di Paolo Paruta. *In Venetia, Baglioni*, 1629.

Splendor politicus feu anti-ftrato-caracter, hoc eft genuinus virtutum & vitiorum caracter, a Chr. Henrico Naffaviæ, &c. *Hagæ-Comitum, Meuris*, 1626.

Notæ feu Stricturæ politicæ ad jufti Lipfii Epiftolam qua fuadet Bellum pacem inducias Regi hifpano cum Gallo, Anglia, Batavis, authore juftino Bonæfidio. *Francofurti*, 1623.

Obfervationes ad Arnoldi Clampmarii, de Arcanis Rerum Publicarum libros VI.

Joannis a Chokier, Tractatus de Legato. *Coloniæ, Hinkii*, 1624.

Trederi de Marfellaer Legatus. *Antuerpiæ, ex Offic. Plantin*, 1626.

Hermanni Kirchneri Legatus ejufque jura dignitas & officium. *Marpurgi, Egenolphi*, 1614.

Caroli Pafchalii Legatus. *Parif. Periex*, 1613.

L'Ambaffadeur & fes fonctions par Vicquefort. *La Haye, Steucker*, 1681. 3. vol.

Le même augmenté de Reflexions fur les Memoires pour les Ambaffadeurs de la Réponfe de l'Auteur & du difcours hiftorique de l'élection de l'Empereur & des Electeurs. *Cologne, Marteau*, 1690. 2. vol.

Le Parfait Ambaffadeur, traduit de l'Efpagnol de D. Antonio de Vera & de Cuniga, par le S. Lancelot. *Par. Sommaville*, 1635.

El Embaxador por D. Juan Antonio, de Vera y Cuñiga. *En Sevilla, Franc. de Lyra.* 1620.

PHILOSOPHI.

IN OCTAVO, &c.

I. *Philosophi Antiqui.*

PLatonis Dialogi Selecti de rebus Divinis, gr. lat. *Cantabrigiæ, Jo. Hayes*, 1683. *in* 8.
—— Gnomologia, gr. lat. *Lugduni, Tornæsii,* 1582. *in* 12.
—— Operum a Marsilio Ficino tralatorum tomi IV. & V. 1550. *in* 12. 2. vol.
Sallustius Philosophus, de diis & mundo græce cum versione latina Leonis Allatii. *Lugd. Batav. Jo. Maire,* 1639. *in* 12.
Opuscula Mythologica Ethica & Physica gr. lat. videlicet, Palæphatus, Heraclitus, Anonymus, Phurnutus, Sallustius, Ocellus Lucanus, Timæus, Locrus, Demophilus, Democrates, Secundus, Sextius Pythagoricus, Theophrasti Caracteres, Pythagoricorum Fragmenta, Heliodori Larissæi Optica. *Cantabrigiæ, J. Hayes,* 1671. *in* 8.
Hieroclis Philosophi Commentarius in aurea Pythagoreorum Carmina, gr. lat. Jo. Curterio interprete. *London. Williams*, 1673. *in* 8.
Problemata Aristotelis ac Philosophorum medicorumque complurium. M. Antonii Zimaræ problemata una cum 300. Aristotelis & Averrois propositionibus. Alexandri Aphrodisæi, super quæstionibus nonnullis Physicis, Solutionum liber, Angelo Politiano interprete. *Lugduni, Steph. Michaelis,* 1579. *in* 12.
Aristotelis de anima libri tres, gr. lat. cum Julii Pacii a Beriga Commentario Analytico. *Francofurti, Aubrii,* 1621. *in* 8.
M. Antonii Flaminii, Paraphrasis in duodecimum Aristotelis librum de prima Philosophia. *Par. Nic. Divitis,* 1547. *in* 8.
Porphyrii, in Aristotelis prædicamenta brevis explanatio. *Parisiis, Vascosani,* 1548. *in* 8.
Maximi Tyrii Dissertationes, gr. lat. *Lngduni, Larjot,* 1690. *in* 8.
L. Apuleii Madaurensis Opera quæ extant omnia cum Phil. Beroaldi in Asinum aureum commentariis & Godefscalci Steuvechi in L. Apuleii opera omnia quæstionibus & conjecturis, necnon aliorum in eumdem emendationibus. *Lugd. Sib. a Porta,* 1587. *in* 8. 2. vol.

Apuleius Madaurensis Platonicus serio castigatus ex musæo Petri Scriverii. *Amsterodami, Guil. Casii*, 1624. *in* 24.

II. *Philosophi recentiores.*

Examen Philosophiæ Platonicæ a Lud. de Morainvillier d'Orgeville. *Maclovii, Ant. Delamare*, 1650. *in* 8.
Guill. Amesii Philosophemata. *Lugd. Bat. Justi Livii*, 1648. *in* 12.
Abregé curieux & familier de toute la Philosophie, &c. par le sieur de Marandé. *Paris, Michel Soly, in* 12.
Valeriani Magni F. Capuccini Philosophia. *Versaviæ*, 1648. *in* 8.
Petri Gregorii Tholosani Syntaxes artis mirabilis. *Lugduni, Gryphii*, 1683. *& seqq. in* 16. 5. vol.
Homeri Nepenthes seu de abolendo luctu liber, a Petro la Seine. *Lugd. Prost.* 1624. *in* 8.
Hobbesianismi Anatome, autore M. Gisberto Cocquio. *Ultrajecti, Halma*, 1680. *in* 8.
Joannis Amos Comenii, Pansophiæ prodromus aliaque ejusdem. *Lugd. Batav. Lopez de Haro*, 1644. *in* 12.
Nic. Nancelii, de immortalitate animæ velitatio adversus Galenum. *Paris. Jo. Richeri*, 1587. *in* 8.
Claudii Vassart illustris Philosophandi ratio qua discutitur hoc problema, an fieri a natura possit ut aqua mutetur in vinum. *Parisiis, Julien, in* 8.
Guillelmi Occhami, summa totius Logicæ. *Oxonia, Crosley*, 1675. *in* 8.
La Logique ou l'Art de penser. *Paris, Savreux*, 1664. *in* 12.
La même. *Par. Desprez*, 1683. *in* 12.
Johannis Wallis institutio Logicæ ad communes usus accommodata. *Oxonii, e Theatro Sheldoniano*, 1687. *in* 8.
Th. Murner, Ord. Min. Chartiludium Logicæ editum opera notis & conjecturis Joan. Balesdens. *Paris. Dubray*, 1629. *in* 8.
Christiani Noldii, distinguendi, seu de virtute & vitio distinctionis. *Vesaliæ, Conradi*, 1675. *in* 12.
Danielis-Georgii Morhofii commentatio de disciplina argutiarum. 1693. *in* 12.
Caspari Stresonis, Thecnologia Theologica : accedit Dissertatio de usu Logices. *Hagæ-Comitis, Spruyti*, 1641. *in* 8.
Martini Schoockii de Scepticismo libri IV. *Groningæ Lussinck*, 1652. *in* 8.
Petri Pomponatii, Tractatus de immortalitate animæ. 1534. *in* 12.
Idem. *In* 8.
Idem.
Antonii Sirmondi, Soc. J. de immortalitate animæ Demonstratio Phisica & Aristotelica adversus Pomponatium & asseclas. *Paris. de Henqueville*, 1635. *in* 8.

PHILOSOPHI, in octavo, &c.

Johannis Maccovii Metaphysica. *Lugd. Batav. Hackii*, 1645. *in* 12.
Nic. Taurelli, de rerum æternitate partes IV. *Marpurgi, Egenolphi*, 1604. *in* 8.
Rob. Baronii Philosophia Theologiæ ancillans. *Oxoniæ, Lichfield*, 1641. *in* 8.
Idem. *Amstelodami, Janssonii*, 1649. *in* 12.
Jani Cæcilii Frey compendium Universæ Phisolophiæ. *Parisiis, Langlæi*, 1633. *in* 12.
Jo. Lud. Vivis, de anima & vita libri tres.
Viti Amerbachii de Anima libri IV. *Lugd. Frellonii*, 1555.
Philippi Melancthonis de anima Liber. *Lugd. Sylvii*, 1555. *in* 8.
Thomæ Angli, Euclides Metaphysicus. *Londini, Martin*, 1658. *in* 12.
Jo. Schefferi, de natura & constitutione Philosophiæ Italicæ seu Pithagoricæ Liber singularis. *Upsaliæ, Curio*, 1664. *in* 8.
Meditationes Metaphysicæ Latino-Gallicæ de animæ origine, natura, beatudine, &c. *Coloniæ*, 1693. *in* 12.
Jan Trigland, de principiis humanæ cognitionis Discursus. *Amstelodami, Tichelaer*, *in* 8.
Entretiens sur la Metaphysique & la Religion, par le P. Malebranche. *Rotterdam, Leers*, 1690. *in* 12.
De la recherche de la verité. *Paris, Pralard*, 1674. *in* 12.
Critique de la recherche de la verité. *Par. Coustelier*, 1675. *in* 12.
La même. *Ibidem.*
Réponse pour la Critique à la Preface du second volume de la Recherche de la verité. *Par. de la Caille*, 1679. *in* 12.
Levini Lemnii, occulta naturæ miracula. Item de vita animi & Corporis incolumitate recte instituenda liber unus. *Antuerpiæ, Plantin*, 1574. *in* 8.
Franc. Titelmanni, Ord. Min. compendium naturalis Philosophiæ. *Lugd. Rouillii*, 1545. *in* 8.
Petri Molinæi, Physicorum seu Scientiæ naturalis libri IX. *Amsterdami, Blaeu*, 1645.
Ejusdem Ethicorum seu Doctrina Moralis libri XI. *Ibidem*, *in* 8.
Liberti Fromondi Meteorologicorum libri sex: accedunt Thomæ Fieni & ejusd. Fromondi dissertationes de cometa anni 1618. & clariss. Virorum judicia de pluvia purpurea Bruxellensi. *Londini, Tiler*, 1656. *in* 8.
Promotæ per experimenta Philosophiæ specimen, a J. B. Duhamel. *Parisiis, le Petit*, 1670. *in* 12.
Rob. Boyle, Tentamina quædam Physiologica cum historia fluiditatis & firmitatis. *Amsteldami, Elzevir*, 1667. *in* 12.
Ejusdem Tractatus varii. *Londini*, 1672. & 1673. *in* 12.
Ejusdem, Tentamina quædam Physiologica. *Amstelodami, Commelini*, 1667.
——— Historia Fluiditatis & firmitatis. *Ibidem.*

PHILOSOPHI, in octavo, &c.

——— Exercitatio de origine & viribus gemmarum. *Londini, Godbid*, 1673. *in* 12.

Jo. Bapt. Portæ, Napol. Magiæ Naturalis libri XX. *Francofurti, Marnii*, 1591. *in* 8.

Ejusdem de humana physiognomia libri IV. *Francofurti, Hoffmanni*, 1618. *in* 8.

Jul. Cæsar Scaliger, de subtilitate. *Lugd. de Harsy*, 1615. *in* 8.

Jo. Bodini, Universæ naturæ Theatrum. *Lugduni, Roussin*, 1596. *in* 8.

Joh. Joachimi Becheri, Physicæ subterraneæ libri duo. *Francofurti, Weidmanni*, 1681. *in* 8.

Jo. Fernelii, de abditis rerum causis libri duo. *Francofurti, Wecheli*, 1574. *in* 8.

Gilberti Clerke, Tractatus de restitutione corporum, in quo experimenta Torricelliana & Boyliana explicantur, &c. *Londini, Thomson*, 1662.

Antonii Mizaldi, de arcanis naturæ, libri IV. *Paris. Kerver*, 1558. *in* 16.

Arnoldi Bachimii, Philosophia universalis experimentalis. *Noribergæ, Ziegeri*, 1682. *in* 12.

Bertrandi Fileri, Punctum. *Tolosa, Colomeri*, 1605. *in* 12.

Georgii Hormii, Arca Moysis sive Historia mundi. *Lugd. Bat. Hackii*, 1668. *in* 12.

Basilii Plinii Rigalivoni, de ventis libri tres. *Witebergæ, Gronenbergii*, 1600.

Ejusdem Poëma de voluptate & dolore. *Ibidem*, *in* 8.

Salomonis Priezaci, Dissertatio de Coloribus. *Paris. d'Arbisse*, 1657. *in* 12.

Hypothesis Physica nova qua Phœnomenorum naturæ, &c. necnon Theoria motus abstracti, auctore G. G. L. L. *Londini, Martin*, 1672. *in* 12.

Josephi de Tertiis Tractatus de Curiositatibus Physicis. *Medioburgi, Horremels*, 1686. *in* 8.

Petri Servii Spoletini Dissertatio Philologica de Odoribus. *Romæ, Caballi*, 1541. *in* 8.

Claudii Vaflart, illustre solis speculum. *Paris. Boulanger, in* 12.

Thomæ Bartholini, de Luce animalium libri tres. *Lugd. Batav. Hackii*, 1647. *in* 8.

Joh. Fleischerus, de iridibus. *Witebergæ, Crato*, 1571. *in* 8.

Traité du mouvement des eaux & des corps fluides, par M. Mariotte & mis en lumiere, par de la Hire. *Paris, Jombert*, 1700. *in* 12.

Traité de l'équilibre des Liqueurs, & de la pesanteur de la Masse de l'air, par Blaise Paschal. *Par. Desprez*, 1663. *in* 12.

• Joannis Herbinii, Terræ motus & quietis examen ad Sanctam normam. *Ultrajecti, Waesberge*, 1655. *in* 8.

Nicolai ab Amama, Diſſertationum Marinarum Decas. *Franekera, Alberti*, 1651. *in* 8.

M. Thomæ Ittigii Lucubrationes Academicæ de montium incendiis. *Lipſia, Wittigau*, 1671. *in* 8.

Aditus novus ad occultas Sympathiæ & antipathiæ cauſas inveniendas per Philoſophiæ naturalis principia, &c. patefactus a Sylveſtro Rattray. *Glasgua, Anderſon*, 1658. *in* 8.

Jul. Cæſar Recupitus de veſuviano incendio. *Lovanii, Witte*, 1639. *in* 8.

Martini Schoockii, Tractatus de inundationibus, iis maxime quæ Belgium Concernunt. *Groninga, Collenii*, 1652. *in* 8.

Athanaſii Kircheri, Regnum naturæ magneticum in triplici magnete, inanimato, animato, ſenſitivo diſpoſitum. *Amſtelodami, Waesberge, in* 12.

Albertus magnus de Secretis mulierum. Item de virtutibus herbarum, lapidum & Mulierum. *Amſtelodami, Janſſonii*, 1655. *in* 12.

Vidi Antonii Scarmilionii, de Coloribus libri duo. *Marpurgi, Egenolphi*, 1601.

Bernhardi Suevi, Tractatus de inſpectione vulnerum lethalium & ſanabilium præcipuarum partium corporis humani. *Marpurgi, Chemlini*, 1629. *in* 8.

Rod. Goclenii, Sinarthroſis magnetica oppoſita infauſtæ anatomiæ Joh. Roberti Soc. J. *Marpurgi, Saurii*, 1617. *in* 8.

Lettres qui découvrent l'illuſion des Philoſophes ſur la Baguette & qui détruiſent leurs Syſtêmes. *Paris Boudot*, 1693. *in* 12.

La Méchanique du feu 1. partie contenant le Traité des nouvelles Cheminées qui échauffent plus que les Cheminées ordinaires, &c. par M. Gaugier. *Par. Etienne*, 1713. *in* 12.

Davidis Vonder Becke, Experimenta & meditationes circa naturalium rerum principia. *Hamburgi, Grooten*, 1683. *in* 8.

Traité des feux artificiels, par François de Malthe. *Par. Guillemot*, 1632. *in* 8.

Henrici Ranzovii Tractatus aſtrologicus de genethliacorum Thematum judiciis pro ſingulis nati accidentibus. *Francofurti, Hoffmanni*, 1615. *in* 8.

Chriſtophori Wittichii Conſenſus veritatis in ſcriptura Divina & infallibili revelatæ cum veritate Philoſophica a Renato Deſcartes detecta. *Neomagi Wyngaerden*, 1659. *in* 8.

Renati Deſcartes Meditationes de prima Philoſophia: his adjunctæ ſunt variæ virorum Doctorum objectiones cum reſponſionibus authoris. *Amſtelodami, Elzevir*, 1642. *in* 12.

Epiſtola Renati Deſcartes ad D. Gisbertum Voetium, in qua examinantur duo libri pro Voetium editi, unus de confraternitate Mariana, alter de Philoſophia Carteſiana. *Ibidem*, 1643 *in* 12.

Diſputatio de finito & infinito, in qua defenditur Carteſii Sententia

PHILOSOPHI, in octavo, &c.

de motu, fpatio, & corpore. *Ibidem*, 1651. *in* 12.
Methodi Cartefianæ affertio, a Tobia Andreæ. *Groningæ, Collenii*, 1653. *in* 8.
Brevis replicatio pro notis Cartefii a Tobia Andreæ. *Amftelodami, Elzevir*, 1653. *in* 12.
Idem. *Ibidem*.
Objectiones feptimæ in Meditationes de prima Philofophia cum notis authoris. *Ibidem*, 1642. *in* 12.
Jac. Revii, Statera Philofophiæ Cartefianæ. *Lugd. Bat. Leffen. in* 12.
Balthazari Bekker, de Philofophia Cartefiana admonitio candida & fincera, *Vefaliæ, Hoogenhuyfen*, 1668.
Rob. Boyle Exercitationes de atmofphæris corporum confiftenfium & de mira fubtilitate, natura & efficacia Effluviorum, Flammæ ponderabilitate & vitri a flammæ partibus penetrabilitate. *Londini, Godbid.* 1673.
Jo. Bapt. Verle, Anatomia artificialis oculi humani. *Amftelædami, Wetftenii, in* 12.
Admiranda Methodus novæ Philofophiæ Renati Defcartes, a Martino Schoockio. *Ultrajecti, waesberge*, 1643. *in* 12.
Gilberti Clerk, de plenitudine mundi brevis & Philofophica differtatio, in qua defenditur Cartefiana Philofophia. *Londini, Martin*, 1660. *in* 12.
Chriftoph. Wittichii Differtationes duæ, de S. Scripturæ in rebus Philofophicis abufu 2. de difpofitione & ordine totius univerfi &c. *Amftelodami, Elzevir*, 1653. *in* 12.
Petri Dan. Huetii, Cenfura Philofophiæ Cartefianæ. *Par. Hortemels*, 1689. *in* 12.
Réponfe au Livre qui a pour titre: *P. Dan. Huetii Cenfura, &c.* par Pierre Silvain Regis. *Par. Jean Cuffon*, 1691. *in* 12.
Antonii le Grand Apologia pro Renato Defcartes contra Sam. Parkerum. *Londini, Clark*, 1679. *in* 8.
Voyage du monde de Defcartes. *Par. Benard*, 1690. *in* 12.
Sentimens de M. Defcartes touchant l'effente & les proprietez des Corps oppofés à la doctrine de l'Eglife &c. par Louis de la Ville. *Par. Michallet*, 1680. *in* 12.
Recueil de quelques pieces curieufes, concernant la Philofophie de Defcartes. *Amfterdam, Desbordes.* 1684. *in* 12.
Nouveaux Memoires pour fervir à l'hiftoire du Cartefianifme par M. G. de l'A. 1692. *in* 12.
Sethi Wardi, Exercitatio Epiftolica. *Oxoniæ, Hall.* 1656. *in* 12.
Cornelii ab Hogelande, Cogitationes quibus Dei exiftentia, item animæ Spiritalitas & poffibilis cum corpore unio demonftrantur, necnon brevis Hiftoria Oeconomiæ corporis animalis; accedit tractatus de prædeftinatione. *Lugd. Bat. Joh. a Gelder*, 1676. *in* 12.
Acta Philofophica Societatis Regiæ in Anglia, annorum 1665.

1666. 1667. 1668. 1669. & 1681. ab Henrico Oldenburgio Anglice confcripta & in latinum verfa a C. S. *Amſtelo. Boom*, 1672. *& ſeqq. in* 12. 6. vol.

IV. Ethici.

Flavii Jofephi, de Machabæis feu de rationis Imperio liber, græce cum latina verfione JoannisLuidi. *Oxoniæ, Barnoſii*, 1590. *in* 8.

La Morale de Platon, traduite en François par P. le L. C. *Par. Bobin*, 1657. *in* 8.

L. Annæi Senecæ Philof. opera omnia ex ultima J. Lipfii & J. F. Gronovii emendatione : & M. Annæi Senecæ Rhetoris quæ extant ex Andreæ Schotti recenfione. *Lugd. Bat. Elzevir*, 1649. *in* 12. 4. vol.

Epicteti Enchiridion & Cebetis tabula gr. lat. *Amſtel. Ravetſteinii*, 1670. *in* 32.

Les Caracteres d'Epictete avec l'explication du Tableau de Cebés, par M. l'Abbé de Bellegarde. *Trevoux, Ganeau*, 1700. *in* 12.

Cebetis Thebani Tabula, gr. lat. cum notis Jacobi Gronovii. *Amſteladami, Wetſteinii*, 1689. *in* 8.

Arithmologia Ethicæ, a Joach. Camerario. *Lipſiæ*, 1571. *in* 8.

Les Preceptes de Phocylide traduits du grec, avec des Remarques, &c. *Paris, de Laulne*, 1698. *in* 12.

Theophrafti caracteres Ethici, gr. lat. Commentario illuftrati ab Ifaaco Cafaubono. *Lugduni, le Preux*, 1593. *in* 8.

Iidem, gr. lat. *Lugduni, de Harſi*, 1598. *in* 8.

Les Caracteres de Theophrafte traduits du grec avec les caracteres ou les mœurs de ce fiecle, par le Sieur de la Bruyere. *Paris, Michallet*, 1688. *in* 12.

Les mêmes. *Ibidem*, 1692. *in* 12.

Reflexions morales de l'Empereur Marc Antonin, avec des Remarques. *Paris, Barbin*, 1691. *in* 12. 2. vol.

Le Livre d'Or de Marc Aurele Empereur, traduit en françois, par R. B. de la Grife. *Par. Caveiller*, 1542. *in* 8.

An. Manl. Sev. Boetii, confolationis Philofophiæ libri V. ejufdem opufcula facra auctiora cum notis Renati Vallini. *Lugd. Batav. Hackii*, 1656. *in* 8.

Petri Pomponatii Opera. *Baſileæ, Henric. Petri*, 1567. *in* 8.

Ejufdem opus de naturalium affectuum caufis five de incantationibus cum fcholiis Guil. Cratari. *Baſileæ.*

Idem, de immortalitate animæ, *in* 8.

Idem, de fato, libero arbitrio & prædeftinatione. *Baſileæ, Henric. Petri*, 1567. *in* 8.

Joannis Stobæi Sententiæ ex thefauris græcorum collectæ, & per Conradum Gefnerum latinitati donatæ. *Pariſ. Martini Juvenis*, 1552. *in* 16.

Franc. Piccolominei, universa Philosophia de moribus : accessit ejusdem Comes politicus cum notis Julii Pacii. *Geneva, Vignon*, 1596. *in* 8.

Arnoldi Geulines, Ethica. *Lugd. Bat. Severini*, 1675. *in* 12.

Eilhardi Lubini, Phosphorus de prima causa & natura mali. *Rostochii, Reusneri*, 1601. *in* 8.

Roderici Zamorensis Episcopi, speculum vitæ humanæ. *Paris. Soly*, 1656. *in* 12.

Hartmanni Schopperi, speculum vitæ aulicæ. *Francofurti*, 1584. *in* 12.

Marcilii Ficini de vita libri tres : accessit Epidemiarum Antidotus. *Basileæ*, 1532. *in* 8.

Jo. Bapt. Mucci, Dialogi in septem capitalia vitia. *Neapoli Novelli de Bonis*, 1677. *in* 12.

Caroli Scribanii, Soc. J. Politico-Christianus. *Lugduni, Chevalier*, 1625. *in* 8.

Balthaz. Exneri, Valerius Maximus Christianus. *Hanoviæ, Aubrii*, 1620. *in* 8.

Hieron. Rorarii libri duo, quod animalia bruta ratione utantur melius homine. *Paris. Cramoisy*, 1648. *in* 8.

Idem. *Amsteladami, Ravesteinii*, 1696. *in* 12.

Henr. Lud. Castanæi de la Rochepozay, Dissertationes Ethico-politicæ. *Pictavii, Mesnier*, 1625. *in* 8.

Virtus vindicata. 1617. *in* 12.

Lud. Molinei, morum exemplar, seu caracteres. *Lugd. Batav. Elzevir*, 1634. *in* 12.

Sententiæ & exempla collecta & per locos communes digesta per Andræam Eborensem. *Paris. Cavellat*, 1583. *in* 12.

Rabodi Hermanni Schilii, libertas publica : accedit Theoph. Hogersii oratio, C. Julium Cæsarem tyrannum fuisse. *Amstelodami, Pluymeri*, 1666. *in* 12.

Joh. Jonstoni naturæ constantia. *Amsterdami, Blaeu*, 1632. *in* 24.

Otthonis Heurnii, Barbaricæ Philosophiæ antiquitatum libri duo 1. Chaldaicus. 2. Indicus. *Lugd. Bat. Raphelengii*, 1600. *in* 12.

Franc. Baconi de Verulamio Sermones fideles Ethici, politici, œconomici sive interiora rerum. Accedunt Faber fortunæ, &c. *Lugd. Batav. Hackii*, 1644. *in* 12.

Ejusdem nova Athlantis. *Ultrajecti, Waësberge*, 1643. *in* 12.

Thomæ Fieni, tractatus de viribus imaginationis. *Londini, Danielis*, 1657. *in* 12.

Theod. Serevelii, de patientia libri IV. *Lugd. Batav. Maire*, 1623. *in* 12.

De la valeur. *Cologne*, 1689. *in* 12.

F. Thomæ Campanellæ civitas solis poëtica. Idea Reipublicæ Philosophicæ. *Ultrajecti, Waësberge*, 1643. *in* 12.

Epistolica dissertatio de principiis justi & decori, continens apo-

290 *PHILOSOPHI, in octavo, &c.*

logiam pro tractatu Clar. Hobbæi de cive. *Amstelodami, Elzevir*, 1651. *in* 12.

Caroli Paschalii, virtutum & vitiorum definitiones, descriptiones & caracteres; accessere ejusdem censura animi ingrati, de optimo genere elocutionis & Preces Christianæ. *Geneva, Rouyere*, 1620. *in* 8.

Hieron. Osorii de vera Sapientia libri IV. *Coloniæ, Birckmanni*, 1582. *in* 8.

Edoardi Baronis Herbert de Cherbury, opus de causis errorum, 1656. *in* 12.

Ant. Walæi, compendium Ethicæ Aristotelicæ, Accesserunt orationes duæ cum Hymno ad Deum & Theod. Screvelii, Iambi morales. *Amstelodami, Janssonii*, 1660. *in* 12. 2. vol.

Thomæ Angli institutiones Ethicæ. *Londini*, 1660. *in* 12.

Traité du Libre & du Volontaire, par M. Bernier. *Amsterdam, Desbordes*, 1685. *in* 12.

Joannis Sarisberiensis, Policraticus sive de nugis curialium & vestigiis Philosophorum libri VIII. *Lugd. Bat. Raphelengii*, 1595. *in* 8.

Traité de Morale par l'Auteur de la Recherche de la Verité. *Rotterdam, Leers*, 1684. *in* 12.

Divers Traitez de Metaphysique, d'Histoire & de Politique, par M. de Cordemoy, *Paris, Coignard*, 1691. *in* 12.

Sentimens Critiques sur les Caracteres de M. de la Bruyere. *Paris, Brunet*, 1701. *in* 12.

Principes de Sapience tirez de la parole de Dieu, & approuvez par la raison, par Pierre Borel. *Grenoble, Galles*, 1662. *in* 8.

Caracteres tirez de l'Ecriture Sainte, appliquez aux mœurs de ce siecle. *Paris, Guerin*, 1698. *in* 12.

Reflexions, Sentences & Maximes Morales mises en nouvel ordre avec des notes historiques & politiques, par M. de la Houssaie. *Par. Ganeau*, 1714. *in* 12.

L'Education, Maximes & Reflexions de M. de Moncade, avec un Discours du Sel dans les ouvrages d'esprit. *Roüen, Maurry*, 1691. *in* 12.

L'Alcibiade de Platon traduit par M. le Febvre. *Saumur, Lesnier*, 1666. *in* 12.

Le Festin de Xenophon traduit par le même. *Ibidem, in* 12.

Traité de la Superstition composé par Plutarque, & traduit par le même avec un Entretien sur la vie de Romulus. *Ibidem, in* 12.

De la Sagesse, par Pierre Charron. *Par. Fugé*, 1632. *in* 8.

Le même. *Leyde, Elzevier*, 1656. *in* 12.

Le même. *Paris, Journel*, 1657. *in* 12.

Examen de ingenios para las sciencias por Juan Huarte. *Leyde, J. Maire*, 1652. *in* 12.

Le même, traduit en françois, par Gabriel Chappuys. *Paris, Colet*, 1619. *in* 12.

L'Ecole du monde divisé en neuf Entreriens, par M. le Noble. *Paris, Jouvenel*, 1694. *in* 12.

L'Art de plaire dans la conversation, traduit de l'Italien de M. de la Case Archev. de Benevent, par M. Duhamel. *Paris, Guignard*, 1668. *in* 12.

Le Caractere d'un parfait Amy, par M. Portes. *Paris, le Fevre*, 1688. *in* 12.

Les Caracteres des Passions, par le Sieur de la Chambre. *Amsterdam, Michel*, 1658. *in* 12.

V. *Politici.*

M. Antonii Nattæ de Principum Doctrina libri IX. cum aliis ejusdem generis, recensente Zacharia Palthenio. *Francofurti*, 1603.

Belisarii Aquivivi Aragonii aliquot libelli de Principum liberis educandis, de venatione, aucupio, re militari & singulari certamine. Additum est Michaelis Marulli Poëma de Principum institutione. *Basileæ, Pernæ, in* 8.

Jo. Marianæ, Soc. J. de Rege & Regis institutione libri tres. *Typis Wechel*, 1611. *in* 8.

Guill. Bellendini, de Statu libri tres. *Paris. du Mesnil*, 1615. *in* 8.

Nic. Belli, Politicæ Dissertationes de statu imperiorum, regnorum, Principatuum & rerum publicarum. *Francof. Sohonwetter*, 1615. *in* 8.

Rob. Keuchenii Antoninus Pius, seu in vitam Antonini Pii excursus politici: accedit comparatio Richelii & Mazarini. *Amsteladami, Waesberge*, 1667. *in* 12.

Adami Pisetzki Tractatus juridico-politicus de statu sæculari. *Lipsiæ, Christ. Michaëlis*, 1667. *in* 12.

Joach. Pastorii, Aulicus inculpatus. *Amstel. Elzevir*, 1644. *in* 24.

Speculi aulicarum atque politicarum observationum libri XIII. *Argentorati, Zetzneri*, 162. *in* 8.

Martini Schoockii, de seditionibus seu Discordiis domesticis libri tres. *Groningæ, Bronchorstii*, 1664. *in* 8.

Jacobi Bernhardi Multzii, Dissertatio de libertate omnimoda. *Norimbergæ, Crameri*, 1668. *in* 12.

Politica Curiosa. *Typis Bartholdi Fuhrmanni*, 1686. *in* 8.

J. Loccenii, de ordinanda republica dissertationum libri IV. *Lugd. Bat. Jac. Marci*, 1637. *in* 12.

Desiderii Crescentii, artes retegendi respublicas & dominandi. *Gedani, Waesberge*, 1685. *in* 12.

Compendiosa rerum memorandarum descriptio ex immensis Francisci Patricii Senensis de regno deque institutione reipublicæ voluminibus deprompta. *Paris. Galteri*, 1552. *in* 16.

Arn. Clapmarii de arcanis rerum publicarum libri sex illustrati a Jo.

Arn. Corvino. *Amstel. Elzevir*, 1641. *in* 12.
Idem, cui accessit Chr. Besoldi de eadem materia discursus. *Ibidem*, 1644. *in* 12.
Rob. Sarrock, Hypothesis Ethica de finibus & officiis secundum naturæ jus. *Londini Dickinson*, 1682. *in* 8.
Virgilii Malvezzi Princeps ejusque arcana in vita Romuli repræsentata. Latinitate donavit Joh. Kruss. *Lugd. Batav. Elzevir*, 1636. *in* 12.
Georgii Acacii Enenkelii, sejanus, seu de præpotentibus regum ac principum Ministris commonefactio. *Argentorati, Zetzneri*, 1620. *in* 12.
Joh. Theodori Sprengeri Tacitus axiomaticus, de principe, ministris & bello. *Franc. Fickwisti*, 1663. *in* 12.
Corona virtutum Principe dignarum. *Londini, Billii*, 1617. *in* 12.
Cyriaci Lentuli, Augustus, seu de convertenda in Monarchiam republica. *Amster. Elzevir*, 1645. *in* 12.
Ejusdem, Arcana regnorum & rerum publicarum. *Herboræ, Nassoviorum*, 1666. *in* 8.
Ejusdem, politicorum sive de republica, nova rebus & methodo merediatio. *Cassellis*, 1661. *in* 12.
Sebast. Cæsaris de Meneses, summa politica. *Amstelod. Simonis Dias*, 1650. *in* 12.
Petri Gudelini, commentarius de jure pacis. Accedit M. Zuerii Boxhornii, de amnistia Dissertatio. *Lugduni, Batav. Moiardi*, 1648- *in* 12.
Casp. Facii, Politica Liviana. *Lipsiæ, Grossii*, 1613. *in* 8.
Discursus politici. 1. De illustrium gravitate externa. 2. De eorumdem œconomia seu aulæ constitutione. *Argentinæ, Zetzneri*, 1622. *in* 12.
Hieronymi Cardani, Arcana politica, sive de prudentia civili liber singularis. *Lugd. Bat. Elzevir*, 1635. *in* 24.
Samuelis Pufendorfii, Analecta politica. *Amsteladami, Waësberge*, 1698. *in* 8.
Franc. Burgesdicii, idea œconomicæ & politicæ doctrinæ. *Lugd. Batav.* 1644. *in* 12.
M. Zuerii Boxhornii, institutiones politicæ, cum commentariis ejusdem & observationibus Georgii Hornii. *Amstel. Commelini*, 1668. *in* 12.
Disquisitiones politicæ, hoc est, sexaginta casus politici ex omni historia selecti. *Hagæ-Comitis, Vlacq.* 1655. *in* 12.
Quæstio vetus & nova, an Legatum adversus Principem vel Rempublicam ad quam missus est, delinquentem, salvo jure gentium capere retinere ac punire liceat. *Parisiis, Langlois*, 1606. *in* 12.
Georgii Hornii, Dissertationes historiæ & politicæ. *Lugd. Batav. Hackii*, 1655. *in* 12.

PHILOSOPHI, in octavo, &c.

Idem. *Ibidem*, 1668. *in* 12.

Ejusdem, Orbis politicus imperiorum, regnorum, principatuum: rerum publicarum. *Lugd. Bat. Driehuysen*, 1668. *in* 12.

Ejusdem, Orbis imperans. *Lugd. Bat. Lopez de Haro*, 1669. *in* 12.

Jo. Loccenii, Dissertationum politicarum syntagma, *Amstelodami, Janssonii*, 1644. *in* 12.

Peuli a Potock Potocki, Historico-politicus. *Cracoviæ, Krupisz*, 1646. *in* 24.

Henningi Arnisæi Doctrina politica. *Amsterodami, Elzevir*, 1643. *in* 12.

Simonis Bornmeisteri Dissertatio de Scientia perfecti politici. *Lipsiæ, Klosii*, 1686. *in* 12.

Jacobi Zevecotii, observata politica ad C. Suetonii Julium Cæsarem. *Amstelodami, Janssonii*, 1637. *in* 12.

Justi Lipsii, Politicorum sive civilis Doctrinæ libri sex. *Amsterodami, Janssonii*, 1645. *in* 12.

Secreta Politica, auctore Alberto Schædlichio. *in* 12.

M. Frid. Wendelini institutionum politicarum libri tres. *Amsterodami, Janssonii*, 1645. *in* 12.

Sam. Pufendorfii de officio hominis & civis juxta legem naturalem libri duo. *Rudelstadii*. 1679. *in* 12.

La chiave del Cabinetto di Gioseppe Francesco Borri. *In Colonia, Martello*, 1681.

Instruzioni Politiche di Gios. Franc. Borri. *Ibidem*. *in* 12.

Politica de Dios, Govierno de Christo, y tirannia de Satanas, por D. Francisco de Quevedo Villegas. *En Salamanca, Fernandez*, 1629. *in* 12.

Jacobi Howell, dissertatio de præcedentia Regum: accedit tractatus de Legatis. *Londini, Thomson*, 1664. *in* 8.

Excerpta de legationibus: e græcis latina fecit & notas addidit Carolus Cantoclarus. *Par. Chevalerii*, 1606. *in* 8.

Alberici Gentilis, de legationibus libri tres. *Hanoviæ, Antonii*, 1607. *in* 8.

Christ. Varsevicius de legato & legatione. Idem de concilio & consiliariis Principis: accessit Hyppoliti a Collibus Consiliarius. *Dantisci, Forsteri*, 1646. *in* 12.

Idem. *Ibidem*.

Narratio Legationis Zbaravianæ & rerum apud Otthomanos anno 1622. gestarum conscripta a Sam. Kusseuvicz. *Ibidem*, 1645. *in* 12.

Jo. Georgii Kulpis, de legationibus statuum Imperii Commentario. *Giessæ, Hargerii*, 1679. *in* 8.

La Morale de Tacite de la flaterie par le S. Amelot de la Houssaie. *Par. Martin*, 1686. *in* 12.

Jo. Bodini de Republica librorum Breviarium. *Amsterodami, Janssonii*, 1645. *in* 8.

Nic. Machiavelli Princeps : accceſſit Ant. Poſſevini Judicium de Nic. Machiavelli & Jo. Bodini Scriptis. *Francofurti, Zetzneri*, 1608.

Stephani Junii Bruti Vindiciæ contra tyrannos. *Ibidem*, 1608. *in* 8.

Diſcorſi di Nicolo Machiavelli ſopra la prima deca di Tito Livio *In Vinegia Aldo*, 1546.

Il Principe di Nicolo Machiavelli : la vita di Caſtruccio Caſtracani, &c. *Ibidem, in* 12.

Il Principe di Nicolo Machiavelli, &c. *Ibidem*, 1540. *in* 12.

Le Prince de Nicolas Machiavel, traduit & commenté par Amelot de la Houſſaie. *Amſterdam, Wetſtein*, 1683. *in* 12.

Fragment de l'examen du Prince de Machiavel. *Par.* 1633. *in* 12.

Le Roſier des guerres compoſé par le Roy Louis XI. mis en lumiere par le Preſident d'Eſpagnet avec un traité de l'inſtitution du jeune Prince. *Par. Nicolas Buon*, 1616. *in* 8.

Libres & divers diſcours d'Etat, traduits d'Italien en François. *Orleans, Foucault*, 1622. *in* 12.

Recueil de maximes veritables & importantes pour l'inſtitution du Roy contre la fauſſe politique du Cardinal Mazarin. *Par.* 1663. *in* 12.

Le Cabinet des Princes. *Bruxelles, Jean Petit*, 1672. *in* 12.

Elemens Philoſophiques du bon Citoyen, par Thomas Hobbes. *Par. Pepingué*, 1651. *in* 8.

La veritable politique des perſonnes de qualité. *Paris, Boudot*, 1692. *in* 12.

Le ſecret des Cours ou les Memoires de Walſingham avec les remarques de Robert Nanton. *Cologne*, 1695. *in* 12.

Conſiderations politiques ſur les coups d'Etat, par Gabriel Naudé. 1679. *in* 12.

Traité du pouvoir abſolu des ſouverains. *Cologne, Caſſander*, 1685. *in* 12.

Le Politique du tems, ou le conſeil fidele ſur les mouvemens de la France. *Charleville, Louis François*, 1671. *in* 12.

Les Devoirs des Grands par M. le Prince de Conty avec ſon Teſtament. *Par. Thierry*, 1666. *in* 12.

Nouveaux intérêts des Princes de l'Europe. *Cologne, Marteau*, 1690. *in* 12.

La France intriguante ou réponſe aux manifeſtes de quelques Princes ſur l'Etat preſent de l'Allemagne. *Ville-Franche, Jean Petit*, 1676.

Reflexions ſur les memoires pour les Ambaſſadeurs & Réponſe au Miniſtre Priſonnier. *Ibidem*, 1677.

Remarques ſur la réponſe donnée à M. de Pufendorf au nom de l'Empereur ſur le ſujet de l'enlevement de M. le Prince Guill. de Furſtemberg. *in* 12.

PHILOSOPHI, in octavo, &c.

Traité de la Politique de France par M. Paul Hay Marquis de Chastelet. *Cologne, Marteau*, 1669. *in* 12.

Réflexions sur les 2. & 3. Chapitres de la politique de France, &c. par le Sieur de l'Ormegrigny. *Cologne, de la Place*, 1671. *in* 12.

Interêts & maximes des Princes & Etats Souverains. *Sur l'imprimé à Cologne*, 1676. *in* 12.

Le Corps politique, ou les Elemens de la Loy Morale & Civile, par Thomas Hobbes. *Leyde, Elzevir*, 1653. *in* 12.

Traité de la fortune des gens de qualité & des gentilshommes particuliers par le Sieur de Caillure. *Par. Chamhoudry*, 1657. *in* 12.

Système d'un nouveau Gouvernement en France par M. De la Jonchere. *Amsterdam, François le Bon*, 1720. *in* 12. 4. vol.

Tramontana de' Principi di Gio. Paolo Martire Riccio, tradotta dallo Spagnuolo in Italiano. *In Venetia*, 1636. *in* 12.

Il Cortegiano del Conte Baldesar Castiglione. *In Lione, Rouillio*, 1550. *in* 8.

Le même. *In Vinegia, Aldo*, 1547. *in* 8.

Pietra del Paragone Politico di Troiano Boccalini. *In Cosmopoli, Teler*, 1619. *in* 8.

Razon d'Estado con tres libros de la Grandezza de las Ciudades de Juan Botero, traduzido por Ant. de Herrera. *En Burgos*, *in* 8.

Bizzarrie Politiche, over raccolta delle piu notabili prattiche di stato nelle Christianita, messa alla luce da Lorenzo di Banco. *Alla Franechera*, 1658. *in* 12.

Li Segreti Dei Principi dell' Europa, rivelati da varii confessori politici. *Colonia, Turchetto*, 1676. *in* 12. 4. vol.

Il Ceremoniale Historico e Politico di Gregorio Leti. *Amsterdamo, Waesberge*, 1685. *in* 8. 6. vol.

HISTORIÆ NATURALIS
SCRIPTORES.
IN FOLIO.

Aristotelis Historia animalium.

Theophrasti Historia Plantarum, Theodoro Gaza interprete. *Basileæ, Cratandri*, 1534.

Theophrasti Eresii Opera omnia gr. lat. Studio Danielis Heinsii. *Lugd. Batav. Haestens*, 1613.

Conradi Gesneri Historiæ Animalium liber I. de quadrupedibus viviparis. *Francofurti, Laurentii*, 1620.

Ejusdem liber III. de Avibus. *Ibidem.* 1617.
Ejusdem liber IV. de Piscibus & Aquatilibus animantibus. Accedunt Guill. Rondeletii & Petri Bellonii scripta de aquatilibus. *Ibidem*, 1620.
Ejusdem liber V. de serpentibus : adjecta est Historia Scorpionis infecti a Casparo Wolphio. *Ibidem*, 1621.
Franc. Willughbeii, de Historia Piscium libri IV. editi & suppleti a Joh. Raio. *Oxonii, e Theatro Sheldoniano*, 1686.
Insectorum sive minimorum animalium Theatrum olim ab Edvardo Wottono, Conrado Gesnero, Thomaque Peunio inchoatum, tandem Thomæ Moufeti studio perfectum. *Londini, Th. Cotes*, 1634.
Pedanii Dioscoridis de Medicinali materia libri sex, Jo. Ruellio Suessionensi interprete, cum notis Gualtheri H. Ryff. & Scholiis Jo. Loniceri. *Francofurti, Egenolphi*, 1543.
Petri Andreæ Matthioli, in Dioscoridem Commentarii. *Venetiis, Valgrisii*, 1558.
Commentaires de P. André Matthiole sur Dioscoride, traduits par Antoine du Pinot. *Lyon, Prost*, 1642.
Joannis Raii, Historia Plantarum. *Londini, Clarck*, 1686. & 1688. 2. vol.
Jo. Ruellii, de natura Stirpium libri tres. *Par. Colinæi*, 1536.
Caroli Clusii, variorum Plantarum Historia. *Antuerpiæ, Moreti*, 1601.
Ejusdem, Exoticorum libri decem. Item Petri Bellonii observationes Carolo Clusio interprete. *Lugd. Batav. Raphelengii*, 1605. 2. vol.
Jo. Eusebii Nierembergii Sac. J. Historia naturæ maxime peregrinæ: accedunt de miris naturis in Europa libri duo & de iisdem in terra Hebræis promissa liber unus. *Antuerpiæ, Moreti*, 1635.
Nauwkeurige Beschryving der Aardgewassen dor Abraham Muting. *Utrecht, Halma*, 1696. 2. vol. fig.
Histoire des Plantes de Leonard Fuchsius. *Lyon Pesnot.* 1675.
Histoire Generale des Drogues, traitant des Plantes, animaux Mineraux &c. par Pierre Pomet. *Paris, Loyson*, 1694.
Jul. Cæs. Scaligeri, Commentarii & Animadversiones in sex libros de Causis Plantarum Theophrasti. *Typis, Jo. Crispini*, 1566.
Christiani Mentzelii index universalis nominum Plantarum multilinguis. *Berolini, Rungii*, 1682.
Petri Crescentii, de omnibus Agriculturæ partibus, & de Plantarum animaliumque natura & utilitate libri XII. *Basileæ, Henric-Petri*, 1548.
Libri de re Rustica, M. Catonis, Terentii Varronis, L. Junii Moderati Columellæ & Palladii Rutilii. *Par. Jo. Parvi*, 1533.
Fl. Vegetius, S. Julius Frontinus, Ælianus, Modestus de re Militari. *Par. Wecheli*, 1535.

HISTORIA NATURALIS, in folio.

Prosperi Rendellæ Tractatus de Vinea, vindemia & vino. *Venetiis, Junta*, 1629.
Traité du Jardinage par M. Boyceau de la Baraudiere. *Paris, Charles de Sercy*, 1688.
Georgii Agricolæ, de ortu & causis Subterraneorum libri V.
De Natura eorum quæ effluunt ex terra libri IV.
De Natura fossilium libri decem.
De Veteribus & novis Metallis libri duo.
Bermannus sive de re Metallica Dialogus.
Interpretatio Germanica vocum rei Metallicæ. *Basileæ, Froben*, 1546.
Idem. *Ibidem*.
Ant. Lodovici Medici Olyssipponensis Opera de re Medica. *Olyssippone*, 1540.
Tractatus Variorum de Balneis & Thermis totius orbis, earumque proprietatibus. *Venetiis, Junta*, 1553.
Addreæ Baccii, de Thermis libri Septem. *Venetiis, Valgrisi*, 1588.
Saggi di Naturali Esperienze fatte nell' Academia del Cimento. *In Firenze, Cocchini*, 1666.
Prodromo o vero Saggio di alcune inventioni nuove premesso all' arte maestra opera che prepara il P. Francesco Lana della Compagnia di Giesu. *In Brescia, Rizzardi*, 1670.

HISTORIÆ NATURALIS
SCRIPTORES.
IN QUARTO.

Casp. Bauhini, Index in Theophrasti, Dioscoridis, Plinii, & Botanicorum qui a sæculo scripserunt opera. *Basileæ, Ludovici, Regis*, 1623.
P. Caspari Ruthardi Soc. J. Sacra Cosmologia. *Friburgi, Meyeri*, 1630.
Jan-Georgii Swalbacii Disputatio Physica, de Ciconiis, Gruibus & Hirundinibus, quo exeunte æstate abvolent & ubi hiement. *Spiræ, Baumeisteri*, 1630.
Recreatio mentis & oculi in observatione animalium Testaceorum proposita a P. Phil. Bonanno Soc. J. *Romæ, Varesii*, 1684.
Oppianus, C. Plinius Secundus & Paulus Jovius de Piscibus. *Argentorati, Cammerlander*, 1534.
Joh. Danielis Geyeri, Tractatus Physico-Medicus de Cantharidibus. *Lipsiæ, Nisii*, 1686.

────── Brevis Dictamni descriptio. *Ibidem*, 1687.
────── Schediasma de montibus Conchiferis ac glosso petris Alzejensibus. *Ibidem*.
Histoire Generale des insectes par Jean Swammerdam. *Utrecht, Ribbius*, 1685.
Historia Moschi, conscripta a Luca Schrockio. *Augnstæ-Vindelic. Gobelii*, 1682.
Joachimi Camerarii, Hortus Medicus & Philosophicus. Item Catalogus Plantarum nascentium sponte in sylva Hercinia conscriptus a Joanne Thalio. *Francofurti, Feyerabend*, 1588.
Prosper Alpinus de Plantis Ægypti & de Balsamo. *Venetiis, Franc. de Franciscis*, 1592.
Idem de Medicina Ægyptiorum. *Ibidem*, 1591.
Idem de Medicina Ægyptorum & Jacobus Bontius de Medicina Indorum. *Par. Redelichuysen*, 1645.
Idem de Plantis exoticis. *Venetiis, Guerilii*, 1656.
Fab. Columnæ Lyncæi minus cognitarum Plantarum I. & II. Pars. Purpura & aliorum aquatilium observationes. *Romæ, Mascardi*, 1616.
Discours Curieux du Chocolate par Ant. Colmenero, traduit de l'Espagnol & éclaircy de quelques annotations par René Moreau. *Paris, Cramoisy*, 1643.
Simonis Paulli Commentarius, de abusu Tabaci Americanorum veteri & herbæ Thee cum figuris. *Argentorati*, 1665.
Jo. Neandri Tabacologia, hoc est, Tabaci seu Nicotianæ descriptio Medico-Chirurgico-Pharmaceutica. *Lugd. Batav. Elzevir*, 1626.
Conradi Gesneri commentariolus de raris herbis quæ lunariæ nominantur cum novarum herbarum iconibus: descriptio montis Fracti sive Pilati juxta Lucernam in Helvetia. *Tiguri, apud Gesneros*.
Ejusdem de Aconito primo Dioscoridis asseveratio & de Oxymelitis Elleborati utriusque descriptione & usu libellus. 1577.
Lehonharti Rauvolfen, Icones rariorum Plantarum, Germanice. 1583.
Augerii Clutii opuscula duo singularia, 1. de nuce Medica, 2. de Hemerobio sive Ephemero insecto & Majali verme. *Amsterodami, Charpentier*, 1634.
Melchioris Guilandini commentarius in tria C. Plinii Majoris de Papyro capita. *Venetiis, Ulmi*, 1573.
Jo. Bapt. Portæ, Neapol. Pomarium. *Neapoli, Salviani*, 1583.
Jo. Bapt. Ferrarii Flora, seu de Florum cultura libri IV. accurante Bernh. Rottendorffio. *Amstelodami, Jansonii*, 1664.
Petri Laurembergii, Cultura Horti. *Francofurti, Mariani*, 1654.
Théatre des Plans & Jardinages, par C. Mollet. *Paris, Charles de Sercy*, 1652.

Le Théatre d'agriculture & ménage des Champs d'Olivier de Serres, sieur du Pradel. *Geneve, Chouet,* 1639.
Ambræ Historia a justo Fido Klobio. *Wittenberga, Henckelii,* 1666.
El Ente dilucidado por Antonio de Fuente. *En Madrid,* 1676.
Traité du Feu & du Sel, par Blaise de Vigenere. *Paris, Langelier,* 1618.
Jo. Bauhini, opus de Thermis aquisque medicatis Europæ præcipuis. *Montisbelgardi, Foilleti,* 1600.
Idem, de lapidibus Metallicisque miro naturæ artificio in ipsis terræ visceribus figuratis, necnon de stirpibus, insectis, avibus aliisque animalibus partim in fontis Bollensis penetralibus, partim in vicinia inventis & observatis cum eorum vivis iconibus. *Ibidem.*
Jo. Heurnii, Liber de Peste. *Lugd. Bat. Raphelengii,* 1600.
Meditatio de insolito & stupendo terræ motu, 8. Septembris an. 1601. tractata a Barthol. Keckermanno. *Heidelberga, typis Wægelianis,* 1602.
Raimundi Mindereri, Disquisitio Iatro-Chimica de Calcantho seu vitriolo ejusque qualitate. *Augusta-Vindelicorum, Mangin,* 1617.
Traité des Tourbes Combustibles, par Charles Patin. *Par. Jean du Bray,* 1663.
Georgii-Hieron. Velschii Dissertatio medico-Philosophica de ægagropilis. *Augusta-Vindelic. Prætorii,* 1660.
Ejusdem Dissertatio II. de ægagropilis. *Ibidem,* 1668.
Archidipno, overo dell'insalata e del'uso di essa da Salvatore Massonio. *In Venetia, Brogiollo,* 1627.

HISTORIÆ NATURALIS, SCRIPTORES.

IN OCTAVO, &c.

Rodolphi Goclenii, Liber mirabilium naturæ. *Francofurti, Emmelii,* 1625. *in* 8.
Wolfgangi Franzii, Sacra animalium Historia. *Amstelredami,* 1665. *in* 12.
Th. Bartholinus, de Luce hominum & Brutorum. *Hafniæ, Godicchenii,* 1669.
Conradus Gesnerus, de raris herbis quæ Lunariæ vocantur. *Ibidem, in* 8.
Casp. Bauhini de Hermaphroditorum monstrosorumque partuum natura libri duo. *Oppenheimii, Galleri,* 1614. *in* 8.
Gammarologia sive Cancrorum consideratio Phisico-Philologico-

HISTORIA NATURALIS, in octavo, &c.
Historico-Medico-Chimica, a Phil. Jac. Sachs. *Francofurti, Fellgibelii, in* 8.
Joannis Franci Castorologia, explicans Castoris animalis naturam & usum Medico-Chymicum. *Augustæ-Vindel. Goëbelii*, 1685. *in* 8.
Discorso dell'Alicorno del Andrea Bacci. *In Fiorenza*, 1582. *in* 8.
Casp. Bartholini, opuscula IV. Singularia, 1. de Unicornu, 2. de Lapide Nephritico, 2. de Pigmæis, 4. consilium de medico studio inchoando continuando & absolvendo. *Hafniæ, Hantzschii*, 1628. *in* 8.
Thomæ Bartholini, de Unicornu observationes novæ. *Amsteladami, Wetstenii*, 1678. *in* 8.
Friderici Lachmund Dissertatio de ave Diomedea cum ejus effigie. *In* 24.
Georgii Agricolæ liber de animantibus subterraneis, editus a Jo. Sigfrido. *Witeberga, typis Meisnerianis*, 1614.
Petri Holtzemii Descriptio fontis Medicati S. Antonii vulgo Tillerborn dicti prope Andernacum. *Coloniæ, Mylii*, 1620. *in* 8.
Oligeri Jacobæi de Ranis observationes; accessit Casp. Bartholini de nervorum usu in motu musculorum Epistola. *Parisiis, Guignard*, 1682.
Casp. Bartholini, Diaphragmatis structura nova : accessit methodus præparandi viscera per injectiones liquorum & descriptio instrumenti quo mediante peraguntur. *Ibidem, in* 8.
Amati Lusitani, Enarrationes in Dioscoridis de Medica Materia libros quinque cum annotationibus R. Constantini & Simplicium picturis. *Lugduni, Theob. Pagani*, 1558. *in* 8.
Caroli Stengelii, Hortensius & Dea Flora cum Pomona, historice, tropologice & anagogice descripti, Augustæ-Vindelicorum. *Appergeri*, 1647. *in* 12. 2. vol.
Joh. Jonstoni, Thaumatographia naturalis. *Amsterdami, Blaeu*, 1632. *in* 12.
Historia Plantarum & vires ex Dioscoride & aliis per Conradum Gesnerum. *Paris. Roigny*, 1541. *in* 16.
Hortus Academicus Lugduno-Batavus ut & plurimarum Plantarum in eodem cultarum descriptiones & icones a Paulo Hermanno. *Lugd. Batav. Boutesteyn*, 1687. *in* 8.
Remberti Dodonæi Florum & Coronariarum odoratarumque nonnullarum herbarum Historia. *Antuerpiæ, Plantini*, 1569. *in* 8. *figur.*
Joan Raii, nova Plantarum methodus. *Londini, Kersey*, 1682. *in* 8.
Histoire des Plantes de Leonhart Fuchsius. *Par. Birchman*, 1549. *in* 8. *fig.*
Antonii Musæ Brasavoli examen omnium simplicium quorum usus est in publicis officinis. *Lugduni, Frellonii*, 1556. *in* 16.
Leonh. Fuchsii de Historia stirpium commentarii. *Paris. Gazelli*, 1543. *in* 8.

Adriani Spigelii, Isagoges in rem Herbariam libri duo. *Lugd. Bat. Elzevir*, 1634. *in* 24.

Instruction pour élever des petits Oiseaux de voliere, avec un traité sur les maladies des Chiens. *Par. Charles de Sercy*, 1674. *in* 12.

Pauli Ammanni, Caracter Plantarum naturalis *Francofurti, Scipionis*, 1685. *in* 12.

Ant. Colmeneri de Ledesma opusculum de qualitate & natura Chocolatæ, ex hispano Latine factum a Marco Aurelio Severino. *Noimbergæ, Endteri*, 1644.

Opobalsami Orientalis examen & sinceritas reddita a Jo. Georgio Volcamero. *Ibidem*, *in* 12.

Joh. Jonstoni, notitia regni vegetabilis. *Lipsiæ, Christ. Michaelis*,

Kenelmi Digbæi Equitis, Dissertatio de Plantarum vegetatione. *Amstelodami, Pluymert*, 1669. *in* 12.

Joh. Ludovici Gansii, Corallorum Historia. *Francofurti, Jennisii*. 1630. *in* 8.

Demetrii Ganevarii, de ligno sancto Commentarium. *Roma, Facciotti*, 1602. *in* 8.

Guill. Grataroli opus de vini natura artificio & usu deque re omni potabili, adjectis quibusdam aliis ejusdem opusculis. *Argentorati, Richelii*, 1565. *in* 8.

Ægidi Everarti, de Tabaco Commentariolus. *Ultrajecti, Hoogenhuysen*, 1644.

Joan. Neandri, Tabaci descriptio, præparatio & usus. *Ibidem*.

Clariss. aliquot Medicorum Epistolæ & judicia de Tabaco. *Ibidem*.

Miso-Capnus sive de abusu Tabaci, Lusus Regius. *Ibidem*.

Raphaëlis Torii, Hymnus Tabaci. *Ibidem*, *in* 12.

Martini Scookii Liber de Cervisia. *Groningæ, Bronchorstii*, 1661. *in* 12.

Curiositez de la nature & de l'art sur la vegetation & l'agriculture & le Jardinage dans leur perfection. Nouvelle Edition augmentée, par l'Abbé de Vallemont. *Par. Moreau* 1709. *in* 12.

Geoponica, seu de re Rustica Selectorum libri XX. Constantino quidem Cæsarii nuncupati editi a Jo. Alexandro Brassicano, item Aristotelis de Plantis libri duo, græce. *Basileæ*, 1539.

Cassii Dionysii Uticensis de agricultura libri XX. Jano Cornario interprete. *Lugduni, Vincentii*, 1543. *in* 8.

L. Junii Moderati Columellæ de re Rustica libri XII. & de Arboribus Liber. *Paris. Rob. Stephani*, 1543.

Palladii Rutilii, de re Rustica libri XIV. *Paris. Rob. Stephani*, 1543. *in* 8.

Antonii Mizaldi Historia Hortensium quatuor opusculis Methodicis contexta. *Colonia, Gymnici*, 1577. *in* 8.

Idem. *Paris. Fed. Morelli*, 1575.

Ejusdem Memorabilium centuriæ novem. *Ibidem*, 1584. *in* 8. 3. vol.

Hortus Patavinus, cui accessere Melch. Guilandini conjectanea Synonimica Plantarum, publicante Jo. Georgio Scenckio. *Francofurti*, *Becker*, 1600.

De Stirpium aliquot nominibus vetustis ac novis Epistolæ duæ, una Melch. Guilandini, altera Conradi Gesneri. *Basileæ*, *Episcopii*, 1557. *in* 8.

Traitez du Jardinage. *Par. Guill. de Luyne*, 1673. *in* 12. 2. vol.

Nouvelle instruction pour connoître les bons fruits selon les mois de l'année, avec une methode facile pour la connoissance des Arbres fruitiers, &c. *Par. C. de Sercy*, 1670.

Instruction facile pour connoître toutes sortes d'Orangers & Citroniers, avec un Traité de la taille des Arbres. *Ibidem*, 1674. *in* 12.

L'abregé des bons fruits avec la maniere de connoître & de cultiver les Arbres. *Ibidem*, 1675. *in* 12.

Abregé pour les Arbres nains & autres, par J. L. Notaire. *Ibidem*, 1689. *in* 12.

Nouvelle instruction pour les Arbres fruitiers, par D. Claude S. Etienne, Feuillant, *Ibidem* 1692. *in* 12.

Nouveau Traité de la Culture des Jardins potagers. *Ibidem*, 1692. *in* 12.

Oblatio salis, sive Gallia lege salis condita, sive Tractatus de sale Terra & lege salica studio W. d'Avissoni. *Par. Promé*, 1641. *in* 8.

Bernardini Gomesii Diascepseon de sale libri quatuor locupletati a Petro Uffenbachio. *Ursellis*, *Sutorii*, 1605. *in* 8.

Henrici Cosmii Angli magna natura œconomia. *Hanoviæ*, *Aubry*, 1687. *in* 8.

Jo. Danielis Horstii Physica Hippocratea, Tackenii, Helmontii, & aliorum commentis illustrata. *Francof. Jo. Andreæ*, 1682. *in* 8.

Claudii Salmasii de manna & saccharo commentarius. *Parisiis*, *Dumesnil*, 1663. *in* 8.

Hieronymi Elveri Deambulationes vernæ. *Francof. Jo. Frid. Weiss.* 1520. *in* 8.

Joannis Guintherii Commentarius de Balneis & aquis medicatis. *Argentorati*, *Rihelii*, 1565. *in* 8.

Franc. Frizimelicæ, de Balneis metallicis artificio parandis liber posthumus. *Norimbergæ*, *Ziegeri*, 1679. *in* 8.

Plutarchi libellus de fluviorum & montium nominibus & de his quæ in illis inveniuntur gr. lat. cum notis Phil. Jac. Maussaci. *Tolosæ*, *Bosc*, 1615. *in* 8.

Jani Dubravii, Episc. Olomucensis de Piscinis libri quinque, item Hippocratis aphorismorum libri duo versibus heroicis redditi. *Noribergæ*, *Lochneri*, 1623.

Henr. ab Heers Fons Spadanus & ejusdem observationes medicæ. *Lugd. Batav. Vander-Aa*, 1685.

Francifci Blondel, Defcriptio Thermarum Aquifgranenfium & Porcetanarum. *Trajecti ad Mofam, Jac. du Preys*, 1685.

Dom. du Clos, obfervationes de aquis mineralibus Galliæ & de mixtis naturalibus. *Lugd. Batav. Vander-Aa.*

Mart. Lyfter de Thermis & fontibus medicatis Angliæ. *Lond. Kettilbii*, 1686. *in* 12. 2. vol.

Gafparis Schotti Societatis Jefu, Anatomia Phyfico-Hydroftatica, fontium ac fluminum: accedit appendix de vera origine Nili. *Horbipoli, Hertz*, 1663.

Ejufdem Arithmetica practica generalis ac fpecialis. *Ibid.* 1662. *in* 8.

Matthæi Mackaile, Defcriptio topographico-fpagirica fontium Mineralium Moffetenfium in Annandia Scotiæ. *Edimburgi, Higgins*, 1659, *in* 16.

De la nature des bains de Bourbon, & des abus qui fe commettent en la boiffon de ces eaux, avec une inftruction pour s'en fervir utilement, par Ifaac Cattier. *Par. David*, 1650. *in* 8.

Le même, augmenté de deux Difcours du même Auteur, le 1. de la Macreufe; le 2. de la poudre de Sympathie. *Ibidem, in* 8.

Obfervations fur les Eaux minerales de plufieurs Provinces de France, par le Sieur du Clos. *Paris, De l'Imprimerie Royale*, 1675. *in* 12.

De l'origine des Fontaines. *Par. Le Petit*, 1674. *in* 12.

Hiftoire naturele de la Fontaine qui brûle près de Grenoble, par Jean Jardin. *Tournon, Linocier*, 1618. *in* 12.

Traité des Eaux minerales de Chenay prés de Reims, par M. de la Framboifiere, avec les Obfervations de M. Nicolas de Mailly. *Reims, Multeau*, 1697, *in* 12.

Traité des Etangs, Viviers, Canaux, Foffez & Mares, & du profit que l'on en peut tirer, par le Sieur L. D. B. *Par. Prud'homme*, 1717. *in* 12.

Roberti Boyle, Exercitatio de origine & viribus Gemmarum. *Lond. Godbid*, 1673. *in* 12.

Recherches & Obfervations naturelles de M. Boccone. *Amfterdam, Waesberge*, 1674. *in* 8.

Antoni Neri, ars vitraria, cum obfervationibus Chriftophori Merretti. *Amfteladami, Wetftenii*, 1686. *in* 12.

De l'art de la Verrerie, par M. Haudicquer de Blancourt. *Paris, Jombert*, 1697. *in* 8.

MEDICI.

IN FOLIO.

AVICENNÆ Medicorum Arabum Principis, liber canonis & alia, ex Arab. Latine versa a Gerardo Carmonensi cum Lucubrationibus Benedicti Rinii. *Basileæ, Hervagii*, 1566.

Epitome Galeni operum cum Epitome commentariorum Galeni in Hippocratem, auctore A. Lacuna. *Lugd. Caffin*, 1643.

Abubetri Rhazæ opera per Gerardum Toletanum, Andræam Vesalium & Albanum Torinum latinitate donata. *Basileæ, Henric-Petri*, 1544.

Jacobi Hollerii Commentarii in Hippocratis coaca præsagia, editi studio Desiderii Jacotii. Accedunt ejusdem Jacotii in idem opus Commentarii. *Lugd. Rouillii*, 1576.

Othonis Braufelsii, Onomasticon Medicinæ. *Argentorati, Schotti*, 1534.

Physica S. Hildegardis. Oribasii de simpliribus libri V. Theodori Physici Diæta. Esculapii liber de morborum causis. *Ibidem*, 1533.

Antonii Musæ Brasavoli Commentaria in annotationes in octo libros Aphorismorum Hippocratis & Galeni. *Basileæ, Froben*, 1541.

Francisci Vallesii Covarrubiani, Commentaria in septem libros Hippocratis de morbis popularibus, studio S. Gaudæi. *Aureliæ, Borde*, 1654.

Marcelli viri illustris de medicamentis Empyricis Physicis ac rationalibus liber per Janum Cornarium restitutus. *Item.*

Claudii Galeni libri novem latine facti ab eodem Cornerio. *Basileæ, Froben*, 1536.

Medici antiqui omnes qui latinis Litteris diversorum morborum genera & remedia prosecuti sunt. *Venetiis, Aldi*, 1547.

Joannis Guintherii, de medicina veteri & nova faciunda Commentarius secundus. *Basileæ, Henric-Petri*, 1571.

Jo. Fernelii, Medicina. *Paris. Wecheli*, 1554.

Medicinæ utriusque Syntaxes ex Græcorum, Latinorum, Arabumque Thesauris per Jo. Jacobum Weckerum. *Basileæ, Episcopii*, 1576.

Antonii Merindoli, ars medica. *Aquis-Sextiis, Roize*, 1638.

Joh. Argentorii opera omnia. *Hanoviæ, Typis Wechelianis*, 1610.

Nancelii Trachieni, Analogia Microcosmi ad Macrocosmon sive relatio & proportio universi ab hominem. *Par. Morelli*, 1611.

Paul

MEDICI, in folio.

Pauli Zacchiæ, Quæstiones Medico-Legales, cum observationibus Jo. Danielis Horstii. *Lugd. Lanty*, 1674.
Jo. Bapt. Silvatici controversiæ medicæ numero centum. *Francofurti, Ma nii*, 1601.
Bened. Sinibaldi Geneanthropeia, sive de hominis generatione Decateuchon. *Romæ, Caballi*, 1642.
Clementii Clementini Amerini, de re medica Lucubrationes: accedunt.
Richardus, de signis febrium.
Antonius de Gradis, de febribus.
Christoph. Barsisius de febrium cognitione & cura. *Basileæ, Henric-Petri*, 1535.
Alfonsi Baroccii Lectiones de febre generatim editæ a Jo. Libiolo. *Ferrariæ, Baldini*, 1626.
Jo. Jacobi Huggelii de Semeiotice Medecinæ parte tractatus. *Basileæ, Brylingeri*, 1560.
Jo. Manardi Epistolæ medicinales, cum ejusdem annotationibus & censura in medicamina simplicia & composita Mesue. *Basileæ*, 1535.
Casp. Hofmanni, de Thorace ejusque partibus Commentarius tripartitus. *Francofurti, Aubrii*, 1627.
M. Antonii Ulni Physiologia Barbæ humanæ. *Bononiæ, Bellagambæ*, 1603.
H. Cardani, Metoposcopia; accessit Melampodis de nævis corporis tractatus, gr. lat. editus a Claud. Martino Laurenderio. *Parif. Joly*, 1658.
Roberti Flud, utriusque Cosmi Majoris & Minoris Metaphysica Physica atque Technica historia. *Oppenhemii, Galleri*, 1617. & 1619. 2. vol.
Ejusdem integrum morborum mysterium, sive medicinæ Catholicæ tomi primi tractatus secundus. *Francof. Hofmanni*, 1631.
Ejusdem, nova & arcana pulsuum historia.
Ejusdem, Anatomia. *Francof. De Bry*, 1623.
―――― Meteorologia Cosmica. *Ibidem*, 1626.
―――― Physiologia Moysaica. *Goude, Rammazenii*, 1638.
―――― Spongiæ Fasterianæ expressio seu elisio. *Ibidem.*
Clavis Philosophiæ & Alchimiæ Fluddanæ, sive Roberti Fluddi Responsum ad epistolicam Petri Gassendi exercitationem. *Francofurti, Fitzeri*, 1633.
Bibliotheca Anatomica, cum notis Danielis le Clerc, & Jo. Jacobi Mangeti. *Genevæ, Chouet*, 1685.
Hieronymi Fabricii ab Aqua-pendente opera Anatomica. *Patavii, Meglietti*, 1625.
Godefridi Bidloo, Anatomia humani corporis, 105. tabulis per Jo. de Lairesse delineatis demonstrata. *Amstelod. Someren*, 1685. folio magno.

Q q

La vraie connoiffance du Cheval, fes maladies & remedes, avec l'anatomie du Ruyni, par Jean Jourdin. *Par. Chamboudry,* 1555.
Rondelletii Pharmacopœia, cum Matthiæ Lobelii & Lud. Myræi, animadverfionibus. Ejufdem Lobelii in antidotaria vulgata cenfuræ, fimpliciumque medicamentorum explicationes. Item Petri Pennæ & Matthiæ Lobelii Stirpium adverfaria. *Lugd. Batav. Jo. Maire,* 1618.
Pharmacopœa five difpenfatorium Colonienfe, juffu & autoritate S. P. Q. Agrippinenfis revifum & auctum a Petro Holtzemio. *Colonia, Birckmanni,* 1627.
Andreæ Libavii, fintagma felectorum Alchimiæ arcanorum. *Franc. Hofmanni,* 1615.
——— Appendix neceffaria fyntagmatis arcanorum Chymicorum. *Ibidem.*
——— Examen Philofophiæ novæ. *Ibidem.*
——— Analyfis Confeffionis Fraternitatis de Rofea Cruce. *Ibidem.*
Friderici Mullern, Lexicon Medico-Galeno-Chymico-Pharmaceuticum.
Teatro Farmaceutico dogmatico efpagirico del D. Giufeppe Donzelli con laggiunta del D. Tomafo Denzelli. *in Roma, Cefaretti,* 1677.

MEDICI.

IN QUARTO.

JO. Martini prælectiones in librum Hippocratis de aëre, aquis & locis. *Parif. Guillemot,* 1646.
Ejufdem, prælectiones in librum Hippocratis de morbis internis editæ a Renato Morellio, *Parif. Libert,* 1637.
Claudii Galeni, de ratione curandi libri duo, cum Commentariis Martini Acakiæ. *Parif. Colinai,* 1538.
Angeli Salæ Opera Medico-Chymica quæ extant omnia. *Rothomagi, Berthelin,* 1650.
Hieronymi Mercurialis, variarum lectionum in Medicinæ fcriptoribus libri fex. *Venetiis, Junta,* 1588.
Vincentius Butius, de calido frigido ac temperato antiquorum potu & quomodo calida in delitiis uterentur. *Roma,Mafcardi.*1653.
Hippolyti Obicii Statico-maftix, five Statice Medicinæ demolitio. *Ferraria, Baldini,* 1615.
Jul. Cæfaris Baricelli, de lactis feri & butyri facultatibus & ufu opufcula. Acceffit de Butyro Chymico non inutilis conventus. *Neapoli, Scorigii,* 1623.

MEDICI, in quarto.

Adriani Turnebi, de vino libellus. *Helmæstadii, Lucii*, 1619.
Mundini Mundinii, Disputatio in quâ quæ de semine sunt controversa discutiuntur. *Tarvisii, Reghettini*, 1609.
Francisci Scachi, de salubri potu dissertatio. *Romæ, Zannetti*, 1622.
Joh. Lud. Hannemanni, Dissertatio Pharmaceutico-Therapeutica de usu & abusu inebriaminum. *Noribergæ, Furstii*, 1679.
Pompeii Caimi Utensis, de calido innato libri tres. *Venetiis*, 1626.
Jo. Sigismondi Elsholtii Antropometria, accessit Doctrina nævorum *Patavii, Cadonari*, 1657.
Bartholomæi Perdulcis, universa Medicina Renato Charterio edita cum ejus vita. *Parif. Henault*, 1630.
Regneri Bruitsma, Iatricum votum in publicæ salutis & medicinæ sanctioris tutelam. *Mechliniæ, Jaey*, 1617.
Achatii a Sidow, Discursus historico-politicus de formis rerum publicarum summisque imperii affectionibus. *Giessæ, Chemlini*, 1613.
Disputatio Politica de Gynecocratia. *Ibidem.* 1612.
De fortitudine Discursus practicus. *Ibidem*, 1613.
Georgii Horstii, Prognosis febrium potissimum continuarum & malignarum. *Giessæ, Hampelii*, 1622.
Hieronymi Perlini, Declamatio adversus morborum contagionem, hujusque autores & fautores. *Hanoviæ, typis Wechelianis*.
Guill. Ballonii Consiliorum Medicinalium libri tres cum Scholiis Jacobi Thevart. *Parisiis, Quesnel*, 1635. 1636. & 1649. 3. vol.
Ejusdem, Epidemiorum & Ephemeridum libri duo cum Jacobi Thevart Scholiis. *Ibidem*, 1640.
────── Definitiones medicæ. *Ibidem*, 1639.
────── Commentarius in libellum Theophrasti de vertigine. *Ibidem*, 1640.
────── De conversionibus libellus. *Ibidem.*
Idem, de virginum & mulierum morbis. *Ibidem.* 1643.
────── De Arthritide, Calculo & urinarum Hypostasii. Item de Rheumatismo & pleuritide. dorsali. *Ibidem.*
Franc. Valleriolæ, commentarii in sex Galeni Libros de morbis & Symptomatis. *Lugduni, Gryphii*, 1540
Nicolai Fontani observationum rariorum analecta *Amstelodami, H. Laurentii*, 1641.
Francisci Porti, medica decas commentariis illustrata. *Parisiis, Mondiere*, 1613.
Historicæ Hodiernæ Medicinæ rationalis veritatis logos protrepticos ad rationales medicos.
Rob. Lyonnet, dissertatio de morbis hereditariis. *Par. Meturas*, 1647.
Casp. Hofmanni, Apologia pro Galeno. *Lugduni, Anisson*, 1668.

MEDICI, in quarto.

Antonii Menjotii, Febrium malignarum hiſtoria & Curatio. Item Diſſertationes Pathologicæ. *Par. Cramoiſy*, 1665. & 1674. 2. vol.

Ejuſdem Diſſertationes Pathologicæ, de paſſione uterina & de dolore. *Ibidem*, 1687.

Opuſcules Poſthumes de M. Menjot. *Amſterdam, Desbordes*, 1697.

Rabbat-joye de l'Antimoine triomphant par Jacques Perreau. *Par. Moinet*, 1654.

Franc. Bayle diſſertationes medicæ tres. 1. de cauſis fluxus menſtrui mulierum. 2. de ſympathia variarum corporis partium cum utero. 3. de uſu laƈtis ad tabidos reficiendos & de immediato corporis alimento. *Toloſæ, J. Pech.* 1670.

Joannis Pecqueti, Experimenta nova anatomica. *Par. Cramoiſy*, 1654.

Joannis Chicotii, Epiſtolæ & Diſſertationes Medicæ. *Par. Dumeſnil*, 1656.

Eſſais de Medecine, où il eſt traité de l'hiſtoire de la Medecine & des Medecins &c. par J. Bernier. *Par. Langronne*, 1689.

Remede univerſel pour les pauvres gens & leurs beſtiaux. *Paris, Langlois*, 1680.

Melch. Goldaſti Paradoxon de honore Medicorum. *Francofurti, Rulandii*, 1620.

Syntagma Herbarum encomiaſticum, earum virtutem & dignitatem declarans. *Typis, Raphelengii*, 1614.

Hieremiæ Triveri Brachelii, commentarii in VII. libros aphoriſmorum Hippocratis. *Lugduni Juntæ*, 1551.

Matthiæ Untzeri, traƈtatus Medico-Chimici VII. *Halæ-Saxonum, Oelſchlegii*, 1634.

Jo. Jacobi Weckeri, Antidotarium generale & ſpeciale. *Baſileæ, Waldkirch*, 1601.

Philologemata abſtruſa de Pollice, interprete Johanne Prætorio. *Lipſiæ, Ocelii*, 1677.

Latini Tancredi, de fame & Siti libres tres. *Venetiis, Somaſchi*, 1607.

J. Conradi Michaelis, nova utilis ac Curioſa, apoplexiam ſeu morbum attonitum curandi Methodus. *Hildeſiæ, Denhardi*, 1685.

Emanuelis Konig, Regnum animale. *Coloniæ-Munatianæ, Konig*, 1682.

Joh. Dolæi, Encyclopædia Medicinæ Theoretico-praƈticæ. *Amſtelodami, Hoogenhuyſen*, 1686.

Thomæ Bartholini, aƈta Medica & Philoſophica Hafnienſia ann. 1671. 1672. 1673. 1674. 1675. & 1676. æneis figuris illuſtrata. *Hafniæ, Haubold*, 1673. 1675. & 1677. 3. vol.

Magnum intereſt totius Reipublicæ Hermeticæ. *Gedani, Tancken*, 1681.

MEDICI, in quarto.

Cornelii Gemmæ, de arte Cyclognomica libri tres. *Antuerpia, Plantini*, 1569.
Jo. Heurnii, de morbis qui in singulis partibus humani Capitis insidere consueverunt. *Ludg. Batav. Raphelengii*, 1594.
Adriani Spigelii, de Lumbrico lato liber; accessit Ejusdem Epistola de incerto tempore partus. *Patavii, Pasquati*, 1618.
Joannis Van-Horne, novus ductus Chyliferus. *Lugd. Bat. Hackii*, 1652.
F. Christiani Lupi, Ord. Eremit. S. Aug. Apologia pro anima Sensitiva ovi. *Lovanii, Cœnestenii*, 1641.
Andreæ Vesalii, Epistola rationem modumque propinandi radicis Chinæ decocti pertractans. *Basilea, Oporini*, 1546.
Jo. Bapt. Van-Helmont, Ortus Medicinæ, idest, initia Physicæ in audita, progressus Medicinæ novus &c. *Amsterodami, Elzevir*, 1652.
Assertionum Medicarum in Academia Herbipolensi propositarum fasciculi tres. *Wisceburgi*, 1602.
Abortus Bicorporeus Monoceps Romæ anno 1691. editus examinatus a Franc. de Onuphriis. *Roma, Typis Cameræ, Apostol.* 1691.
Gothofredi Moebii, Anatomia Camphoræ. *Jena, Nevenhahnii*, 1660.
Jo. Gaubii, Epistola I. de pilis, pinguedine septoque Scroti, &c. *Amstelodami, Wolfters*, 1696.
Ejusdem Epistola II. de artificiosa scroti humani induratione.
Ejusdem Epistola III. de arteriis per cordis substantiam &c.
Joh. Jacobi Campdomerci, Epistola IV. de glandulis fibris cellisque lienalibus &c.
Gerardi Frentz, Epistola V. de vasis de Sanguiferis peri-ostii tibiæ, &c.
Joh. Henr. Grætz, Epistola VI. de arteria & vena Bronchiali, &c.
Ejusdem Epistola VII. de Pia matre ejusque processibus.
Ejusdem Epistola VIII. de Structura Nasi Cartilaginea, &c.
Alphonsi Ferrii, de Sclopetorum sive Archibusorum vulneribus, libri tres. *Lugduni, Bonhomme*, 1553.
Lucas Gauricus, de Eclipsi Solis miraculosa in Passione Domini, &c. *Paris. Wecheli*, 1553.
Cynographia Curiosa seu Canis descriptio a Christ. Franc. Paulino, Jo. Caji Libellus de Canibus Britannicis, & Joh. Henrici Meibomii Epistola de Kunophora. *Norimberga, Endteri*, 1685.
Le Parfait Maréchal, par le S. de Solleysel. *Paris, Clousier*, 1667.
Johannis Schroderi, Pharmacopœia medico-chymica. *Lugduni, Borde*, 1665.
Epargne-Bois ou nouvelle invention de certains & divers fourneaux artificiels, traduit de l'Allemand de François Kesler. *Oppeinheim, Theod. de Bry*, 1619.

Musæum Hermeticum reformatum & ampliatum. *Francofurti*, *Sand.* 1678.

Antonii Guntheri, Observationum ac Paradoxorum Chymiatricorum libri duo. *Lugd. Bat. Jo. Maire*, 1631.

Guerneri Rolfincii, Differtationes chimicæ fex, de Tartaro, Sulphure, margaritis, auro & argento, Antimonio, ferro & cupro. *Jenæ, Litteris Krebfianis*, 1679.

Matth. Gwynn, adverfaria in affertorem Chymicæ fed veræ medicinæ Defertorem Fr. Antonium. *Londini*, *Field*, 1611.

Martini Rulandi, Lexicon Alchemiæ. *Francofurti, Jo. Andreæ*, 1661.

MEDICI,

IN OCTAVO, &c.

CLaudii Galeni, de diebus decretoriis libri tres, Jo. Guntherio interp. *Lugduni*, *Rouillii*, 1553. *in* 16.

Ejufdem, Libellus cui titulus: Quos, quibus & quando purgare oporteat, cum Sebaft. Coquillari Scipionis commentaris *Ibidem* 1570. *in* 16.

—— De locorum affectorum notitia libri fex, Gulielmo Copo interprete. *Ibidem*, 1562. *in* 12.

—— Iidem libri. *Parifiis, Chevallonii*, 1539. *in* 16.

—— De Differentiis Febrium libri duo, Laur. Laurentiano interprete. *Ibidem*, 1570. *in* 16.

Hectoris Gibalti, commentarius in C. Galeni Libros de Febribus. *Ibid.* 1562. *in* 16.

C. Galeni, de compofitione Pharmacorum Localium libri X. Jano Cornario interprete. *Ibidem*, 1561. *in* 16.

Ejufdem, in Librum Hippocratis de victus ratione in morbis acutis commentarii IV. Jo. Xaffæo interprete. *Ibidem*, 1561. *in* 16.

—— De Simplicium medicamentorum facultatibus libri XI. Theod. Gerardo interprete. *Ibidem*, 1561. *in* 16.

Aphorifmi Hippocratis gr. lat. una cum Galeni commentariis, Nicolao Leoniceno interprete. *Genevæ*, *Chouet*, 1628. *in* 16.

Cl. Galenus, de alimentorum facultatibus, Mart. Gregorio interpr. attenuante victus ratione, Jo. Fichardo interpr. de Bonis & malis fuccis & de exercitatione parvæ pilæ. *Lugduni, Rouillii*, 1570. *in* 16.

—— De naturalibus facultatibus, Thoma Linacro interprete, cum Scholiis Jacobi Sylvii. Additus eft liber de naturalium

facultatum substantia & an sanguis in arteriiis natura conti-
tineatur, Victore Trincavelio interprete. *Ibidem*, 1560. *in* 16.
―― De Sanitate tuenda, Th. Linacro interpr. *Ibidem*, 1559.
in 16.
―― De Crisibus, Nic. Leoniceno. interpr. *Ibidem*, 1558. *in* 16.
C. Galenus, de elementis, Victore Trincavelio interp. Additus
est liber Hippocratis de elementis cum Jac. Sylvii commen-
tario. *Lugduni, Rouillii*, 1558.
Jo. Fernelii liber, de vacuandi ratione. *Lugduni, Tornasii* 1548.
in 16.
Galenus de ratione medendi græce, cum Jo. Guinterii præfatione
de veteris medicinæ interitu. *Par. Wecheli*, 1536. *in* 8.
Luciani Samosat. Dialogi sex græce. *Ibidem*, 1537. *in* 8.
Thesaururus vocabulorum medicinalium græce; accedit Lexicon
breve vocum Herodoti. *Par. H. Stephani*, 1560.
Hippocratis de Hæmorrhoidibus libellus & Galeni de locis affectis
libri sex græce. *Basileæ*, 1540. *in* 8.
Hippocratis Aphorismi, gr. lat. cum observationibus Jo. Heurnii.
Lugduni, de Harsy, 1615. *in* 8.
Hippocrates contractus, Studio Thomæ Burnet. *Edimburgi, J. Reid.*
1685. *in* 8.
Aphorismorum Hippocratis dispositiva methodus &c. Studio J. Q.
Marin. *Par. Boullenger*, 1639. *in* 12.
Jul. Cæsaris Scaligeri Commentarius in Hippocratis libellum de
insomniis. *Amstelædami, Ravesteinii*, 1659. *in* 12.
Jo. Argenterii, Commentarii in artem medicinalem Galeni. *Par.*
Poupy, 1578. *in* 8.
Leonharti Fuchsii, in Galeni libros de tuenda valetudine anno-
tationes. *Tubingæ, Morhardi*, 1541. *in* 8.
Cl. Salmasii interpretatio Hippocratei aphorismi de calculo: ad-
ditæ sunt Joh. Beverovicii Epistolæ duæ *Lugd. Bat. Maire*,
1640. *in* 8.
Leonharti Fuchsii, libri IV. 1. de instrumentis nutritioni famulan-
tibus. 2. de instrumentis propagandæ speciei servientibus. 3.
de cordis structura & ipsius functioni ministrantibus instru-
mentis. 4. de cerebri structura & ipsius actioni famulantibus
instrumentis. *in* 8.
Ant. Musæ Brassavoli, examen omnium Trochiscorum, unguen-
torum. *Lugduni, Honorati*, 1555. *in* 8.
C. Galeni libellus de inæquali intemperie latine versus a Thoma
Linacro cum Commentariis Jo. Agricolæ. *Basileæ, Westhemeri*,
1539. *in* 8.
Alexandri Deodati valetudinarium seu observationum curationum
& consiliorum medicinalium satura. *Lugd. Bat. Elzevir*, 1660.
in 12.
Schola Salernitana de valetudine tuenda cum animadversionibus
Renati Moreau. *Par. Billaine*, 1672. *in* 8.

Danielis Sennerti, inſtitutionum Medicinæ libri V. *Wittebergæ-Schu-reri*, 1633. *in* 8. 2. vol.

Danielis Sennerti. Practicæ Medicinæ liber ſextus. *Lugduni*, *Ra-vaud*, 1636. *in* 8.

Idem de Chimicorum cum Ariſtotelicis & Galenicis confenſu & diſſenſu. *Wittebergæ*, 1619. *in* 8.

Joannis Freitagii, detectio & ſolida refutatio novæ ſectæ Senner-to-Paracelſicæ &c. *Amſterdami*, *Blaeu*, 1637. *in* 8.

Contradictiones dubia & paradoxa in libros Hippocratis, Celſi, Galeni, Ætii, Æginetæ, Avicennæ cum eorumdem conci-liationibus, a Nicolao Borario. *Venetiis*, *Bindoni*, 1566. *in* 8.

Illuſtrium Medicorum Opuſcula de doſibus ſeu de juſta qualitate & proportione medicamentorum. *Lugduni*, *Mareſchalli*, 1584. *in* 8.

Symphoriani Campegii, Hortus Gallicus. *Lugduni*, *Trechſel*, 1533.

Ejuſdem Campus Elyſius Galliæ & alia. *Ibidem*.

Remacli Fuſch, Lymburgenſis, Hiſtoria omnium aquarum vires & recta eas diſtillandi ratio. *Par. Foucheri*, 1542.

Ejuſdem Plantarum omnium, quarum hodie apud Pharmacopo-las uſus, nomenclaturæ. *Par. Janotii*, 1541. *in* 8.

Jo. Argenterii, de morbis libri XIV. *Lugduni*, *Honorati*, 1558. *in* 8.

Ferdinandi Caſſani, Quæſtiones Medicæ & Apologia. *Venetiis*, *Nic. Tridentini*, 1564. *in* 8.

Antonii Conſtantini, Opus Medicæ prognoſcos. *Lugduni*, *Morillon*, 1613. *in* 8.

Petri Foreſti, Obſervationum medicinalium libri XI. XII. XIII. XIV. & XV. Cum Scholiis. *Lugd. Bat. Raphelengii*, 1591. *in* 8.

——— Libri XVIII. XIX. XX. XXI. XXII. & XXIII. *Ibidem*, 1594. *in* 8.

Zacuti Luſitani, de Medicorum Principum Hiſtoria liber quintus. *Amſtelodami*, *Laurentii*. 1639. *in* 8.

Joſ. Quercetani, Tetras graviſſimorum totius capitis affectuum. *Marpurgi*, *Egenolphi*, 1617. *in* 8.

Laur. Jouberti, Paradoxorum Decas prima & altera. *Lugduni*, *Sa-lamandræ*. 1566. *in* 8.

Petri Petiti, Homeri Nepenthes ſive de Helenæ Medicamento diſ-ſertatio. *Ultrajecti*, *Rudolphia*, *Zyll.* 1689,

Ejuſdem de natura & moribus Anthropophagorum diſſertatio. *Ibi-dem*, 1688. *in* 8.

Amati Luſitani, Curationum Medicinalium Centuriæ duæ priores. *Lugduni*, *Rouilli*, 1567. *in* 16.

Ejuſdem Curationum Medicinalium Centuriæ V. & VI. *Ibidem*, 1564. *in* 16.

Martini Rulandi, Curationum Empiricarum Centuriæ ſecunda & ſexta.

MEDICI, in octavo, &c.

sexta. *Basileæ, Henric-Petri*, 1580. *in* 16. 2. vol.
Gualtheri H. Ryff. Medicinæ Theoricæ & practicæ Enchiridion. *Argentorati, Nacheropei*, 1542. *in* 12.
Leonardi Lessi, vera ratio valetudinis bonæ & vitæ una cum sensuum Judicii & memoriæ integritate ad extremam senectutem conservandæ. Adjectus est Ludovici Cornari Tractatus eodem pertinens ab ipso Lessio translatus. *Antuerpiæ, Moreti*, 1623. *in* 8.
Thomæ Bartholini Historiarum Anatomicarum rariorum Centuriæ I. & II. *Amstelodami, Jo. Henrici*, 1654.
——— Centuriæ III. & IV. Accessere observationes Anatomicæ Petri Pawli. *Hafniæ, Hackii*, 1657.
——— Centuriæ V. & VI. accedit Jo. Rhodii Mantissa anatomica. *Hafniæ, Godiani*, 1661.
——— De nivis usu medico observationes variæ; accedit D. Erasmi Bartholini de figura nivis dissertatio. *Hafniæ, Godicchii*, 1661. *in* 8. 2. vol.
A. Corn. Celsi de medicina libri VIII. ex recensione Jo. Antonidæ Vander-Linden. *Lugd. Bat. Elzevir*, 1657. *in* 12.
Hieron. Capivaccii, Methodus practicæ medicinæ. *Lugd. Roussin*, 1596. *in* 8.
Tableau de l'amour consideré dans l'état du mariage. *Amsterdam, Waesberge*, 1687. *in* 12.
Opera nova intitulat il Perche, utilissima ad intendere le Cagioni de molte cose & maximamente alla conservatione della sanita & phisionomia & virtu delle herbe. *In Venetia, Bindoni*, 1523. *in* 8.
Jo. Philippi Ingrassiæ Iatrapologia, cum ejusdem quæstione, quæ capitis vulneribus ac Phrenitidi medicamenta conveniant. *Venetiis, Gryphii*.
Renati Heneri Lindoensis Apologia pro Andræa Vesalio adversus Jac. Sylvii depulsionum anatomicarum calumnias. *Venetiis*, 1555. *in* 8.
Guill. Losselli, de internorum externorumque morborum ferme omnium curatione libellus. *Burdigalæ, Vernoy*, 1617. *in* 12.
Theophrasti Germani Paracelsi liber primus de restituta utriusque medicinæ vera praxi, Gerardo Dorn interprete. *Lugduni, Dupuys*, 1578. *in* 8.
Hieronymi Cardani contradicentium medicorum libri duo. Idem de Sarza Parilia, de Cina Radice ejusque usu cum consilio pro dolore vago. Accessere Jacobi Peletarii contradictiones ex lacuna desumptæ. *Marpurgi, Egenolphi*, 1607. *in* 8.
Nicolai Tulpii observationes medicæ cum æneis figuris. *Amstelæd. Elzevir*, 1641. *in* 8.
Casp. Hofmanni, institutionum suarum medicarum Epitome. *Par. Meturas*, 1648. *in* 12.

R r

Gasp. Hofmanni, animadversiones in Com. Montani libros V. de morbis & Thomæ Erasti anatomen eorumdem, necnon Ant. Erastica ejusdem Montani cum auctario de causa continente. *Amstelodami, Janssonii*, 1641. *in* 12.

Raphael artem medicam explicans, cum velo temporis & anchora precum; hac secunda editione auctior productus per Sam. Hafenresserum. *Francofurti, Berneri*, 1629. *in* 12.

Remberti Dodonæi, Observationum Medicinalium exempla rara & quædam aliæ. *Coloniæ, Cholini*, 1581. *in* 8.

Nic. Grimberch, Observationes Medicæ. *Amstelodami, Waesbergii*, 1689. *in* 12.

Sebast. Egberti Scholia in D. Remberti Dodonæi praxim artis medicæ cum auctario Annotationum Nicolai Fontani. *Amstelodami, Laurentii*, 1640. *in* 8.

Georgii Hortii, de tuenda sanitate studiosorum & litteratorum libri duo. *Marpurgi, Chemlini*, 1628. *in* 8.

Thomæ Sydenham Opuscula quotquot hactenus separatim prodiere omnia. *Amsteladami, Wetstenii*, 1683. *in* 8.

Thomæ Willis, de anima Brutorum quæ Hominis vitalis ac sensitiva est, exercitationes duæ. *Londini, Wels*, 1672. *in* 8.

Thomæ Reinesii Schola jure consultorum medica relationum libris aliquot comprehensa, quibus principia medicinæ in jus transsumta examinantur. *Lipsiæ, Christ. Michaelis*, 1679. *in* 8.

Leonelli Faventini de victoriis, practica Medicinalis, cum Scholiis Jo. Kufneri. Accedit tractatus de ægritudinibus infantium cum appendice. *Lugduni, Frellonii*, 1554. *in* 16.

Jo. Rudolphi Camerarii Sylloges memorabilium medicinæ & mirabilium naturæ arcanorum Centuria X. *Silberdinæ, Zetneri*, 1628. *in* 12.

Thomæ Bartholini de medicina Danorum domestica dissertationes X. cum ejusdem vindiciis & additamentis. *Hafniæ, Godicchenii*, 1666. *in* 8.

Joh. Beverovicii, idea medicinæ veterum. *Lugd. Bat. Elzevir*, 1637.

Ejusdem Epistolicæ quæstiones cum doctorum responsis: accedit ejusdem necnon Erasmi, Cardani, Melancthonis Medicinæ encomium. *Roterodami, Leers*, 1644. *in* 8.

Jacobi Bontii, de Medicina Indorum libri IV. *Lugd. Bat. Hackii*, 1642. *in* 12.

Balduini Ronssei Gandensis Miscellanea, seu Epistolæ Medicinales. *Lugd. Batav. Raphelengii*, 1590. *in* 8.

Augeri Ferrerii, vera medendi methodus & Castigationes practicæ medicinæ. *Lugduni, Cloquemin*, 1574. *in* 8.

De naturæ aliquot arcanis, Sympathiis & antipathiis insignibusque medicamentis libelli duo. *Bosphori, Christoph. Justini*, 1622. *in* 12.

Petri Castelli Romani, de abusu circa dierum criticorum enumerationem. *Messana*, *Vid. de Bianco*, 1642. *in* 8.

Traité du ris par Laurent Joubert, la cause morale du ris de Democrite d'Hippocras traduite en François, plus un Dialogue sur la Cacographie Françoise & des annotations sur l'Ortographie de M. Joubert. *Par. Chesneau*, 1579. *in* 8.

Les 1. & 2. parties des erreurs populaires touchant la Medecine & le regime de santé par le même avec plusieurs autres petits traités. *Par. Micard*, 1587, *in* 8.

Erreurs populaires touchant la medecine & le regime de santé par Gaspard Bachot. *Lyon*, *Vincent*, 1626. *in* 8.

Jacobi Primerosii, de vulgi erroribus in Medicina libri IV. *Roterodami*, *Leers*, 1658. *in* 12.

Bened. de Bacquere, senum salvator. *Colonia*, *Widenfeld*, 1673.

Ejusdem senum medicus. *Ibidem*. *in* 8.

Jo. Jacobi Scharandæi, modus & ratio visendi ægros. *Solodori*, *Bernardi*, 1670. *in* 12.

Thomæ Bartholini, de morbis Biblicis Miscellanea medica. *Francofurti*, *Dan. Paulli*, 1672. *in* 8.

Jo. Baptistæ Sylvatici, institutio medica de iis qui morbum simulant deprehendendis. *Francof. Fritzschii*, 1671. *in* 12.

Andreæ Laurentii, de crisibus libri tres : adjecta est methodus prægnoscendi. *Franc. Hofmanni*, 1606.

Gigantologie, Discours sur la grandeur des Geans. *Paris*, *Perier*, 1618. *in* 8.

Réponse de N. Papin touchant les Fievres malignes de ce tems, & l'usage des potions cordiales, de la Saignée & des Vessicatoires. *Paris*, *Piget*, 1650.

Nic. Papini, de pulvere simpathico Dissertatio. *Ibidem*. 1647.

Raisonnemens Philosophiques touchant la Salure, Flux & Reflux de la Mer, & l'origine des Sources, tant des Fleuves que des Fontaines, par le même : plus un Traité de la lumiere de la Mer. *Blois*, *François de la Saugere*, 1647. *in* 8.

Joh. Baptistæ de Lamzweerde, Historia naturalis molarum uteri, in qua de natura seminis ejusque circulari in sanguinem regressu accuratius discuritur. *Lugd. Bat. Vander-Aa*. 1686. *in* 8.

Thomæ Bartholini, de insolutis partus humani viis Dissertatio nova.

Joh. Veslingii de pullitie Ægyptiorum & aliæ ejusdem observationes Anatomicæ & Epistolæ Medicæ. *Hafnia*, *Godicckenii*, 1664. *in* 8.

Joh. Zeisoldi liber de natura seminis traduci non traduci subjunctus. *Jena*, *Freyschmidii*, 1649. *in* 8.

Lud. du Gardin, Anima rationalis restituta in integrum, sive refutatio opinionis quæ sibi persuadet animam rationalem ante omnem organizationem infundi in semen. *Duaci*, *Auvray*, 1629. *in* 8.

Thomæ Fieni, liber de formatrice fœtus, in quo ostenditur animam rationalem infundi tertiâ die. *Antuerpiæ*, *Guill. à Tongris*, 1620. *in* 8.

Casp. Bartholini, de ovariis mulierum & generationis historia epistola anatomica antea Romæ edita, cui accessit alia ejusdem argumenti. *Amsteladami*, *Wetsteinii*, 1678. *in* 12.

Jo. Hucherii, de sterilitate utriusque sexus opus ; annexus est liber de diæta & therapeia puerorum. *Genevæ*, *Cartier*, 1609. *in* 8.

Gualtheri Charleton, de causis, signis & sanatione Lithiaseos diatriba. *Lugd. Batav. Elzevir*, 1650. *in* 8.

Baptistæ Codronchi, de rabie, hydrophobia communiter dicta libri duo. De sale absynthii libellus. De iis qui aqua immerguntur opusculum, & de Elleboro Commentarius. *Francofurti*, *Beckeri*, 1610. *in* 8.

Th. Whartoni, Adenographia sive glandularum totius corporis descriptio. *Londini*, 1656. *in* 8.

Petri Girardeti, Commentarii in Hippocratis librum de humoribus purgandis, & in libros tres de diæta acutorum Lud. Dureti adjecta est interpretatio Constitutionis primæ libri 2. Epidemion. *Paris. Jost.* 1631. *in* 8.

Rob. Montani, Diætema sive salubris victus ratio novo-antiqua ; accessit nutritio foetus in utero matris. *Lovanii*, *Witte*, 1637. *in* 8.

Franc. Citesii abstinens consolentanea. Accedit pro Jouberto Apologia. *Augustoriti-Pictonum*, *Blancheti*, 1602. *in* 12.

Carolus Piso enucleatus sive Observationes Medicæ Pisonis, studio Bernhardi Langwedeli. *Lugd. Batav. Elzevir*, 1639. *in* 24.

Cæsar Cremoninus, de Calido innato & semine pro Aristotele adversus Galenum. *Ibidem*. 1634. *in* 24.

Bernhardi Swalve Pancras Pancrene, sive succinctum commentum Pancreatis & succi ex eo profluentis. *Amstelodami*, *Waesberge*, 1667. *in* 12.

Henr. Mundy, Commentarii de aëre vitali, esculentis & potulentis, cum corollario de parergis in victu. *Oxoniæ*, *Crosley*, 1680. *in* 8.

Jo. Manelphi, tractatus de fletu & Lacrymis. *Romæ*, *Zanetti*, 1618. *in* 8.

Petri Petiti, de Lacrymis libri tres. *Paris. Cramoisy*, 1661. *in* 8.

J. B. Verle, Anatomia artificialis oculi humani. *Amstelod. Wetsteinii*, 1680. *in* 12.

Thomæ Willis, Patologiæ cerebri & nervosi generis specimen, in quo agitur de morbis convulsivis & de Scorbuto. *Amstelodami*, *Elzevir*, 1668. *in* 12.

Danielis Sennerti tractatus de Scorbuto : accesserunt ejusdem argumenti tractatus & epistolæ Balduini Ronssei, Joh. Echthii, Joh. Whieri, Joh. Langii, Salomonis Alberti & Matthæi Martini. *Witebergæ*, *Schureri*, 1624. *in* 8.

Albertus magnus de secretis mulierum item de virtutibus Herbarum Lapidum & animalium. *Amstelodami, Boom*, 1669. *in* 12.
Hieronymus Fracastorius, de sympathia & antipathia rerum, de contagione & contagiosis morbis & eorum curatione. *Lugduni, Gazeii*, 1550. *in* 16.
Jo. Georgii Greulichii, curandi Hydropis vera methodus & Dissertatio de bile. *Francofurti, Herm. a Sande*, 1681. *in* 8.
Baptistæ Codronchi, de morbis veneficis ac veneficiis libri IV. *Mediolani, Bidellii*, 1618. *in* 8.
Apologie ou défense pour la Saignée, par E. Bachot. *Paris, Cramoisy*, 1647. *in* 8.
Hieronymi Barbati, Dissertatio de Sanguine & ejus sero. *Pat. Ninville*, 1667. *in* 12.
Traité des Fievres. *Utrecht, Ribbius*, 1682. *in* 8.
Antonii Gendre, de Febre Epidemica in Montis Albani obsidio grassata, medica dissertatio. *Lugd. Ghard.* 1626. *in* 8.
Della natura de mali Epidemici & modo di curargli e preservasi da quelli, di M. Antonio Florio. *in Ferrara, Baldini* 1587. *in* 8.
Gulielmi Cole, novæ hypotheseos, ad explicanda febrium intermittentium symptomata & typos excogitatæ Hypotyposis, una cum ætiologia remediorum, speciatim vero per Corticem Peruvianum. Accessit Dissertatiuncula de intestinorum motu peristaltico. *Londini, Browne*, 1693. *in* 8.
Traité des Fievres malignes & pourprées, par François Raynauld. *Carpantras, Ravasi*, 1695. *in* 12.
Joh. Christ. Frommanni, tractatus singularis de Hæmorrhoidibus. *Noriberga, Endteri*, 1677.
Lud. Von-Hammen, de Herniis Dissertatio Accademica. Accedunt de Crocodilo ac vesicæ mendaci calculo Epistolæ & responsiones. *Lugd. Batav. Boutesteyn*, 1681. *in* 12.
Bernhardi Swalve, Querelæ & opprobria ventriculi. *Amstelodami, Waesberge*, 1664. *in* 12.
Antonius Nuck, de Ductu salivali novo, saliva, ductibus oculorum aquosis & humore oculi aqueo. *Lugd. Batav. Vander-Aa*, 1685.
Guill. Briggs, Ophthalmographia sive oculi ejusque partium descriptio anatomica, nec-non ejusdem nova visionis Theoria. *Ibidem.* 1686. *in* 12.
Lud. Septalii, de Nævis liber. *Argentina, Zetzneri*, 1629. *in* 12.
Josephi Pandolphini tractatus de ventositatis spinæ sævissimo arabo, cum notis Georgii Abrah. Merclini. *Noriberga Endteri*, 1674.
Joannis Zinckii, Commentarius de Crisibus. *Francof. Bassai*, 1609. *in* 12.
Johannis Beverovicii, Exercitatio in Hippocratis Aphorismum de calculo: accedunt ejusdem argumenti Doctorum Epistolæ.

Lugd. Batav. Elzezir, 1641. *in* 12.

Nicolai Francimont a Franckenfeld, Lithotomia medica seu tractatus Lithontripticus de calculo Renum & Veficæ. *Praga, Ziegeri*, 1683. *in* 8.

Chriftoph. Cacheti Apologia dogmatica in anonymi Hermetici scriptum de curatione Calculi. *Tulli, Philippi*, 1617. *in* 8.

Guil. Laurembergii Epistolica differtatio Differtationem calculi veficæ continens.

Petri Laurembergii confilium quo defcribitur methodus perfacilis ad medicinam. *Witteberga, Chrift. Tham.* 1623.

F. Diffaldæi, Pharmacopœa. *Salmurii, Th. Portée*, 1623.

Jacobi Picardi, Admonitio ad Jo. Benedictum de Cenfura ejus edita in F. Diffaldæi librum Medicamentarium. 1623. *in* 12.

Jo. Coufin, novum Afthma novis fignis, novam caufam arguentibus noviffime detectum. *Par. Coignard*, 1673. *in* 12.

Jo. Jacobi Federer, methodus febris Ungaricæ curandæ, cognofcendæ & ab aliis febribus difcernendæ. *Friburgi, Bocleri*, 1624. *in* 16.

Demetrii Liber de Podagra, gr. lat. *Par. Morelii*, 1558. *in* 8.

Liberati de Liberatis, Podagra politica. *Noriberga, Endteri*, 1659. *in* 12.

Traité de la Canicule & des jours Caniculaires, avec un Traité de la Goute, &c. *Paris, Villery*, 1688. *in* 12.

Jacobi Balde, Soc. Jefu Solatium Podagrorum. *Monachii, Straub*. 1661. *in* 12.

Nic. Papinii, de aurium ceruminum ufu novis experimentis invento Prolufio Medica. *Salmurii, Lefnerii*, 1646. *in* 12.

Joannis Tardini, Difquifitio Philologica de pilis. *Turnoni, Linocerii*, 1609. *in* 8.

Th. Bartholini, de angina puerorum Campaniæ Siciliæque Epidemica, Exercitationes: accedit Renati Moreau Epiftola de Laringotomia. *Parif. Varennes*, 1646. *in* 8.

Jo. Vaffei, tractatus de judiciis urinarum. *Parif, De la Guierche*, 1545. *in* 8.

Jo. Bapt. Montani, libri duo de excrementis. Accedit tractatus de Morbo Gallico. *Parif. Gourbini*, 1555.

Ejufdem opufculum de uterinis affectibus. *Ibidem*. 1556. *in* 16.

Nicolai Bertrandi, nova philofophandi ratio de urinis; accedit exercitatio de paralyfi bibliofa. *Rhedonis, Durandi*, 1630. *in* 12.

Lettre touchant quelques matieres hiftoriques de Medecine & de Medecins. *Paris*, 1687. *in* 12.

Joh. Swammerdamii, tractatus Phyfico-Anatomico-Medicus, de refpiratione ufuque Pulmonum. *Lugd. Batav. Gaesbeck* 1667. *in* 8.

Joh. Marleti, Opufcula duo. 1. de Tuffi. *Parif. Angot.* 1659. *in* 12.

Joh. Walæi Epiftolæ duæ de motu chyli & fanguinis, editio quarta. *in* 8.

MEDICI, in octavo, &c.

Ant. Deusingii, Vindiciæ fœtus extra uterum geniti, nec-non quorum ipsius scriptorum examen *Groningæ, Colenii*, 1664. *in* 12.

Ejusdem de Generatione fœtus in utero Dissertatio. Accesserunt curæ secundæ de generatione &. nutritione. *Amstelodami, Vandenberge*, 1665. *in* 12.

Rob. Boylei, Apparatus ad historiam naturalem sanguinis humani ac spiritus præcipue ejusdem liquoris cum appendice. *Londini, Smith.* 1684. *in* 8.

Jac. de Back, Dissertatio de Corde. *Roterodami, Leers*, 1660. *in* 12.

Balthaz. Pisanelli, libellus de alimentorum facultatibus. *Bruxellis, Foppens*, 1662. *in* 12.

Michaëlis de la Vigne, Diæta sanorum sive ars sanitatis. *Parif. Targa*, 1671. *in* 8.

De la Digestion des alimens. *Paris, Fournier*, 1710. *in* 12.

Honorati Bouche, de Morbo Scelesto tractatus. *Avenione, Piot*, 1634. *in* 8.

Suite des nouvelles observations sur la nature & sur les remedes des maladies Veneriennes, par Nicolas de Blegny, *Paris*, 1677. *in* 12.

Augerii Ferrerii, de podendagra Lue Hispanica libri duo. *Tolosæ, Colomies*, 1553. *in* 16.

Nicolai Machelli, de morbo ejusque simptomatis & curatione tractatus. *Francofurti, Rom. Beati*, 1601. *in* 8.

La chasse verole des petits enfans, par Claude Chanvel. *Lyon, Vincent*, 1610. *in* 12.

Alexandri Tralliani libri XII. & Razæ de Pestilentia libellus, studio Jo. Guinterii. *Argentorati, Guedonis*, 1549. *in* 8.

Jos. Quercetani, Luis Pestiferæ fuga. *Parif. Morelli*, 1608. *in* 8.

Idem. *Lipsiæ, Scurari*, 1609. *in* 8.

Avis salutaire contre la maladie Epidimique & Pestilente qui regne dans Lyon. *Aix, Roize*, 1628.

Breve trattato contra la Peste dal F. Giovanni Batt. Napolitano. *in Venetia, Baba*, 1630. *in* 8.

Pestis ad vivum delineata & curata studio Leonardi I. Bimii. *Leodii, Streel*, 1671. *in* 8.

Trattato di Peste, dal Prospero Borgarrucci. *in Venetia, Marcodi Maria*, 1585. *in* 8.

Variorum tractatus Theologici de Peste. *Lugd. Bat. Elzevir*, 1655. *in* 24.

Avis sur la nature de la Peste, & les moyens de s'en préserver & guérir, par François Cytois. 1633. *in* 8.

Pestis Neapolitana Romana ac Genuensis annorum 1656. & 1657. delineata & Commentariis illustrata a Petro a Castro. *Veronæ, Typis Rubeanis*, 1657. *in* 12.

Eberhardi Gockelii, Enchiridion medico-practicum de Peste: annexus est libellus de Venenis. *Augustæ Vindelicorum, Schonigkii*, 1669. *in* 8.

Avis pour se préserver & pour se guérir de la Peste de cette année 1668. *Reims, Jean Multeau*, 1668. *in* 8.
Le Trépas de la Peste, par M. Clement. *in* 8.
Traité de la Peste recueillie des meilleurs Auteurs anciens & modernes, & enrichi de remarques & observations théoriques & pratiques, par le Sieur Manget. *Geneve, Phil. Planche*, 1721. *in* 12. 2. vol.
Dissertation abregée sur la maladie de Marseille, avec la maniere de la traiter & les préservatifs qui lui conviennent, par M. Boyer. *Reims, Pottier*, 1721. *in* 8.
Mysteria Physico-medica. *Francof. Erythropoli*, 1681. *in* 12.
Lexicon Medicum græco-latinum a Barthol. Castello inchoatum, perfectum vero studio Adriani Ravesteini. *Roterodami, Leers*, 1665. *in* 8.
Stephani Blancardi, Lexico-Medicum græco-latinum. *Jena, Litteris Mullerianis*, 1683. *in* 8.
Gabrielis Naudæi, Panegyris de antiquitate & dignitate scholæ medicæ Parisiensis. *Paris. Moreau*, 1628. *in* 8.
Stephani Bachot, Vesperiæ & Pileus Doctoralis, cum aliquot quæstionibus medicis, &c. *Paris. Martin*, 1675. *in* 12.
Ejusdem Oratio habita in scholis Medicorum. *Ibidem*, 1677. *in* 12.
C. de Lorme, Enneas Quæstionum Medicarum pro Baccalaureatu, Licentia & Doctoratu. *Paris. Beys*, 1608. *in* 8.
Caroli le Caron, Oratio habita Ambiani in dissectione corporis humani. *Ambiani, Hubault*, 1612. *in* 8.
Ægidii Marini, de naturæ humanæ principiis Poëma Phisiologicum subjungitur aliud Poema de conservatione hominis. *Parisiis*, 1674. *in* 12.
Caroli Drelincurtii, Apologia Medica, qua depestur illa Calumnia medicos sexcentis annis Roma exulasse. *Lugd. Bat. Lopez*, 1672. *in* 24.
Laurus Palmæria fugans ventaneum fulmen Cyclopum aliquot in librum Petri Palmarii. *Paris.* 1609. *in* 8.
Henrici Blacuodæi, Medici Baccalaurei, Paranymphus. *Parisiis, Mettayer*, 1608. *in* 8.
Jo. Auberii Apologeticus, de restituenda & vindicanda Medicinæ dignitate. *Parisiis, Cottereau*, 1608. *in* 8.
Petri Kirstenii, liber de vero usu & abusu Medicinæ. *Bresla*, 1610. *in* 8.
Recherches curieuses sur les Ecoles de Medecine de Paris & de Montpellier. *Par. Meturas*, 1651. *in* 8.
Le Temple d'Esculape, par Nicolas de Blegny. Tome II. *Par. Blageart*, 1680. *in* 12.
Discours de l'origine des Mœurs, Fraudes & Impostures des Charlatans, avec leurs découvertes. *Paris, Langlois*, 1622. *in* 8.
Lettre à M. B *** sur l'impossibilité des operations sympathiques. *Rotterdam*,

Rotterdam, Acher, 1697. *in* 12.
H. de Pifis, Opus Geomantiæ completum. *Lugduni, Huguetan,* 1638. *in* 8.
Hippocratis, Chirurgia, gr. lat. edita & commentariis illustrata a Stephano Manialdo. *Parif. Libert,* 1619. *in* 8.
Lud. Queyratis, Tractatus de vulneribus capitis. *Tolofa, Colomerii,* 1657. *in* 8.
Stephani Gourmelini, Chirurgiæ artis libri tres. *Parif. Gillii.* 1580. *in* 8.
Jacobi Berengarii, de fractura Cranii liber *Lugd. Batav. Jo. Maire,* 1629. *in* 8.
Antonii Chalmetei, Enchiridion Chirurgicum. *Parifiis,* Wecheli, 1567.
Hippocratis, Prognofticorum libri tres cum Galeni in eofdem commentariis, Laur. Laurentiano interpr. *Parifiis, Guillard,* 1543.
Ejufdem, Præfagiorum libri tres, Gulielmo Copo interpr. *Parifiis, Bogardi,* 1643. *in* 8.
Dion. Fontanoni, de morborum internorum Curatione libri IV. *Lugduni, de Harfy,* 1607. *in* 16.
Jo. Caftellini, Quæftio de Gangranæ & Sphaceli diverfa curatione. *Florentiæ, Marefcotti,* 1613. *in* 8.
Cafp. Bartholini, Diaphragmatis Structura nova & præparationes vifcerum per injectiones liquorum. *Parifiis, Billaine,* 1676. *in* 8.
Idem. *Ibidem.*
Oligeri Jacobæi, de Ranis obfervationes: accedit Cafp. Bartholini Epiftola de Nervorum ufu in motu mufculorum. *In* 8.
Jo. Sculteti, Armamentarium Chirurgicum. *Hagæ-Comitum, Ulacq,* 1657. *in* 8.
Difcours de Pierre Paris, touchant le médicament du vin & de l'huile pour guérir toutes fortes de bleffures, traduit en François. *Par. Jacquin,* 1607. *in* 8.
Enchiridion Practicum Medico-Chirurgicum. *Genevæ, Chouet,* 1644. *in* 8.
L'art de guérir les hernies, par Nicolas de Blegny. *Par.* 1676. *in* 12.
Th. Bartholini, de Lacteis Thoracicis in homine brutifque nuperrime obfervatis Hiftoria anatomica. *Ultrajecti, Gisb. a Zyll.* 1654. *in* 12.
Th. Willis, Cerebri anatome nervorumque defcriptio & ufus: accedit tractatus de ratione motus mufculorum. *Amftelodami, Commelini,* 1664. *in* 12.
F. Roffeti, Cefarei partus affertio hiftorico-logica. Item fœtus lapidei vineoctennalis caufæ. *Parif. Duvallii,* 1590.
Ejufdem Dialogus apologeticus pro Cefareo partu. *Ibidem, in* 8.
Réponfe à l'avertiffement du livre de M. Moriceau des maladies

des femmes groſſes & accouchées. *in* 8.
Hiſtoire de la Societé Royale de Londres, par Thomas Sprat. *Geneve, Widerhold*, 1669. *in* 8.
Le Maréchal expert, par M. Beaugrand. *Troyes, Nic. Oudot*, 1644. *in* 8.
Anti-Giganthologie, ou contre-diſcours de la grandeur des Géans, par Nic. Habicot. *Par. Corrozet*, 1618. *in* 8.
Le Medecin & le Chirurgien des Pauvres. *Par. Couterot*, 1672. *in* 12.
La Medécine des Pauvres, par Jean Prevoſt. *Par. Clouſier*, 1646. *in* 8.
Pharmaceutices libri duo, 1. Meſuæ Canones in tabulas redacti a Nic. Hovel. 2. Jo. Tagautius de ſimplicibus medicamentis purgantibus cum notis Hovel. *Pariſ. Corbini.*, 1571.
Traité de la Thériaque ou Mithridat, par Nicolas Hovel. *Paris, Jean de Bordeaux*, 1573. *in* 8.
Joſ. Quercetani Diæteton, Poly-Hiſtoricon. *Typis Dav. Anaſtaſii*, 1607. *in* 8.
Joſ. Quercetani, Pharmacopœa dogmaticorum reſtituta. *Pariſ. Morelli*, 1607. *in* 8.
Recueil des plus curieux & rares ſecrets touchant la Medecine Métallique & minerale, tirez des Manuſcrits de Joſeph Ducheſne. *Par. Piget*, 1648. *in* 8.
Diſcours contenant la conference de la Pharmacie Chymique avec la Galenique, enſemble la démonſtration des abus ſur la confection d'Alkermes, par Jacques Paſchal. *Toloſe, Boſc.* 1616. *in* 8.
Aromatum, fructuum & ſimplicium aliquot medicamentorum ex India utraque in Europam delatorum Hiſtoria ex hiſpano Jo. Fragoſi latine verſa ſtudio Iſraelis Spachii. *Argentina, Martini*, 1600. *in* 8.
Quatre Livres des Secrets de Medecine & de la Philoſophie Chymique, par J. Liebaut. *Lyon, Rigaud*, 1593. *in* 8.
Les Secrets du S. Alexis Piémontois. *Lyon, Gay*, 1639. *in* 8.
Diſpenſarium uſuale pro Pharmacopœis Colonienſibus. *Coloniæ, Birckmanni*, 1565. *in* 8.
Nicolai Myrepſi Alexandrini, Medicamentorum opus, e græco in latinum verſum a Leonharto Fuchſio. *Lugduni, Arnoleti*, 1549. *in* 8.
Joh. Du Bois methodus miſcendi & conficiendi medicamenta : acceſſit Hiſpalenſium Pharmacopoliorum recognitio a Simone e Thouar. *Hagæ-Comitis, Theod. Maire*, 1640. *in* 12.
Claudii Deodati Gebweylenſis libellus de vero & legitimo aquæ cordialis concinnandæ methodo & utendi ratione. *Patavii, Paſquati*, 1603.
Bio Lychnium ſive Lucerna. Acceſſit cura morborum magnetica

ex Theopr. Paracelfo, Mumia, itemque omnia venenorum
Alexipharmacum, ſtudio Jo. Erneſti Burggravii Neoſt. Pa-
latini. *Franekeræ, Balck,* 1611.
Joannis Papii Tractatus de medicamentorum præparationibus
earumque cauſis. 1612.
Hiſtoriæ aliquot tranſmutationis metallicæ ab Ewaldo de Hoge-
lande conſcriptæ pro defenſione Alchymiæ. Adjecta eſt Ray-
mundi Lullii vita & alia quædam. *Colonia, Gualtheri,* 1604.
in 8.
Ant. Muſæ Braſavoli, Examen omnium Syruporum. *Lugd. Frellai,*
1540.
Ejuſdem Examen omnium Catapotiorum vel Pilularum: Accedit
Conradi Geſneri enumeratio Medicamentorum purgantium
vomitoriorum & alvum bonam facientium. *Ibidem,* 1544.
in 8.
Onguent de Manus Dei. *In* 8.
Jo. Ludovici a Frundek, Tractatus de Elixire arboris vitæ *Hagæ-
Comitis, Vlacq,* 1660.
Avertiſſement du Remede incomparable de M. Stringer, *Elixir fe-
brificgum, Martis,* & ſon Sel de Limon. *In* 8.
Theatrum Chemicum. *Argentorati, Zetzneri,* 1659. 1660. & 1661.
in 8. 6. vol.
Gul. Johnſoni Lexicon Chymicum. *Londini, Nealand,* 1660. *in* 8.
Artis Chemicæ Principes Avicenna & Geber. *Baſileæ, Perna,* 1572.
in 8.
La Monarchie du Ternaire en union, contre la Monomachie du
Binaire en confuſion, par Girarddorn. 1577.
Theophraſti Paracelſi, Aurora Theſauruſque Philoſophorum: ac-
ceſſit Monarchia Phyſica Gerardi Dornei, cum anatomia viva
Paracelſi. *Baſileæ,* 1577. *in* 8.
Jo. Sig. Elsholtii Deſtillatoria curioſa: accedunt Utis Udenii &
Guerneri Rolfincii, nonentia Chimica. *Berolini, Typis Rungianis,*
1674.
Aurum auræ, vi magnetiſmi univerſalis attractum. *Coloniæ,* 1674.
in 8.
Rob. Boyle, Chymiſta Scepticus, vel Dubia & paradoxa Chimica
Phyſica. *Londini, Crooke,* 1662. *in* 8.
Conradi Geſneri, de remediis Secretis liber Phyſicus, Medicus,
Chymicus & Oeconomicus. *In* 8.
Ejuſdem de remediis ſecretis liber ſecundus editus a Caſp. Wol-
phio. *In* 8.
Joh. Joachimi Becheri, Experimentum novum ac Curioſum de
minera arenaria perpetua. *Francofurti, Weidmanni,* 1680.
in 8.
Ejuſdem inſtitutiones chymicæ prodromæ ſive Oedipus Chymicus,
Amſtelodami, Weyerſtraten, 1664. *in* 12.

S ſ ij

Georgii Wolfgangi Wedelii, fpecimen experimenti Chymici novi de Sale volatili Plantarum. *Jenæ, Bielkii*, 1682.

Petri Givrii, Arcanum acidularum : additæ funt Epiftolæ illuftrium Medicorum cum Ejufdem refponfis. *Amftelodami, Waesbergii*, 1682. *in* 12.

Johannis Kunkelii, Philofophia Chemica experimentis confirmata : accedit Perfpicilium Chemicum contra nonentia Chymica. *Amftelodami, Wolfters*, 1694. *in* 12.

Ejufdem obfervationum Chymicarum tractatus duo. *Londini, Wilfonii*, 1678. *in* 12.

Tumulus Hermetis apertus, ab anonymo Pantaleone Sophiæ Hermeticæ adepto. *Norimbergæ, Furftii*, 1684.

Examen Alchymifticum, ab eodem. *Ibidem*, 1679.

Bifolium Metallicum, ab eodem. *Ibidem*, *in* 8.

Joh. Hartmanni Praxis Chymiatrica edita ftudio Joh. Michaelis: accedunt Ernetus de oleis Chemice diftillatis; Poppii Bafilica Antimonii & Cornachini Pulvis. *Geneva, Chouet*, 1635. *in* 8.

Claude Dariot, de la préparation des Medicamens. *Lyon, Pefnot, in* 8.

Joh. Albertus Wimpinæus, de concordia Hippocraticorum & Paracelfiftarum. *Argentinæ, Kieffer*, 1615.

Caroli Romateti, Crifiologia, five de judiciis libri duo. *Argentorati, Lederz*, 1625. *in* 8.

Tractatus varii de vera præparatione & ufu medicamentorum Chymicorum editi a Bernardo G. Peneto. *Urfellis, Sutorii*, 1602.

Idem, de Denario Medico. *Bernæ-Helvetiorum, le Preux*, 1608. *in* 8.

Joh. Rudolphi Glauberi, Furni novi Philofophici. *Amfterodami, Janffonii*, 1651.

Idem, de auri tinctura, five de auro potabili vero. *Ibid. in* 8.

Ofwaldi Crollii Bafilica Chymica aucta a Joh. Hartmanno edita vero a Johanne Michaelis & Georgio Everhardo Hartmanno. *Genevæ, Chouet*, 1643. *in* 8.

Scrutinium Cinnabarinum cum appendice de Emplaftro Magnetico ftudio Godofredi Schuizii. *Hallæ-Saxonum, Hubneri*, 1682. *in* 8.

Georgii Riplæi, opera omnia chemica. *Caffellis, Gentfckii*, 1649.

Zachariæ Brendelii, Chimia in artis formam redacta. *Jenæ, Reiffenbergeri*, 1641. *in* 8.

Philippi Ulftadii, Cœlum Philofophorum : accedit Jo. Antonii Campefii directorium fummæ fummarum medicinæ. *Lugduni, Rouillii*, 1553. *in* 16.

Idem. *Ibidem*.

Alexii Pedemontani de fecretis libri fex ex Italico latine tranflati per Jo. Jacobum Weckerum. *Antuerpiæ, Steelfii*, 1560. *in* 16.

Alchemiæ artifque metallicæ doctrina certufque modus fcriptis tum novis tum veteribus. *Bafileæ, Pernæ*, 1572. *in* 8.

Ad Libavimanianam, Jo. Riolani Refponfio pro cenfura Scholæ Parifienfis contra Alchymiam Lata. *Parifiis, Perier*, 1606. *in* 8.

D. G. Morhofii, Epiftola de Metallorum tranfmutatione. *Hamburgi, Schulgen*, 1673. *in* 8.

Samuelis Schonbornii, manuale medicinæ practicæ Galeno-Chymicæ. *Argentorati, Dolhopffii*, 1681. *in* 8.

Guil. Fabricii Hildani, obfervatio fingularis de vulnere quodam graviffimo ictu Sclopeti inflicto. *Oppenhemii, Galleri*, 1614.

Ejufdem, Narratio hiftorica de Monftro Laufannæ Equeftrium excifo anno 1614. *Ibidem*, 1615. *in* 8.

Miracula Chymica & Myfteria Medica, ftudio Phil. Mulleri, *Rothomagi, Berthelin*, 1651. *in* 8.

Le Chymique ingenu, par le S. de la Martiniere. *Paris, in* 12.

Joh. Segeri Weidenfeld, de fecretis adeptorum five de ufu fpiritus vini Lulliani, Libri IV. *Hamburgi, Spieringii*, 1685. *in* 12.

Eduardi Kellæi tractatus duo de lapide Philofophorum una cum Theatro aftronomiæ terreftri cum figuris. *Hamburgi, Schultzen*, 1676. *in* 8.

Chriftiani Adolphi Balduini, Aurum fuperius & inferius auræ fuperioris & inferioris Hermeticum. *Amfteladami, Waësberge*, 1675. *in* 12.

Agricolæ Philopiftii Revelator Secretorum de lapide Philofophorum, arabico Elyzir, auro potabili & pomis paradifi. *Colonia, Metternich*, 1631. *in* 24.

Zachariæ Brendelii, chimia in artis formam redacta 1641.

Jo. Lud. Ganfii Corallorum Hiftoria. *Francofurti, Jenniſii*, 1630.

Johannis Gerhardi Decas quæftionum Phyfico-Chymicarum de metallis: adjecta eft medulla Gebrica de lapide Philofophorum. *Tubingæ, Brunnii*, 1643. *in* 8.

Thomæ Erafti, difputatio de auro potabili: accedit, ejufdem judicium de indicatione cometarum. *Bafileæ, Pernæ*, 1578.

Lapis Philofophicus dogmaticorum per P. Palmarum: adjecta eft Hiftoria Leprofæ mulieris perfanatæ. *Parif. Doulceur*, 1609. *in* 8.

Lettre de Theodore des Jardins au fujet de fon Or potable. *in* 12.

Andræas Caffius de extremo illo & perfectiffimo naturæ opificio ac principe terrenorum fidere auro. *Hamburgi, Wolffii*, 1685. *in* 8.

Lettre Philofophique, par Antoine Duval. *La Haye, Vlacq*, 1659. *in* 24.

De Secretis libri XVII. ex variis authoribus collecti & aucti per Jo. Jacob Weckerum. *Bafileæ, Lud. Regis*, 1642. *in* 8.

Petri Joannis Fabri, Pharmacopæa Chymica. *Tolofæ, Petri Bofe,* 1628. *in* 8.
Jacobi Tollii fapientia infaniens five Promiffa Chemica. *Amftelodami, Waesberge,* 1689. *in* 8.
Jo. Ifaaci Hollandi, opera mineralia & vegetabilia omnia. *Arnhemii, Janfonii,* 1616. *in* 8.
Theoria Philofophiæ Hermeticæ explicata ab Henr. Nollio. *Hanoviæ, Petri Antonii,* 1617.
Bernardus Penotius de Denario Medico. *Bernæ - Helvetiorum, Lepreux,* 1628.
Syftema Medicinæ Hermeticæ generale, ab Henr. Nollio. *Francof.* 1613. *in* 8.
Jo. Vincentii Finckii, Enchiridion Dogmatico-Hermeticum. *Lipfiæ.* 1626. *in* 16.
Compendium Hermeticum de Macrocofmo & microcofmo : additum eft difpenfatorium chymicum novum de vera medicamentorum præparatione a Jo. Pharamundo Rhumelio.
Avicula Hermetis Catholica de mercurio, fulphure & fale Philofophorum, in uno fubjecto Germanice a Salomone Raphaele in mundo.
Elixir vitæ, germanice : acceffit Canticum Canticorum Salomonis de Medicina univerfali. *in* 24.
Commentaire de Henry de Linthaut, fur le Trefor des Trefors de Chriftophe de Gamon. *Lyon, Morillon,* 1610. *in* 12.
Lettre d'un Philofophe fur le fecret du grand Oeuvre. *La Haye, Moetjens.* 1686. *in* 8.
Nouvelle lumiere Philofophique des vrais principes & élemens de nature & qualité d'iceux, par Etienne de Clave. *Paris, Varennes,* 1641. *in* 8.
Elemens de Chymie de Jean Beguin. *Paris, le Maiftre,* 1620. *in* 8.
Les mêmes. *Roüen, de la Motte,* 1637. *in* 8.
Michaelis Majeri, Themis aurea, hoc eft de legibus Fraternitatis R. C. tractatus. *Francof. Hoffmanni,* 1618. *in* 8.
Joh. Ifaaci Hollandi opus faturni & opera vegetabilia Germanice. *Franckfurt,* 1665. *in* 8.
Bartholomæi Carrichters, opera chymica Germanice. *Nurnberg,* 1652. *in* 8. 3. vol.
F. Bafilii Valentini Teftamentum Germanice. *Straffburg,* 1645. *in* 8.
Illuminir buch. *Francfurt,* 1613. *in* 8.

MATHEMATICI.

IN FOLIO.

I. Geometria, Astronomia & Astrologia.

EUCLIDIS Elementorum Geometricorum libri XV. cum expositione Theonis in Priores XIII. a Bartholomæo Veneto Latinitate donata, Campani in omnes & Hypsiclis Alexandrini in duos posteriores : adjecta sunt Phænomena, Catoptrica & optica, Protheoria Marini & data item opusculum de levi & ponderoso. *Basileæ, Hervagii,* 1537.

Euclidis Elementa cum scholiis antiquis latine cum commentariis Commandini. *Pisauri,* 1572.

Idem, Italice. *in Pesaro, Concordia,* 1619.

Claudii Ptolomæi opera quæ extant omnia præter Geographiam, cum notis Erasmi Oswaldi Schrekhenfuchsii. *Basileæ, Henric-Petri,* 1551.

Apollonii Pergæi Conicorum libri V. VI. VII. paraphraste ab Alphato Asphahanensi; accedit Archimedis assumptorum liber, ex versione Lat. Abrah. Echellensis, cum notis Jo. Alphonsi Borelli. *Florentiæ, Cocchini.* 1661.

Veterum Mathematicorum Athenæi, Bitonis, Apollodori, Heronis, Phulonis & aliorum opera gr. lat. *Parisiis, Typis Regiis,* 1693.

Jacobi Peletarii, in Euclidis Elementa Geometrica demonstrationum libri sex. *Lugduni, Tornasii,* 1557.

Euclidis Elementorum decimum demonstratum a Florimundo Puteano. *Paris. Jo. de Heuqueville,* 1612.

Orontii Finæi, Arithmetica practica. *Parisiis, Colinæi,* 1542.

Ejusdem demonstrationes in sex priores libros Geometr. Elementorum Euclidis. *Ibidem,* 1636.

Mauricii Bressii, Metrices Astronomicæ libri IV. *Parisiis, Gorbini,* 1581.

Orontii Finæi de rebus Mathematicis hactenus desideratis libri IV. *Par. Vascosani,* 1556.

Thomæ Bravardini Geometria speculativa. Accedit Jo. Vocgelin, Elementale geometricum, ex Euclidis Geometria descriptum. *Paris. Chaudiere,* 1530.

Jo. Conradus Ulmerus, de Horologiis sciotericis. *Noribergæ, Montani* 1556.

Canon Mathematicus seu ad triangula, cum appendicibus. *Parisiis, Mettayer,* 1579.

MATHEMATICI, in folio.

Franc. Vietæi, universalium inspectionum ad canonem Mathematicum liber singularis. *Ibidem*, 1579.

J. Bassantini Scoti, Astronomia. *Apud Jo. Tornæsium*, 1599.

Joannis Regiomontani, de triangulis planis & sphæricis libri quinque, una cum tabulis sinuum. *Basileæ*.

Danielis Santbech, Problematum Astronomicorum & Geometricorum sectiones septem. *Basileæ, Henric-Petri*, 1561.

Jo. Antonii Magini, primum mobile. *Bononiæ*, 1609.

Ejusdem tabulæ generales ad primum mobile spectantes & magnus Canon mathematicus seu trigonometriæ. *Ibidem*.

P. Gasp. Schotti, e Soc. J. Cursus mathematicus: accesserunt Theoreses Mechanicæ novæ. *Herbipoli, Hertz*, 1661.

Les œuvres Mathematiques de Simon Stevin, revues par Albert Girard. *Leyde, Elzevir*, 1637.

Franc. Vietæ opera Mathematica recognita a Franc. a Schooten. *Lugd. Batav. Elzevir*, 1646.

Davidis Sanclari pro Archimede & Euclide Dikajologia. *Paris. Chevalier*, 1622.

Direction Ciclometrique, ou réfutation de la fausse, & chemin de la vraie quadrature, par le Sieur de Philalethe. *Paris, Chevalier*, 1622.

Petri de Fermat, varia opera Mathematica. *Tolosæ, Jo. Pech*. 1679.

L'Arithmetique Logarithmetique de Jean Nieder, illustrée par Henry Brigs, & mise au jour par Adrien Ulacq. *Goude, Rammasein*, 1628.

Julii Firmici Materni Astronomicorum libri octo. Item Manilii, Arati, Theonis & Procli Diadochi quædam. *Typis Aldi Manutii*.

Cornelii Scopperi Neoportuensis libri sex assertionis fidei adversus astrologos, sive de significationibus conjunctionum superiorum Planetarum anni 1524. *Antuerpiæ, Birckmanni*, 1524.

Bedæ Presbyteri opuscula de temporum ratione, cum scholiis Joannis Noviomagi. *Coloniæ, Jo. Præl*, 1537.

D. Severini Boëtii Arithmetica, cum commentario. *Paris. Colinæi*, 1521.

Romani Calendarii a Gregorio XIII. restituti explicatio Clementis VIII. jussu edita a Christoph. Clavio Soc. J. *Romæ, Zanneti*, 1603.

Tractatus de sphæra Joannis de Sacro Bosco, Commentario illustratus, una cum compositione Annuli Astronomici Boneti Latensis & Geometria Euclidis. *Paris. Colinæi*, 1531.

Francisci Allæi, Arabis Christiani, Astrologiæ nova methodus. 1654.

Ejusdem Fatum universi observatum. 1654.

Jacobi Fabri Stephani, Introductorium astronomicum, cum Commentario Judoci Clichtovæi. *Paris. H. Stephani*, 1517.

Sebastiani Munsteri, Organum Uranicum. *Basileæ, Henr. Petri*, 1536.

MATHEMATICI, in folio.

Joannis Fernelii, Ambianatis, Cosmotheoria. *Parif. Colinæi*, 1528.
Jacobi Fabri Stapulensis, Introductorium astronomicum, cum commentario Jud. Clichtovæi. *Parif. H. Stephani*, 1517.
Philippi Lansbergii tabulæ motuum cœlestium perpetuæ. Item Theoricæ motuum cœlestium novæ & genuinæ & obfervationum astronomicarum Thesaurus. *Middelburgi-Zelandiæ, Zachariæ Romani*, 1632.
Josephi Blancani, Soc. J. sphœra mundi seu cosmographia demonstrativa ac facili methodo tradita & quædam alia. *Mutinæ, Caffiani*, 1635.
Jacobi Severtii, Belli-Jocensis, de orbis Catoptrici, five Mapparum mundi principiis libri tres. *Parif. Drouart*, 1598.
Orontius Finæus, de Quadratura Circuli. *Parif. Colinæi*, 1544.
Jo. Stoflerini, Elucidatio fabricæ ufufque astrolabii. *Oppenheim, Cobeli*, 1524.
Dion. Petavii, Soc. J. Uranologion. *Parif. Cramoify*, 1630.
Hugonis Sempilii, Soc. J. de Mathematicis disciplinis libri XII. *Antuerpiæ, Moreti*, 1635.
Marii Bettini, Soc. J. Recreationum Mathematicarum Apiaria noviffima XII. cum appendice. *Bononiæ, Ferronii*, 1659.
Recüeils d'obfervations faites en plufieurs Voyages par ordre de Sa Majesté, pour perfectionner l'Astronomie & la Geographie, avec divers Traitez Astronomiques, par Meffieurs de l'Academie Royale des Sciences. *Paris, de l'Imprimerie Royale*, 1693.
Divers Ouvrages de Mathematique & de Physique, par les mêmes. *Ibidem.*

II. *Architectura & Pictura.*

L'Architecture de Sebastian Serlio, traduite de l'Italien en François, par Jean Martin. *Paris, Jehan Barbé*, 1545.
Franc. Junii libri tres de Pictura veterum : accedit catalogus Architectorum mechanicorum, &c. *Roterodami, Leers*, 1694.
Davidis Teniers, Theatrum pictorium. *Antuerpiæ, Peeters*, 1684.
Traité des manieres de deffiner les ordres de l'Architecture antique en toutes leurs parties, par A. Boffe. *Paris*, 1674.

III. *Ars Militaris.*

L'Art Militaire à cheval, par Jean-Jacques de Malhaufen. *Zutphen, André d'Aelft*, 1621.
L'Architecture militaire, ou la fortification nouvelle, par Adam Fritach. *Paris, Quinet*, 1640.
La Fortification reduite en Art, & démontrée par J. Errard de Bar-le-Duc. *Francfort, Richter*, 1694.

MATHEMATICI.

IN QUARTO.

I. Geometria, Astronomia & Astrologia.

HERONIS Ctesibii Belopœeca, hoc est Teli factiva gr. lat. cum scholiis Bern. Baldi & Heronis vita. *Augusta-Vindelicorum, Davidis Franci*, 1616.

A. Ptolomæi, Harmonicorum libri tres, gr. lat. cum notis Johannis Wallis. *Oxonii, e Theatro Sheldoniano*, 1682.

Les Elemens Geometriques d'Euclide, avec le livre des Donnez, traduits par Henrion, *Paris*, 1632.

C. Dibuadii Demonstratio numeralis in Geometriam Euclidis. *Lugduni, Batav. Gujotii*, 1603.

Ejusdem demonstratio linealis & numeralis in Arithmeticam Euclidis. *Arnhemii, Janssonii*, 1603.

Discours de la methode pour bien conduire sa raison, & chercher la verité dans les Sciences. Plus la Dioptrique, les Meteores & la Geometrie qui sont des essais de cette methode. *Leyde, Jean Maire*, 1637.

Franc. a Schooten, tractatus de Organica conicarum sectionum in plano descriptione. Subnexa est appendix de Cubicarum æquationum resolutione. *Lugd. Bat. Elzevir*, 1646.

Ejusdem Exercitationum Mathematicarum libri V. Accedit tractatus Christ. Hugenii de ratiociniis in Aleæ ludo. *Lugd. Bat. Elzevir*, 1657.

Pantometrum Kircherianum explicatum a Gasp. Schotto Soc. J. *Herbipoli, Hertz*, 1669.

Gregorii Reisch., Margarita Philosophica ab Orontio Finæo auctariis necessariis locupletata. *Basileæ, Henric-Petri*, 1583.

Adriani Metii, Arithmeticæ & Geometriæ Practica. *Franekeræ, Doyema*, 1611.

Ejusdem Praxis nova Geometrica per usum circini & regulæ proportionalis. *Franekeræ, Balck*, 1623.

Vincentii Viviani, Enodatio problematum Geometris propositorum a Claudio Comiers. *Florentiæ, Gugliantini* 1677.

Nouveaux Elemens de Geometrie, par A. Arnauld. *Par. Savreux*. 1667.

Athanasii Kircheri Soc. J. Arithmologia. *Romæ, Varesii*, 1665.

Mathesis Cæsarea, sive amussis Ferdinandea Scholiis & Iconismis aucta a Gasp. Schotto. *Herbipoli, Hertz*, 1662.

La Science des eaux, par le P. Jean François Jesuite. *Rennes, Hollandays*, 1653.

MATHEMATICI, in quarto.

Tre Discorsi sopra il modo d'alzar acque da luochi bassi. *In Parma, Viotti*, 1567.

Athanasii Kircheri, Primitiæ Gnomologiæ Catoptricæ, hoc est Horologiographiæ novæ specularis. *Avenione, Piot*, 1635.

Practica universale di misurare con la vista, di Giuseppe Malombra.

Della misura dell' acque correnti, di Benedetto Castelli. *In Bologna, Dozza*, 1660.

Thomæ Diggesei, Alæ seu Scalæ Mathematicæ. *Londini*, 1573.

Joannis Dee, Parallaticæ commentationis praxeosque nucleus. *Ibidem*.

Opere di Galileo Galilei. *In Pologna, Dozza*, 1656. 2. vol.

D. Alphonsi Regis Rom. & Hispan. Astronomicæ tabulæ restitutæ a Paschasio Hammelio. *Par. wecheli*, 1553.

Gemmæ Frisii, de radio astronomico & Geometrico liber *Antuerpiæ, Bontii*, 1545.

Astronomia Europæa, sub Imp. Tartaro Sinico Cham H'y appellato, ex umbra in lucem revocata a P. Ferdinando Verbiest, Soc. J. *Dilingæ, Bencard*, 1687.

Syderalis Abyssus, F. Thomæ Radini Todischi Ord. Præd. *Ticini, Jacob. de Burgo*.

Orontii Finæi, Sphœra mundi sive Cosmographia. *Par. Vascosani*, 1551.

Ejusdem liber de speculo ustorio ignem ad propositam distantiam generante. *Ibidem*.

——— De Arithmetica practica libri IV. *Ibidem*, 1555.

Preface sur la grande & fameuse découverte de la quadrature du Cercle par R. Baudemont Horlogeur.

Lettre du P. le Muet, au S. Baudemont au sujet de la quadrature du cercle avec la réponse qu'il lui a faite, à laquelle il a joint quelques éclaircissemens.

Trattato astrologico di quanto influiscono le stelle dal cielo, a pro e danno delle cose inferiori per tutto l'anno 1707. calcolato alla longit. e lattit. della citta di Firenze, da Bartolom. Albizzini. *In Firenze*.

Sixti ab Hemminga Frisii liber Astrologiæ ratione & experientia refutatæ. *Antuerpiæ, Plantini*, 1583.

Petri Apiani Cosmographia per Gemma Phrysium restituta, additis de eadem re Gemmam Phrysii libris. *Antuerpiæ, Birckmanni*, 1540.

Antonii Mizaldi Cometographia. *Par. wecheli*, 1549.

Gabrielis Mouton Observationes Diametrorum solis & lunæ apparentium; adjecta est dissertatio de dierum naturalium in æqualitate & de temporis æquatione &c. *Lugduni, Liberal*, 1670.

Kalendarium Hebraico-latinum a Seb. Munstero editum. *Basileæ, Froben*, 1527.

MATHEMATICI, in quarto.

Henrici Ranzovii, Catalogus Imperatorum Regum ac virorum illustrium qui artem astrologicam exercuerunt & alia quædam. *Lipsiæ, Defner,* 1584.

Jo. Keppleri, de stella nova in pede serpentarii &, qui sub ejus exortum de novo iniit, trigono igneo; Accesserunt de stella incognita Cygni narratio astronomica & de J. C. vero anno natalitio consideratio. *Pragæ, Pauli Sessii,* 1606.

Iter extaticum Kircherianum, Scholiis & Schematibus illustratum ab Andr. Scholto Soc. J. 1660.

Christiani Hugenii, Cosmotheoros sive de terris cœlestibus earumque ornatu conjecturæ. *Hagæ-Comitum, Moetjens,* 1698.

Christoph. Clavii, Soc. J. in Sphæram Jo. de Sacro-Bosco Commentarius: accessit tractatio geometrica de crepusculis. *Lugduni, Rigaud,* 1618.

Jo. Franc. Spinæ, de maximis conjunctionibus Saturni & Jovis annorum 1603. & 1702. cum aliis intermediis &c. libri duo. *Maceratæ, Carboni,* 1621.

Lettre d'un gentilhomme de Province à une Dame de qualité sur le sujet de la Comete. *Par. Michallet,* 1681.

Astrolabii D. Gerardi Stempelii fabrica & usus absque matris dorsi aut retis auxilio: editio secunda. *Arnhemii, Jansonii,* 1619.

Tabula mediorum motuum & æquationum solis & lunæ &c.

Ambrosii Floridi tractatus de annis climactericis ac diebus criticis. *Patavii, Matthæi de Meniis,* 1612.

M. Antonii de Dominis, tractatus de radiis visus & lucis in vitris perspectivis & iride per Jo. Bartolum editus. *Venetiis, Baglioni,* 1611.

Adami Tanneri Soc. J. Astrologia Sacra. *Ingolstadii, Ederi,* 1615.

Adriani Metii primum mobile astronomice, sciographice, geometrice & Hydrographice nova methodo explicatum. *Amstelodami, Janssonii,* 1631.

Artis Divinatricis quam Astrologiam seu Judiciariam vocant Encomia & patrocinia. *Par. Wecheli,* 1549.

Alexandri de Angelis Soc. J. libri V. in astrologos conjectores. *Lugduni, Cardon,* 1615.

Joannis Terrentii, Soc. J. Epistolium ex regno Sinarum ad Mathematicos Europæos missum cum Jo. Keppleri commentatiuncula. *Sagani, Silesiæ, Petri Cobii,* 1630.

Jo. Kepleri responsio ad Epistolam Jacobi Bartschii de computatione & editione Ephemeridum. *Ibidem,* 1629.

Alex. Piccolhominei, de Sphæra libri IV. Compendium de cognoscendis stellis fixis; & de magnitudine terræ & aquæ liber, ex italico latine a Joanne Nicolao Stupano. *Basileæ, Perna,* 1568.

Manuel astronomic ou introduction aux Jugemens astrologiques avec un petit traité des Talismans, & figures astrales & de

MATHEMATICI, in quarto.

la poudre & de l'encre de Sympathie par P. Godard. *Roüen, Ourfel*, 1678.

Franc. Vietæ, Relatio Calendarii vere Gegoriani exhibita Clementi VIII. anno, 1600.

Kalendarium Gregorianum perpetuum.

F. Marini Merfenni, Ord. Minim. Cogitata Phyfico-Mathematica. *Par. Bertier*, 1644.

Ejufdem Univerfæ Geometriæ mixtæque Mathematicæ Synopfis & Bini demonftrationum demonftratarum tractatus. *Ibidem.*

—— Novarum obfervationum Phyfico-Mathematicarum Tomus III. acceffit Ariftarchus Sonnius de mundi Syftemate. *Ibidem*, 1647.

Caroli Bouilli, Opus Mathematicum. *Par. H. Stephani*, 1510.

Nicolai Mulerii Tabulæ Frificæ lunæ folaris quadruplices. *Alcmaria, Meerteri*, 1611.

Calendarium Romanum vetus forma Juliana auctum Cyclis folis & lunæ & methodo Paschali Dionyfianis, &c.

Jo. Stoeffleri, Ephemeridum Reliquiæ, fuperadditis novis ufque ad annum Chrifti 1556. durantibus Petri Pitati, una cum ejufdem annotationibus. *Tubingæ, Morhardi*, 1548. 2. vol.

Jo. Heckeri motuum cœleftium Ephemerides ab anno 1666. ad 1680. ex obfervationibus correctis Tychonis Brahei & Joh. Keppleri Hypothefibus Phyficis tabulifque Rudolphinis ad Meridianum Uraniburgicum in freto Cymbrico cum introductione in eas. *Par. Piget*, 1666.

Ephemerides Felfineæ recentiores Flaminii Mezzavacca, &c. ab anno 1701. ad annum 1720. una cum initiali aftronomiæ trigonometriæ logarithmorumque doctrina &c. *Bononiæ, Conft. Pifarii*, 1701. 2. vol.

Ephemerides des mouvemens celeftes pour les années 1715. jufqu'en 1725. avec une introduction pour l'ufage & utilité des Ephemerides pour le meridien de la Ville de Paris. *Paris, Colombat*, 1716.

Theodofii Tripolitæ, de diebus & noctibus libri duo latine verfi cum fcholiis a Jofepho Auria Neap. *Romæ, Martinelli*, 1591.

Hieron. Vitalis, Lexicon Mathematicum. *Romæ, Vannaccii*, 1690.

Effais d'Analyfe fur les jeux de hazard. *Par. Quillau*, 1708.

II. Architectura & Pictura.

Scamilli impares Vitruviani a Bernardo Baldo explicati. *Augufta-Vindelicorum*, 1612.

I Triomfi dell' architettura nella fontuofa refidenza di Monaco defcritti & da reprefentati dal Marchefe Kanuccio Palavicino. *In Monaco, Straub.* 1667.

De veri precetti della Pittura di Gio. Battifta Armenini libri tres. *In Ravenna, Tebaldini*, 1587.

Chriſtoph. Scheiner Soc. J. Pantographice ſive ars delineandi.
Romæ, Grignani, 1631.
Franc. Junii de pictura veterum libri tres. *Amſtelad. Jo. Blaeu*, 1637.

III. *Ars Militaris.*

Gabr. Naudæi, Syntagma de Studio militari. *Roma, Facciotti*, 1637.
Jacobi Lauterii, libri duo de modo ſubiſtuendi terrena munimenta ad urbes atque oppida cæteraque loca omnia quibus aditus hoſti præcludatur. *Venetiis, Valgriſii*, 1563.

MATHEMATICI.

IN OCTAVO, &c.

I. *Geometria Aſtronomia & Aſtrologia.*

Euclides. *Par. Grandini*, 1545.
Ex ſcriptis Herodiani excerpta, græce. *Par. Wecheli*, 1542.
Alphabetum Hebraicum. *Par. Rob. Stephani*, 1543. *in* 8.
Euclidis ſex primi Elementorum Geometricorum libri demonſtrati a P. Georgio Fournier Soc. J. *Par. Henault*, 1644. *in* 12.
Franc. de Nonancourt Euclides logiſticus ſive de ratione Euclidea. *Lovanii, Bouvetii*, 1652. *in* 12.
Archimedis Siracuſani Avenarius & dimenſio circuli cum Eutocii Aſcanolitæ commentario, gr. lat. cum notis Joh. Wallis. *Oxonii, e Theatro, Sheldoniano*, 1676. *in* 8.
De græcis latiniſque numerorum notis & præterea Saracenicis ſeu Indicis &c. Studio Joachimi Camerarii.
Jacobi Micylli Arithmetica. *in* 8.
Chriſt. Urtiſii, Elementa Arithmeticæ. *Baſil. Henric-Petri*, 1602. *in* 8.
P. Rami, Prooemium Mathematicum. *Par. Wecheli*, 1567. *in* 8.
Willebrordi Snelli a Royen, doctrinæ triangulorum canonicæ libri quatuor a Mart. Hortenſio editi. *Lugd. Bat. Maire*, 1627.
Canon Triangulorum. *Ibidem*, 1626. *in* 8.
L'uſage du Compas de porportion par D. Henrion. *Rouen, Boulley*, 1637. *in* 8.
Georg. Heniſchius, de numeratione multiplici vetere & recenti. *Auguſtæ-Vindelicorum, Davidis, Franci*, 1605.
Idem de aſſe & partibus ejus. *Ibidem*, 1606. *in* 8.
Gemmæ Friſii Arithmeticæ practicæ methodus facilis cum notis Jacobi Peletarii &c. *Par. de Marnef*, 1569.
L'Arithmetique de Jaques Peletier. *Lyon, Jean de Tournes*, 1570.
L'Algebre du même. *Ibidem*, 1554. *in* 8.

MATHEMATICI, in quarto.

Elemens de Geometrie du P. Ignace Gaston Pardies J. *Par. Cramoisy*, 1671. *in* 12.

La Geometrie pratique du S. Boullenger augmentée de plusieurs notes & d'un traité de l'Arithmetique par Geometrie, par Ozanam. *Par. Lucas*, 1691. *in* 12.

L'Arithmetique de Jean Tranchant ensemble un petit discours des changes avec l'art de calculer aux getons. *Rouen, Behourt*, 1647. *in* 8.

Livre d'Arithmetique & Geometrie avec l'art d'arpenter & mesurer toutes superficies de terre par le Sieur Zacharie, ensemble un traité de la Boussole. *Par. Rousset*, 1605. *in* 8.

Tables pour trouver la supputation de toutes sortes de nombres entiers & rompus par livres sols & deniers &c. avec la difference des poids & mesures des principales Villes de France. *Par. Boudot*, 1693. *in* 8.

Algebre de Viete. *Par. Boulenger*, 1636. *in* 8.

Methodiques institutions de la vraie & parfaite Arithmetique de Jaques Chauvet, augmentées par Henry Dulac. *Par. Michel Daniel*, 1619. *in* 8.

Elementale Cosmographicum. *Par. Cavellat*, 1551.

Cosmographiæ Introductio. *Ibidem*, 1550.

Hieron. Cardani liber de libris propriis. *Lugduni, Rouillii*, 1557. *in* 8.

Cosmographie de D. Henrion. *Paris, Pacard*, 1620. *in* 8.

Jo. Henr. Alstedii, Methodus admirandorum Mathematicorum. *Herbornæ-Nassoviorum*, 1623. *in* 12.

Sethi Wardi, Astronomia Geometrica. *Londini, Flesher*, 1656. *in* 8.

Phil. Munckeri, de intercalatione variarum gentium, & præsertim Romanorum libri IV. *Lugd. Bat. Hackii*, 1680. *in* 8.

Calendarium Gregorianum perpetuum. *Antuerpiæ, Plantin*, 1583. *in* 8.

Histoire du Calendrier Romain par M. Blondel. *La Haye, Leers*, 1684. *in* 8.

Jos. Scaligeri Castigatio Calendarii Gregoriani, a Christophoro Clavio Soc. J. castigata. *Romæ, Zannetti*, 1595. *in* 8.

Jo. Seldenus de anno civili veterum Judæorum & Jac. Usserius de Macedonum & Asianorum anno Solari. *Lugd. Bat. Van-der Aa*, 1683. *in* 8.

Jo. de Sacrobusto Computus Ecclesiasticus cum præfatione Philippi Melanchthonis. *Par. Richardi*, 1543. *in* 8.

Les Principes d'Astronomie & de Cosmographie avec l'usage du Globe traduits du latin de Gemme Frison par Claude de Boissiere. *Par. Cavellat*, 1556. *in* 8.

Sphæra Joannis de Sacro Bosco recensita Studio Franconis Burgersdicii. *Lugd. Batav. Elzevir*, 1656. *in* 8.

Fr. Junctini Commentaria in tertium & quartum capitulum Spheræ Jo. de Sacro Bosco. *Lugduni, Tinghii*, 1577. *in* 8.

La Sphere de Jean de Sacro Bosco, traduite par Guill. des Bordes. *Paris, de Marnef*, 1584. *in* 8.

La même. *Ibidem*, 1576.
Les six premiers Livres des Elemens d'Euclide traduits par Pierre Forcadel. *Par. Perier*, 1566.
Le Livre de la Musique d'Euclide traduit par le même. *Ibidem*.
L'usage de l'astrolabe avec un traité de la Sphere par Dom. Jacquinot plus une amplification de l'usage de l'astrolabe par Jacques Bassentin. *Par. de Marnef*, 1573.
Gemma Phrysius de principiis Astronomiæ & Cosmographiæ, deque usu Globi ab eodem editi. Item de orbis divisione & insulis rebusque nuper inventis : accessit Jo. Schoneri de usu Globi astriferi opusculum. *Par. Cavellat*, 1557.
Les Canons & Documens très amples, touchant l'usage & pratique communs des Almanachs que l'on nomme Ephemerides &c. par Oronce Fine. *Ibidem*, in 8.
Guill. Blaeu, institutio astronomica de usu globorum & sphærarum cœlestium ac terrestrium latine reddita a Mart. Hortensio. *Amstælodami, Jo. Blaeu*, 1652. *in* 8.
Henr. Ranzovii Tractatus Astrologicus, de Genethliacorum Thematum Judiciis pro singulis nati accidentibus. *Francofurti, Hoffmanni*, 1615. *in* 8.
Jo. Stofierini, Elucidatio fabricæ ususque astrolabii. *Par. Quesnel*, 1619.
L'usage de l'astrolabe avec un petit traité de la Sphere par Dom. Jacquinot, corrigé par David Robert, plus une amplification de l'usage de l'astrolabe par Jacques Bassentin. *Ibidem, in* 8.
Memoires Mathematiques recueillis & dressez par Henrion. *Paris*, 1694. *in* 8.
Edm. Gunter, Canon triangulorum. *Londini, Jones*, 1620. *in* 8.
Tables des Sinus tangentes secantes & de Logarithmes &c. par A. Ulacq. *La Haye*, 1651. *in* 8.
Canon Manuel des Sinus touchantes & coupantes supputé par B. Pitiscus & corrigé par Henrion. *Par. Mondiere*, 1623. *in* 24.
De Eclipsi solari anno 1654. die 12. augusti in Europa a pluribus spectata a Jacobo Balde Soc. J. tubo satyrico perlustrata libri duo. *Monachi, Straub*, 1662. *in* 12.
Lettre de M. N. Fatio de Duillier a M. Cassini touchant une lumiere extraordinaire qui paroît dans le Ciel depuis quelques années. *Amsterdam*, 1686. *in* 12.
Le Rameau d'or de verité, ou la Cynosure de la justification de la fausse quadrature du cercle de Bened. Scotto avec la censure de Willebrordus Snellius. *Par. Jean Moreau*, 1622. *in* 8.
La Grande & fameuse découverte de la quadrature du cercle par Remy Baudemont. *Reims, Jeune homme*, 1722. *in* 8.
La connoissance des tems pour l'année 1683. au meridien de Paris, avec

MATHEMATICI, in quarto.

avec plusieurs tables & traitez d'astronomie & de Physique. *Paris, Thierry, in* 12.

Connoissance des tems pour l'année Bissextile 1704. au meridien de Paris, par M. Lietaud. *Par. Boudot,* 1704. *in* 8.

Hieronymi Vitalis Lexicon Mathematicum Astronomicum, Geometricum. *Par. Billaine,* 1668. *in* 8.

II. *Architectura & Pictura.*

L'Architecture pratique par M. Bullet. *Par. Michallet,* 1691. *in* 8.

L'Architecture Françoise des Batimens particuliers composée par Louis Savot avec les figures & notes de M. Blondel. *Paris, Clouzier,* 1673. *in* 8.

Le Tailleur sincere par P. Boullay. *Par. Rafflé* 1671. *in* 8.

Dissertation sur les ouvrages des plus fameux Peintres, avec la vie de Rubens. *Paris, Langlois, in* 12.

Histoire des arts qui ont rapport au dessein par P. Monier. *Par. Giffart,* 1698. *in* 12.

Jo. Schefferi de arte pingendi liber singularis. *Norimberga, Endteri,* 1669. *in* 8.

Traité des pratiques Geometrales & perspectives enseignées dans l'Academie Royale de la Peinture & Sculpture par A. Bosse. *Paris, Cellier,* 1665.

Maniere universelle de M. Desargues pour pratiquer la perspective par petit pied comme la Geometral, ensemble les places & proportions des fortes & foibles touches teintes ou couleurs par A. Bosse. *Par. des Hayes,* 1648.

Moyen universel de pratiquer la perspective sur les tableaux ou surfaces irregulieres, ensemble quelques particularitez concernant cet art & celui de la gravure en taille douce par A. Bosse. *Paris,* 1553. *in* 8.

Lettres écrites au S. Bosse graveur avec ses réponses sur quelques nouveaux traitez concernans la perspective & la peinture. *Par.* 1668. *in* 8.

Ecole de la mignature. *Par. Ballard,* 1673. *in* 12.

L'art de laver ou la nouvelle maniere de peindre sur le papier par H. Gautier. *Bruxelles, Foppens,* 1708. *in* 12.

III. *Ars Militaris.*

Poliæni Stratagematum libri VIII. gr. lat. editi notisque illustrati ab Is. Casaubono. *Geneva, Jo. Tornasii,* 1589. *in* 12. 5. vol.

God. Stewechii Commentarius ad Flavii Vegetii libros de re militari figuris æneis illustratus: accedunt loca aliquot a Franc. Modio in Sexto Julio Frontino notata. *Vesaliæ, Hoogenhuysen,* 1670. *in* 8.

Inſtructions militaires par le S. de Puiſegur. *Par. Dumas*, 1659. *in* 12.

Maximes & inſtructions de l'art de la guerre du Maréchal de Biron. *Par. du Bray*, 1612. *in* 12.

GRAMMATICI, LEXICOGRAPHI, ORATORES.

IN FOLIO.

I. *Grammatici & Lexicographi Diverſarum Linguarum.*

Schindleri, Lexicon Pentaglotton, Hebraicum, Chaldaicum, Syriacum, Talmudico-Rabbinicum & Arabicum in Epitomen redactum a G. A. una cum abbreviaturis Hebræis. *Londini, Jones*, 1635.

Joh. Buxtorfii, Lexicon Chaldaicum, Talmudicum & Rabbinicum. *Baſileæ, Lugd. Regis*, 1639.

Lud. Thomaſſini, Congr. Orator. Gloſſarium univerſale Hebraicum. *Par. Typis, Regiis*, 1697.

P. Angeli a S. Joſeph Carmelitæ, Gazophilacium linguæ Perſarum, triplici linguarum clavi Italicæ, Latinæ, Gallicæ necnon ſpecialibus præceptis ejuſdem linguæ reſeratum. *Amſtelodami, ex Officina Janſſonio-Waësbergiana*, 1684.

Hezychii Dictionarium, græce.

Georgii Crucigeri, Harmonia quatuor Cardinalium Linguarum Hebraicæ, Græcæ, Latinæ & Germanicæ. *Francofurti, Bringeri*, 1616.

Gloſſaria duo e ſitu vetuſtatis eruta, ad utriuſque linguæ cognitionem & locupletationem perutilia, cum annotationibus H. Stephani. *Apud H. Stephanum*, 1573.

Jo. Scapulæ Lexicon græco-latinum, cum multis additionibus & Gloſſariis. *Amſtelædami, Blaeu*, 1652.

Ambroſii Calepini Dictionarium Octolinguarum. *Pariſ. Charron*, 1588.

Matthiæ Martini, Lexicon Philologicum, præcipue Ethymologicum & ſacrum. *Francofurti. Goetzenii*, 1655. 2. vol.

F. Staniſlai a S. Bartholomæo Carmelitæ, Definitionarium Univerſale Scientiarum ordine alphabetico digeſtum. *Bononiæ, Montii*, 1685.

Joh. Jacobi Hofmanni, Lexicon univerſale Hiſtorico-Geographico-Chronologico-Poëtico-Philologicum. *Baſileæ, Widerhold*, 1677. & 1683. 4. vol.

GRAMMATICI, *in folio*

Domini Macri Melitenfis & Caroli ejus fratris, Hiero-Lexicon, feu Sacrum Dictionarium. *Romæ, Bernardoni*, 1677.

Caroli Du Fresne dû Cange Glossarium ad scriptores mediæ & infimæ latinitatis. *Parif. Billaine*, 1678. 3. vol.

Ejusdem Glossarium ad scriptores mediæ & infimæ Græcitatis. *Lugduni, Aniffonii*, 1688. 2. vol.

Gerardi Jo. Vossii, Etymologicon Linguæ Latinæ. Præfigitur ejusdem de Litterarum permutatione tractatus. *Amftelodami, Elvir*, 1662.

Jos. Laurentii Amalthea Onomaftica, cum Onomaftico Italico Latino ad calcem addito. *Lugduni, Aniffon*, 1664.

Basilii Fabri Thesaurus Linguæ Latinæ, Aug. Buchneri observationibus auctus, studio Chriftophori Cellarii. *Lipfiæ, Gledifch*, 1686.

Cornucopiæ seu Latinæ Linguæ commentarii, Nicolai Perotti. *Bafileæ, Curionis*, 1532.

Dictionarium Hiftoricum Geographicum Poëticum a Car. Stephano inchoatum, perfectum vero a Nic. Lloydio. *Londini*, 1686.

Dictionnaire Oeconomique, par Noel Chomel. *Lyon, Pierre Tened*, 1709.

Thresor de la Langue Françoise, tant ancienne que moderne, d'Aimar de Ranconnet, revû & augmenté par Jean Nicot. *Paris, Douceur*, 1606.

Dictionnaire Etymologique de la Langue Françoise, par Menage, avec les Origines Françoises de M. de la Cafeneuve, &c. *Paris, Aniffon*, 1694.

Dictionnaire univerfel, contenant tous les mots François vieux & nouveaux & les termes de tous les Arts & Sciences, par Antoine Furetiere. *Rotterdam, Leers*, 1690. 3. vol.

La Fabrica del mondo, di Francesco Alumno da Ferraro. *In Venetia*, 1581.

Octavii Ferrarii, Origines Linguæ Italicæ. *Patavii, Frambotti*, 1676.

Vocabulario de gli Academici della Crufca. *In Venetia, Turrini*, 1680.

Stephani Skinner, Etymologicon Linguæ Anglicanæ. *Londini, Royeroft*, 1651.

A large Dictionnary, study of Thoma Holyoke. *London, Rawlins*, 1677. c'eft-à-dire, le grand Dictionnaire Anglois, par Thomas Holyoche. *Londres, Rawlins*, 1677.

Thomæ de Sacra Quercu Lexicon, Philologicum & Dictionarium Etymologicum. *Ibidem*, 1677.

Teforo della Lengua Caftellana o Efpañola, compuefto por Sébaftian de Covarrubias Orozco, anadido por P. Benito Remigio Noydens, Cler. Reg. *En Madrid, Sanchez*, 1673,

Bened. Pereyra Soc. J. Profodia in vocabularium Trilingue Latinum Lufitanum & Caftellanicum digefta. *Uliſſipona, Craesbeeck*, 1669.

II. *Oratores.*

M. T. Ciceronis Opera quæ extant omnia ad Codices MSS. emendata ſtudio Jani Gulielmii & Jani Gruteri. Adjungitur Frobenii Penu-Tullianum. *Londini, Dummore*, 1681. 2. vol.
Ejufdem Epiſtolarum familiarium libri XVI. cum variorum notis. *Par. Jo. Macai*, 1548.
Ejufdem Epiſtolæ ad Atticum & Brutum, cum commentariis Jo. Bapt. Pii Bonon. & Afcenfii Notis. *Par. Typis Afcenfianis*, 1531.
Darli Nizolii obfervationes in M. Tullium Ciceronem.
M. Fabii Quintiliani, Oratoriæ inſtitutiones cum notis P. Möfelfellani. *Parif. Gryphii*, 1536.
P. Rami Profeffio Regia a Jo. Thoma Freigio edita. *Bafilea, Henric-Petri*, 1676.
Garciæ Barrionvero Cufani Marchionis Panegyricus, Petro Fernandez a Caſtro Lemenfium & Andradæ comiti fcriptus. *Neapoli, Longi*, 1616.
Cl. Daufquii, Orthographia latini fermonis vetus & nova. *Parif. Leonard*, 1677.

GRAMMATICI, LEXICOGRAPHI,

ORATORES.

IN QUARTO.

I. *Grammatici & Lexicographi Diverfarum Linguarum.*

Alphabetum Hebraicum vetus, cum notis Jo. Drufii. *Franekera, Radai*, 1587.
Linguæ Hebraicæ Inſtitutiones Grammaticæ Jo. Quinquarborei cum annotationibus Petri Vignalii. Acceffit Gilb. Genebrardi Tractatus de Syntaxi & Poëtica, Hebræorum. Infuper Rob. Bellarmini Exercitatio Grammatica in Pfalmum XXXIV. & Alphabetum Rabinicum. *Parif. Lebé*, 1609.
Libellus Ruth cum Scholiis Maffore & R. Dav. Kimhi in eumdem expofitio Rabbinica. *Ibidem.*
Comparatio Grammaticæ Hebraicæ & Aramicæ, &c. per Bonav. Cornelium Bertramum. *Geneva, Vignon*, 1574.

Sanctis Pagnini, Hebraicæ inftitutiones. *Parif. Rob. Stephani*, 1549.
Bened. Blanuccii, Inftitutiones in Linguam S. Hebraicam. *Romæ*, *Zannetti*, 1608.
Compendium Michlol, hoc eft, Grammatices Davidis Chimhi editum a Rod. Bayno. *Parif. Car. Stephani*, 1554.
Jo. Quinquarborei, Opus de re Grammatica Hebræorum. *Parif. Bogardi*, 1546.
Linguarum Orienalium Hebr. Rabin. Samarit. Syr. Græc. Arab. Turc. Alphabeta. *Parif. Vitray*, 1636.
Henrici Opitii, Atrium Linguæ Sanctæ. *Lipfiæ*, *Barth. Molæ*, 1681.
Obadias Armenus cum notis Andreæ Acoluthi. *Lipfiæ*, *Brandii*, 1680.
Excerpta Novi Teftamenti Syriaci cum latina interpretatione Chriftoph. Cellarii. *Cizæ*, *Bielkii*, 1682.
Fabrica overo Dittionario della lingua Volgare Arabica & Italiana raccolta dal F. Domenico Germano de Salefia, Ord. Min. *In Roma*, *Congr. Propag.* 1636.
Dictionarium Annamiticum Lufitanum & Latinum, editum ab Alexandro de Rhodes e Soc. J. *Ibidem*, 1651.
Dictionarium Malaico-Latinum & Latino-Malaicum, ftudio Davidis Haex. *Ibidem*, 1631.
Dictionarium five Thefauri Linguæ Japonicæ compendium a F. Didaco Collado, Ord. Præd. *Ibidem*, 1632.
Ars Grammatica Japonicæ Linguæ. *Ibidem*, 1632.
Jobi Rudolfi, Æthiopicum & Latinum Lexicon, editum a Jo. Mich. Wanflebio. *Londini*, *Royeroft*, 1661.
Dittionario Georgiano e Italiano, da Stephano Paolini, con l'ajuto del Padre Niceforo Irbachi. *In Roma*, *Propag. Fide*, 1629.
Phrynichi Epitomæ dictionum Atticarum libri tres, Ecloga gr. lat. edita cum notis Pet. Jo. Nunnefii & Dav. Hoëfchelii. *Augufta-Vindel. Mangeri*, 1601.
Harpocrationis Lexicon, gr. lat. a Nic. Blancardo cum Phil. Jacobi Mauffaci notis. Accedunt Henr. Valefii Notæ & animadverfiones in Harpocrationem & Mauffaci notas. *Lugd. Bat. De la Font*, 1683.
Henr. Valefii Notæ & animadverfiones in Harpocrationem & Mauffaci notas. *Lugd. Bat. Gaesbeeck*, 1682.
Simonis Portii Dictionarium Latino-Græco-Barbarum & Litterale: accedit Dictionariolum Græco vulgare Litterale & Latinum. *Parif.* 1635.
Nic. Clenardi Inftitutiones ac meditationes in Græcam Linguam cum fcholiis & praxi P. Antefignani. *Parif. Huet*, 1581.
Origem da Linguefa Portuguefa per Duarte Nunez de Liao. *Em Lisboa*, *Crasbeek*, 1606.
Del Origen y principio de la Lenga Caftellana o Romace que

oi fe ufa en Efpafia, por Bernardo Aldrete. *En Roma, Wlliete,* 1606.

Davidis Paræi, Mellificum Atticum. *Francofurti, Weiffii,* 1627.

Jo. Laurenbergii, Antiquarius. *Lugduni, Huguetan,* 1652.

Jac. Burgoinus, de origine ufu & ratione vulgarium vocum linguarum Gall. Ital. & Hifpan. *Parif. Prevofteau,* 1583.

Jo. Fungeri Etymologicum trilingue. *Lugd. Ant. de Harfy,* 1607.

Morellii, Thefaurus Latino-Græco-Gallicus.

Phil. Ferrarii Epitome Geographicum. *Ticini, Viani,* 1605.

Dictionarium propriorum nominum ex Græcæ & Lat. Linguæ authoribus probatiff. concinnatum. *Antuerpia, Steelfii,* 1570.

Dictionnaire Royal de Pomey. *Lyon, Molin,* 1701.

Alexandri Scot, Scoti, Apparatus in Ciceronem. *Parif. Henault,* 1632.

Auguft. Gambarellæ, antithetorum amica fimultas. *Mediolani, Piccalei,* 1619.

Grammaticæ Iflandicæ Rudimenta per Runolphumionam Iflandum. *Hafniæ, Hackii,* 1651.

P. Laurentii le Brun, Soc. J. Novus apparatus Virgilii Poëticus. *Parif. Benard.* 1683.

Progimnafmi Poëtici di Udeno Nifieli. *In Firenze, Pignoni.* 1620. 1623. 1638. & 1639. 4. vol.

Trefor des recherches & antiquitez Gauloifes & Françoifes par P. Borel. *Par. Courbé,* 1655.

Les Origines de la Langue Françoife, par Menage. *Ibid.* 1650.

Recueil de l'Origine & de la Langue & Poëfie Françoife, &c. par Claude Fauchet. *Par. Patiffon,* 1581.

Effais d'un Dictionnaire univerfel, par Antoine Furetiere. 1684.

La réünion des Langues ou l'art de les apprendre toutes par une feule, par le P. Bernier, Jefuite. *Par. Mabre-Cramoify,* 1674.

II. *Oratores.*

Ariftotelis de Rhetorica libri tres, gr. lat. *Londini, Griffini,* 1619.

Dion. Longini, de Sublimitate commentarius cæteraque quæ reperiri potuere, gr. lat. edidit cum variorum notis Jac. Tollius. *Ultrajecti, Halma,* 1694.

Rhetores Latini veteres, ex Bibl. Francifci Pithoei emendatiores & auctiores. *Parif. Perier,* 1599.

M. Tullii Ciceronis Epiftolarum familiarum liber VII.

Jo. Picardi, de Prifca Celtopædia libri V. *Parif. Matth. Davidis,* 1556.

Jul. Cæf. Scaligeri, adverfus Erafmum Orationes duæ Eloquentiæ Romanæ vindices, una cum ejufdem Epiftolis & opufcuculis aliquot nondum vulgatis: accedunt Problemata Gelliana. *Tolofæ, Colmerii,* 1621.

Francifci Sylvii Progymnafmatum Centuriæ tres.
Joachimi Perionii Bened. Oratio in Jac. Lud. Strebæum qua ejus calumniis & convitiis refpondet. *Parif. Richardi*, 1551.
Jac. Gothofredi, Orationes politicæ tres. 1634.
Select. Confultationes & orationes de Bello Turcico variorum & diverforum Autorum, recenfente Nicola Reufnero. *Lipfiæ, Groffii*, 1596. 2. vol.
Henrico IV. Francorum Regi, in inftauratione Godranii Soc. J. Collegii Panegyricus dictus a Petro Roverio. *Parif. Chappelet* 1604.
Il primo libro delle Orazioni del Cavalier Lionardo Salviati. *In Firenze, Giunti*, 1575.
Paganini Gaudentii Chartæ Palantes. *Florentia*, 1638.
Nicol. Cauffinus, Soc. J. de Eloquentia facra & profana. *Parif. Libert*, 1643.
Harangues fur toutes fortes de fujets, avec l'art de les compofer, par M. Vaumoriere. *Parif. Guignard*, 1687.
Difcours contre la négligence dans les petites chofes, par T. le Normand. *Par. le Clerc*, 1701.
Difcours prononcez dans l'Academie Françoife, à la réception de M. l'Abbé de Louvois & de M. le Marquis de S. Aulere. *Par. Coignard*, 1706.
Difcours prononcés à l'Academie Françoife, à la reception de M. l Evêque de Soiffons. *Par. Coignard*, 1721.
Harangue à S. A. M. le Prince de Rohan Arch. de Reims, par le P. le Jeune ancien Provincial des Cordeliers. *Reims, Multeau*, 1722.

GRAMMATICI, LEXICOGRAPHI,

ORATORES

IN OCTAVO, &c.

I. *Grammatici, Lexicographi, Diverfarum Linguarum.*

Alphabetum Hebraicum. *Parif. Rob. Stephani*, 1563. in 8.
Phil. Aquini, Radices breves Linguæ Sanctæ cum Thematum inveftiganda ratione. *Parif. Cramoify*, 1620.
Sententiæ & Proverbia Rabbinorum, Hebr. Lat. *In* 16.
Jo. Buxtorfii, Manuale Hebraicum & Chaldaicum. *Bafileæ, Deckeri*, 1658. *in* 12.

Ejufdem, Thefaurus linguæ Sanctæ Hebraicæ : adjecta Profodia Metrica , &c. *Bafileæ, Lud. Regis*, 1651. *in* 8.
Grammatica Hebræa Eliæ Levitæ , verfa & fcholiis illuftrata per Sebaft. Munfterum. *Bafileæ, Froben*, 1551.
Lucæ Ofiandri Dictionarium Hebraicum ; accedit compendium Hebr. Grammaticæ. *Bafileæ, Samuelis Regii*, 1569. *in* 8.
Petri Martinii Grammatica Hebræa, cum notis Guill. Coddæi, acceffit Technologia cum Grammatica Chaldæa. *Lugd. Bat. Raphelengii*, 1602. *in* 8.
Sanctis Pagnini, Rudimenta Linguæ Sanctæ. *Lugduni , Seb. Gryphii*, 1528.
Nic. Clenardi, Tabula in Grammaticam Hebræam. *Parif. Wecheli*, 1544.
A. R. Calignii, inftitutiones Hebraicæ. *Ibidem*, 1545.
Jo. Drofæi, Alphabetum Hebraicum. *Ibidem.* 1643.
Alphabetum Hebraicum. *Parif. Vidovæi , in* 8.
Wilhelmi Schickardi Horologium Hebræum edituma Balth. Raitio. *Tubingæ , Werlini*, 1663. *in* 8.
S. Pagnini Epitome Thefauri Linguæ Sanctæ. *Lugd. Batav. Raphelengii*, 1609. *in* 8.
Matthæi Aurogalli liber de Hebræis urbium regionum, &c. nominus. *Bafileæ, Henric-Petri*, 1539. *in* 8.
Hebræa , Chaldæa , græca & latina nomina virorum mulierum , populorum, &c. quæ in Bibliis fparfa leguntur. *Antuerpiæ , Plantin*, 1565. *in* 16.
Joh. Henrici Otonis, Lexicon Rabbinico-Philologicum. Subjungitur Maffecet Schekalin notis illuftr. cum indicibus in vetus & novum Teftam. ut & in mifnicos tractatus. *Geneva , Widerhold*, 1675. *in* 8.
Chaldææ feu Æthiopicæ linguæ inftitutiones. *Roma , Congregat. Propag.* 1630. *in* 8.
Thomæ Erpenii , Rudimenta linguæ Arabicæ : accedunt ejufdem praxis Grammatica & confilium de ftudio Arabico feliciter inftituendo. *Leidæ*, 1620. *in* 8.
Grammatica Græca. *in* 8.
Jacobi Gretferi Soc. J. inftitutionum linguæ græcæ liber tertius de fyllabarum dimenfione. *Muffiponti , Bernardi*, 1608. *in* 8.
Rutgeri Hermanidæ, Orthotonia five doctrina de accentibus græcis. *Amftelod. Waesberge*, 1664. *in* 8.
Gulielmi Bailli Soc. J. de Græcorum Dialectis libellus. *Muffiponti, Bernardi*, 1607. *in* 8.
Avis fur la prononciation de la Langue Grecque. *in* 8.
Aug. Caninii , Hellenifmus multis græcis latinifque vocibus per Carolum Haubœfium auctus. *Londini, Billii*, 1624. *in* 8.
Ethymologicum parvum , ex magno Sylburgii & aliis excerptum , ftudio Franc. Gregorii. *Londini, Flesher*, 1654. *in* 8.

GRAMMATICI, in octavo, &c.

Georgii Pasoris, Lexicon græco-latinum in novum Testamentum. Accesserunt tractatus duo: 1. de Græcis N. T. accentibus. 2. de Dialectis. *Londini, Griffin,* 1650. *in* 8.

Onomasticon Latino-Græcum. *Rothomagi, Lallemant,* 1648. *in* 12.

Æmilii Porti, Dictionarium Doricum græco-latinum. *Francof. Palthenii,* 1603. *in* 8.

Ejusdem, Dictionarium Ionicum græco-latinum. *Ibidem, in* 8.

Ejusdem, Lexicon Pindaricum. *Hanoviæ, typis Wechelianis,* 1606. *in* 8.

Nicolai Clenardi, institutiones Linguæ Græcæ, Locupletatæ, studio Gerardi Jo. Vossii. *Amstelod. Janssonii,* 1655. *in* 8.

Gerardi Jo. Vossii Rhetorices contractæ seu partitionum oratoriarum libri V. *Ibidem, in* 8.

Ejusdem, Latina Grammatica. *Ibidem.* 1660.

—— Latina syntaxis. *Ultrajecti, Ribbii,* 1653. *in* 8.

Paschasii Grosippi, paradoxa litteraria. *Mediolani, Bidellii,* 1628. *in* 8.

Jo. Adami Weberi, Canon. Reg. ars discurrendi de qualibet materia. *Norimbergæ, Endteri,* 1671. *in* 8.

Francisci Sanctii, Minerva sive de causis latinæ linguæ Commentarius, cum notis Gasp. Scioppii. *Amstelodami, Pluymer,* 1664. *in* 8.

Henr. Stephani Palæstra prima de latinitate. *Francfordii,* 1595. *in* 8.

Ejusdem expostulatio de latinitate falso suspecta, de Plauti latinitate dissertatio & ad Lectionem illius progymnasma. *Parisiis,* 1576. *in* 8.

Joh. Worstius de latinitate falso suspecta deque latinæ linguæ, cum germanica convenientia. *Berolini, Hahnii,* 1678. *in* 8.

P. Rami Dialecticæ institutiones. *Paris. Bogardi,* 1543. *in* 8.

Barthol. Riccii, de imitatione libri tres. *Par. Turrisani,* 1557. *in* 16.

Christoph. Cellarii, Curæ posteriores de Barbarismis & Idiotismis Sermonis latini. *Jenæ, Wertheri,* 1687. *in* 12.

Hadrianus Cardinalis de Sermone Latino & modis latine loquendi. *Coloniæ, Hierat,* 1612. *in* 16.

Idem. *Venetiis, Sessa,* 1568. *in* 8.

Richerii Grammatica obstetricia. *Paris. Febvrier,* 1607. *in* 8.

Joh. Passeratii, liber de litteratorum inter se cognatione & permutatione. *Paris.* 1606. *in* 8.

Frid. Redtelii, Collegium styli. *Francof. Pleneri,* 1685. *in* 8.

Delectus Latinitatis designatus rudiore exemplo a Phil. Moneto Soc. J. *Lugd. Pillehotte,* 1622. *in* 8.

Petri Dan. Huetii, de interpretatione libri duo: accessit de fabularum Romanensium origine diatriba. *Haga-Comitis, Leers,* 1683. *in* 8.

Merici Casauboni, diatriba de verborum usu & accuratæ eorum

GRAMMATICI, in octavo, &c.

cognitionis utilitate. *Londini, Flesher*, 1647. *in* 12.
Bernardi Lælii a Ganzano, Dictionum discrimina. *Neapoli, Ferri*, 1681. *in* 8.
Orthographiæ ratio ab Aldo Manutio collecta, & alia quædam. *Venetiis*, 1566. *in* 8.
Jo. Despauterius. *Rothomagi, Lallemant*, 1650. *in* 8.
Nouvelle methode pour apprendre facilement la langue Latine. *Paris, Vitré*, 1644. *in* 8.
J. A. Comenii, Lexicon atriale Latino-Latinum. *Amsteled. Janssonii*, 1657. *in* 8.
Phil. Paræi, Lexicon Criticum. *Norimbergæ, Endteri*, 1645. *in* 8. 2. vol.
Franc. Marii Grapaldi, Onomasticon de partibus ædium. *Durdrechti, Bercwout*, 1618. *in* 8.
Idem. *Lugduni, Vincentii*, 1535. *in* 8.
Projet & fragment d'un Dictionnaire Critique. *Rotter. Leers*, 1692. *in* 8.
Thesaurus purioris atque elegantioris latinitatis. *Rothomagi, Lallemant*, 1656. *in* 12.
Dictionnaire Latin, Grec & François de Fed. Morellus. *in* 8.
Officina Latinitatis. *Paris, Thiboust*, 1673. *in* 8.
Le Dictionnaire Geographique. *Brusselles, Foppens*, 1694. *in* 12.
Erycii Puteani, Facula distinctionum ad lectionem & scriptionem necessaria. *Lovanii, Revii*, 1610.
Ejusdem stimulus Litterarum, Oratio parænetica. *Ibidem, in* 12.
Jo. Cibenii, Lexicon Historicum ac Poëticum. *Lugduni, Beringi*, 1544. *in* 8.
Henr. Smetii, Prosodia. *Rothomagi, Loyselet*, 1620. *in* 8.
*Nouveau Dictionnaire de Rimes. *Par. Courbé.*, 1648. *in* 8.
Le grand Dictionnaire des Rimes Françoises. *Cologne, Berjon*, 1624. *in* 8.
L'Harmonie Etymologique des Langues, par Etienne Guichart. *Paris, le Roy*, 1619. *in* 8.
Dittionario Toscano, da Adriano Politi. *in Venetia,* 1655. *in* 8.
Dictionnaire Italien & François par Nathanael Duez. *Leyde, Elzevier*, 1660. *in* 8.
Le même. *Amsterdam, Elzevier*, 1650. *in* 8.
Dictionnaire Italien & François par Pierre Canal. *Paris, Houzé*, 1611. *in* 8.
Franco-Gallia edita a Joh. Henrico Ottio. *Basilea, Bertschii*, 1670. *in* 12.
Le Dictionnaire de la Langue Touloufaine. *Toulouse, Jean Boudot*, 1642. *in* 12.
Teforo de las dos las linguas Española y Francesa, de Cæsar Oudin. *en Leon de Francia, Bourlier*, 1675. *in* 8. 2. vol.
Euphrosini Lapinii institutionum Florentinæ linguæ libri duo. *Florentia, Juncta*, 1574. *in* 8.

GRAMMATICI, in octavo, &c.

Profe Fiorentine raccolte dallo Smarritto accademico della Crufca. *in Firenze*, 1621. *in* 8.

Dictionario della lingua Italiana Turchefca, da Giovani Molino. *in Roma, Gioiofi*, 1641. *in* 8.

Franc. Blanchi, Dictionarium Latino-Epiroticum. *Roma, Congr. Propag.* 1635. *in* 8.

Grammaire Allemande. *in* 8.

Alberti Molnar, Dictionarium Ungarico-latinum. *Francof. Hummii,* 1644. *in* 8.

Dictionnaire Caraibe-François, par le F. Raimond Breton de l'Ordre des FF. Prêcheurs. *Auxerre, Boucquet*, 1665. *in* 8.

Cathechifme traduit en Langue Caraibe par le même, à l'ufage des Miffions. *Ibidem*, 1664. *in* 8.

Phrynici Eclogæ Atticorum nominum & verborum, Græce. *Roma*, 1519. *in* 8.

II. Oratores.

Gnomologiæ, ideft Sententiæ collectæ & fimilia ex Demofthenis Orationibus gr. lat. a Joann. Livino. *Par. Nivellii*, 1551. *in* 8.

Dion. Longini libellus de Sublimate gr. lat. cum notis emendationibus & Præfatione Tanaq. Fabri. *Salmurii, Lenerii,* 1663. *in* 12.

Themiftii, Orationes XIV. græce, cum notis H. Stephani. *apud H. Stephanum*, 1562.

Parodiæ morales H. Stephani in Poëtarum veterum fententias celebriores totidem verfibus Græcis ab eo redditis. 1575. *in* 8.

Themiftii, Orationes XVII. gr. lat. cum notis Dion. Petavii. *Flexia, Rezé*, 1617. *in* 8.

Ariftotelis artis Rethoricæ libri tres, & de arte Poëtica liber gr. lat. *Lugduni, Pillehotte,* 1606. *in* 8.

Hermogenis ars Oratoria & libri omnes gr. lat. cum Commentario Gafp. Laurentii. *Geneva, Auberti*, 1614. *in* 8.

M. F. Quintiliani inftitutiones oratoriæ & quæ adjungi folent cum variorum notis. *Lugd. Bat. Hackii,* 1665. *in* 8. 2. vol.

Theatrum veterum Rhetorum, Oratorum, &c. libris V. expofitum a Ludov. Crefolio Soc. J. *Parif. Cramoify*, 1620. *in* 8.

Thomæ Farnabii Index Rhetoricus & Oratorius: accedunt formulæ Oratoriæ & index Poëticus. *Amftelod. Janffonii*, 1648. *in* 12.

M. Tullii Ciceronis de Philofophia prima pars, nempe Academicarum Quæftionum libri duo de finibus bonorum & malorum libri V. Tufculanarum Quæftionum libri V. *Par. Rob. Stephani*, 1543.

Ciceronis de officiis libri tres. De fenectute. De amicitia. Paradoxa & fomnium Scipionis cum notis Pauli Manutii. *Lugd. Gryphii,* 1585.

―― Confolatio vel de Luctu minuendo. Riccoboni & Sigonii de illa judicia. *Ibidem*, 1584. *in* 16.

GRAMMATICI, in octavo, &c.

Pauli Manutii Commentarius in Epistolas Ciceronis ad Atticum. *Venetiis*, 1547.

Ciceronis ac Demosthenis sententiæ selectæ : accessit desiderii Vandoperani libollus de Philosophorum doctrina. *Parif. de Marnes*, 1575.

Sententiæ veterum Poëtarum per locos communes digestæ a Georgio Majore : accedit Ant. Mancinelli libellus de poëtica virtute. *Ibidem.* 1564.

Platonis Gemmæ, a Nic. Liburno collectæ. *Ibidem.* 1558. *in* 16.

Q. Asconii Pediani Commentationes in aliquot Ciceronis Orationes. *Lugd. Bat. Hackii*, 1644. *in* 12.

Christoph. Uladeraccii, Polyonima Ciceroniana : accedit Lexicon vocum Ciceronianarum. *Rothomagi, Dav. du Petit-Val*, 1625. *in* 16.

Epitheta Ciceronis collecta a Jo. Nunnesio. *Venetiis, Aldi Manutii*, 1570. *in* 8.

Pseudo-Cicero, Dialogus H. Stephani. 1577. *in* 8.

Apophtegmatum ex optimis utriusque linguæ scriptoribus per Def. Erasmum Rot. collectorum libri VIII. *Parif. Regnault*, 1555. *in* 16.

Harangue Panegyrique de Pline second à l'Empereur Trajan. *Par. Quinet*, 1633. *in* 8.

Selectæ Orationes Panegyricæ Patrum Societatis Jesu. *Lugd. Riviere*. 1667. *in* 12. 2. vol.

Jo. Passeratii, de Cœcitate Oratio. *Parif. Patissonii*, 1597. *in* 8.

Orationes clarorum hominum vel honoris officiique causa ad Principes vel in funere de virtutibus eorum habitæ. *Parif. Cavellat*, 1577. *in* 16.

Historia Strenarum Orationibus adversariis explicata & Carmine Prosopopœiæ Martis, Justitiæ, Pacis, Minervæ & Franciæ ; accessit Libanii sophistæ Kalendarum Januarii græca expressio cum interpretatione & notis Theod. Marcilii. *Parif. Pautonnier*, 1603. *in* 8.

Davidis Chytræi, Orationes. *Hanoviæ, typis Wechelianis*, 1614. *in* 8.

Reineri Neuheusii, Exercitatio eloquentiæ. *Amstelodami, Waesberge*, 1671. *in* 12.

Everardi Waffenbergii, Panegyrici selecti cum Parænesi ad Germanos. *Bruxellæ, Mommartii*, 1648. *in* 12.

Petri Valentis, de Laudibus Homeri Oratio. *Parif. Antonii Stephani*, 1621. *in* 8.

M. Ant. Majoragii Orationes XXV. & Præfationes XV. una cum Dialogo de Eloquentia correctæ a Valentino Hartungo. *Lipsiæ, Lanckisii*, 1628. *in* 8.

P. Rami, Dialecticæ institutiones. *Parif. Bogardi*, 1543.

Ejusdem Aristotelicæ animadversiones. *Ibidem, in* 8.

GRAMMATICI, in octavo, &c.

Laurentii Burcereti, Orationes XXV. *Parif. Hulpeau*, 1584. *in* 8.
Tobiæ Oelhafen, de rei monetariæ hodierno in Imperio Romano-Germanico statu corruptiss. Orationes IX. *Noriberga, Endteri*, 1685. *in* 8.
Jac. Typotii, Orationes Turcicæ tres. *Hala-Saxonum, Greberi*, 1598.
Ejusdem, Epistolæ duæ ad ordines Imperii de salute Patriæ. *Ibid.* — Jaurinum. *Ibidem*, *in* 8.
Erycii Puteani, stimulus Litterarum, Oratio parænetica. *Lovanii, Rivii*, 1610. *in* 12.
Petri Joannis Perpiniani, Soc. J. Orationes. *Lugduni, Cardon*, 1607. *in* 16.
Edmundi Campiani, Soc. J. Decem rationes propositæ in causa fidei & opuscula omnia ejus selecta. *Antuerpiæ, Moreti*, 1631. *in* 8.
Ejusdem Opuscula omnia. *Mussiponti, Cramoisy*, 1622. *in* 24.
Sam. Pufendorfii Dissertationes Academicæ Selectiores. *Upsaliæ*, 1677. *in* 8.
Guill. Estii, Orationes Theologicæ. *Duaci, Kellami*, 1614. *in* 8.
Jo. Bapt. Ferrarii, Soc. J. Orationes. *Lugd. Prost.* 1625. *in* 12.
Thomæ Stapletoni, Orationes Academiæ Miscellaneæ. *Antuerpiæ, Keerbergii*, 1600. *in* 8. 2. vol.
Danielis Heinsii, Orationum Editio nova auctior : accedunt Dissertationes aliquot. *Lugd. Bat. Elzevirii*, 1642. *in* 12.
Apophtegmatum ex optimis utriusque linguæ scriptoribus libri VIII. studio Pauli Manutii. *Venetiis, Zenari*, 1590. *in* 16.
Ivari Petri-Adolphii Medulla Oratoria. *Amstelodami, Elzevir*, 1636. *in* 12.
Petri Poiret, de eruditione solida superficiaria & falsa libri tres. *Amstelodami, Andrea Petri*, 1692. *in* 8.
Thomæ Lansii Consultatio de principatu inter Provincias Europæ. *Tubinga, Cotta*, 1678. *in* 8. 2. vol.
Les Etymologies Françoises du P. Labbe. *Paris, Benard*, 1661. *in* 12.
Etymologie des mots François tirez du Grec, par Leon Tripault, *Orleans, Gibier*, 1583. *in* 8.
Joach. Perionii Dialogi de linguæ Gallicæ Origine ejusque cum Græca cognatione. *Parif. Nivellii*, 1555, *in* 8.
Projet du Livre intitulé, de la précellence du Langage François par Henry Etienne. *Par. Patisson*, 1579. *in* 8.
Recueil des Pieces touchant l'éloquence & les differens entre Narcisse, Philarque & Aristarque. *Par.* 1628. *in* 8.
Methode curieuse de Bretonneau pour la Langue Latine, par l'observation de la Françoise. *Par. Thiboust*, 1666 *in* 12.
Synonimes & Epithetes Françoises, par A. de Montmeran. *Par. Guignard*, 1658. *in* 12.

Les mêmes. *Ibidem*, 1651. *in* 12.
Obfervations de M. Menage fur la Langue Françoife. *Par. Barbin*, 1675. *in* 12.
Reflexions ou Remarques critiques fur l'ufage prefent de la Langue Françoife, par A. D. B. *Pa. D'Houry*, 1692. & 1694. *in* 12. 2. vol.
De la Délicateffe. *Par. Barbin*, 1671. *in* 12.
L'Enterrement du Dictionnaire de l'Academie, 1697. *in* 12.
Réponfe à une critique fatyrique intitulée : l'Apotheofe du Dictionnaire de l'Academie. I. partie. *Par. Ballard*, *in* 12.
L'Apothéofe du Dictionnaire de l'Academie. *La Haye, Leers*, 1696. *in* 12.
Nouvelles remarques critiques fur le Dictionnaire Univerfel, publié par MM. Bafnage & Huet. *In* 12.
Les Origines de quelques Coutumes anciennes & de plufieurs façons de parler triviales, par M de Brieux. *Caen, Cavelier*, 1672. *in* 12.
La Politeffe de la Langue Françoife. *Par. Bobin*, 1673. *in* 12.
Remerciment à M. Miron S. du Tremblay, &c. par le Peuple de Paris. *Par. Jacquin*, 1606. *in* 8.
Relation contenant l'Hiftoire de l'Academie Françoife. *Paris, Courbé*, 1653. *in* 8.
Recueil de plufieurs Pieces d'Eloquence & de Poëfie, prefentées à l'Academie Françoife pour le prix de l'année 1697. *Par. Coignard*, 1697. *in* 12.
Oraifons Funebres compofées par M. Flechier. *Par. Mabre-Cramoify*, 1680. *in* 12.
Traduction des Philippiques de Demofthenes d'une des Verrines de Ciceron avec l'Eutyphron, l'Hyppias & l'Euthidemus de Platon. *Par. Barbin*, 1685. *in* 12.
Harangues tirées des Hiftoriens Grecs & Latins. *Lyon, Riviere*, 1666. *in* 12. 3. vol.
Teorica de la lingua di Gio, Fabrini. *In Venetia, Seffa*, 1588. *in* 8.
Deux Dialogues du nouveau Langage François italianizé, &c, *in* 8.

POETÆ.

IN FOLIO.

Æschyli Tragœdiæ, gr. lat. cum Scholiis græcis omnibus, deperditorum Dramatum fragmentis verfione & commentario

POETÆ, in folio.

Thomæ Stanleii. *Londini, Flesher, 1663.*
Virgilius, Argumentis explicationibus notisque illustratus a Lud. De la Cerda Soc. J. *Lugduni, Cardon, 1612. 1617. & 1619.* 3. vol.
Q. Horatius, cum commentariis Æronis, Pophyrionis, &c. *Parif. Regnault, 1543.*
Juvenalis, cum commentariis Mancinelli, &c. *Mediolani, Seinzenzeler, 1501.*
Statius, cum commentariis Lactantii, Domitii & Maturantii. *Venetiis, 1492.*
Les Oeuvres de Pierre Ronsard avec des Commentaires & remarques. *Par. Nicolas Buon, 1623.* 2. vol.
Les Oeuvres de G. de Saluste Sieur du Bartas, avec Commentaires. *Par. J. de Bordeaux, 1611.*
La Pucelle ou la France délivrée, Poëme Heroïque, par Chapelain. *Par. Courbé, 1656.*
Alaric ou Rome vaincuë, par M. de Scudery. *Ibid. 1654.*
Cavillæi ruris Nympha, a Santolio. *Parif. Muguet, 1678.*
Dante con l'espositioni di Christof. Landino & d'Alessandro Velutello sopra la Sua comedia dall' inferno, dal Purgatorio & del Paradiso, &c. riveduto per Francesco Sansovino. *In Venetia, Sessa, 1578.*
Il Bellerofonte, Drama Musicale dal S. Vicenzo Nolfi, representato nel Teatro di Venetia di Giacomo Torelli. 1642.
Apparati Scenici per lo Teatro novissimo di Venetia d'inventio e cura di Giacomo Torelli. *In Venetia, Vecellio, 1644.*
Feste Teatrali per la finta pazza drama del S. Giulio Strozi representate in Parigi quest' anno 1645. & da Giacomo Torelli inventore.

POETÆ.

IN QUARTO.

Gnomologia Homerica per Jacobum Duportum collecta. *Cantabrigia, Joh. Field, 1660.*
Index Vocabulorum in omnia Homeri Poëmata, accurante M. Wolfgango Sebero Sulano. *Amsterodami, Janssonii, 1649. in 8.*
Pindari olympia, Pythia, Nemea, Isthmia, græce. *Roma, Calergi, 1515.*
Callimachi Cyrenæi, Hymni Epigrammata & fragmenta gr. lat.

cum notis Annæ Tanacq. Fabri Filiæ. *Parif. Mabre-Cramoify,* 1675.

Mufæi, Poetæ græci Erotopægnian Herus & Leandri gr. lat. cum commentario Danielis Paræi. *Francofurti, Fitzeri,* 1627.

Georgii Pifidæ opus fex dierum & ejufdem fenarii de vanitate vitæ gr. lat. ftudio Fed. Morelli. *Parif. Morelli,* 1575.

Dicta Poëtarum quæ apud Stobæum extant emendata & latino Carmine reddita ab Hugone Grotio: accefferunt Plutarchi & Bafilii Magni, de ufu Græcorum Poëtarum libelli. *Parif. Nic. Buon,* 1623.

Anthologia Græcorum Epigrammatum, gr. lat. ab Eilhardo Lubino. *In Bibliopolio, Commelin.* 1604.

Q. Ennii Annalium fragmenta collecta & explicata a Paulo Merula. *Lugd. Bat. Elzevir,* 1595.

C. Lucilii Sueffani, Satyrarum quæ fuperfunt reliquiæ Collectæ notifque illuftratæ a Franc. Doufa. *Lugd. Batav. Raphelengii,* 1597.

Terentius, cum triplici P. Antefignani commentatione. *Lugduni, Bonhomme,* 1560.

Virgilii Georgicon Liber fecundus.

Phædri Fabulæ Æfopiæ Selectæ. *Parif. Libert.* 1632.

Terentii, Heautontimorumenos.

Traduction des IV. & VI. Livres de l'Eneide de Virgile. *Par. le Petit,* 1666.

Horatius, cum commentariis antiquis & Jacobi Cruquii; accedit Jani Douzæ Commentariolus. *Lugd. Bat. Raphelengii,* 1611.

Horatius explicatus ab Eilhardo Lubino. *Francofurti, Bringeri,* 1612.

Horatii Carmina, cum fcholiis brevibus. *Parif. Richardi,* 1548.

Ejufdem Epodon liber. *Parif. Tiletani,* 1543.

Catullus, cum obfervationibus Ifaaci Voffii. *Londini, Littleburii,* 1684.

T. Petronii Arbitri Satyricon, ex mufæo Jo. Antonii Gonfali de Salas. *Francofurti, Hofmanni,* 1629.

Chorus Poëtarum Clafficorum facrorum & profanorum. *Lugduni, Muguet,* 1616.

Panagii Salii Audomarenfis Vedaftiados five Galliæ Chriftianæ libri V. *Duaci, Bogardi,* 1591.

Jac. Savary, Album Hipponæ five Hippodromi leges. *Cadomi, le Blanc.* 1662.

Ejufdem Venationis Cervinæ, Capreolinæ, Aprugnæ & Lupinæ Leges. *Cadomi, Cavelier,* 1659.

De re accipitraria libri tres Lutetiæ. *Patiffonii,* 1584.

Scævolæ Sam-Marthani, Pædotrophiæ libri tres. *Ibidem.* 1584.

Hippolyti Capilupi Carmina. *Antuerpia, Plantin,* 1574.

Franc. Vavafforis, Soc. J. Epicorum liber. *Parifiis, Cramoify,* 1661.

Academica

POETÆ, in quarto. 353

Academica Parentalia a Collegio Renenfi Soc. J. perfoluta DD. Franc. Brulart. *Remis, Conftant,* 1631.
Poemata Latina. *Cadomi, Cavelier,* 1638.
Ode in D. Salvatorem noftrum & vivificam ejus Crucem Theandricorum procitharifma. *Catalauni, Seneuze,* 1667.
Terentiani Mauri, de litteris, Syllabis, pedibus & metris tractatus cum Nic. Briffæi Montivillarii Commentario. *Parifiis, Colinæi,* 1531.
Thomæ Corrææ de Elegia Libellus. *Bononiæ, Benatii,* 1590.
Idem de Epigrammate. *Ibidem.*
Bernardini Parthenii, de Poëtica imitatione libri V. *Venetiis, Avancii,* 1565.
Valerandi Varenii, de geftis Joannæ Virginis Franciæ libri quatuor. *Parif. Jo. de Porta.*
Les Lunettes des Princes avec aucunes Balades & additions, de Jehan Mefchinot. *Par, Michel le Noir,* 1605.
Obros & Rimos Provenfalos de Bouys de la Belaudiero. *Marfeille,* 1595.
Ballet comique de la Reine, par Balthafar de Beau-Joyeulx. *Par. Adrian le Roy,* 1582.
La Liberazione di Ruggiero dall'ifola d'Alcina, del S. Ferdinando Saracinelli. 1625.
Oeuvres de Maynard. *Paris, Courbé,* 1646.
Moyfe Sauvé, Idyle Héroïque du S. de S. Amant. *Ibid.* 1653.
Clovis ou la France Chrêtienne, par J. Defmarets. *Ibid.* 1657.
Les Exploits & le Triomphe d'amour, par N. Maneron. *Reims, Bernard,* 1629.
Oeuvres diverfes du Sieur D *** avec le Traité du Sublime, traduit du Grec de Longin. *Par. Barbin,* 1674.
M. Boileau, Ode fur la prife de Namur. *Par. Thierry,* 1693.
——— Epitres à M. de Guilleragues. *Ibidem,* 1674.
——— Dialogue ou Satyre X. *Ibidem,* 1694.
Réponfe à la Satyre X. du S. D. *Par. de la Caille,* 1694.
Défenfe du Poëme Heroïque avec quelques Remarques fur les Oeuvres fatyriques du S. D. *Par. le Gras,* 1674.
Satire contre les Maris, par le Sieur R. J. D. F. *Par.* 1694.
L'Apologie des Femmes. *Par. Coignard,* 1694.
Poëme Heroïque au Roy par M. de Hautmont. *Paris, Jouvenel,* 1685.
Tombeau de M. Santeuil. *Par. Denain.* 1698.
Traductions en vers de l'hymne *Veni Creator,* de la Profe, *Dies iræ,* du Cantique *Te Deum* & du Pfeaume *Exaudiat,* par le S. Perachon. *Paris, Pralart,* 1686.
Illuftr. Abbati Camillo le Tellier de Louvois Carmen, authore C. Rollin. 1692.
La Reftitution des Saints lieux, Poëme Heroïque. *Par. Lambin,* 1692.

Y y

Ad nomen Lud. Antoni de Noailles Cardin. Anagrammma.
In Obitum Caroli Gobinet, Doct. Sorbonici Epicedium.
Ludovico Magno, Ode. *Romæ*, 1704.
Xenia Votiva pro fœlicitate armorum Lud. Magni, a D. le Houx Abbate.
Ludovico Magno, Ode Petri Billet.
D. Maglorii Querimonia.
Musæ Collegii Universitatis Remensis ad Franciscum de Mailly Archiepiscopum, &c.
Eodem, Epistola N. Gaillard.
Ejusdem Adventus Fœlicissimus, Ode a Jo. la Court.
In Ejusdem reditum Triumphantem &c. Ode a P. Duchesne Soc. J.
Varia Santolii Carmina.
La conversione di Clodoveo Re di Francia, di Carlo Sigism. Capeci. *In Roma, Antonio de Rossi*, 1709.
Il Tebro fatidico, introduttione al Ballo dell' aurora. *In Roma, Mascardi*, 1704.
La Contesa d'Onore tra la gloria la fama & il valore di Francesco Posterla. *In Roma Campana*, 1704.
Il Parnasso Espagnol y Musas Castellanas de D. Francesco de Quevedo Villegas, Corregidas por Amuso Cultifragio. *En Madrid, Diego Diaz*, 1650.

POETÆ.

IN OCTAVO, &c.

VEtust. Authorum Græcorum Georgica, Bucolica, & Gnomica Poemata quæ super sunt, gr. lat. Accessit Is. Hortiboni, Lectionum Theocriticarum libellus. 1600. *in* 16.
Hesiodus, gr. lat. cum variorum notis, accurante Cornelio Schrevelio. *Lugd. Batav. Hackii*, 1650. *in* 8.
Poëtæ Minores græci cum observationibus Radulphi Wintertoni in Hesiodum. *Cantabrigiæ, Jo. Hayes*, 1684. *in* 8.
Æschyli, Sophoclis, Euripidis Tragœdiæ Selectæ cum duplici interpretatione latina. *Apud H. Stephanum*, 1567. *in* 16.
Euripides, græce. *Venetiis Aldi*, 1503. *in* 8.
Lud. Coulon, Lexicon Homericum. *Parisiis, Cramoisy*, 1643. *in* 8.
Simonis Simonidæ Poematia. *Lugd. Bat. Marci*, 1619. *in* 12
Callimachus, ex recensione Theodori Grævii. *Ultrajecti, Halmæ*, 1697. *in* 8. 2. vol.

POETÆ, in octavo, &c.

Anacreontis & Sapphonis Carmina gr. lat. cmm notis Tanaq. Fabri. *Salmurii, Lenerii,* 1660. *in* 12.

Les Poësies d'Anacreon & de Sappho, traduites en vers François avec des Remarques. *Par. Emery,* 1674. *in* 12.

Diverforum Poëtarum in Priapum lufus, cum Commentar. Gafp. Schoppii & alia. *Patavii, Gerhardi Nicolai,* 1664. *in* 8.

Olympia Pindari latino Carmine reddita per Nic. Sudorium. *Par. Morelli* 1575. *in* 8.

Mufæi, de Herone & Leandro Carmen, cum notis Jacobi Rondelli. *Par. Cramoify,* 1678. *in* 8.

Antonini Liberalis transformationum congeries: edidit Abrahamus Berkelius. *Lugd. Batav. Gaësbeeck,* 1674. *in* 12.

Petri Scriverii Collectanea veterum Tragicorum L. Livii Andronici, Q. Ennii, Cn. Nævii, L. Attii, aliorumque fragmenta cum notis: accedunt Caftigationes & notæ Ger. Jo. Voffii. *Lugd. Bat. Jo. Maire,* 1620. *in* 8.

Plautus. *Amfterodami, Janffonii,* 1629. *in* 24.

Idem. *Ibidem, Blaeu,* 1640. *in* 24.

Jani Doufæ, Plautinarum explanationum libri IV. *Francofurti, Jo. Saurii,* 1602. *in* 12.

Plautus Variorum, ex recenfione Jo. Fred. Gronovii. *Lugd. Bat. Hackii,* 1664. *in* 8.

Terentius. *Lugduni, Gryphii,* 1550. *in* 16.

Terentius fecundum Jo. Rivii correctiones. *Tiguri,* 1561. *in* 8.

Idem Variorum, accurante Cornelio Schrevelio. *Lugd. Batav. Hackii,* 1662. *in* 8.

T. Lucretius. *Amfterodami, Janffonii,* 1620. *in* 24.

Danielis Paræi Lexicon Lucretianum. *Francofurti, Hofmanni,* 1631. *in* 8.

Virgilius cum Scholiis Nicolai Erythræi editus a Frid. Sylburgio. *Francofurti, Wecheli,* 1596. *in* 8.

Idem Variorum, recenfente Cornelio Schrevelio. *Lugd. Batav. Hackii,* 1657. *in* 8.

Idem. *Ibidem,* 1661. *in* 8.

Horatius, cum Jo: Bond Scholiis. *Parif.* 1640. *in* 12.

Idem, cum Scholiis H. Stephani. *in* 8.

Idem, Variorum. *Lugd. Batav. Hackii,* 1658. *in* 8.

Seconde Partie des Oeuvres d'Horace traduites par Marolles. *Par. Quinet,* 1652. *in* 8.

Ovidii Metamorphofeon libri XV. *Lugduni, Gryphii,* 1541. *in* 8.

L'art d'aimer d'Ovide par le S. Renoüard. *Rouen, du Bofc,* 1634. *in* 12.

Ovidius Variorum accurante Corn. Schrevelio. *Lugd. Batav. Leffen,* 1661. *in* 8. 3. vol.

Petronii Arbitrii Satyricon cum notis. *Amfterodami, Janffonii,* 1634. *in* 24.

Idem, cum fragmentis. *Par. Langlois*, 1693. *in* 12.
Idem Variorum, accurante Simone Abbes Gabbema. *Ultrajecti, Gisberti a Ziill*, 1654. *in* 8.
Idem cum notis Jani Douzæ. *Lugd. Bat, Paëtsii*, 1585. *in* 8.
Anecdoton ex Petronii Arbitri Satyrico fragmentum cum Judicio de Styli ratione ipsius. *Par. Martin*, 1664. *in* 8.
Marini Statilei Responsio ad Joh. Wagenseilii & Hadriani Valesii Dissertationes de Tragurienfi Petronii fragmento. *Par. Martin*, 1666. *in* 8.
A. Persius, cum Commentariis Eilhardi Lubini. *Franekeræ, Radæi*, 1607. *in* 8.
Juvenalis & A. Persius. *Amstelodami, Hondii*, 1625. *in* 24.
Iidem, cum notis Theod. Pulmanni. *Antuerpiæ, Plantin*, 1566. *in* 16.
Iidem, cum notis P. Pithoei. *Par. Patissonii*, 1585. *in* 8.
Iidem, cum notis Th. Farnabii. *Par Thiboust*, 1670. *in* 12.
Iidem, cum commentario Eilhardi Lubini. *Hanoviæ, Typis Wechelianis*, 1619. *in* 8.
Iidem Variorum, accurante Cornelio Schrevelio. *Lugd. Bat. Hackii*, 1664. *in* 8.
Les Satyres de Juvenal & de Perse avec des Remarques en latin & en françois par M. de Marolles. *Par. de Luyne*, 1671. *in* 8.
Catullus, cum Commentario Achillis Statii. *Venetiis, Aldi*, 1566. *in* 8.
Catullus, Tibullus, Propertius. *Antuerpiæ, Plantin*, 1569. *in* 16.
Iidem Variorum, accurante Simone Abbes Gabbema. *Ultrajecti, Gisb. a Ziill*, 1659. *in* 8.
Martialis. *Lugduni, Gryphii*, 1539. *in* 8.
Idem cum Scholiis Hadriani Junii. *Antuerpiæ, Plantin*, 1568. *in* 16.
L. Annæi Senecæ Tragoediæ. *Lugduni, Gryphii*, 1554. *in* 16.
Idem. *Amsterodami, G. Janss. Cæsii*, 1624. *in* 24.
Lucanus cum notis Hug. Grotii. *Ibidem*, 1627. *in* 24.
Idem Variorum accurante Corn. Schrevelio. *Lugd. Bat. Hackii*, 1658. *in* 8.
Claudianus. *Amsterodami, Blaeu*, 1630. *in* 24.
Idem Variorum, ex recensione Danielis Heinsii. *Amstelodami, Elzevir*, 1665. *in* 8.
Anti-Claudianus. *Venetiis, Combei*, 1582. *in* 8.
Jo. Fred. Gronovii in Statii Sylvarum libros V. Diatribæ. *Hagæ-Comitis, Theod. Maire*, 1637. *in* 8.
Joh. Fred. Gronovii Elenchus ad Statii Sylvas: accedit Epistola Cl. Salmasii. *Par. Pelé*, 1645. *in* 8.
P. Statius, cum Scholiis Joh. Bernhartii. *Antuerpiæ, Moreti*, 1595. *in* 8.
C. Valerii Flacci Argonauticon libri VIII. a Phil. Engentino emendati. *Argentorati, Knobochi*, 1525. *in* 8.

POETÆ, in octavo, &c.

Ausonius. *Amsterodami, Janßon*, 1629. *in* 24.
A. Prudentius. *Ibidem*, 1625. *in* 24.
Silius Italicus. *Ibidem*, 1628. *in* 24.
Idem, cum notis Christoph. Cellarii. *Lipsiæ, Fritsch*, 1695. *in* 8.
Carmen Panegyricum de laudibus Berengarii Aug. & Adalberonis Episc. Laudun. ad Rotbertum Regem Francorum Carmen cum notis Hadriani Valesii. *Par. du Puis.* 1663. *in* 8.
Jo. Wulteii Remensis Poemata. *Par. Colinæi*, 1538. *in* 16.
Dominici Baudii, Moralis & civilis Sapientiæ monita. *Leydæ, Jo. Balduini*, 1611.
Phædri Fabulæ, cum notis Rigaltii. *Par. Drouart*, 1600. *in* 12.
Georgii Buchanani, Poemata. *Lug. Batav. Elzevir*, 1628. *in* 24.
Ejusdem, Paraphrasis Psalmorum Poëtica & Tragœdiæ duæ Jephtes & Baptistes. *Ibidem*, 1621. *in* 16.
Ejusdem Franciscanus & Fratres : accessere varia ejusdem & aliorum Poemata. *Basileæ, Guarini, in* 8.
Hadriani Jordani, Soc. J. Suzanna, Tragœdia. *Par. Cramoisy.* 1654. *in* 12.
Thomæ Dempsteri, Decemviratus abrogatus Tragœdia. *Parisiis, Libert*, 1613. *in* 24.
Juliados sive de Beata vita libri sex. *Coloniæ, Henr. Aquensis*, 1576. *in* 8.
M. Hieronymi Vidæ Christiados libri sex. *Antuerpiæ, Steelsii*, 1536. *in* 8.
Franc. Mauri, Minor. Francisciados libri XIII. *Antuerpiæ, Plantin*, 1572. *in* 8.
Sacra Regum Historia heroico carmine expressa per Gilb. Filholium. *Par. Gorbini*, 1587. *in* 8.
Franc. Bonadi, Monodiarum libri tres. *Par. Colinæi*, 1538. *in* 16.
Theod. Bezæ, Poëmata. *Par. Badii*, 1548. *in* 8.
Salmoni Macrini Epigrammata. *Pictavii, Marnef*, 1548.
Ejusdem Odarum libri tres & Jo. Bellaii Cardinalis Poemata aliquot. *Par. Rob. Stephani*, 1546. *in* 8.
Jul. Cæsar Scaligeri Poemata omnia. *In Bibliopolio Commeliniano*, 1621. *in* 8. 2. vol.
Florilegium Epigrammaton Martialis græce versum a Josepho Scaligero. *Lutetiæ, Rob. Stephani*, 1606. *in* 8.
Strozii Poëtæ Pater & Filius. *Venetiis, Aldi*, 1513. *in* 8.
Gabrielis Naudæi Epigrammatum libri duo. *Par. Cramoisy*, 1650. *in* 8.
Hugonis Grotii Poemata omnia. *Amstælodami, Ravesteynii*, 1670. *in* 12.
Ejusdem Sophompaneas, Christus Patiens & sacri argumenti alia. *Amsterdami, Blaeu*, 1635. *in* 24.
Johannis Acronii, Irenarchia Europæa. *Harderovici, Alberti Sas*, 1678. *in* 8.

Jacobi Savary, Venationis Leporinæ Leges. *Cadomi, le Blanc*, 1655. *in* 12.

Conſtantini Hugenii, Momenta de Sultoria. *Hagæ-Comitum, Ulacq*, 1655. *in* 8.

Danielis Heinſii Poemata. *Lugd. Batav. Jo. Maire*, 1617. *in* 8.

Jacobi Pinonis, de anno Romano Carmen cum annotationibus. *Par. Cramoiſy*, 1630. *in* 8.

Laur. le Brun Soc. J. Eccleſiaſtes. *Rothom. Boullenger*, 1649, *in* 8.

Nicolaus Mercerius de conſcribendo Epigrammate. *in* 8.

Ferdinandi Liberi, Baronis de Furſtemberg Poëmata. *Amſtelodami, Elzevir*, 1671. *in* 8.

Epigrammatum delectus e veteribus & recentioribus Poëtis accurate decerptus. *Londini, Smith*, 1686. *in* 8.

M. A. Mureti Juvenilia. *Par. Mauricii, a Porta*, 1552. *in* 8.

Jo. B. Godefroy, Soc. J. Tabacum, Carmen. *in* 8.

Selecta quædam Italorum Poemata qui latine ſcripſerunt. *Londini, Green*, 1684. *in* 12.

Heroicæ Poëſeos deliciæ collectæ a Phil. Labbe Soc. J. *Pariſiis, Meturas*, 1646. *in* 12.

Theod. Bezæ Poëmata Juvenilia. *in* 16.

Thomæ Mori Epigrammata. *Londini*, 1638. *in* 16.

Guil. Gnaphei, Comedia de filio prodigo cum commentariis Gabrielis Prateoli Marcoſſii. *Pariſ. Mauricii a Porta*, 1554. *in* 8.

Tanaq. Fabri, fabulæ ex Loemanis Arabico-Latinis verſibus redditæ. *Salmurii, Pean*, 1673. *in* 12.

Jobus Sive de Conſtantia libri IV. *Pariſ. Patiſſon* 1588. *in* 8.

Franc. Bencii Soc. J. Quinque Martyres. *Antuerpiæ, Nutii*, 1602. *in* 16.

Franc. Vavaſſeur Soc. J. Jobus, Carmen Heroicum. *Pariſ. Cavellat*, 1638. *in* 12.

Comes Ruſticus ex optimis latinæ linguæ ſcriptoribus excerptus. *Pariſ.* 1693. *in* 8.

Iſ. Pontani Poëmatum libri V. *Amſtelod. Janſſonii*, 1634. *in* 12.

And. Meſtrali Diauloi ad Regem. *Avenione, Bramereau*, 1623. *in* 8.

Hiems Sancta. *in* 8.

Fortunii Liceti ad Aram Lemniam Doſiadæ Poëtæ Encyclopædia. *Par. Cottar*, 1635. *in* 8.

Conſtantinus ſive Idololatria debellata, Poëma Heroicum P. Manbrum Soc. J. *Amſtelod. Balck*, 1659. *in* 8.

Franc. Vavaſſeur Soc. J. de Miraculis Chriſti libri IV. *Pariſ. Camuſat*, 1545. *in* 12.

Frid. Hoffmanni Epigrammata. *Amſtelod. Waesberge*, 1665. *in* 12.

Marcelli Palingenii zodiacus vitæ. *Pariſ. Marnef*, 1580. *in* 16.

Faces Auguſtæ ante hac Belgicis verſibus conſcriptæ nunc a Caſp. Barlæo Latino Carmine redditæ. *Dordracii, Havii*, 1643, *in* 8.

POETÆ, in octavo, &c.

M. Hieronymi Vidæ Opera. *Lugd. Griphii*, 1581. *in* 16.
Jo. de Bussieres, Soc. J. Scanderbergus Poëma. *Lugduni, Barbier*, 1662. *in* 8.
Dion. Petavii Soc. J. Opera Poëtica gr. lat. *Parif. Cramoify*, 1641. *in* 8.
Tarræi Hebii, Amphiteatrum Seriorum Jocorum. *Hanoviæ* 1613. *in* 8.
Claudii Perrii, Soc. J. Icon Regis. *Parif. Jocar*, 1642. *in* 8.
M. Petri Ailberi, Anagrammatum centuria prima. *Lipfiæ, Croffii*, 1611. *in* 8.
Delitiæ Poëtarum Danorum, collectore Frid. Roftgaard. *Lugd. Bat. Luthmans*, 1693. *in* 12. 2. vol.
Delitiæ Poëtarum Scotorum hujus ævi illuftrium. *Amftelod. Blaeu*, 1637. *in* 12.
Mic. Tarcagniotæ Maruli Epigrammata & Hymni. *Parif. Wechel*, 1529.
Hieron. Fracaftorii, Syphilis five morbus Gallicus. *Parif. Lug. Cianei*, 1531. *in* 8.
Stephani Pafchafii Epigrammata, &c. *Parif. Petitpas*, 1618. *in* 16.
Guil. Du Peyratii Spicilegia Poëtica & amorum libri duo. *Parif. Perier*, 1601. *in* 16.
Ægidii Periandri Germania. *Francof. Feyraben*, 1567. *in* 8.
Car. Franc. de Charleval Soc. J. Simius, Carmen. *Rhedonis, Denis*, *in* 12.
Jo. Lucas Soc. J. Actio Oratoris. *Parif. Benard*, 1675. *in* 12.
Santolii, Hymni Sacri & novi. *Parif. Thierry*, 1689. *in* 12.
Ejufdem Opera Poëtica. *Parif. Thierry*, 1694. *in* 12.
Oeuvres de Santeuil, avec les Traductions par differens Auteurs, mifes au jour par A. Pinel de la Marteliere. *Paris, Benard*, 1698. *in* 12.
Caroli de la Ruë Soc. J. Idyllia. *Ibidem*, 1672. *in* 12.
Renati Rapini Soc. J. Poëmata. *Parif. Cellier*, 1690. *in* 12.
Lud. Antonio de Noailles cum Archiepifcopatum Parifienfem iniret, Gratulatio. *Parif. Benard*, 1696. *in* 12.
Farrago Poëmatum ex optimis Poëtis felecta per Leodegarium a Quercu, Tomus fecundus. *Parif. Gorbini*, 1560. *in* 16.
Capitoli Burlefchi d'incerto autore. *In* 12.
Rime di Aleffandro Lionardi. *In Venetia*, 1547. *in* 8.
Rime del S. Giuliano Gofelini. *In Milano, Pontio*, 1574. *in* 8.
L'Adone, Poëma del Cavalier Marino. *In Parigi, Jolly*, 1655. *in* 12. 2. vol.
Epitalami del Caval. Marino. *In Venetia, Ciotti*, 1616. *in* 24.
Il Petrarcha. *In Lione, Giov. de Tournes*, 1545. *in* 16.
Opere del S. Gio. Franc. Loredano. *In Venetia, Guerigli*, 1654. *in* 12. 2. vol.
Gierufalemme liberata del S. Torquato Taffo. *In Parigi, Jolly*, 1656. *in* 24. 2. vol.

Hierufalem delivrée, Poëme Heroïque de Torquato Taffo traduite par J. Baudoüin avec les figures de M. Lafne. *Paris, Guillemot*, in 8.

Recüeil des Eftampes qui doivent être dans les Ouvrages de Torquato Taffo. *in 16.*

Aminta, favola del S. Torquato Taffo. *In Roma, Succetti*, 1646, *in 24.*

Il Paftor fido di Battifta Guarini. *In Amfterdam, Winghendorp.* 1654. *in 24.*

Arcadia di Giacomo Sannazaro. *In Venetia, Guerigli*, 1646. *in 24.*

Annotationi di Scipio Gentili nella Gierufalemme di Torq. Taffo, &c. *in 24.*

Il figlio delle felve Drama per Mufica di Carlo Sigifmundo Capacir. *In Roma, Roffi*, 1708. *in 12.*

Lucio vero, Drama per Mufica raprefentato nella villa di Pratolino. *In Firenze, Brigonci*, 1700. *in 8.*

La Alteria, Comedia di Luigi Grotocieco. *In Venetia, Tarino,* 1602. *in 12.*

La Cameriera Comedia. *In Venetia, Vecchi*, 1606. *in 12.*

Rofane Imperatrice de gli Affirii, Drama per Mufica. *In Venetia*, 1699. *in 12.*

La Fida Paftora, comoedia Paftoralis, authore F. T. Anglo-Britanno. *Londini, Danielis*, 1658. *in 8.*

Le Berger fidele traduit de l'Italien de Guarini en Vers François. *Paris, Barbin*, 1672. *in 12.*

Oeuvres Poëtiques de Mellin de S. Gelais. *Lyon, de Harfy*, 1554. *in 12.*

Oeuvres Poëtiques de Remy Belleau. *Lyon, Soubron*, 1592. *in 12.*

Oeuvres Poëtiques de Gilles d'Aurigny. *in 16.*

La Savoye de Jacques Pelletier. *Anecy, Bertrand*, 1672. *in 8.*

Les Amours de Feu M. Triftan & autres pieces. *Paris, Quinet*, 1662. *in 12.*

Lou Trimfe de la lengovo Gafcovo, per J. G. d'Aftros. *Touloufo, Jan Boudo*, 1642. *in 12.*

Les Centuries de Michel de Noftradamus, avec la vie de l'Auteur. *Leyde, Leffen*, 1650. *in 8.*

Les mêmes. *Amfterdam, Waesberge*, 1688. *in 12.*

Satire diverfe raccolte da Franc. Sanfovino. *In Vinegia, Vidali*, 1573.

Delle Satire alla Carlona, di Andrea da Bergamo. *In Vinegia, Gerhardo*, 1548. *in 8.*

L'Eflite des Bouts Rimez. *Paris*, 1651. *in 16.*

Le Tableau de l'Héreſie par le Sieur Binard. *Paris, Huré*, 1643. *in 8.*

Poëmes divers du Sieur de Lortingue. *Paris, Geffelin*, 1617. *in 12.*

Le grand Combat des Medecins Modernes touchant l'ufage de l'Antimoine

POETÆ, in octavo, &c.

l'Antimoine, Poëme Historico-Comique. *Paris, Jean Pasté, 1656. in 8.*
Recüeil de plusieurs Comedies de Rotrou, Tristan, Montaulon, *Paris, in 12. 2. vol.*
Satyres du Sieur de Courval. *Roüen, Guill. de la Haye, 1627. in 8.*
Recueil de Chansons amoureuses, rustiques, musicales. *Paris, Bonfons, 1582. in 16.*
Les Bergeries du Sieur de Racan. *Paris, Du Bray, 1632. in 8.*
Nouveau Recüeil de Poësies. *Turin, Fleury, 1696. in 8.*
De l'Amitié. *Paris, Barbin, 1692. in 8.*
Jardin d'Epitaphes choisies. *Paris, Meturas, 1648. in 12.*
Sonnets Chrétiens sur divers sujets, par Laurent Drelincourt. *Par. Vendosme, 1680. in 12.*
Oeuvres de Poësie de M. Perrin. *Paris, Loyson, 1661. in 12.*
L'Election divine de S. Nicolas à l'Archevêché de Myre. *Reims, Constant, 1624. in 12.*
Saint Paul, Poëme Chrétien par Ant. Godeau. *Paris, le Petit, 1664. in 12.*
S. Loüis, Poëme Heroïque par Pierre le Moyne J. *Paris, Courbé, 1658. in 12.*
Les Soupirs salutaires de Helie Poirier. *Amsterdam, Blaeu, 1646. in 12.*
Entretiens solitaires par Brebeuf. *Paris, Sommaville, 1660. in 12.*
Joseph ou l'Esclave fidele, Poëme. *Turin, Fleury, 1679. in 12.*
La Magdelaine au desert de la Sainte Beaume en Provence, par le P. Pierre de S. Loüis, Carme. *Lyon, Gregoire, 1668. in 12.*
Poëme sur la Vie de J. C. d'Arnauld d'Andilly, avec la Traduction en Vers latins. *Paris, le Petit, 1664. in 12.*
Recüeil d'Epigrammes des Poëtes François depuis Marot jusqu'à present, &c. *Paris, le Clerc, 1698. in 12.*
L'Art de Prêcher, à un Abbé, par l'Abbé de Villiers. *Cologne, Wleugard, 1692. in 12.*
Le Poëte sans fard. *Libreville, 1692. in 12.*
Oeuvres diverses du Sieur D. avec le Traité du Sublime, traduit du grec de Longin. *Par. Thierry, 1674. in 12.*
Les mêmes. *Par. Billaine, 1683. in 12.*
L'hyver satyre. *in 8.*
Ode de M. L. D. V. sur le sejour de Sucy. *Par. Collombat, 1707. in 12.*
L'Allée de la Seringue ou les Noyers, par le Noble. *Poëme Heroïque, 1675. in 12.*
La Fradine ou les ongles rognez, par le même. *Poëme, Heroï Satyrique. in 12.*
La Comedie justifiée. *in 12.*
L'heresie détruite, par le Noble. *in 12.*
La Réjouissance des Poëtes sur la sortie de prison, de M. le Noble. *Par. Jouvenel, 1695. in 12.*

Les Rondeaux de Gontard. *Clermont, Jacquard*, 1650. *in* 12.
Oeuvres de T. Corneille I. & IV. parties. *Rouen*, 1648. & 1653. *in* 12. 2. vol.
Oedipe, Tragœdie de M. Voltaire. *Par. Ribou*, 1719. *in* 8.
Le Trompenr puny de M. de Scudery. *Par. Sommaville*, 1634. *in* 8.
Les Genereux Ennemis. *Par. de Luyne*, 1655. *in* 16.
L'Indienne amoureufe, par du Rocher. *Par. Corrozet*, 1631. *in* 8.
Le Comte de Hollande, Tragicomedie. *Par. de Luyne*, 1654. *in* 16.
La Cleopatre de Benferade Tragedie. *Paris, Sommaville*, 1646. *in* 16.
Le Theatre d'Alexandre Hardy. *Par. Quefnel*, 1625. *in* 8.
Les Medecins Vengez Comedie, par M. le Boulenger de Chalufey *Par. de Sercy*, 1670. *in* 12.
Martini Opitii, Opera Poëtica Germanice. *Amfterdam, Janffon*, 1646. *in* 12. 2. vol.

PHILOLOGI.

IN FOLIO.

I. Græci Antiqui.

Luciani Samofatenfis Opera, gr. lat. ex variorum interpretatione cum notis J. Bourdelotii, Theod. Marcilii & Gilberti Cognati. *Par. Febvrier*, 1615.
Ejufdem, Opera latine per Jac. Micyllum tranflata. *Francofurti, Egenolphi*, 1543.
Les Images ou Tableaux de platte peinture des deux Philoftrates & les ftatuës de Calliftrate, par Blaife de Vigenere, revûs par Artus Thomas Sieur d'Embry. *Par. Guillemot*, 1629.

II. Operum Collectiones.

Francifci Petrarchæ, Opera Omnia. *Bafilea, Henric-Petri*, 1554.
Jo. Ant. Campani Poëtæ & Oratoris Opera collecta & edita. *Mich. Ferno*, (1497.)
Jo. Franc. Pici Mirandulæ Comitis & Jo. Franc. Pici Opera omnia. *Bafileæ, Henric-Petri*, 1572. & 1573. 2. vol.
Poggii Florentini Opera. *Argentina, Jo. Schot*, 1513.
Nicolai, de Cufa Opera omnia Theologica & Philofophica. *Bafilea, Henric-Petri*, 1565.

Omus Ecclesiæ, authone Joanne Episcopo Chemensi. *Coloniæ, Quentel*, 1531.
Jo. Joviani Pontani Opera. *Typis, Jo. Rubei*, 1512.
Des. Erasmi Roter. Opera omnia cum præfatione Beati Rhenani. *Basileæ, Froben*, 1540. 9. vol.
M. Antonii Coccii Sabellici, Opera omnia castigata a Cœlio Secundo Curione. *Basileæ, Hervagii*, 1560. 3. vol.
Cælii Calcagnini Ferrariensis Opera. *Basileæ, Froben*, 1544.
Jo. Lodovici Vivis opera omnia. *Basileæ, Episcopii*, 1555. 2. vol.
Federici Borromei Cardinalis Opera Italica & Latina. *In Milano*, 1632.
Lylii Gregorii Gyraldi Opera omnia. *Basileæ, Guarini*, 1580.
Jo. a Chokier de Surlet, Facis Historiarum centuriæ duæ. *Leodii, Streel*, 1650.
Thomæ Mori, Opera latina omnia. *Lovanii, Zangrii*, 1566.
Jo. Marianæ Soc. J. Tractatus VII. 1. de adventu B. Jacobi Apostoli in Hispaniam. 2. pro editione vulgata. 3. de spectaculis. 4. de monetæ mutatione. 5. de die mortis Christi. 6. de annis Arabum. 7. de morte & immortalitate. *Coloniæ, Hierati*, 1609.
Bartholomæi Chassanæi Catalogus gloriæ mundi. *Geneva, Alberti*, 1617.
Justi Lipsii Opera omnia. *Antuerpia, Moreti*, 1637.
C. Tacitus & Velleius Paterculus cum illius notis. *Ibidem*, 1668.
L. Annæi Senecæ Philos. Opera omnia ab eodem notis illustrata. *Ibidem*, 1652. 6. vol.
Laurentii Beyerlinck Theatrum vitæ humanæ. *Lugduni, Huguetan*, 1666. 8. vol.
Marci Velseri Opera Historica & Philosophica Sacra & profana. *Norimbergæ, Endteri*, 1682.
Florilegium locorum communium collectum a Tobia Magiro. *Francofurti*, 1611.
Convito morale da Don Pio Rossi Piacentino. *In Venetia, Guerigli*, 1639.
Collectio Proverbiorum Paroemiarum & Parabolarum quæ apud gr. lat. Hebr. Arabes &c. in usu fuerunt. *Francofurti, Zubrodt*, 1670.
Ant. Ricciardi Brixiani Commentaria Symbolica. *Venetiis, Franc. de Francischis*, 1591.
Casp. Dornavii, Amphitheatrum Sapientiæ Joco-Seriæ. *Hanoviæ Typis, Wechelianis*, 1619.

III. *Critici*, &c.

Guil. Budæi de Transitu Hellenismi libri tres. *Par. Rob. Stephani*, 1535.

Adriani Turnebi Opera. *Argentorati, Zetzneri*, 1600.
Jo. Bapt. Portæ, Neapol. de furtivis litterarum notis libri V. *Neapoli, Subtilis*, 1602.
Jo. Ludovici de la Cerda, Soc. J. Adverfaria Sacra. *Lugduni, Proſt*, 1626.
Caſp. Barthii adverſariorum commentariorum libri IX. *Francofurti, Preſſii*, 1648.
Chriſtoph. Mylæi, de ſcribenda univerſitatis rerum hiſtoria libri V. *Baſileæ, Oporini*, 1551.
Jo. Wolphii lectiones memorabiles & reconditæ. *Lavinga, Rheinmichel*, 1600.
D. Jo. Mabillonius, de re Diplomatica. *Par. Billaine*, 1681. *In folio magno.*

IV. *Epiſtolæ.*

Petri Martyris Anglerii Epiſtolæ: acceſſerunt Epiſtolæ Ferdinandi de Pulgar latinæ & Hiſpanæ cum Tractatu Hiſpan. de viris Caſtellæ illuſtribus. *Amſtelodami, Elzevir*, 1670.
Phil. Melancthonis Epiſtolæ; acceſſerunt Thomæ Mori & Ludov. Vivis Epiſtolæ. *Londini, Flesher*, 1642.
Ger. Jo. Voſſii & ad eum virorum illuſtrium Epiſtolæ Collectæ a Paulo Colomeſio. *Londini, Smith*, 1693.
Epiſtolarum Miſcellanearum ad Fridericum Nauſeam Epiſcopum Viennenſem ſingularium Perſonarum libri X. *Baſilea*, 1550.
Præſtantium & eruditorum virorum Epiſtolæ Eccleſiaſticæ & Theologicæ quarum longe major pars ſcripta eſt a Jacobo Arminio, Jo. Uytenbogardo, Conr. Vorſtio &c. *Amſtelædami, Wetſtenii*, 1684.
Petri Victorii Epiſtolæ, Orationes & liber de laudibus Joannæ Auſtriacæ. *Florentiæ, Juncta*, 1586.
Hugonis Grotii, Epiſtolæ. *Amſtelodami, Blaeu*, 1687.
Jo. Launoii Epiſtolæ omnes ſimul editæ cum præfatione Apologetica pro reformatione Eccleſiæ Anglicanæ. *Cantabrigiæ, Jo. Hayes*, 1689.

V. *Antiquarii.*

Raph. Fabretti, Inſcriptionum antiquarum quæ in ædibus Paternis aſſervantur explicatio & additamentum. *Roma, Dom. Ant. Herculis*, 1699.
Le Pitture antiche del Sepolchro de Naſoni, nella via Flaminia deſignate da Pietro Santi Bartoli, deſcritte & illuſtrate da Giov. Pietro Bellori. *In Roma Buſſotti*, 1680.
Gli Antichi Sepolchri, overo Mauſolei Romani & Etruſchi trovati in Roma, raccolti da Pietro Santi Bartoli. *In Roma, Ant. de Roſſi*, 1697.

Symbolica Dianæ Ephefiæ ftatua a Claudio Menetreio expofita, cum Lucæ Holftenii Epiftola de fulchris sea verubus fimulacri Dianæ Ephefiæ, & Jo. Petri Bellorii notis in Numifmata Ephefia. *Romæ, Jo. Jac. de Rubeis*, 1688.

Vetus Pictura Nymphæum referens commentariolo explicata a Luca Holftenio. *Romæ, Typis Barberinis*, 1676.

Ger. Jo. Voffii de Theologia Gentili & Phyfiologia Chriftiana libri IX. *Amfterdami, Blaeu*, 1668.

R. Mofis Maimonidæ de idololatria liber, Hebr. lat. cum notis Dionyfii Voffii. *Ibidem*.

Athanafii Kircheri, Soc. J. Obelifcus Pamphilius. *Romæ, Grignani*, 1650.

Ejufdem, Oedipus Ægyptiacus. *Romæ, Mafcardi*, 1652. 1653. & 1654. 4. vol.

Onuphrii Panvinii de Ludis Circenfibus libri duo, de Triumphis liber unus cum notis Jo. Argoli & addimento Nic. Pinelli, adjectis infuper Joachimi Joannis Maderi notis & figuris in librum de triumphis. *Patavii, Frambotti*, 1681.

Jul. Cæf. Bulengeri, Opufculorum Syftema duobus tomis digeftum prior continet libros tres de inftrumento Templorum, Pofterior libros de Triumpho, circo Romano, Ludis Circenfibus, Theatro & Venatione circi. *Lugduni, Pillehotte*, 1621.

Ejufdem de Imperatore & Imperio Romano libri XII. accefſere appendices duæ de officiis Regni Galliæ, tum Ecclefiæ magnæ Conftantinop. *Lugduni, Rouillii*, 1618.

Ejufdem, Diatribæ ad If. Cafauboni Exercitationes adverfus Card. Baronium. *Lugduni, Rouillii*, 1617.

Jo. Guilielmi Stuckii, Antiquitatum Convivialium libri tres. *Tiguri, Wolphii*, 1597.

Ejufdem, Sacrorum Sacrificiorumque Gentilium accurata defcriptio. *Ibidem*, 1598.

Jof. Laurentii Polymathia five variæ antiquæ eruditionis libri fex. *Lugduni, Aniſſon*, 1666.

VI. *Symbola, Emblemata, Infignia.*

Theod. Hopingi, de jure infignium feu Armorum prifco & novo Tractatus Hiftorico-Juridico-Philologicus. *Noribergæ, Endteri*, 1642.

Phil. Jacobi Speneri, Hiftoria infignium illuftrium five operis Heraldici pars fpecialis. *Francofurti, Zunneri*, 1680.

La Science Heroïque traitant de la Nobleſſe, de l'Origine des armes, Blafons &c. par Marc de Wulfon Sieur de la Colombiere. *Par. Marbre-Cramoify*, 1669.

Nova Alphati effictio, hiftoriis ad fingulas Hiftorias correfpondentibus & toreumate Brianæo in æs incifis, illuftrata verfibus latinis & Rithmis Germanicis. *Francofurti*, 1595.

VII. *Pompæ.*

Pompes Funebres de Charles III. Duc de Lorraine celebrées à Nancy l'an 1608. par Claude de la Ruelle.
L'heureux défembarquement de la Royne Mere du Roy, Très-Chrétien au Port de Harvich en Angleterre, avec la relation de ce qui s'eft paffé en ce voyage.
Relation du Service Solemnel, fait dans l'Eglife de S. Louis à Rome, pour M. le Dauphin le 8. Septembre 1711. *Rome, Ant. de Roffi*, 1713.

VIII. *Magica.*

Pfeudomantia Veterum & recentiorum explofa, five de fide Divinationibus adhibenda Tractatus Philofoph. Aftrolog. Theolog. Jof. Mariæ Maraviglii Clerici Regul. *Veneriis, Valvafenfis*, 1662.
Jani Jacobi Boiffardi, Tractatus Pofthumus de Divinatione & Magis præftigiis, cum fig. *Oppenhemii, Galleri.*
Martini Delrio Soc. J. Difquifitionum Magicarum libri VII. *Lugduni, Pillehotte*, 1602.

IX. *Opera Varia Gallica.*

L'Harmonie du monde par Guy le Febvre de la Boderie. *Paris, Macé*, 1587.
Les Effais de Michel de Montagne. *Par. Courbé*, 1652.
Oeuvres de François de la Mothe le Vayer. *Ibidem*, 1662. 2. vol.
C. M.

PHILOLOGI

IN QUARTO.

I. *Græci Antiqui.*

Apollonii Dyfcoli, Hiftoriæ Commentitiæ liber, gr. lat. cum Commentario Jo. Meurfii. *Lugd. Bat. Elzevir*, 1622.
Phlegontis Tralliani quæ extant memorabilia, gr. lat. cum ejufdem notis. *Ibidem*, 1620.
Antigoni Caryftii, Hiftoriarum memorabilium Collectanea, gr. lat. cum ejufdem notis. *Ibidem*, 1619.

PHILOLOGI, in quarto. 367

Apollonii Dyscoli, Historiæ Commentitiæ liber, gr. lat. cum Jo.
  Meursii Commentario. *Lud. Bat. Elzevir,* 1620.
Jo. Meursi, Denarius Pythagoricus. *Lugd. Bat. Jo. Maire,* 1631.
Artemidori Daldiani, & Achmetis Sereimi F. Oneirocritica. Astrampsychi & Nicephori versus Oneirocritici, gr. lat. cum
  notis Nic. Rigaltii ad Artemidorum. *Par. Morelli,* 1603.
Lucien de la Traduction de N. Perrot d'Ablancourt. *Par. Courbé,*
  1654. 2. vol.
Michaelis Apostolii Paroemiæ, græce cum Petri Pantini versione
  ejusque & Doctorum notis. *Lugd. Batav. Elzevir,* 1619.
Longi Pastoralium de Daphnide & Chloe libri IV. gr. lat. cum
  notis & Animadversionibus Petri Moll. *Franekeræ, Arcerii,*
  1660.
Anthos ton Chariton græce. *Venetiis,* 1642.

II. *Opuscula Varia Latina.*

Jo. Joviani Pontani Opera. *Venetiis, Aldi,* 1519.
Jo. Genesii Sepulvedæ Opera omnia. *Coloniæ, Mylii,* 1602.
Petri Criniti Opera. *Basileæ, Henric-Petri,* 1532.
Nicolai Fabri Opuscula cum ejusdem vita a Franc. Balbo. *Par.*
  Chevalier, 1614.
Octavii Ferrarii Opera Varia. *Patavii, Frambotti,* 1668.
Ejusdem liber de Sermonibus exotericis. *Venetiis, Aldi,* 1575.
Petri Pithœi, Opera Sacra, Juridica, Historica, Miscellanea. *Par.*
  Cramoisy, 1609.
Jos. Justi Scaligeri, Opuscula Varia ante hac non edita. *Parisiis,*
  Droüart, 1610.
Pauli Principis de la Scala & Hun Miscellaneorum de rerum causis & successibus libri VIII. &c. *Coloniæ, Graminæi,* 1570.
Gasp. Scioppii, Scaliger Hypobolimæus. *Moguntiæ, Albini,* 1607.
Uberti Folietæ Opera. *Romæ, Zannetti,* 1579.
Ejusdem Opuscula Nonnulla. *Romæ, Accolti,* 1574.
Jo. Filesaci, Selectorum liber I. *Par. Cramoisy,* 1621.
——————— Liber II. *Par. du Puys,* 1631.
——————— Liber III. *Par. Feugé,* 1638.
——————— Commentarius in Vincentii Lirinensis Commonitoria duo.
  Par. Langlois, 1619. 3. vol.
Juliani Taboëtii, Ephemerides Historicæ de quadruplicis Monarchiæ primis authoribus & magistratibus &c. *Lugduni, Pagani,*
  1559.
Baptistæ Fieræ, Mantuani, Cœna notis illustrata a Carolo Avantia.
  Accesserunt M. Aurelii Severini Epistolæ duæ 1. de lapide fungifero. 2. de lapide fungimappa. *Patavii, Sardi,* 1649.
Roberti Titii, pro suis locis controversis assertio adversus Jos. Scaligerum. *Florentiæ, Sermatellii,* 1589.

PHILOLOGI, in quarto.

Theorema Gestorum Thamar nurus Judæ ad Laudem Virginis Mariæ, a Paulo & Abbatia Pollicinii, Erem. Camaldol. *Ibidem* 1617.

Gabrielis Trivorii, Observatio Apologetica ad inscriptionem Orationis ad antecessores Digestis Justiniani præpositæ. *Par. Cramoisy*, 1631.

Octaviani Ferrarii Liber de Disciplina Encyclio. *Venetiis, Pauli Manutii*, 1560.

Joannis Brassadori Dialogi. *Venetiis, Tacuini*, 1518.

Jacobi Hocstraten Apologia contra Dialogum Georgio Benigno Archiep. Nazareno in causa Jo. Reuchlin adscriptum. *Coloniæ*, 1518.

Joh. Christop. Wagenscilii Exercitationes sex varii argumenti. *Altdorfii Noricorum, Schonnerstadt*, 1688.

Jo. Busæi, de statibus hominum liber Posthumus. *Moguntiæ, Albini*, 1613.

Adagia à Paulo Manuccio collecta & emendata. *Venetiis*, 1585.

Jac. Gaddii Adlocutiones & Elogia exemplaria, Cabalistica, Oratoria mixta, Sepulchralia & Poëmatia. *Florentiæ, Petri Nestæi*, 1636.

Ant. Benbellonæ Commentarius ad Edictum Imp. Diocletiani de Malefic. & Manich. in Codi Hermog. quod in Christianos scriptum est. *Servestæ, Jo. Schelerii*, 1602.

Admiranda Ethnicæ Theologiæ mysteria propalata a Jo. Frid. Hervart. *Monachii, Nic. Henrici*, 1626.

Ejusdem Pars secunda Chronologicorum, seu emendatæ temporum rationis adversus incredibiles aliorum errores.

Henrici Sanchez, Medici, quod nihil scitur. *Lugd. Gryphii*, 1531.

Pentecontarchus Laurentii Ramirez de Prado. *Antuerpiæ, Keerbergii*, 1612.

Laus Asini. *Lugd Batav. Elzevir*, 1623.

Johannis Strauchii, Dissertationes Academicæ. *Jenæ*, 1674.

Gyges Gallus, Petro Firmiano auctore; accessere somnia Sapientis. *Parif. Thierry*, 1658.

Paschasii Justi, Alea, studio Joannis a Munster edita. *Neapoli Nemetum, Starckii*, 1617.

Lamberti Velthuysii, Ultrajectini, Opera omnia. *Roterodami, Leers*, 1680. 2. vol.

Nicol. Machiavelli, Princeps cum animadversionibus Politicis Herm. Conringii; accessit vita Castruccii a Nic. Machiavello descripta cum aliis nonnullis, curante Jo. Herm. Conringio. *Helmstadii*, 1686.

Georgii Marsmanni, Metrologia & Miliologia. *Jenæ, Nisii*, 1574.

Joh. Georgii Schielen, Artifodina artium ac Scientiarum omnium. *Ulmæ, Magners*, 1679.

Joh. Christfriedi Sagittarii, otium Jenense. *Jenæ*, 1671.

Ulciri

Ulrici Obrechti Dissertationum Selectiorum liber singularis; accessit ejusdem Paraenesis de conjungendis privati & publici juris studiis. *Argentorati. Spoor.*

Guidonis Pancirolli, rerum memorabilium sive deperditarum libri duo, cum Commentariis Henrici Salmuth. *Francofurti. Schonvetteri*, 1646.

Gerardi Jo. Vossii, de Philosophorum Sectis liber. *Hagae-Comitis, Vlacq*, 1657.

Ger. Jo. Vossii, de Historicis Graecis libri IV. *Lugd. Bat. Maire*, 1651.

Ejusdem de Historicis Latinis libri tres. *Ibidem.*

Ejusdem Ars Historica. *Ibidem*, 1653.

Historiae tam Sacrae quam profanae cognitio methodo & oratione pertractata a Reinero Reineccio: accessit Panegyricus Henrici Julii Ducis Brunovic. cum monumento de Widechindo Magno Rege Saxonum, itemque de Angrivariis & Angraria oppido. *Francofurti, Forsteri*, 1685.

Dell'arte Historica di Agostino Mascardi trattati cinque. *In Roma, Facciotti*, 1636.

P. Danielis Huetii Quaestiones Alnetanae. *Paris. Moette* 1690.

III. Critici, &c.

Steganographiae necnon claviculae, Salomonis Germani, Johannis Trithemii declaratio & vindicatio a Joanne Caramuel. *Colonia, Egmond*, 1635.

Trithemius sui ipsius vindex, sive Steganographiae Joh. Trithemii Apologetica defensio, authore Sigismundo Monasterii Scon Abbate: accessit Fragmentum quaestionum ejusdem Trithemii. *Ingolstadii, Ederi*, 1616.

Salomonis Glassii, Philologia Sacra. *Hamburgi, Hertelii* 1653. Idem. *Amstelodami, Wolters*, 1694.

Martini Kempii, Opus Poly-Historicum dissertationibus XXV. de osculis, subnexisque de Judae ingenio vita & fine sacris Epiphyllidibus absolutum. *Francofurti, Jo. Andreae*, 1680.

Christoph. Phil. de Waldenfels, Selectae antiquitatis libri XII. de gestis Primaevis, item de origine gentium, nationumque migrationibus. &c. *Norimbergae, Endteri*, 1677.

Antonii Van-Dale, Dissertationes de origine ac progressu Idololatriae & Superstitionum, de vera ac falsa prophetia uti & de divinationibus idolatricis judaeorum. *Amstelodami, Boom*, 1696.

Jo. Casalius, de profanis Aegyptiorum Romanorum & Sacris Christianorum ritibus. *Francofurti, Havonsteinii*, 1681.

Martini Scoockii Exercitationes variae de diversis Materiis. *Ultrajecti, Gisb. à Zill.* 1663.

Aaa

Jac. Palmerii, Exercitationes in optimos fere authores græcos. *Lugd. Bat. Gaësbeeck*, 1668.
Franc. Baconis de Verulamio, de Dignitate & argumentis scientiarum libri novem. *Parif. Mettayer*, 1624.
Confilia & methodi aureæ studiorum optime instituendorum, perscripta a maximis in re litteraria viris, &c. collecta notisque aucta a Th. Crenio. *Roterodami, Slaart*, 1692.
Olai Borrichii, cogitationes de variis Latinæ linguæ ætatibus & Scripto Ger. Jo. Vossii de vitiis Sermonis: accedit ejusdem defensio nomine Vossii & stradæ adversus Gasp. Scioppium. *Hafniæ, Godiani*, 1675.
Jac. Thomasii Differtio Philosophica, de plagio litterario. *Leucopetra Bruhlii*, 1679.
Ad Disputationem Jac. Thomasii, de Plagio litterario accessiones. *Jenæ, Bauhoferi*, 1679.
Johannis a Wouver de Polymathia tractatio. *In Bibliopolio Frobeniano*, 1603.
Dan. Georgii Morhofii Polyhistor. *Lubecæ, Bockmanni*, 1688.
Thobiæ Magiri Eponymologium criticum. *Francofurti, Pressii*, 1644.
Christoph. Crinesii, Discursus de confusione Linguarum. *Noribergæ, Halbmayeri*, 1629.
Jo. Bapt. Portæ, Neapol. de furtivis litterarum notis libri tres. *Londini, Wolphii*, 1591.
Richardi Dinothi, adversaria historica. *Basileæ, Pernæ*, 1581.
Adriani Turnebi, Adversariorum lib. XXX. *Anreliepoli, Quertani*, 1604.
Vinc. Contareni, variarum Lectionum liber. *Venetiis, Sciotti*, 1606.
Justi Reinharti Robbigii, Lexicon novum ac perspicuum, continens tractatum de rebus criticis. *Rintelii, Wagneri*, 1622.
L. Chrift. Fridericus Garmann, de miraculis mortuorum. *Lipsiæ, Gurneri*, 1670.
Eunuchi, nati, facti mystici ex sacra & humana litteratura illustrati. *Divione, Chavance*, 1655.
P. Mariæ Caneparii, de atramentis cujuscumque generis opus in sex descriptiones digestum. *Londini, Martin*, 1660.

IV. Epistolæ.

Epistola Missa, Clementi Papæ VI. quæ incipit. *Lucifer Princeps Tenebrarum*.
Joannis Raulin, Ord. Cluniacensis Epistolæ. *Parisiis, Petit*, 1521.
Epistolæ & varii tractatus Pii II. Pontif. Max. *Lugduni, Gueynard*, 1505.
Pii V. Epistolarum Apostolicarum libri V. editi cura Francisci Goubau. *Antuerpiæ, Moreti*, 1640.
Latini Latinii Epistolæ conjecturæ & observationes Sacra profanaque eruditione ornatæ, collectæ a Domin. Magro. *Romæ, Tinassii*, 1659.

Marquardi Gudii & Doctorum virorum ad eum Epistolæ. Accedunt clariss. virorum qui superiore & nostro sœculo floruerunt & Claudii Sarravii Epistolæ, curante Petro Burmanno. *Ultrajecti, Halmæ*, 1697.

Socratis, Antisthenis & aliorum Socraticorum Epistolæ gr. lat. editæ cum notis a Leone Allatio & Dialogo de scriptis Socratis. *Paris. Cramoisy*, 1637.

—Illustr. virorum Epistolæ ab Angelo Politiano partim scriptæ, partim collectæ cum Sylvianis commentariis & Ascensianis Scholiis. *Apud Jo. Petit*.

Cl. Salmasii, Epistolarum liber I. accedunt de Laudibus & vita ejusdem, Prolegomena Antonii Clementii. *Lugd. Bat. Wingaerdem*, 1656.

Claudii Bartholomæi Morisoti, Epistolarum Centuriæ prima & secunda. *Divione, Chavance*, 1656.

Jacobi Tollii, Epistolæ itinerariæ recensitæ observationibus & figuris adornatæ studio Henr. Christiani Henninii. *Amsteladami, Halmæ*, 1700.

G. Richteri Epistolæ Selectiores. *Norimbergæ, Endteri*, 1662.

Georgii Wicelii, Epistolarum libri IV. *Lipsiæ, Vuolrab*. 1537.

D. Eucherii Episc. Lugdun. formularum intelligentiæ spiritalis liber. Idem de quæstionibus difficilioribus veteris & novi Testamenti, nominum Hebraicorum & aliorum sacris in litteris contentorum interpretatio, Epistola parænetica de contemptu mundi, cum Scholiis Erasmi. *Basileæ, Cratandri*, 1530.

Hermanni Conringii, Epistolarum Syntagmata duo una cum responsis, præmissa Conringii vita, &c. *Helmstadii, Hammii*, 1694.

Gregorii Cortesii Cardinalis, Epistolarum familiarium liber, & tractatus adversus negantem B. Petrum Apostolum fuisse Romæ. *Venetiis, Franciscii*, 1573.

Isaaci Casauboni, Epistolæ: accedunt alia ejusdem & ipsius Daumii Epistolæ ad Reinesium. *Jenæ, Nisii*, 1670.

Erycii Puteani, Epistolarum centuriæ V. *Lovanii, Flavii*, 1612.

Cornelii Bredæ, Errores & ad eosdem notæ. *Ibidem*.

Erycii Puteani, Palæstra bonæ mentis. *Ibidem*, 1611.

Ejusdem, de Purificatione Virginis Matris Oratio. *Ibid*. 1612.

Samuelis Maresii, Epistola ad amicum de reconciliatione inter se & D. Voëtium. *Groningæ, Collenii*, 1664.

Gul. Candeni & illustrium virorum ad eum Epistolæ: accesserunt Annalium Regis Jacobi I. apparatus & commentarius de antiquitate dignitate & officio Comitis Mareschalli Angliæ. Præmittitur G. Camdeni vita a Thoma Smitho. *Londini, Chiswelli*, 1691.

Budæi Epistolæ Græcæ per Anton. Pichonium latinæ factæ. *Parisiis, Jo. Benenati*, 1574.

Claudii Credonii, in Græcas Budæi Epiſtolas annotationnes. *Pariſ. Februarii*, 1579.
Epiſtolæ Franc. Philelſi caſtigatæ. *Pariſ. Jo. Philippi*, 1501.
Jo. Lud. Guezii Balſacii Carminum libri tres & Epiſtolæ ſelectæ, editore Ægidio Menagio. *Pariſ. Courbé*, 1650.
Tanaquilli Fabri Epiſtolæ. *Salmurii*, 1665. & 1674. 2. vol.
Johannis Starckii, Theſaurus Epiſtolaris locorum & formularum quarumcumque uſus in ſcribendis Epiſtolis occurere poteſt. *Hamburgi, Frobenii*, 1621.
De Complimenti di Bartolomeo Zucci. *In Milano, Pontio*, 1624.

V. Antiquarii.

Hermanni Witſii, Ægyptiaca ſive de Ægyptiacorum Sacrorum cum Hebraicis collatione libri tres, de Decem tribubus Iſraëlis liber ſingularis. Diatriba de Legione fulminatrice Chriſtianorum ſub Marco Aur. Antonio. *Amſtelodami, Borſtii*, 1683.
Petri Angelii Bargæi commentarius de Obeliſco Vaticano. *Romæ, Graſſii*, 1586.
Carmina diverſorum, præcipue Guil. Blanci in obeliſcum Vaticanum. *Ibidem*.
Jo. Meurſii, Regnum Atticum, ſive de regibus Athenienſium eorumque rebus geſtis libri tres. *Amſtelodami, Janſſonii*, 1633.
────── Atticarum Lectionum libri ſex. *Lugd. Bat. Elzevir*, 1617.
────── Orcheſtra ſive de ſaltationibus veterum liber. *Lugd. Batav. Baſſon*, 1618.
────── Themis Attica ſive de Legibus Atticis libri duo. *Ultrajecti, Halma*, 1685.
────── Ceramicus Geminus, ſive de Ceramici Athenienſium utriuſque antiquitatibus liber editus cura Samuelis Pufendorfii. *Ultrajecti, Ackerdyck*, 1663.
────── Græcia feriata, ſive de feſtis Græcorum libri ſex. *Lugd. Bat. Elzevir*, 1619.
────── Æſchylus, Sophocles, Euripides, ſive de tragædiis eorum libri tres. *Lugd. Bat. Baſſon*, 1619.
────── Orcheſtra ſive de Saltationibus veterum liber. *Ibidem*, 1618.
Jo. Meurſii Græcia feriata. *Lugd. Batav. Elzevir*, 1619.
────── Athenæ Atticæ, ſive de præcipuis Athenarum antiquitatibus libri tres. *Lugd. Bat. Commelin*, 1624.
────── Piſiſtratus ſive de ejus vita & tyrannide liber. *Lugd. Batav. Elzevir*, 1623.
────── Archontes Athenienſes, ſive de iis qui Athenis ſummum Magiſtratum obierunt libri IV. *Ibidem*, 1622.
────── Græcia feriata. *Ibidem*, 1619.
────── Panathenæa, ſive de Minerva illo gemino feſto liber ſingularis. *Ibidem*, 1619.

——— Eleusinia, sive de Cereris Eleusinæ sacro ac festo liber singularis. *Ibidem*, 1619.
——— Eleusinia. *Ibidem.*
——— Panathenæa. *Ibidem.*
——— Cecropia sive de Athenarum arce & ejusdem antiquitatibus liber singularis. *Ibidem*, 1622.
——— Archontes Athenienses. *Ibidem*, 1622.
——— Areopagus, sive de senatu Areopagetico liber singularis. *Lugd. Batav. Basson*, 1624.
——— Fortuna Attica sive de Athenarum origine incremento & occasu liber singularis. *Ibidem*, 1622.
Jo. Meursii, Dissertatiuncula de Pisistratis. *Lugd. Bat. Basson*, 1616.
Aristoxemus, Nicomachus, Alypius authores Musices antiquiss. græce editi cum notis Jo. Meursii. *Ibidem*, 1616.
Jo. Meursii. Miscellanea Laconica sive variarum antiquitatum Laconicarum libri IV. editi Cura Sam. Pufundorfii. *Amstelodami, Pluymer*, 1661.
——— De Regno Laconico libri duo, de Piræeo liber singularis & in Helladii Chrestomathiam animadversiones. *Ultrajecti, Vande Vater*, 1687.
——— Theseus sive de ejus vita rebusque gestis liber posthumus: accedunt ejusdem Paralipomena de Pagis Atticis & excepta ex Jacobi Sponii itinerario de iisdem Pagis. *Ultrajecti, Halma*. 1684.
Guillelmi Postelli, liber de Magistratibus Atheniensium. *Parisiis, Vascosani*, 1541.
Johannis Nicolai Commentatio de ritu antiquo & hodierno Bacchanaliorum. *Helmestadii, Mulleri*, 1679.
Historia Deorum fatidicorum, Vatum, Sybillarum, Phæbadum, cum eorum iconibus : præposita est dissertatio de divinatione & Oraculis. *Geneva, Chouet*, 1675.
Joh. Rosini, Romanarum antiquitatum corpus, cum notis Thomæ Dempsteri & æneis figuris. *Amstelodami, Blavii*, 1685.
Jac. Gutherii, de veteri jure Pontificio urbis Romæ libri IV. *Par. Buon*, 1612.
Phil. Berreri Pithanon diatribæ duæ quibus civilis Imperii Romani notitia & Ecclesiæ politia illustrantur. *Tolosæ, Colomerii*, 1608.
Jac. Phil. Tomasini, de donariis ac Tabellis votivis liber singularis. *Utini, Schiratti*, 1639.
Franc. Bernardini Ferrarii, de veterum acclamationibus & plausu libri VII. *Mediolani. Typis Collegii, Ambros.* 1627
Jo. Bapt. Hansenii, de jurejurando veterum liber. *Tolosæ, Colmerii*, 1614.
Octavii Ferrarii, de re vestiaria libri VII. *Patavii, Frambotii*. 1654.
Alberti Rubenii, de re vestiaria veterum, præcipue de lata clavo

libri duo, & alia ejusdem opuscula posthuma. *Antuerpiæ, Moreti*, 1665.

Variæ variarum Nationum vestes. *Francof. Feyrabendii*, 1586.

Mensa Romana sive Urbana victus ratio studio Jo. Manelphi. *Romæ, Phil. de Rubeis*, 1650.

Lud. Nonnii, Diæteticon sive de re cibaria libri IV. *Antuerpiæ, Belleri*, 1645.

Anselmi Solarii, sive Theoph. Raynau , tractatus de Pileo cæterisque capitis tegminibus sacris & profanis. *Lugd. Champion*, 1655.

Lazarus Bayfius de re Navali, de re vestiaria & vasculis: accedit Ant. Thylesii libellus de coloribus. *Basileæ, Froben*, 1537.

Julius Ferretus de jure & re navali & de ipsius rei navalis & belli aquatici præceptis legitimis. *Venetiis, de Francischis*, 1579.

Ant. Thysii Historia navalis. *Lugd. Batav. Jo. Maire*, 1657.

Jo. Schefferi, de militia navali Veterum libri IV. *Ubsaliæ, Janssonii*, 1654.

Ejusdem de re vehiculari veterum libri duo: accedit Pyrrhi Ligorii de vehiculis fragmentum, cum Schefferi annotationibus. *Francof. Joh. Andreæ*, 1671.

Hyginus & Polybius de castris Romanorum cum notis & animadversionibus: accedunt Dissertationes aliquot de re eadem militari Populi Rom. *Amstelodami, Pluymer*, 1660.

Cl. Salmasii, de re militari Romanorum liber. *Lugd. Bat. Elzevir*, 1657.

Leonis Imp. Tactica, sive de re militari liber gr. lat. cum notis Jo. Meursii. *Lugd. Batav. Jo. Balduini*, 1612.

Petrus Bellonius, de admirabili operum antiquorum & rerum suscipiendarum præstantia, de medicato funere, seu cadavere condito & lugubri defunctorum ejulatione, & de medicamentis nonnullis servandi cadaveris vim obtinentibus. *Par. Corozet*, 1553.

Idem de arboribus coniferis, resiniferis & aliis perpetua fronde virentibus cum earumdem iconibus. *Ibidem*.

Histoire des grands Chemins de l'Empire Romain, par Nic. Bergier. *Paris, Morel*, 1628.

Jul. Cæs. Bulengeri, Romanus Imperator. *Par. Morelli*, 1614.

Cyriaci Lentuli, Opus de statu rei Romanæ prisco & recentiori. *Marburgi, Kursneri*, 1668.

Discours de la Religion des anciens Romains, par Guill. du Choul. *Wesel, André de Hoogenhuyse*, 1672.

Discours de la Castrametation & discipline Militaire des anciens Romains, des Bains & antiques exercitations Grecques & Romaines. *Ibidem*.

De Religione Gentilium errorumque apud eos causis, authore Edoardo Barone Herbert de Cherbury, &c. *Paris. Leonard*, 1665.

Ger. Jo. Vossius, de Theologia Gentili & Physiologia Christiana: accessit R. Mosis Maimonide liber de idolatria cum interpretatione latina Dion. Vossii & notis. *Amsterdami, Blaeu*, 1641. 3. vol.

Isaaci Vossii, variarum observationum liber. *Londini, Scott.* 1685.

Petri Morestelli Philomusus, sive de triplici anno Romanorum, mensibus earumque partibus de que die civili & diversitate dierum libri cinque. *Lugduni, Roussin*, 1605.

Integra Strenarum civilium Historia illustrata. *Lipsiæ, Fickii.*

Joh. Lomeieri, de veterum gentilium lustrationibus syntagma. *Ultrajecti, Halma*, 1681.

Joach. Johannis Maderi, de coronis nuptiarum sacris & profanis libellus. *Helmestadii, Mulleri*, 1662.

Lilii Gregorii Gyraldi, de sepultura & vario sepeliendi ritu libellus cum animadversionibus Joh. Faës. *Helmastadii, Mulleri*, 1676.

Joh. Andreæ Quenstedt, sepultura veterum sive antiqui ritus sepulchrales Romanorum Græcorum Judæorum & Christianorum. *Waesbergæ*, 1648.

Sacrorum Elæo-Chrysmaton Myrothecium sacro profanum, authore Fortunato Scaccho, Ord. Erem. S. Aug. *Roma, Zannetti*, 1625. 1627. & 1637. 3. vol.

Symbolica Dianæ Ephesiæ statua a Claudio Menetreio exposita. *Roma, Mascardi*, 1657.

Jo. Petri Bellori notæ in numismata tum Ephesia tum aliarum Urbium apibus insignia. *Roma, Varesii*, 1658.

Musæum Septalianum a Manfredo septala Patricio Mediolan. Constructum, descriptum a Paulo Maria Terzago. *Dertona, Violæ*, 1664.

Symbolica Dianæ Ephesiæ statua a Claudio Menetroeio exposita. *Roma, Mascardi*, 1657.

Caracteres Ægyptii sive sacrorum apud Ægyptios simulachrorum delineatio & explicatio a Laur. Pignorio. *Francofurti, Beckeri*, 1608.

Antiquæ tabulæ marmoreæ solis effigie simbolisque exculptæ explicatio ab Hieronymo Alexandro. *Roma, Zannetti*, 1616.

Bern. Baldi, in tabulam Æneam Eugubinam, lingua Etrusca veteri perscriptam divinatio. *Augusta-Vindelicorum*, 1613.

Marmor Pisanum de honore Biselli Parergon inseritur de veterum sellis cum synopsi de re Donatica antiquorum Chimentelii: accedit Myiodia sive de museis odoris Pisanis Epistola. *Bononia*, 1666.

Hieronymi Mercurialis de arte Gymnastica libri sex. *Venetiis, Juntæ*, 1601.

De Ludis Lermensibus Epistola Mich. Riberii. *Madriti, Sanctii*, 1617.

Petri Fabri Agonisticon sive de re Athletica ludisque veterum Gymnicis, Muficis atque Circenfibus fpicilegiorum tractatus. *Lugduni, Franc. Fabri*, 1692.

Apotheofis vel confecratio Homeri five Lapis antiquiffimus, in quo Homeri confecratio fculpta eft, commentario illuftratus a Gisb. Cuperi. *Amftelod. Boom*, 1683.

Gisb. Cuperi, Harpocrates & monumenta antiqua: accedit Stephani le Moine Epiftola de Melanophoris. *Ultraj. Halma*, 1687.

Jo. Henr. Meibomii Moecenas, five de C. Cilnii Moecenatis vita moribus & geftis liber fingul. accedit C. Pædonis Albinovani Moecenati fcriptum Epicedium cum notis. *Lugd. Batav. Elzevir*, 1653.

Mifcellanea Italica erudita, collecta a Gaudentio Roberto, Carm. Congr. *Parmæ, Jof. ab Oleo.* 1691. 2. vol.

VI. De Ponderibus, Menfuris, Nummis, &c.

Joannis Rhodii, de Acia Differtatio auctior edita a Th. Bartholino: accedit de Ponderibus & Menfuris ejufdem differtatio & vita Celfi. *Hafniæ, Godicchenii*, 1672.

Le Gemme antiche figurate di Michel Angelo Caufeo de la Chauffe. *In Roma, Komarek*, 1700.

Hiftoriæ rei nummariæ veteris fcriptores aliquot infigniores. *Lugd. Batav. Petri Vander-Aa*, 1695. 2. vol.

Joh. Seldeni, liber de nummis: accedit Bibliotheca nummaria. *Londini, Pitt*, 1675.

Jacobi Bornitii libri duo de nummis in republica percutiendis & confervandis. *Hanoviæ, typis Wechelianis*, 1608.

Catholicon rei monetariæ vel Leges Monarchicæ generales de rebus nummariis a Melchiore Goldafto. *Francofordiæ, Gerlini*, 1662.

Collectanea Monetaria ad Catholicon rei monetariæ ex documentis & manufcriptis Phil. Lud. Authæi. *Ibidem*.

Renerii Budelii, libri duo de monetis & re Nummaria: accefferunt tractatus varii tam veterum quam Neotericorum auctorum qui de monetis earumque valore defcripferunt. *Coloniæ, Gymnici*, 1591.

Quæftionis de reductione Monetali, an illa fit idoneus monete depravatæ reftituendæ modus refolutio a Binjamin Reubero. *Noribergæ, Halbmajeri*, 1629.

Caerte oft Lyfte in houdende den priis vanelck Maack, once Engelschen, &c. *t'Antuerpen, Verduffen*, 1620. C'eft-à-dire, Reprefentation de toutes les Efpeces de monnoye qui ont cours dans l'Europe, avec leur poid, & leur valeur, &c. *Anvers, chez Verduffen*, 1620.

Traité hiftorique des Monnoyes de France avec leurs figures depuis le commencement de la Monarchie jufqu'à prefent, par M. le Blanc. *Paris, Boudot*, 1690.

VII.

VII. *Symbola, Emblemeta, Insignia.*

Nicol. Caussinus, Soc. J. de Symbolica Ægyptiorum sapientia. *Paris. Romani de Beauvais*, 1618.

Prosopographia sive virtutum animi Corporis, bonorum externorum, vitiorum & affectuum variorum delineato imaginibus accurate expressa a Phil. Gallæo & monochromate ab eodem edita, distichis a Cornelio Kiliano illustrata.

Emblemata sive Symbola a Principibus, viris Ecclesiasticis, aliisque usurpanda, ab Othone Vænio. *Bruxellæ, Hub. Antonii*, 1624.

Emblemata pro Toga & Sago. *Norimbergæ, Pauli Furstii.*

Mercure Armorial, par C. Segoing. *Paris, Clozier*, 1650.

VIII. *Mytographi.*

Æsopi Fabulæ selectiores, Gall. gr. lat. una cum scholiis J. Meslier. *Parisiis, Jo. Hanoque*, 1650.

IX. *Pompæ.*

Le Bouquet Royal ou le Parterre des riches inventions qui ont servi à l'entrée du Roy Loüis le Juste en sa Ville de Reims, par N. Bergier; augmenté des Ceremonies observées en son Sacre, par P. de la Salle. *Reims, de Foigny*, 1697.

Icones XII. Regis Christianissimi, Reginæ, Ducis Andegav. & Emin. Cardinalis Jul. Mazarin, per Nic. Lescalopier. *Parisiis, Denain*, 1655.

X. *Ludicra.*

Franc. Vavassoris Soc. J. de Ludicra dictione liber, in quo tota jocandi ratio ex veterum scriptis æstimatur. *Paris. Cramoisy*, 1658.

Balthas. Bonifacii, Historia Ludicra. Editio nova. *Bruxellæ, Mommartii*, 1656.

Cantharus Parisinus sive Pillularius Scarabeus in Lutho.

XI. *Magica, &c.*

Aug. Niphi, de divinis auguriis libri duo & de diebus criticis liber unus: accedunt Rod. Goclenii, Uraniæ divinatricis libri duo. *Marburgi, Egenolphi*, 1614.

Joh. Christiani Frommann tractatus de fascinatione novus & singularis. *Norimbergæ, Endteri*, 1675.

Joannis Lazari Gutierri opusculum de fascino. *Lugduni, Borde*, 1653.

PHILOLOGI, in quarto.

Petri Thyræi, Opera de variis apparitionibus. *Coloniæ, Cholini,* 1625. 2. vol.
Ejusdem Dæmoniaci & loca infesta. *Ibidem,* 1598.
Diversi Tractatus de potestate Ecclesiastica coercendi dæmones circa energumenos & maleficiatos, de potentia ac viribus dæmonum, &c. *Coloniæ, Munich,* 1629.
Jo. Wieri Opera omnia. *Amstelodami, Vanden-Berge,* 1660.

XII. Opuscula Varia Italica.

Le Sententiose imprese di Paulo Giovio & Gabriel Symeoni. *In Lyone, Roviglio,* 1562.
Dialogo pio & speculativo con diverse sentenze latine & volgari di Gabriel Symeoni. *Ibidem,* 1560.
De Discorsi Politici & militari libri tre da Amadio Niecolucci. *In Venetia, Ginnammi,* 1630.
Opere di Tomaso Garzoni da Bagna Cavallo. *In Venetia, Valentini* 1617. 2. vol.
Dialogo del remedio Supremo, di Gio. Battista Terzo. *In Bergamo, Ventura,* 1596.
Phil. Honorii Thesaurus Politicus Italice & Latine. *Francofurti, Nicolai, Hoffmanni,* 1617 & 1618. 2. vol.
Le même traduit en François. *Par. Chevalier,* 1611.
I Donneschi diffetti, da Giuseppe Passi Ravennate. *In Venetia, Somascho,* 1599.
Discorso di Andrea Menichini. *In Trivigi Dehuchino,* 1597.
Il Triomfo de la Justizia, &c. da Antonio Moletti. *In Roma, Komarek,* 1691.
Compendio del gran volume de l'arte del bene & leggiadramente scrivere tutte le sorte di Lettere & Caratteri, &c. di Giov. Battista Palatino. *In Venetia, Sessa,* 1578.
Il Decamerone di Giov. Bocaccio, con la vita di Bocaccio, da Francesco Sansovino. *In Venegia, Giolito,* 1548.
Maniera di Givocar a Scacchi, da Horatio Gianutio. *In Turino, Bianchi,* 1597.
Il Givoco de gli Scacchi di Rui Lopez, tradotto in Lingua Italiana da Gio Dominico Tarsia. *In Venetia, Arrivabene,* 1584.
Il Givoco Pythagoreo nominato, per Francesco Barrozzi. *In Venetia, Perchacino,* 1572.
Amor nudo all'ombre estive vestito di varieta da Giacomo Castagnini. *In Venetia, Guerigli,,* 1653.
Il Cesare, overo l'Apologia di Cesare primo Imperadore di Roma, d'Alessandro Guarino. *In Ferrara, Suzzi,* 1632.
Il Barbiere, di Tiberio Malfi con figure anatomiche. *In Napoli, Beltrano,* 1626.
Trattato Sopra la Carestia e fame. *In Bologna, Rossi,* 1602.

L'Antenore di Lorenzo Pignoria. *In Padoua, Tozzi*, 1625.

XIII. Opuscula Varia Gallica.

Traité des Chiffres ou secrettes manieres d'écrire, par Blaise de Vigenere. *Paris, L'Angelier*, 1587.
Discours non plus mélancholiques que divers des choses mêmement qui appartiennent à nôtre France, & à la fin la maniere de bien toucher les Luts & Guiternes. *Poitiers, Marnef*, 1557.
Discours Philosophiques de Pontus de Thiard de S. de Bissy, & depuis Evêque de Châlons. *Par. L'Angelier*, 1587.
Les Gymnopodes ou de la nudité des pieds, par Sebastien Rouillard. *Par.* 1624.
Oeuvres de M. Sarrazin. *Par. Courbé*, 1656.
Oeuvres, Posthumes de Guy Coquille. *Par. Guillemot*, 1650.
Entretiens de Balzac. *Par. Courbé*, 1657.
Apologie de Costar à M. Menage. *Ibidem*.
Nouvelles Oeuvres de M. Voiture. *Ibidem*, 1658.
Entretiens de Voiture & Costar. *Ibidem*, 1655.
Défense des ouvrages de Voiture. *Ibidem*, 1653.
La même, seconde Edition augmentée. *Ibidem*, 1654.
Suite de la défense des Oeuvres de Voiture. *Ibidem*, 1655.
Recueil general des questions traitées ès Conferences du Bureau d'adresse. Tome 2. 3. 4. 5. *Par.* 4. vol.
Oeuvres diverses de M. Catherinot.
Le Voyageur curieux qui fait le tour du Monde, avec ses matieres d'entretien qui composent l'Histoire curieuse. *Paris, Clousier*, 1654.
Justification du Seigneur Richard de Merode S. de Frentzen touchant sa querelle avec le S. Don Rodrigue de Benavides, translaté de l'Italien en François. *Mantuë*, 1560.
Le Commerce honorable ou considerations politiques sur le fait du Commerce de France, &c. *Nantes, le Monnier*, 1646.
Extrait du Livre intitulé: Considerations politiques sur le fait du Commerce de France, &c. *Paris*, 1659.
La Consolation de la Theologie, par le P. René de Ceriziers, Jesuite. *Par. Camusat*, 1639.
De la verité par Edouart Hebert, Baron de Cherbury, 1639.
Avis à M. Menage sur son Eclogue intitulée: Christine; avec un remerciment à M. Costar. *Par. de Luynes*, 1656.
Second Factum pour M. Antoine Furetiere, &c.
La Pratique du Theatre. *Par. Sommaville*, 1657.
Entretiens d'Ariste & d'Eugene, par le P. Bouhours. *Paris, Mabre-Cramoisy*, 1671.
La Venerie Royale du S. de Salnove. *Paris, Sommaville*, 1665.
Les Ruses innocentes dans lesquelles se voit comment on prend les Oyseaux, &c. *Par. Lamy*, 1660.

XIV. *Opuscula Hispanica, Anglica.*

Vision deleytable y sumario de todas las Scientias, traduzido en Español, por Franc. de Caceres. *En Francaforte*, 1623.

Scrinia Ceciliana: Mysteries of state & Government, in Letters of the late famous Lord Burghley, &c. *London, Bedel*, 1663. C'est-à-dire les Lettres du Comte de Burgley, contenant les secrets de l'Etat & du Gouvernement, &c. *Londres*, 1663.

PHILOLOGI.

IN OCTAVO, &c.

I. *Græci Antiqui.*

Anton. Liberalis, Transformationum congeries.

Phlegontis Tralliani, de mirabilibus & longævis libellus.

Ejusdem, de Olimpiis Fragmentum.

Apollonii, Historiæ mirabiles.

Antigonii mirabilium narrationum congeries.

M. Antonini Phil. Rom. de vita sua libri XII. omnia gr. lat. cum notis Guil. Xylandri. *Basileæ, Guarini*, 1568. *in* 8.

Apollodori Atheniensis Bibliotheces sive de Diis libri tres, gr. lat. cum notis Tanaq. Fabri. *Salmurii, Lesnerii*, 1661. *in* 8.

Theodori Prodromi Philosophi Rhodantes & Dosiclis amorum libri IX. gr. lat. interprete Gilb. Gaulmino. *Par. Tussani du Bray*, 1625. *in* 8.

Antonini Liberalis, transformationum congeries gr. lat. interpr. Guil. Xylandro cum notis Thomæ Munckeri. *Amsteladami, Waësbergii*, 1676. *in* 12.

Achillis Tatii, de Clitophontis & Leusippes amoribus libri VIII. gr. lat. studio Cl. Salmasii. *Lugd. Bat. Hegeri*, 1640 *in* 12.

II. *Latini Antiqui.*

Auli Gellii, noctes Atticæ cum notis & emendationibus Jo. Frederici Gronovii. *Lugd. Bat. Jo. de Vivié*, 1687. *in* 8.

Censorinus de die natali cum notis Henr. Lindenbrogii. *Lugd. Bat. Jo. Maire*, 1642. *in* 8.

Macrobii Opera cum notis Joh. Isaaci Pontani; accedunt Jo. Meursii Breves notæ. *Ibidem*, 1628. *in* 8.

PHILOLOGI, in octavo, &c. 381

i Venaticæ antiqui cum Commentariis Jani Ulitii. *Bat. Elzevir*, 1653. *in* 12.

III. *Operum Collectiones.*

ırchiæ, de remediis utriusque fortunæ libri duo & de nptu mundi colloquiorum liber. *Roterodami*, *Lers*, *in* 12.

ielii Agrippæ Opera. *Lugduni*, *Beringi*, *in* 8. 2. vol. ppendix Apologetica pertinens ad secundam ejus Ope- ugduni editorum partem. *Ibidem*, 1605. *in* 8.

Erythræi, Epistolæ, Eudemiæ libri X. Dialogi XVII. ɔla virtutum & vitiorum & documenta sacra. *Coloniæ*, *nii*, 1645. *in* 8. 3. vol.

Bonciarii Opuscula varia. *Perusiæ*, 1606. *in* 12.

Opera varia. *Par. Cramoisy*, 1621. *in* 8.

agnii Boessii, Miscella. *Lugduni*, *Anisson*, 1661. *in* 8.

ırii Verulani, Opera. *Amsteladami*, *Wetsteinii*, 1696.

ıi, Opuscula & Epistolæ studio F. Jacobi Quetis, Præd. *Par. Billaine*, 1675. *in* 12.

mesii Opuscula. *Par. Marbre-Cramoisy*, 1668. *in* 12.

erici, Orationes, computus Ecclesiasticus & Poëmata : unt Stephani Clerici Dissertationes Philologicæ. *Amste-* i, *Wetstenii*, 1687. *in* 8.

IV. *Critici.*

animadversorum Antonii Cercoetii ad Cl. Salmasii no- Tertullianum de Pallio, auth. Franc. Franco. *Middel- Moulart*, 1623.

etii, Mastigophorus primus, sive Elenchus confutationis Cl. Salmasius animadversionibus Kerkoetianis opposuit mentito nomine. *Par.* 1622.

astigophorus secundus. *Ibidem*, 1623.

triusque Elenchi Cerco Petaviani, Auth. Franc. Fran- ar. 1623.

ëtii, Mastigophorus tertius. *Par.* 1623.

liber de Pallio cum notis criticis & Historicis Theod. llii. *Par. Liberi*, 1614.

latinis & interpretatione Gallica illustratus ab Emundo rio. *Par. Drouart*, 1600. *in* 8.

ti, animadversiones in Miltiadem Nepotis, Epistolas , Curtium, Ciceronem de legibus, &c. *Hamburgi*, en, 1675. *in* 8.

Longolii Orationes tres & Epistolarum libri IV. accc-

dit Epistolarum Bembi & Sadoleti liber unus. *Par. Typi. Ascensianis*, 1536. *in* 8.
Joh. Henr. Hottingeri Dissertationes Miscellaneæ. *Tiguri*, *Bodmeri*, 1654. *in* 8.
Thomæ Crenii, Musæum Philologicum & historicum. *Lugd. Batav. Vander-Miin*, 1699. & 1700. *in* 8. 2. vol.
Ejusdem Fascis Exercitationum Philologico-historicarum. *Lugd. Bat. Slaart*, 1697. *& seqq. in* 8. 5. vol.
Jani Gruteri Lampas, sive fax artium liberalium. *Francofurti, Jenæ, Rhodii*, 1602. *& seqq. in* 8. 9. vol.
Mysterium artis Steganographiæ. *Ulmæ, Rhunen*, 1682. *in* 8.
Antiquitatum Homericarum libri IV. ab Everardo Teithio Scripti. *Lugd. Batav. Adriani, Severini*, 1677. *in* 12.
Leo Allatius de Patria Homeri. *Lugduni, Durand*, 1640. *in* 8.
Nouvelles Remarques sur Virgile & sur Homere &c. 1710. *in* 12.
Ant. Possevini Soc. J. Judicium de Nuæ militis Galli, Joannis Bodini, Philippi Mornæi & Nic. Machiavelli quibusdam scriptis.
Petri Coreti Defensio veritatis adversus assertiones fidei Catholicæ repugnantes ejusdem Nuæ libris aspersas.
Ant. Possevini, de confessione Augustana, ac num admittendi sint Hæretici ad colloquium publicum de fide, de Des. Erasmo & sectæ Picardicæ Judicium. *Lugduni, Buisson*, 1593. *in* 8.
Lycophronis Chalcidensis Alexandra Poëma gr. lat. cum Commentario Jo. Meursii. *Lugd. Bat, Flzevir*, 1599.
Jo. Meursii Exercitationum criticarum partes duæ. *Ibidem, in* 8.
Ejusdem, Exercitationes Criticæ. *Ibidem, in* 8.
Lycophronis Chalcid. Alexandra gr. lat. cum Commentario Jo. Meursii. *Ibidem*, 1597. *in* 8.
Jo. Meursii ad Theocriti Idyllia & Epigrammata Spicilegium & notæ. *Ibidem, in* 8.
Constantini Porphyrogenetæ Opera gr. lat. cum notis Jo. Meursii. *Ibidem*, 1617. *in* 8.
Jo. Meursii de ludis græcorum liber singularis. *Ibidem*, 1622. *in* 8.
Jo. Meursii, Filii, Arboretum sacrum. *Ibidem*, 1642. *in* 8.
Jo. Meursii Theophrastus, sive de illius libris qui injuria temporis interciderunt liber sing. accedit Theophrastearum lectionum libellus. *Ibidem*, 1640. *in* 8.
Jo. Meursii Criticus Arnobianus, item Hypocriticus Minutianus & excerpta MSS. Regii Parisiensis. *Lugd. Bat. Elzevir*, 1599.
Petri Fabri, Commentarius in libros Academicos Ciceronis & in Orationem pro Cæcina. *Par. Morelli*, 1611. *in* 8.
Jo. Meursii, de Gloria liber unus cum auctario Philologico. *Lugd, Bat. Cloucquii*, 1601.
Ejusdem Poëmata. *Ibidem*, 1602. *in* 8.
Vincentii Lupani Annotationes in Ælium Spartianum, Julium

PHILOLOGI, in octavo, &c.

Capitolinum, Ælium Lampridium, Vulcatium Gallicanum, Trebellium Pollionem & Flavium Vopiscum. *Parif. wecheli,* 1560.

Franc. Luisini, Parergon libri tres. *Venetiis, Valgrifii,* 1551. *in* 8.
Jo. Clerici, Ars critica. *Amstelodami, Gallet,* 1697. *in* 8. 2. vol.
Quinquaginta relationes ex Parnasso de variis Europæ Eventibus; adjuncta est ratio status Davidis Judæorum Regis. *Hamburgi, Pauli, Nicolai,* 1683. *in* 8.
Bernardi Martini variarum lectionum libri IV. *Par. Chevalier,* 1605. *in* 8.
Jacobi Durantii Casellii Variarum libri duo. *Par. Perier,* 1582. *in* 8.
Franc. Bernardini Ferrarii, de antiqno Ecclesiasticarum Epistolarum genere libri tres. *Mediolani, Bidellii,* 1613. *in* 8.
Juliani. Imper. Cæsares, cum notis Car. Cantoclari. *Par. Duvallii,* 1614. *in* 8.
Christoph. Sandii, notæ & animadversiones in G. Jo. Vossii libros tres de Historicis Latinis. *Amstelodami, Waësbergii,* 1677. *in* 12.
Jo. Deckerri, de Scriptis Adespotis, pseudepigraphis & suppositiis libri tres, 1681. *in* 12.
Apologia pro Daniele Heinsio adversus Jo. Croii Calumnias. *Lugd. Bat. Vogel,* 1646. *in* 8.
Gasp. Scioppi, Infamia Famiani; accedit Ejusdem de Styli Historici virtutibus ac vitiis Judicium cum de natura Historiæ & Historici officio Diatriba, studio Joh. Fabri. *Amstelodami, Valkenier,* 1663. *in* 12.
Jacobi Perisonii, Animadversiones Historicæ. *Amstelodami, Boom,* 1685. *in* 8.
Guil. Saldeni, de libris varioque eorum usu & abusu libri duo. *Ibidem,* 1688. *in* 8.
Joh. Frederici Gronovii, Observationum libri tres. *Lugd. Batavorum Gaësbeeck,* 1662. *in* 8.
Petri Petiti Miscellanearum observationum libri IV. *Ultrajecti, Rudolphi a Zyll,* 1682. *in* 8.
Scaligerana. *Groningæ, Smithæi,* 1669. *in* 12.
Perroniana & Thuana. *Coloniæ, Scagen,* 1669. *in* 12.
Menagiana. *Par, Delaulne,* 1693. & 1694. *in* 12. 2. vol.
Anti-Menagiana. *Par. d'Houry,* 1693. *in* 12.
Mescolange d'Egidio Menagio. *In Parigi, Billaine,* 1678. *in* 8.
Furetieriana. *Par. Guillain,* 1696. *in* 12.
Parrhasiana. *Amsterdam, Schelte,* 1699. *in* 8. 2. vol.
Sorbeiiana. *Par. Delaulne,* 1695. *in* 12.
Valesiana. *Ibidem,* 1694. *in* 12.
Arliquiniana. *Ibidem, in* 12.
Bons mots & actions de l'Empereur Charles V. enrichis de figures. *Anvers, Spits,* 1683. *in* 12.

Bons mots & maximes des Orientaux. *Par. Benard*, 1694. *in* 12.
Reflexions penſées & bons mots par le Sieur Pepinocourt. *Paris, Deluyne*, 1696. *in* 12.
Le Choix des bons mots. *Amſterdam*, 1709. *in* 12.
Merici Caſauboni, de quatuor linguis commentationis pars prior quæ de lingua Hebraica & Saxonica. *Londini, Flesher*, 1650.
Guil. Somneri, notæ ad verba vetera Germanica a Juſto Lipſio collecta. *in* 8.
Conradi Geſneri, Obſervationes de differentiis linguarum tum veterum tum quæ hodie in toto orbe terrarum ſunt in uſu. *Tiguri, Froſchoveri*, 1555. *in* 8.
Linguarum cognatio, ſeu de linguis in genere & de variarum linguarum harmonia Diſſertatio Thomæ Haynes. *Londini, Wittaker*, 1648. *in* 8.
Joannis Paſſeratii, liber de litterarum inter ſe cognatione ac permutatione. *Par. Douceur*, 1606. *in* 8.
Hermannus Hugo Soc. J. de prima ſcribendi origine & univerſa rei litterariæ antiquitate. *Antuerpiæ, Moreti*, 1617. *in* 8.
Laur. Ingewaldi, Elingii Hiſtoria græcæ linguæ cum præfatione Adami Rechenbergii, *Lipſiæ, Gleditſch*, 1691. *in* 8.
Funus linguæ Helleniſticæ, ſive confutatio Exercitationis de Helleniſtis & lingua Helleniſtica. *Lugd. Bat. Maire*, 1643. *in* 8.
Cl. Salmaſii de Helleniſtica Commentarius. *Lugd. Bat. Elzevir*, 1643. *in* 8.
P. Michaelis Pexenfelder Soc. J. apparatus eruditionis tam rerum quam verborum per omnes artes & ſcientias. *Norimbergæ, Endteri*, 1670. *in* 8.
Franc. Ridderi, de Eruditione Hiſtoria. *Roterodami, Borſtii*, 1680. *in* 12.
Polydori Vergilii, de rerum inventoribus libri VIII. & de Prodigiis libri tres. *Amſtelodami, Elzevir*, 1671. *in* 12.
Julii Obſequentis, Prodigiorum liber.
Polydori Vergilii, de Prodigiis libri tres.
Joach. Camerarii, de Oſtentis libri duo. *Lugduni, Tornæſii*, 1553. *in* 12.
Andreæ Quernei, Egregiarum ſeu Electarum lectionum & antiquitatum liber. *Par. le Bouc*, 1602. *in* 12.
Jo. Pierii Valeriani, de Litteratorum infœlicitate liber unus. *Amſtelodami, Cornelii Joannis*, 1647. *in* 12.
Jo. Lucas, Soc. Jeſu, Oratio de monumentis publicis latine inſcribendis. *Par. Benard*, 1677. *in* 8.
Caracter hominis litterati ex italico Danielis Bartoli Soc. J. latine redditus a Lud. Janino Soc. J. *Lugduni, Larchier*, 1672. *in* 12.
Th. Bartholini de libris legendis Deſſertationes VII. cum Mantiſſa Poëtica. *Hafniæ, Danielis Paulli*, 1681.
Ejuſdem, Orationes. *Ibidem*, *in* 12.

Ger.

PHILOLOGI, in octavo, &c.

Ger. Jo. Vossii & aliorum dissertationes de studiis bene instituendis *Ultrajecti*, *Ackerdisk*, 1658. *in* 12.
Ant. Perizonii tractatus de ratione studii Theologici. *Daventriæ*, *Columbii*, *in* 12.
Gisberti Voëti, Exercitia & Bibliotheca studii Theologici. *Ultrajecti*, *Waesberge*, 1651. *in* 12.
De recte formando studio Theologico libri IV. ac de formandis sacris concionibus libri tres collecti per F. Laurentium a Villa Vincentio. *Coloniæ*, *Birckmanni*, 1675. *in* 12.
Gulielmi Sossi Benecari, liber de numine Historiæ. *in* 12.
Artis historicæ penus octodecim scriptorum, præcipue Bodini monumentis instructa. *Basileæ*, *Pernæ*, 1579. *in* 8.
Degorei Whear Relectiones Hyemales de ratione & methodo legendi utrasque Historias civiles & Ecclesiasticas: accedunt Mantissa de Historicis Gentium particularium, Gabrielis Naudæi Bibliographia Politica & Justi Lipsi Epistola de Historia, Historicos Legendi Ordine fructusque ex iis excerpendi modo. *Cantabrigiæ*, *Jo. Hayes*, 1684. *in* 8.
De l'utilité des Voyages & des Avantages que la Recherche des antiquitez procure aux Sçavans, par M. Baudelot de Dairval, *Paris*, *Auboüin* 1686. *in* 12. 2. vol.
Jul. Cæs. Scaligeri Poëtices libri VII. *in Bibliopolio Commeliniano*, 1617. *in* 8.
Jo. Bodini Methodus ad facilem Historiarum cognitionem. *Geneva*, *Stër*, 1610. *in* 8.
De Lectione Historiarum recte instituenda, a Davide Chytræo; accedit chronologia Historiæ Herodoti, Thucydidis, Xenophontis, &c. *Argentinæ*, *Mylii*, 1565. *in* 8.
Christoph. Cellarii, Nucleus Historiæ inter antiquam & novam mediæ. *Jenæ*, *Bielckii*, 1676. *in* 12.
De l'usage de l'Histoire. *Paris*, *Barbin*, 1671. *in* 12.
La Science de l'Histoire, avec le Jugement des principaux Historiens, tant anciens que modernes, *Paris*, *Jolly*, 1665. *in* 12.
De Poëmatum Cantu & viribus Rithmi. *Oxonii*, *e Theatro Sheldoniano*, 1673. *in* 8.
Historiæ Poëticæ scriptores antiqui gr. lat. cum notis. *Paris. Muguet*, 1675. *in* 8.
L'Histoire Poëtique, par le P. Gautruche J. *Caen*, *Cavelier*, 1660. *in* 12.
L'Ecole des Muses. *Paris*, *Chamthoudry*, 1656. *in* 12.
Traité de la Poësie Françoise. *Paris*, *de Luyne*, 1685. *in* 12.
Danielis Heinsii de Tragœdiæ constitutione liber: accedit Aristotelis de Poëtica libellus gr. lat. cum ejusdem notis. *Lugd. Bat. Elzevir*, 1643. *in* 12.
Jani Cæcilii Frey, via ad divas scientias artesque, linguarum notitiam sermones extemporaneos. *Jenæ*, *Bielckii*, *in* 12.

Ccc

Jo. Alberti Bannii Dissertatio Epistolica de Musicæ natura origine progressu & studio. *Lugd. Bat. Commelini*, 1637.
Hugonis Grotii & aliorum de omni genere studiorum recte instituendo. *Ibidem, in* 12.
Tres artes omnium scientiarum ancillares memorativa, inventiva Lulliana & applicativa omnis materiæ ad omnem materiam. *Cadomi, Cavelier*, 1640. *in* 14.
Gabrielis Putherbei, de tollendis & expungendis malis libris, libri tres. *Parif. Roigny*, 1549. *in* 8.
Joh. Henrici Boëcleri, excerpta controversarium illustrium. *Argentorati, Schmuck*, 1680. *in* 12.
Christiani Weisii, de Poësi hodiernorum Politicorum sive de argutis inscriptionibus libri duo. *Weissenfelfæ, Joh. Bruhl,* 1678. *in* 8.
Guil. Postelli, de ratione spiritus sancti libri duo. *Parif. Gromorsi*, 1543. *in* 8.
Jo. Gabr. Drechslers, de larvis natalitiis earumque usu & fine, tempore, ut vocant, Sancti Christi solitis cum Apologia. *Lipsiæ, Weidmanni*, 1683. *in* 12.
Thomæ Bartholini, Jo. Henrici Meibomii & Henrici Meibomii de usu flagrorum in re medica & venerea Lumborumque & renum officio : accedunt de eodem renum officio Joach. Olhafii, & Olai Wormii Dissertatiunculæ. *Franc. Dan. Paulli*, 1670. *in* 12.
Jo. Frid. Mayeri, de fide Baronii & Bellarmini ipsis Pontificis ambigua, Eclogæ. *Amstelodami, Westenii*, 1697. *in* 8.
Antonius Godellus Episcopus Graffensis, an Elogii Aureliani scriptor idoneus, idemque utrum Poëta. *Constantiæ, Vincentii*, 1650. *in* 8.
Salomon & Marcolphus Justiniano-Gregoriani. *Francofurti, Bergen*, 1677. *in* 8.
Opizii Jocoferii, Dissertatio juridica de eo quod justum est circa spiritus familiares fœminarum hoc est pulices. *Liberovadi*, 1683. *in* 24.
De naturalismo cum aliorum tum maxime Jo. Bodini, schediasma inaugurale L. Jo. Diecmanni. *Lipsiæ, Gleditschii*, 1684. *in* 12.
Jo. Conradi Anaman dissertatio de loquela. *Amstelodami, Wolfters*, 1700. *in* 8.
Religio Medici additis annotationibus. *Argentorati, Spoor*, 1652. *in* 12.
Petri Lafena, Cleombrotus sive de iis qui in aquis pereunt Philologica dissertatio. *Romæ, Facciotti*, 1637. *in* 8.
Phil. Beroaldi Ludus oratorius, de Philosophi Medici & Orator præstantia, item Scortatoris, Aleatoris & Ebriosi fœditate. *Lovanii, Flavii*, 1612. *in* 8.
Justi Lipsii Saturnalium Sermonum libri duo : ejusdem satyra Menippæa. *Parif. Linocerii*, 1585. *in* 8.
Lettre sur le Discours de M. Fontenelle au sujet de la question de la

PHILOLOGI, in octavo, &c.

Prééminente entre les anciens & les modernes. *Par. Coignard*, 1699. *in* 12.

Reflexions critiques sur une Ode par le P. Etienne Macheret. *Cologne, Groth*, 1699. *in* 12.

Hieron. Osorius, de gloria & de nobilitate civili & Christiana. *Rothomagi, Rom. de Beauvais*, 1616. *in* 12.

Johannis Nicolai tractatus de Phyllobolia. *Francof. Onrlingii*, 1698. *in* 12.

Caroli Paschalii Censura animi ingrati. Idem, de optimo genere elocutionis. *Paris. Columbelli*, 1601. *in* 8.

Jacobi Thomasii Præfationes argumenti varii. *Lipsiæ, Guntheri*, 1681. *in* 8.

Johannis Amos Comenii, Pansophiæ prodromus. *Londini, Fawne*, 1639. *in* 12.

Arnoldi Geulinck Saturnalia. *Lugd. Batav. Wagenaer*, 1669. *in* 12.

Miscella antiquæ lectionis studio Sim. Paulli edita. *Argentorati, Pastorii*, 1664. *in* 8.

G. Vander Muelen, Exercitationes in Historiam Pomponii de origine juris. *Ultrajecti, Halma*, 1691. *in* 8.

Eberharti a Weihe Penicillus fœderum unionum & ligarum. Item Aulicus Politicus. *Francofurti, Beyeri*, 1641. *in* 8.

Georgii Christoph. Waltheri, tractatus Juridico-politicus de statu juribus & privilegiis Doctorum omnium facultatum. 1642. *in* 8.

Jo. Talentonii, variarum & reconditarum rerum Thesaurus. *Francofurti*, 1605. *in* 8.

Josephi Langii Anthologia sive florilegium rerum & materiarum selectarum. *Argentorati, Stœdelii*, 1655. *in* 8.

Reineri Neuhusii, Florilegium Philologicum. *Amstelodami, Janssonii*, 1650. *in* 12.

Edonis Neusii Theatrum ingenii humani. *Ibidem*, 1648. *in* 12.

Pedis Admiranda. *Parisiis, Billaine*, 1619. *in* 8.

Ernesti Wænii, tractatus Physiologicus de pulchritudine. *Bruxellis, Foppens*, 1662. *in* 8.

Petri Laurembergii, curiosa delineatio-Pulchritudinis. *Typis Kilianis*, 1672. *in* 8.

Edmundi Dickinson, Epistola de quintessentia Philosophorum & de vera Physiologia. *Oxoniæ, e Theatro, Sheldon.* 1686. *in* 8.

Jo. Bapt. Morinus, de vera cognitione Dei ex solo naturæ lumine. *Parisiis*, 1655.

Ejusdem Refutatio Libelli de Præadamistis. *Ibidem*, *in* 12.

Traité des Fondemens de la Science generale & universelle. *Paris, le Cointe*, 1651. *in* 8.

Disputatio Anonymi homines mulieres non esse, cui opposita est Simonis Geddici Defensio sexus mulieris. *Haga-Comitis, Burchornii*, 1638. *in* 12.

Ccc ij

V. Epistolæ.

Epistolæ veterum Græcorum, nempe Hippocratis, Democriti, Heracliti, Diogenis, Crateris, Phalaridis, Bruti, aliorumque ad eosdem gr. lat. editæ per Eilhardum Lubinum. *Typis Commelini*, 1609. *in* 8.

Aristenæti Epistolæ græcæ cum Latina interpretatione & notis. *Parisiis, Orry*, 1610. *in* 8.

C. Plinii, Cæcilii Secundi Epistolæ & Panegyricus notis illustrata. *Oxonii, e Theatro Sheldon.* 1686. *in* 8.

Les Lettres de Pline. *Paris, Courbé.* 1643. *in* 12.

Q. Aurel. Symmachi Epistolarum libri decem, cum notis Jacobi Lectii & Franc. jureti. *Apud Eust. Vignon*, 1587. *in* 8.

Symmachi Epistolarum libri duo. D. Ambrosii Epistolæ duæ in Symmachum. Epistolarum Magni Turci ad varias gentes liber unus latine redditus a Laudino Equite Hierosolimitano. *Basileæ, Froben*, 1549. *in* 8.

Principum & illustrium virorum Epistolæ. *Amsterodami, Elzevir*, 1644. *in* 12.

Epistolæ obscurorum virorum ad Ortuinum Gratium. *Francofurti*, 1643. *in* 12.

Eædem. *Ibidem*, 1599. *in* 8.

Petri de Vineis Epistolarum libri sex: accessit Hypomnema de fide, amicitia & observantia Pontificum Romanorum erga Imperatores Germanicos. *Basileæ, Pauli Queci*, 1566. *in* 8.

Jacobi Sadoleti Cardinalis Epistolæ. *Lugd. Gryphii*, 1554. *in* 8.

Eædem. *Coloniæ, Cholini*, 1608. *in* 8.

Jo. Pici Mirandulæ Epistolarum liber illustratus a Christoph. Cellario. *Cizæ, Bielckii*, 1682. *in* 8.

A. Gislenii Busbequii omnia quæ extant. *Lugd. Batav. Elzevir*, 1633. *in* 24.

Ejusdem Epistolæ Legationis Gallicæ. *Bruxellis, Pepermanni*, 1631. *in* 8.

Paulli Manuccii Epistolæ. *Bernæ, Lepreux*, 1606. *in* 16.

Eædem. *Coloniæ, Petri Horst*, 1586. *in* 8.

Illustrium virorum Epistolæ a Belgis vel ad Belgas scriptæ. *Lugduni, Batav. Elzevir*, 1617. *in* 8.

Josephi Scaligeri Epistolæ omnes. *Lugd. Bat. Elzevir*, 1627. *in* 8.

F. Leonis Carmelitæ Rhedonensis Epistolæ selectæ. *Romæ, Dragondelli*, 1661. *in* 8.

Epistolæ ex historicis tam veteribus quam recentioribus Collectæ a Melchiore Junio. *Monte-Belgardi, Zetzneri* 1595. *in* 8.

Justi Lipsii, Epistolarum Centuriæ duæ. *Paris. l'Escuyer*, 1599.

Ejusdem de constantia libri duo. *Ibidem, in* 12.

P. Andreæ Matthioli Epistolæ Medicinales. *Lugduni, Farinæ*, 1564. *in* 8.

PHILOLOGI, in octavo, &c.

Jo. Langii Lembergii, Epistolæ Medicinales. *Hanoviæ, Typis Wechelianis*, 1605. *in* 8.

S. Francisci Xaverii Epistolæ editæ a P. Possino Soc. J. *Romæ, Varesii*, 1667. *in* 8.

Ejusdem Epistolæ novæ studio ejusdem. *Paris. Cramoisy*, 1661. *in* 12.

Lettere annue di Ethiopia del 1624. 1625. & 1626. scritte al P. Mutio Vitelleschi generale della compagnia di Giesu. *In Roma, Zanetti*, 1628. *in* 8.

Annuæ Litteræ Soc. J. anni 1582. ad Patres & Fratres ejusdem Societatis. *Romæ*, 1584. *in* 8.

Phil. Melanchtonis Epistolæ a Jo. Manlio Collectæ. *Basileæ, Queci*, 1565. *in* 8.

Clar. virorum Epistolæ Collectæa Sim. Abbes Gabbema. *Harlingæ, Galama*, 1664. *in* 8.

Lamentationes sive Epistolæ obscurorum virorum. *Coloniæ*, 1649. *in* 12.

Variæ antiqui argumenti Epistolæ. *in* 8.

Philologicarum Epistolarum centuria una. *Francof. Emmilii*, 1610. *in* 8.

Rolandi Maresii, Epistolarum Philologicarum libri duo. *Parisiis, Martin*, 1655. *in* 8.

Ejusdem Epistolarum Philologicarum liber I. *Paris. le Gras*, 1650. *in* 12.

Clarorum virorum Epistolæ selectæ. *in* 16.

Jacobi Vasseurii Epistolæ. *Paris. Fevrier*, *in* 8.

Dominici Baudii Epistolæ: accedunt orationes & libellus de foenore. *Lugd. Bat, Hackii*, 1650. *in* 12.

Eædem. *Amstelodami, Janssonii*, 1647. *in* 12.

Cl. Salmasii Epistola de cæsarie virorum & mulierum coma. *Lugd. Bat. Elzevir*, 1644. *in* 8.

Ejusdem Epistola super Herode infanticida, Heinsii Tragœdia & censura Balzacii. *Paris. Dupuys*, 1644. *in* 8.

Hugonis Grotii Epistolæ ad Israëlem Iaski. *Danticis, Typis Rhetianis*, 1670. *in* 12.

Ejusdem Epistolæ ad Gallos. *Lugd. Batav. Elzevir*, 1650. *in* 12.

Simplicii Verini Epistola sive judicium de libro Posthumo H. Grotii. *Hagiopoli, Catharini*, 1646. *in* 8.

Martini Ruari, necnon Hug. Grotii, M. Mersennii, M. Gittichii & Nærani aliorumque ad ipsum Epistolarum selectarum centuriæ duæ. *Amstelædami, Dav. Ruari*, 1677. & 1681. *in* 8. 2. vol.

Dav. Chytræi Epistolæ. *Hanoviæ, typis Wechelianis*, 1614. *in* 8. 2. vol.

Liberii de Sancto Amore Epistolæ Theologicæ. *Irenopoli*, 1679. *in* 8.

Nic. Clenardi Epistolarum libri duo. *Antuerpiæ, Plantin*, 1666. *in* 8.

Fasciculus Lud. Molinæi Epiſtolarum Latine & Gallice. *Eleutherò-poli*, 1676. *in* 12.
Joach. Camerarii Epiſtolarum libri V. poſteriores. *Francofurti, Fiſcheri*, 1595. *in* 8.
Juſti Rycquii Epiſtolarum Selectarum centuria altera. *Lovanii, Flavii*, 1615. *in* 8.
Claudii Sarravii Epiſtolæ. *Arauſioni*, 1654. *in* 8.
Aug. Buchneri Epiſtolæ. *Dresdæ, Hubneri*, 1689. *in* 8.
Jo. Raviſii Textoris Epiſtolæ. *Pariſ. Rom. de Beauvais*, 1617. *in* 16.
Jo. Jacobi Grinæi Epiſtolarum ſelectarum libri duo collecti ab Abrah. Sculteto. *Offenbaci, Georgii Beati*, 1612. *in* 8.
Paulli Sacrati Epiſtolarum libri ſex additis ad ipſum Epiſtolis. *Lugduni, Foucherii*, 1581. *in* 16.
Jo. Boteri Epiſtolarum nomine D. Caroli Cardinalis Borromæ ſcriptarum libri duo. Ejuſdem Epiſtolarum Theologicarum liber. *Pariſ. Perier*, 1586. *in* 12.
Eryci Puteani Epiſtolæ ad Conſtantinum Hugenium & Daniel. Heinſium, edente Marco Zuerio Boxhornio. *Lugd. Bat. Hackii*, 1647. *in* 12.
Ejuſdem Epiſtolarum Selectarum apparatus miſcellaneus & novus, centuria II. *Antuerpiæ, Gnobbari*, 1645. *in* 24.
Caſp. Barlæi Epiſtolæ. *Amſtelod. Blaeu*, 1667. *in* 8. 2. vol.
Dan. Heinſii Epiſtola, qua diſſertationi Balſaci ad Herodem infanticidam reſpondetur, editore Marco Zuerio Boxhornio. *Lugd. Batav. Elzevir*, 1636. *in* 8.
Jo. Crucii Epiſtolarum libri V. *Amſtelod. Elzevir*, 1642. *in* 12.
Ant. Perezii Epiſtolarum centuria una. *Norimbergæ, Sporlini*, 1683.
Matthæi Weyeri Epiſtolæ latinitate donatæ. *in* 12.
Joannis Woweri Epiſtolarum centuriæ duæ. Ejuſdem ſyntagma de Bibliorum interpretatione cum Epiſtolis clar. virorum ad Wowerum. *Hamburgi, Heringii*, 1609.
Rodolphi Goclenii Analyſes in Exercitationes aliquot Jul. Cæſ. Scaligeri de ſubtilitate. *Marpurgi, Egenolphi*, 1599. *in* 8.
Huberti Langueti Epiſtolæ. *Lipſiæ, Weidmanni*, 1685. *in* 12.
Reineri Neuhuſii Epiſtolarum familiarium centuriæ IV. novæ. *Amſtelodami, Waesbergii*, 1678. *in* 12.
Jo. Frontonis, Canon. Regul. Epiſtolæ ſelectæ. *Leodii, Streel*, 1674. *in* 12.
Epiſtolas familiares de Don Antonio de Guevara Obiſpo de Mondonedo. *en Anvers, Nutio*, 1562. *in* 8.
Les mêmes Lettres traduites en François. *Lyon, Rigaud*, 1588. *in* 8.
Epîtres Françoiſes de Perſonnages illuſtres & doctes à Joſeph Juſte de la Scala, miſes en lumiere par Jacques Reves. *Harderwyck, Henry*, 1624. *in* 8.
Lettres choiſies de Guy Patin. *Rotterdam, Leers*, 1689. *in* 12.
Les mêmes augmentées. *Cologne, Laurens*, 1692. *in* 12. 3. vol.

PHILOLOGI, in octavo, &c. 391

Nouveau Recueil des Lettres choisies du même. *Rotterdam, Leers,* 1695. *in* 12. 2. vol.
Lettres missives & familieres d'Etienne du Tronchet. *Roüen, Villain,* 1607. *in* 12.
Epîtres Morales de M. Honoré d'Urfé. *Lyon, Lautret,* 1620. *in* 12.
Recüeil de nouvelles Lettres de M. Balzac. *Paris, Camusat,* 1637. *in* 8.
Lettres familieres du même à M. Chapelain. *Par. Courbé,* 1656. *in* 8.
Lettres choisies du même. *Ibidem,* 1658. *in* 12.
Oeuvres du même: seconde partie. *Roüen, Berthelin,* 1657. *in* 12.
Lettres Françoises & Latines de Theophile recüeillies par M. Mayret. *Paris, Sommaville,* 1656. *in* 12.
Sentimens de Cléarque sur les Dialogues d'Eudoxe & de Philanthe, & sur les Lettres à une Dame de Province. *Paris, d'Houry,* 1688. *in* 12.
Le Courier des Affaires publiques par le Sieur du Perier. *Par. Corrozet,* 1641. *in* 8.
Lettres diverses de M. le Chevalier d'Her****. *Lyon, Amaulry,* 1683. 2. vol. *in* 12.
Lettres choisies de M. Simon. *Amsterdam, Delorme,* 1700. *in* 12.
Lettres de Vicquefort avec les Réponses de G. Barbée en françois & en latin. *Amsterdam, Gallet,* 1696. *in* 12.
Lettre de M. Desmarets à M. l'Abbé de la Chambre. *Par. Martin,* 1673. *in* 12.
Lettres Critiques où l'on voit les Sentimens de M. Simon sur plusieurs Ouvrages nouveaux. *Basle, Wackermann,* 1699. *in* 12.
Lettres à M. l'Abbé de la Trappe. *Amsterdam, Desbordes,* 1692. *in* 12.
Cinquiéme Lettre à M. l'Abbé de la Trappe. 1693. *in* 12.
Recüeil de Pieces concernant les Lettres à M. l'Abbé de la Trappe.
Lettre de l'Eglise de Liege au sujet d'un Bref de Paschal II. traduite par M. Gerbais. *Paris, Leonard,* 1697. *in* 8.
Lettres Latines de M. de Bongars traduites en François. *Paris, Osmont,* 1681. *in* 12.
Lettres choisies de M. Bayle avec des Remarques. *Rotterd. Fritsch,* 1714. *in* 12.

VI. Antiquarii.

Jo. Seldeni de Diis Syris syntagmata duo cum additamentis Andreæ Beyeri. *Amstelodami, Bisteri,* 1680. *in* 8.
Eliæ Schedii de Diis Germanis sive veteri Germanorum, Gallorum, Britannorum, Vandalorum religione Syngrammatæ quatuor. *Amstelodami, Elzevir,* 1648. *in* 8.
Antonii Vandale de Oraculis Ethnicorum orationes duæ: accedit schediasma de consecrationibus Ethnicis, *Amsteladami, Boom,* 1683. *in* 8.

Isf. Vossius de Sibillinis Oraculis aliisque quæ Christi nativitatem præcessere : accedit Ejusdem responsio ad objectiones nuperæ criticæ sacræ. *Lugd. Batav. Gaal*, 1680. *in* 12.
Petri Petiti, de Sibylla libri tres. *Lipsiæ, Guntheri*, 1686. *in* 12.
Dissertations sur les Oracles des Sibylles par le P. J. Crasset Jesuite. *Par. Michallet*, 1678. *in* 12.
Joh. Henrici Ursini, de Zoroastre Bactriano, Hermete Trismegisto, Sanchoniathone Pœnicio eorumque scriptis &c. Exercitationes familiares cum Christoph. Arnoldi Spicilegio. *Norimbergæ, Endteri*, 1661. *in* 12.
Petri Petiti, de Amazonibus dissertatio. *Par. Cramoisy*, 1685. *in* 12.
Stephani Rittangelii libra veritatis & de Paschate tractatus: præmissa est Joannis Vander-Waeyen Dissertatio de logo. *Franekeræ, Horrei*, 1698. *in* 8.
Traité contenant l'origine des Temples des Juifs Chrétiens & Gentils par Jean de Marcouville. *Par. Dallier*, 1563. *in* 8.
Jul. Cæs. Bulengeri, de Theatro ludisque Scenicis libri duo. *Tricassibus, Chevillot*, 1603. *in* 8.
Andreæ Hyperii, Tractatus tres Peculiares. 1. de festis Bacchanalibus &c. *Guelphebyti, Typis Sterniis*, 1664. *in* 12.
Iamblichus de Mysteriis Ægyptiorum, Chaldæorum, Assyriorum. Proclus in Alcibiadem de anima atque Dæmone. Idem de Sacrificio & Magia. Porphirius de Divinis atque Dæmonibus. Psellus de Dæmonibus. Mercurii Trismegisti Pimander. Ejusdem Asclepius. *Lugduni Tornæsii*, 1570. *in* 16.
Martinus Geierus de Ebræorum luctu lugentiumque ritibus. *Lipsiæ Grossii*, 1656. *in* 12.
Joh. Nicolai Tractatus de Græcorum luctu lugentiumque ritibus variis. *Thielæ Radink*, 1697. *in* 12.
Jacobi Perizonii Dissertationum trias 1. de Constitutione Divinâ super Ducendâ defuncti Fratris uxore. 2. De Lege Voconia fœminarumque apud veteres hereditatibus. 3. De variis antiquorum nummis. *Daventriæ Welbarch*, 1679. *in* 8.
Petri Castellani Eortologion sive de festis Græcorum Syntagma. *Antuerpiæ, Verdussii, in* 8.
Jul. Cæs. Bulengeri, de circo Romano circensibusque ludis liber. *Paris. Saugrain*, 1598. *in* 8.
Joh. Sauberti, de Sacrificiis veterum collectanea Historico-Philologica & Miscella Critica : accedit ejusdem de Sacerdotibus & sacris Hebræorum personis Commentarius. Omnia recensuit notisque auxit Thomas Crenius. *Lugd. Bat. Luchtmans*, 1699. *in* 8.
Jo. Pierii Dissertatio pro Sacerdotum barbis. *Leodii, Eller*. 1643. *in* 24.
Jac. Gronovii, Dissertatio de origine Romuli. *Lugd. Bat. Luchtmans*, 1684.

Ejusdem

PHILOLOGI, in octavo, &c. 393

Ejusdem Responsio ad Cavillationes Raphaelis Fabretti. *Ibidem*, 1685. *in* 8.
Blondi Flavii de Roma triumphante libri decem. *Parif. Colinæi*, 1533. *in* 8.
Henrici Kippingi Antiquitatum Romanarum libri IV. *Franekeræ. Streel.* 1684. *in* 8.
Emundi Figrelii, de statuis illustrium Romanorum liber singularis. *Holmiæ Janssonii*, 1656.
Joh. Schefferi, de Antiquorum torquibus Syntagma. *Ibidem, in* 8.
Jo. Bapt. Belli Cavaris Salyi, Soc. J. Diatribæ duæ 1. de Partibus Templi Auguralis. 2. De mense & die victoriæ Pharsalicæ. *Tolofæ. Colomerii*, 1637. *in* 8.
Petrus Ciacconius, de triclinio sive de modo convivandi apud priscos Romanos; accedit Fulvii Ursini appendix cum Hieronymi Mercurialis de accubitûs in Cœnâ antiquorum origine Dissertatio. *Amstelodami. Frisii*, 1664. *in* 12.
B. Balduinus, de Calceo antiquo, & Jul. Negronius, de Caliga veterum: accesserunt plurima ejusdem argumenti ex Tertulliani, Salmasii & Rubenii scriptis. *Ibidem*, 1667. *in* 12.
Anselmus Solerius, de Pileo cœterisque capitis tegminibus tam sacris quam profanis. *Ibidem*, 1672.
Hieronymi Bossii, de Toga Romana Commentarius; accedit ex Phil. Rubenio Iconismus statuæ togatæ, cum Ferrarii de modo gestandi togam Dissertatione *Ibidem*, 1671. *in* 12.
Franc Barbari, de re uxoria libri duo. *Amstelod. Janssonii*, 1639.
Jo. Bapt. Montalbani, de Turcarum moribus Commentarius. *Lugd. Batav. Jo. Maire*, 1643. *in* 24.
Jac. Phil. Thomasini, de Tesseris Hospitalitatis liber singularis. *Amstelodami. Frisii*, 1670.
Ejusdem Titus Livius Patavinus. *Ibidem, in* 12.
Laurentii Pignorii de servis & eorum apud veteres ministeriis Commentarius. *Ibidem*, 1674.
Titi Pompæ Phrysii, de operis servorum liber. *Ibidem* 1672. *in* 12.
Justi Rycquii, de Capitolio Romano Commentarius. *Lugd. Batav. Gaasbeek*, 1669. *in* 12.
Thomæ Bartholini, de Armillis veterum Scedion: accedit Olai Wormii de aureo cornu Danico ad Lioæum Responsio. *Amstelodami, Wetstenii*, 1676.
Ejusdem, Antiquitatum puerperii veteriis synopsis a Casp. Bartholino Commentaria illustrata. *Ibidem.*
Casp. Bartholini, de Mauribus veterum syntagma: accedit Mantissa de Annulis narium. *Ibidem, in* 12.
Noctes Granzovianæ de antiquis triumphorum spectaculis Lucubratæ à Martino de Guichardo. *Amstelodami. Walckenier*, 1661. *in* 12.
Romanorum Triumphus Solenniffimus, studio Joh. Nicolai. *Francofurti, Sande*, 1696. *in* 12.

Ddd

Casp. Bartholini, de tibiis veterum & earum antiquo usu libri tres. *Amstelodami. Wetstenii*, 1676. *in* 12.

Casp. Sagittarii, de Januis veterum liber singularis. *Altemburgi, Rugeri*, 1672. *in* 8.

Joh. Kirchmanni, de Funeribus Romanorum libri IV. accessit funus Parasiticum Nic. Rigaltii. *Lugd. Bat. Hackii.*

Ejusdem oratio in funere Pauli Merulæ. *Ibidem, in* 12.

Jac. Gutherii, de Jure manium seu de ritu more & legibus prisci funeris libri tres, annexo ejusdem tractatu de orbitate toleranda. *Lipsiæ. Fritzschii*, 1672. *in* 8.

Marci Zuerii Boxhornii de Trapezitis vulgo Longobardis, qui in Fœderato Belgio mensas fœnebres exercent Dissertatio. *Lugd. Bat. Commelini*, 1640. *in* 8.

Franc. Pomey, Soc. J. Libitina seu de funeribus. *Lugduni, Molini.* 1659. *in* 12.

Franc. Polleti, Historia fori Romani restituta illustrata & aucta per Phil. Broidæum. *Lugduni. Feuræi*, 1688. *in* 8.

Andreæ Sensftlebii, de alea veterum Opusculum postumum. *Lipsiæ. Fuhrmann*, 1667. *in* 8.

Alberici Gentilis, de armis Romanis libri duo. *Hanoviæ G. Antonii*, 1612. *in* 8.

Petri Rami, liber de moribus veterum Gallorum cum Præfatione Jo. Thomæ Freigii. *Basileæ. Henric. Petri.*

Idem de Militia C. Julii Cæsaris. *Ibidem, in* 8.

P. Bertii, de aggeribus & Pontibus hactenus ad mare extructis digestum novum. *Paris. Libert.* 1629. *in* 8.

Jul. Cæs. Bulengerus de tributis ac vectigalibus Populi Romani. *Tolosæ. Colomerii*, 1612. *in* 8.

Engelberti Abbatis Admontensis liber de ortu & fine Imperii Romani. Accesserunt aliquot prisci authores ejusdem fere argumenti. *Offenbachii. Nebenii*, 1610. *in* 8.

Jo. Bruyerinus Campegius, de re Cibaria. *Lugduni, Honorati*, 1560. *in* 8.

Jacobi Revii libertas Christiana circa usum Capillitii defensa. *Lugd. Bat. Wyngaerden*, 1647.

Erycii Puteani Epistolæ ad Constantinum Hugenium & Dan. Heynsium. *Lugd. Batav. Hackii*, 1647. *in* 12.

Joh. Polyandri a Kerchoven, Judicium & Consilium de Comæ & vestium usu & abusu. *Lugd. Batav. Elzevir.* 1644. *in* 8.

Octavii Ferrarii, de re vestiaria libri tres. *Patavii, Franbotti*, 1642. *in* 8.

Lazari Baysii, opus de re vertimentaria. *Venetiis. de Sabio*, 1535. *in* 8.

Joh. Nicolai, Diquisitio de substratione & pignoratione vestium. *Gissæ. Mulleri*, 1701. *in* 12.

Habiti antichi, overo Racolta di figure delineate del gran Titiano

& da Cesare Vecellio. *In Venetia Combi*, 1664. *in* 8.
Th. Rivii, Historia navalis. *Londini. Harperi*, 1629. *in* 8.
Ejusdem Historia Navalis antiqua. *Londini. Barker*, 1633.
―――Historia Navalis Mediæ libri tres. *Londini. Hodgkinsonne*, 1640. *in* 8.
Idem. *Ibidem*, *in* 8
Melchioris Guilandini Papyrus seu Commentarius in tria C. Plinii majoris de Papyro capita, editus ab Hens. Salmuth. *Ambergæ, Typis Schonfeldianis*, *in* 8. 1613.
Danielis Clasenii Theologia Gentilis. *Francofurti. Luderwald*, 1684. *in* 8.
Themis Dea seu de lege Divina, Stephani Pighii Campensis, & ejusdem Mythologia. *Antuerpiæ. Plantin*, 1568. *in* 8.
De Diluvii Universalitate Dissertatio prolusoria. *Genevæ Columesii*, 1667.
Abrahami Milii scriptum de origine animalium & migratione populorum. *Ibidem*, *in* 12.
Francisci Vavassoris, Soc. J. liber de forma Christi. *Parif. Cramoisy*, 1649. *in* 8.
Thomæ Bartholini Dissertatio de latere Christi aperto: accedunt Cl. Salmasii & aliorum de Cruce Epistolæ. *Lugd. Bat. Maire*, 1646. *in* 8.
Justi Lipsii de cruce libri tres. *Amstelodami, Frisii*, 1670. *in* 12.
F. Cornelii Curtii Augustiniani, de Clavis Dominicis liber, *Ibidem*.
Th. Bartholini, de cruce Christi Hypomnemata IV. *Ibidem*, *in* 12.
Jacobi Gronovii Epistola de Pallacopa. *Lugd. Bat. Luchtmans*, 1686. *in* 12.
Theoph. Raynaudi Tractatio, de stigmatismo sacro & profano divino humano. Dæmoniaco. *Grationopoli*, 1647. *in* 12.
Hieronymi Magii, de tintinnabulis liber Posthumus cum notis Franc. Sweertii. *Hanoviæ, Typis Wechelianis*, 1608. *in* 8.
Idem. *Amstelodami, Frisii*, 1664.
Ejusdem liber Posthumus de equuleo cum notis Gothof. Jungermanni cum appendice. *Ibidem*, *in* 12.
Lud. Nonnii Ichtyopraphia sive de piscium esu Commentarius. *Antuerpiæ, Belleri*, 1616. *in* 8.
Vinc. Obsopœus de arte bibendi & jocandi: accedunt artis amandi, Dansandi practica: item Meretricum fides aliaque faceta. *Lugd. Batav.* 1648. *in* 12.
Brunonis Seidelii, de ebrietate libri tres. *Hanoviæ, Antonii.* 1594. *in* 8.
Jo. Friderici Matenesi, critices Christianæ libri duo de ritu bibendi super sanitate Principium, &c. *Coloniæ, Butgenii*, 1591. *in* 8.
Sebastiani Hornmoldi, votum Posthimelissæum de vitanda & fugienda ebrietate. *Basileæ, Genatsi*, 1619.

Jo. Seldeni de Diis Syris fyntagmata duo. *Londini, Stansbeii*, 1617. *in* 8.
Joh. Chriſtoph. Becmanni, Tractatus hiſtorico-politicus de judiciis Dei. *Francofurti, Andreæ*, 1647. *in* 8.
Arnoldi Reyneſſii judicium de exercitationibus ſacris Martini Scookii. *Ultrajecti, Doeyenburgh*, 1658. *in* 8.
Fabii Claudii Gordiani Fulgentii V. Cl. liber abſque litteris de ætatibus mundi & hominis abſque A. abſque B. &c. Cum notis P. Jacobi Hommey Auguſtiniani. *Pariſ. Coignard*, 1696.
Tractatus de tranſlatione corporis S. Fulgentii Ruſpenſis Epiſcopi. *Biturigas*, *in* 8.
Cl. Salmaſii Diatribæ de annis climactericis & antiqua aſtrologia. *Lugd. Batav. Elzevir*, 1648. *in* 8.
Nouvelle Explication d'une Medaille d'or, ſur laquelle on voit la tête de l'Empereur Gallien, avec cette inſcription: Gallienæ Auguſtæ. *Par. Aniſſon*, 1697. *in* 8.
Navis Ecclefiam referentis ſymbolum in veteri gemma annulari inſcriptum, Hieron. Aleandri junioris explicatione illuſtratum. *Romæ, Corbelletti*, 1626. *in* 8.
Octavii Falconerii, de nummo Apamienſi Deucalionei Diluvii typum exhibente Diſſertatio. *Romæ, de Falco*. 1667. *in* 8.
Caſp. Bartholini expoſitio veteris in puerperio ritus ex arca ſepulchrali antiqua defumpti. *Romæ, Maſcardi*, 1677. *in* 8.
Lettres du P. Chamillard ſur quelques Medailles curieuſes de ſon cabinet. *Par. Aubouyn*, 1697. *in* 12.
Repreſentation de diverſes figures humaines, avec leurs meſures priſes ſur des antiques, qui ſont de prefent à Rome recüeillies par A. Boſſe. *Par.* 1656. *in* 16.
Maximi moduli Numiſmata rariora ſelecta ex Bibliotheca Caſp. Capegnæ Cardinalis illuſtrata Commentariis Joſephi Monterchii. *Amſteladami, Wetſtenii*, 1685. *in* 12.
Caroli Patini introductio ad Hiſtoriam numiſmatum. *Ibidem*, 1683.
Joſephi Mariæ Suareſii Diſſertatio de numiſmatis & nummis antiquis. *Ibidem*, *in* 12.
Th. J. ab Almeloveen Opuſcula ſive antiquitatum e ſacris profanarum ſpecimen. Conjectanea, veterum Poëtarum fragmenta, & Plagiariorum ſyllabus. *Amſteladami, Waësbergii*, 1686. *in* 8.
Ejuſdem, inventa novantiqua: accedit rerum inventarum onomaſticon. *Ibidem*, 1684. *in* 8.
Gisb. Cuperi obſervationum libri tres. *Ultrajecti, Elzevir*, 1670. *in* 8.
Joh. Biſſelii illuſtrium ab orbe condito ruinarum decades IV. Palæſtinæ ſeu Terræ ſanctæ Topotheſia. *Dilingæ, Bencard*, 1679. *in* 8. 9. vol.
Jacobi Tollii, fortuita. *Amſteladami, Waësbergii*, 1687. *in* 8.

VII. De Ponderibus mensuris & nummis.

Joh. Fred. Gronovii, de sestertiis, seu subcesivorum poecuniæ veteris Græcæ & Romanæ libri IV. accesserunt Volusius Marcianus & Balbus Mensor de asse & Pascasii Grosippi tabulæ nummariæ. *Amstelodami, Elzevir*, 1656. *in* 8.
Ejusdem de sestertiis Commentarius. *Daventriæ, Thomai*, 1643. *in* 8.
Josephi Scaligeri, de re nummaria Dissertatio. *Lugd. Bat. Raphelengii*, 1616.
Willebrordi Snelii, de re nummaria liber sing. *Ibidem*, 1613. *in* 8.
Georgii Agricolæ libri V. de mensuris & ponderibus. *Paris. Wecheli*, 1533. *in* 8.
Eduardi Bernardi, de mensuris & ponderibus autiquis libri tres. *Oxoniæ, e Theatro Sheldon*. 1688. *in* 8.
Matthæus Hostus de numeratione emendata veteribus Latinis & Græcis usitata. *Antuerpiæ, Plantin*. 1582.
Stanislaus Grsepsius de multiplici siclo & talento Hebraico. Item de mensuris Hebraicis. *Ibidem*, 1568. *in* 8.
Tariffa de i pesi e misure correspondenti dal Lovante al Ponente &c. per Batholomeo di Pazi da Venetia. *In Vinegia, Gherardo*, 1557. *in* 8.

VIII. Symbola, Emblemata, Insignia.

Symbola Divina & humana Pontificum, Imperatorum, Regum; cum Isagoge Jacobi Typotii. *Arnhemiæ, Hagii*, 1669.
Symbola varia diversorum Principum sacro sanctæ Ecclesiæ & sacri Imperii Romani, cum ejusdem uberrima Isagoge. *Ibidem*, 1679.
Symbola varia diversorum Principum Archiducum, Ducum, Comitum & Marchionum totius Italiæ. *Amsteladami, Haring*, 1686. *in* 12. 3. vol.
Soeculi a Christo nato decimi septimi Symbola Eteologica collecta a Valentino Episcopo Schleusingensi. *Wittebergæ, Gorman*, 1608. *in* 8.
Francisci Bernii, Arcana Moralia cum conjecturis & indicibus Pauli Patris. *Francofurti, Mayeri*, 1687. *in* 8.
Joannis Dee, Monas Hieroglyphica. *Francofurti, Wecheli*, 1591. *in* 8.
Moriæ Encomion Stultitiæ Laus Des. Erasmi Declamatio cum Commentariis Gar. Listrii & figuris Jo. Holbenii accedunt Opuscula Varia. *Basileæ, Typis, Genathianis*, 1676. *in* 8.
Speculum imaginum veritatis occultæ, exhibent Symbola, Emblemata, Hieroglyphica, Ænigmata &c. a Jacobo Masenio Soc. J. *Coloniæ, Kinchii*, 1664. *in* 8. 2. vol.

Joh. Heidfeldii, Sphinx Theologico-Philofophica. *Herboræ*, 1631. *in* 8. 3. vol.

Joh. Pincieri Ænigmatum libri tres cum folutionibus. *Hagæ-Comitum*, *Vlacq*, 1655. *in* 12.

Andreæ Alciati Emblematum libri duo. *Lugd. Tornæfii*, 1549. *in* 16.

Omnia Andreæ Alciati Emblemata cum Commentariis Claudii Minois. *Par. Richerii*, 1608. *in* 8.

L'art de faire les devifes par Henry Etienne. *Par. Jean Paflé*, 1645. *in* 8.

Didaci Saavedræ Nack Denckliche Politioche Sinn Spruche. *Amfterdam*, 1655. *in* 12. *Jean Janffon*. C'eft-à-dire, le vray Portrait d'un Prince Chrétien fous des figures Simboliques, par D. Saavedra. *Amfterdam*, &c.

Appendix problematum Joachimi Camerarii. *Typis Comelin*. 1596. *in* 8.

IX. *Mythologi.*

Phædri, Fabularum Æfopiarum libri quinque cum notis Joannis Schefferi. *Hamburgi*, *Scultzen*, 1673. *in* 8.

Idem cum notis, Nicol. Rigaltii. *Par. Drouart*, 1600.

Jo. Meurfii de funere liber fingularis: accedit de Puerperio Syntagma. *Hagæ-Comitis*, 1604. *in* 8.

Phædri Fabulæ & P. Syri Mimi, cum notis Tanaqu. Fabri. *Salmurii*, *Dan. de Lerpiniere*, 1664. *in* 8.

Heraclidis Allegoriæ græce. *Bafileæ*, *Oporini*, 1544. *in* 8.

Apophtegmata ex probatis græcæ latinæque linguæ Scriptoribus, olim collecta a Conrado Lycofthene, nunc vero emendata ac locupletata Studio Patrum Soc. J. *Lugduni*, *Gazeau*, 1614. *in* 8.

Paufiæ Pictoris & Stephanionis Mimi Dialogus una cum quibufdam Epiftolis. *Lugduni*, *Turrai*, 1547. *in* 8.

Pantheum Myfticum five Fabulofa Deorum Hiftoria a Franc. Pomey Soc. J. *Lugduni*, *Molin*, 1659. *in* 12.

Idem. *Ibidem*, 1671. *in* 12.

Def. Erafmi Rot. Colloquia Familiaria cum notis. *Amftelodami*, *Blaeu*, 1638. *in* 24.

Threfor de Sentences dorées proverbes & dicts communs avec le Bouquet de Philofophie morale par Demandes & Réponfes. *Rouen*, *l'Efcuyer*, 1579. *in* 16.

Rariores Sententiæ ex præcipuis Hiftoriographis collectæ opera Franc. Swertii. *Coloniæ*, *Gualtheri*, 1625. *in* 12.

Jul. Cæf. Scaligeri, Sententiæ, Præcepta, Definitiones, Axiomata. *Hanoviæ*, *Typis Wechelianis*, 1634. *in* 8.

X. *Ludicra, Satyræ.*

Stultifera navis Mortalium ex Sebaft. Brant Rithmis Germanicis latine per Jacobum Locher, cum figuris. *Basileæ, H. Petri*, 1572.

Epigrammatum Legalium liber facetissimus a Jo. Girardo. *Lugduni, d'Ogerolles*, 1576. *in* 8.

Admiranda rerum memorabilium encomia, sive Dissertationum Ludicrarum necnon amœnitatum scriptores varii. *Noviomagi, Smetii*, 1676. *in* 12.

Hieron. Cardani, Neronis Encomium. *Amsterdami, Blaeu*, 1640. *in* 24.

Mundus Alter & Idem; accesserunt Thomæ Campanellæ Civitas folis & Francisci Baconis Nova Athlantis. *Ultrajecti, Waesberge*, 1643. *in* 12.

Jo. Barclaii Argenis cum clave. *Lud. Bat. Elzevir*, 1630. *in* 12.

Euphormionis Lusinini sive Jo. Barclaii Satyricon libri V. cum Clavi: accessit conspiratio Anglicana. *Lugd. Batav. Elzevir*, 1637. *in* 12.

Leonardi Marandæi, Ariades. *Par. Cramoisy*, 1629.

Gabrielis a Stupen Alitophili veritatis Lachrymæ sive Euphormionis Lusinini continuatio. *Genevæ, Auberti*, 1626. *in* 12.

Laus assii, tertia parte auctior cum aliis festivis; opusculus. *Lugd. Bat. Elzevir*, 1629. *in* 24.

Martiani Capellæ Satyricon, cum notis Hugonis Grotii. *Lugd. Batav. Raphelengii*, 1599. *in* 8.

Larvina, Satyricon. *Par. Libert*, 1619. *in* 8.

Democritus ridens sive campus recreationum honestarum cum exorcismo melancholiæ. *Amstelodami, Janssonii*, 1655. *in* 12.

Satyra Diætetes sive Arbiter rerum per Jo. de Manibus. *Parisiis, Langlæi*, 1614. *in* 12.

Pantaleonis vaticinia a Jac. Humio Theagrio. *Rothomagi, Courant*, 1633. *in* 12.

Joci G. du Vair. *Par. Pillehotte*, 1601. *in* 12.

Satyra Menippæa de vita origine & moribus Gasp. Scioppii; accessit Fabulæ Burdoniæ confutatio. *Lugd. Batav. Jo. Patii*, 1608. *in* 1.

Elegantiores præstantiorum virorum satyræ. *Lugd. Bat. Jo. Maire*, 1655. *in* 12. 2. vol.

Nemo peregrinus. *Typis Maris Stellanis*, 1684. *in* 12.

Andr. Gryphii Mumiæ Wratislavienses. *wratislaviæ, Drescheri*, 1662. *in* 12.

Vitæ humanæ proscenium sub persona Gusmanni Alfaracii repræsentatum Caspare Ens editore. *Dantisci, Forsteri*, 1652. *in* 12. 2. vol.

XI. *Magica, &c.*

Edonis Neuhusii Fatidica Sacra, seu de Divina futurorum prænunciatione opus. *Amstelodami, Janssonii*, 1635. & 1636. *in* 8. 2. vol.

PHILOLOGI, in octavo, &c.

Mich. Pselli de Operatione Dæmonum Dialogus, gr. lat. cum notis Gilb. Gaulmini. *Par. Drouart*, 1615. *in* 8.

M. Phil. Ludwigi Elich Dæmono-magia. *Francofurti, Nebenii*, 1607. *in* 8.

Jo. Bodini, de Magorum Dæmonomania seu detestando magorum & Lamiarum cum Satana Commercio libri IV. cum opinionum Jo. Vieri confutatione. *Francofurti, Baſſæi*, 1590. *in* 8.

Lud. Lavateri liber unus de Spectris Lemuribus & magnis atque insolitis Fragoribus variisque præsagitionibus &c. *Apud Eustathium, Vignon*, 1575.

Lamberti Danæi, Dialogus de Veneficiis. *Ibidem*, 1574. *in* 8.

Magica de Spectris & apparitionibus spirituum, de Vaticiniis, Divinationibus &c. *Lugd. Batav. Hackii*, 1656. *in* 12.

Sortes quibus, ne temere cadant, temperandis, vel si temere ducuntur castigandis, Domi Judicii æquitas semper adest, authore Georgio Stengelio Soc. J. *Ingolstadii, Haënlini*, 1645. *in* 8.

Leonardi Vairi de fascino libri tres. *Veneriis, Aldi*, 1589. *in* 8.

Petri Binsfeldii tractatus de Confessionibus Maleficorum & Sagarum. *Augustæ, Trevirorum, Bock*, 1591. *in* 8.

Jo. Georgii Godelmanni Tractatus de magis Veneficis & Lamiis recte cognoscendis & puniendis. *Noriberga, Tauberi*, 1676. *in* 8.

Marci Antonii Zimaræ Antrum Magico - Medicum. *Fancofurti, Weiſii*, 1625. *in* 8.

Casp. Peuceri Commentarius de præcipuis generibus Divinationum. *witteberga, Lufft*, 1580. *in* 8.

Georgii Ragusæi Epistolarum Mathematicarum seu de Divinatione libri duo; accedit ejusdem Dissertatio de puero & puella qui, superioribus annis Patavii, occasione magni cujusdam incendii, e ruinis extracti atque ad D. Antonii Confessoris altare delati revixisse putantur. *Par. Buon*, 1623. *in* 8.

Christiani Moldenarii Exercitationes Physiognomicæ. 1616.

Des Satyres, Brutes, Monstres & Démons; de leur nature & adoration par Fr. Edelin. *Par. Buon*, 1627. *in* 8.

Henr. Kormanni liber de miraculis vivorum. *Typis Beckeri*, 1614. *in* 8.

Julius Obsequens de prodigiis cum notis Jo. Schefferi. *Amsteladami, Boom*, 1679. *in* 8.

Defensio bonorum Astrologorum de Astrologia Judiciaria per Franc. Junctinum. *in* 8.

Rod. Goclenii, Tractatus de divinatione ex astris, lineis manuum & frontis. *Francofurti, Vnckelii*, 1618. *in* 8.

La Doctrine & interpretation des Songes selon les Arabes, par Gabdorrhacaman Fils de Nasar, de la traduction de Pierre Wattier. *Par. Jolly*, 1664. *in* 12

PHILOLOGI, *in octavo*, &c.

Curiositez inouies de Jacques Gaffarel. *in* 8.
Curiositates inauditæ Jacobi Gaffarelli latine redditæ cura Gregorii Michaëlis. *Hamburgi, Scultzen*, 1676. *in* 8. 2. vol.
Le Monde enchanté, ou examen des communs sentimens touchant les esprit, leur nature, pouvoir, administration, operations,&c. par Balth. Bakker. *Amsterdam, Pierre, Rotterdam*, 1694. *in* 12. 4. vol.
Apologie des Grands hommes accusés de Magie par Naudé. *Par. Cotin*, 1669. *in* 12.
F. Hieronymi Mengi Ord. Min. Flagellum & fustis dæmonum. *Lugduni, Arnoullet*, 1608. *in* 8.
Complementum artis Exorcisticæ a Zacharia vice Comite. *Venetiis, Bariletti*, 1619. *in* 8.
Carrel aux Judiciaires & Elsteurs Astrologues par Jacques Mollan. Massé. *Lyon, Tardif*, 1585. *in* 8.
De l'imposture & tromperie des Diables, Devins, &c. par Pierre Massé. *Par. Poupy*, 1578. *in* 8.
Mirabilis liber Bemechobi qui Prophetias relevationesque necnon res mirandas præteritas præsentas,& futuras aperte demonstrat. *in* 8.

XII. *Opuscula Varia Italica.*

Li due Petrachisti, Dialogi di Nicolo Franco & di Ercole Giovannini. *In Venegia, Barrezzi*, 1623. *in* 8.
Opere Schelte di Ferrante Pallavicino. *In Villa-Franca*, 1673. *in* 12. 2. vol.
Panegyrici, Epitalami, Discorsi Accademici, novelle & Lettere Amorose di Ferrante Pallavicino. *In Venetia Cester*, 1652. *in* 12.
La Bersabee, di Ferrante Pallavicino. *Ibidem*.
La Suzanna di Medesimo. *Ibidem. in* 12.
Il Cimiterio, Epitafii Giocosi di Giov. Franc. Loredano edi Pietro. *Michiele*, 1645. *in* 12.
Il Divortio celeste. *In Villa-Franca*, 1643. *in* 12.
Roma piangente, o Dialogi tra'l Tevere e Roma. *In Leida, Balth, Vero.*, 1666. *in* 12.
La Lucerna di Eureta Misoscolo, aggiuntovi la Messalina di Francesco Pona. *In Parigi, in* 16.
Le caccie delle fiere armate e disarmate & de gl' animali quadrupedi volatili & acquatici, Opera di Eugenio Raimondi Bresciano. *In Brescia, Fontana*, 1621. *in* 8.
Farfalloni de gli antichi historici notati dell' Abbate Don secondo Lancellotti &c. *In Venetia, Sarcina*, 1636. *in* 8.
Dialogi piacevolissimi di Nicolo Franco, espurgati da Girolamo Gioannini. *In Venetia, Farri*, 1609. *in* 8.
La Spositione di Simon Fornari da Rheggio sopra l'Orlando furioso di Lud. Ariosto. *In Fiorenza, Torrentino*, 1549. *in* 8.

Eee

PHILOLOGI, in octavo, &c.

Trattato de Colori de gl' occhi del Simone Portio, tradotto per Giov. Batt. Celli. *Ibidem*, 1551. *in* 8.

Tre belliſſimi Capitoli in lode della pazzia, con alcune Stanze amoroſe. *in Venetia*, 1543.

Commento di Ser. Agreſto da ficervolo ſopra la prima ficata del Padre Siceo. *in* 8.

Libro de Marchi de Cavalli, con li nomi di tutti li Principi & privati ſignori che hanno Razza di Cavalli. *In Venetia, Nelli*, 1596. *in* 8.

Ragionamento de la nanna & de la Antonia fatto in Roma ſotto una ficaia, dal Divino Aretino. *In Turino*, 1536.

La Cazzaria de lo Arſiecio intronato. *in* 8.

I. Sette Salmi della penitentia di David, di Pietro Aretino.

Comedia intitolata, il Filoſofo di Pietro Aretino. *In Venegia, Giolito*, 1546.

L. Horatia di P. Aretino. *Ibidem*, *in* 8.

La Donna combattuta dall' Empio, e difeſa dall' Abbate Filippo Maria Bonini. *In Venetia, Hertz*, 1667. *in* 12.

La Grillaia curioſita erudite di Scipio Glareano. *In Napoli, Novello de Bonis*, 1668. *in* 12.

Il Corriero Svaligiato publicato da Ginifaccio Spironcini. *In Villa-Franca, Gibaldo*, 1644.

Barcinata, overo Battarella per le Api Barberine. 1644.

Dialogo ſopra la guerra che gli Principi di Modonæ e Parma fatto contra il Papa.

La Diſgratia del conte d'Olivares. *in* 12.

La Circe, di Giovan Battiſta Celli. *in* 8.

Arte del verſo Italiano del Tommaſo Stigliani con varie giunte è notazioni di Pompeo columna. *in Roma, Bernabo*, 1658. *in* 8.

Foreſta Spagnuola, tradotta in volgare di Spagnolo, del Melchior di ſancta cruce. *in Venetia*, 1616. *in* 12.

Sermoni funebri de vari authori nella morte de diverſi animali. *in Vinegia, Giolito*, 1548. *in* 8.

Diporto de viandanti, nel quale ſi leggono facetie motti & Burle raccolte da Chriſtoforo Zabata. *in Trivigi, Zanetti*, 1600. *in* 8.

Apologia de gli Academici di Banchi di Roma contra M. Lodov. Caſtelvetro da Modeno, con alcune operette incluſe. *in Parma, Viotto*, 1573. *in* 8.

Lo'nfarinato ſecundo, o vero delle'nfarinato accademico della cruſca reſpoſta al libro intitolato replica di Camillo Pellegrino, &c. *in Firenze, Anton. Paduani*, 1588. *in* 8.

De gli Avanzi delle poſte del S. Carlo Celano. *in Napoli, Bulifon*, 1679. & 1681. *in* 8. 2. vol.

XIII. *Opuscula varia Gallica.*

Histoire generale du monde & de la Nature. *Par. Mesnier,* 1617. *in* 8.
Opuscules Françoises des Hotmans. *Par. Guillemot,* 1616. *in* 8.
Les Evenemens singuliers de M. de Belley. *Par. Henault,* 1631. *in* 8.
Opuscules de M. de la Mothe le Vayer. *Par. de Sercy,* 1647. *in* 8.
Traitez Philosophiques de Duvair. *Paris, Langelier,* 1610. *in* 8.
Oeuvres du même. *Roüen, Geuffroy,* 1622. *in* 8.
Remarques morales & politiques. *Paris, Quinet,* 1650. *in* 12.
La nouvelle Morale du Sieur Colletet. 1658. *in* 12.
Les Heures dérobées ou Meditations historiques de Phil. Camerarius. *Paris, Gesselin,* 1610. *in* 8.
La magnifique Doxologie du Festu, par Sebastien Rouillard. *Par. Millot,* 1610. *in* 8.
Défense de la Langue Françoise pour l'Inscription de l'Arc de Triomphe, par M. Charpentier. *Paris, Barbin,* 1676. *in* 8.
Entretiens du Cour. *Paris, de Sercy,* 1654. *in* 12.
Harangues ou Discours Academiques de J. B. Mancini. *Roüen, Besongne,* 1646. *in* 8.
Methode pour écrire aussi vîte qu'on parle, par Jacques Cossard. *Paris,* 1651. *in* 12.
Traité des Langues, par M. de Chavigny de Sainte Honorine. *Paris, Martin,* 1672. *in* 12.
Que le Monde ne va point de mal en pis. *in* 8. *incomplet.*
Recherches curieuses sur la diversité des Langues & des Religions, par Ed. Berewood, & traduit par J. de la Montagne. *Paris, Varennes,* 1640. *in* 8.
Socrate Chrétien, & autres Oeuvres de Balzac. *Par. Courbé,* 1652. *in* 8.
Le Prince, du même. *Paris, Bouillerot,* 1642. *in* 8.
Idem. *Paris, Rocolet,* 1634. *in* 8.
Oeuvres diverses, du même. *Troyes, Oudot,* 1657. *in* 8.
Apologie de Balzac & le Barbon, du même. *Par. Guignard,* 1663. *in* 12.
Oeuvres diverses du Sieur de Balzac. *Leyde, Elzeviers,* 1651. *in* 12.
Les mêmes. *Ibidem,* 1658. *in* 12.
Aristippe ou de la Cour, par le même. *Ibidem, in* 12.
Observations Historiques de J. P. Camus, Ev. de Belley. *Douay, Wyon,* 1631. *in* 12.
Sentimens de Cleanthe sur les Entretiens d'Ariste & d'Eugene. *Paris, le Monnier,* 1671. *in* 12.
Lettre de M. Huet sur l'origine des Romans. *Par. Marbre-Cramoisy,* 1678. *in* 12.
Apologie de René Herpin pour la republique de J. Bodin. *Lyon, Vincent,* 1593. *in* 8.

Hexameron rustique. *Paris, Jolly*, 1670. *in* 12.
Le Chauve ou le mépris des Cheveux, par Jean Dant. *Paris, Billaine*, 1621. *in* 8.
Recüeil de diverses Pieces faites par plusieurs personnes illustres. *La Haye, Steucker*, 1669. *in* 12.
Oraisons Funebres & Tombeaux composez par Claude de Morenne. *Paris, Bertault*, 1605. *in* 8.
Entretiens sur les Sciences. *Grenoble, Fremon*, *in* 12.
Nouveaux Dialogues des morts. *Paris, Blageart*, 1683. *in* 12. 2. vol.
Oeuvres mêlées de M. le Chevalier Temple. *Utrecht, Schouten*, 1693. *in* 12. 2. vol.
Oeuvres mêlées de M. Chevreau. I. Partie. *La Haye, Moetjens*, 1697. *in* 12.
Discours du Comte du Bussi Rabutin, sur le bon usage des adversitez & les divers évenemens de sa vie. *Paris, Anisson*, 1694. *in* 12.
Meslanges Historiques de P. C. *Utrecht, Elzeviers*, 1692. *in.*
La Science universelle de Sorel. *Par. Guignard*, 1668. *in* 12. 4. vol.
Memoires de la vie du Comte D* * * avant sa retraite, par M. de Saint Evremont. *Paris, Brunet*, 1696. *in* 12. 2. vol.
Oeuvres mêlées du même. *Paris, Barbin*, 1670. *& suiv. in* 12. 6. vol.
Tomes III. & IV. des Oeuvres mêlées du même. *Ibidem*, 1692. *in* 12. 2. vol.
Jugement du même sur Seneque, Plutarque & Petronne. *Ibidem*, 1664. *in* 12.
Dissertation sur les Oeuvres mêlées de S. Evremont, avec l'Examen du Factum qu'il a fait pour Madame la Duchesse Mazarin. *Paris, le Clerc*, 1698. *in* 12.
Sanct. Evremoniana. *Par. Ant. de Billy*, 1710. *in* 12.
Oeuvres Posthumes, de M. D. S. R. *Paris, Barbin*, 1693. *in* 12.
De l'excellence des Hommes, contre l'égalité des Sexes. *Par. Dupuis*, 1675. *in* 12.
L'Art de connoître les Hommes, par de la Chambre. *Amsterdam, le Jeune*, 1660. *in* 12.
Soliloques Sceptiques. *Par. Jolly*, 1670. *in* 12.
Le Parfait Capitaine, autrement l'abregé des Guerres des Commentaires de Cefar.
De l'interest des Princes & Etats de la Chrétienté. 1648. *in* 12.
Le Treizieme Livre d'Amadis de Gaule. *Par. Breyer*, 1571. *in* 16.
La plaisante & joyeuse Histoire du Geant Gargantua, & le Pantagruel de Rabelais. *Valence, Claude Laville*, 1547. *in* 16.
Oeuvres de François Rabelais, augmentées de la vie de l'Auteur, &c. 1663. *in* 12. 2. vol.
Les Epîtres du même, avec des Observations Historiques. *Paris, de Sercy*, 1651. *in* 8.

Oeuvres du même, nouvelle Edition. *Amsterdam, Bordesius*, 1711. in 8. 5. vol.
Le veritable Rabelais Reformé. *Paris, d'Houry*, 1697. in 12.
Traité Préparatif à l'Apologie pour Herodote sur les Halles. 1607. in 8.
L'Astrée d'Honoré d'Urfé. *Rouen, Cailloué*, 1624. in 8. 2. vol.
Hermiante. in 8.
Le Vagabond. *Paris, Villery*, 1644. in 8.
Cassandre. *Paris, Courbé*, 1653. in 8. 8. vol. *manque la seconde Partie*.
L'Histoire Comique de Francion, par N. de Moulinet. *Troyes, Balduc*, 1646. in 8.
L'Apollon ou l'Oracle de la Poësie Italienne & Espagnole, par P. Bense du Puys. *Paris, Quinet*, 1644. in 8.
Cleopatre. 1648. in 8. 6. vol.
Nouveau Theatre Italien. *Paris, Coustelier*, 1718. in 12. 2. vol.
Nouvelles Morales ensuite de celles de Cervantes, tirées de l'Espagnol de Don Diego Agreda. *Paris, du Bray*, 1621. in 8.
Le Parasite Mormon, Histoire Comique. 1650. in 8.
Histoire Amoureuse des Gaules. *Liege*, in 12.
Annales Galantes. *Paris, Barbin*, 1677. in 12.
Vie de Scaramouche, par Angelo Constantini. *Ibidem*, 1695. in 12.
Avantures secrettes, par M. de G***. *Paris, le Febvre*, 1696. in 12.
Nouvelles Diversitez. *Paris, Coustelier*, 1695. in 12.
Le Comte de Gabalis. *Paris, Barbin*, 1671. in 12.
Recüeil de Pieces en Prose. *Paris, Sercy*, 1659. 1660. & 1661. in 12. 3. vol.
Le Prince de Longueville & Anne de Bretagne, nouvelles Historiques. *Paris, Guignard*, 1697. in 12.
Le Prince de Condé. *Ibidem*, 1675. in 12.
Les Cent Nouvelles Nouvelles. *Cologne, Gaillard*, 1701. in 8. 2. vol.
Le Galant Nouvelliste. *Paris, Guignard*, 1693. in 12.
Nouvelle allégorique, ou Histoire des derniers troubles arrivés au Royaume d'Eloquence. *Paris, Lamy*, 1658. in 8.
La même. Seconde Edition. *Paris, de Luyne*, 1658. in 12.
Le Roman Comique de Scarron. *Ibidem*, 1677. in 12. 2. vol.
L'Amour à la mode, ou le Duc du Maine; nouvelle Galante. *Liege*, 1697. in 12.
Almanach des Coquettes pour l'année 1657. *Paris, Besongne*, 1657. in 12.
Lettres & Poësies de M. la Comtesse de B. *Leyde, Duval*, 1666. in 12.
Memoires de Madame de la Guette. *La Haye, Moëjens*, 1681. in 12.
Le Portrait de la Coquette. *Par. de Sercy*, 1659. in 12.
Memoires de Brantome contenant les Vies des Dames Illustres de France de son tems. *Leyde, Sambix*, 1665. in 12.

La Pierre de Touche Politique, en 28. Dialogues. *in* 12.
Les Travaux d'Hercules, en 21. Dialogues. *in* 12.
L'Efprit d'Efope en quatre Dialogues. *in* 12.
Critique hiftorique, politique, morale, œconomique & comique fur les Loteries, &c. par M. Leti. *Amfterdam*, 1697. *in* 12. 2. vol.
Le Jeu des Echets traduit de l'Italien de Gioachimo Greco Calabrois. *Paris, Pepingué*, 1667. *in* 12.
Le Denier Royal par Simon de Gramont. *Paris, du Bray*, 1620. *in* 8.
Nouveau Traité des Aydes, Tailles & Gabelles, par Lazare du Crot. *Paris, Beffin*, 1636. *in* 8.
Le Secret des Finances de France. 1581. *in* 8.
Le Détail de la France. 1695. *in* 12.
Projet d'une Dixme Royale, par M. de Vauban. 1707. *in* 12.
Reflexions fur le traité de la Dixme Royale de Vauban. 1716. *in* 12.
Hiftoire du Commerce de France, par Ifaac de Laffermes. *Paris, du Bray*, 1606. *in* 12.
Hiftoire du Commerce & de la Navigation des Anciens. *Paris, Fournier*, 1716. *in* 12.
Inftructions à la France fur la Verité de l'Hiftoire des Freres de la Roze-Croix, par G. Naudé. *Par. Julliot*, 1623. *in* 8.
Admonitio, de Fratribus Roza-Crucis, nimirum an fint ? quales fint ? Confcripta ab Henr. Neuhufio. *Typis, Wetteri*, 1618. *in* 8.

XIV. *Opufcula Hifpanica, &c.*

Difcurfos Morales por Juan Cortes de Tolofa. *En C,aracoça* 1607. *in* 8.
Politica de Dios, Goviérno de Chrifto. Tirania de Satanas por Don Franc. de Quevedo Villegas, anadidos a efte tradado. 1. la Hiftoria de Bufcon. 2. Los fuenos. 3. Difcurfo de todos los Danadas y malos. 4. Cuento de Cuentos. *En Pamplona, de Labayen*, 1631. *in* 8.
Hiftoria dela vida de Bufcon, y los fuenos por Don Franc. de Quevedo Villegas. *En Ruan, Ofmont*, 1629. *in* 8.
Les Oeuvres de Don Franc. de Quevedo Villegas traduites en François.. *Rouen, Befongne*, 1646. *in* 8.
Vida del Picardo Guzmande Alfarache por Matheo Aleman. *En Amberes, Verduffen*, 1681. *in* 12.
La vida de la Zarillo de Tormes. *En la Offic. Plantin*, 1602. *in* 12.
La même, en François. *Lyon Rigaud*, 1588.
La Defordenada codicia de los bienes Agenos. *En Paris, Tiffeno*, 1619. *in* 12.
Carcel de amor, en Efpagnol & en François. *Par. Corrozet*, 1552. *in* 16.
The french Littelton, By Claudius Holyband. *London, Miller*,

MISCELLANEA, in folio. 407

1630. *in* 12. C'est-à-dire, Gramaire Angloise & Françoise ou Dialogues Familiers Anglois & François ; avec un traitté des Danses en Langue Françoise par Claude Halyban. *Imp. à Londres, chez Miller en* 1630.

P. Lauremb. D. Acerra Philologica, Belgice. *Leyden, Marci,* 1643. *in* 12.

MISCELLANEA.

IN FOLIO.

1. Bellum Hussiticum, a Zacharia Theobaldo. *Francofurti, Aubrii,* 1621.

Mozaicarum & Romanarum legum Collatio &c. a Theod. Beza Vezelio, accessit lex Dei moralis Ceremonialis & Politica. *In Bibliopolio, Commeliniano,* 1603.

Factum, touchant la succession de Charles I. Duc de Mantou. *Sedan, Raoult,* 1645.

Autre, touchant la succession de Tournon.

Autre, touchant les fiefs trouvez en la succession du Sieur Sainctot Maître des Ceremonies de France.

2. Syntagmata Linguarum Orientalium quæ in Georgiæ regionibus audiuntur, a Franc. Maria Maggio Cler. Regul. *Roma, Congreg. Propag.* 1670.

Specimen Lexici Mandarinici, autore Andræa Mullero. *Berlini, Rungii,* 1684.

Speciminum Sinicorum Andreæ Mulleri Decimæ de Decimis una cum Mantissis, 1685.

Andreæ Mulleri de Eclipsi Passionali disquisitio.

Grammatica linguæ Sinensis.

Elementa linguæ Tartaricæ.

3. Claudii Hernianni Samson Oratio parentalis in honorem Serenissimæ Princip. Ulricæ Eleonoræ Suecorum Cothorum &c. *Lipsiæ.*

Jo. Georgii Grævii Oratio in natalem quinquagesimum Academiæ Ultrajectinæ habita autoritate publica &c. *Ultrajecti, Halma,* 1686.

Johannes Rhodius, de vita Benjamini Prioli Equitis Veneti.

Publilii Optatiani Porphyrii Panegyricus dictus Constantino Augusto. *Augustæ-Vindelicorum,* 1595.

Levoldi a Northof, Origines Marcanæ, sive Chronicon Comitum de Marca & Altena Studio Henr. Meibomii. *Hanoviæ, Typis Wechelianis,* 1613.

MISCELLANEA, in folio.

Ad Reinerum Reineccium liber Epiftolarum Hiftoricarum, feu de editionibus & operis ejus hiftoricis per an. XVI. Scriptarum. *Helmaſtadii, Jacobi, Lucii,* 1683. in folio.

4. Actes de l'Affemblée Generale du Clergé de France, de 1685. concernant la Religion. *Par. Leonard,* 1685.

Traité des Droits de la Reyne fur divers Etats de la Monarchie d'Efpagne. *Par. de l'Imprimerie Royale,* 1667.

Factum de M. Fouquet.

Etat du bien & revenu de l'Hotel-Dieu de Paris. *Paris,* 1663. *in folio.*

5. Philippi de la Hire, Obfervationes de punctis contractuum trium rectarum linearum fectionem coni contingentium, de Diametris quibufdam ejufdem fectionis & de centro, cura A. Boffe editæ. *Parif.* 1672.

Factum pour René Choppin.

Autre pour François des Lyons, contre Jean Gontin Prêtre, &c.

Autre pour Lazare Augufte le Tourneur, Principal du College de Boncours & Chanoine du S. Sepulchre &c.

Autre pour Claude Bachelier, Ecuyer Sieur des Marais & Conforts, &c.

Réponfe du S. de la Riviere aux Libelles diffamatoires du S. de Buffy avec l'Arreft du Parlement intervenu à ce fujet en 1684.

Memoire fervant de Réponfe aux Calomnies avancées par M. le Duc de Briffac, contre MM. le Bouloz & de Charnacé.

6. Somma delle Opere dell' Accademia Venetiana, 1558.

Jo. Gerbais, Oratio de Sereniff. Franciæ Delphini ftudiis fœlicibus. *Par. Leonard,* 1673.

La Gloire du Val-de-Grace, Poëme de M. de Moliere. *Paris, Ribou,* 1669.

Antiphilus & Demetrius, ou le Triomphe de l'amitié Tragœdie reprefentée au College des Jefuites de Reims en 1680.

7. Canticum in Baptifmo Delphini.

Factums pour Claude Soefve Confeiller du Roy, contre Jacques Aug. de Thou.

Lettre Circulaire de l'Affemblée du Clergé de l'an 1656.

Epitre au Roy par L. de Senlecque, en Vers. 1668.

Factum pour M. le Duc de la Tremoille, contre le Comte de Grancey, &c.

Autre pour Demoifelle Anne de Brochou de Brainvillier, &c.

Autre pour le Marquis de la Moriniere, accufé du rapt. & quelques pieces Manufcrites.

8. Henry le Grand, au Roy, Poëme. *Paris, Vitré,* 1661.

Requéte prefentée au Roy par M. le Prince de Courtenay en 1666.

Réponfe au Memoire prefentée au Roy par Meffieurs les Maîtres des Requêtes, concernant l'élargiffement des Prifonniers, &c.

Procez Criminel, au Sieur de la Grange Archidiacre de Tarbes.

Factum

MISCELLANEA, in folio.

Factum pour François de la Mothe, Baron d'Aulnoy &c.
Autre touchant l'Arrest du Grand Conseil, qui condamne Beaumont & ses Complices &c.
Factum du Procez extraordinaire, contre le nommé la Chauffée & la Dame de Brainvilliers.
Reflexions Sommaires sur le Memoire, qui prouve que les Abbayes de Chesal-Benoist, S. Vincent du Mans, S. Alire de Clermont, S. Martin de Sées, & S. Sulpice de Bourges sont électives triennales, &c.
Autorités & Observations décisives de l'instance pendante au Conseil pour Dame Marguerite Quelen Epouse de M. Claude de Bailleul, &c.
Factum pour les Habitans de la Ville de Chateau Dun, contre S. A. Madame de Longueville.
Bertrandi Camblat Responsa Theologica pro Cathedra Theologiæ vacante. *Tolosæ, Guillemette*, 1671.
In Summam S. Thomæ, Quæstiones Juris & Facti Theologicæ in Collegio Tolosano Soc. J. propugnatæ. 1670.
Per gli emergenti di modono discorso; outre quelques autres pieces manuscrites.
9. Factum pour M. le Duc d'Epernon, contre MM. les Ducs.
Autre pour Antoine Jarry, contre Messieurs du Clergé de Reims.
Requête de M. de Mailly Arch. de Reims contre le Lieutenant, Gens du Conseil & Echevins de la Ville de Reims.
Ordonnance & Reglement de M. le Prince de Rohan, en faveur des Chevaliers de l'Arquebuze de Reims. 1715.
Factum pour le Chapitre de l'Eglise de Reims, contre les Religieux de S. Antoine.
Autre pour ce même Chapitre, contre M. la Marquise de Crequy.
Requête presentée à M. l'Archevêque de Reims, par Simon des Molins Docteur en Droit.
Factum pour Nicolas Petitpied Docteur de Sorbonne, contre les Conseillers Laics du Siége Présidial du Chastelet de Paris.
Autre pour Jeanne & Marguerite le Maire, Heritiere de M. Nicole, &c.
Autre pour Madame Colbert, contre M. Louis Briant.
Requête presentée au Roy par les Habitans de la Ville de Brest.
Déliberation de l'Assemblée Generale du Clergé de France du 11. Avril 1710, &c.
Factum pour les Religieuses du S. Sacrement du Fauxbourg S. Germain.
Autre, pour Messire Pierre de Pons &c.
Memoire pour le Cardinal de Furstemberg, touchant la Jurisdiction qui lui appartient en qualité d'Abbé de S. Germain des Prez, pendant la vacance du Siége Archiepiscopal.
Réponse du même au Memoire du Chapitre de l'Eglise de Paris.

Factum pour François Baftonneau &c.
Autre pour les Jefuites de Reims, contre quelques Curez de Reims.
Autre pour le Préfidial de Reims, contre les Marchands Epiciers & M. l'Archev. de Reims.
Lettre de S. Louis Roy de France, au Chapitre de l'Eglife de S. Julien de Brioude en Auvergne &c.
Extrait de la procedure Criminelle, contre M. Auguftin le Cat, Chanoine de l'Eglife de Beauvais.
Lettre fur ce qui s'obferve dans l'Etat de Milan, touchant les acquifitions que l'Eglife y a faites depuis l'année 1541. &c.
Memoire pour le Sieur Louis Juftain de S. Jory, &c.
Réponfe du Sieur de la Riviere aux Libelles Diffamatoires du Sieur de Bufly.
Factum pour Pierre le Jeune, Clerc du Diocefe de Reims, &c.
Autre pour Charles Aubert, &c.
Autre pour le Cardinal de Mailly, contre le Marquis de Grand-Pré.

MISCELLANEA.

IN QUARTO.

1. JO. Meurfii, Rerum Belgicarum liber unus, in quo Induciarum Hiftoria, & anni noni reliqua. *Lugd. Bat. Elzevir*, 1612.

Dominici Baudii, libri tres de induciis belli Belgici. *Ibid.* 1613.

De jure belli Belgici adverfus Philippum Regem Hifpaniarum, Oratio nobilis Belgæ ad Potentiffimos ac Seren. Chriftiani orbis Principes. *Hagæ-Comitis, Henrici*, 1598.

Guil. Verheyden in claffem Xercis Hifpani oratio ad Seren. Elizabetham Angliæ Reginam. *Ibidem*, 1598.

Vita Guill. Verheyden; acceffit ejufdem de ortu & occafu maximorum imperiorum oratio veneta. *Ibidem*.

Guil. Verheyden, de ratione Studiorum fuorum Oratio. *Ibidem*, 1599.

Henr. Aquilii, Compendium Chronici Gelriæ cum Obfervationibus Petri Scriverii. 1609.

2. Chronicon Joannis deBeka, continens res geftas Epifcoporum Sedis Ultrajectinæ & Comitum Hollandiæ a Chrifto nato ad annum 1345. cum appendice deducta ad ann. 1574. a Suffrido Petri. Bernardus Furmerius notis illuftravit. *Franekeræ, Doyema*, 1611.

Wilhelmi Hedæ, Hiftoria Epifcoporum Trajectenfium. *Ibid.* 1612.

3. Rolandi Miltei, Historia Belgica. *Coloniæ, Hinckii,* 1611.
Bellum Belgicum e Commentariis Pompeii Justiniani descriptum a Josepho Gamurino. *Ibidem.*
Gentis Spinulæ illustrium Elogia, ab Aub. Miræo. *Ibidem.*
Zachariæ Theobaldi, Chronologica Bohemicæ Ecclesiæ adumbratio. *Witteberga, Seuberlich,* 1611.
Crymogæa sive rerum Islandicarum libri tres per Joachimum Jonam Islandum. *Hamburgi, Carstens,* 1610.
4. Jo. Georgii Hervart, Chronologia. *Monachii, Nic. Henrici,* 1612.
Theob. Meuschii, Systema Chronologicum veteris Testamenti. *Spiræ, Taschneri,* 1612.
Sethi Calvisii, Epistolæ Chronologicæ duæ 1. ad Eliam Reusnerum 2. ad David. Paræum. *Lipsiæ, Lantzenberger.*
S. Philastrii Episcopi Brixiensis, Hæresium pene omnium Catalogus, cum supplemento incerti autoris. *Helmstadii, Jac. Lucii,* 1611.
D. Honorii Augustodunensis, de Hæresibus libellus, Constantini Harmenopuli de opinionibus hæreticorum Catalogus & Fidei Orthodoxæ Professio. *Ibidem,* 1612.
D. Venantii Episc. Pictaviensis, Brevis expositio in Symbolum Apostol. & Orationem Dominicam. *Brunswiga, Hoffmanni,* 1610.
Petri Laodicensis & Germani Patriarchæ Constantinop. in Orationem Dominicam Commentarii. *Ibidem.*
S. Hieronymi, de illustribus Ecclesiæ Doctoribus ad sua usque tempora libellus. *Helmstadii, Jac. Lucii,* 1611.
5. D. Gregorii Nysseni, de Virginitate Liber, gr. lat. cum notis Joh. Livineii. *Antuerpiæ, Plantin.,* 1574.
Vita S. Antonii Eremitæ a S. Athanasio scripta gr. lat. cum notis Dav. Hoeschelii. *Augustæ-Vindelicorum, Dav. Franck,* 1611.
Liturgiæ S. Basilii Magni, S. Gregorii Theologi, S. Cyrilli Alexandrini ex Arabico conversæ a Victorio Scialach. *Ibidem, Mangi,* 1604.
Isaaci Argyri Monachi Computus Græcorum, de solemnitate Paschatis celebranda, gr. lat. cum Scholiis Jacobi Christmanni. *Typis Voegelini.*
Jacobi Nobilis Dani, Hodœporicon Ruthenicum cum figuris æneis editum a Melchiore Goldasto. *Francofurti, Beckeri,* 1608.
Marq. Freheri Commentariolus de secretis Judiciis olim in Westphalia aliisque Germaniæ Partibus usitatis; accedit Joh. de Francfordia contra Feymeros Tractatus. *Typis Voegelini.*
Fœderis Ludovici Germaniæ & Karoli Galliæ Regum, Pii Filiorum, Magni Nepot apud Argentoratum anno 842. percussi formulæ, cum notis Marq. Freheri; accedit quæstio elegans: qua proprie lingua Prisci Francorum Reges usi. 1611.

6. Basilii Romanorum Imper. Exhortationum Capita 66. ad Leonem filium cognomento Philosophum, gr. lat. *Par. Morelli*, 1584.

Leonis Imp. Tactica sive de re militari liber gr. lat. cum notis Jo. Meursii. *Lugd. Bat. Balduini*, 1612.

Modesti libellus de vocabulis rei militaris.

Scamilli impares Vitruviani a Bernardino Baldo nova ratione explicati. *Augustæ-Vindelicorum*, 1612.

Considerationi di Gio Battista Leoni, sopra l'historia d'Italia di Francesco Guicciardini. *In Venetia,, Ciotti*, 1600.

7. Arnoldi Clapmarii, de arcanis rerum publicarum libri sex. *Francofurti, Bringeri*, 1611.

Scip. Gentilis, Disputationum illustrium sive de jure publico populi Romani liber. *Noribergæ, Kaufmanni*, 1598.

Aurea Bulla Karoli IV. Roman. Imperatoris. *Spiræ, Tachneri*, 1611.

Constitutio Adolphi Romanorum Regis &c. de insulis Rheni & diversis aliis Capitulis, Commentario illustrata a Marq. Frehero. *Heidelbergæ, Voegelini*, 1611.

8. Reineri Reineccii, Commentatio de Saxonum Originibus hisque implicata atque annexa de urbe & ducatu Brunsvici exquisitio. *Hanoviæ, Marnii*, 1612.

Arverni Municipii Descriptio, e Bibliotheca Pap. Massonis. *Par. Petitpas*, 1611.

Anatome Blefkeniana, per Arngrinum Jonam Islandum. *Hamburgi, Carstens*, 1613.

Formula Calendarii novi proposita a Setho Calvisio. *Typis, Voëgelini*, 1613.

Sethi Calvisii, Epistola ad Jo. Keplerum de vero nativitatis Christi anno. *Lipsiæ, Schureri*, 1613.

Rod. Goclenii Disputatio de Carbonæ, machæra & cauterio ignitis & ex igne candentibus. *Marpurgi, Egenolphi*, 1614.

9. Brevis enarratio Causarum ob quas Carolus Gustavus Suecorum &c. rex coactus est Regem Poloniæ bello adoriri. *Helmastadii, Mulleri*, 1656.

Cyriaci Thrasymachi Epistola de justitia armorum Suecicorum in Polonos perque ea liberata a magno periculo Germania. *Ibid.*

Jo. Henrici Boëcleri Commentarius de rebus sœculi a Christo nato IX. & X. per seriem Germanicorum Cæsarum. *Argentorati, Bockenhofferi*, 1656.

10. De vita Pauli IV. Pont. Max. Collectanea historica, studio Ant. Caraccioli Clerici Regul. edita. Item Cajetani Thienæi Bonifacii a colle, Pauli consiliarii qui una cum Paulo IV. Ordinem Clericorum Reg. fundaverunt, vitæ ab eodem descriptæ. *Coloniæ, Kinckii*, 1612.

Gerhoni Reicherspergensis, de Henrico IV. & V. Impp. & Gregorio VII. nonnullisque consequentibus Romanis Pontificibus

Syntagma; accessit refutatio Alogiarum Annæ Comnenæ in Alexiade contra Gregorium VII. & retectio insipientiæ & Palsimoniæ Godastinæ in tertio tomo Constitutionum Imperialium, a Jacobo Gretsero Soc. J. *Ingolstadii, Sartorii*, 1611.

Jacobi Gretseri Soc. J. Disputationes Matrimoniales duæ 1. de cognatione affinitate & polygamia 2. de Judice Causarum Matrimonalium deque convenientia & differentia Sacrorum Canonum ac Legum Civilium circa impedimenta Matrimonii. *Ibidem.*

Vitæ SS. Wilhelmi Abbatis Hirsaugiensis & Wilhelmi Gellonensis, Commentario & notis illustratæ a Carolo Stengelio, Ord. S. Bened. *Augustæ-Vindelicorum, Dabertzhofer*, 1611.

11. Chronicon Monasterii Reicherspergensis; accesserunt varia diplomata Romanorum Pontificum collecta & evulgata per Christoph. Gewoldum. *Monachii, Nicolai, Henrici*, 1611.

Originum Palatinarum Commentarius a Marq. Frehero; accedit ejusdem de legitima Electoris Palatini ætate disputatio, cum appendice, in qua Hub. Thomæ Leodii Commentatio aliaque ejusdem argumenti continentur. *Heidelbergæ, Commelini*, 1599.

Felini Sandei, Epitome de Regibus Siciliæ & Apuliæ & nominatim de Alfonso Rege Arragonum. *Hanoviæ, Typis Wechelianis*, 1611.

Æneï Sylvii Piccolominei, postea Pii II. Parallela Alfonsina. Accedit Barthol. Faccii libri duo, 1. de humanæ vitæ felicitate 2. de excellentia ac præstantia hominis. *Ibidem.*

12. Commentarius Pauli Bernriedensis, de vita Gregorii VII. Pont. Max. cum notis Jac. Gretseri; accedit Ejusdem Gretseri Cæsar Baronius Cardinalis a Melchioris Goldasti inscitia & Calumniis Vindicatus. *Ingolstadii, Sartorii*, 1610.

Basilicon Doron, sive Commentarius exegeticus in S. Regis Angliæ Jacobi Præfationem Monitoriam & in Apologiam pro juramento fidelitatis, a Jac. Gretsero. *Ibidem.*

Catalogus Librorum quos Jacobus Gretserus Soc. J. evulgavit usque ad Octobrem anni, 1610. *Ibidem.*

Ejusdem Gretseri Commentariolus, de Imperatorum, Regum ac Principum Christianorum in Sedem Apostolicam munificentia. *Ibidem.*

Des. Erasmi Rot. de novo Evangelio novisque Evangelistis Judicium editum a Jac. Gretsero; accessit aliud ejusdem argumenti ex libro Georgii Wicelii qui retectio Lutherismi inscribitur. *Ibidem*, 1611.

13. Chronicon Alberti Abbatis Stadensis ab orbe condito ad ann. Christi 1256. editum a Reinero Reineccio. *Helmæstadii, Jac. Lucii*, 1587.

Genealogica Ranzoviana. *Ibidem.*

MISCELLANEA, in quarto.

Elogium illuftr. Ludovici Eftenfis S. R. E. Cardinalis, Papyrii Maffonis opera. *Parif. Dion. à Prato*, 1587.

Francifci Junii Academia; acceffit Academiarum totius Europæ feu orbis Chriftiani Catalogus. *Heidelbergæ*, 1587.

Julii Camilli Delminii, pro fuo de eloquentia Theatro ad Gallos oratio. *Venetiis, Somafchi*, 1587. *in* 4.

14. Lupoldi de Bebenburg, Tractatus de Juribus Regni & Imperii Romanorum. *Argentorati, Jofiæ Rihelii*, 1603.

Petri de Andlo, de Imperio Romano, Regis & Augufti creatione, inauguratione, &c. libri duo. *Ibidem*.

Hieron. Balbi Epifc. Gurcenfis, de coronatione liber. *Ibidem*.

Henr. Canifii Noviomagi, refutatio trium tractatuum nuper editorum a quodam JC. Heidelbergenfi, fuo, Marfilii de Padua & Guillemi Occami nomine : acceffit ejufdem Canifii difputatio duplex de fponfalibus & matrimoniis, *Ingolftadii, Ederi*, 1600. *in* 4.

15. Academiæ Gieffenæ Panegyris fuper obitum Rudolphi II. Romanorum Imperatoris acta anno 1612, perorante Chriftoph. Helvico *Gieffæ, Chemlini*.

Pace an bello cum hofte Reipublicæ agere fit utilius, oratio, C. Julii Cæfaris, ex Dionis Caffii Hift. Rom. libro 38. cum notis Politicis, 1610.

Defcriptio electionis & coronationis Caroli V. Imper. a Georgio Sabino. *Apud Heliam Kembachium*, 1612.

Funus Parafiticum : acceffit de Parafitis & affentatoribus appendix. Item Juliani Cæfaris Epiftola cum latina interpretatione & notis Nicolai Rigaltii. *Parif. Drouart*, 1601.

Libanii Sophiftæ Parafitus ob cœnam occifam feipfum deferens, gr. a Fed. Morello. *Ibidem*.

Gregorii Horftii, Differtatio de natura amoris. *Gieffæ, Chemlini*, 1611.

Bilibaldi Pirckeimeri, Apologia feu laus Podagræ. *Ambergæ, Forfterii*, 1611.

Gafp. Scioppii, Alexipharmacum Regium, contra Phil. Mornæi de Pleffis Papatus Hiftoriam. *Moguntiæ, Albini*, 1612.

Antitortor Bellarminianus Joannes Gordonianus tonfus, &c. *Ingolftadii, Sartorii*, 1611.

Apologia fenatus Imperialis & liberæ civitatis Coloniæ-Agrippinæ adverfus calumnias anonymi cujufdam Scriptoris Gallici qui cædem Henrici IV. Galliarum Regis Chrift. in eadem civitate publice pro concione, fuffragante Magiftratu laudatam & alia quædam falfa de eodem fenatu in Annalibus fuis commemorat. *Coloniæ Agrippinæ, a Jo. Metternich*. 1611.

Ulterior & plenior informatio in caufa adminiftrationis Electoratus Palatini cùm refutatione eorum omnium quæ hactenus ab adverfariis pro defenfione prætenfæ teftamentariæ tutelæ evul-

MISCELLANEA, in quarto. 415

gata funt, pro Seren. Princ. DD. Phil. Ludovico Comite Pa-
latino Rheni, &c. *Duffeldorpii, Bern. Buffii*, 1611.

Refolutio Johannis Cafimiri Comitis Palatini, in caufa tutelæ Ele-
ctoralis Palatinæ, data, quorumdam Germaniæ Principum
qui a Ludovico Electore. Tutores nominabantur, &c. *Ibidem*.

Difcurfus utcumque juridicus, fuper fucceffione Juliacenfi, utri
Principum illa hodie competat, 1612.

Compendiofa & brevis demonftratio, foli Seren. Principi D. Phil.
Ludovico Comiti Palatino, &c. competere adminiftrationem
Electoratus Palatini, &c. 1610. *in* 4.

16. Epitome de la vida y hechos del Emperador Carlo quinto, por
Don Juan Antonio de vera y Figueroa. *En Madrid Sanchez*,
1649.

Viage de la Seren. Regina Doña Maria Ana de Auftria, &c. por
Don Hieronymo Mafcarenhas. *En Madrid, Diego Diaz de la
Carrera*, 1650. *in* 4.

17. Procopii Cæfarienfis Anecdota gr. lat. Nicolao Alemanno in-
terprete. Anecdota feu Hiftoria arcana Procopii Cæfar. Nico-
lao Alemanno defenfore primum prolata, nunc plærifque in
locis teftimoniis falfitatis convicta a Joanne Eichelio. *Hel-
maftadii, Mulleri*, 1654. *in* 4.

18. Petri Lambecii origines Hamburgenfes, five rerum Hambur-
genfium liber primus ab urbe condita ad ann. Chrifti 1225.
cum appendice Duplicem S. Anfcharii vitam notis illuftratam
continente. *Hamburgi, Naumanni*, 1652.

19. Acta inter Bonifacium VIII. & Benedictum XI. Pontifices &
Philippum Pulchrum Regem Chriftianiff. nunc primum edi-
ta: accedit Hiftoria eorumdem ex variis fcriptoribus, 1613.

Caufes d'oppofition fournies par Euftache de Bellay Evêque de
Paris en l'an 1564. contre les Jefuites, &c. 1613.

Oppofition formée au nom de M. l'Archevêque & du Chapitre de
l'Eglife de Thouloufe à l'édification d'une Maifon & Eglife
des Jefuites Profez, entreprinfe par les Jefuites en ladite Ville
de Touloufe, & la confultation faite fur ladite oppofition
par quatre celebres Docteurs de l'Univerfité de Touloufe, &c.
1613.

Lettre du Cardinal de Joyeufe à M. Guillaume Maran fur la re-
folution par lui donnée à la confultation qui lui fut faite par
le Chapitre de l'Eglife de Tholofe en l'an 1613. contre les
Prétentions des Peres Jefuites, avec les Réponfes d'icelui Ma-
ran, 1621.

Contre le Jefuite foi-difant enfeigner *gratis*, en vers latins & fran-
çois, 1565.

Planctus. Corydonis ad Phœbum & ad eumdem gratiarum actio,
1607.

Copia di Lettera Seritta in Bologna, nella quale manifeftandofi

MISCELLANEA, in folio.

l'excellenze e perfettioni della Compagnia de' Padre Giesuiti, &c. 1609.

Contrat d'association des Jesuites au trafic de Canada, 1613.

Conclusio S. Facultatis Theol. Parif. facta in comitiis ordinariis 1. Junii 1612.

Acte fait en Sorbonne le 1. de Juin 1617. sur le Syndicat d'Edm. Richer.

Decretum Sacræ Congregationis S. R. E. Cardinalium ad Indicem librorum eorumdemque permissionem prohibitionem expurgationem & impressionem specialiter Deputatorum. *Parisiis,* 1613.

Editto del Maestro del Sac. Palazzo.

Excerpta ex libro cui titulus: *de Regis Catholici præstantia,* &c. 1614.

Sentence de M. le Prévôt de Paris, contre un Libelle diffamatoire, intitulé: (*In Jac. Aug. Thuani historiarum libros notationes à J. B. Gallo.*) *Par. Durand,* 1614.

Autre, contre un Livre intitulé: *Apologia Adolphia Sculckenii,* &c. avec l'extrait d'icelui, 1613.

Modifications & Limitations de la Bulle d'érection de l'Université de Reims.

Censure des Livres de Jean de Mansencal par la S. Faculté de Theologie de Paris, avec l'extrait de l'écrit intitulé: Plainte justificative de Loüis de Baumanoir pour les Peres Jesuites, &c. 1615.

Ludovici Francorum Regis Diploma Ecclesiæ B. Petri Belvacensis concessum anno 1105.

Sentence de M. le Prévôt de Paris contre un Libelle intitulé: Advis & Notes donnés sur quelques Plaidoyez de Loüis Servin par Loüis Richeome. *Paris, Mettayer,* 1616.

Censura S. Facultatis Parif. in Librum Plessæi-Mornæi inscriptum: Le Mystere d'iniquité. *Parif. Blanvilei,* 1611.

Recüeil de plusieurs Actes remarquables pour l'Histoire de ce tems, 1613.

Recüeil de ce qui s'est fait en Sorbonne & ailleurs contre un Livre de Becanus J. 1613.

Collectio Propositionum libri inscripti: *Institutionum Moralium, Tomus secundus* à Jo. Azorio Soc. J. *Lugduni, Cardon,* 1607. *impressi.*

Actes concernans la taxe & cottisation des terres de la Mense Episcopale d'Ast en Savoye, 1614.

Lettre de M. le Prince à la Royne, 1614.

Extemporanea Dissertatiuncula de laboribus præmiisque Theologicis per Franc. de Harlay. S. Victoris Parif. Abbatem. *Parif. Huby,* 1612.

Déclaration de Jacques I. Roy de la Grande Bretagne pour le droit des Roys & independances de leur Couronne, contre la Harangue

MISCELLANEA, in quarto.

rangue du Cardinal du Perron, &c. *Londres, Jehan Bill*, 1615.

Censura S. Facultatis Theol. Parisiensis contra impios & execrabiles Regnum ac Principum parricidas. *Parif. Blanvillain*, 1610.

Recüil des heroïques &·genereuses actions de Henry IV. 1709.

Remontrance & plainte des Gens du Roy à la Cour de Parlement, contre le Livre intitulé: Franc. Suarez Soc. J. Defensio fidei Catholicæ adversus Anglicanæ sectæ errores, &c. avec l'Arrêt intervenu. *Par. Mettayer*, 1614.

S. Victoris Victoria Virgilio-Centonibus descripta. *Parif. Langlois.*

Caroli Servini Ludovici filii Genethliacon.

In cædem Henrici Magni Carmen.

Aux Catholiques François, contre le Livre d'André Duval: De suprema summi Pontificis in Ecclesia potestate, 1614.

La Bethoine: Poëme de du Peyrat.

Sonnet de Pierre de Ronsard aux Jesuites, *in* 4.

20. Uberti Folietæ opuscula nonnulla. *Romæ, Accolti*, 1574.

M. Antonii Mureti oratio, in funere Pauli Foxi Archiep. *Tolosani, Romæ, Zannetti*, 1584.

P. Namosii Epistola ad Stanislaum Osium Cardin. una cum actis Legationis de Regno ad Henricum Poloniæ Regem. *Romæ. Bladii*, 1574.

Franc. Mucantii Libellus de SS. Apostolorum Petri & Pauli Imaginibus. *Romæ, Bladii*, 1573.

Statua D. Pauli a dextris D. Principis Ecclesiæ Petri non removenda nec eorum sanctissima capita convertenda, sed eodem loco quo statuit Ecclesia conservanda, *Ibidem.*

Franc. Bochet, ad Gregorium XIII. oratio pro toto ordine SS. Trinitatis & Redemptionis Captivorum. *Romæ, Jos. de Angelis*, 1575.

Joannis Volleri, oratio Romæ habita pro insigni victoria contra Turcas obtenta. *Neapoli, Cacchii*, 1571.

Laur. Gambaræ Tractatio de perfectæ Poëseos ratione. *Romæ, Zanetti*, 1576.

De vita D. Petri Apostoli a M. Antonio Georgio Bononiensi congesta. *Romæ.*

Vita Martini ab Azpilcueta Doctoris Navarri, a Simone Magno Ramlotæo. *Romæ, Eliani*, 1575.

De rebus in electione, profectione, coronatione Henrici Regis Poloniæ in Gallia & in Polonia gestis. *Ibidem*, 1574.

Leonardi Vairi, Ord. S. Bened. orationes V, coram Gregorio XIII. habitæ. *Romæ, Jos. de Angelis*, 1579.

De S. Virginis Mariæ Matris Dei vita Commentarius M. Antonii Georgii Bononiensis.

Achillis Statii Lusitani, oratio obedientialis, nomine Sebastiani I. Regis Lusitaniæ habita. Ejusdem Monomachia navis Lusitanæ & insignia Regum Lusitaniæ versibus descriptæ. *Romæ, Jos. de Angelis*, 1574.

Jo. Sarii Zamofcii oratio qua Henricum Valefium Regem renuntiat.

Petri Paellæ de Caftro Mazziani brevis tractatus de Fortuna. *Romæ, Accolti*, 1583.

Nuovo difcorfo fopra il Diluvio di Roma, di Lorenzo Parigivolo. *In Roma, Blado*, 1579.

Dialogo di Camillo Agrippa Milanefe, fopra la generatione de venti, Baleni, Tuoni, Fulgori, Fiumi, Laghi, valli & montagne. *In Roma, Bonfadino*, 1584. *in* 4.

21. Difputatio Politica de fubjectione & Imperio, Præfide Herm. Conringio. *Helmaftadii, Lucii*, 1635.

——De Mutationibus rerum publicarum. *Ibidem.*
——De Optima Republica. *Helmeftadii, Mulleri*, 1652.
——De Oligarchia. *Ibidem*, 1643.
——De Democratia. *Ibidem.*
——De Regno & Tyrannide. *Ibidem*, 1640.
——De Differentiis Regnorum. *Ibidem*, 1655.
——De Rebus publicis in genere. *Ibidem*, 1651.
——De Republica in communi. *Ibidem*, 1653. *in* 4.

22. Ifaaci Cafauboni, ad Frontonem Ducæum Epiftola, in qua de Apologia differitur nomine Jefuitarum edita. *Londini, Norton*, 1611.

Lettre du Cardinal du Perron à Cafaubon. *Paris, Durand*, 1612.

If. Cafauboni ad Card. Perronii Epiftolam Refponfio. *Londini, Norton*, 1612.

Declaratio Seren. Magnæ Britanniæ Regis qua quid cum Generalibus fœderatarum Belgis Provinciarum Ordinibus fuper re Vorftii actum tractatumve fit, fingillatim explicatur. *Ibidem.*

Decretum illuftr. ac Potent. ordinum Hollandiæ ac Weftfrifiæ pro pace Ecclefiarum, &c. *Lugd. Batav. Jo. Patii*, 1614.

Ordinum Hollandiæ ac Weftfrifiæ pietas, vindicata per Hugon. Grotium. *Ibidem*, 1613.

Danielis Heinfii, de Politica fapientia oratio. *Lugd. Bat. Elzevir*, 1614.

Ejufdem, in Cruentum Chrifti facrificium Homilia. *Ibidem*, 1613.
——In Theophania five Domini Natalem. *Ibidem.*
——Peplus Græcorum Epigrammatum. *Ibidem.*
——Oratio de præftantia ac dignitate hiftoriæ. *Ibidem*, 1614.

Johannis Polyandri, orationes duæ de SS. Theologiæ nobis in verbo Dei revelatæ præftantia & certitudine. *Ibidem.*

Synopfis Paradifi, five Paradifi defcriptio per Jo. Hopkinfonum. *Lugd. Bat. Raphelengii*, 1593.

Petri Picherelli in Cofmopœiam id eft mundi creationem Paraphrafis. *Parif. Patiffonii*, 1579. *in* 4.

23. Digefta Regia de facro-fancta Euchariftia collecta a Melch. Goldafto. *Francofurti, Rolandii*, 1616.

MISCELLANEA, in quarto.

Jo. Pauli Windekii Commentarius de Principum Electorum, quibus Regis Romanorum Electio commendata est, origine. *Coloniæ Agripp. Quentelii*, 1616.

Informatio de famoso negotio compositionis dissidentium inter se Principum & statuum S. R. Imperii. *Cosmopoli*, 1616.

Christoph. Gewoldi, Epistola Monitoria ad Marq. Freherum. *Monachii, Nic. Henrici*, 1614.

De statura Caroli Magni Imper. Philoponema Marq. Freheri, *in* 4.

24. Hermanni Conringii, de Germanicorum corporum habitus antiqui ac novi causis Dissertatio. *Helmastadi, Mulleri*, 1652.

De Electione Urbani VIII. & Innocentii X summ. Pontif. Commentarii Historici duo; adjecta sunt nonnulla alia ejusdem Argumenti cum Herm. Conringii Procemio. *Ibidem*, 1651.

Herm. Conringii Dissertatio ad legem I. codicis Theodos. de studiis liberalibus urbis Romæ & Constantinopolis. *Ibidem*, 1655.

Augusti Visheri, Tractatus de Electione Regis & Imperatoris Romanorum. *Paris. Moreau*, 1633. *in* 4.

25. De Electione Urbani VIII. & Innocentii X. Commentarii Historici duo, aliaque nonnulla ejusdem argumenti cum Herm. Conringii Procemio. *Helmastadii, Mulleri*, 1651.

Pii IV. & Gregorii XV. Bullæ de Conclavi ejusque ceremoniis.

Amandi Flaviani, Pacis augustæ municipis, de fulmine nuper ex esquiliis vibrato ad reges ordines principesque Christianos Commonitorium. *Eleutheropoli*, 1651.

Innocentii X. Declaratio nullitatis articulorum nuperæ pacis Germaniæ, &c. *Juxta exemplar Romæ excusum*, 1651.

Actes autentiques des Eglises Reformées de France, Germanie, Grande-Bretagne, Cologne, &c. par David Blondel. *Amsterdam, Blaeu*, 1655.

Extrait de l'Examen de la Bulle du Pape Innocent X. contre la paix de l'Allemagne, concluë à Munster l'an 1648. fait en Latin par Amand Flavien, *in* 4.

26. Herm. Conringii, Exercitatio de Constitutione Episcoporum Germaniæ. *Helmastadii, Mulleri*, 1647.

Ejusdem, Exercitatio politica de majestatis civilis autoritate & officio circa sacra. *Ibidem*, 1645.

―――― Assertio juris Moguntini in coronandis Regibus Romanorum. *Ibidem*, 1656.

―――― Exercitatio de judiciis Reipublicæ Germanicæ. *Ibidem*, 1647.

―――― De urbibus Germanicis. *Ibidem*, 1652.

―――― De Germanici Imperii civibus. *Ibidem*, 1641.

Leonis III. Papæ Epistolæ ad Carolum Magnum Imper. Capitulare Caroli Magni de villis suis cum notis Herm. Conringii. *Ibidem*, 1655. *in* 4.

27. Narratio eorum quæ contigerunt Apollinio Tyrio. *Augustæ Vindelicorum*, 1595.

MISCELLANEA, in quarto.

Hiftoria ab Eugippio de vita S. Severini, ante annos circiter 1100, fcripta, cum fcholiis. *Ibidem.*

Epifcoporum Auguftanorum Catalogus. *Ibidem, Chrift. Mangi,* 1614.

Bernardini Beldi, in tabulam æneam Eugubinam lingua Etrufca veteri perfcriptam Divinatio. *Ibidem,* 1613.

Marq. Freheri, Decifionum Areopagiticarum Sylvula. *Typis Voëgelini,* 1615.

Ejufdem Epiftola refponforia de Electoratu S. Romani Imperii, Comitivæ Palatinæ Rheni antiquitus annexo & cohærente. *Heidelbergæ, Voëlini,* 1612.

De Nithardo Caroli M. nepote ac tota ejufdem Nithardi Profapia Breve fyntagma. *Parif.* 1613.

Brieve Déclaration concernant le Teftament de Frederic IV. Electeur Comte Palatin, &c. 1610.

De legitima tutela curaque Electorali Palatina. *Heidelbergæ, Voëgelini,* 1611.

Conftitutio Adolphi Romanorum Regis, de infulis Rheni & diverfis aliis Capitulis, cum notis Marq. Freheri. *Ibidem, in* 4.

28. Deduction & contrededuction fur le fait des moyens requis pour trouver les deniers promis d'être payés pour le rachat des Peages dans le Sund, traduit du Flamand par Jehan Nicolas de Uries. 1650.

Mémoires & Advis concernans les Charges de MM. les Chanceliers & Gardes des Sceaux de France & autres difcours, par Jacques Ribier. *Par. Cramoify,* 1629.

Harangue au Tiers-Etat par le Cardinal du Perron fur l'Article du ferment. *Par. Etienne,* 1615.

Remontrance faite au Roy fur le pouvoir & autorité que Sa Majefté a fur le Temporel de l'Eftat Ecclefiaftique, par François Paumier. *Ibidem, in* 4.

29. Jo. Franc. Bordini Carminum liber primus de rebus præclare geftis a Sixto V. Pont. Max. *Romæ, Tornerii,* 1588.

Magnæ Deum Matris Ideæ & Attidis initia ex vetuftis monumentis nuper Tornaci erudis, edente & explicante Laur. Pignorio. *Venetiis, Tozzii,* 1624.

Imprefe facre di Paolo Arefi Chierico Regolare. *In Venetia, Sarzina,* 1629.

30. Ahafveri Fritfchii, Tractatus de Typographis, Bibliopolis, Chartariis & Bibliopegis. *Jenæ, Hertelii,* 1675.

Ejufdem, Differtationes duæ 1. de jure bofcandi feu lignandi 2. de Litteris commendatitiis earumque ufu & abufu. *Jenæ, Bielchii,* 1676.

Ejufdem, Difcurfus de Novellarum ufu & abufu. *Ibidem.*

Vifus vitiatus ejufque Demonftratio Mathematico-Medica, Jo. Valentini Scheid. *Argentorati, Stadelii,* 1677.

31. Jo. Casp. Eisenschmidii, Diatribe de figura telluris Elliptico-
Sphæroide. *Argentorati*, *Spoor*, 1691.
Melchioris Zeidleri, de gemino veterum docendi modo dialectico
& analytico, Tractatus Historico-Philologico-Philosophicus.
Regiomonti, Gilberti, 1685.
Admirandorum Fossilium quæ in tractu Hildeis hemensi reperiuntur
descriptio iconibus illustrata & alia de calculis, fontibus,
&c. a Friderico Lachmund. *Hildesheimir, Mulleri*, 1669.
32. Joh. Henr. Hottingeri, Scola Tigurinorum Carolina; acce-
dit Bibliotheca Tigurina. *Tiguri, Hambergeri*, 1664.
Joh. Christoph. Wagenseilii, de loco Classico Geneseos XLIX.
10. ad Christ. Arnoldum Dissertatio. *Altdorfii, Schonnerstad*,
1676.
Joh. Andreæ Stifferi, Epistola de machinis fumiductoriis curiosis.
Hamburgi, Liebezeit, 1686.
33. Commentarius in Rusname Naurus, sive Tabulæ æquinoctiales
novi Persarum & Turcarum anni editæ a Georgio Hieron.
Velschio cujus accedit Dissertatio de earumdem usu. *Augusta-
Vindelicorum, Schonigkii*, 1676.
Appiani Sophistæ Alexandrini Illyrica a Dav. Hoëschelio, græce
nunc primum edita. *Augusta - Vindel.* 1599.
Memoriæ Theologorum Helinstadiensium a Gebhardo Theodoro
Meiero. *Helmestadii, Mulleri*, 1680.
Christ. Franc. Paullini, Theatrum illustrium virorum Corbeiæ
Saxonicæ. *Jenæ, Gollneri*, 1686.
34. Il Cretideo, del Cavalier Gio. Batt. Manzini. *In Venetia,
Sarzina*, 1637.
Jo. Herburti de Fultin Chronica sive Historiæ Polonicæ com-
pendiosa descriptio. *Basileæ, Oporini*, 1571.
35. Requête au Roy & Memoire de M. le Comte de Fiesque pour
ses pretentions & droits, contre la Republique de Genes. *Par.
Guignard*, 1681.
Deux Requêtes au Roy, de l'Evêque Clergé & Chapitre de l'Eglise
d'Amiens, contre le S. de Bar Gouverneur de ladite Ville.
Requête presentée par le Doyen de Roye, pour Repondre à la troi-
siéme de M. l'Ev. d'Amiens.
Factum pour René Chopin.
Autre pour Pierre de Pons.
Autre pour Matthieu Clarentin Docteur en Theologie, contre
Jehan Duhamel.
Autre du Procez extraordinairement fait à la Chauslée, &c. 1676.
Autre pour Gilbert Flamen Abbé de la Reolle, &c.
Autre pour Antoinette & Loüise Adrian, émancipées d'âge, &c.
Autre pour les Sieurs Marcara Avancins, contre les Directeurs
Generaux des Indes Orientales.
36. Seren. Principis Isabellæ Claræ Eugeniæ Hispaniarum Infan-

tis Laudatio funebris dicta ab Aub. Miræo. *Antuerpiæ , Moreti ,* 1634.

Nicolai Vernulæi Virtutum Augustissimæ Gentis Austriacæ libri tres. *Lovanii , Zegeri ,* 1640.

37. F. Philippi Ferrarii, Ordinis Servorum Prioris Generalis, nova Topographia in Martyrologium Romanum. *Venetiis , Junta ,* 1609.

La Liturgie des Eglises Reformées. *Geneve , de Tournes ,* 1661.

38. Discours sur le Gouvernement des Monarchies & Principautez Souveraines, par Jacques Ribier. *Par. Cramoisy ,* 1630.

Memoires & Plaintes des Rentiers de l'Hôtel de Ville de Paris, &c. *Par. Pepingué ,* 1649.

Factum contenant les justes défenses des Rentiers de l'Hôtel de Ville de Paris. *Ibidem.*

Cathechisme des Partisans. *Par. Besogne ,* 1649.

Lettre du Capitaine la Tour, contenant la refutation des Calomnies imposées au Party du Parlement & de la Ville de Paris, 1664.

Raisons d'Estat, contre le Ministre Etranger.

Lettre d'avis, à MM. du Parlement de Paris écrite par un Provincial. 1649.

Suite des Maximes Morales & Chrétiennes. *Par. Besongne ,* 1649.

Manifeste pour M. la Duchesse Douairiere de Rohan. *Par. Pepingué ,* 1646.

Manifeste publié en Portugal, sur le renvoy fait à Rome du Vice-Collecteur du Pape.

Arrest du Parlement contre le défunt Marquis d'Ancre. 1617.

Autre pour l'hypotheque des Contracts passés par les Notaires non Royaux, &c.

Remontrances du Parlement de Bordeaux au Roy, sur les mouvemens de la Province de Guyenne & de Bordeaux. *Par. Bessin ,* 1650.

Derniere Requête presentée au Parlement, par M. le Duc de Beaufort avant le Jugement de la Calomnieuse accusation, intentée par le Cardinal Mazarin. *Par. Pepingué ,* 1646.

Manuel du bon Citoyen. *Par. Sara ,* 1649.

Advis à la Royne, sur la Conference de Ruel. *Ibidem.*

Declaration du Roy pour le desseichement des Marais des Provinces de Poictou, Xaintonge & Aulnix. *Par. Desprez ,* 1654.

Arrest Notable à ce sujet. *Ibidem.*

Statuts pour le desseichement des Marais. *Ibidem.*

39. Catechisme Royal. *Par.* 1645.

Jacobi Capreoli, otium Paschale.

Panegyrique Funebre de Josias Comte de Rantzau Maréchal de France, par François Hedelin. *Par. Sercy ,* 1650.

Causæ ob quas Carolus Gustavus Sueciæ rex regem Poloniæ bello adoriri se profitetur breviter limatæ & eliminatæ. 1656.

MISCELLANEA, in quarto.

De la peine du Peculat selon les loix & l'usage de France.
Collegium Electorale de eligendo Romanorum Imperatore, 1657.
Jus hæreditarium & legitima successio in Regno Bohemiæ Ferdinandi III. Imperatoris. 1620.
Dissertation historique & politique sur le Traité, entre le Roy & le Duc Charles touchant la Lorraine, 1662.
40. Dissertatio super vetere Austriacorum proposito de occupando mari Balthico, omnibusque & Poloniæ & Septentrionalis Germaniæ mercaturis adse attrahendis &c. *Paris.* 1644.
Discours de la Paix, par le P. Jean François Senault. *Par. le Petit*, 1661.
Extrait des Descendans & Ascendans, de André de Laval.
Rémontrance du Comte André, Seigneur Souverain de Bueil au Roy.
Factum pour Dame Jane de la Chastre, &c.
Abregé de la Vie & Actions plus memorables de M. Guillaume Cousinot, &c.
Factum pour Etienne Sainctot, &c.
Ceremonies observées au Couronnement de Christine Reine de Suede. *Paris, Martin*, 1650.
Epistolæ IV. ad Paulum V. quibus justitia causæ Venetæ, Pontificiæ censuræ nullitas & belli incommoda proponuntur. 1606.
Avis pour les Manufactures de France.
Memoire & Remontrances au Roy par les Orfevres de Paris.
41. Historia Marchiæ Soltwedelensis, in qua potissimum Alberti Ursi vita & res gestæ exponuntur. *Jena, Nisii*, 1685.
Historia Lubecensis recentior ab anno 1300. ad annum 1400. *Jena, Gollneri*, 1679.
Historia Halberstadiensis, ab originibus per singulos Episcopos ad præsentem statum. *Ibidem*, 1675.
Casp. Sagittarius, de Nudipedalibus veterum. *Ibidem.*
Historia Episcoporum Numburgensium a prima Episcopatus origine præsentem statum repetita. *Jena, Nisii*, 1683.
42. Minos Maris Dominus, Joh. Henr. Boëcleri. *Argentorati, Berneggeri*, 1656.
Ejusdem Præsidia pacis. *Ibidem.*
────── Dissertatio de religione Mandati. *Ibidem*, 1654.
────── In Philonis Judæi Legationem ad Caium Schediasma. *Argentorati, Stadelii*, 1655.
────── Dissertatio de principalium familiarum perpetuitate. *Ibidem*, 1654.
43. Factums pour les Docteurs en Medecine des Universitez des Provinces de France, contre les Docteurs en Medecine de l'Université de Paris, avec plusieurs Edits du Roy & Arrests du Conseil de l'an 1696.
44. Præliminaria pacis Imperii acta & tractata ann. 1638. & 1642. *Germanice*, 1648.

Cyriaci Thrasymachi, de justitia armorum Suecicorum in Polonos, &c. Epistola. *Helmastadi, Mulleri,* 1656.
Andreæ Nicanoris Responsio ad Cyriaci Thrasymachi Epistolam de justitia, &c. 1656.
45. Theatrum pacis, hoc est, tractatuum atque instrumentorum præcipuorum ab anno 1647. ad 1660. in Europa initorum & Conclusorum Collectio. *Noriberga, Endteri,* 1663.
Bernhardus a Mallinckrot de Archicancellaris Romani Imperii ac Cancellariis Imperialis Aulæ, &c. *Jena, Nevenhanh,* 1666.
46. Anatome Consilii editi de stabilienda pace regni Poloniæ Jesuitis pulsis a Gaspare Cichocki. *Cracoviæ,* 1611.
Appendix consultatoria in qua deducitur imprimis quantam deferentiam fidem & observantiam universi Catholici debeant Bullis, Brevibus, Constitutionibus, &c. summorum Pontificum contra Dan. Papebrochium J.
Vita Christiani Lupi a Josepho Sabbathini.
Aloysii Lollini, Iambico Carmini Noctua inscripto destinata præfatio & dissertatio de non deferendo grege. *Venetiis, Valentini,* 1625.
47. Guill. Postelli Opus de Nativitate Mediatoris ultima.
Ejusdem, Commentatio de Etruriæ regionis quæ prima in orbe Europeo habitata est originibus, institutis religione & moribus & imprimis de aurei sæculi doctrina & vita præstantissima quæ in divinationis Sacræ usu posita est. *Florentiæ,* 1551.
48. Della Dedicatione de' libri Dialoghi del S. Giovanni Fratta. *In Venetia, Angelieri,* 1590.
Guil. Doujatii, Dialogi duo de tempore de que animi perturbationibus. *Paris. Nivellii,* 1583.
Dialogo di Cosimo Gaci. *In Roma, Zannetti,* 1586.
49. B. Clementis Rom. Pont. Epitome de rebus gestis, peregrinationibus & prædicationibus B. Petri, cum Ejusdem Clementis vita, Joachimo Perionio interprete. *Paris. Morelii,* 1555.
Jac. Sadoleti Cardinalis, Homilia de regno Hungariæ ab hostibus Turcis oppresso & capto. *Lugduni, Gryphii,* 1541.
Apologia cujusdam Regiæ famæ studiosi qua Cæsariani, Regem Christianiss. arma & auxilia Turcica evocasse vociferantes, mendacii & calumniæ manifeste arguuntur. *Paris. C. Stephani,* 1551.
50. La verita vindicata. cioe Bologna difesa dalle calumnie di Franc. Guicciardini, Osservationi Istoriche dell'Abbate Giacomo Certani. *In Bologna, Dozza,* 1659.
Vindiciæ pro conjectura de suburbicariis regionibus & Ecclesiis adversus Censuram Jacobi Sirmondi. *Geneva, de la Rouiere,* 1619.
51. Procopii Rhethoris, de Justitiani ædificiis libri sex, latinitate donati per Franc. Cramveldium, cum annotationibus Theod. Adamæi. *Paris. Wecheli,* 1537.

Le

MISCELLANEA, *in quarto.*

Le Historie e fatti di Veronesi ne i tempi del Popolo e Signori Scaligeri per Torello Sarama, tradotte in lingua Toscana da Orlando Pescetti. *In Verona, Rossi,* 1649.

Dell'origine & ampiezza della Citta di Verona. *Ibidem*

52. Apologie pour les Casuistes contre les Calomnies de Jansenistes. *Paris,* 1657.

Spongia Francogallicæ Lituræ a Wilhelmo Rodolpho Gemberlakio. *Oeniponti,* 1646.

La Justice des Armes du Roy T. C. contre le Roy d'Espagne, par Balthazar. *Paris, Jean Paslé,* 1648.

53. Bataviæ Hollandiæque Annales, a Jano Dousa. *Lugd. Batav. Raphelengii,* 1601.

Richardi Stanihursti, de rebus in Hibernia gestis libri IV. cum Hibernicarum rerum appendice ex Sylvestro Gyraldo Cambrensi collecta cum ejusdem Stanihurstinatis. *Antuerpiæ, Plantin,* 1584.

54. Jo. Drusii ad voces Hebraïcas novi Testamenti Commentarius duplex: item ejusdem annotationum in N. Testam. pars altera, necnon vitæ operumque Jo. Drusii editorum & nondum editorum delineatio & tituli per Abelem Curiandrum. *Franekera, Heinsii,* 1616.

Poëtica Aristotelis ab Anton. Riccobono Labine conversa: ejusdem Ricconboni paraphrasis in Poëticam Aristotelis, & ars Comica. *Patavii, Majeti,* 1587.

55. Il Dragone di Macedonia, di Luigi Manzini. *In Bologna, Ferroni,* 1643.

Commentarii di Galeazzo Capella delle cose fatte per la restitutione di Francesco Sforza secondo Duca di Milano, tradotte per Francesco Philipopoli. *Venetiis, Gioliti,* 1539.

Vita dell'Imperador Carlo quinto descritta da Lodovico Dolce. *Ibidem,* 1561.

Precetti della militia, da Girolamo Ruscelli. *In Venetia, Sessa,* 1583.

56. Georgii Pisidæ, Opus sex dierum & senarii de vanitate, gr. lat. a Fed. Morello. *Parif. Morelli,* 1585.

L'Amiral de France, & par occasion de celui des autres Nations, par le Sieur de la Popelliniere. *Parif. Morelli,* 1584.

57. Dialogo della Bellezza detto antos, secundo la mente di Platone, da Nicolo Vito di Gozze. *in Venetia, Ziletti,* 1581.

Dialogo d'amore detto antos, da Nicolo Vito. *Ibidem.*

Dialogo di Camillo Agrippa, sopra la generatione de venti, Baleni, Tuoni, fulgori, fiumi, Laghi, valli & montagne. *in Roma, Bonfadino,* 1584.

Il Theatro de veri e diversi Cervelli Mondani, da Thomaso Garzoni. *in Venetia, Zoppini,* 1591.

58. Nicolai Remocampii, Synopsis de Beneficiorum Ecclesiastico-

rum & officiorum fæcularium Coadjutoriis. *Leodi, Hovii,* 1651.
Olai Borrichi Parnaſſus in nuce : acceſſit ejuſdem Oratio Jubilæa Evangelica. *Hafniæ, Danielis Paulli.*

59. Defenſio Annalium Eccleſiaſticorum Cæſ. Baronii Cardin. adverſus Iſ. Caſaubonum a P. Andræa Eudæmon-Joanne Cydonio Soc. J. *Colonia, Kinchii,* 1617.

Marci Zuerii Boxhornii, originum Gallicarum liber : accedit antiquæ Linguæ Britannicæ Lexicon Britannico Latinum, cum ejuſdem Adagiis Britannicis Sapientiæ veterum Druidum Reliquiis, &c. *Amſtelodami, Janſſonii,* 1954.

60. Eccleſiæ Gallicanæ Hiſtoriarum Tomus primus a primo in Galliis Chriſti Evangelio ad datam Eccleſiæ pacem a Franc. Boſqueto : acceſſit ſecunda pars quæ vetera monumenta ex MSS. eruta, &c. *Pariſ. Camuſat,* 1636.

Sommaire de tout ce qui s'eſt paſſé en Angleterre de plus memorable depuis l'an 1640. juſqu'au 1. Janvier 1650. *Ibidem,* 1650.

61. Olai Borrichii, de ſomno & ſomniferis maxime papavereis diſſertatio. *Hafniæ, Dan. Paulli,* 1683.

De antiqua Eccleſiæ Britannicæ libertate atque de legitima ejuſdem Eccleſiæ exemptione a Romano patriarchatu Diatribe. *Brugis, Cobleri,* 1656.

Judicium Synodi Nationalis Reformatarum Eccleſiarum Belgicarum habitæ Dordrechti annis 1618. & 1619.

Apologia Petri Stevartii pro Societate Jeſu. *Ingolſtadii, Sartorii,* 1593.

Matthiæ Frid. Specimen Arabicum, hoc eſt, bina Capitula Alcorani XXX. de Roma & XLVIII. de victoria Arabice deſcripta, latine verſa notiſque illuſtrata. *Auguſtæ, Vindelicorum, Koppmajeri,* 1688.

62. 63. 64. Caſp. Queſtelii, Diſſertatio de pulvinari morientibus non ſubtrahendo. *Jenæ, Gollneri,* 1683.

Henr. Kineri, de veterum Chriſtianorum circa Euchariſtiam inſtitutis ac ritibus liber. *Helmaſtadii, Mulleri,* 1671.

Joach. Hildebrandi, de nuptiis Chriſtianorum veterum libellus. *Ibidem,* 1661.

Ejuſdem, Diſſertatio de veterum concionibus. *Ibidem.*

Ejuſdem, Primitivæ Eccleſiæ offertorium pro defunctis. *Ibid.* 1667.

Georgii Schubarti Enarratio Parergica de Diluvio Deucalionis : accedit Thomæ Reineſii Diſſertatio critica de Sibyllinis oraculis. *Jenæ, Niſii.*

Rationis ad folium natæ imperium. *Ibidem,* 1686.

Aratus Phænomenorum ſcriptor. *Jenæ, Bauhoferi,* 1685.

Ratio in Myſterio Trinitatis Captivata. *Jenæ,* 1685.

Diſputatio de naturali exiſtentiæ Dei notitia. *Ibidem.*

Diſſertatio moralis de obligatione poſſibili ad rem impoſſibilem. *Ibidem,* 1686.

MISCELLANEA, *in quarto.*

Exercitatio Politica divisionem Majestatis in Personalem & realem excutiens. *Ibidem.*
Exercitatio Moralis de Heroïbus eorumque virtute. *Ibidem*, 1684.
Assensus naturalis rebus Divinis præstandus. *Ibidem*, 1685.
Davidis & Salomonis Satellitium.
Casp. Sagitarii, Historia vitæ ac mortis Tulliæ M. T. Ciceronis filiæ cum notis in Epistolam Servii Sulpicii. *Jena*, *Wertheri*, 1679.
Christoph. Cellarii, Rabbinismus. *Ciza*, *Hetstedii*, 1684.
Usus Philacteriorum Judaïcorum. *Jena.*
Una Magna Chananæa. *Jena.*
Jo. Meursii, de Luxu Romanorum liber singularis cum ejusdem ad huncce librum mantissa.
Insignia Turcica ex variis superstitionum tenebris Orientalium maxime populorum in lucem protracta. *Jena.*
Celestini Mirbelli Oratio, Princeps utrum litteris excultus vel non esse debeat. *Geneva*, *de Tournes*, 1686.
Pauli Neucrantzii, de Harengo Exercitatio medica. *Lubeca*, *Zegeri*, 1654.
Frid. Brummeri Exercitatio Historico-Philologica de Scabinis antiquis ævi medii & recentioribus. *Lipsia*, 1662.
Julii Reichelti, Exercitatio de amuletis, æneis figuris illustrata. *Argentorati*, *Spoor*, 1373. 3. vol.
65. Constantini Donatio Sylvestro Papæ Rom. inscripta integre edita cum versione græca duplici Theodori Balsamonis & Matthæi Blastaris. Item Othonis III. Imperat. Donatio Sylvestro II. Papæ facta Commentariis illustrata. *Typis*, *Vægelini.*
Augustini Fivzanii Commentarius de ritu Sanctissimæ Crucis Romano Pontifici. *Roma*, *Typis præferenda*, *Vaticanis*, 1592.
Cæsaris Grolibrii. Historia expugnatæ & direptæ Urbis Romæ per exercitum Caroli V. Imperat. *Paris. Cramoisy*, 1637.
Genealogie des Ducs de Lorraine. 1624.
Introduction au Blazon des Armoiries en faveur de la Noblesse Françoise. *Paris*, *Billaine*, 1631.
La necessité de l'usage des Medailles dans les Monnoyes. *Par. Jean Berjon*, 1611.
66. Joannes Charlierus de Gerson in tumulo gloriosus.
Oraison Funebre de M. le Premier President de la Moignon, par M. Fléchier. *Par. Marbre-Cramoisy*, 1679.
Panegyricus Ludovico Magno Batavorum victori dictus a P. Jo. Bapt. Letrône Soc. J. *Ibidem*, 1672.
Oraison Funebre de Marie-Anne Martinozzi, Princesse de Conty, par Gabriel de Roquete Ev. d'Autun. *Paris*, *Dsprez*, 1672.
——— De M. le Duc de Longueville, par M. l'Abbé Bauhyn. *Paris*, *Leonard*, 1672.
——— De Philippe IV. Roy d'Espagne, par François Ogier. *Par. le Petit*. 1666.

Oraifon Funebre d'Anne d'Auftriche Reine de France, par Honoré Bontems. *Paris, Lambert*, 1666.
Delphino Suaviffimo Principi atque hofpiti nunc primum fuo, Urbis Primariæ Xenia a Sim. le Boffu Soc. J. *Parifiis, Leonard*, 1662.

67. Teftament de Thomas le Gaufre. *Paris, Vitré*, 1647.
Arreft du Parlement pour l'éxecution de ce Teftament. *Ibidem*.
Hieronymi Bignon, Tumulus. *Parif. Julien*, 1656.
Frenc. Vavafforis ad Delphinum Epiftola. *Parif. Cramoify*, 1662.
Sermon Panegyrique de S. Jofeph, par Mathieu de Morgues. *Paris, Cramoify*, 1665.
Oraifon Funebre d'Anne d'Auftriche, par Jacques de Biroat. *Paris, Couterot*, 1666.
Autre, de Henriette Marie de France Reine de la Grand'Bretagne, par M. Boffuet. *Paris, Marbre-Cramoify*, 1669.
Panegyrique de S. Charles Borromée. *Paris, Martin*, 1670.
Oraifon Funebre de M. Pierre Seguier Chancelier de France, par l'Abbé de la Chambre. *Paris, le Petit*, 1672.
Maufoleum Guilelmi Lamonii Galliarum Senatus Principis. *Cadomi, Cavelier*, 1679.

68. Remarques fur les deux prétendus Privileges d'Urbain V. defquels les Religieux du Monaftere de S. Victor de Marfeille fe fervent pour s'exempter de la Jurifdiction de l'Evêque du lieu.
Regalis Ecclefiæ S. Germani de Pratis ad fedem Apoftolicam immediate pertinentis jura brevi compendio propugnata a D. Roberto Quatremaires Ord. S. Bened. *Parif. Billaine*, 1668.
Bulles des Souverains Pontifes accordées à la priere des Roys de Sicile & de France, &c. par lefquelles le Convent de l'Ordre des Freres Prêcheurs Réformez, la Ville & le Territoire de S. Maximin font exemptez de la Jurifdiction de l'Archevêque d'Aix. *Paris, Journel*, 1666.
Regi & Regiæ ftirpi Xenia a Franc. Vavaffor. Soc. J. *Parif. Cramoify*, 1554.
Etrennes pour le Roy & M. le Dauphin.
Ludovico XIV. Carmen Panegyricum necnon Chriftianæ politices exemplar. *Parif. Bertier*, 1666.
Cardinali Bullonio Epichariftion. *Parif. Dupuis*, 1672.
Petri Hallæi Differtationes de Cenfuris Ecclefiafticis & breves aliquot animadverfiones in excepta quædam ex tractatibus Joannis Davezan de Excommunicatione, &c. *Parifiis, Jacquin*, 1659.
Expofitio Thefeos in Collegio Claromontano propofitæ 12. Decembris anni 1661.

69. Innuptias Ludovici XIV. &c. Carmen. *Parif. Martin*, 1660.
De la Fortune, Lettre morale par le P. le Moyne J. *Par. Courbé*, 1660.

Relation des Ceremonies obfervées à la Canonization de S. François de Sales, &c. *Paris*, 1666.
Actes de l'Assemblée Generale du Clergé de France, concernant la Religion. *Paris, Leonard*, 1682.
Ex Optica & Aftronomia Selecta Mathemata a Nicolao de la Moignon de Basville propugnata. 1666.
Phil. de Buisine Oratio de Sacro-Sancta Euchariftia. *Parif. Martin*, 1662.
Articuli 50. eorum propemodum omnium quæ, &c. in perpetuo usu & praxi esse debeant in Ecclesia universa & in omnibus ejusdem respective membris.
N. C. Fori Bituricensis inscriptio.
Hadriani Valesii Oratio de Laudibus Ludovici XIV. quod ejus munificentia Litteræ sint restitutæ.
Ordres à obferver pour empêcher que la Peste ne se communique hors les lieux infectez; ensemble quel Ordre on doit tenir dans une Ville qui est infectée. *Paris, Leonard*, 1668.
De bipartito Domini clavo Trevirensi & Tullensi Crisis Historica, in qua de clavo Mediolanensi ac de Dionysiano disseritur, &c. aut. Andræa du Sauffay. *Tulli-Leucorum, Belgrand*, 1660.
70. Messa halæ Arabis liber de elementis & orbibus coeleftibus: accedunt scriptum cujusdam Ebræi de Eris seu intervallis Regnorum & de diversis Gentium annis ac mensibus, &c. edidit Joachimus Hellerus. *Typis, Jo. Montani*, 1549.
Gottifredi Vendelini Luminarcani Gnome Orthodoxa temporum Sacrorum a D. Petro ad Alexandrum VII. delineata. *Tornaoi, Quinqué*, 1659.
Epiftola Pafchalis Theodori Skuminowicz cum ad eam Responsione Jo. Bapt Riccioli Soc. J. *Dantifci, Forfteri*, 1659.
71. Vaticinium de Babylonis & Meretricis Romanæ excidio. 1932.
Petrus Arcudius, de Purgatorio igne adversus Barlaam, gr. lat. *Roma, Googr. Propag.* 1637.
72. De la Presseance des Roys de France sur les Roys d'Espagne. *Paris, Edme Martin*.
De natura ignis Lucis & Colorum.
73. Henningi Arnisæi Doctrina politica. *Steinfurti*, 1622.
Barthol. Burchelati, Promptuarium Commentariorum memorabilium multiplicis Hiftoriæ Tarvisinæ. *Tarvisii, Righetini*, 1616.
74. Chronicon Victoris Episcopi Tunnunensis. Chronicon Joannis Biclarensis. Legatio Luitprandi Epifcopi Cremon. ad Nicephorum Phocam Imper. Synodus Bavarica fub Taffilone Bavariæ Duce, ftudio H. Canisii Soc. J. *Ingolftadii, Ederi*, 1600.
Brevis & fida Narratio & continuatio rerum omnium a Drako & Norreysio in sua expeditione Portugallensi singulis diebus geftarum. *Francofurti, Brachfeldii*, 1590.

Oratio de vita & obitu Petri Martyris Vermglii a Jofia Simlero. Item fcripta quædam Petri Martyris de Euchariftia. *Typis, Frofchoveri*, 1563.
Cæfar Ævolus Neapol. de Caufis antipathiæ & fympathiæ rerum naturalium. *Venetiis, Ziletti*, 1580.
Tranffilvaniæ, olim Daciæ Dictæ Defcriptio a Jo. Petro & Paullo Manuciis, *Romæ*, 1596.
75. Defenfio libelli Savonarolæ de Aftrologia divinatrice per Thomam Eraftum. 1569.
Georgii Stengelii Soc. J. Diffeertatio de proprietatibus Angelorum. *Ingolftadii, Ederi*, 1625.
Matthæi Forcaturæ, de univerfi partibus pofitiones variæ. *Patavii*, 1603.
76. Jo. Phil. Slevogtii, Differtationes de Divifione Ecclefiarum & Beneficiorum. *Jena, Bielckii*, 1681.
Tractatus duo fingulares de examine Sagarum fuper aquam frigidam projectarum. *Francofurti, Grentzii*, 1686.
Abbreviatoris de curia compendiaria Notitia Jo. Ciampini. *Romæ, Typis Cameræ, Apoftol.* 1696.
Jo. Broei Differtatio de initio perfecutionis Diocletianæ & Epocha Concilii Cirthenfis.
Profpectus editionis Capitularium Regum Francorum, &c.
Profpectus editionis novæ Collectionis Conciliorum, &c.
M. Antonii de Dominis Epiftola, de pace Religionis. *Vefuntione*, 1666.
Advis du Cabrier de Nifmes, à Meffieurs de la R. P. R.
Juftification des Colonels & des Capitaines du Pays des Grifons, qui fervent le Roy de France, &c. par J. B. Stoppa. *Paris*.
77. Refponfio Jo. Pedrezzani ad quemdam librum infcriptum: Refponfum fuper Brevi Cenfurarum Pauli V. contra Venetos. *Ingolftadii, Ederi*, 1607.
Gerardi Lopperfii, Sententiæ Card. Baronii in Sacro Confiftorio dictæ propugnatæ adverfus Jo. Marfilium. *Ibidem*.
Nicolai Vignierii Differtatio de Venetorum Excommunicatione adverfus Card. Baronium : adjuncta eft refponfio ad Baronii Parænefin. *Francofurti, Richteri*, 1607.
Avifo della Chiefa Apoftolica Romana al S. Paolo V. fopra la differenza tra la fua Santita & la S. Signoria di venetia, 1607.
Ad Paulum V. pro Republica Veneta, Oratio.
78. Judoci Clichtovæi Differtatio de Maria Magdalena, Triduo Chrifti & ex tribus una Maria. *Par. H. Stephani*, 1518.
Joannis Friffcher Roffenfis Epifc. de unica Magdalena libri tres. *Typis Afcenfianis*, 1519.
Improbatio quorumdam articulorum Martini Lutheri a veritate Catholica diffidentium per Jud. Clichtovæum. *Par. Colinæi*, 1533.

79. Vita Theoderici Regis quondam Ostrogothorum & Italiæ a Jo. Cochlæo. *Ingolstadii, Vueissenborn*, 1544.
Commentarii rerum gestarum in India circa Gangem a Lusitanis anno 1538. aut. Damiano a Goes. *Lovanii, Rescii*, 1539.
Gesta duorum Conciliorum Magunciaci & Wormaciensis. *Basilea, Henric-Petri*, 1532.
Jo. Bapt. Galli annotationes in Jac. Aug. Thuani Historiarum libros. *Ingolstadii, Ederi*, 1614.
Urbis Olissiponis descriptio per Damianum Goem. *Ebora, Andrea Burgensis*, 1554.
De convenientia vocabulorum Rabbinicorum cum græcis & quibusdam aliis linguis Europæis, a David Cohen de Lara. *Amstelodami, Ravesteinii*, 1638.
Confutatio Alcorani nuper in latinum traducta per Barthol. Picœnum de monte arduo.
80. Julius, Dialogus, quomodo Julius II. Pont. Max. post mortem cœli fores pulsando ab Janitore illo Petro intromitti nequiverit, &c.
Dialogus novus, interlocutores Pasquillus, Angelus, Pontifex Paulus Populus Romanus & Cardinalis, 1539.
Ordine delle feste celebrate in Roma per Carnevale &c. 1539.
Littera di Constantinopoli, nella grande occisione, che ha fatto il gran Signor de Turchi, delli suoi Sacerdoti, &c. 1539.
F. Christiani Massæi Responsio ad cujusdam objectiones.
Provinciale. omnium Ecclesiarum Cathedralium universi orbis cum practico stylo ac formis Cancellariæ Apostolicæ juxta morem Romanum. *Par. Jo. Petit*, 1518.
Angliæ Regis Oratio habita in postremo regni ordinum conventu Monasteriensi cum serie detectæ nuper conjurationis. *Londini, Barker*, 1606.
De Confessione Helvetica, in specie dissertatio exegetica lucæ Gernleri. *Basilea, Deckeri*, 1662.
81. Josephi Scaligeri Epistola, de vetustate & splendore gentis Scaligeræ. Item vita J. Cæs. Scaligeri &c. *Lugd. Bat. Raphelengii*, 1594.
Georgii Henr. Brukneri Disputatio juris publici, exhibens subjectum Majestatis Imperii Rom. Germanici & Jura Imperatori cum statibus Imperii Communia. *Erphordia, Kirschii*, 1679.
Causa æstus maris, aut. Pandulpho Sfondrato. *Ferraria, Manunarelli*, 1590.
Catalogus rerum omnium quorum sub Christiana professione per Europam adhuc regna florent per Achillem P. Gasserum. 1554.
Octavii Cajetani Soc. J. Idea operis de vitis Siculorum Sanctorum famave Sanctitatis illustrium. *Panhormi, Simeonis*, 1617.
Sacræ Cæsareæ Majestatis Declaratio, quomodo in negotio Religionis per Imperium usque ad definitionem Concilii Gene-

talis vivendum fit, in Comitiis Auguftanis 15. Maii 1548. propofita, &c. *Typis Gennepæi*, 1548.

Hiftoria Batavica cum appendice de vetuftiffima nobilitate, regibus ac geftis Germanorum a Rhapfodo Gerardo. *Argentorati, Egenolphii*, 1530.

Georgii Agricolæ Oratio de bello adverfus Turcam fufcipiendo. *Bafileæ, Froben*, 1538.

Status controverfiæ de infallibilitate Pontificis etiam in quæftionibus facti, &c. *Groningæ, Gilloti*, 1662.

Conradi Vecerii, de Seditionibus Siciliæ Hiftoria. Ejufdem de rebus geftis Imp. Henrici VII. libellus & P. Callimachi Experientis Attila. *Haganoæ, Secerii*, 1531.

82. Specchio di liberta & rifpofta contra alli Calumniatori di Venetia, da Zoroaftro Roiter. *In Bengodi, Fofchi*, 1616.

Th. Bartholinus de peregrinatione medica. *Hafniæ, Weringii*, 1674.

Fragmentum Stephani Bizantini de Dodone, cum triplici nupera latina verfione & exercitationibus Academicis Jac. Gronovii. *Lud. Bat. Gaësbeeck*, 1681.

Georgii Fabricii Roma denuo edita cura L. G. L. H. *Helinftadii, Heitmulleri*, 1670.

La Rome ridicule, Caprice.

83. Mifcellanea ex diverfis Hiftoriographis & Poëtis excerpta, &c. *Parifiis*.

Ex obfcurorum virorum falibus cribratus Dialogus, in quo introducuntur Ortuinus Gingolphus, Lupoldus, Jo. Reuchlin, Def. Erafmus & Jac. Fabar de rebus a fe recenter factis difputantes.

Elogia funefta Nepharii fceleris hæretici.

La Pragmatique Sanction & le traité de Guilelmus Paraldi. *Par. Gafpard, Philippe*, 1508.

Pieces concernant l'impreffion du Nouv. Teft. de Mons.

84. Panegyris Janfeniana per Paulum Aurelium. *Delphis, Henr. Van Rhyn*, 1698.

Refutatio prodroma libri cui titulus: Breve memoriale, &c. adornata a Vincentio Palæophilo. *Ibidem*.

Memoire pour l'Univerfité de Louvain contre les Jefuites.

Autre contenant les raifons pour lefquelles il eft très-important de ne pas retirer le Seminaire de Liege des mains des Theologiens Séculiers, & de n'en pas donner la conduite aux Peres Jefuites.

Deux Lettres d'un Ecclefiaftique de Liege contenant le recit de l'intrufion violente du P. Loüis Sabran J. dans la préfidence du Seminaire de Liege.

Motif de droit ou de défenfe du Seminaire de Liege, &c.

Memoire fommaire contenant les raifons qui doivent obliger les

Princes confederez Catholiques de contribuer au retabliſſement de Sa Majeſté Britannique.

Exercitatio ad Nicolai Chwalkovii jus publicum Regni Poloniæ. 1685.

Origines Equeſtrium ſive militarium ordinum libri duo ab Aub. Miræo. *Antuerpiæ, Martinii.*

Phil. Codurcus, de Miſſæ Sacrificio, deque Corporis & Sanguinis Chriſti in Euchariſtia vera præſentia. *Pariſ. Soly,* 1645.

Défenſe de Nobleſſe des Maires & Echevins de la Ville de la Rochelle, &c. par Gabriel Bernardeau. 1663.

85. Jo. Friderici Krebſii, Diſſertationes de nominum immutatione potiſſime in Religioſorum Profeſſione atque Pontificum Romanorum inauguratione. *Norimbergæ, Hagenii.*

Ejuſdem Commentatio ad 2. Caput. Epiſt. ad Theſſalon. de inſigni diſcuſſione in Eccleſia. *Ibidem.*

L. Friderici Erneſti Kettneri Exercitationes Hiſtorico Theologicæ de religione prudentum. 1701.

De injuriis quæ haud raro novis nuptis inferri ſolent. 1699.

Chriſt. Matthæi Kneſebeck, Prodromus juris publici univerſalis. *Rodopoli, Jo. Wepplingii,* 1700.

86. Réponſe des nouveaux convertis de France, à la Lettre Paſtorale d'un Miniſtre de la R. P. R. *Par. Mabre-Cramoiſy,* 1686.

Réponſe à un Ecrit intitulé: (*Lettre Paſtorale aux Proteſtans de France tombez par la force des Tourmens. Par. Hortemels,* 1686.

Proteſtation de M. le Marquis de Lavardin Ambaſſadeur à Rome.

Refutation d'un libelle Italien en forme de Réponſe à cette Proteſtation. 1688.

Ecrit Italien en forme de Réponſe, à la Proteſtation de M. le Marquis de la Vardin.

Acte d'appel interjetté par le Procureur General au Concile, au ſujet de la Bulle du Pape ; concernant les franchiſes, &c. *Par. Muguet,* 1688.

Arreſt du Parlement, à cette occaſion. *Ibidem.*

Edit du Roy, pour la réünion au Domaine des biens des Conſiſtoires, & de ceux de la R. P. R. &c. *Ibidem.*

Arreſt du Parlement, qui maintient l'Election d'Euſtache Teiſſier, General de l'Ordre de la Trinité. *Ibidem.*

Teſtament d'André de Bourdeille.

Teſtament Holographe de M. le Marquis de Bourdeille.

Arreſt du Conſeil portant défenſes d'évoquer hors de la Province de Normandie, les Decrets des Heritages qui y ſont ſituez, 1687.

Declaration du Roy, concernant le Sel, &c. *Par. Leonard,* 1687.

Arreſt du Conſeil qui ordonne le payement des arrerages & interêts dûs aux Creanciers de la Province de Bretagne. 1688.

Declaration du Roy, portant Reglement des procedures à obſer-

ver par les Officiers des Elections. *Par. Muguet*, 1688.
Arreſt du Conſeil pour ſervir de Reglement dans la Province de Normandie. *Ibidem*, 1688.
Donation faite par Mlle. de Guyſe, en faveur de M. Charles de Stainville, &c.

87. Refutation d'un libelle Italien en forme de réponſe, à la Proteſtation du Marquis de Lavardiñ. 1688.
Memoire des raiſons qui ont obligé le Roy à reprendre les armes, &c. *Par. Coignard*, 1688.
Lettre du Roy au Cardinal d'Eſtrées. *Ibidem*.
Acte d'appel interjetté au futur Concile par le Procureur General, &c. 1688.
Procez Verbal de l'aſſemblée de MM. les Archevêques & Evêques qui ſe ſont trouvez à Paris, tenuë le 30. Septembre 1688. *Par. Leonard*, 1688.

88. Orontii Finæi liber de ſpeculo uſtorio ignem ad propoſitam diſtantiam generante. *Par. Vaſcoſani*, 1551.
Franc. de Ghevara, ſpeculum uſtorium veræ ac primigeniæ ſuæ formæ reſtitutum. *Romæ, Zannetti*, 1613.
Compendioſa introduttione alla prima parte della ſpecularia, cioe della Scienza de gli Specchi, da Rafael Mirami. *In Ferrara, Roſſi*, 1582.
Breve inſtruttione ſopra l'apparenze & mirabili effetti dello Specchio Concavo ſferico, da Gio. Antonio Mangini. *In Bologna, Bellagamba*, 1611.
Joannis a Grano, alias Ziarnko, perſpectivæ Stereographicæ pars ſpecialis. *Par. Seveſtre*, 1619.
Galeatii Maris Cotti de Iride Diſputatio Optica. *Romæ, Maſcardi*, 1617.
Six erreurs du Livre intitulé, la Perſpective pratique, &c. 1642.
Edouardus Brerewood, de ponderibus & pretiis veterum nummorum eorumque cum recentioribus collatione. *Londini, Jo. Billii*, 1614.
Recueil de pieces, pour & contre le Cardinal Mazarin des années 1640. 1650. 1651. & 1652.

89. Indice de ce qui eſt contenu aux Traités des Ferreoles & d'Ambert, deſquels ſont deſcendus nos Roys de France de la 1. & 2. Race, par Jacques Cholet.
Diſſertatio ſuper vetere Auſtriacorum propoſito de occupando Mari Balthico. *Pariſ.* 1644.
Remontrances au Roy par les ſix Corps des Marchands de la Ville de Paris ſur la fabrique des Liards.
Réponſe contre le Traité prétendu des Liards de cuivre. *Paris*, 1654.
Diſcours touchant les remedes qu'on peut apporter aux inondations de la Riviere de Seine. *Par. Rocolet*, 1658.

MISCELLANEA, in quarto.

Disceptatio legitima in controversia mota inter R. Apostolicæ Cameræ cognitorem & Em. Cardinales Barberinos. 1646.
Quelques pieces Italiennes sur ce different.
Le Manifeste pour la Justice des armes des Princes. 1641.
Traité du droit Héréditaire appartenant au Duc de la Tremoille au Royaume de Naples. *Par. Des Hayes*, 1648.
Preuves de ce Traité. 1648.
Lettres sur les Desordres d'Angleterre. 1644.
Relation du Chevalier Balthazar Gerbier pour l'éclaircissement de quelques particularitez qui regardent les affaires d'Angleterre. *Paris, Blageart*, 1648.
Projet de l'Histoire generale & exacte de Languedoc, par J. Doujat.
Lettre d'un Gentilhomme François sur les desseins de Cromwel & de la Republique d'Hollande.
Advis desinteressé aux Habitans des Pays-Bas qui sont sous la domination d'Espagne.
Lettre de M. le Comte de Sorvient aux Etats des Provinces Unies. 1647.
Harangue du même, faite en l'Assemblée des Etats Generaux des Provinces Unies. *Par.* 1647.
Remontrance du Semestre de Provence au Roy.
Beatorum Amandi & Juniani Anachoretarum vita, à Jo. Collino. *Lemovicis*, 1657.
Jo. Doujacii Isagogica juris Pontificii Synopsis. *Paris. Langlæi*, 1656.
Arrest du Parlement contre l'abus des Coadjutoreries. 1642.
Déclaration du S. de la Milletiere des causes de sa conversion à la Foy Catholique. *Paris, Vitré*, 1645.
Apparatus ad Provinciale Concilium a Francisco Rothom. Primate &c. oblatus. *Paris. Vitré*, 1651.
Remontrance du Clergé de France faite au Roy par M. l'Archev. de Sens. *Ibidem*, 1656.
Lettre d'un Habitant de Paris sur cette Remontrance du Clergé.
Seconde Lettre sur cette Remontrance.
De la Communauté des Prestres du Seminaire de Caën.
90. G. Budæi vita per Quil-Regium. *Paris. Roigny*, 1540.
Petri Gallandii oratio in funere Francisci Francorum Regis. *Paris. Vascosani*, 1547.
Tumuli Francisci I. Francorum & duorum ejus liberorum Francisci Carolique. Querela de Caroli morte Gallicis Rithmis conscripta. Epigrammata in Henricum II. & duos qui liberos Franciscum & Isabellam. *Parisiis, typis ascensianis*, 1547.
In obitum Marguaritæ Navarrarorum Reginæ, oratio Caroli sancto Marthani. *Paris. Calderii*, 1550.
La même traduite en françois. *Ibidem*.

In Jo. Cauſſadi Advocati Toloſani tumulum, variorum Latini & Gallici verſus. *Toloſæ, Boudevillæi*, 1553.
In eædem Antonii Minardi Præſidis, Nænia ab Ant. Mizaldo. *Pariſ. Morelli*, 1559.
Claudii Roilleti ode, ad Gul. Gallandium : acceſſit ejuſdem de obitu Petri Gallandii Elegia. *Pariſ. de Harſy*, 1559.
In Joach. Bellaium, variorum carmina & tumuli. *Pariſ. Morelli*, 1560.
Elegie ſur le trépas de Joach. du Bellay, par G. Aubert. *Ibidem*.
Nic. Leſcotii, Threnodia de obitu Franciſci Lotharæni. *Pariſiis, Richard*. 1563,
Epitaphe de François de Lorraine, Grand Prieur de France. *Ibidem*.
Leodegarii a Quercu Nænia in obitum ejuſdem. *Ibidem*.
Claudii Roilleti, Ode in ejuſdem obitum. *Ibidem*.
Franc. Picard, Nænia de ejuſdem obitu. *Ibidem*.
Tumulus ejuſdem, aut. Huberto moro. *Ibidem*.
In ejuſdem cædem monodia & tumulus a Gemino Theobulo Luc. *Ibidem*.
Claudii Monſelli Elegia in obitum Henrici II. Franc. Lotharingi cœdem, &c. *Ibidem*.
N. V. G. C. de obitu Franciſci Lotharingi. *Ibidem*.
Adami Blacuodæi Elegia de ejuſdem obitu. *Ibidem*.
Deploration de la France ſur la mort de M. de Guyſe. *Ibidem*.
Regrets ſur le Déceds du même.
Exhortation à la Nobleſſe Françoiſe avec une ode ſur la mort de François de Lorraine, par N. M. *Ibidem*.
Monodie ſur le trépas du même, par Paſchal Robin. *Ibidem*.
Plainte & Priere de la France à Dieu, avec le Tombeau de M. de Guyſe, par Ghemin Theobule Luc. *Ibidem*.
Complainte Lamentable de la mort de François de Lorraine. *Ibid*.
Le ſaint & pitoyable Diſcours comment ce bon Prince François de Lorraine ſe diſpoſa à recevoir le S. Sacrement de l'Autel. *Par. Regnault*.
Caroli Godran Epicedium in ejuſdem mortem. *Divione, Des Planches*, 1564.
91. In Antonii Borbonii Navarr. Regis interitum, Nænia, autore Leodegario a Quercu.
Ægidii Magiſtri primi Præſidis Epitaphium, ab Hub. Moro.
Ægidii Burdini Procuratoris Regii tumulus Lat. Gal. à Franc. d'Amboiſe. *Pariſ. Dupré*, 1570.
Chant d'allegreſſe ſur la mort de Gaſpard de Coligny, &c. par Jean le Maſle, *Par. Cheſneau*, 1572.
Ode Thrionfale au Roy ſur l'équitable juſtice que Sa Majeſté fit des rebelles la veille & jour de S. Loüis, par Claude Pouvelet. *Paris, Granjon*, 1572.
De internecione Gaſp. Colignii & Petri Rami ſylva a Leodegario a Quercu. *Pariſ. Buon*, 1572.

MISCELLANEA, in quarto.

De obitu Caroli IX. Francorum Regis carmina Academiæ Tolosanæ. 1574.
Epitaphes & regrets sur la mort d'Henry d'Ougnies, &c. *Paris, Patisson*, 1578.
Elogium Jacobi Billii Abbatis S. Michaëlis in Eremo, a Jo. Chatardo & aliis. *Paris. l'Huillier*, 1582.
Joannis Thuani tumulus. *Paris. Patisson*, 1580.
Christoph. Thuani tumulus. *Ibidem*, 1583.
Ejusdem laudatio funebris. *Paris. Richerii*, 1583.
Alex. Pogœsæi, Carmen de ejusdem obitu. *Ibidem.*
Oraison funebre de Dame Anne de Thou, prononcée par M. l'Archev. de Bourges. *Paris, Patisson*, 1584.
Autre du Cardinal de Birague Chancelier de France, par le même. *Par. Gilles Beyss*, 1583.
Renati Biragi Cardinalis, tumulus. *Paris. Morelli*, 1584.
Larmes & regrets sur la maladie & trespas de M. François de France : Plus, quelques Lettres funebres, par J. de la Jessée. *Ibidem.*
Sermon prononcé aux obseques de M. le Duc d'Anjou, par Renauld de Beaune. *Par. le Roy*, 1584.
92. Andreæ Schotti, oratio in funere Antonii Augustini Archiep. Tarraconensis. *Ex Offic. Plantin.*
Discours de la vie de P. de Ronsard, avec une Eclogue representée en obseques par Claude Binet : plus, les Vers composés par ledit Ronsard, peu avant sa mort ; ensemble son Tombeau. *Par. Buon*, 1586.
Orazione delle lodi di Don Luigi Cardinal d'Este, da Lionardo Salviati. *In Firenze, Antonio Padouani*, 1587.
Discours de la Guerre civile, & mort d'Henry III. Roy de France & de Pologne, par R. B. d'Aubillou. *Tours, Mettayer*, 1590.
Caroli Borbonii Cardinalis Elogium, a Papyrio Massono. *Parisiis, Morelli*, 1594.
Petri Pithœi Elogium, ab eodem. *Paris. Patisson*, 1597.
Petri Neveleti Doschii Lacrumæ in funere Petri Pithœi cum aliorum carminibus. *Paris. Perier*, 1603.
Phil. du Bec Archiep. Ducis Remensis Epithaphium per Claudium Palliotium.
Justi Lipsii Æviternitas, a Sebastiano Roillardo. *Paris. Philippi a Prato*, 1606.
Henrici Borbonii, Monpenseriæ stirpis ultimi, Tumulus.
Stances sur la mort d'Henry le Grand. *Par. Ruelle*, 1610.
Stances de Mademoiselle de Rohan sur la mort du Roy. *Par. Chevalier*, 1610.
Franc. Galteri Tumulus. *Augustoriti Pictonum, Thoreau*, 1604.
Lettre de Consolation à M. la Princesse de Conty sur la mort de M. le Chevalier de Guyse, par Malherbe. *Par. du Bray*, 1614.

in ejufdem obitum Naenia a R. Thourin. 1614.

Univerſitatis Pariſienſis Lacrymae tumulo Achillis Harlaei Equitis affuſae per Jo. Ruault. *Pariſ. Ant. Stephani*, 1616. *in* 4.

93. Epitaphium Villa Regi, a Carollo Novillaeo, 1617.

Potrincurtii Epitaphium. 1615.

Epitaphium Caeſ. Aug. de Bellegarde, a Paulo du May. 1621.

Epitaphium Lud. Hoſpitalii Vitrii.

In Carolae Dugay obitum varia Carmina. 1621.

Epicedion Eleonori Aurelianenſis Ducis Fronciaci & matris moeſtiſſimae Proſopopoeia. *Pariſ.* 1623.

Oratio funebris in laudem Ludovici Servini a Jo. Grangerio. *Par. Libert*, 1626.

Alia in laudem Guill. le Gouverneur quondam Epiſcopi Maclovienſis, a Jo. Bapt. Vanmechelen. 1630.

Achilles Emblematis depictus DD. Achilli de Harlay Epiſc. Macl. ab eodem. 1632.

Trophaea Ambroſii Spinolae, a Nic. Veruulaeo. *Lovanii Dormalii*, 1631.

Mars ſepultus ſive Weimarius elatus Epicedium, &c. a Franc. de Grenaille. *Pariſ. Paſlé*, 1639.

Oratio funebris dicta in morte Nicolai le Jay, a Petro Pelleprat. *Pariſ. Libert*, 1641.

Oraiſon funebre du Cardinal Duc de Richelieu, par G. de B. *Par. Sommaville*, 1641.

Ceremonies faites au Service pour le Cardinal de Richelieu.

Recit de ce qui s'eſt paſſé à la mort du Card. de Richelieu.

Obſervations ſur la vie & les ſervices de ce Cardinal.

Recüeil des Pieces latines & françoiſes faites ſur l'illuſtre Maiſon de Richelieu. *Poitiers, Thoreau*, 1634.

Elogia illuſtrium Gallorum quorum imagines in tabellis depictae cernuntur in porticu Richelianarum aedium.

Oraiſon funebre d'Henriette Stuart, Marquiſe d'Huntley, &c. par M. du Souchaud. *Paris, Brunet*, 1643.

Harangue funebre d'Henry de Bourbon, Prince de Condé, par le P. Jacques Noüet. *Dijon, Palliot*, 1647.

Les Devoirs funebres rendûs à la memoire de M. le Prince de Condé dans le College des Jeſuites. *Paris*.

Diſcours funebre de M. le Duc de Bellegarde, par le P. Jean Griſel Jeſuite. *Dijon, Palliot*, 1647. *in* 4.

94. Petri Gallandii oratio in funere Franciſci I. Francorum Regis. *Pariſ. Vaſcoſani*, 1547.

Ad. illuſt. Reginam Catharinam Medicem, conſolatio Lud. Regii, in morte Henrici II. accedunt ejuſdem Epiſtolae. *Pariſ. Morelli*, 1560.

Diſcours des ſomptueuſes funerailles de Henry le Grand, faites par M. de Tournon; enſemble l'Oraiſon funebre dite par le P. Jean Arnoulx J. *Tournon, Michel*, 1610.

MISCELLANEA, in quarto.

Henrico IV. monodiæ Profeſſorum Regiorum. *Pariſ. Morelli*, 1690.
Henrici Magni, Anagrammata quinquaginta autore S. d'Horville. *Pariſ. Huby*, 1612.
Bout de l'an du feu Roy, ou derniers triſtes airs de C. P. P. *Tours, Mettayer*, 1590.
Suite des triſtes airs. *Ibidem.*
Bona & placida mors Infantis Cardinalis Ferdinandi Belgii & Burgundiæ Gubernatoris, ex Hiſpano Petri de Bivaro Soc. J. latine reddita. *Bruxellæ, Mommartii*, 1642.
Oratio in funere Ducis Rohannii, dicta a Th. Tronchino. *Pariſ. de Tournes*, 1638.
Teſtamentum Chriſtianum & politicum, necnon Epitaphium Sorbonicum Armandi Richelii Cardinalis, a P. Labbe Soc. J. *Lugduni, Cayne*, 1643.
Narrazione delle Solenni eſequie del S. Franceſco Piccolomini. *In Siena*, 1608.
Franc. Monerii Soc. J. Oratio in funere Nicolai a Novavilla. *Romæ, Maſcardi*, 1618.
Nicolai Vernulæi Oratio in funere Erycii Puteani. *Lovanii, Urgenborch*, 1646.
Joh. Poliandri, Oratio funebris in obitum Lud. de Dieu. *Lugd. Batav. Elzevir*, 1643.

95. Cecropiſtromachia, antiqua Duelli Gladiatorii Sculptura in Sardoniche expoſita. 1607.
Lapidis antiqui Romano-Hiſpalenſis illuſtratio Diaria a Laurentio Ramirez de Prado. 1634.
Joannis Chiffletii Socrates ſive de Gemmis ejus imagine cœlatis Judicium.
Annulus Pontificius Pio Papæ II. aſſertus a Jo. Chiffletio.
Vetus imago SS. Dei Paræ in Jaſpide viridi, operis Anaglyphi inſcripta Nicephoro Botaniatæ Græcorum Imp. edita & illuſtrata a Jo. Chiffletio.
Jo. Chiffletii Judicium, de fabula Joannæ Papiſſæ.
Jo. Jacobi Chiffletii, de loco Legitimo Concilii Eponenſis obſervatio. *Lugduni, Cayne*, 1621.

96. La Complainte de Mars ſur la venuë de l'Empereur en France. *Paris, Roffet*, 1539.
Ordonnances Royaulx ſur l'abbreviation des Procez & autres matieres, publiez en 1519.
Ordonnances de François I. ſur l'Etat des Tréſoriers & Maniement des Finances, 1532.
Edit de François I. ſur le Rachat des Rentes. 1539.
La forme de bailler par Declaration les Fiefs & arriere Fiefs. 1540.
Edit du Roy ſur la Révocation des Reſignations de Survivance de tous les Etats & Offices, &c. 1541.
Edit du Roy ſur le fait de la Réformation de la Juſtice. 1546.

97. Harangue au Tiers Etat fur l'article du Serment, par le Cardinal de Perron. *Paris, Ant. Etienne*, 1615.
Factum pour D. Jeanne d'Agoult Comteffe de Sault, &c.
Prefentation de M. de Montmorency en l'Office d'Amiral de France. 1612.
Factum pour Cefar de Plais Avocat en Parlement, &c.
Requête prefentée au Roy par Gilbert Gayardon.
Factum du Procès d'entre Francifque Henry Sieur de la Guillauderie, &c.
Autre du Procès d'entre le Comte d'Aigmont & M. le Prince d'Epinoy.
Le Dauphin ou l'Image d'un grand Roy, par Guil. de Peyrat. *Paris*, 1605.
Factum pour les Religieufes Abbeffe & Convent de N. Dame du Lys, &c.
Autre du Procès Criminel entre Barth. Barbier, &c.
Autre pour Damoifelle Ifabelle Ruys, &c.
Autre pour M. le Cardinal de Joyeufe, contre M. de Nevers.
Autre pour Germain Huguet.
Autre du Procès d'entre M. Pierre Dalmas Abbé de S. Aphrodife de Beziers, &c.
Triomphe de l'heureux retour du Roy, par Claude Billart. *Paris*, 1606.
Factum du Procès de la Communauté des Libraires & Imprimeurs de la Ville de Paris, &c.
Recit de ce qui s'eft paffé en la difpute publique du Chapitre General de l'Ordre de S. Dominique le 27. May. 1611.
Conclufio S. Facultatis Parifienfis, 1. die Junii. 1612.
Factum pour F. Jean Thomaffe, Chanoine Regulier de l'Ordre de S. Auguftin, &c.
Autre pour la Comteffe de Mont-Revel.
Autre pour Julien Eon & Confors Marchands de S. Malo, &c.
Addition des moyens d'intervention que baillent pardevant le Roy & Noffeigneurs de fon Confeil, les Agens Generaux du Clergé de France, entre M. Horace de Stroffi Prieur Commendataire de Solefmes, &c.
Conclufions Civiles contre Claude Michelet.
Factum pour Loüis Cheroul, Chanoine Regulier de l'Ordre de S. Auguftin, &c.
Avis au Roy pour la Réformation & Reglement des Monnoyes, &c. 1612.
98. Oraifons de Jacques Tahureau au Roy, de la grandeur de fon Regne, & de l'excellence de la Langue Françoife. *Par.* 1555.
Nicolai Cifnexi, Defcriptio eorum, quæ in nuptiis Generoforum Comitum D. Phil. ab Hanaw, &c. actæ funt Heidelbergæ anno 1551. infertis aliquot hiftoriis Palatinorum Rheni. *Heidelbergæ, Aperbacchi*, 1552.   Ejufdem

MISCELLANEA, *in quarto.*

Ejusdem Oratio in funere Ludovici Palatini Rheni, &c. *Parif. Wecheli*, 1557.

Stephani Doleti, Carminum libri IV. *Lugduni*, 1538.

99. Regiminis Anglicani in Hibernia defensio.

Bernhardi Comeni, Prodromus exequiarum funestæ pacificationis Pragensis; necnon Gustavus Fridericus & Landgravius redivivi. *Amstelodami, Jacobi*, 1639.

Homelies des trois Simonies, Ecclesiastique, Militaire & Judicielle, par J. P. Camus Evêque de Belley. *Par. Chappelet*, 1615.

Extrait du Manuscrit trouvé après la mort de M. le Duc d'Aumalle dans son Cabinet. 1616.

100. Sentence du Prevôt de Paris, portant suppression d'un Libel intitulé: Avis & notes données sur quelques Plaidoyers de M. Loüis Servin, &c. *Paris, Mettayer*, 1616.

Remontrances faites à Henry III. l'an 1547. par M. le Duc de Nivernois, sur l'avis qu'il eut que Sa Majesté vouloit aliener de sa Couronne les Villes de Pignerol, Sanillant & la Perrouse pour les bailler à M. le Duc de Savoye.

Remontrance au Roy contre la Ville d'Avignon, &c.

Actes concernans la taxe & cottisation des terres de la Mense Episcopale d'Ast en Italien & en François. 1613.

Apologie au Roy & à Nosseigneurs de son Conseil en faveur de ses Officiers de Finance, & pour le bien des affaires de Sa Majesté.

Ode à M. Henry de Mesme, &c. *Paris*, 1620.

Solatium Musarum ad Academicos, Rothomagensis Pastoris Gallio Ecloga. *Rothomagi*, 1632.

Pro libertate status & Reipublicæ Venetorum Gallofranci ad Philenetum Epistola. *Parisiis*, 1606.

Ludovici XIII. & Annæ Hispan. Regis filiæ Epithalamium a N. Sorel. 1616.

Articles accordez par Henry le Grand aux Officiers de ses Finances. *Paris, Targa*. 1625.

101. Compendio delle gloriose attioni & sancta vita di Gregorio XIII. raccolte da Marc' Antonio Ciappi. *In Roma, Martinelli*, 1591.

Discorso sopra la carestia e fame del P. Gio. Battista Segui Canon. Regolare. *In Ferrara, Mamarello*, 1591.

Le Lagrime della penitenza di David, da Scipione di Manzano. *In Vinegia, Salicato*, 1592.

Dialogo delle conditioni del Giudice del P. Gioseppe Policretti, dell'Ordine de Servi. *In Vicenza*, 1589.

Instruttione sopra l'amore, del Pastarino. *In Bologna, Rossi*, 1584.

102. Jo. Arnoldi Corvini Responsio ad annotationes Jo. Bogermanni. *Lugd. Batav. Jo Patii*, 1614.

Jo. Bogermanni Annotationes ad scripti Hug. Grotii partes priores duas in quibus tractat causam Vorstii & Remonstrantium. *Franekera, Doyema*, 1614.

Franc. Junii Disputatio de Synodis & Synodalibus judiciis, &c. *Ibidem*.

103. Apologia indictionis Concilii Tridentini factæ a Pio IV. adversus Jo. Fabricium Montanum, aut. Gasp. Cardillo. 1563.

Lutherus, seu Anatomiæ Confessionis Augustanæ pars Prima ab Adamo Tannero Soc. J. *Ingolstadii, Angermarii,* 1613.

Examen relationis Hunnianæ de colloquio Ratisbonensi, ab Adamo Tannero S. J. *Monachii, Nic. Henrici,* 1602.

104. Paganinus Gaudentius, de evulgatis Rom. Imperii arcanis: accedit ejusdem de funere Heroum & Cæsarum Exercitatio gemina, cum libello Etrusco qui inscribitur: le singolarita delle guerre di Germania. *Florentiæ, Massæ,* 1640.

105. Jo. Friderici Matenesii, de Parentela, electione, coronatione Ferdinandi II. Bohemiæ Regis, &c. in Regem Romanorum libri tres, cum stirpibus consanguineis augustæ domus Bavaricæ, Lotharingicæ, Palatinæ, Saxonicæ & Brandenburgicæ, &c. *Coloniæ, Arnoldi Kenpensis,* 1621.

Justitia Cæsarea Imperialis circa Declarationem Banni contra Palatinum Electorem, &c. 1621.

Buquoy Quadrimestre iter progressusque quo Ferdinando II. Imper. Austria est conservata, Bohemia subjugata, &c. authore Constantio Peregrino. 1621.

106. Christianæ Civitatis Aristocratia. Pontificii & Regii Imperii descriptio brevis, ex commentariis rerum quotidianarum Jo. Quintini Hædui. *Paris. Wecheli,* 1541.

Franc. Balduini, de Legatione Polonica Oratio. *Paris. l'Huillier,* 1573.

Ejusdem, ad Academiam Cracoviensem disputatio de quæstione olim agitata in auditorio Papimiani. *Ibidem.*

Petri Gallandii, contra novam Academiam Petri Rami, Oratio. *Paris. Vascosani,* 1551.

Ejusdem oratio in funere Francisci I. &c. *Ibidem.* 1549.

Barthol. Parrelli modesta cujusdam defensio contra Baptistæ Cavigioli Papiensis Doctoris Apologiam.

Traité des Danses. 158. MSS.

Oraison de M. le Card. de Lorraine faite en l'Assemblée de Poissi. *Paris, Morel,* 1561.

Oeuvres de Poësie de Jan Antoine de Baif, segretere de la Chanbre du Roe. *Paris, Duval,* 1574.

107. Andreæ Schotti, Oratio in funere Ant. Augustini Archiep. Tarraconensis. *Ex Offic. Plantin.*

Mauritii Bressii, Oratio ad Clementem VIII. cum Princeps Luxemburgus Henrici IV. Regis nomine obedientiam S. D. N. præstaret. *Romæ, Zannetti,* 1597.

Relatione dell' entra solenne fatte in Ferrara per Margarita d'Austria Regina di Spagna, da Gio. Paolo Mocante. *In Roma, Nicolo Murii,* 1598.

Martini Gilii, Oratio ad Clementem VIII. cum Reip. Lucensis nomine illi obedientiam præstaret. *Romæ, Zannetti*, 1592.
Jo. Franc. Terzanii, Oratio ad Clementem VIII. cum eidem, nomine Alphonsi II. Ferrariæ Ducis obedientiam præstaret, &c. *Ibidem.*
Jo. Alfonsi de Sossa, Oratio ad eumdem, Philippi II. Hispaniarum Regis nomine obedientiam præstante Laurentio Suarez de Figueroa, &c. *Ibidem.*
Predica del R. M. Cornelio Vexovo di Bitonto, fatta in Trento. *In Vinegia, Giolito*, 1553.
Pompeii Ugonii, Oratio in funere Urbani VII. *Romæ, Accolti*, 1591.
Martirio di S. Califto Papa & suoi compagni, tradotto dal P. Gio. Francesco Bordini, Congr. dell' Orat. *In Roma, Grassi*, 1584.
Oratione di Giuseppe Castiglione recitata il trentesimo giorno del Mortorio della Signora Orinthia Colonna, &c. *In Roma, Gigliotti*, 1594.
Il Cortesino, overo del mal di Castrone, e d'ogn'altra infirmita Dialogo del D. Gio. Battista Mella d'Atina. *In Napoli, Stigliola*, 1594.
Poësie & compositioni di diversi volgari & latine. *In Bologna, Rossi*, 1594.
Viaggio da Ferrara a Perusa di anonimo di Aropia. 1581.
Oratione di Paolo Pacelli, all'illustr. S. Giorgio Manzueno creato Vescovo d'Aversa. *In Napoli, Cappelli*, 1583.
Descrizione dell' apparato e de gl'intermedi fatti per la Comedia representata. *In Firenze*, 1589.
Orationi del S. Speron Speroni. *In Venetia, Mejetti*, 1596.
108. Jacobi Gothofredi, animadversionum juris civilis liber. *Geneva, Chouet*, 1626.
Libani Sophistæ Orationes IV. gr. lat. editæ a Jac. Gothofredo. *Ibidem*, 1631.
Jac. Gothofredi, de imperio maris deque jure naufragii colligendi Upomnema. *Geneva*, 1637.
Prodromi a Dion. Gothofredo editi, Defensor primus adversus vindicias tutelares & replicationem Apologeticam Joannis Zeschlini. *Heidelbergæ, Lancelloti*, 1614.
109. Discursus Epistolares Politico-Theologici de statu Reipublicæ Christianæ & de reformandis moribus & abusibus Ecclesiæ cum Regis Christ. Francisci I. & Cardinalis Sadoleti Epistolis. *Francofurti, Emmelii*, 1610.
Andreæ Osiandri, Inquisitio Catholica de tractandis hæreticis opposita Inquisitioni Hispanicæ, &c. *Tubingæ, Typis Cellianis*, 1610.
110. Proverbiorum & Sententiarum Persicarum Centuria, Collecta, versione notisque adornata a Levino Warnero. *Lugd. Bat. Jo. Maire*, 1644.

Levini Warneri Epistola Valedictoria, in qua inter alia de stylo Historiæ Timuri. *Ibidem.*

Compendium Historicum, eorum quæ Muhammedani de Christo & præcipuis Religionis Capitibus tradiderunt, ab eodem. *Ibid.* 1643.

111. Laurentii Abstemii libri duo, de quibusdam locis obscuris. *Venetiis.*

Jacobi Constantii Fanensis Collectaneorum Hecatostys. Fani, Soncini. 1508.

112. Jo. Molani Bibliotheca Materiarum; accedunt Catalogi duo 1. Catholicorum S. Scripturæ Interpretum 2. de Scholasticorum Theol. in summam S. Thomæ. *Coloniæ, Hinckii,* 1618.

Fabianus Justinianus Genuensis de sacro concionatore. *Ibid.* 1619.

113. Requête presentée au Roy par M. d'Anchies.

Histoire de ce qui s'est fait & passé dans la Ville de Lyon, en la mort de MM. de Cinqmars & de 'Thou. 1643.

Gravamina Germaniæ Annata, Taxationes Ecclesiarum & monasteriorum per universum orbem. *Norimbergæ,* 1523.

114. Libertatis Germanicæ querela; adjecta est Libertatis Helveticæ Soria Commonefactio, Eusebio Philadelpho authore. 1586.

De Dictis & Factis Alphonsi Regis Arragonum libri IV. Antonii Panormitæ, cum respondentibus Principum Germanicorum dictis & factis ab Ænea Sylvio collectis & scholiis Jacobi Spiegelii; accesserunt Chronologia vitæ Alphonsi & Lud. XII. Gall. Regis & Caroli V. Imperat. aliorumque apophtegmata & aliæ annotationes Historicæ studio Davidis Chytræi. *Witebergæ, Cratonis,* 1585.

Theodori Bezæ, Responsio ad acta Colloquii Montisbelgardensis Tubingæ edita. *Genevæ, le Preux,* 1587.

Augusto Duci Saxoniæ, Parentatio facta in Academia Lipsiensi orationibus duabus, 1. Zachariæ Schilteri 2. Joh. Albini. 1586.

De Polonica Electione in comitiis Warsaviensibus anni 1587. & quæ secuta sunt usque ad coronationem Sigismundi III. & Captum Maximilianum. 1588.

De Causa Coloniensi Brevis & perspicua Commentatio; adjectus est Apologeticus liber Caroli V. Imperatoris contra Clementem VIII. 1588.

115. Johannis Hesselbenii, Antidotum Philosophico-Theologicum quintuplex. *Gießæ-Hassorum, Nicolai Hampelii,* 1608.

Thomæ Wegelini, Upomnema Theologicum, 10. Capitibus comprehensum de Hymno Trisagio: Sanctus Deus, Sanctus &c. accessit Petrus Cnapheus Nestorianus redivivus in Jac. Gretsero Hoyolita. *Francofurti, Emmelii,* 1609.

Joannis Weberi, Antilampadius, hoc est, confutatio analytica

Censuræ ubiquitatis a Joh. Lampadio factæ &c. *Gieſſa, Chemlini*, 1609.
116. Wilhelmi Schickardi, Alphabetum Davidicum Pſalmo XXV. expreſſum. *Tubingæ, Werlin*, 1622.
Ejuſdem Paradiſus Saraceno-Judaica. *Ibidem*, 1625.
——— Triumphator Vapulans. *Ibidem*, 1623.
Joh. Antonii Venerii, tractatus de Oraculis & Divinationibus antiquorum. *Baſileæ, Henric-Petri*, 1628.
117. Apologia prima Nicolai Marii Decani Ecclefiæ Virdunenſis. *Par. Prevoſteau*, 1605.
Le coup d'Etat de l'Empire. 1640.
Huberti Brieſſenii, Oratio Narratoria de vita S. Andreæ Corſini Epiſcopi Feſulani. *Coloniæ, Kinchii*, 1631.
Elogium Sanctæ Faræ Virginis, &c.
Jo. Grangerii, Oratio Funebris in laudem Ludov. Servini.
Ad Seren. D. Magnam Ducem Hetruriæ, magni Ducis matrem Galilæus Galilæi.
Relation de ce qui s'eſt paſſé, en la Frontiere de Champagne à la venuë de l'armée étrangere, conduite par le Comte Erneſt de Mansfelt.
Catalogue des Plantes cultivées au Jardin Royal. *Paris, Dugaſt*, 1641.
Joanni IV. Luſitanorum Regi, pro fœlicitate qua divinitus proditoris inſidias evaſit, Elogium Triumphale. 1647.
Lettre de Polydecque, ſur les Lettres du Sieur de Balzac. *Paris, Julliot*, 1628.
L'homme Bienheureux : conferences. *Lyon, Champion*, 1645.
Requête au Roy des intereſſez au Bail General des Gabelles de France.
Diſcours d'Etat ſur la protection des Alliez.
Francia Orbivora.
Templum Gloriæ e ruinis Rupellæ excitatum Ludovico XIII. *Aquis-Sextiis, David*, 1619.
Ode au Roy ſur la Reduction de la Rochelle, par A. Dubois.
Gratulatio Ferdinando Cæſari dicta a Ferdinando Cæſarini ducis fratre. *Roncilioni, Grignani*, 1619.
Miniſtri Generalis delineatio, a F. Aloyſio Curio, Ord. Seraph. *Romæ, Typis Cameræ Apoſtolicæ*, 1646.
Breve Compendio dell' arte militare da Thomaſo Sperandio. *In Venetia, Spinelli*, 1628.
* Moyens pour retablir le College de Dormans dit de Beauvais &c. *Paris*, 1628.
Anarchiæ Rupellanæ excidium. *Par.* 1628.
R. P. Franciſci Ripariani Ord. Minimorum per Galliam vicarii Generalis Declaratio in gratiam nepotum S. Franciſci a Paulo ex ejus Sorore Brigitta.

Requéte presentée à M. le Prevôt de Paris, contre un livre intitulé: la vie & Miracles de S. François de Paule, par le P. Duvivier Religieux Minime.

118. Petri d'Aulberoche, Oratio Panegyrica de Coronæ Franciæ præstantia ac prærogativis. *Par. Jacquin*, 1625.

Ludovico XIII. Ode.

Le Glorie de Francesi, Panegirico del S. Ottavio Rossi. *In Brescia, Fontana*, 1629.

Examen de la constance des François & des Espagnols.

Prælibatio de terra & lege Salica ex Vindiciis Lotharingicis Jo. Jacobi Chiffletii. *Bruxellis, Mommartii*, 1643.

Assertoris Gallici circa Salicæ legis intellectum mens explicata.

Excerpta ex libro cui titulus : de regis Catholici præstantia, &c. 1614.

Actes concernans la taxe & cottisations des terres de la Mense Episcopale d'Ast en Savoye. 1614.

Discorso libero incontro la grandezza e potenzia temporale del Papa. 1628.

Le Coup d'Etat de l'Empire. 1640.

119. Marmora Arundelliana studio Jo. Seldeni, Londini Stanesbeii. 1628.

Casp. Gevartii, Electorum libri tres. *Par. Cramoisy*, 1619.

Veteres Romanorum Leges a Lud. Charonda restitutæ cum ejusdem Commentariis. *Par. Rob. Stephani*, 1567.

Funus Parasiticum sive Liberi Curculionis Parasiti mortualia ; accessit de Parasitis & assentatoribus appendix, Juliani Cæsaris Epistola cum latina interpretatione & notis Nicolai Rigaltii. *Par. Drouart*, 1601.

Libanii Sophistæ Parasitus ob coenam occisam seipsum deferens, gr. lat. *Par. Morelli*, 1601.

Michaelis Beuteri, Opus fastorum antiquitatis Romanæ. *Spiræ. Albini*, 1600.

120. Defensio relationis Lipsiensis de Antonia Burignonia. *Lipsiæ, Gleditsch*, 1687.

Tuba pacis, seu discursus Theologicus de unione Ecclesiarum Romanæ & Protestantium &c. Matthæi Prætorii. *Coloniæ, Jo. Pauli*, 1685.

Henrici Meibomii, Introductio ad Saxoniæ inferioris imprimis Historiam. *Helmastadii, Hammii*, 1687.

Jacobi Thomasii Schediasma Historicum quo varia discutiuntur, ad Historiam tum Philosophicam, tum Ecclesiasticam pertinentia. *Lipsiæ, Wittigau*, 1665.

Lettre de M. des Lions à M. de Bragelongne avec la Réponse de M. de Bragelongne, 1698.

121. Conversionis ad fidem Catholicam Monita Seren. Princ. DD. Ernesti Hassiæ Landgravii, &c. *Coloniæ, Kalcovii*, 1652.

F. Auguſtinus Gibbon de Burgo Ord. Erem. S. Aug. de Luthero-Calviniſmo Schiſmatico ſed reformabili. *Erfurti, Dedinkindi*, 1663.
Jo. Hoornbeeck Diſſertatio de conſociatione Evangelica Reformatorum & Auguſtanæ Confeſſionis &c. *Amſtelodami, Commelini*, 1663.
Alberti Graweri Harmonia præcipuorum Calvinianorum & Photinianorum Dogmatum. *Jenæ, Beithmanni*, 1617.
Vindiciarum Rintelenſium adverſus Epicriſin Wittebergenſem ſuper Colloquio Caſſellenſi Epitome. 1663.
Articulus de juſtificatione peccatoris coram Deo, a Papiſtarum Sophiſticationibus vindicatus per Tobiam Wagnerum. *Tubingæ, Kernerii*, 1656.
Michaelis Van-Oppenbuſch, Exercitatio Hiſtorica de Religione Moſcovitarum. *Argentorati, Stoedelii*, 1667.
122. Revocatio Martini Lutheri ad Sanctam Sedem. 1526.
Epitome reſponſionis ad Mart. Lutherum per F. Sylveſtrum de Prierio, præfixa eſt Mart. Lutheri Epiſtola ad lectorem.
Jacobi Hoechſtrati Diſputationes contra Lutherum. 1526.
Conſideratio Joannis Cochlæi de futuro concordiæ in Religione tractatu, Wormatiæ habendo. *Ingolſtadii*, 1545.
Scopa Joh. Cochlæi, in Aranæas Richardi Moryſini. *Lipſiæ, Vicolrab*. 1538.
Phimoſtomus Scripturariorum Johannis Diætenbergii. *Coloniæ, Quentell*. 1532.
L. Campeſtri Apologia in Mart. Lutherum. *Par. Colinæi*, 1523.
Friderici Nauſeæ Blanci Campiani Oratio in Humanam J. C. Generationem; accedit ejuſdem Oratio in Cœnobiticam vivendi rationem. 1528.
Probatiſſimorum Eccleſiæ Doctorum Sententiæ de Ethnicorum Philoſpohia.
Eckii Epiſtola contra Lutherum & Carlotadium non potentem capere quomodo aliquid ſit totum a Deo & non totaliter.
Florilegium ex diverſis opuſculis atque tractatibus fratrum Patrum & Magiſtrorum noſtrorum. 1520.
Simonis Heſſi ad Lutherum Reſponſio de Lutheranorum Opuſculorum combuſtione, &c. 1521.
Hochſtratus ovans, Dialogus feſtiviſſimus.
Epiſtola Apologetica Jo. Gocci adverſus quemdam Ord. Præd. &c.
123. Georgii Sayri, Congreg. Caſin, compendii clavis Regiæ pars prima & ſecunda. *Venetiis, Ciotti*, 1621.
Paulus Macaſius de acidularum Egranarum uſualium ſeu fonticuli cryſtalini natura viribus & adminiſtratione. *Norimbergæ, Wagemmanni*, 1613.
Friderici Torneri, Epiſcopi Suffraganei Bambergenſis, Panoplia armaturæ Dei adverſus omnem ſuperſtitionem Divinationum,

excantationum, Dæmonolatriam. *Ingolſtadii*, *Hænlini*, 1626.
124. Reinoldi Heidenſtenii, de Bello Moſcovitico quod Stephanus Rex Poloniæ geſſit, Commentariorum libri ſex. *Baſileæ*, *Wadkirchii*, 1588.
Staniſlai Krziſtanowic, Brevis deſcriptio ſtatuum Regni Poloniæ, cum partitione Provinciarum & ordinum : acceſſere Teſtamenta Archiepiſcopi Leopolienſis & Magni Cancellarii Regni Poloniæ. *Moguntiæ*, *Jo. Albini*, 1606.
Succeſſi del viaggio d'Henrico Chriſtianiſſimo Re di Francia & di Polonia dalla ſua partita di Cracovia fino all'arrivo in Turino, Narrazione da Nicolo Lucangeli.
125. De Ruſſorum Moſcovitarum & Tartarorum, religione, ſacrificiis nuptiarum & funerum ritu. *Spiræ*, *Albini*, 1582.
Guidonis de Fontenayo, magnum Collectorium Hiſtoricum. *Pariſ. Gaudoul*.
126. Non ferenda ſigna adorari ſolita in templis Chriſtianorum. Item Epiſtola Martini Buceri in Evangeliſtarum enarrationes nuncupatoria, de ſervandâ Eccleſiæ unitate. 1530.
La Vie & Doctrine de David George, Hollandois, par le Recteur & Univerſité de Baſle. 1560.
Strato-Caracter, ſancitus Sigillo Henrici de Naſſau, &c. *Hagæ-Comitum*, *Meuris*, 1619.
Jacobi Andreæ Diſputatio de jure vocandi miniſtros Eccleſiæ. *Tubingæ*, *Gruppinbachii*, 1585.
Danielis Toſſani Theſes apologeticæ de jure vocationis & miſſionis miniſtrorum Evangelicorum. *Heidelbergæ*, 1587.
Ejuſdem Epiſtola ad Petrum Thyræum Soc. J. de ratione examinandi & examine Apologeticarum Theſium nuperrime a Thyræo edito. *Ibidem*, 1588.
Pauli Æmilii Baronii, variarum Sententiarum pro recta animorum inſtitutione, libri IV. *Veronæ*, *Hieronymi Diſcipuli*, 1594.
Thomæ Bankes celebris ad clerum concio. *Londini*, *Okes*, 1611.
Henrici Patræi, de regno Dei & victoria Chriſtiana conciones duæ. *Londini*, *Kinſton*, 1606.
Jo. Calvini libellus de vitandis ſuperſtitionibus. *Genevæ*, *Girardi*, 1549.
127. Variorum Theſes Theologicæ, nempe Ambroſii Deiroli, J. Capelli, Joſue Placæi, Benedicti Turretini, Theodori Zuingeri, Theod. Tronchini, Friderici Spanhemii, Joannis Deodati, Caroli de Maetz, Antonii Fayi, Lud. Cappelli, Moſis Amyraldi, Guillelmi Apollonii, Marci de Sauſſure, Petri Launæi, Johannis Wollebii, Jo. Rodolphi Wetſtenii, Sebaſtiani Beckii, Barthol. Coppen.
Georgii Clarkii, de ſæculo Patriarcharum libri tres. *Deiæ*, *Aug.* 1638.
128. Joh. Conradi Dannhaweri, Diſſertatio Hiſtorico Theologica ad

MISCELLANEA, in quarto.

ad collationem Chartaginienfem inter Catholicos & Donatiſtas. *Argentorati*, *Joh. Andreæ*, 1651.

Ejufdem, Dialogus apologeticus pro myſterio ſyncretiſmi deteſti. *Ibidem*, 1650.

Johannis Schmidt, Exercitatio Hiſtorico-Theologica de Hæreſi Novatiana eique oppoſitis conciliis Carthaginienfi & Romano. *Argentorati*, *Spoor*, 1651.

Apologia Judicii Collegii Theologici Academici Argentoratenfis in cauſa Johannis Latermanni, &c. a Joh. Georgio Dorfcheo. *Argentorati*, 1650.

129. Teriaca d'Andromaco, da Domenico Cardullo. *In Meſſina, Bianco*, 1637.

La Speranza, difcorfo del P. Clemente Toſi. *In Roma, And. Fei*, 1642.

Il Moſe di Siena, Panegirico facro ditto dal P. Giovanni Contri. *In Siena, Bonetti*, 1640.

La Difcolpa di Epicuro Filofofo Atenienfe per Gauges de' Gozze de Pezaro. *In Roma, Maſcardi*, 1640.

La pena del Talione oſſervata moralmente da Antonio Guelfi parte prima. *In Roma, Grignani*, 1645.

130. Jo. Georgii Sepulvedæ, Antapologia pro Alberto Pio Comite Carpenfi in Erafmum Rot. *Pariſ. Augerelli*, 1532.

Germani Brixii Altiſſiodor. gratulatoriæ quatuor ad totidem viros clariſſimos. *Pariſ. Wecheli*, 1531.

Georgii Wicelii Epiſtolarum libri IV. *Lipſiæ, Vuolrab*, 1537.

Jac. Sadoleti Cardinalis, de Regno Hungariæ a Turcis oppreſſo & capto Homilia. 1541.

131. B. Henrici Mauroy, Ord. S. Francifci, pars fecunda Apologiæ pro Judæis Chriſtianis, &c. in Archiepifcopum Toletanum. *Parifiis*, 1552.

Præconium ac Defenfio Quadrageſimæ; adjunctus eſt fermo de ratione inſtitutionis Euchariſtiæ a F. Spiritu Rotero. *Toloſæ*, 1552.

132. Damiani Goes, de Bello Cambaico Commentarii tres. *Lovanii, Saſſeni*, 1549.

Ejufdem, Urbis Lovanienfis obfidio. *Oliſſipone*, 1546.

Genealogia Ranfoviana anno 1585. publicata.

Acta confiſtorii publici exhibiti a Gregorio XIII. Regum Japoniorum legatis. *Romæ, Zannetti*, 1585.

Entrée de la Reine Leonore d'Auſtriche à Paris en l'an 1531.

Oraiſon écrite par ordre du Roy T. C. à tous les Etats du S. Empire aſſemblez à Spire. *Robert Etienne*, 1544.

Des coûtumes & manieres de vivre des Turcs, par Chriſtophe Richer. *Ibidem*, 1640.

Etat de la Cour du Grand Turc, l'ordre de fa Gendarmerie & Finances, &c. *Paris, Weckel*, 1542.

133. Delle imprese sacre libro primo del P. Paolo Aresi Chierico Regolare. *In Verona, Tamo.*

Discorso Academico di Marin Bolezza, sopra l'imprese. *In Bologna, Monti,* 1626.

Trattato dell'arte del'imprese di Franc. Caburacci con Discorso in difesa dell'Orlando furioso di Lodovico Ariosto. *In Bologna. Rossi,* 1580.

Discorso della natura delle imprese, & del vero modo di formarle, del S. Andrea Chiocco. *In Verona, Tamo,* 1601.

Il Liceo di Bartolomeo Taegio dove si ragione dell'arte di fabricare le imprese. *In Milano, Pontio,* 1571.

Dialogo dell'imprese del S. Torquato Tasso. *In Napoli, Venturini.*

134. G. G. R. Theologi, ad Ludovicum XIII. Admonitio in latinum translata. *Augusta-Francor.* 1625.

Mysteria Politica. *Antuerpia, Aertssii,* 1626.

Gesta imperiorum per Francos, a Lud. de Cruzamonte. *Rhenopoli,* 1632.

Rabbi Benoni visiones & Doctrina.

Vita Cardinalis Richelieu a Remigio du Ferron. *Aurelia, Martz,* 1626.

Resolutiones magistrales quæstionum quodlibet Cardinali Richelieu dedicatarum. *Paris. Ant. de la Ruë,* 1626.

Politicismus Discursus super hac quæstione: conveniatne Coronæ Franciæ amicitias & foedera potius cum catholicis, &c. *Par. Boüillerot,* 1626.

Nova Novorum, autore Franc. Vitelliano Sanseverinate. *Neoburgi, Nenmarck,* 1626.

Refutatio Libelli cui titulus: Essame dalli interessi del Duca di Baviera, a Sinesio Robertino. 1643.

Nic. Vernulæi, Discursus Historico-politici tres, quibus causæ Belli Sueco-Germanici, Franco-Lotharingici, armorumque Belgico-Batavicorum oratorie ventilantur. *Colonia, Binghii,* 1643.

Ernesti de Eusebiis judicium Theologicum super quæstione, an pax qualem desiderant Protestantes sit secundum se illicita. *Ecclesiopoli,* 1646.

Lusus anagrammatici ex nominibus Mediatorum ac Legatorum in Pacis universalis per Europam tractatione Munsteri atque Osnabrugi commorantium, &c. 1645.

Lettre d'un Gentilhomme Venitien écrite de Munster le 2. Avril, 1646. à un sien amy, *Turin.*

135. Ratio status orbis Turcici & Christiani ab Eckardo fideli. *Lipsiæ,* 1663.

Vindiciarum Rintelensium Epitome. 1665.

Comparatio Cardinalium Richelii & Mazarini.

Deplorandi Lotharingiæ status ab aliquot annis, Elogia. *Nanceti, Charlot,* 1660.

De Lotharingiæ & Barri Ducis Caroli IV. optatissimo reditu Panegyris. *Ibidem.*
136. Thomæ Roccabellæ, Acroamata politico-moralia. *Venetiis, Peiselli,* 1628.
Leonis Allatii, de Joanna Papissa fabula commentatio. *Roma, Typis Camera Apostol.* 1630.
Recueil de plusieurs Actes remarquables pour l'Histoire de ce tems. 1613.
Historia Direptionis urbis Romæ ab exercitu Caroli V. Imp. accessit Oratio Jo. Staphylei de causis devastatæ urbis. *Francofurti, Ammonii,* 1625.
Motus Neapolitanus, ob tergiversationem Ducis Ossunæ, in Regni præfectura Cardinali Borgiæ successori designato tradenda. 1623.
Obsidio Sylvæ-Ducis, per Amandum Sylvanum. 1629.
Sanctii Galindi Soc. J. Anatomia Soc. J. una cum aliis opusculis. *Lugduni, Baugartneri,* 1633.
Erycii Puteani Belli & Pacis statera. *Lugd. Batav. Elzevir,* 1633.
Judicium de statera Belli & Pacis Erycii Puteani. *Lugd. Bat. Justi Livii,* 1633.
137. Hieronymus Franzosius, de divinatione per somnum & de Prophetia. *Francofurti, Beyeri,* 1632.
Joh. Keppleri somnium seu opus Posthumum de astronomia lunari. 1634.
Procli sphæra, Ptolemæi de Hypothesibus Planetarum liber singularis & Canon Regnorum gr. lat. edidit figurisque illustravit Joh. Baind'Brige. *Londini, Jones,* 1620.
Prédictions & Prognostications nouvelles des Hommes & des Femmes, &c. par le Sieur Teston. 1629.
138. Charta authentica Roberti Seneschalli Scotiæ cum observationibus Historicis, quibus Regiæ Stuartorum stirpis natales ab inusta labe vindicantur. *Paris. Muguet,* 1695.
Cargos contra el Conde Duque privado que fue de la Magesta Catholica de Felipe el grande, en Madri, en la imprenta Real. 1643.
Ordonnance de M. l'Ev. de Châlons contre les Erreurs du Quietisme. *Châlons, Seneuze,* 1695.
Ad nomen DD. Lud. Ant. de Noailles Archiep. Paris. Anagramma quadruplex absolutum a Portes Sacerdote Theologo. 1696.
Ordonnance & Instruction Pastorale de M. l'Ev. de Meaux sur les Etats d'Oraison. *Par. Anisson,* 1695.
Ordonnance & Instruction Pastorale de l'Evêq. de Chartres contre les Erreurs du Quietisme. *Paris, Josse,* 1696.
Discours sur l'institution de l'Ordre Militaire de S. Loüis. *Paris, Boudot,* 1694.
Epitaphe de M. Arnauld.

Lettre à M. l'Archev. de Paris, du 5. Août 1694.
139. Vera & simplex narratio eorumque ab adventu D. Joannis Austriaci in Belgio gestæ sunt. *Luxemburgi*, 1578.
Lettres d'avertissement à la Noblesse & autres Députez des Etats Generaux des Pays-Bas, écrites par un Serviteur de D. Jean d'Autriche, avec leurs réponses, &c. *Francfort*, 1578.
Aurea Bulla Caroli IV. Romanorum Imperatoris. *Lovanii, Rotharii*, 1551.
Jo. Cochlæi Responsio adversus latrocinantes & raptorias Cohortes Rusticorum, Catalogus tumultuum & præliorum in superiori Germania nuper gestorum & responsio brevis ad 132. articulos ex impio Mart. Lutheri contra Ecclesiasticos libro excerptos. *Coloniæ*. 1525.
140. Nov-antiqua SS. Patrum & Probatorum Theologorum Doctrina de S. Scripturæ Testimoniis in conclusionibus mere naturalibus, quæ sensata experientia & necessariis demonstrationibus evinci possunt temere non usurpandis Italice scripta a Galilæo Galilei cum versione Latina. *Augustæ-Treboc. Hautti*, 1616.
Observationes politicæ super nuperis Galliæ motibus. 1649.
Andreæ Mulleri, Hebdomas observationum de rebus Sinicis; accessit monumenti Sinici Historia. *Coloniæ Brandenburgicæ, Sculhtzii*, 1674.
Ejusdem Dissertationes duæ 1. de Mose Mardeno. 2. de Syriacis librorum sacrorum versionibus deque Viennensi Antiochensi Textus N. T. Editione. *Ibidem*. 1673.
Descrittione dell' arco trionfale apparechiato della chiesa Metrop. D. Palermo per la venuta del. illustr. S. Cardinale Doria Archivescovo, scritta da Nofrio Paruta. *In Palermo, Maringo*, 1609.
Gedani sive urbis Dantiscanæ libri IV. a Vence Silao Clemente Boh. *Typis Rhetianis*, 1630.
141. Regalis Ecclesiæ S. Germani de Pratis ad sedem Apostolicam immediate pertinentis jura iterum propugnata a D. Roberto Quatremaires. *Paris. Billaine*, 1668.
Lettre circulaire de MM. les Evêques d'Allet, de Pamiez, de Beauvais & d'Angers, à MM. les Archevêques & Evêques de Fransur le sujet du Bref obtenu contre leurs Mandemens.
Relation du differend de M. l'Ev. de Pamiez & des Jesuites.
Les pernicieuses consequences de la nouvelle heresie des Jesuites contre le Roy & contre l'Etat, par un Avocat du Parlement. Seconde Edition augmentée. 1664.
Refutation de la fausse Relation du P. Ferrier J. Seconde Partie.
Lettre de Jansenius Evêque d'Ypres au Pape Urbain VIII. contenant la Dedicace de son Livre, intitulé: Augustinus, &c. avec les reflexions du P. Annat, & quelques autres pieces concer-

nant la queſtion de fait. *Par. Marbre-Cramoiſy*, 1666.
Carmen Ludovico Magno, aſperrima Hieme Valencenam & Cameracum expugnanti. *Pariſ. Villette*, 1677.
In Ludovicum XIV. Regem Adeodatum, ode.
Delphinæ puerperæ, Iambus. 1682.
Réponſe de M. Peſtalozzi, Procureur General en la Cour des Monnoyes, aux Libelles diffamatoires des nommez Pierron & la Serre.
Plaidoyé pour le S. Girard Vanopſtal, un des Recteurs de l'Academie Royale de la Peinture & Sculpture. *Par. Marbre-Cramoiſy*, 1668.

142. Tarquinii Carpineti Tractatus de Gutta. *Patavii, Bolzettæ*. 1609.
Jo. Andreæ Boſii Diſſertationes Iſagogicæ de comparanda prudentia juxta & eloquentia civili. *Jenæ, Niſii*, 1678.
Conſtantini Opelii Epiſtola de fabrica triremium meibomiana. *Eleuteropoli*, 1672.
Adriani Romani Pyrothecnia. *In offic. Paltheniana*. 1611.
Caſp. Sagittarii, Diſquiſitio Hiſtorica in Electæ civitatis Holſatiæ Reinſburgi. *Jenæ, Niſii*, 1684.
Jacobi Bartſchii, uſus aſtronomicus indicis aſpectuum veterum & præcipue novorum, &c. *Noriberga, Furſten*, 1667.

143. Aurea Bulla Caroli IV. Romanorum Imp. *Heidelbergæ*. 1594.
A Pii II. Papæ excommunicatione injuſta Sigiſmondi Archiducis Auſtriæ & Gregorii de Heimburg appellationes & contradictiones Theodori Lælii Epiſcopi Feltrenſis & dicti Gregorii Heimburgenſis contrariis diſputationibus diſcuſſæ & illuſtratæ, cum notis. *Francofurti, Richteri*, 1607.

144. L'anno dove ſi ha perfetto & pieno raguaglio, di Gio. Nicolo Doglioni. *In Venetia, Rampazetto*, 1587.
Breve compendio dell' inſtruttioni de' Bombardieri, del Marnilio Orlandi. *In Roma, Nella Camera Apoſtolica*, 1619.
Theorice, overo ſpeculationi intorno alli moti celeſti del P. Paolo Donati, Carmelitano. *In Venetia, Oſana*, 1575.
Laigle Compas de T. de Baſſard, avec ſon uſage. *Paris, Marnes*, 1572.
La deſcription d'un anneau ſolaire convexe, par P. Forcadel. *Ibidem*, 1569.
Diſcours veritable des admirables apparences, mouvemens & ſignifications de la prodigieuſe Comete de l'an 1618. par Gilles Macé. *Caën, Brenouſet*, 1619.
Breve inſtruttione ſopra l'apparenze & mirabili effetti dello ſpecchio concavo ſferico, da Gio. Antonio Mangini. *In Bologna, Bellagamba*, 1611.
Dialogo di F. Uliſſe Albergotti, interlocutori 'aſtro e Logia. *In Viterbo, Diſcepolo*, 1613.

MISCELLANEA, in quarto.

Offerta dun nuovo modo di defendes qual fi voglia forrenzza &c. con poca gente, da Giacinto Barrozzi. *In Roma, Blado,* 1578.

Refolutioni de alcuni dubii fopra la correttione dell' anno di Giulio Cefare, da Giofeffo Zarlino. *In Vinetia, Girolamo Polo,* 1583.

Affemblea celefte, radunata novamente in Parnaffo fopra la nova Cometa. *In Milano, Paganello,* 1618.

Dialogo DDS. Antonio Lorenzini intorno alla nuovo ftella. *In Padoua, Fozzi,* 1605. *in* 4.

145. Défenfe de la Lettre de S. Chryfoftome à Cefaire, adreffée à l'Auteur de la Bibliotheque univerfelle. *Par. Marbre-Cramoify,* 1690.

Phil. Codureus, de miffæ facrificio, deque Corporis & Sanguinis Chrifti in Euchariftia vera præfentia. *Parif. Soly,* 1645.

Ejufdem Diatriba de fanctorum juftificatione.

Nicolai Tavernier, de reparatis Regiarum Scholarum ædibus, oratio.

Adriani Menjotii Epiftola apologetica de variis fectis amplectendis cum ejufdem Epiftolæ defenfione adverfus Hadriani Scauri ineptias. *Parif. Soubret,* 1666.

F. Romani Sambriocenfis Capucini, Brevis tractatus in Gregoriani Kalendari reformationem. *Parif. Thierry,* 1648.

P. Petiti, Goneffiades Lymphæ.

Factum juftificatif du P. Meneftrier.

Auguftini Domii, de natura hominis libri duo. *Bafilea, Froben,* 1581.

146. Nicolai Myleri, Tractatus de jure azylorum tam Ecclefiafticorum quam foecularium. *Stutgardiæ, Roffini,* 1663.

Romæ ruina finalis anno 1666. mundique finis fub quadragefimum poft annum. *Londini, Sherlæi,* 1655.

Labronis a Verafio, Staura Sarckmafiana publice detecta modefte caftigata. *Teutoburgi, Fontabic,* 1669.

Judicia de noviffimis prudentiæ civilis fcriptoribus, &c. *Martifmonte, Stepabhii,* 1669.

Petri Naftutii judicium de judiciis quæ in noviff. prudentiæ civilis fcriptores, &c. *Coloniæ,* 1669.

Defcription d'une Fontaine perduë & retrouvée dans le Mockmuler au Duché de Virtemberg, en Allemand. *Francfort,* 1668.

Joannis Zefchlini, pro libro fuo de legitima tutela Electorali Apologia. *Coloniæ, Schmidtz,* 1614.

147. Origines Murenfis Monafterii in Helvetiis Ord. S. Benedicti cum variis privilegiis Apoftolicis ac Cæfareis, ac imprimis Comitum Habsburgenfium Genealogia. *Spirembergii,* 1627.

Delle lodi del Commendatore Caffiano dal Pozzo, orazione di Carlo Dati. *In Firenze,* 1664.

148. Stella Clericorum, Daventriæ Jacobi de Breda. 1491.

MISCELLANEA, in quarto.

Missæ de nuptiis Andreæ Caroloftadii & Sacerdotibus matrimonium contrahentibus.

Bulla Leonis X. contra errores Martini Lutheri & fequacium.

Mart. Lutherus, adverfus execrabilem anti-Chrifti Bullam. *Wittemberga*, 1620.

Petri Dathæi Refponfio ad annotationes Papiftæ anonymi quibus Pontificios in Wormacienfi Concilio Collectos excufare &c. conatur. 1558.

Leonis X. una cum cœtu Cardinalium Chriftianiffimorumque Regum & Principum Oratorum confultationes pro expeditione contra Thurcum; præmiffa A. Puccii Legati exhortatione. 1518.

Ad Maximilianum Cæfarem & cunctos Chriftiani nominis Principes & populos Nænia Sebaftiani Brant, in Turcarum Nyciteria. 1518.

Chriftiani Ravii Panegyrica prima orientalibus linguis dicta in auditorio Rheno-Trajectino. *Ultrajecti, Vaësberge*, 1643.

La Nobiliffima anzi afiniffima Compagnia delli Briganti della Baftina, da Camillo Scaligeri. *In Vicenza*, 1597.

Il Donativo di Quatro afiniffimi Perfonaggi della Compagnia delli Briganti, &c. *Ibidem.*

Wilhelmi Langii exercitationes mathematicæ feptem de annua emendatione & motu Apogæi folis. *Hafniæ, Martzan,* 1653.

149. Johannis Gerfon Tractatus de mendicitate fpirituali.

Lavinheta de incarnatione verbi contra magiftrum fententiarum & fectatores ejus una cum impugnatione fectæ Nominalium & confutatione Hebræorum & Sarrhacenorum. *Coloniæ, Quentell*, 1500.

D. Amedæi Epifc. Laufaniæ, de Maria Virginea Matre homiliæ octo. *Bafileæ, Ada-Petri,* 1517.

Bartholomæi Colonienfis Dialogus Mythologicus. *Hagenaw, Anfhelmi,* 1516.

Jul. Cæf. Lagallæ, de cœlo animato difputatio procurata a Leone Allatio. *Typis Woëgelianis,* 1622.

Valerii Maximi, dictorum ac factorum memorabilium liber fingularis. *Coloniæ, Quentell.*

150. Ficta Juditha & falfa propofita & refutata per mirabilem de Bona-Cafa contra Rofæum Marianam, &c. *Veronæ, Joh. de Pomo,* 1614.

Jus Belgarum circa Bullarum Pontificiarum receptionem editio auctior. *Leodii,* 1665.

Cenfura S. Facultatis Theol. Cadomenfis in librum cui titulus: (*La fecrette Politique des Janfeniftes, &c.*) *Cadomi, Poiffon,* 1668.

Martinus Smiglecius Soc. J. de Ordinatione Sacerdotum in Ecclefia Romana. *Cracoviæ, Franc. Cæfarii,* 1617.

Jac. Cosmæ Fabricii, notæ Stigmaticæ ad Magistrum 30. paginarum qui libello uno Ecclesiasticam & politicam potestatem complexus est. *Francofurti, Fischeri,* 1612.

Supplicatio ad Imperatorem, Reges, Principes super causis Generalis Concilii convocandi contra Paulum V. & summa actorum Facultatis Parisiensis contra librum inscriptum: Controversia Anglicana de potestate Regis & Pontificis a Mart. Becano. *Londini, Norton,* 1613.

Sabbaticorum annorum Periodis Chronologica a mundi exordio ad nostra usque sœcula per Robertum Pontanum. *Typis, Guill. Jones,* 1619.

151. Vera S. Thomæ de Gratia sufficiente & efficaci doctrina dilucide explanata ab A. Alnardo. 1656.

Belga Percontator. *Sylvæ-Ducis, Wyngardi,* 1657.

Elogium P. Jacobi Sirmondi Soc. J. *Par. Cramoisy,* 1651.

Responsé Generale contenant les preuves justificatives du decret de la Faculté de Theologie de Paris, sur une proposition de la Probabilité, &c.

Theses Apologeticæ adversus solutionem quæstionis Theologicæ Historicæ ac juris Pontificii, quæ fuerit mens Concilii Tridentini circa scientiam mediam & gratiam efficacem.

Quæstio Theol. Hist. & juris Pontificii quæ fuerit mens Concilii Tridentini &c. *Juxta exemplar anno* 1607. *impressum,* 1644.

Lettre d'un Habitant de Paris, sur la Remontrance du Clergé de France par M. l'Arch. de Sens. 1656.

Sepher-Æmana, id est liber fidei ex hebr. in lat. translatus a Paulo Fagio. *Isnæ,* 1542.

152. Réponse aux Objections qui se font pour empêcher le Concile de Trente. *Par. Chappelet,* 1614.

Juliani Taboetii Epistolæ Christianæ familiares & miscellaneæ. *Lugduni, Molinæi,* 1561.

Conjuratio Fridlandica detecta. *Bruxellæ, Meerbecii,* 1634.

De cœde Alberti Proditori Walsteinii gratulatio ad Imperatorem. 1634.

Wladislai Poloniæ Regis Victoria Smolenskana. *Bruxellis, Meerbecii,* 1634.

Littera scritta da Viena, nella quale S'intende il grave tradimento, che pensava fare verso la Maestà Cesarea, el Duca Waldstain &c. *In Milano, Ghisolfi,* 1634.

Relatione della morte d'Alberto Duca di Fridlandt, conte di Walstain, &c. *In Roma Grignani,* 1634.

Item quædam hac de conjuratione scripta Germanica.

153. Dell' arte di Scrimia libri tre, di Giovanni Dellagocchie. *In Venetia, Tamborino,* 1572.

Nuovo & brieve modo di Schermire di Alfonso Fallopia. *In Bergamo, Ventura,* 1584.

Ragione

Ragione di adoprar ficuramente l'armefi da offefa come da difefa, di Giacomo de Graffi. *In Venetia, Ziletti*, 1570.
Henrici a Gunterrodt, tractatus de veris principiis artis dimicatoriæ. *Witebergæ, Welack*, 1579.
154. Jacobi Lectii, peri Euchariftias Hymnus. *Geneva, Roüiere*, 1605.
Dan. Toffani, Oratio in funere Jo. Cafimiri Comitis Palatini &c. 1592.
Quirini Reuteri, Oratio de vita & morte Jo. Cafimiri, &c. *Heidelbergæ, Smefmanni*, 1592.
Jacobi Kimedoncii, Oratio Lugubris memoriæ Jo. Cafimiri, &c. *Ibidem*.
Parentalia in obitum Jo. Cafimiri, &c. 1592.
Epitaphes & Tombeaux fur la mort de Charlotte de la Marck, Ducheffe de Bouillon. *Sedan, Abel Rivery*, 1594.
Oratio funebris in obitum Carolæ a Marka Ducis Bullionenfis, &c. 1594.
Themata controverfa ex materia utiliffima legitimarum portionum defumpta. *Geneva, Candidi*, 1596.
Thefes de tranfactionibus. *Geneva, Carterii*, 1596.
Difputationes duæ 1. de ufuris & fructibus 2. de mora. *Ibidem*.
155. Benedicti de Acoltis Aretini, de Bello a Chriftianis contra Barbaros gefto pro Chrifti Sepulchro & Judæa recuperandis libri IV. *Venetiis*, 1532.
Hifpania Damiani a Goes. *Lovanii, Refcii*, 1542.
156. Henr. Hammond, Differtationes IV. quibus Epifcopatus jura ex S. fcripturis & primæva antiquitatis adftruuntur, præmiffa differtatione prooemiali de Antichrifto, &c. *Londini, Flesher*, 1651.
Leonis Allatii de Johanna Papiffa Fabula Commentatio. *Romæ, Typis Cameræ Apoftolicæ*, 1630.
Joh. Georgii Dorschæi Differtatio Theologica de feptuaginta Heldomadibus Danielis. *Argentorati, Joh. Andreæ*, 1651.
157. Le Mercure de Gaillon, ou recueil des pieces curieufes tant Hierarchiques que politiques. *Gaillon*, 1644.
158. Jacobi Gothofredi, de imperio maris deque jure naufragii colligendi, Upomnema. *Geneva*, 1637.
Difcorfo dell' origine, forma, leggi, ed' ufo dell' ufficio dell' inquifitione nella citta e Dominio di Venetia del P. Paolo dell' ordine di Servi. 1639.
Manifefte de Charles-Louis Comte Palatin du Rhin, &c. 1639.
Fragment de l'Hiftoire de Provence.
S. Ludovici Francorum Legis Pragmatica Sanctio.
Requêtes prefentées au Roy, par le Sieur de Vertau Threforier General de France en Champagne. *Par.* 1615.
Factum concernant le different de MM. des Requêtes du Palais

MISCELLANEA, in quarto.

& MM. des Enquêtes du Parlement de Paris.
Advis au Roy par les six corps des Marchands de la Ville de Paris. 1635.
Factum pour le Sieur de Gauville, contre Louis le Cornu.
Autre pour Marie de Pluvinel, contre M. Guy du Bellay.
Factum du Procez de Balthazar Vergeret, &c.
Preuves & défense du Droit de l'Université, touchant les Messagers.
Instruction de la charge du Capitaine General des Camps & armées du Roy.
Reglement General pour le nettoyement des ruës de la Ville & Fauxbourg de Paris.

159. Libro del amore Divino & humano.
Lettioni sopra la definitione d'amore di Girolamo Sorboli. *In Modona, Gadaldino*, 1590.
Guido Casoni, della Magia d'amore. *In Venetia, Zoppini*, 1591.
Angitia Cotigiana, de natura del Cortigiano. *In Roma, Blado*, 1540.
Il Flagello delle meretrici, & la nobilita donnesca ne' figlivoli del S. Gio. Antonio Massinoni. *In Venetia, Somascho*, 1599.
Aretefila Dialogo. *In Lione, Rouillio*, 1562.
Dafni, Ecloga di Baldo Catani. *In Orvieto, Tintinassi*, 1582.

160. Anglorum Regis Oratio habita in postremo regni ordinum conventu Westmonasterii anno 1605. adjecta serie detectæ nuper conjurationis. *Londini, Barker*, 1606.
Lepanthiados Jacobi Magni Britann. Regis Metaphrasis Poëtica a Thoma Moravio. *Londini, Northon*, 1604.
Responsio ad libellum Catholicæ admonitionis prætextu in vulgus sparsum. *Londini, Barker*, 1606.
Hispaniarum Vindiciæ tutelares ab Erycio Puteano latinitate donatæ. *Lovanii, Rivii*, 1608.
Dominici Baudii Carmina gratulatoria dicata honori illust. Ducis Ambrosii Spinolæ. *Lugd. Batav. Haestens*, 1609.

161. Hermanni Kirchneri, Respublica. *Marpurgi, Hampelii*, 1634.
Stanislai Kobierzyci, de Luxu Romanorum Commentarius. *Lovanii, Dormalii*, 1628.
Antiquitates Biblicæ, Joh. Cunrado Dieterichio. *Marpurgi, Chemlini*, 1642.

162. Descriptio Britanniæ, Scotiæ, Hiberniæ & Orcadum ex libro Pauli Jovii de imperiis & gentibus cogniti orbis. *Venetiis, Tramezini*, 1548.
Rerum Burgundionum Chronicon. *Basileæ, Guarini*, 1575.
Jo. Bertelii Historia Luxemburgensis. *Coloniæ, Butgenii*, 1605.
Deorum Sacrificiorumque Gentilium descriptio, ab eodem. *Ibid.* 1606.
Joannis Pauli Windekii, Commentarius de Principum Electorum, quibus Regis Roman. Electio commendata est, origine. *Coloniæ, Quentelii*, 1616.

MISCELLANEA, in quarto.

Les Roys & Ducs d'Auſtraſie de N. Clement, traduit par François Guibaudet. *Coulongne*, 1591.

163. Monita Politica ad Sacri Romani Imperii Principes de immenſa curiæ Romanæ potentia moderanda latine, Italice & Gallice edita. *Francofurti, Hoffmanni,* 1609.

Epiſtolæ duæ 1. Clementis VII. ad Carolum V. Imperatorem 2. Caroli V. Clementi reſpondentis: Vaticinium de Imp. Karolo pervetuſtum. *Coloniæ, Quentell.* 1527.

Aulæ Tyrocinium, a Joh. Putz Tilmanni. *Viennæ Auſtriæ, Riccii*, 1629.

Guil. de Monſerrat, Tractatus de ſucceſſione Regum & præcipue Galliæ, curante Chriſtoph. Beſoldo. *Tubingæ, Wildii,* 1620.

De Paganis Sacrificiis & Templis, tit. X. lib. XVI. paratitlon.

Rectoratus, Jo. Thomæ Freigii. *Noriberga, Montani,* 1577.

Eliæ Reuſneri Septem illuſtrium quæſtionum hiſtoricarum enucleatio. *Jena, Lippoldi,* 1609.

164. Moſaycarum & Romanarum legum collatio, cum notis P. Pithoei. *Baſileæ, Guarini,* 1574.

Carolus Sigonius, de antiquo jure Provinciarum. *Venetiis, Zilletti,* 1567.

Antonii Panormitæ de dictis & factis Alphonſi Regis Arragonum libri IV. cum Æneæ Sylvii in eoſdem Commentario & Scholiis Jac. Spiegelii. *Baſileæ, Hervagii,* 1538.

Erici Daniæ Regis, Hiſtorica narratio de origine Gentis Danorum, Regibus ejuſdem gentis & eorumdem rebus geſtis &c. *Edita ab Erpoldo Lindenbruch,* 1603.

165. Exequiæ Pacis Pragenſis, a Bernardo Comenio. *Reterodami, Waesbergen,* 1639.

Libertas Germaniæ, Hieron. Gebuilerio authore. 1642.

Plaidoyé ſur l'appellation comme d'abus interjettée d'une Sentence d'Excommunication denoncée ſous le nom d'Urbain VIII. contre leurs Alteſſes de Lorraine. 1642.

Bulla Urbani VIII. contra Carolum ducem Lotharingiæ &c. 1642.

Diſſertatio Emblematica, concordiæ Chriſtianæ omen repræſentans. 1642.

Gallia deplorata. 1641.

Cauſſæ ob quas Guſtavus Adolphus Suecorum Rex coactus eſt cum exercitu in Germaniam movere. *Stralſundi, Ferberii,* 1630.

Tractatus Paſſavienſis, 1629.

Elucidatio ſtatus intentionis & conſequentiarum Belli Germano-Gallici, 1639.

Problemata Saxonicorum cum neceſſario reſponſo Theologico pro fida pace Germaniæ enucleata. 1631.

166. Dodici Capi pertinenti all' arte hiſtorica del Maſcardi, con nuove dichiarationi di Paolo Pirani. *In Venetia, Hertz,* 1646.

Vita S. Erphonis Monasteriensis Episcopi, ab Alberto Boichorst.
Monasterii, Raësfeldii, 1649.
Historia de gli Uscochi, da Minucio Minuci.
Injustitia armorum Suevicorum in Polonos a Luca de Gabriis manifestata. 1656.
A. O. Vindiciæ Polonæ.
167. Antonii Guberti, Polyhistor. *Lugduni, Tornæsii*, 1561.
Ejusdem Apologeticon. *Ibidem*.
Claudii Verderii, in autores pene omnes antiquos potissimum Censio. *Lugduni, Honorati*, 1586.
Joh. Isaaci Pontani, Analectorum libri tres. *Rostochii, Reusneri*, 1599.
Lucii Jo. Scoppæ Collectanea in diversos autores. *Par. Colinæi*, 1521,
168. Lettre du S. du Rivage contenant quelques observations sur le Poëme Epique & sur le Poëme de la Pucelle. *Par. Sommaville*, 1656.
Lettres sur le sujet du Poëme de la Pucelle. *Paris, Cham-Houdry*, 1656.
Le Mausolée Cardinal ou Eloge funebre du Cardinal de Richelieu. *Par. Pasté*, 1643.
Le Prince vendu ou contract de vente de Dom Edouard Infant de Portugal. *Ibidem*.
Apologie de l'Abbé Aubry.
169. Historia compendiosa Daniæ Regum, in certo autore, edita & deducta ad Christianum IV. studio Erpoldi Lindenbrugh. *Lugd. Batav. Raphelengii*, 1595.
Johannis Tautii Discursus generalis & specialis de Rerum publicarum inferioris Saxoniæ illustrium perfecto regimine & statu. *Francofurti, Emmelii*, 1620.
F. Bartholomei Baphii oratio de fœlicitate urbis Florentiæ. *Bononiæ, Jo Rossii*, 1565.
Gottifredi Vendelini, Pluvia Purpurea Bruxellensis. *Bruxellæ, Velpii*, 1646.
170. L'Ambassadeur Chimerique, ou le chercheur de Duppes du Cardinal de Richelieu. 1643.
Articles concernans la Police generale de la Ville de Reims. *Reims, Constant*, 1627.
Factum du Procez Criminel, entre le S. Millotet Avocat du Roy & le Sieur des Barres, &c.
171. Decreta Cæsareæ Majestatis Ordinumque Imperii in Comitiis Augustanis anno 1551. *Lovanii, Rotarii*, 1551.
Historia aliquot nostri sœculi Martyrum. *Moguntia, Behem*, 1550.
172. Simon Portius, Neapol. de coloribus oculorum. *Florentiæ, Torrentini*, 1550.
De residentia Pastorum jure Divino scripto sancita liber. *Florentiæ.*

Des dignitez, Magiſtrats & Offices du Royaume de France. *Par. le Noir*, 1553.
173. Declaration de Jean Caſimir Comte Palatin, &c. par Jean Des Bois. 1584.
Juſtification de Dom Antonio Roy de Portugal touchant la guerre qu'il fait à Philippe Roy de Caſtille, pour être remis en ſon Royaume. *Leyde, Plantin*, 1585.
Réponſe de Philippe de Marnix à un Libelle publié contre le Prince d'Orange, intitulé, Lettres d'un Gentilhomme vrai Patriot, &c. *Anvers, Gilles Vanden-Rade*, 1579.
174. Declaration de l'Aſſemblée generale du Clergé de France ſur ce qui eſt à obſerver ſous la conduite de MM. les Evêques, par les Reguliers & autres Exempts. *Paris, Vitré*, 1645.
Recueil de pieces importantes touchant ce qui s'eſt paſſé entre M. l'Archev. de Sens & les Jeſuites. *Sens*, 1650.
Antiqua veritas prædeſtinationis & gratiæ Dei & Fides Patrum.
Requête preſentée au Roy par le R. P. Abbé de la Trappe. *Paris, Langlois*, 1673.
Autre au Roy par les Abbez, Prieurs & Religieux de l'étroite Obſervance de l'Ordre de Ciſteaux. *Ibidem*.
Lettre en Vers libres ſur le Mandement de M. l'Archev. de Paris, contre le N. T. de Mons.
Ordonnance de M. de Perefixe Archev. de Paris, contre le N. T. de Mons. *Paris, Muguet*, 1667.
Seconde Ordonnance du même contre ce N. T. *Ibidem*, 1668.
Lettre de la Sœur Magdeleine de Sainte Methilde R. de P. R. à M. l'Archev. de Paris, au ſujet de ſa retractation de la ſignature du Formulaire.
Theologi Pariſienſis Epiſtola qua rationem reddit cur ſubſcripſerit cenſuræ in D. Arnaldum latæ.
Lettres Patentes du Roy pour la publication des Bulles d'Innocent X. & d'Alexandre VII. contre les V. Propoſitions, &c. *Paris*, 1664.
Theſe des Jeſuites de Poitiers en faveur de la Probabilité cenſurée par l'Univerſité de la même Ville, avec ce qui s'eſt paſſé à ce ſujet. 1665.
Lettre d'un Theologien pour ſervir de Replique à un ſecond Libelle publié par les Jeſuites, contre la Cenſure de la Faculté de Theologie de Poitiers.
L'Evangile nouveau du Cardinal Palavicin, revelé par lui dans ſon Hiſtoire du Concile de Trente.
Premier extraordinaire de l'Evêque de Cours, touchant l'adminiſtration Epiſcopale exercée dans le Dioceſe d'Amiens. 1674.
Ordonnance du Roy portant déclaration de Guerre contre l'Uſurpateur des Royaumes d'Angleterre & d'Ecoſſe. *Paris, Thierry*, 1689.

Relation de la Bataille donnée en Piémont le 4. Octobre 1693.
Lettre du Cardinal de Boüillon, lorsqu'il a envoyé au Chapitre de Liege ses Protestations. *Paris, Muguet*, 1694.
175. Alberici Gentilis, Regales disputationes de potestate Regis absoluta, unione Regnorum Britanniæ, & vi & civium in Regem semper injusta. *Hanoviæ, Antonii*, 1605.
Centuria Quæstionum politicarum Johannis Gerhardi. *Jena, Lippoldi*, 1608.
176. Bellum e Sacrarum litterarum verbis & exemplis descriptum, per Thomam Henrici. *Lucernæ, Davidis Haut*, 1639.
M. Antonius de Dominis Archiep. Spalantensis, sui reditus ex Anglia consilium exponit. *Romæ, Typis Cameræ Apost*, 1623.
Jacobi Dupré, Oratio in Erardum Billium Jesuitam in Academia Cadomensi habita anno 1645.
Doctoris Medici Parisiensis oratio. *Paris. Muguet*, 1672.
Journal du Journal, ou Censure de la Censure. *Saumur*, 1666.
Seconde Journaline de M. le Febvre. *Saumur*, 1666.
177. Le Trophée d'Armes Heraldiques, ou la Science du Blazon, avec les figures. *Paris, Targa*, 1650.
La Victime d'Etat ou la mort de Plautus Sylvanus Preteur Romain, Tragedie. *Ibidem*, 1649.
Annibal, Tragi-Comedie. *Ibidem*.
Les Oeuvres Poëtiques du Sieur D. P. *Ibidem*, 1650.
178. Ordonnances Royaux concernans le fait de l'Amirauté de l'an 1543.
Remontrance faite par François Grimaudet aux Etats d'Anjou. *Troyes, Bourgeat*, 1561.
Ordonnances de Charles IX. sur les Remontrances des Députez des trois Etats tenus à Orleans. *Paris, Jehan Daillier*, 1561.
Statuts & Ordonnances Royales faites par les Rois de France sur l'état de M. Barbier Chirurgien. *Roüen, Loyselet*, 1597.
Edit du Roy sur la Réduction de la Ville de Marseille. *Marseille, Arnoux*, 1597.
Edit de Charles IX. sur la pacification des troubles. 1563.
Edit du Roy pour l'établissement de sa Compagnie Royale de Voïages de long-cours, Levant, Midy, &c. 1637.
Arrest portant Reglement donné par la Cour des Aydes à Paris. 1615.
Autre du Conseil privé pour les Banquiers de France & Solliciteurs de Cour de Rome, &c.
Autre du Parlement de Toulouse donné entre Jean Lortian, &c.
Arrest du Conseil, portant suppression du droit de Subvention, &c. 1643.
Declaration du Roy, portant que tous possesseurs & joüissans des biens Ecclesiastiques, vendus & alienés depuis l'année 1556. payeront le 8. denier, &c. 1642.

Articles accordez entre les Syndics & Députez des Etats de Languedoc, &c.
Traité de Commerce entre les Roy de France & d'Angleterre. *Paris, Hulpeau*, 1607.
Remontrances au Roy des Officiers de Sa Majesté tenant ses Etats. *Paris, Richer*, 1588.
Remontrances à la Reine mere Regente, pour la conservation de l'Etat pendant la Minorité du Roy. 1610.
Remontrance à la Reine par le P. Yves de Paris, Capucin. 1644.
Avis pour le retranchement des abus en Justice.
Discours sur le Reglement des Pauvres & sur les Aumônes.
Discours des Histoires de Lorraine & de Flandres. *Paris, Etienne*, 1552.
Publication de la Paix entre Henry II. & le Roy d'Espagne. 1559.
Chant Pastoral de la Paix par R. Belleau. *Paris, Wechel*, 1559.
La Paix au Roy par P. de Ronsard. *Ibidem*.
Chant de joïe de la Paix, par Jacques Grevin. *Paris*, 1559.
Déploration sur les Miseres avenuës par la pestilence en la Ville de Nice l'an 1580. par P. Capel. *Paris, Chevillot*, 1583.
Publication de la Treve entre Henry II. Roy de France & le Roy d'Angleterre. 1555.
Bail de l'ancien Domaine de Navarre fait, &c. 1612.
Deux Oraisons françoises de Loüis le Roy; la 1. des Langues doctes & vulgaires; la 2. de l'Etat de l'ancienne Grece. *Par. Morel*, 1576.
Apologie faite par un Serviteur du Roy contre les Calomnies des Imperiaux sur la descente du Turc. *Paris, Etienne*, 1651.
Discours de Nicolas de Harlay sur l'occurrence de ses affaires.
Discours des assurez moyens d'anneantir & ruiner la Monarchie des Princes Ottomans, par le Sieur de Breves.
Traité fait en l'an 1604. entre Henry le Grand & le Sultan Acnat Empereur des Turcs.
Discours sur l'Alliance qu'a le Roy avec le Grand Seigneur & de l'utilité qu'elle apporte à la Chrétienté.
Dialogue du Cardinal de Richelieu voulant entrer en Paradis, & sa descente aux Enfers, Tragi-Comedie. *Paris*, 1643.
L'ombre du grand Armand. *Paris*, 1643.
Entrevuë du Roy de Suede & de l'Empereur dans les Champs Elisées, avec leurs entretiens sur la mort du Cardinal de Richelieu. *Paris, l'Hermite*, 1643.
Profession de la Foi Catholique. *Paris, Boulanger*, 1644.
Réponse de J. Bodin au paradoxe de M. de Malestroit touchant l'encherissement de toutes choses. *Par. Marnis le jeune*, 1568.
Lettre écrite au Roy par Monsieur &c. *Paris, Vitray*, 1631.
Memoires & instructions pour l'établissement des Meuriers, & l'art de faire la soye en France. *Par. Mettayer*, 1603.

La feconde, Richeffe du Meurier blanc, par Olivier de Serres. *Par. Saugrain*, 1603. *in* 4.
179. Staniſl.i Carncovi Epiſc. Uladiſlavienſis, Panegyricus ad Henricum Valeſium Poloniæ Regum deſideratum. *Pariſ. Morelli*, 1574.
Le même en François. *Ibidem*.
Complainte funebre ſur la mort de Ronſard, par M. Habert. *Par. Jean Richer*, 1586.
Dion. Lambini oratio de Philoſophia cum arte dicendi conjungenda. *Pariſ.* 1568.
Antonii Mureti oratio ad Gregorium XIII. habita nomine Henrici III. Gall. & Polon. Regis. *Pariſ. Morelli*, 1576.
Joannis Grangierii Panegyricus dicatus Ludovico XIII. *Pariſ. Libert*, 1620.
Martini Akakiæ Panegyricus Henrico Valeſio Regi Chriſtianiſſimo dictus. *Pariſ. Morelli*, 1578.
Caroli IX. Galliarum Regis tumulus a variis autoribus. *Ibidem*, 1574.
Le Tombeau de Charles IX. par Pierre Ronſard. *Ibidem*.
Ant. Mureti, oratio habita Romæ in funere Caroli IX. *Ibidem*.
In Henrici III. Regis Gall. & Poloniæ felicem reditum verſus. *Ibid*.
Le Tombeau de Gilles Bourdin. *Par. Eſtienne*, 1570.
Sillacii Caſtræi tumulus. *Ibidem*, 1569.
Phil. de Buiſine, oratio de laudibus juriſprudentiæ. *Pariſ. Langlæi*, 1643.
Dion. Lambini oratio in qua Regis erga ſe Beneficium commemorat. *Pariſ.* 1570.
Cenſura S. Facultatis Theol. Pariſienſis in librum cui titulus : le Pacifique véritable, &c. *Pariſ. Vitray*, 1644.
Jo. Alealmi Aurelii, confutatio problematis ab Henrico Monantholio propoſiti. *Pariſ. le Clerc*, 1600.
Ad Divam Cæciliam, Hymnus, Jo. Aurati. *Pariſ.* 1575.
Jo. Aurati Deſcriptio Magnif. ſpectaculi habitu in Henrici Regis Poloniæ renuntiati gratulationem. *Ibidem*, 1573.
Boni publici & cauſſæ eignoſticæ Epithalamium ; accedit in oſcophoriorum diem Elegia, per Mathurinum Pignorenium. *Par. Buon*, 1575.
Franc. Inſulani Pariſienſis Poëmata. *Pariſ. Richerii*, 1576.
Jo. Aurati, oratio Lat. Gall. ad B. Virginem Mariam lætitiæ nomine conſecratam ob victoriam ab Henrico Guyſio reportatam. *Pariſ. Morelli*, 1576.
Jo. Dacerius in Tumulum Jo. Morvillierii. *Pariſ. Dionyſii a Prato*, 1577.
Turnella ad Chriſtoph. Thuanum. *Andegavi, Trimallæi*, 1578.
La main ou œuvres Poëtiques faites ſur la main d'Eſtienne Paſquier. *Par. Gadouleau*, 1584.

Cantiq

Cantique du S. du Bartas sur la victoire obtenuë par le Roy à Ivry. *Tours, Richer*, 1590.
Jo. B. Maffoni, Defcriptio domus, vulgo Conflans in confpectu urbis Parifiorum. 1619.
Traité des trois Colombes, par J. B. le Maffon. *Par. Boullenger*, 1620.
Dav. Echlini, Carolides ad Carolum Magnæ Britanniæ Regem. *Londini*, 1630.
F. Thomæ Campanellæ Ord. Præd. Ecloga in portentofam Delphini nativitatem. *Par. du Bray*, 1639.
Pleias Borbonidarum.
La fageffe divine au Cardinal de Richelieu. *Par. Cramoify*, 1639.
Inauguratio de figno Mercurii in Hortis Reginæ reperto.
Propofitioni fatte al Signor D. Pietro di Toledo Governatore dello ftato di Milano. 1616.
Rifpofta al compendio del fatto & breve difcorfo della caufa del Monferrato per il Duca di Savoia.
Dan. Heinfii oratio, cum græcorum litterarum profeffionem, &c.
Joachimi Cluten, Sylloge rerum quotidianarum de ftatu Romani Imperii.
180. Onguent pour la brulure.
Lettre d'un Theologien pour fervir de replique à un fecond Libelle publié par les Jefuites, contre la Cenfure que la Faculté de Theologie de Poitiers a faite de leur doctrine de la Probabilité. 1666.
Défenfe des Libertez de l'Eglife Gallicane contre les Thefes des Jefuites foutenuës au College de Clermont en 1661. adreffée aux Parlemens de France.
Cenfuræ S. Facult. Parifienfis in librum, cui titulus: *Amadæi Guimenii*, &c.
Dialogue de la Foy probable contre le Livre du P. Eftrix J. intitulé: *Diatriba Theologica*, &c.
Lettre de M. l'Ev. d'Angers à M. l'Archev. de Paris. 1664.
Lettre d'un Ecclefiaftique de Provins à un de fes amis, fur l'Ordonnance de M. l'Archev. de Sens. 1668.
Ordonnance de M. l'Archev. de Sens. 1668.
Ordonnance du Cardinal Barberin contre le N. T. de Mons.
Chamillarde feconde.
Recit de ce qui s'eft paffé au Parlement au fujet de la Bulle d'Alexandre VII. contre les Cenfures de Sorbonne.
L'Herefie imaginaire. Lettres II. III. IV. VI. VII. IX.
Examen de la Réponfe à la IX. Herefie imaginaire.
Lettre X. Lettre XI. ou premiere Vifionnaire, & les III. IV. V. VII. & VIII.
Réponfe à la Lettre adreffée à l'Auteur des Herefies imaginaires.
L'Herefie mourante, Lettre II. à M. l'Archev. de Paris.

Advis sur le Placard du S. Desmaretz.

Lettre Pastorale de M. l'Ev. de Digne contre l'Apologie pour les Casuistes.

Theses des Jesuites de Poitiers en faveur de la Probabilité, censurées par l'Université de cette Ville, &c. 1665.

Factum de MM. les Curez de Paris contre la These des Jesuites.

Remontrance à M. l'Archev. de Reims sur son Ordonnance contre les deux Theses des Jesuites. 1697.

Theses Jesuitarum Collegii Remensis 1692. de vera Religione & de Gratia.

Protestation de M. le Marquis de Lavardin.

Refutation d'un Libelle Italien en forme de Réponse à cette Protestation.

Arrest du Parlement sur un Bref du mois d'Octobre 1680.

Autre sur une Bulle du 18. Décembre 1680.

Autre sur un Bref d'Innocent XI. du 31. Mars 1681.

Autre sur un Ordre envoyé par le Commissaire General des Carmes au sujet des Theses soutenuës par le P. Felix Buhy. 1682.

Autre sur la Bulle du Pape concernant les Franchises.

Acte d'appel interjetté au futur Concile par le Procureur general.

Procez-verbal de l'Assemblée des Archevêques & Evêques qui se sont trouvez à Paris, &c. 1688.

181. Sentence d'Excommunication contre trois Jesuites du College de Pamiez.

Réponse à un Ecrit intitulé : Nullité de la Sentence d'Excommunication contre trois Jesuites du College de Pamiez.

Interdit de deux RR. PP. Capucins dans la Ville & Diocese de Thoulouse.

Arrest du Conseil sur le differend entre M. l'Evêque de Pamiez & les Jesuites.

Observations sur le Mandement de M. l'Ev. de Clermont. 1665.

Lettres d'un Ecclesiastique sur les sentimens de M. l'Ev. d'Alet touchant le refus que font les R. des P. R. de signer le Formulaire.

Réponse servant de justification pour deux Chanoines de l'Eglise d'Alet, &c. où l'on traite de l'effet & du pouvoir des Absolutions *ad Cautelam*, par François Pinsson. *Paris, Chrétien*, 1665.

Requête du Promoteur de l'Eglise & Diocese d'Aleth à Nosseigneurs de l'Assemblée Generale du Clergé.

Advertissement produit au Conseil du Roy par le Promoteur d'Aleth, &c.

Lettre circulaire de M. l'Ev. de Pamiez aux Prélats du Royaume.

III. & IV. Lettres du S. François Romain Theologien à un de ses amis d'Aleth, sur la Lettre circulaire signée des IV. Evêq. *Par. Cramoisy*, 1668.

Question à examiner, si M. l'Archev. de Paris a droit de refuser les

Sacremens à l'article de la mort & la sépulture Ecclesiastique, à cause du seul refus de signer le Formulaire.

Réponse à la Démonstration prétenduë du fait contesté de Jansenius reduite en abregé dans un Placard.

Lettre de M. de Pamiez au Pere de la Chaise.

La vie & la conduite de MM. les Evêques d'Aleth & de Pamiez.

182. Articuli circa librorum approbationem observandi.

Lettre Pastorale de M. l'Archev. de Sens pour disposer ses Diocesains à gagner saintement le Jubilé. 1668.

Question Canonique sur la validité du Mandement de M. l'Arch. de Paris dans la sainte Chapelle, & ses dépendances, &c. 1667.

Lettre Pastorale de M. l'Ev. de Cahors touchant les usures & interests. 1668.

Sentence de l'Officialité de Châlons pour l'enregistrement de l'Arrest intervenu sur les contestations formées par les Reguliers du Diocese d'Agen. 1669.

Ordonnance de M. l'Ev. d'Amiens sur le different entre les Curez & les Jesuites de la Ville d'Amiens, à l'occasion des Confessions Paschales.

Lettre de M. l'Ev. de Metollopolis Vicaire Apostolique de Siam au Superieur & Directeurs du Seminaire des Missions Etrangeres.

Ordonnance de M. l'Arch. de Paris, portant condamnation d'un Livre intitulé : Nouvelle Bibliotheque des Auteurs Ecclesiastiques, &c. 1693.

Censure faite par M. l'Ev. d'Arras de certaines Propositions avancées dans un Sermon prêché le 21. Juillet, 1697.

Ordonnance de M. l'Arch. de Paris pour faire retirer les Religieuses dans leurs Monasteres. 1697.

Autre touchant l'habit & la conduite exterieure des Ecclesiastiques. 1697.

Mandement du même pour la convocation du Synode. 1697.

Autre de M. l'Ev. d'Arras au sujet d'une Thése imprimée dans son Diocese. 1698.

Ordonnance de M. l'Arch. de Reims pour l'approbation des Reguliers de son Diocese. 1700.

Contra novi Abailardi Errores S. Bernardus etiamnum expostulat apud Clementem X. Pontif. Max.

Conjectura circa epinomen D. Clementis Romani, cui subjiciuntur castigationes in Epiphanium & Petavium, de Eucharistia, coelibatu Clericorum & orationibus pro vita functis. a Jac. de Ardenna. *Londini.* 1683.

Epistolæ Samaritanæ Sichemitarum ad Jobum Ludolfum cum ejusdem Latina versione & annotationibus. *Cizæ, Hetstedii,* 1688.

Jo. Dallæi Dissertation posthuma de auctore confessionis fidei, Alcuini nomine a P. Franc. Chiffletio edita, &c. *Rothomagi, Lucas*, 1673.

Sentiment des Docteurs de Paris sur celui d'un Auteur, au sujet de l'absolution & de la communion, qui croit qu'on peut même sans delai & toûjours donner à un pécheur d'habitude. 1696.

Censura S. Facultatis Theol. Parisiensis ad dandum Senatui Responsum lata, in Propositionem de qua ille quæsierat quid ipsa sentiret. 1683.

Judicium S. Facultatis Theol. Lovaniensis super hac assertione : Attritio quæ ex solo gehennæ aut pœnarum, &c. 1665.

Censura S. Facultatis Parisiensis lata in librum cui titulus : *la Mystique cité de Dieu*, &c. 1696.

Lettre d'un Avocat nouvellement réüni à l'Eglise Catholique, qui contient l'examen d'un Ministre, intitulé : Lettre Pastorale. *Par. Pepingué*, 1686.

XI. Lettre Pastorale : Article d'antiquité, fin de l'Histoire du Christianisme du 3. siecle, de la Tradition & de la Primauté de l'Evêque de Rome.

Réponse des nouveaux Convertis de France à la Lettre Pastorale d'un Ministre de la R. P. R. 1686.

Contrat de la Ville de Paris avec l'Université pour faire un Eloge du Roy le 15. May à perpetuité. 1685.

Carolo Mauritio le Tellier, Arch. Duci Remensi gratulatio, a P. Rainssant.

Pompes funebres faits pour la Reyne. 1683.

Antonii Hersan, oratio in funere Mich. Tellerii Gall. Cancellarii. 1686.

Oraison funebre de M. le Duc de Montausier, par Esprit Flechier. 1690.

183. Relation contenant ce que l'armée Navale du Roy a executé devant la Ville de Génes, en 1684.

Relation de l'audience donnée par le S. de Lyonne à Solyman Musta Feraga, envoyé au Roy par l'Empereur des Turcs. 1669.

Traité de paix entre la France & l'Espagne, en 1659.

Pouvoirs du Cardinal Chigi Legat *a Latere* en France. 1664.

Déclaration du Roy portant établissement d'une Compagnie des Indes Orientales. 1664.

Discours d'un fidéle sujet au Roy touchant l'établissement d'une Compagnie Françoise pour le Commerce des Indes Orientales. 1664.

Traité de paix entre la France & l'Angleterre, & le Dannemarc & l'Angleterre, de l'an 1667.

Edit du Roy de servant de Reglement pour le Commerce des Negocians & Marchands. 1673.

Edit du Roy portant Reglement general sur les Duels, avec le nouveau Reglement de MM. les Marechaux de France. 1679.

Raisons & moyens qui peuvent servir à la paix generale. 1673.
Préliminaire de la paix. *Par. Leonard*, 1678.
Traité de paix & de commerce, navigation & marine entre la France & la Hollande. 1678.
Relation de ce qui s'est passé au Bombardement d'Alger, en 1682.
Reduction de Luxembourg à l'obéissance du Roy. 1684.
Traité entre la France & la Hollande. 1684.
Edit du Roy portant création & reglement d'une Compagnie generale pour les assurances & grosses avantures de France en la Ville de Paris. 1686.
Memoire des raisons qui ont obligé le Roy à reprendre les armes. 1688.
Déclaration de guerre contre l'Espagne. 1689.
Raisons qui ont obligé le Roy d'Angleterre à se retirer de Rochester, &c. 1689.
Journal du Siege de Namur. 1692.
Memoire des raisons qui ont obligé le Roy à envoyer des troupes contre le Duc de Savoye.
Relation du combat de Steenkerque. 1692.
Lettres Patentes du Roy pour conserver au Roy d'Espagne son petit fils les droits de sa naissance. 1701.
Relation de la victoire remportée près de Spire par l'armée du Roy, en 1703.
Lettre du Roy au Pape contenant les motifs de la guerre de Savoye.
Reconnoissance de la Mer du Sud & de la Côte Occidentale de la Nouvelle France. *in 4*.
184. La Justice Royale.
Profetie dell' Abbate Joachimo & di Anselmo Vescovo di Marsico. *In Venetia Thomasini*, 1646.
Discorso Meteorologico de terre moti, da Luca Antonio Chracas *In Roma*, 1703.
Questions proposées par un Docteur de Sorbonne au Traducteur des Homelies de Saint Jean Chrysostome.
Lettre à un Curieux sur d'anciens Tombeaux découverts sous le Grand Autel de l'Eglise d'Amiens. 1697.
Ordonnance de M. l'Ev. d'Amiens contre cette Lettre.
Factum pour les Curez de Paris, contre M. Claude Joly, &c. touchant les Ecoles de charité.
Considerations sur la Declaration du Roy, pour l'établissement des Seminaires, &c. 1698.
Arrest du Conseil sur le differend entre M. l'Ev. de Beauvais & son Chapitre.
Memoire presenté à M. l'Archev. de Reims par le Chapitre de l'Eglise de N. Dame, sur le differend entre les Chapelains de ladite Eglise & le Chapitre de S. Symphorien.
Ordonnance de M. l'Archev. de Reims pour l'approbation des Reguliers de son Diocese. 1697.

Edit du Roy portant Creation de Notaires Royaux & Apoſtoliques. 1691.

Défenſe des uſages de la Province de Flandres pour la Collation des Benefices, contre les entrepriſes de quelques Graduez de l'Univerſité de Paris. 1703.

Furor antiquandi fotum auſtregarum repreſſus.

Concordata Nationis Germanicæ cum S. ſede Apoſtolica. *Lovanii, Bergagne*, 1554.

Exacta facti ſpecies cum ſolida remonſtratione non exiſtentis prætenſæ Electionis Ser. Princ. Joſ. Clementis Bavariæ Ducis, &c. 1688.

Raiſon de Son Alteſſe Electorale Palatine contre la Suſpenſion des droits conteſtez, &c.

Requête à Noſſeigneurs du Parlement par Alexis de Mauroy Prêtre de la Congregation de S. Lazare.

Jo. Hemeræi querela adverſus apologias Petri Gaii. *Pariſ.* 1660.

Secrets pour ſe parler de loin ſans que d'autres vous entendent; manieres pour aller ſous l'eau & d'y reſter long-tems, & autres Secrets. *Arnhem, Jan Jantz*, 1619. *Hollandois.*

Ce même Livre Hollandois contient encore differens ſujets, comme le Songe du Me d'Ecole de M. Barnueld. La Requête de l'Egliſe de Harlem, aux Magiſtrats de la même Ville. La réponſe des Predicans de Bolduc au défy de deux Docteurs de Louvain. Les plaintes de la Patrie ſur les broüilleries de Hollande cauſées par les Novateurs, &c.

MISCELLANEA.

IN OCTAVO, &c.

1. JOACHIMI Camerarii, Commentarii in libros I. & II. Iliados Homeri. *Francofurti, Wecheli*, 1584.

Iſocratis Orationes græce; accedunt Gnomæ monoſtoichoi è veteribus Comicis Collectæ, adjecta inſuper varia locorum lectione, ſtudio Frid. Sylburgii. *Ibidem*, 1585. *in* 8.

2. Nonni Panopolitani Poëtæ converſio græca Evangelii Secundum Joannem latine tranſlata. *Ingolſtadii, Ederi*, 1614.

Nicolai Glaſeri, Apocrypha Parænetica Philologica. *Hamburgi, Langii*, 1614. *in* 8.

3. Ex Memnone & aliis excerptæ hiſtoriæ de tyrannis Heracleæ Ponſicæ; ex Cteſia & Agatarchide excerptæ hiſtoriæ gr. lat. ex Henr. Stephani & Laur. Rhodomanni interpretatione. *Apud H. Stephanum.* 1594.

MISCELLANEA, in octavo, &c.

Dicæarchi Geographica quædam sive de vita Græciæ. Ejusdem Descriptio Græciæ cum latina interpretatione & notis H. Stephani ejusque Dialogo cui titulus. *Dicæarchi, Sympractor,* 1589. *in* 8.

4. Æsopi Phrygis fabulæ gr. lat. cum aliis quibusdam opusculis. *Basileæ, Brylingeri,* 1550.

Aristotelis Rhetoricorum libri duo, M. Ant. Mureto interprete. *Romæ, Grassi,* 1585. *in* 8.

5. Sedulius de rectoribus Christianis & convenientibus regulis quibus est respublica rite gubernanda. 1619.

Origenis Scholia in Orationem Dominicam & Cantica B. Virginis Zachariæ & Simeonis gr. lat. cum notis Fed. Morelli. *Parisiis, Morelli,* 1601.

B. Hieronymi Disputatio ad institutionem Christianorum gr. lat. edita ab eodem. *Ibidem,* 1598.

Theod. Marcilius in Orationem Dominicam & salutationem Angelicam. *Ibidem,* 1601. *in* 8.

6. Lycophronis Chalcidensis Cassandra gr. lat. cum notis Guillel. Canteri. *Typis Commelini,* 1596.

Fabii Planciadis Fulgentii liber de expositione Virgilianæ continentiæ Junii Philargyri Commentarius in Bucolica & Georgica Virgilii. Fulvii Ursini notæ ad Servium in Bucolica, Georgica & Æneida Virgilii. Velius Longus de Orthographia. Magni Aurel. Cassiodori liber de Orthographia. *Heidelbergæ,* 1589.

Georgii Codini Selecta de originibus Constantinopolitanis, gr. lat. a Georgio Dousa edita. *Typis Commelini,* 1596. *in* 8.

7. Hesiodi Ascræi quæ extant, gr. lat. cum notis Dan. Heinsii. *Lugduni, Batav. Jo. Patii,* 1613.

Basilii Jo. Herold, Scipio & Nero, Dialogi. *Basileæ, Oporini,* 1558. *in* 8.

8. Historia Antiqua, hoc est, Myrsilius Lesbius, de origine Italiæ & Thyrrhennorum. M. Porcii Catonis Fragmenta ex libris originum Archilochus de Temporibus. Berosi Babilonii antiquitates. Manetho de regibus Ægyptiorum. Metasthenes Persa de judicio temporum Xenophon de æquivocis. Q. Fabius Pictor de aureo sæculo origine Urbis Romæ ejusque descriptione. C. Sempronius de divisione Italiæ. Philonis Judæi antiquitates Biblicæ; accessit censura Gasp. Varrerii in Berosum. *Typis Commelini,* 1599.

Saracenica sive Mahometica, gr. lat. cum notis Frid. Sylburgii. *Ibidem* 1595.

Eunapius Sardianus de vitis Philosophorum & Sophistarum gr. lat. edita ab Hieron. Commelino. *Coloniæ, Stoer,* 1616.

9. Geographica Merciani Heracleotæ, Scylacis Caryandensis, Artemidori Ephesii, Dicæarchi Messenii, Isidori Characeni græce a Davide Hoës Chelio edita. *Augusta Vindelicorum,* 1600.

Adriani Merii, Alemariani, Doctrina fpherica. *Francof. Palthenii*, 1598.

Thomas Bozius Eugubinus, de Italiæ antiquo fitu & novo. *Colonia, Gymnici*, 1595. *in* 8.

10. Theophilacti Simocattæ, Quæftiones Phyficæ.
Ejufdem Epiftolæ Morales Rufticæ amatoriæ.
Caffii Quæftiones Medicæ.
Juliani Imper. Gallicæ.
SS. Bafilii & Gregorii Nazianzeni Epiftolæ aliquot græce editæ a Bon. Vulcanio. *Lugd. Bat. Jo. Patii*, 1597. *in* 12.

11. Scholia in Theocriti Idylia græce. *Typis Commelini*, 1601.
Ocellus Lucanus de univerfi natura, gr. lat. cum notis Lud. Nogarolæ & Epiftola de viris illuftibus Italis qui græce fcripferunt. *Ibidem*, 1596.
Georgii Codini Selecta de originibus Conftantinopolitanis gr. lat. a Georgio Doufa. *Ibidem*.
Saracenica five Moamethica gr. lat. edita cum notis Sylburgii. *Ibidem*, 1595.

12. Origines de Clermont en Auvergne, par Jean Savaron. *Clermont, Durand*, 1607.
Anonymus de Sanctis Ecclefiis & Monafteriis Claromontii editus notifque illuftratus a Jo. Savarone. *Parif. Drouart*, 1608.
Traité des Confrairies, par le même. *Paris, Chevalier*, 1604.
Homelia B. Auguftini de Kalendis Januarii, ac Vener. Sorbonæ Decretalis Epiftola contra Feftum Fatuorum, notis illuftratæ; accedit tractatus contra larvas, ftudio Jo. Savaronis. *Parifiis, Perier*, 1611.
Traité contre les Duels, avec l'Edit de Philippes le Bel de l'an 1306. par le même. *Ibidem*, 1610.
Traité de l'Epée Françoife, par le même. *Ibidem, in* 8.

13. Martini Delrio Soc. J. Vindiciæ Areopagiticæ contra Jof. Scaligerum. *Antuerpiæ, Moreti*, 1607.
Arifteæ, de legis divinæ ex hebraica lingua in græcam tranflatione per LXX. interpretes facta, Hiftoria gr. lat. Matthia Garbitio interprete edita ab Eldano de Parchun. *Francof. Petri Mufculi*, 1610.
Jacobi Pamelii, de religionibus diverfis non admittendis, Relatio ad ordines Belgii. *Antuerpiæ, Plantin*, 1589.
Heriberti Rofweydi Soc. J. de fide hæreticis fervanda Differtatio. *Antuerpiæ, Moreti*, 1610.
Roberti Sweertii Differtatio de fide hæreticis fervanda. *Ibidem*. 1611. *in* 8.

14. Difcuffio Difcuffionis Decreti Magni Concilii Lateranenfis, adverfus Leon. Leffium Soc. J. a Rogero Widringtono. *Auguftæ, Jo. Libii*, 1618.
Sorex primus oras Chartarum libri primi de Republica Ecclefiaftica

chiep. Spalatenſis Corrodens Leonardus Marius a Daniele Loheto in muſcipula captus & confoſſus. *Londini, Billii,* 1618.

Cenſura S. Facultatis Theol. Pariſ. in IV. priores libros de Republica Eccleſ. M. Ant. de Dominis. *Pariſ. Thierry,* 1618. *in* 8.

15. Philippiques contre les Bulles & autres pratiques de la Faction d'Eſpagne pour le Roy Henry le Grand. *Tours,* 1611.

Traité de la Souveraineté du Roy & de ſon Royaume, par Jean Savaron. *Paris, Chevalier,* 1615.

Examen du Traité de J. Savaron de la Souveraineté du Roy. 1615.

Erreurs & impoſtures de l'examen du Traité de Jean Savaron de la Souveraineté du Roy, par ledit Savaron. *Paris, Chevalier* 1616. *in* 8.

16. Dion. Petavii, Diſſertatio de Photino hæretico.

Jo. Fileſaci, Regia Majeſtas ſacro-ſancta. *Pariſiis, Bouillerot,* 1626.

Excerpta ex libro tertio ſelectorum Jo. Fileſaci. *Pariſiis, Griſet,* 1636.

Statutorum S. Facultatis Theol. Pariſ. origo priſca interprete Jo. Fileſaco. *Pariſ. Langlois,* 1620.

Hieron. Cardani, de præceptis ad filios libellus. *Pariſiis, Th. Blaſii,* 1635.

Plaidoyé pour la défenſe du Prince des Sots par L. V. *Paris, Rouſſet,* 1617.

Advis donné à Jules Ceſar à l'iſſuë de la Bataille de Pharſall. *Par. Dupré,* 1582.

Advertiſſement du Medecin du Cardinal de Guyſe à Ronſard, touchant ſa Franciade. *Ibidem,* 1568.

Plainte Apologetique a M. le Cardinal de Retz, par le P. Boucher Cordelier. *Par. Moreau,* 1619.

Copie de l'inſcription de la ſtatuë de Henry le Grand, &c. *Par. Morel,* 1613.

Georgii Thomſoni, Vindex veritatis adverſus Juſt. Lipſium. *Londini, Norton,* 1606.

Franc-Junii, Libellus Singularis de Eccleſia, apud Petrum Sanctandræanum. 1602. *in* 8.

17. Harangue du Cardinal du Perron, ſur l'article du Serment. *Par. Etienne,* 1615.

Réponſe à la Harangue du Card. du Perron, par M. V. D. C. C. D.

Déclaration de Jacques I. Roy d'Angleterre, pour le Droit des Roys & independance de leurs Couronnes. *Londres, Jehan Bill.* 1615.

Diſcours ſur la reception du Concile de Trente en France. 1615.

Réponſe aux objections qui ſe font pour empêcher la reception du Concile de Trente: Seconde Edition. *Par. Delon,* 1615.

Le Proteſtant François. *La Rochelle,* 1617.

La Doctrine de N. S. J. C. & celle du Cardinal Bellarmin Je-

suite, touchant les Roys & Princes &c. rapportée l'une à l'autre, 1611. *in* 8.
18. Joh. Bernartius, de utilitate legendæ hiſtoriæ. *Antuerpiæ, Moreti*, 1593.
Barthol. Keckermannus de natura & proprietatibus Hiſtoriæ. *Hanoviæ, Antonii*, 1610.
Thomas Bonius de Hiſtoria. *Venetiis, Ciotti*, 1607.
Iriniphili Peregrini viatoris, homo politicus, Brutum politicum. *Hamburgi, Froben*, 1611.
Diarium Eruditorum Virorum memoriæ conſecratum. *Francofurti, Cambierii*, 1612.
Davidis Paræi Synopſis Chronologiæ ſacræ vindicata a Sethi Calviſii Cavillis. *Francofurti, Richteri*, 1607.
Ejuſdem Epiſtola de Joſephi Scaligeri Elenchis Chronologicis. *Ibidem*, 1608. *in* 8.
19. Lamberti Thomæ Schenckelii, Methodus ſive declaratio quomodo latina lingua ſex menſium ſpacio doceri poſſit &c. *Argentorati, Zetzneri*, 1619.
Albericus Gentilis, de diverſis temporum appellationibus. *Viteberga*, 1586.
Thaddæi Duni, liber de arte numerandi dies menſium per Nonas, Idus & Calendas. *Tiguri, Geſſneri*, 1610.
Micchaelis Piccarti Orationes Academicæ cum auctario Diſſertationum Philoſophicarum. *Lipſiæ*, 1614.
De Ruſſorum Religione, ritibus, nuptiarum, funerum, victu, veſtitu, &c. 1582.
Bernhardi Zieritzii Diſſertatio de converſionibus & everſionibus rerum publicarum. *Lipſiæ, Lantzenberger*, 1609.
Ejuſdem Commentatiuncula de Principum inter ipſos dignitatis prærogativa. *Jenæ, Lippoldi*, 1612. *in* 8.
20. Joannes de Turrecremata Cardinalis, contra errores Machometi. *Romæ, Facciotti*, 1606.
Gennadii Patriarchæ Conſtantin. Dialogus de via ſalutis humanæ, gr. lat. *Helmaſtadii, Jac. Lucii*, 1611.
Vegeticus Chriſtianus de tota arte militari ad Turcam ſerio tuto citoque debellandum, a F. Phil. Boſquiero, Ord. S. Franciſci. *Coloniæ, Jo. Crithii*, 1615.
Phyſicæ Photinianæ examen ab Andræa Keſlero. *Erffurti, Birckneri*. 1631.
Samuelis Mareſii diſſertatio de Antichriſto. *Amſtelrodami, Janſſonii*, 1640.
Hipp. Frontonis Caracottæ Strigil adverſus commentationem anonymi ad loca quædam novi Teſtamenti quæ de antichriſto aut agere putantur. *Ibidem, in* 8.
21. Hugonis Grotii, Mare liberum. *Amſterdami. Blaeuws* 1633.
Jo. Seldeni mare Clauſum; accedunt Marci Zueri Boxhornii Apo-

logia pro navigationibus Hollandorum adversus Pontum
Heuterum & tractatus mutui commercii & navigationis inter
Henricum VII. Regem Angliæ & Philippum Archiducem
Austriæ. *Londini*, 1636.

Joh. Isacii Pontani Discussiones historicæ ; accedit Casp. Varrerii
Commentarius de Ophyra Regione & ad eam navigatione.
Hardervici , Wieringen, 1637. *in* 8.

22. Phil. Melanchthonis Orationes aliquot. *Haganoæ*, 1533.

Dionis. Chrysostomi Oratio de Ilio non capto gr. lat. edita a
Laurentio Rhodomanno. *Northusa, Hynitzschii*, 1652.

Jo. Thomassini, Panegyricus de civitate Lingonum. *Par. Wechel,*
1531. *in* 8.

23. Traité Parænetique, auquel se montre le droit chemin de
resister à l'effort du Castillan, traduit par J. D. Dralymont.
1598.

Precedentia de España. *En Madrid*, *Juan Gonçalez*, 1630.

Traité de la Puissance du Pape.

Le Miroir du passé à l'usage du present. 1625.

Dessein perpetuel des Espagnols à la Monarchie universelle, 1624.
in 8.

Censura S. Facultatis Theol. Paris. in librum cui titulus: G. G.
R. Theologi ad Ludovicum XIII. admonitio. *Par. Griset,*
1625.

Decretum Universitatis Paris. contra Thesim F. Jo. Testefort,
Ord. Præd. 1626.

Alterum contra Ant. Santarelli librum de Hæresi, &c. *Parisiis,
Durand*, 1626.

Censura S. Facultatis Theol. Paris. in Santarellum. *Par. Bouillerot,*
1626.

Altera in librum: la somme Theologique &c. par le P. François
Garassus. *Ibidem.*

Refutation de l'abus prétendu & la découverte de la veritable
ignorance & vanité du P. François Garasse. 1626.

Advis touchant la Refutation de la somme Theologique du Pere
Garasse. 1626.

L'abus découvert en la censure de la somme Theol. du P. Garasse.
Paris, 1626.

De Gaffarello Judicium. 1625.

Arrest du Parlement contre le Livre intitulé : Hermani Loemelii
Spongia. *Par. Durand*, 1632.

Bref narré de ce qui s'est passé ensuite du different mû, entre l'Evêque de Chalcedoine & les Jesuites Anglois.

Censura S. Facultatis Paris. in Petri Picherelli Opuscula Theologica, Retractatio Jac. Gaffarelli. *Par. Guillemot*, 1629.

Eadem censura, cui accedunt Glossa Marginalis Aurelianensis,
Epistola Gondulphi Guiniberti, Judicium Franc. Solerii Soc.

J. de Decretis Sorbonæ cum verſibus Apologeticis. *Duaci, Liberi*, 1629.

Arreſt du Conſeil contre le Livre intitulé : *Opera Guillelmi de S. Amore*, enſemble les Bulles d'Alexandre IV. portant condamnation dudit Livre. *Par. Cramoiſy*, 1639.

S. Facultatis Theol. Pariſ. Cenſura Propoſitionum a Regularibus in Hibernia prædicatarum. *Par. Natalis Charles*, 1631.

Cenſura Archiep. Pariſienſis in quaſdam Propoſitiones Hibernicas & duos libellos Anglicanos. *Par. Rob. Stephani*, 1631.

Epiſtola M. Arthuſii de Creſſonnieriis ſuper atteſtatione ſua juſtificante & nitidante PP. Jeſuitas. 1601.

Cenſure de la S. Faculté de Theologie de Paris, contre les impies & execrables parricides des Roys & des Princes. *Par. Blanvillain*, 1610.

Arreſt du Parlement portant Reglement pour le dot des Religieuſes. *Par. Saumur*, 1635.

Le pouvoir légitime des Religieux, pour oüir les Confeſſions. *Paris, Sara*, 1625.

Arrreſt du Parlement, contre les nommez de Claves, Villon & Bitauld à l'occaſion des Theſes de Philoſophie par eux publiées. *Par. Morel*, 1624. *in* 8.

25. La Chaſſe aux Larrons ou rétabliſſement de la Chambre de Juſtice par Jean Bourgoin. *Par.* 1625.

Articles concernans la Congregation de l'Oratoire en France.

Abregé de la naiſſance, regles & ſtatuts de la Congregation des Barnabites. *Paris, Huré*, 1622.

Edit d'Eſpagne contre la deteſtable ſecte des illuminez. 1623.

Cenſura S. Facultatis Pariſ. in Santarellum. *Par. Bouillerot*, 1626.

Factum de Pierre du Jardin, Sieur & Capitaine de la Garde, &c.

Concluſions de la Faculté de Theologie de Paris, ſur la cenſure des Livres de Jean de Manſencal, &c. 1615.

Advis de ce qu'il y a à reformer en la Compagnie des Jeſuites, par le P. Hernando de Mendoça J. 1615.

Advis notable & conſultation des ſix plus fameux Avocats du Parlement de Paris, contre les Freres eux-diſans Jeſuites. 1626.

Concluſions de M. Servin. 1626.

Articles des Demandes de MM. du Parlement aux Jeſuites, avec leurs réponſes. 1626.

Notes ſur le Livre intitulé : Apologie ou défenſe pour les Peres Jeſuites par le S. Pelletier, faites de la part des Univerſitez de France. *Par. Durand*, 1626.

Les Myſteres des Peres Jeſuites par interrogations & réponſes. *Ville-Franche*, 1624.

Advis donné au Roy ſur l'Etat preſent des affaires de Rome & de France ſous Urbain VIII.

Deſſein perpetuel des Eſpagnols à la Monarchie univerſelle. 1624.

Jo. Filesaci Regia Majestas Sacro Sancta. *Par. Bouillerot*, 1626.
Le Catholique d'Etat par le S. du Ferrier. *Ibidem*, 1625.
Advis d'un Theologien sans passion sur plusieurs libelles imprimez en Allemagne, 1626. *in* 8.
26. Lettre Declaratoire de la Doctrine des Peres Jesuites par le P. Coton. *Par. Chappelet*, 1610.
Anti-Coton.
Le Fleau d'Aristogiton par Louis de Montgommery.
Le Remerciement des Beurrieres de Paris, au Sieur de Montgommery. 1610.
Réponse Apologetique à l'Anti-Coton & à ceux de sa suite, par François Bonald J. *Au Pont, Michel Gaillard*, 1611.
Réponse à l'Anti-Coton par Adrian Behotte. *Paris, Jean Nigaud*, 1611.
La veritable réponse à l'Anti-Coton, en forme de Dialogue par le S. de L. N. 1611.
Le Tocsin au Roy &c. contre le Livre de la puissance temporelle du Pape, du Cardinal Bellarmin J. par la statuë de Memnon. 1610.
Le premier coup de la retraite contre le Tocsin sonné par la statuë de Memnon, par Alexandre de Montreal. *Montpellier*, 1611.
Le Passe-tems de M. Guillaume. 1611.
Epistola M. Arthusii de Cressonnieriis super attestatione sua justificante & nitidante Patres Jesuitas. 1611.
Advis de M. Guillaume nouvellement retourné de l'autre monde sur le sujet de l'Anti-Coton, &c. 1611.
Le Voyage de l'autre monde vers Henry le Grand. 1612.
La Réponse de Guerin à M. Guillaume & les Réjouissances des Dieux, sur les heureuses alliances de France & d'Espagne. *Par. J. Milot*, 1612.
Discours épouvantable d'un Banquier du Diable qui a été brûlé. *Troyes, Oudot*.
Lettre d'un de la Rel. P. R. à un autre sur l'assemblée de Saumur. *Par. Regnoul*, 1611. *in* 8.
27. Henr. Boethii, Homiliæ VII. de Nativitate Christi. *Helmstadii, Jac. Lucii*, 1614.
Mich. Rotardi, Crux Saülitica. *Francofurti, Richteri*, 1615. *in* 8.
28. Andr. Schotti Soc. J. Tullianarum quæstionum de instauranda Ciceronis imitatione libri IV. *Antuerpiæ, Moreti*, 1610.
Herib. Rosweydi Soc. J. Dissertatio de fide Hæreticis servanda. *Ibidem, in* 8.
29. Joh. Althusii Politica; accedit Oratio Panegyrica de necessitate, utilitate & antiquitate Scholarum. *Herbornæ-Nassoviorum*, 1614.
Porno Didascalus, seu colloquium muliebre Petri Aretini latine versum a Casp. Barthio. *Francofurti, Typis Wecheliana*, 1623.

Direptio urbis Romæ expugnatæ ab exercitu Caroli quinti. *Ibid.* *in* 8.

30. Otthonis Melandri, resolutio præcipuarum quæstionum criminalis adversus sagas processus, &c. *Licha*, *Erbenii*, 1597.

C. Besoldi axiomatum de consilio politico appendicula. *Francofurti*, *Wildii*, 1622.

Joachimi Stephani Politicæ demonstrationes. *Francofurti*, *Emmelii*, 1616. *in* 8.

31. Ælii Francisci Vander-Villii Oratio de naturalium rerum scientia. *Lugd. Batav. Raphelengii*, 1592.

Ejusdem appendix ad munimentum orationis suæ. *Ibidem.*

Gabr. Naudæi, Syntagma de studio liberali. *Arimini*, *Symbenii*, 1633.

Ejusdem Gratiarum actio habita in Collegio Patavino, &c. *Venetiis*, *Baba*, 1633.

Querela fati inofficiosi, seu de vindiciis virtutis a mala fortuna & de inimicitiis inter musas & paupertatem per Joannem Dartis. *Par. Langlois*, 1625.

Parellela legis & nummi, a Franc. Broeo. *Par. Dupuis*, 1633.

Franc. Florontes, Oratio de recta juris Canonici discendi ratione. *Par. Camusat*, 1634.

Jac. Cujacii, Concio de confessione. *Par. Morelli*, 1593.

Ejusdem, Oratio de ratione docendi juris. *Ibidem*, 1594.

Minerva armata de conjungendis litteris & armis lectio habita a Rivaldo a Flurantia. *Romæ*, *ulini*, 1610.

Le Cure-dent du Roy de la Febve, Historié de l'antiquité du Roy Boit. *Par. Prevosteau*, 1602.

La maniere de bien traduire d'une langue en une autre : la punctuation & les accens de la langue Françoise, par Etienne Dolet.

Methodus legendi Philologos. *Argentorati*, *Ledertz*, 1625.

Les Sciences & secrets des arts par François Sedile. *Par. le Coq*, 1571. *in* 8.

32. Gabrielis Poitevini, Clangor Buccinæ. 1624.

Jo. Crassotii Elementa politicæ peripateticæ, & totius Philosophiæ Peripateticæ compendium. *Par. Dallin*, 1616.

Syllabus rationum quibus causa Durandi de modo conjunctionis concursuum Dei & creaturæ defenditur, &c. *Par.* 1636.

Jo. Sinapii, Declamatio de pane lucrando. *Par. Germontii*, 1531.

Henr. Stephani Epistola de suæ typographiæ statu, &c. accedit index librorum qui ex officina ejusdem H. Stephani prodierunt. *Ipsius Typis*, 1569.

Bellum grammaticale. *Par. Dionysii, a Prato.*

Pædagogii defensio adversus injecta in præceptorum ordinem convitia a Franc. Guerino. *Par. Prevosteau*, 1596.

Petri Senessi Dialogus de tristibus seu miseriis Scholasticorum. *Par. l'Alyseau*, 1550.

Catalagus vocum & formularium forensium brevis & latino-gallicus. *Par.* 1551.
Claudii Fedæi, Oratio de utriusque juris origine & amplitudine. *Parif. Morelli*, 1586.
Jac. Cujacii, Concio de confessione. *Ibidem*, 1593.
Ejusdem, Oratio de ratione docendi juris. *Ibidem*, 1594. *in* 8.
33. Onuphr. Panvinius, de Baptismate Paschali, origine ac ritu consecrandi Agnos Dei, cum corallario Jos. Mariæ Suatesii. *Romæ, Typis Cameræ Apostolicæ*, 1630.
Jo. Filesaci, de Poenitentia Syntagma. *Par. Morelli*, 1633.
Uxor justa, seu Syntagma excerptum ex libro 2. Selectorum Jo. Filesaci. *Ibidem*, 1630.
Adriani Pulvæi, de nuptiis sine parentum consensu non contrahendis liber singularis. *Par. Langelier*, 1557. *in* 8.
34. Jo. Schefferi, de stylo illiusque exercitiis ad veterum consuetudinem liber. *Ubsalia, Joh. Pauli*, 1653.
Eryci Olai Historia Suecorum Gothorumque edita notisque illustrata a Joh. Loccenio. *Holmiæ, Janssonii*, 1654. *in* 8.
35. Fons Spadanus, ejus singularis Bibendi modus, medicamina Bibentibus necessaria, ab Henrico ab Heer. *Leodii, Arnoldi de Corswaremia*, 1614.
Wenceslai Payer tractatus de Thermis Carolinis, Clariss. Medicorum Epistolæ ejusdem argumenti a Mich. Reudenio editæ: accessit ejusdem Reudenii Judicium de novo gummi purgante. *Lipsiæ, Laur. Cober*, 1614.
Casp. Varrerii Commentarius de Ophyra regione & ad eam Navigatione. *Roterodami, Berewout*, 1616. *in* 8.
36. Le Chevalier François. 1606.
Le Cavalier de Savoye: plus un discours servant d'apologie contre le faussetez, impertinences & Calomnies du Cavalier de Savoye. 1607.
Aphorismi doctrinæ Jesuitarum & aliorum Pontificiorum. 1608.
Remarques d'Etat & d'histoire sur la vie & les services de M. de Villeroy. *Lyon, Caine*, 1618. *in* 12.
37. Ptolemæi Lucensis Episcopi Torcellensis annales ab anno salutis. 1060. ad ann. 1301. *Lugduni, Roussin*, 1619.
Difesa della citta di Firenze & de i Fiorentini, da Paolo Mini. *In Lione, Filippo, Tinghi*, 1577. *in* 8.
38. Missi Evangelici ad Sinas Japoniam & oras confines integri doctrinæ labisque puri, aut Leodegario Quintino Hæduo. *Antuerpiæ*, 1659.
Joach. Perionius de vitis rebusque gestis Prophetarum Dei ac SS. mulierum Veteris Testamenti. *Par. Morelli*, 1575. *in* 8.
39. Ludovici Nonii Hispania. *Antuerpiæ, Verdussii*, 1607.
L. Andræ Resendii Eborensis, antiquitatum Lusitaniæ & de municipio Eborensi libri V. Orationes, Epistolæ Historicæ & Poëmata. *Coloniæ, Mylii*, 1600.

40. F. Prosperi Stellartii, Ord. S. Aug. libri tres de coronis & tonsuris Paganorum, Judæorum & Christianorum. *Duaci, Belleri*, 1625.

Friderici Archiep. Trajectensis, de vetustissimo sacrarum imaginum usu in Ecclesia Christi Catholica liber. *Antuerpiæ, Jo. Latii*, 1567.

Abrahami Sculteti, delitiæ Evangelicæ Pragenses, & oratio de conjungenda Philosophia cum Theologia. *Hanoviæ, Typis Wechel.* 1620. *in* 8.

41. L'Histoire véritable de Gerileon d'Angleterre, traduit en françois par Estienne de Maisonneuve *Par. Jean Borel*, 1572.

Il viaggio fatto in Spagnia & in Francia da Andrea Navagiero. *In Vinegia, Farri*, 1563. *in* 8.

42. D. Gregorii Nysseni, de Scopo seu fine veræ pietatis & conversationis Religiosi cœtus Christ. Hypotyposis gr. lat. a Fed. Morello. *Paris. Morelli*, 1606.

Theophili Alexandri pia Dissertatio: cujus rei homo similis sit simulachrumque habeat, gr. lat. ab eodem edita. *Ibidem*, 1608.

Libanii Sophistæ Oratio adversus assessores magistratuum, gr. lat. ab eodem. *Ibidem*, 1610.

Ejusdem Panegyricus Juliano Imp. dictus gr. lat. ab eodem. *Ibidem*.

Pro Felici inauguratione Ludovici XIII. Remis celebrata, Frederici Morelli Iambici votici. *Ibidem*.

Les entretiens des Champs Elisées. 1631. *in* 8.

43. Oberti Gifanii, observationes singulares in linguam latinam. *Francofurti, Eyfridi*, 1624.

Scipionis Gentilis, orationes rectorales. *Noribergæ, Kauffmann*, 1600. *in* 12.

44. Jo. Antonii Valtrini Soc. J. de re militari veterum Romanorum libri VII. *Coloniæ, Birckmanni*, 1617.

Michaëlis Picearti orationes Academicæ cum auctario Dissertationum Philosophicarum. *Lipsiæ*, 1624. *in* 8.

45. Johannis Weitzit, de laudibus vitæ Rusticæ Commentarius in secundam Horatii odam. *Francofurti, Aubrii*, 1625.

Æneæ Sylvii, de Bohemorum origine ac gestis historia. *Salingiaci, Soter*, 1538. *in* 8.

46. Erycii Puteani, Historiæ Insubricæ libri sex, qui irruptiones Barbarorum in Italiam continent. *Lovanii, Flavii*, 1614.

Res Neapolitanæ, id est Historiæ Pandulphi Collenutii & Joh. Joviani Pontani conscriptæ, usque ad annum 1492. *Durdrechti, Berewout*, 1618. *in* 8.

47. Melchioris Junii politicæ quæstiones, cum auctario quæstionum moralium a Joh. Conrado Danhawero. *Argentorati, Zetzneri*, 1631.

Discorsi Politici sopra Livio della seconda guerra Cartagine di Aldo Manutio, dato in Luce da Paolo Martinelli. *In Roma, Facciotio*, 1601.

Electa

Electa Scaligerea. *Hanoviæ, typis Wechelianis*, 1634. *in* 8.
48. Petit discours Chrétien de l'immortalité de l'ame, avec le corollaire, & un discours sceptique sur la Musique. *Par. Sommaville*, 1647.
Discours de la contrarieté d'humeurs qui se trouvent en de certaines nations, & singulierement entre la Françoise & l'Espagnole. *Ibidem.*
Discours de l'Histoire. *Ibidem.*
Considerations sur l'éloquence Françoise de ce tems. *Ibidem, in* 8.
49. Vita S. Caroli Comitis Flandriæ a Franc-Guattero. *Paris. Cramoisy*, 1615.
Plauti Querulus sive Aulularia a Vitale Blesensi Carmine Elegiaco reddita, cum P. Danielis, C. Rittershusii & J. Gruteri notis. *Typis Commelini*, 1595.
Memoires des desseins de la Maison d'Autriche. *Genêve, Aubert*, 1633. *in* 8.
49. Themis Hebræo-Romana, a Joanne Calvino Wetterano. *Hanoviæ, Antonii*, 1595.
Joannis Sarii Zamosci libri duo de Senatu Romano Joachimi Perionii, de Magistratibus Romanorum & Græcorum libri tres Wilhelmi Possardi libellus de Atheniensium magistratibus, cum dissertatione aphoristica numerali de magistratibus Romanis. *Argentorati, Zetzneri*, 1608. *in* 8.
50. Second Traité de la souveraineté du Roy, par Jean Savaron. *Par. Chevalier*, 1615.
Epitre de M. le Président de Thou, au Roy. *Ibidem*, 1614.
Advis aux gens de bien. 1615.
Rodolphi Boterei Defensio pro Rege Christianiss. adversus libellum; Admonitio G. G. R. *Par. Bessin*, 1626.
Discours sous le nom de M. du Vair rendant les Seaux au Roy.
Méditations de l'Hermite Valerien. 1621.
Lettre du Comte de Château-vilan au Roy. *Douay*, 1624.
La France mourante, Dialogue.
La voix publique. 1624.
La fausse glace du miroir du temps passé. 1625.
La Lettre déchiffrée. *Par.* 1627.
Le coup d'Estat de Loüis XIII. *Par.* 1631.
Le Donnez-vous garde du tems qui court.
Discours au Roy touchant les Libelles faits contre le Gouvernement de son Etat. 1631.
La revelation d'un Hermite solitaire, à son amy Thyrsis.
L'innocence justifiée en l'administration des affaires. 1631. *in* 8.
51. Recüeil memorable de tout ce qui s'est fait & passé depuis la reception des Chevaliers de l'Ordre du S. Esprit, en l'année 1620. *Par.* 1620.
Histoire des choses memorables qui se sont passées au Siege de Montauban. *Leyden, Basson*, 1624.

Remontrance au Roy par Nosseigneurs du Parlement.
Petit advis d'un ferme Catholique loyal françois.
La chasse au Renard, ou remerciement des Poules au Roy. 1623.
Le mot à l'oreille à M. le Marquis de la Vieville. 1624.
La voix publique au Roy. 1624.
La France mourante.
Advis touchant les Prêtres de l'Oratoire. 1625.
La Lettre déchiffrée. *Par.* 1627. *in* 8.

52. Joh. Cornelii Weber, Anchora sauciatorum, hoc est liquor stypticus sanguinem confestim & miraculose sistens. *Wratislaviæ, Kastneri,* 1680.

Novorum Bibliorum Polyglottorum Synopsis. *Ultrajecti, Arnoldi,* 1684. *in* 8.

53. Erycii Puteani, Historiæ Insubricæ libri sex, &c. *Lovanii, Flavii,* 1614.

Joh. Is. Pontani, disceptationes chorographicæ de Rheni divortiis atque ostiis eorumque accolis populis. *Amstelodami, Laurentii,* 1614.

Cornelii Haemrodii, Bataviæ omniumque inter Helium & Flevum Gentium atque urbium descriptio. *Hardrovici, Thomæ Henrici, in* 8.

54. Discours de la souveraineté des Roys, par Moyse Amyrault. *Charenton, Vendosme,* 1650.

La continuation de l'Iliade d'Homere, par Amadis Jamyn. *Paris, Breyer,* 1574. *in* 8.

55. Poëmata Scholarum Argentinensium cum lemmatibus Joannis Sturmii. 1565. *in* 8.

56. Caroli Molinæi, Commentarius ad Edictum Henrici II. contra parvas datas & abusus Curiæ Romanæ, &c. Ejusdem Consilia duo. De Concilii Tridentini Decretis, & super commodis vel incommodis novæ sectæ seu factitiæ Religionis Jesuitarum. *Typis le Preux,* 1605.

Ejusdem Tractatus de Monarchia Francorum. *Ibidem,* 1610. *in* 8.

57. Theod. Bezæ libellus de hæreticis a civili magistratu puniendis. *Typis Rob. Stephani,* 1554.

Psalmi Davidis, Proverbia Salomonis Ecclesiastes & Cantica Canticorum hebraice cum interlineari versione sancti Pagnini, *Paris. Cramoisy,* 1632. *in* 8.

58. Stephani Tuccii Soc. J. oratio in exequiis Gregorii XIII. *Par. Morelii,* 1585.

Io. Bapt. Sacci, oratio de laudibus Cardinalis Granvellani. *Antuerpiæ, Plantin,* 1586.

Oraison funebre du Cardinal de Crequy Evêque d'Amiens, par Jacques Saguier. *Par. Belot,* 1575.

Sermon funebre du Cardinal de Birague Chancelier de France, par Renauld de Beaune Arch. de Bourges. *Par. Beyss,* 1583.

MISCELLANEA, in octavo, &c.

Oraison funebre du Cardinal Duc de Joyeuse Archev. de Roüen. *Par. Cramoify*, 1616.
Harangue funebre du même, par Hierosme de Benevent. *Par. Mesnier*, 1616.
Elogium Henrici Joyosæ Ordinis Capuccinorum. *Parif. le Clerc*, 1611.
Harangue funebre du Cardinal de Gondy, par Hierosme de Benevent. *Par. Mesnier*, 1616.
M. Ant. Mureti oratio Lat. Gall. in funere Pauli Foxii Archiep. Tolosani. *Parij. Colombelli*, 1584.
Franc. Bencii Soc. J. oratio in funere M. Antonii Mureti. *Ibidem.*
Pauli Foxii & vidi Fabri Pibracii manibus & Pauli Foxii tumulus. *Ibidem.*
Oraison funebre de Pierre Danes Evêque de Lavaur, par G. Genebrard. *Par. Martin le Jeune*, 1577.
Joach. Perionii oratio de laudibus Dionysii Briçoneti Episc. Maclovienfis. *Parif. Colinai*, 1536.
Oraison funebre de Melort James de Bethune Arch. de Glasco, par Pierre Victor Cayer. *Par. Bourriquant*, 1603. *in 8.*
59. Recüeil des excellens & libres discours sur l'état present de la France. 1606. *in 12.*
60. Joannis Miltonii, Epistolæ familiares; accedunt ejusdem prolusiones quædam oratoriæ. *Londini, Aylmeri*, 1674.
Edmundi Elysii, summum bonum. *Londini, Faithorne*, 1681. *in 8.*
61. Jo. Ferrandus, de Nephrisis & Lithiasis, seu de renum & vesicæ definitione, causis, signis, prædictione præcautione & curatione. *Parif. Sonnii*, 1601.
Fausti Naironi Banesii Maronitæ, discursus de saluberrima potione Cahue seu *Café* nuncupata. *Romæ, Herculis*, 1571. *in 12.*
62. Bulle de Sixte V. contre Henry de Valois. *Par. Nivelle*, 1589.
Avertissement aux Catholiques sur cette Bulle. *Par. Chaudiere*, 1589.
Constitution d'Innocent IV. contre les assassins. *Paris, Millot*, 1589.
Avis de Rome tiré des Lettres de l'Evêque du Mans à Henry, jadis Roy de France. *Paris* 1589.
Avertissement aux Catholiques touchant l'Excommunication de Henry de Valois, par F. D. S. Rel. *Par. Hubert-Velu*, 1589.
De l'Excommunication & Censures Ecclesiastiques encouruës par Henry de Valois. *Paris, Bichon*, 1589.
L'éffroyable éclat de l'Anathême & les merveilleux effets d'icelui. *Paris, Cotinet*, 1589.
Effets épouventables de l'Excommunication de Henry de Valois, de Henry de Navarre. *Paris, Nivelle*, 1589.
Les derniers Propos de Henry de Valois. *Lyon, Tantillon*, 1589.
Histoire des faits & gestes de Henry de Valois. *Paris, Des Hayes*, 1589.

La vie & mort de Henry de Valois. *Paris, Millot*, 1589.
Admirable & prodigieuse mort de Henry de Valois. *Paris, Des Hayes*, 1589.
Le Tyrannicide ou mort du Tyran. *Lyon, Patraſſon.*
La récompenſe qu'a reçuë Henry de Valois d'avoir crû & hanté ſon amy Jean d'Eſpernon.
Diſcours aux François ſur la mort de Henry de Valois. *Paris, Bichon*, 1589.
De Clericis, præſertim Epiſcopis qui participarunt in divinis ſcienter & ſponte cum Henr. Valeſio poſt Cardinalicidium, T. P. aſſertio. *Pariſ. Gorbini*, 1589.
Ad Tractatum de Clericis, &c. reſponſio. 1589.
Juriſconſultus Catholicus de Theologorum aſſertione. 1590. *in* 8.
63. Epigrammata ex libris græcæ Anthologiæ, a Q. Septimio Florente Chriſtiano ſelecta & latine verſa. *Pariſiis, Rob. Stephani*, 1608.
Conſtantini Porphyrogenetæ Imp. de thematibus occiduæ partis Orientalis Imperii libri duo latine editi notiſque illuſtrati a Fed. Morello. *Pariſ. Morelli*, 1609.
Papyrii Maſſoni, notitia Epiſcopatuum Galliæ. *Pariſiis, Douceur*, 1606.
Traité Sommaire de l'Election des Papes, par Hierôme Bignon: plus le Plan du Conclave, &c. *Paris, le Clerc*, 1605.
De la liberté ancienne & Canonique de l'Egliſe Gallicanne, par Jacques Leſchaſſier. *Paris, Morel*, 1606.
Traité des Confrairies, par Jean Savaron. *Paris, Chevalier*, 1604.
Natalis infantis Delphini a Papyrio Maſſono. *Pariſ. Morelli*, 1601.
L'Artillier ou la Charge & Fonction des Officiers de l'Artillerie. *Ibidem*, 1606.
Harangue faite au Parlement à la Preſentation des Lettres de M. le Garde des Sceaux. *Paris Thierry*, 1605.
S. Anthelmi occidentalium Saxonum Epiſcopi Monoſticha græce reddita notiſque illuſtrata a Fed. Morello. *Pariſiis, Morelli*, 1603. *in* 8.
64. Henr. Vickii liber de Sacramentorum Chriſtianorum natura officiis & numero. *Lovanii, Bogardi*, 1572.
Martini de Arles, Tractatus de ſuperſtitionibus contra maleficia. *Romæ, Luchini*, 1559.
Joh. Hoffineyſteri, Auguſtiniani, Dialogi quibus aliquot Eccleſiæ Catholicæ dogmata, Lutheranorum verbis & Sententiis roborantur. *Friburgi*, 1538. *in* 8.
65. Panegyrique de M. Balduin ſur le Mariage du Roy. *Angers, Picquenot*, 1571.
Lettres d'avertiſſement à la Nobleſſe & autres Deputez des Etats Generaux du Pays-Bas par un Serviteur de Don Jean d'Auſtriche. *Francfort*, 1578.

Lettres de M. le Prince d'Orange, sur le Traité passé entre le Prince de Parme, & les Provinces desunies. 1579. *in* 8.
66. Ætii Cleti, Dilucidatio ad Aphorismum 22. Sectionis primæ, a Philandro Colutio edita. *Romæ*, 1621.
Mich. Maieri Tractatus de volucri arborea absque patre & matre in insulis Orcadum forma anserculorum proveniente. *Francofurti, Hoffmanni*, 1619.
Salustii Salviani Variarum sectionum de re medica libri tres. *Romæ, Tornerii*, 1588.
Petri Castelli Romani opus de abusu Phlebotomiæ. *Romæ, Corbellotti*, 1628. *in* 8.
67. M. Porci Catonis de agricultura sive de re rustica liber post A. Pompæ editionem, auctus studio Jo. Meursii. *Lugd. Batav. Raphelengii*, 1598.
Wolfgangi Seberi Discursus Philosophicus de agricultura. *Typis Thomæ Schureri*, 1613.
Joh. Weitzii Commentarius de laudibus vitæ rusticæ. *Francofurti, Aubrii*, 1625.
Caroli Clusii, Galliæ Belgicæ Corographica Descriptio Posthuma. *Lugd. Batav. Jacobi Marci*, 1619.
68. Triplex nummus antiquus, Christi Domini, Perperenæ civitatis, Hanniballiani Regis. *Paris. Cramoisy*, 1650.
Jo. Tristani a Sancto Amante ad Jac. Sirmondum Epistola. *Paris. Moreau*, 1650.
Jac. Sirmondi Soc. J. Anti-Tristanus. *Paris. Cramoisy*, 1650.
Jo. Tristani Antidotum. *Paris. Moreau*, 1650.
Jac. Sirmondi, Responsio ad Jo. Tristani antidotum. *Paris. Cramoisy*, 1650. *in* 8.
69. Antidotum Guilmardi Parthenii adversus senectutis morbos.
Cyriaci Lentuli Europa cum ejusdem dissertatione Politica. *Harborna-Nassoviorum*, 1650.
Josephi Mariæ Suaresii Diatribæ duæ. 1. universalis Historiæ syntaxim. 2. diversorum locorum & fluminum synonymiam exhibet. *Paris. Munier*, 1650.
Jac. Gutherii, Choartius Major, vel de orbitate toleranda. *Paris. Buon*, 1613.
Philosophia nominalium vindicata a Jo. Salabert. *Paris. Cramoisy*, 1651.
Tractatus contra æmulos Nominalium.
Franc. Mariæ Florentinii, disquisitio de genuino Puerorum lacte, mammillarum usu & in viro lactifero structura. *Lucæ, Pierii*, 1653.
Jo. Henrici Boëcleri Museum. *Argentorati, Paulli*, 1663. *in* 8.
70. Simonis Portii, Formæ Orandi Christianæ enarratio & in Evangelium D. Johannis Scholion. *Florentiæ, Torrentini*, 1552.
Regulæ omnes, Ordinationes & Constitutiones Cancellariæ Pauli IV. *Parisiis, Renauld*, 1555.

Danielis Beckeri de Cultrivoro Prussiaco observatio & curatio singularis. *Lugd. Bat. Jo. Maire*, 1638.

Modo novo da intendere la Lingua Zerga, cioe parlar Furbesco. *In Venetia, Imberti*, 1639.

Delle azzioni & sentenze del S. Alessandro de Medici I. Duca di Firenze, Ragionamento d'Alessandro Ceccherelli. *In Firenze, Giunti*, 1580.

Thomæ Angli ex Albiis Exercitatio Geometrica. *Londini* 1658. *in* 8.

71. Hugonis Grotii & aliorum Dissertationes de omni genere studiorum recte instituendo. *Lugd. Batav. Commelini*, 1637.

Jo. Alberti Bannii, Dissertatio Epistolica de Musicæ natura, origine progressu, &c. *Ibidem in* 12.

72. Petri Perpiniani Soc. J. de vita & moribus B. Elizabethæ Lusitaniæ Reginæ Historia. *Celoniæ, Cualtheri*, 1609.

Historia vida y milagros de la B. V. sor Juana de la Cruz, de la Tercera Orden de S. Francisco, por F. Antonio Daça. *En Lerida, Manescal*, 1617.

Historia vida y milagros del San Vincente Ferrer, de la Religion de Predicadores por el P. Vicente Gomez de dicha orden. *En Valencia, Mey*, 1618.

Fragmenta Historicorum veterum latinorum ab A. Popma Scholiis illustrata. *Amsterodami, Commelini*, 1620.

Baptistæ Codronchi, Commentarius de annis Climactericis, necnon de ratione vitandi eorum pericula & de modis vitam producendi. *Coloniæ, Smitz*, 1623. *in* 8.

73. Synodus Parisiensis de imaginibus. *Francofurti, Aubrii*, 1596.

Epistola Jo. Monlucii Episc. Valentini ad Poloniæ Ordines de illustrat. Andium Duce in Regnum Polonicum allegendo. Ejusdem defensio pro illustr. Andium Duce. 1574.

Joannis Verzosæ Cæsar Augustini Epistolarum libri IV. *Panhormi*, 1575. *in* 8.

74. Jo. Bapt. Scortia Soc J. de natura & incremento Nili. *Lugduni, Cardon*, 1617.

Confutatio Epistolæ a Roscelino hæretico in B. Robertum de Arbrissello nequiter confictæ.

Panegyrique de S. Pierre Prince des Apôtres.

Deux Lettres écrites par Philippe Chifflet touchant le veritable Auteur de l'Imitation de J. C. avec un Avis sur le Factum des Benedictins.

Cicero a calumniis vindicatus qui est Tullianarum quæstionum Andr. Schotti Soc. J. Liber V. Favonii Eulogii disputatio in Ciceronis Somnium Scipionis. *Antuerpiæ, Nutii*, 1613.

Artis signatæ designata Fallacia a Jo. Forget. *Nanceii, Charlot*, 1633. *in* 8.

75. Hugonis Grotii animadversiones in animadversiones Andreæ Riveti. 1642.

Discours de M. Guelphe à Madame l'Abbesse de P. R. des Champs en lui apportant le cœur de M. Arnauld.
Histoire de Pantagruel. *Amsterdam*, *Blaeu*, 1695.
Davidis Abererombii observationes de variatione ac varietate pulsus : accessit ejusdem nova medecinæ tum speculativæ tum practicæ clavis. *Londini*, *Smith*, 1685
Histoire de la Conjuration faite à Stokolm contre M. Descartes. *Par. Boudot*, 1695. *in* 12.
76. Dithmari Blefkenii Islandia; adjecta sunt quædam de Gronlandia. *Lugd. Batav. Haëstens*, 1607.
Legatio Magni Indorum Imp. Presbyteri Joannis ad Emmanuelem Lusitaniæ Regem interprete Damiano de Goës. *Dordraci*, *Berewout*, 1618.
Legatio David Æthiopiæ Regis ad Clementem Papam VII. &c. *in* 8.
77. Historia Susannæ Græce. *Venetiis*, *Pinelli*, 1638.
Apolonius, Græce. *Ibidem*, 1628.
Vita S. Nicolai, Poëma, Græce. *Ibidem*, 1626.
Vita Demetrii Imperatoris Moscoviæ, Græce. *Ibidem*, 1621.
Insimos, Græce. *Ibidem*, 1636.
Boskopoula. *Ibidem*, 1638.
Istoria tou re tes Scotias. *Ibidem*, 1624.
Pfuchophales Sarantari, Græce. 1642. *in* 8.
78. Risposta del Card. Bellarmino al trattato de i Sette Theologi di Venetia sopro l'interdetto, &c. *In Roma*, *Facciotto*, 1606.
Risposta alle opposizioni di Fra Paolo Servita contra la scrittura del Card. Bellarmino. *Ibidem*.
Risposta del Card. Bellarmino alla difesa delle otto proposizioni di Giovanni Marsilio. *Ibidem*.
Essortazione del S. Card. Baronio alla Republica di Venezia, tradotto da Francesco Serdonati. *In Roma*, *Zannetti*, 1606.
Discorso del P. Lelio Medici, Min. Conv. sopra 1. fondamenti, e le ragioni delli Signori Veneziani &c. *In Bologna*, *Bellagamba*, 1606. *in* 8.
79. Joh. Georgius Grossius, de Christiana republica. *Basileæ*, *Valdkirchii*, 1612.
Ejusdem expositio Analytica pariter & Ecclesiastica præcepti vere Christiani. *Reddite quæ sunt Cæsaris*, *Cæsari*, &c. *Ibidem*.
Davidis Paræi, Quæstiones controversæ Theologicæ de jure Regum & Principum contra Papam Romanum. *Ambergæ*, *Schonfeldii*, 1612. *in* 8.
80. La Republica e i Magistrati di Vinegia, di Gasparo Contareno. *In Vinegia*, *Giglio*, 1564.
Libro de la Republica de Vinitiani per Donato Giannotti.
Discorso di M. Giovan Luigi di Parma sopra l'impresa dell' Austria fatta dal gran Turco nel 1532. *In Bologna, Bonardo*, 1543.
Trattato del successo della potentissima armata del gran Turco Ottoman Solimano, Venuta sopra l'isola di Malta l'anno. 1565. *in* 8.

81. Petri Megerlini Syſtema mundi Copernicanum argumentis invictis demonſtratum & conciliatum Theologiæ. *Amſteladami, Wetſtenii,* 1682.

Cneii Cornelii Uythage artificium inveſtigandarum & cognoſcendarum radicum Hebraicarum. *Lugd. Bat. Petri de Graaf,* 1682.

Explicatio Rabbi Moſis Majemonidis ſuper Patrum ſive Seniorum Judæorum Sententias, Cneio Cornelio Uytaghe interprete. *Ibidem,* 1683.

Jacobi Gronovii Epiſtola qua reſpondetur argutiolis quibus utitur Iſaacus Voſſius ad Pomponium Melam. *Lugd. Bat. Luchtmans,* 1687.

Otthonis Sperlingii Diſſertatio ad nummum Furiæ Sabiniæ Tranquillinæ Aug. Imp. Gordiani Tertii Uxoris. *Amſtelodami, Desbordes,* 1688. *in* 8.

82. Vita Angeli Colotii Epiſcopi Nucerini, a Federico Ubaldino. *Romæ, Herculis,* 1673. *in* 8.

Octavii Pantagathi vita, a Jo. Bapt. Rufo. *Romæ, Vareſii,* 1657.

Fulvii Urſini vita, a Joſepho Caſtalione. *Ibidem,* 1657. *in* 8.

83. Willebrordi Snellii de re nummaria liber ſingularis. *Typis Raphelengii,* 1613.

Joſephi Scaligeri de re nummaria Diſſertatio. *Ibidem,* 1616. *in* 8.

84. F. Valerii Polidori Franciſcani Practica Exorciſtarum ad Dæmones & maleficia de Chriſti fidelibus expellendum. *Venetiis, Mejetti,* 1606.

Henrici Cuyckii Ruræmundenſis Epiſc. Speculum Concubinariorum. *Lovanii, Maſii,* 1601. *in* 8.

85. Grammatica regia ſive nova ratio diſcendi linguæ latinæ præcepta pro Chriſtina Suecorum Regina; accedit Marci Zuerii Boxhornii Diſſertatio de græcæ, Romanæ & Germanicæ linguarum ſymphonia. *Lugd. Bat. Guill. Chriſtiani,* 1650.

Andr. Rutcovii Cteticæ, id eſt de modis acquirendi libri duo. *Amſtelodami Elzevir,* 1650.

Otthonis Aicher Bened. de comitiis veterum Romanorum libri tres; adjectus eſt quartus de Imperii Romano-Germanici Comitiis. *Salisburgi, Jo, Bapt. Mayr.,* 1678.

Nugæ Venales, 1681. *in* 12.

86. Ambroſii Catharini Oratio de officio & dignitate Sacerdotum Chriſtianiſque gregis Paſtorum. *Lugduni, Vincentii,* 1585.

Jo. Pierius Valerianus, pro Sacerdotum barbis. *Par. Wecheli,* 1533.

Jo. Alex. Braſſicani, Proverbia; accedunt Pythagoræ Symbola Scholiis explicata & M. Grunnii Corocottæ Teſtamentum. *Ibidem,* 1532. *in* 8.

87. Jacobi Lectii oratio de vita Æmilii Papiniani & ſcriptis ſeu de officio prudentum. *Typis le Preux,* 1594.

Ejuſdem Epiſtola de vita Ant. Sadeelis & ſcriptis. *Ibidem,* 1593.

Julii Pacii oratio de juris civilis difficultate ac docendi methodo. *Lugd. Mareſchalli,* 1586.   Ejuſdem

MISCELLANEA, in octavo, &c.

Ejusdem orationes duæ de honore. *Spiræ, Bern. Albini*, 1591. *in* 8.
88. Joh. Beverovicii Epistolicæ quæstiones cum Doctorum responsis: accedit ejusdem, necnon Erasmi, Cardani, Melanchthonis Medicinæ encomium. *Roterodami, Leers*, 1644. *in* 8.
89. Christianæ fidei expositio Brevis ab Huldrycho Zuinglio. *Tiguri, Froschoveri*, 1536.
Pro veritate carnis triumphantis Christi Anacephalæosis sive recapitulatio, a Joachimo Vadiano. *Ibidem*.
Consilium Paternum Pauli III. datum Imperatori in Belgis per Cardinalem Farnesium pro Lutheranis. *in* 8.
90. Superioris ævi Imperatorum, Regum, Electorum, Ducum, ac Principum Horoum curricula orationibus ac elogiis clariss. virorum comprehensa edita studio Herm. Kirchneri. *Marpurgi, Egenolphi*, 1609. *in* 8.
91. Cæs. Baronii Cardinalis, Historica relatio de Ruthenorum origine, conversione & quibusdam ipsorum Regum rebus gestis, &c. *Coloniæ, Nic. Steinii*, 1598.
Joach. Camerarius de tractandis equis. Xenophon de re equestri Latine. Historiola de numismatis græcorum & latinorum. *Tubingæ, Morhardi*, 1539.
Conversa ex Thucydidis Historia quædam in Latinum Sermonem cum notis Joach. Camerarii. *Witebergæ, Cratonis*, 1565.
Epistre de Frere Theolofre Hermite, à Antoine Duc de Gennes, de la Devotion de l'Eglise, & de l'Eglise militante.
Erasmi Rot. Epistolæ de ratione studii & de ratione instituendi discipulos.
Liturgia Virginis Lauretanæ.
D. Ambrosii Apologia David. *Antuerpiæ, Hillenii*, 1529. *in* 8.
92. Commentarius de iis omnibus quæ in tertii ordinis conventu acta sunt, generali trium Ordinum Concilio Blesis a Rege indicto ad 15. Novemb. diem 1576. *Rignaviæ, Sterphen*, 1577.
Orationes tres de re litteraria habitæ in Academia Parisiensi per Claudium Minoem. *Paris. Jo. Richerii*, 1576.
Advis d'un Docteur de Paris sur l'Ecrit intitulé: De la Puissance Ecclesiastique & politique.
Puritanismus Anglicanus. *Francofurti, Aubrii*, 1610.
La Conference tenuë à Hamptoncourt entre les Anglois & les Puritains au mois de Janvier 1604. avec les Constitutions & les Canons Ecclesiastiques. *Roüen, Osmont*, 1605. *in* 8.
93. Advis des affaires de France, par lequel est pleinement prouvée l'obéissance duë aux Roys. 1615.
Hugonis Grotii annotata ad consultationem Cassandri, scripta anno. 1641.
Litaniæ de B. Virgine Maria, oratio ad sanctos & sanctas Medicinæ Professione illustres, &c. studio Guill. Duval. *Parisiis, Blagart*, 1642. *in* 8.

94. Apologia Joannis veteris contra calumnias Theod. Bezæ in Jurisconsultos. *Virduni, Bacnerii*, 1564.

Discours contre les citations du Grec & du Latin ès Plaidoyez de ce tems, par Alexandre Paul de Silere. *Par. Huby*, 1620.

Philippi Decii Consilium ad Regis Christianissimi requisitionem pro Reverendiss. Cardinalibus editum qui Concilium Pisis propter istud consilium induxerunt prout Lugduni a Sapp. virorum cœtu determinatum fiat.

Ægidii Perrini Dialogus de morte. *Paris. Bogardi*, 1545.

Coriolani Cepionis libri tres gestorum Petri Mocenici Imp.

D. Conradi Wengeri libellus de Bello inter Venetos & Sigismundum Austriæ Archiducem gesto.

Michaëlis Cœcini liber de variis Venetorum & Archiducum Austriæ aliorumque Principum Bellis in Italia gestis. *in* 8.

95. Michaëlis Beuteri, animadversionum Historicarum & Chronographicarum liber singularis. *Argentinæ, Jobini*, 1593.

Cornelii Taciti libellus de situ moribus, & populis Germaniæ cum commentatione Christop. Coleri, & Epistola de studio politico ordinando. *Hanoviæ, typis Wechelianis*, 1602.

Adriani Behotii, apophroretorum libri tres. *Paris. Morelli*, 1602.

Erycii Puteani Musathena. *Hanoviæ, typis Wechelianis*, 1602.

Martini Pilii Carmen de ambitione. *Lugd. Bat. Raphelengii*, 1599.

G. Crittonii oratio de reddendo voto. *Paris. Prevosteau*, 1602.

Rumoldi Mortierii, oratio de querimoniis professionis litterariæ. *Ibidem*, 1600.

Davidis Echlini, mala Autumnalia. *Ibidem*, 1602. *in* 8.

96. Richardi Archiep. Armachani, defensorium Curatorum. *Paris. Billaine*, 1633.

Ant. Kerkœtii animadversiones ad Claudii Salmasii notas in Tertullianum de Pallio. *Rhedonis, Halecii*, 1622.

Emundi Richerii libri duo de optimo Academiæ statu. 1603.

Claudii Mondani liber singularis de seditiosis. *Paris. Morelli*, 1567.

Joannis Leslæi Episcopi Roffensis, libri duo quorum uno piæ afflicti animi consolationes, altero animi tranquilli munimentum & conservatio continentur. *Paris. Lhuillier*, 1574. *in* 8.

97. Guil. Perkinsi lex linguæ, Thoma Draxo interprete. *Oppenheimii, Galleri*, 1613.

Erichi Beringeri, discursus Historico-politicus. *Bremæ*, 1614.

Christiani Becmanni Schediasma Philologicum. *Witteberga, Henckelii*, 1612.

Henrici Wottoni Epistola de Casp. Scioppio, cum Is. Casauboni Epistola de nupero quodam Scioppii libello. *Ambergæ, Schonfeldii*, 1613.

Jo. Frid. Matenesii, orationes Miscellaneæ. *Coloniæ, Crithii*, 1613 *in* 8.

98. Epitre au Roy de la Grande Bretagne sur son Apologie pour le

serment de fidelité, par le Sieur de Perrieres Varin. *Roüen, Jean Petit*, 1620.

Dion. Petavii Dissertatio de Photino hæretico.

De falsa Regni Yvetoti narratione commentum. *Paris. Martin*, 1615.

Jo. Filesaci, veteris Ecclesiæ Gallicanæ querela. *Paris. Macai.* 1603.

Epistolarum, Epigrammatum, Psalmorum & precum, Epitaphiorum aliorumque Poëmatum libellus.

Ad Assertionem contra clericos, præsertim Episcopos qui participaverunt in divinis scienter & sponte cum Henrico Valesio Rege post Cardinalicidium, Responsio. 1590.

Description de l'ancienne Rome, par H. Bignon. *Par. le Clerc*, 1606.

Jugement sur la Congregation de l'Oratoire de Jesus. *Par. Mettayer*, 1626.

L'Anti-Coton. 1610.

La véritable réponse à l'Anti-Coton, par le Sieur de L. N. 1611.

De antiqua Francorum origine fragmentum ex Scholio Jo. Richardi ad Petronium Arbitrum. *Paris. Jo. Richer*, 1611.

Le premier coup de la retraite contre le Tocsin sonné par la Statuë de Memnon, contre le Livre du Cardinal Bellarmin, par Alexandre de Montreal. *Montpelier*, 1611.

L'Operateur Charitable. *Paris.*

Le Courtisan à la mode, selon l'usage de la Cour de ce tems. *Paris*, 1625.

Le Triomphe de l'ignorance & de l'hipocrisie. *in 8.*

99. Del veratro Apologia di Fabricio Saprici fatta dal C. Tommaso Stigliani. *In Venetia*, 1645.

Il Monte Posilipo di Filippo Afflitto. *In Venetia*, 1646.

Modesti Benvenuti humanus orator. *Perusia*, 1639.

Erycii Puteani Diatriba de Anagrammatismo; accedit Jo. Caramuelis Lobkovitzii brevissimum specimen totius Cabalæ. *Bruxella, Mommartii*, 1643.

Gotifredi Vendelini, arcanum Cœlestium Lampas. *Ibidem.*

Joh. Beverovicii, introductio ad medicinam indigenam. *Lugd. Batav. Jo. Maire*, 1644. *in 12.*

100. Propositions au Roy sur la reformation de l'Etat. 1617.

Les sept voix des sept Trompettes envoyées par les bons François devant les sept Bastions de la Rochelle. 1622.

La disgrace des Favoris. *Nyor*, 1624.

Discours d'Etat au Roy. 1624.

Prédictions sur chacun mois de l'année. 1624.

Advis au Roy par le Sieur Fontenay.

Libre discours sur les mouvemens derniers de la France, & particulierement de Poitou. 1614.

Roſtvange du Gentilhomme Vandomois ſur les bruits de ce tems. 1624.
Le Tableau des Peres de la Societé. 1624.
Déclaration du Roy envers ſes ſujets de la R. P. R. *Par. Morel*, 1623.
Le Tableau ſatyrique des Peres de la Societé.
Les offres de M. le Chancelier. 1624.
Les Ponts Bretons de MM. les Princes, au Roy. *Nyor*, 1624.
Requeſte de Theophile au Roy. 1624.
Conſolation à Theophile en ſon adverſité. *Par.* 1624.
La Muſe infortunée contre les froids amis du tems. 1624.
La Pénitence de Theophile. 1624.
Apologie de Theophile. 1624.
Dialogue de Theophile à une de ſes Maitreſſes, l'allant viſiter en priſon. 1624.
La Plainte des Penſionnaires mal-payez, au Roy. 1624.
Conference de la Samaritaine avec le coq de Nôtre-Dame. 1624.
Harangue du Roy de la Grande Bretagne à l'ouverture de ſes Etats, tenuë en 1624.
La chance tournée du Chancelier de France. 1624.
Le Tout en tout des bons Bretons. 1624.
Les avantures de Theophile, au Roy. 1624.
Lettre notable d'un de la R. P. R. aux Egliſes Prétenduës Reformées de France. 1624.
L'Adieu de Tabarin aux Dames de la Cour. 1624.
Lettre ſur la Déclaration du Roy d'Angleterre. *Par. Neufville*, 1624.
Edits des Etats Generaux des Provinces Unies contre les Prêtres & Religieux de l'Egliſe Catholique, Apoſtolique & Romaine, &c. 1624.
Effronterie, inſolence & préſomption d'Alard, dit Deſplans Comtadin, au mépris des Edits & Arrêts contre les Duels. 1624.
Songe Prophetique des futures victoires de Loüis XIII. par M. P. D. S. *Par.* 1624.
Le Manifeſte françois contre la trop grande préſomption des Eſpagnols. 1624.
Le mot à l'oreille de M. le Maquis de la Vieville. 1624.
Réponſe au mot à l'oreille. 1624.
Réponſe du Sieur Hydaſpe, au Sieur de Balſac, ſous le nom de Sacrator, touchant l'Anti-Theophile & ſes Ecrits. 1624.
L'Adieu du Playdeur à ſon argent. 1624.
Lettre de M. le Colonel d'Ornano, au Roy. 1624.
Diſcours d'Etat à M. d'Aligre Garde des Seaux de France. 1624.
Manifeſte du Syndic de l'Univerſité de Cahors contre les Peres Jeſuites. 1624.
Lettre de Theophile à ſon Frere. 1624.
La Maiſon de Silvie par Theophile. 1624.
La Grand'Patience de Job. 1624.

La voix publique au Roy.
Réponse à la voix publique. 1624.
Les Hipocondriaques de la Cour. 1624. *in* 8.
101. Le Tocsin au Roy contre le Livre de la Puissance Temporelle du Pape, composé par le Card. Bellarmin.
La Doctrine de J. C. & celle du Cardinal Bellarmin, rapportée l'une à l'autre, &c. 1611.
Arrest de Parlement contre le Livre de Bellarmin : *De Potestate summi Pontificis in temporalibus.*
Censura S. Facultatis Parisiensis adversus quatuor Propositiones excerptas ex libro inscripto : *Trois trés-excellentes Prédications prononcées aux jour & Fête de la Beatification du glorieux Patriarche S. Ignace.* &c. *Paris.* 1611.
Déclaration de Nicolas Vigor sur le Livre intitulé : *Ex Responsione Synodali data Basilea*, &c. *Par. Chevillot*, 1613.
Advis sur la proposition faite par aucuns pour la reception des Decrets du Concile de Trente, en l'an 1614.
Deux Traitez de ce tems ; le 1. de l'impossibilité & impertinence du Concile, &c. Le 2. est un Discours sur l'Histoire de l'Eglise ancienne, & état des Gaules. *Par. Huby*, 1614.
Brief discours sur quelques points concernans la police de l'Eglise, & de l'Etat, & particulierement sur la reception du Concile de Trente, & la pluralité des Offices. *Par. Estienne*, 1615.
Des Conciles Provinciaux.
Arrest de Parlement touchant la Souveraineté du Roy au Temporel, &c. *Par. Morel*, 1615.
Traité de la Souveraineté du Roy & de son Royaume, par Jean Savaron. *Par. Chevalier*, 1615. *in* 8.
102. Recueil de diverses Censures faites contre le Livre : *Admonitio*, celui de Santarel & autres semblables. *in* 8.
103. Syllabus aliquot Synodorum & Colloquiorum quæ autoritate & mandato Cæsarum & Regum super negotio religionis ad controversias conciliandas indicta sunt, &c. 1628.
Surdus loquens seu Methodus qua qui surdus natus est loqui discere possit, studio Joh. Conradi Amman. *Amsteladami, Wetstenii*, 1692.
Gentiani Herveti orationes : accedit Plutarchi opusculum ab eodem latine factum. *Aureliæ, Guriardi*, 1536.
Chronologie des Etats Generaux où le Tiers Etat est compris depuis l'an 422. jusqu'en 1615. par Jean Savaron. *Par. Chevalier*, 1611.
Traité contre les Masques, par le même. *Par. Perier*, 1611.
Homilia B. Augustini de Kalendis Januarii & Sorbonæ Decretum contra festum fatuorum cum notis Jo. Savaronis ; accedit ejusdem tractatus contra Larvas. *Ibidem.*
Sermon du Ministre Claude sur le Verset 30. du Chap. 4. de l'Epi-

tre aux Ephesiens. *Charenton*, 1666.
Etat present de la Religion en Allemagne. 1671.
Oraison du Cardinal de Lorraine faite en l'Assemblée de Poissy. *Par. Morel*, 1561.
Advertissement à tous Chrétiens sur l'advenement de l'Ante-Chrift & fin du monde, par Varin. *Par. Rousset*, 1618.
Traité, s'il faut manger de la viande en Carême, par George l'Apôtre. *Par. Binet*, 1599.
Discours contre les femmes débraillées de ce tems. *in* 8.
104. Les Fruits de la Repentance, Sermon de Jean Claude. *Charenton*, 1676.
Les devoirs du S. Miniftere, Sermon de Pierre Allix. *Ibidem.*
Les malheurs de la Pénitence, Sermon du même. *Ibidem.*
Lettre de confolation à M. le Duc de Nevers, par le Sieur de Nerveze. *Par. des Hayes*, 1618.
Confolation à Madame de Villefavin.
Petri Halle Elogium a Daniele Laëtio. *Amftelodami, Boom*, 1692.
Simon Nanquerius, de Lubrico temporis curriculo, deque hominis miferia, necnon de funere Caroli VIII. Regis Chriftian. *Parif. Libert*, 1613.
Guil. Poftelli, Syriæ defcriptio. *Typis Gormontii*, 1540.
Discours sur l'alliance de la raison & de la foy. *Par. Blaife*, 1641.
Discours de Pierre Borel sur la pluralité des mondes. *Genève*, 1657.
La Cenfure & la Condamnation des tiedes Sermons de Pierre du Bofc. *Charenton*, 1670.
Sermon de M. Burnet sur le Versef 23. du Pfeaume 118. *Onxfort, Scot.*
Le Capucin, par Pierre du Moulin. *Genève, J. de la Pierre*, 1641.
Trois Sermons faits en presence des Peres Capucins, par le même. *Genève, Chouet*, 1641.
Catalogus Librorum Bibliothecæ D. Mich. Poncet Archiep. Bituricenfis. *Parif. le Cointe*, *in* 8.
105. De obitu Caroli Borrhomæi Cardinalis Epiftola Caroli a Bafilica Petri. *Parif. Morelli*, 1585.
Differtatio de ingenii muliebris ad fcientias & meliores litteras capacitate. *Parif.* 1638.
Discours de la maniere dont J. C. eft donné, tant en l'Evangile qu'au Sacrement de l'Euchariftie, par Jean Meftrezat. *Charenton*, 1647.
Le Hibou des Jefuites opposé à la Corneille de Charenton. 1624.
Anti-Coton. 1610.
Réponfe à l'Anti-Coton, par A. Behotte. *Par. J. Nigaud*, 1611.
Complainte à la Royne touchant les fauffes accufations que l'on fait contre les Peres Jefuites. 1611.
Discours véritable de ce qui s'eft paffé en la guerre de Savoye, & en la prife du Château de Montmeillan par Henry IV. *Par. Auvray*, 1600.

Des Conciles Provincianx.
Lettre du Cardinal du Perron à Casaubon. *Roüen*, 1612.
La France mourante, Dialogue.
Lettre justificative de François Sollier touchant la Censure de trois Sermons faits en l'honneur du B. Ignace, Fondateur de la Compagnie de J. *Poitiers*, *Mesnier*, 1611.
Requeste au Roy Henry IV.
Considerations à la France sur la consolation envoyée de Rome à la Royne, par Loüis Richeome J. 1611.
Vindiciæ Theologicæ Ibero-politicæ ad Philippum IV. Regem Hispaniæ contra Pseudo-Theologi admonitoris calumnias. 1626.
Decretum Universitatis in Propositiones F. Joannis Testefort, Ord. Præd. *in 8*.
106. L'Ambassadeur ordinaire arrivé au Temple de Charenton. *Par. Colombel*, 1634.
Description de l'Horloge qui étoit à Ausbourg.
Recueil de Lettres de Dom B. Ruade Chartreux, Evêque de Conserans, touchant sa promotion audit Evêché. *Paris, Buon*, 1623.
Le Comtadin Provençal. 1620.
Veritez Chrétiennes. 1620.
Funebris oratio Joannis de Montroeil, habita a Carolo le Breton. *Paris. Cramoisy*, 1647.
Oratio de necessitate Hygicines sive præfatio in artem sanitatis tuendæ, &c. *Ibidem*, 1634.
L'Adieu du Playdeur à son argent.
Traité de la Conservation de la santé, par A. L. G. *Par. le Mur*, 1630.
Tragedie françoise des amours d'Angelique & de Medor. *Troyes, Oudot*, 1614.
Grandes & recréatives prognostications.
Requête de la France au Roy. *Par.* 1617.
Antirropon ou contrepoids aux Jesuites & aux Ministres de la R. P. R. 1617.
Histoire merveilleuse advenuë en la Ville de Toulouse, d'un Gentilhomme qui s'est apparu plusieurs fois à sa femme après sa mort, &c. *Par. le Roy*, 1609.
Histoire generale de ce qui s'est passé au Parc Royal sur la Réjoüissance du Mariage du Roy avec l'Infante d'Espagne. *Par. du Brüeil*, 1612.
Blasii Jaquotii Togatus, sive de jure & justitia militari Liber. *Ponti-Mussi, Hanzelet*, 1625. *in 8*.
107. Hieronymi Mesgeri, Diarium Austriacum. *Augustæ Vindelicorum, Mangi*, 1614.
Jac. Cornelii a Marca, Duces Burgundiæ, Flandriæ Comites, sive res eorum gestæ. 1613.

Speculum Consiliorum Hispanicorum a J. M. *Lugduni*, 1617.
Turbatus Imperii Romani status ejusque origo & causa a P. A. 1614.
De Hispanorum & Albani Ducis tyrannide, Guil. Nassovii Principis Aurasionum ad ordines populumque Belgarum libera denuntiatio. *Lugd. Bat. Jac. Marci*, 1619. *in* 8.
108. Novus orbis, id est, navigationes primæ in Americam; accedit Casp. Varrerii discursus super Ophyra Regione. *Roterodami, Berewout*, 1616. *in* 8.
109. Facultates Hieronymi Veralli Cardinalis Legati ad Henricum Francorum Regem per Papam Julium III. concessæ, prout & modificationes & restrictiones Curiæ Parlamenti. *Parif. Jo. Andreæ*, 1552.
Facultates Antonii Cardinalis Frivultii in Regno Franciæ Legati a latere per Paulum IV. concessæ. *Parif.* 1558.
Facultates Hippolyti Cardinalis Ferrariensis in Regno Franciæ Legati a latere per Pium IV. concessæ. *Parif. Sertenas*, 1551.
Pouvoir & commission du Cardinal Cajetan, Legat du S. Siege Apostolique au Royaume de France. *Par. Nivelle*, 1590.
Du pouvoir des Legats de N. S. P. le Pape, & de sa forme qui se doit garder quand ils entrent en France. *Par. Mettayer*, 1594.
Maintenuë de la Loy fondamentable du Royaume, par les Cardinaux, Archev. Evêq. &c. *Troyes, Chevillot*, 1615.
Bulle de Sixte V. contenant les facultez données au Cardinal Cajetan Legat. *Par. Nivelle*, 1590.
Bulle de Gregoire XIV. contenant les facultez données à M. Landriani, Nonce en France. *Ibidem*, 1591.
Facultates Caroli Cardinalis a Lotharingia, Legati a latere in Lotharingiæ & Barriducis Ducatibus per Gregorium XIII. concessæ. *Mussiponti*, 1591.
Bulle de Paul V. contenant le pouvoir de Legat octroyé au Cardinal de Joyeuse. *Par. l'Huillier*, 1616.
Facultates Cardinalis Francisci Barberini Legati a latere ad Ludovicum XIII. per Urbanum VIII. concessæ. *Parif. Morelli*, 1625. *in* 8.
110. Benedicti Aretii Commentarii in Pentateuchum. *Bernæ-Helvetiorum, le Preux*, 1602.
Guil. Perkinsii Tractatus de sacra & unica concionandi ratione. *Basileæ, Waldkirchii*, 1602.
Ejusdem, homilia de Abrahami Sacrificio. *Ibidem*.
Ejusdem oratio pro carnis resurrectione. *Ibidem*.
Matthiæ Martinii, meditatio de multiplici unius in Triade Dei Gloria. *Ibidem*.
Ægidius Hummius de libero arbitrio seu humani arbitrii viribus. *Francofurti*, 1602. *in* 8.
111. Jacobi Arminii Disputationes XXIV. de diversis Christianæ Religionis

MISCELLANEA, in octavo, &c.

Religionis capitibus. *Lugd, Bat. Baffon*, 1609.
Puritanismus Anglicanus. *Francofurti, Aubrii*, 1610.
Joh. Piscatoris Appendix ad analysim Matthæi. 1610. *in* 8.
112. Considerations sur l'état present de la controverse touchant le S. Sacrement de l'Autel. 1671.
Ismaëlis Bullialdi, Diatriba de Sancto Benigno. *Parif. Cramoify*, 1657.
Ludus Latrunculorum, Germanice. *Francofurti*, 1650.
Anti-prodrome ou contr'avant-coureur d'André Rivet, opposé au Catechisme de G. Bayle J. *La Rochelle, Haultin*, 1608.
Augustin supposé par J. de Croi. *Genêve, de Tournes*, 1655.
Deux sermons sur la réjoüissance de la paix, par Raymond Gaches & Charles Drelincourt. *Charenton*, 1660.
Cayer de ceux de l'Assemblée de Saumur. 1611.
Lettre d'un de la R. P. R. à un autre sur l'Assemblée de Saumur. *Par. Regnoul*, 1611.
Epistola M. Arthusii de Cressonnieriis super attestatione sua justificante & nitidante Patres Jesuitas. 1611.
Dialogue de la tête & du bonnet, traduit d'Italien en François. *Roüen*.
Legatio David Æthiopiæ Regis ad Clementem VII. item aliæ duæ ejusdem ad Emmanuelem & Joannem Portugalliæ Reges. *in* 8.
113. Avis important à M. Arnauld sur le projet d'une nouvelle Bibliotheque des Jansenistes.
Familia Davidis quatenus regnum spectat cum Chronographia sacra ad Redemptionem usque continuata, hebr. lat. *Amstelodami, Heinsii*, 1605.
Lettre sur le changement de Religion de M. Cottiby. *Charenton*, 1660.
Ant. Laurentini Politiani Dialogus de risu. *Marpurgi, Egenolphi*, 1606. *in* 8.
114. Explication de la Section 53. du Catechisme, par J. Claude. *Charenton*, 1682.
Panegyrique de Marie Stuart, Princesse d'Orange, par Jean Abbadie. 1696.
Jo. Calvini, Catechismus Ecclesiæ Genevensis. *Geneva, Crispini*, 1651.
Petri Vireti, de communicatione fidelium cum Papistarum cæremoniis, &c. libellus. *Ibidem, in* 12.
115. Aub. Miræi liber singularis de rebus Bohemicis. *Lugd. Landry*, 1621.
Les sept Pseaumes Pœnitentiaux, traduits avec des observations generales. *Par. Savreux*, 1648.
Mandement de M. l'Ev. d'Arras contre la Comedie. *Par. Ballard*, 1696.
Cras credo hodie nihil, Satyra Menippea. *Lugd. Batav. Elzevir*, 1621.

Hieron. Barbati Dissertatio de Sanguine & ejus sero. *Francofurti, Jo. Andreæ*, 1667. *in* 12.
116. Abrahami Sculteti, deliciæ Evangelicæ Pragenses, cum ejusdem oratione de conjungenda Philologia cum Theologia. *Hanoviæ, typis Wechelianis*, 1628.
Recit véritable de ce qui s'est passé depuis peu aux Vallées de Piémont. 1655.
Confession de Foy des Eglises Réformées de Piémont.
Sommaire décision des controverses entre l'Eglise Réformée & l'Eglise Romaine, par François Monginot. *Charenton*, 1641.
Controverse de l'impossibilité d'accomplir la Loy, & Question Theologo-Philosophique de l'origine de l'ame, par Pierre Marcha. *Nismes*, 1615.
Discours sur les calamitez des fideles de Piémont. 1655.
Seconde Lettre de M. Aubertin à U. S. A. 1633.
Consultatio Theologorum Parisiensium de residentia Canonicorum.
Prærogativæ Capicerialis dignitatis S. Stephani de Græcis, &c.
Nouvel Eloge de M. François de Harlay Arch. de Paris. *Par. Langlois*, 1696.
Résolutions Théologiques sur les importantes Questions qui concernent l'argument de la Foy & de la Religion Chrétienne. *Sedan, Chayer*, 1659. *in* 8.
117. Nicolai Vernulæi, Historia Austriaca. *Lovanii, Nempæi*, 1651.
Jo. Pistorii Martyrium descriptum a G. Gnaphæo, & a Jac. Revio editum. *Lugd. Bat. Leffen*, 1650.
Joh. Fed. Gronovii, oratio de lege Regia. *Lugd. Batav. Severini*, 1658. *in* 8.
118. Claudii Germain Icon Philosophiæ occultæ. *Rotterodami, Leers*, 1678.
Ahasverri Fritschii, Aulicus peccans : accessit Ulrici de Hutten Dialogus de aula. *Rudolstadii, Fleischeri*, 1682. *in* 12.
119. Lælii Zecchii Tractatus de Indulgentiis & Jubilæo anni Sancti. Accedunt Alex. Carerii libri duo de potestate Romani Pontificis. *Coloniæ, Gymnici*, 1601.
Thomas Bozius de Imperio virtutis & de robore Bellico. *Ibidem, in* 8.
120. Philastrii Episc. Brixiensis Catalogus Hæreseon : accessit Lanfranci Episc. Cantuar. libellus de Sacramento altaris.
Ecclesia ad stabiliendos fidelium animos adversus falsæ doctrinæ ventos per Car. Crocum. *Antuerpiæ, Steelsii*, 1536. *in* 8.
121. De corruptis moribus qui Religionis SS. negotium impediunt & concordiam Christianam Polonicus Dialogus nobilis Theologo-politico-historicus. *Augustæ-Rauracorum*, 1615.
Guil. Fabricii Hildani de Dysenteria liber unus. *Oppenheimii, Galleri*, 1616.

Dion. Petavii Soc. J. Dissertatio de adjutorio sine quo non & adjutorio quo. *Paris. Cramoisy*, 1651.
Statut Synodal de M. l'Ev. de Sais sur le fait des Mariages clandestins. *Alençon*, 1640.
De l'honneur qui doit être rendu à la sainte Vierge, par Charles Drelincourt. *Charenton*, 1643.
Les grands jours tenus à Paris, par M. Muet. 1622. *in* 8.
122. Zelus, Canis pecuarius, a Jo. Michaële. *Parisiis, Chesneau*, 1564.
Cl. Espencæi, sacrarum Heroidum liber. *Ibidem*.
Litteræ Christianissimi Regis Caroli exhibitæ Patribus a Cardinale a Lotharingia, in generali Congregatione Trid. Concilii cum oratione dicti Cardinalis, sanctæ Synodi responso & Raynaldi Ferrerii oratione. *Paris. Dallier*, 1563.
Guide des Curez & Vicaires, par François Richardot Ev. d'Arras. *Par. Chesneau*, 1564.
Remontrance de la vraye Religion à Charles IX. par Melchior de Flavin, Cordelier. *Ibidem*, 1562. *in* 8.
123. Jacobus Almainus, de suprema potestate Ecclesiastica.
Harangue des Ministres de la parole de Dieu faite en l'Assemblée de Poissy. 1551.
Apologia Victoris Tuartii pro Franco-Gallicis. *Paris. Macai*, 1610.
De la puissance Ecclesiastique & politique. *Par.* 1612.
F. Vincentii Consentini, Ord. Minimorum Disputatio de carnium abstinentia. *Lugd. Pillehotte*, 1618.
Ecclesiæ Gallicanæ historiarum liber 1. ad annum 306. deductus. *Paris. Camusat*, 1633.
Confutatio eorum qui jus civile artis aut scientiæ titulo non esse donandum asseruere, a Ludov. Pelleo. *Paris. Poupy*, 1575.
Recollection des choses dignes de memoire advenuës aux Royaumes de France & ès environs, depuis l'an 1538. jusqu'en 1551. *Par.* 1552.
Discours en forme d'Epitre touchant la curation des Arcbusades, par Laurent Joubert. *Par. Martin le jeune*, 1570.
Paraphrase sur l'Edit des Mariages clandestinement contractez, &c. par Jean de Coras. *Par. Buon*, 1579.
Arrest du Parlement de Tholose contenant une histoire memorable & prodigieuse, avec les annotations de Jean de Coras. *in* 8.
124. Lactantii liber de opificio Dei, cum scholiis Erasmi. *Parisiis, Colinæi*, 1529.
Capitula SS. Fœderis initi inter summum Pontificem, Cæsaream Majestatem & Venetos contra Turcas. 1538.
Thomæ Bartholini, antiquitatum veteris puerperii Synopsis. *Hafniæ, Martzan*, 1646.
Epistola Apologetica Des. Erasmi Rot. de interdicto esu carnium. *Colonia, Soter*, 1522.

MISCELLANEA, in octavo, &c.

Precatio Dominica in septem partes digesta per Des. Erasmum.
Aur. Prudentii, Psychomachia. *Rothomagi, Jo. Parvi*, 1541. *in* 8.
125. Hippocratis de Pharmacis purgantibus libellus, gr. lat. cum notis Fed. Morelli. *Paris.* 1617.
Jatrosophistæ de urinis liber singularis gr. lat. *Ibidem*, 1608.
M. Antonii Mureti liber Hymnorum sacrorum & alia poëmatia. *Paris. Patissonii*, 1576. *in* 8.
126. Q. Fabius Pictor de aureo sæculo & origine urbis Romæ.
Myrsilus Lesbius de origine Italiæ ac Thurreniæ.
M. Catonis fragmenta de originibus.
Itinerarium Antonini Pii.
Sempronius de Divisione Italiæ.
Etrusca & Italica Chronographia.
Annii Quæstiones de Thuscia.
Cl. Marii Aretii, Siciliæ Chorographia.
Ejusdem Dialogus Caliphonis.
Propertius de vertumno sive Jano. *Lugduni, Jo. Temporalis*, 1554. *in* 16.
127. Libellus de modo confitendi & pœnitendi. *Paris. B. Aubri.*
Michaëlis Scoti, Physionomia. *in* 8.
128. Discours astrologique sur la grande conjonction de Saturne & de Jupiter, &c. par Richard Harrey. *Londres, Byneman*, 1583. *en Anglois.*
Ad Tractatum de Clericis præsertim Episcopis qui participarunt in Divinis scienter & sponte cum Henr. Valesio post Cardinalicidium Responsio. 1589. *in* 8.
129. Dissertatio de opinione ex Avellino Marpurgensi. *Marpurgi, Schadewitzii*, 1655.
Proteus sive de dignoscenda ingeniorum veritate Dissertatio, &c. *Ibidem*, 1656.
Dissertatio de oratore inepto. *Ibidem.*
Xenium sive de usu & præstantia nihili dissertatio. *Ibidem*, 1656. *in* 12.
130. Eliza, sive de laudibus Elizabethæ Angl. Reginæ, ab Adolpho Van-Dans. *Lugd. Batav. Jac. Marei*, 1619.
Ejusdem vita, ab eodem. *Lugd. Bat. Vander Bild.*
Idæa seu de Jacobi Regis Magnæ Britanniæ virtutibus, Enarratio &c. a Thoma Rossa. *Londini, Norton*, 1608. *in* 12.
131. Diversorum Poëtarum lusus in Priapum cum Commentariis Gasp. Schoppi, &c. 1606.
Peniculus foriarum Elenchi Scaligeriani pro Societate Jesu, Maldonato, Delrio. *Meselloburgi*, 1609. *in* 12.
132. Apologia pro Dan. Heinsio adversus Joannis Croii Calumnias. *Lugd. Bat. Hieron. de Vogel*, 1646.
Joannis de Laet, Responsio ad Dissertationem Secundam Hugonis Grotii de origine gentium Americanarum. *Amstelodami, Elzevir*, 1644.

MISCELLANEA, *in octavo*, &c. 501

Animadversio Jo. Bapt. Poissonis ad ea quæ Hugo Grotius & Jo. Laëtius de origine Gentium Americanarum scripserunt. *Par.* 1644.

Hugonis Grotii Dissertatio altera de origine Gentium Americanarum. *Par. Cramoisy*, 1644.

Dissertatio de Coma. 1645. *in* 8.

133. Josephus Unicornus, de Mathematicarum artium utilitate. *Bergomi*, 1584.

De Divinatione quæ fit per astra, diversum ac discrepans Judicium Francisci Junctini, ac Joannis Lensæi. *Coloniæ, Alectorii*, 1580.

Astrologiæ Judiciariæ Ysagogica & totius divinatricis artis Encomia, a Jo. Taisnier. *Coloniæ, Birckmanni*, 1559. *in* 8.

134. Grobianus & Grobiana a Friderico Dedekindo. *Lugd. Bat. Jo. Maire*, 1642.

Joh. Cloppenburgi Epistola de die quo Christus & Judæi comederint agnum Paschalem, & Tractatio de Sabbato Deutero proto. *Amsterdami, Blaeu*, 1643. *in* 12.

135. Metamorphosis Magnetica Calvino-Gocleniana descripta a Johanne Roberti Soc. J. *Leodii, Ouverx*, 1618.

Hadriani Cardinalis, de vera Philosophia libri IV. *Coloniæ, Novesiani*, 1540.

Franc. Patritii, de Historia Dialogi, Jo. Nicolao Stupano interprete. *Basileæ, Henrico-Petri*, 1570. *in* 8.

136. Joannis Passeratii Oratio de coecitate. *Par. Patissonii*, 1597.

Ejusd. Præfatiuncula in disputationem de ridiculis quæ est apud Ciceronem in libro 2. de Oratore. *Ibidem*, 1594.

Jacobi Marchant Declamatio in Franc. Rosseti Apologiam. *Paris. de Louvain*, 1598.

Ejusdem Declamatio in Franc. Rosseti Paradoxon de partu Cæsareo. *Ibidem*, 1599.

Discours des Fontaines de Pougues en Nivernois. *Par. Nivelle*, 1584. *in* 8.

137. Phil. Fantonius, de ratione reducendi anni ad legitimam formam & numerum ac aliis ad eamdem rem pertinentibus. *Florenti, Junctæ*, 1560.

Jo. Genesius Sepulveda, de correctione anni mensiumque Romanorum. *Par. Nicolai Divitis*, 1547.

Priscianus Cæsariensis, Rhemnius Fannius, Beda Anglus, Volusius Metianus, de nummis, ponderibus, mensuris, numeris, eorumque notis, cum notis Eliæ Vineti. *Par. Bouillii*, 1565.

Claudii Ptolemæi, Mathematicæ constructionis liber secundus. *Par. Cavellat*.

Henrici Glareani Epitome, de sex Arithmeticæ practicæ speciebus. *Ibidem*, 1561. *in* 8.

138. Questions proposées au Traducteur des Homélies de S. Jean Chrysostome, &c.

Rrr iij

Remontrance Chrétienne au même. 1693.
La fidelité du nouveau Traducteur de S. J. Chryfoſtome, &c.
Memoire adreſſé à la Sorbonne, touchant la nouvelle Bibliotheque des Auteurs Eccleſiaſtiques.
Second Memoire, &c. 1693.
La juſte défenſe de M. Dupin pour ſervir de réponſe à un libelle anonyme publié depuis peu, contre les Pſeaumes qu'il a donnés au public. *Cologne, Jacques Valé*, 1693. *in* 12.
139. Mores, leges & ritus omnium gentium a Joanne Boëmo. *Lugd. Vincentii*, 1596.
Arriani de rebus geſtis Alexandri Magni libri VIII. Barthol. Facio interprete. *Lugduni, Gryphii*, 1552.
Severini BertrandiPhraſes formulæ e variis authoribus collectæ.*in* 16.
140. Formula reformationis per Cæſaream Majeſtatem Statibus Eccleſiaſticis in Comitiis Auguſtanis ad deliberandum exhibita & ab eiſdem probata & recepta, item Acta Synodi Diœceſanæ Colonienſis 1548. habitæ. *Pariſ.* 1549.
Roberti Epiſcopi Abrincatenſis Antidonum ad Supprimendos Interrinenſes. *Par. Gorbini*, 1561. *in* 16.
141. C. Velleius Paterculus cum animadverſionibus J. Lipſii. *Lugd. Hug. a Porta*, 1592.
Petri Fabri Sanjoriani dodecamenon, ſeu de Dei nomine atque attributis liber ſingularis. *Ibidem. in* 8.
142. Thomæ Bartholini Diſſertatio de Cygni anatome ejuſque Cantu. *Hafniæ, Paulli*, 1668.
Ejuſdem de Holgero Dano qui Caroli Magni tempore floruit, diſſertatio hiſtorica. *Hafniæ, Godicchenii*, 1677.
Ejuſdem de ſuæ Bibliothecæ incendio diſſertatio ad filios. *Ibidem*, 1670. *in* 8.
143. Philippi Beroaldi libellus quo ſeptem ſapientum ſententiæ diſcutiuntur. *Par. Jo. Petit*, 1505.
Symbola Pythagoræ ab eodem explicata. *Ibidem*.
F. Baptiſtæ Mantuani, Carmelitæ, Vita & Martyrium S. Catharinæ Virginis. *in* 8.
144. Hugonis Donelii Commentarius ad titulum Inſtitutionum de actionibus. *Antuerpiæ, Plantin*, 1584.
Ejuſdem Commentarius ad titulum digeſtorum, de rebus dubiis. *Ibidem*.
Samuelis Epiſcopi Cracovienſis & Martini Cromeri, **Panegyrici** in funere Sigiſmundi I. Poloniæ Regis. *Moguntiæ, Behem*, 1550. *in* 8.
145. Jacobi Middendorpii, Commentarius ad quæſtiones politicas a Ptolomæo Philadelpho LXXII. S. Scripturæ interpretibus propoſitae. *Monaſterii, Rasfeldt*, 1593.
Petri Haſcardi, Clypeus aſtrologicus adverſus Flagellum Franciſci Rapardi. *Lovanii, Bergagne*, 1552.

Cornelii Schylandri, Medicina astrologica. *Antuerpiæ, Tilenii*, 1577.
Jo. Honteri, Rudimentorum Cosmographicorum libri tres, accessit ejusdem de variarum rerum nomenclaturis liber. *Antuerpiæ, Jo. Richardi.*
Sebast. Theodorici Winshemii, novæ quæstiones Spheræ. *Witebergæ*, 1570. in 8.
146. Regula Canonicorum Sœculàrium de optima conversatione. *Par. Jodici Badii*, 1531.
Hyeronymi Fracastorii Syphilis, sive morbus Gallicus. *Parisiis, Cyanei*, 1531. in 8.
147. Guill. Lindani, fasciculus pœnitentiæ. *Coloniæ, Gualtheri*, 1610.
Justi Rickii, Primitiæ Epistolæ ad Italos & Belgas. *Ibidem.*
Martini Becani, Epistola de communione sub utraque specie. *Moguntiæ, Albini*, 1610. in 8.
148. Modus confitendi. *Par. Bern. Aubrii.*
Aureum de peccatis capitalibus & eorum speciebus opusculum *Ibidem.*
F. Jo. Nider, Ord. Præd. tractatus de mercatorum contractibus. *Typis Petri Viart.*
Casus in quibus judex sœcularis potest manus in personas Clericorum sine metu excommunicationis imponere. *Par. Chaudiere*, 1517.
Joannis Lupi Tractatus de libertate Ecclesiastica & Dialogus de confederatione Principum & Potentatuum.
Petri Bertrandi libellus adversus Magistrum Petrum de Cugneriis, de Jurisdictione Ecclesiastica. *Par. Jo. Petit*, 1513.
Defensorium Fratrum Minorum de observantia. *Par. Chaudiere*, 1517.
Johannes Feraldus de juribus & privilegiis regni francorum. *Paris. Jo. Petit*, in 8.
149. Denei Discorso del S. Lodovico Settali. *In Venetia, Somasco*, 1609.
L'Adda di G. Ambrosio Biffi. *Ibidem.*
Forcianæ quæstiones. *Francofurti, Cambier*, 1616.
Christoph. Scheibleri, sermo panegyricus de vita vere Philosophica. *Giessæ, Chemlini*, 1624.
Christiani Riembergh, de sumptibus studiorum in genere & in specie Tractatio. *Wittebergæ*, 1623. in 8.
150. C. Crispi Sallustii, Opera quæ extant omnia cum notis Heliæ Putschii & Petri Ciacconii. *Typis Raphelengii*, 1602.
Petri Ciacconii, Commentarius in columnæ rostratæ C. Duilli inscriptionem a se conjectura suppletam. *Lugd. Bat. Raphelengii*, 1597.
Jani Douzæ, notæ ad Sallustium. *Antuerpiæ, Plantin*, 1580.

MISCELLANEA, in octavo, &c.

Erycii Puteani, Tesserarum Philotesiarum libri duo. *Coloniæ, Hunthemii*, 1604. *in* 8.

151. Andræa Eudæmon. Joannis Soc. J. Epistola super dissertatione politica, Leidhresseri. *Coloniæ, Kinckii*, 1613.

Ejusdem Responsio ad Epistolam Is. Casauboni. *Ibidem*, 1612.

─── Castigatio Apocalypsis Apocalypseos Thomæ Brightmanni. *Ibidem*, 1611.

─── Epistola Monitoria ad Jo. Barclaium. *Ibidem*, 1613. *in* 8.

152. Michaëlis Rotardi Crux Saulitica. *Francofurti, Richteri*, 1605.

Joh. Stekii, clypeus Regalis pro Jacobo Rege Angliæ contra Cardinalem Perronium. *Basileæ, Konig*, 1616. *in* 8.

153. Stella Clericorum. *Paris. Bern. Aubri.*

Instructio virorum Ecclesiasticorum. *Paris. Chaudiere.*

Itinerarium Clericorum. *Paris. Gaudoul.*

Dionysius, de vita & statu Sacerdotum Canonicorum Clericorum, &c.

B. Bonaventuræ Ord. Min. Directorium Religiosorum. *Paris. Roce.*

Alphabetum Divini amoris de elevatione mentis in Deum una cum contemplationibus B. Bernardini Senensis. *Ibidem.*

Thesaurus incomparabilis. *Ibidem.*

Opusculum aureum animæ peccatricis. *Paris. Chaudiere.*

Speculum Christianorum. *Paris. Jo. Petit*, *in* 8.

154. Pauli Eberi, brevis historia populi Judaïci a reditu ex Babylonico exilio ad ultimum excidium. *Witeberga, Creutzneri*, 1560.

Ægidii Hunnii, Oratio de Michaële Archangelo & Angelis. *Witeberga, Welack*, 1593.

Salomonis Gesneri, Oratio de Psalmorum dignitate & utilitate. *Ibidem*, *in* 8.

155. Julii Nigroni Soc. J. Dissertatio subcesiva de Caliga veterum. *Dilingæ*, 1621.

Othonis Melardi Joco-seria. *Marpurgi, Cottorum*, 1609. *in* 8.

156. Nicolai Crassi Junioris Veneti Anti-Paraenesis ad Cardin. Baronium pro Seren. Veneta Republica. 1607.

Consultatio de controversia inter Paulum V. & Republicam & Venetam. 1607. *in* 8.

157. Antonii le Grand, Scydromedia seu sermo quem Alphonsus Lavida habuit coram comite de Falmouth de Monarchia. *Typis, Jo. Ziegeri*, 1675.

Nicolai Franchimont, Lithotomia medica, seu tractatus Lithontripticus de Calculo renum & vesicæ. *Pragæ, Jo. Ziegeri*, 1683. *in* 8.

158. Jo. Frid. Matenesii, Sceptrum regale & Imperatorium domus Austriacæ. *Coloniæ, Kinchii*, 1619.

Ejusdem Christianus peripateticus. *Coloniæ, Petri a Brachel*, 1619. *in* 8.

159. Apologia pro Christiano Batavo contra M. Becani quæstiones Miscellaneas de fide hæreticis servanda. *Londini*, 1610.

Mart. Becani Soc. J. Quæstiones Batavicæ. *Moguntia, Albini*, 1611.

Ejusdem Privilegia Calvinistarum. *Ibidem.*

Nicolaus Serarius Soc. J. de sacris Ecclesiæ Catholicæ processionibus. *Colonia, Gualtheri*, 1607.

Andreæ Eudemon-Joannis Soc. J. Castigatio Apocalypsis Apocalypseos Thomæ Brightmanni. *Colonia, Kinckii*, 1611. *in* 8.

160. Remontrance à la Reyne pour la conservation de l'Etat pendant la Minorité du Roy. *Paris, Jean Petit-pas*, 1610.

Exhortation au peuple sur la concorde generale de la France, par Nicolas Pasquier. *Ibidem*, 1611.

Réjouïssances des François sur les nouvelles Alliances de France & & d'Espagne. *Paris, Huby*, 1612.

Procès Verbal de la Révolte de Poitiers. 1614.

La Justice que M. le Prince demande à la Reyne de la Rebellion de Poitiers. 1614.

Remerciement au Roy par les Habitans de la Ville de Poitiers. *Par. du Breuil*, 1614.

Lettre de M. le Prince de Condé sur le refus qui lui a été fait par MM. de Poitiers. 1614.

Réponse à la lettre de M. le Prince envoyée au Parlement de Bordeaux. *Paris, Chevalier*, 1614.

Réponse pour la Royne à M. le Prince. 1614.

Discours sur la lettre de M. le Prince.

Le Manifeste de M. le Prince envoyé au Cardinal de Joyeuse. 1614.

Lettre de M. de Boüillon, à Madame de la Tremouille.

Apologie pour M. le Prince sur son départ de la Cour.

Complainte de la France sur la rumeur de la Guerre Civile. *Paris, Champenois*, 1614.

Remontrance aux Mal-contens. *Paris*, 1614.

Discours sur les Mariages de France & d'Espagne. 1614.

Lettre de Jacques Bonhomme à MM. les Princes retirez de la Cour. *Paris, Brunet*, 1614.

Replique de Jacques Bonhomme à son compere le Crocheteur. *Ibid.*

Le Projet des principaux Articles de la Paix, & le choix du lieu pour la tenuë des Etats. *Paris, Gilbert Leveau*, 1614.

Libre Harangue de Pierre Mathault à M. le Prince. 1614.

Réponse de la Reyne à la lettre écrite à Sa Majesté par M. le Prince de Condé. *Paris, Morel*, 1614.

Le Réveil du Soldat François au Roy. *Paris, Brunet*, 1614.

Lettre de M. le Prince à la Royne.

Harangue d'Achior l'Ammonite sur un avis donné à M. le Prince. 1614.

Le Courier Picard.

Remontrance à la Royne sur les Assemblées d'Espagne. 1614.

Réfutation du Discours contre les Mariages d'Espagne. 1614.
Remerciement à la Reyne pour la bien-venuë de la Paix. *Paris, Brunet*, 1614.
Le vieux Gaulois à MM. les Princes. *Paris, le Besgue*, 1614.
Le Lourdaut de Champagne, Dialogue. *Paris*, 1614.
Le Cytoien François. *Paris, du Breuil*, 1614.
L'Anti-mauregard ou le Fantôme du bien public. 1614.
Lettre de la Royne au Parlement de Bretagne. *Par, Chevalier*, 1614.
Lettre de M. de Vendôme au Roy. 1614.
Lettre du Cardinal du Perron à M. le Prince. *Par. Chevalier*, 1614.
Lettre de M. de Vendôme à la Royne sur son entrée à Vannes. *Ibid.*
La derniere lettre de M. le Prince à la Royne. 1614.
Conjouïssance de Jacques Bonhomme avec MM. les Princes. *Paris, Chapelain*, 1614.
161. Raisons & moyens proposez au Roy par les Religieux de l'Abbaye de Clairvaux, contre les monopoles de quelques particuliers Religieux, &c.
Réponse à une lettre sur le sujet des remontrances & raisons representées au Roy par les Religieux de Clairvaux.
Recuëil d'Histoire & choses plus memorables & remarquables advenuës és dernieres années du regne de Henry IV. *Paris, Rousset*, 1609.
Le Blazon des Couleurs en Armes, Livrées & Devises. *Par. Ménier*, 1614.
Traité Chymique par G. Sauvageon. *Paris, Bessin*, 1643.
Le vrai Testament du Cardinal Mazarin. 1663.
De la Puissance Ecclesiastique & Politique. *Paris*, 1612.
Trois Sermons de Pierre Du Moulin faits en presence des Peres Capucins. *Geneve, Choüet*, 1641.
Discours de la Mort, Funerailles, & Enterrement de M. André de Brancas, Amiral de France. *Rouen, Lallemant*, 1595.
Des douze manieres d'Abus qui sont en ce monde en diverses sortes de Gens : traité tiré des Oeuvres de S. Cyprien. *Par. Morel*, 1570. *in 8.*
162. Jacobi Leschafferii, Observatio de vocabulis ad Geographiam Juris Romani pertinentibus. *Francofurti*, 1619.
Alexandri VII. Bulla sive Litteræ Decretales Canonizationis S. Francisci Salesii Episcopi Genevensis. *Paris. Muguet*, 1666.
Instructions pour les Curez du Diocése de Roüen. *Roüen, Feron*, 1613.
Guil. Coëffeteau Compendiosa formandæ Orationis concionisque ratio. *Paris. Sara.* 1643.
Arrest du Parlement de Roüen contre Adrian Behotte premier Archidiacre de Roüen. 1630.
Ordonnances & Instructions du Synode tenu à Reims en 1669. *Reims, Jean Multeau*, 1669.
Resolution touchant la Santification du S. Dimanche & des autres Fêtes, par Jean le Roy. *Roüen, Adrian Ouyn*, 1634.

Ordonnances & Reglemens que M. Leonor d'Estampes Arch. Duc de Reims veut être gardez & observez en son Diocése. *Reims, Bernard*, 1647.
Seculum consiliorum Hispanicorum a J. M. *Lugduni*, 1617.
Epistola Archiep. Rothomagensis ad Episc. Aurelianensem. *Parisiis, Ant. Stephani*, 1629.
Récit veritable de ce qui est arrivé depuis peu aux Vallées de Piémont. *Charenton*, 1655.
Lettre d'Eugene à Phileuglottie, contenant la censure de la Paraphrase sur Job, & des autres Ouvrages du P. S.
Table Ecclesiastique contenant un Abregé de la discipline du Clergé & des principales fonctions de chaque Ordre. *Roüen, Maurry*, 1647. *in* 8.
163. Nicolai Vedelii, Dissertatio de Episcopatu Constantini Magni. *Delphis, Jacobi a Beeck*, 1661.
Menasseh Ben Israël, libri tres de termino vitæ. *Amstelod.* 1639. *in* 12.
164. Arrest de Parlement contre les nommés de Claves, Villon & Bitauld au sujet des Theses de Philosophie par eux publiées. 1624.
Autre sur l'Exemption des Dixmes de Vin, Agneaux, &c. *Dugast*, 1630.
Arrest notable pour les Substitutions Testamentaires. 1628.
Autre contre François Ravaillac. *Paris, Morel*, 1610.
Autre touchant les Dixmes & Prémices dûës aux Curez. *Par.* 1612.
Lettre de M. le Marquis de la Vieville à M. le Chancelier.
Edit du Roy contre les Banqueroutiers & Cessionnaires *Par. Morel*, 1609.
Arrest notable sur le fait des Hypotheques & nantissemens. *Paris, Blanvillain*, 1608.
Réponse du Parlement de Bordeaux à la lettre de M. le Prince. *Paris, Chevalier*, 1614.
Edit du Roy pour la pacification des troubles de son Royaume. *Paris, Morel*, 1616.
Bibliotheque imaginaire. 1615.
Observation des Hypotheques & Adjudications des Heritages par Decret. *Paris, Morel*, 1602. *in* 8.
165. Lettre du Roy aux Prevôt des Marchands & Eschevins de la Ville de Paris. *Paris, Rocolet*, 1631.
Relation de ce qui s'est passé pendant le séjour du Roy à Dijon. 1631.
Copie d'une Requête envoyée à MM. du Parlement. 1631.
Lettre de Monsieur au Roy avec la Réponse de Sa Majesté. 1631.
Autre de Monsieur au Roy avec la Réponse de Sa Majesté. *Paris, Vitray*, 1631.
Déclaration du Roy contre le Duc de Montmorency. *Par. Mettayer*, 1632.
Déclaration du Roy sur l'Entrée en Armes de Monsieur en France. *Ibidem.*

Memoire donné à M. d'Aiguebonne, allant trouver Monsieur, de la part du Roy. 1632.
Harangue faite par M. le Prince à l'ouverture des Etats de Bourgogne. *Paris, Martin*, 1632.
Lettre du Roy sur la défaite des Troupes du Duc de Lorraine. *Par. Brunet*, 1632.
Lettre de M. le Duc d'Orleans au Roy. *Paris, Etienne*, 1632.
Lettre du Roy contenant les pratiques du Duc de Lorraine, &c. *Paris, Vitré*, 1632.
Lettre du Roy à M. le Duc d'Orleans. *Paris, Etienne*, 1632.
Lettre du Roy sur ce qui s'est passé entre Sa Majesté & le Duc de Lorraine, devant & depuis son entrée à Nancy. *Paris, Vitray*, 1633.
Declaration du Roy du 18. Janvier 1634.
Autre par laquelle Sa Majesté déclare qu'elle a prise la trés-sainte & glorieuse Vierge pour Protectrice de son Royaume. *Paris, Etienne*, 1638. *in* 8.
166. Discours sur plusieurs points importans de l'état present des affaires de France, au Roy. 1626.
Lettera del P. Alessandro Valignani Provinciale dell' India, al R. P. Generale della Compagnia di Giesu, &c. *In Anversa, Plantino*, 1588.
Jo. Bapt. Helmontii, disputatio de Mag. vulnerum curatione. *Paris. le Roy.*, 1621.
Avis du Cardinal Baronius au Pape Paul V. sur l'Excommunication des Venitiens, avec la Réponse de Nicolas Vignier. *Saumur, Portau*, 1606. *in* 8.
167. Oeuvres Poëtiques d'Adrian de la Morliere. *Par. Langlois*, 1617.
Sommaire des Questions proposées en la Conference advenuë entre le Docteur Cayer & le Ministre du Moulin, avec la Réponse dudit Cayer, &c. *Paris, Jean Richer*, 1602.
Le Grand Miracle de la nature Metallique par le P. Castagne. *Par. Sevestre*, 1615.
Jacobi de Brouwer Clavis apostolica. *Duaci, Belleri*, 1621.
La Fulminante pour Henry III. contre Sixte V. *in* 8.
168. Matthæi Raderi Soc. J. Aula sancta. *Monachii*, 1614.
S. Jo. Climaci liber de officio cœnobitarum cum observationibus Matth. Raderi. *Ibidem.*
Syntagma de statu morientium cum notis ejusdem. *Ibidem.*
Viridarii Sanctorum pars tertia a Matth. Radero. *Ibidem*, *in* 8.
169. Epistolæ aliquot gravium virorum de gestis Pii V. Pont. Max. *Coloniæ, Calenii*, 1567.
Nullitez des raisons de Messieurs de la R. P. R. de se tenir separez de l'Eglise Romaine, &c. par le Sueur. *Bourdeaux, de la Court*, 1660.
L'homme d'Etat Catholique. 1629. *in* 8.

MISCELLANEA, in octavo, &c.

170. Adami Contzen Soc. J. Chronologia Jubilæi Evangelici & instructio de Jubilo Jubilorum. *Moguntiæ, Jo. Albini,* 1619.
Disceptatio de secretis Societatis Jesu. *Lugduni, Cayne,* 1617. *in* 8.
171. Joannis Ernesti Burggravii Achilles Panoplos redivivus seu Panoplia Physico-Vulcania: præmissa est Marcelli Vrankheim ad Achillem epicrisis. *Amsterodami, Laurentii.*
Davidis de Rodonis, Theses ex universa Philosophia Selectæ. *Arausioni, Rabani,* 1650. *in* 8.
172. Cunradi Dieterici Epitome præceptorum Catecheticorum. *Giessæ, Chemlini,* 1614.
Barthol. Keckermanni, artis formandi & habendi conciones sacras libri duo. *Hanoviæ, Guil. Antonii,* 1606. *in* 8.
173. Maximi Tyrii Dissertationes Philosophicæ cum notis Dan. Heinsii: accessit Alcinoi in Platonem introductio. *Lugd. Bat. Jo. Patii,* 1614.
Themistii Euphradæ Orationes aliquot non editæ gr. lat. cum notis Petri Pantini. *Ibidem.*
Constantini Imp. Porphyrogeneta, de administrando imperio liber gr. lat. cum notis Jo. Meursii. *Lugd. Bat. Elzevir,* 1611. *in* 8.
174. Discours politique sur les occurrences & mouvemens de ce tems. 1621.
Decloration des Eglises réformées de France de l'injuste persecution qui leur est faite. *La Rochelle,* 1621.
Edit du Roy sur la réduction des Rentes au denier seize. *Par. Morel,* 1602.
Avis aux trois Etats de ce Royaume sur les bruits qui courent à present de la Guerre civile. *Paris, Chevalier,* 1614.
Réponse du Parlement de Bordeaux à la lettre de M. le Prince. *Ibid.*
Lettre de la Royne au Parlement de Bretagne. *Ibidem.*
Résolutions que l'on espere devoir être arrêtées en la Convocation des Etats de ce Royaume. 1588.
Relation de ce qui s'est passé à la Rochelle en la Reception de M. de Soubize. *La Rochelle,* 1622.
Réponse de la Royne à la lettre écrite à Sa Majesté par M. le Prince de Condé. *Paris, Morel,* 1614.
Harangue faite au Roy par le Recteur de l'Université. *Par. Mesnier,* 1618.
Articles proposés par M. le Prince en la Conference de Loudun.
Harangue de MM. les Deputez de la Religion au Roy. 1625.
Discours de ce qui s'est passé entre M. le Duc de Longueville & ses Sujets de Neufchatel en Suisse. *Paris, Boucher,* 1618.
Declaration du Roy sur l'Arrest de M. le Prince de Condé. *Paris, Morel,* 1616.
La Diopte au Roy & à la France. 1619.
Entrée de M. le Legat en la Ville de Paris. *Paris, Bessin,* 1625.
Lettre & Avis sur les affaires de ce tems envoyée à M. de Luynes, *Paris,* 1619.

Dialogue de la France mourante. 1623.
Declaration du Roy en faveur des Princes, Ducs, Pairs, &c. *Paris, Morel*, 1617. *in* 8.
175. Ordonnances du Roy sur le Reglement forme & gouvernement que doivent tenir les Souldars, &c. 1549.
Edit du Roy, portant ampliation, correction & modification d'aucuns articles des Ordonnances faites par le feu Roy, &c. *Par. Kerver*, 1550.
Modifications & restrictions faites par le Parlement, sur les facultés du Legat Jeronime Verallo. *Paris, Jehan André*, 1552.
Edit du Roy sur le Reglement des Eaux & Forêts, &c. *Par. Sertenas*, 1554.
Edit pour l'institution des Greffiers des Insinuations. *Ibidem*, 1555.
Ampliation des Greffes des Insinuations. *Ibidem*, 1556.
Declaration du Roy sur l'innocence de M. le Duc de Montmorency. *Paris, Morel*, 1576.
Edit de Pacification pour mettre fin aux troubles de son Royaume. *Ibidem*, 1578.
Chronicon Prosperi Aquitani a more Valentis Imp. ad captam a Genserico urbem, & fragmentum ex chronico Victoris Episcopi Tunnunensis. 1588.
Declaration du Roy sur la Treve accordée au Roy de Navarre à Angoulesme. 1589.
Observation de la renonciation au Velleian. *Paris, Morel*, 1597.
Plaidoyé pour la Fierte de Roüen. *Paris, Cramoisy*, 1608.
Edit du Roy & Declaration sur les precedens Edits de Pacification. *Paris, Hubaut*, 1611.
Declaration du Roy sur la défense des Duels. *Paris, Morel*, 1613.
L'Anti-Courtisan. *Paris, le Maistre*, 1617.
Arrest du Grand Conseil en faveur de M. l'Ev. de Valence. *Tournon*, 1630.
Arrest de Parlement contre un Libelle intitulé : *Optati Galli de Cavendo, schismate*, &c. *Paris, Cramoisy*, 1640.
Autre sur la renonciation des Filles par Contract de mariage aux Successions de leurs Peres. *Paris, Sara*, 1640. *in* 8.
176. Discours sur la rupture de la Treve en l'an 1556. *Par. Vascosan*, 1556.
La Consolation du peuple Gaulois grievement désolé par les Troupes du feu Roy François II. par François Habert.
Consultation pour la Noblesse de Picardie. 1564.
Regrets de la France sur les miseres des presens troubles de l'an 1567. par Arn. Sorbin. *Par. Chaudiere*, 1568.
Réponse à un écrit publié par l'Amiral & ses adhérans pretendans couvrir & excuser la rupture qu'ils ont faite de l'Edit de pacification. *Par. Fremy*, 1568.
Edit du Roy sur la pacification des troubles de ce Royaume. *Paris, Jean-Dallier*, 1570.

Deluge des Huguenots avec leur tombeau &c. *Ibidem*, 1572.
Difcours fur l'execution faite ès perfonnes qui avoient conjuré contre le Roy & fon Etat. *Par. L'huillier*, 1572.
Deux Edits du Roy fur la pacification des troubles de ce Royaume. *Par. Morel*, 1576. & 1577.
Placard des Etats Generaux des Provinces unies des Pays-bas par lequel on déclare le Roy d'Efpagne déchû de la Seigneurie & Principauté de ces Pays. *Anvers*, 1581.
De l'accord & union des fujets du Roy fous fon obéïffance. *Perigueux*, 1583.
Confeffion de la foy Catholique par Claude de Saintes Evêque d'Evreux. *Lyon*, *Rigaud*, 1585.
Remontrance des Catholiques pacifiques pour la paix. 1585.
Difcours des Etats & offices tant du gouvernement que de la juftice & des Finances de France par Charles de Figon. *Paris*, *Corrozet*, 1608.
Traité de la diffolution du mariage pour l'impuiffance &c. *Paris*, *Rouffet*, 1610.
Traité des Rentes felon le droit civil & coûtumes des diverfes Provinces de France. *Ibidem*, 1615. in 8.
177. Arreft du Parlement de Thouloufe fur la procedure ordonnée contre F. Jean Tourné Jacobin par les Evêques de Condom & d'Aire, avec le Plaidoyé de Pierre de Beloy. *Par. Regnoul*, 1612.
Moyens de nullité & d'abus pour M. Louis de la Valete Archev. de Tolofe, &c.
Rodolphi Botercii Gallicinium in aliquot falfas damnatafque A. Santarelli Affertiones. *Par. Beffin*, 1626.
Arreft du Parlement par lequel défenfes font faites de publier la Bulle du 5. Juin dernier fans Ordre du Roy. *Par. Rocolet*, 1641.
Défenfe de ceux du College de Clermont, contre les Requêtes & Plaidoyés; cy-devant contre eux imprimées & publiées. 1594.
Rémontrance & Requête des Religieux de la Compagnie de Jefus à Henry IV. *Bourdeaux*, *Millanges*, 1599.
Le Cayer General des Remontrances que l'Univerfité de Paris a dreffé pour prefenter au Roy, &c. 1615.
Jugement fur la Congregation de l'Oratoire de Jefus. *Par. Mettayer*, 1626.
Sentimens finceres & charitables fur les queftions de la Predeftination & de la frequente Communion par François Irenée. 1643.
Obfervations importantes fur la Requête prefentée au Confeil du Roy par les Jefuites, tendante à l'ufurpation des Privileges de l'Univerfité de Paris. *Par.* 1643.
Apologie pour l'Univerfité de Paris, contre le difcours d'un Jefuite. 1643.

Apologie sur la censure faite par la Sorbonne d'un livre intitulé, l'histoire des trois possedées de Flandre. *in 8.*

178. Edict du Roy sur la prohibition faite de n'expedier ni envoyer en Cour de Rome. *Par. Jehan André*, 1551.

Articles de la Faculté de Theol. de Paris, concernans la foy & Religion Chrétienne confirmés par le Roy, &c. *Ibidem*, 1542.

Edict du Roy touchant la connoissance, Jurisdiction & Jugement des Procez des Lutheriens. *Ibidem*, 1551.

Défense des traditions & constitutions de l'Eglise Catholique par Charles Choquart. *Par. Chesneau*, 1562.

Advertissement aux Serviteurs du Roy sur la supplication adressée à Sa Majesté pour se faire Catholique. 1591.

Remontrances & discours prononcés en la chambre de l'Edict établie à Castres, par Philippe Canaye. *Par. Perier*, 1598.

Brief examen des prieres Ecclesiastiques, administration des Sacremens & Catechisme des Calvinistes par Franc. feu ardent, *Poitiers, Thoreau*, 1611.

Cayer de ceux de l'assemblée de Saumur. 1611.

La Mercuriale à Messieurs de l'assemblée de Loudun. *Par.* 1620.

De la succession du droit prérogative du premier Prince du Sang de France déférée au Cardinal de Bourbon. *Par. Bichon*, 1588.

Franc. Fabricii, de motibus Gallicis relatio. 1588.

Le Polemandre, ou discours d'Etat de la necessité de faire la guerre en Espagne. 1604.

Exhortation aux Roys & Princes, sur le sujet des guerres de ce tems pour la conservation de leur Monarchie, envoyée au Prince Palatin par le Comte de Fridembourg.

Delphin Coronatus a P. V. Therono Soc. J. *Par. Cramoisy*, 1628.

Premiere Savoysienne.

Ad Rupellam, de deditione facienda Henrico III. e Polonia redeunti a Pap. Massono. *Par.* 1620.

Panegyricus Ludovico XIII. pro triumphata Rupella dictus a Stephano Petiot Soc. J. *Par. Stephani*, 1629.

Regiæ Ludovici virtutis, cum divina providentia in expugnatione Rupellæ conspiratio Encomiastico celebrata. *Tolosæ, Colomerii*, 1629.

Le transport du Dauphiné fait à la maison & couronne de France. *Par. Soubron*, 1630.

Action très-Chrétienne de Louis XIII. sur la conversion d'Antoine Dumont cy-devant Ministre &c. *Par. Jacquin*, 1631.

Défense de la nouvelle Methode introduite, pour soutenir l'autorité de la foy Catholique &c. par le S. de la Milletiere. 1641.

Contre-avant-coureur de la republique de M. l'Ev. de Belley sur l'honneur qui doit être rendu à la B. Vierge Marie.

Réponse à l'examen d'un Heretique sur un discours de la Loy Salique. 1587. *in 8.*

179. Roberti Boutremii libellus de Ecclesia ejusque legitima ministrorum successione & Primatus in ea necessitate. *Parisiis, Morelli,* 1574.
Francisci Hottomani Disputatio de aureo Justinianico. *Basileæ, Episcopii,* 1584.
Eorum quæ apud Gallos de toto Pontificii juris corpore & maxime in Beneficialibus usu recepta sunt, Enucleatio, a Petro Fonteio. *Par. Langelier,* 1597.
Rogeri Widringtoni responsio apologetica ad libellum cujusdam Theologi qui ejus pro jure Principum Apologiam tanquam fidei apostolicæ aperte repugnantem falso criminatur. *Paris.* 1613.
Francisci Meinardi Orationes legitimæ tres 1. de visco Druidarum jurisprudentiæ Symbolo 2. de Templo Justiniani Romanæ justitiæ dicato 3. de gemino Reipublicæ Christianæ oculo. *Pictavi, Mesnerii,* 1614.
Disquisitio Decreti S. Congregationis Cardinalium ab Urbano VIII. ad Indicem librorum &c. deputatorum, die 19. Martii 1633.
Corippi Africani de laudibus Justini Augusti Minoris libri IV. cum Scholiis Michaelis Ruizii. *Antuerpiæ, Plantin,* 1581.
Othonis Turnebi Tumulus. *Par. Patissonii,* 1582.
De venatione per accipitres libri duo. *Burdigalæ, Millangii,* 1582.
Hymnus in Sacram S. Cardinalis Caroli Borromæi Stolam ad Ecclesiam S. Jacobi Parisiensis Mediolano allatam. 1617. *in* 8.
180. Anti-Choppinus. *Wiliorbani,* 1593.
Epistola Mag. Benedicti Passavantii. 1593.
Matagonis de Matagonibus Monitoriale ad Italo-Galliam Mathatelli. 1593.
Strigilis Papyrii Massoni. 1593.
Gregorii XIV. Litteræ Monitoriales ad Principes & alios qui Regis partes sequuntur. *Francofurti, Lechleri,* 1591.
Arrest du Parlement séant à Tours sur les Bulles Monitoriales de Gregoire XIV.
Tussani Bercheti, Pium consilium super Gregorii XIV. Monitorialibus ut vocant Bullis. *Francofurti, Lechleri,* 1591.
De Christianissimi Regis periculis & notata quædam ad Litteras Monitoriales, &c. *Ibidem.*
Dialogus de statu Turbulento Ecclesiæ hujus sæculi. 1591. *in* 8.
181. Vita Thomæ a Kempis, studio Henr. Brewer. *Coloniæ, Alstorff,* 1681.
Dominicus Abbas Monasterii Murensis de origine & Genealogia Comitum de Habsburg. *Constantiæ, Geng.* 1651.
Monumenta antiqua Judaica Augustæ-Vindelic. reperta & enarrata a Matthia Frid. Beckio. *Augustæ-Vindel. Goëbelii,* 1686.

Samuelis Rodigasti, Meletema Historico-Philologicum de fatis græcæ linguæ. *Jena, Werteri*, 1685. *in* 8.
182. Argumentum Chronologicum contra Kempensem, a Francisco, Valgravio. *Par. Billaine*, 1650.
Jo. de Launoy Judicium de Autore librorum de Imitatione Christi. *Ibidem*.
Antonii Massæ Gallesii informationes atque allegationes pro Dominis Abbatibus ex Congreg. Cassinensi in causa præcedentiæ adversus Canonicos Regulares. *Ibidem, in* 12.
183. Joachimi Camerarii Commentatiuncula, non esse ex eventis de consiliis actionibusque hominum pronuntiandum. *Lipsiæ*, 1579.
Joannis Artopæi Colloquia duo 1. sensus & rationis 2. adulationis & paupertatis. *Basileæ, Oporini*, 1547.
Jo. Novillei, artium legumque Professoris Hora. *Paris. Wecheli*, 1531. *in* 8.
184. Historia antiqua, hoc est, Myrsilus Lesbius de Origine Italiæ. Catonis fragmenta ex libris Originum, Archilogus de temporibus. Berosi antiquitates, Manetho de regibus Ægyptiorum, Metasthenes de Judicio temporum, Xenophon de æquivocis, Fabius Pictor de aureo fœculo, C. Sempronius de divisione Italiæ. Philonis Judæi antiquitates Biblicæ; accessit Gasp. Varrerii Censura in Berosum. *Typis Commelini*, 1599. *in* 8.
185. Lex Talionis XII. Tabularum Cardinali Baronio ab Is. Casaubono dicta retialante Heriberto Rosweydo Soc. J. *Antuerpiæ, Moreti*, 1614.
Horoscopius anti-Cotonis ejusque Germanorum Martillerii & Hardivillerii vita, mors, Cenotaphium ab Andrea Schioppio. *Antuerpiæ, Verdussii*, 1614. *in* 8.
186. Memorial Historique de ce qui s'est passé depuis 1647. jusques en 1653. touchant les V. Propositions tant à Paris qu'à Rome. *Cologne, Marteau*, 1676.
Doutes sur le Systeme Physique des Causes occasionnelles. *Ibid.* 1686.
Nouvelles predictions de la destinée des Princes & états du monde. *Venise, Gio del Campo*, 1688.
La veritable Satyre, contre la fausse direction.
Le divorce Royal, ou guerre civile dans la famille du grand Alcandre.
Lettre de Clement Marot sur l'arrivée de J. B. de Lully aux Champs Elyfées. *Cologne, Marteau*, 1688. *in* 12.
187. Lettre du P. de Chantelouve aux nouvelles Chambres de Justice. 1632.
Lettre de la Cordonniere de la Royne Mere, à M. de Baradas.
Rabbi Benoni visiones & doctrina.

Catholicon François par Renaudot.
Derniers avis à la France par un bon Chrétien & fidele Citoyen.
Le Prophête François à M. le Cardinal de Richelieu.
Les juftes Planites de l'Hollandois Catholique & pacifique fur les affaires du tems.
L'efprit bienheureux du Maréchal de Marillac, à l'efprit malheureux du Cardinal de Richelieu. *in 8.*

188. Caufæ Crittonianæ Conjectio. *Par. Prevofteau*, 1597.
Georgii Crittonii Orationes duæ. *Ibidem*, 1603.
De Francia ab interitu vindicata Exercitatio Scholaftica a Jo. Grangier. *Par. Libert*, 1611.
Jo. Grangierii Oratio pro regia Cauffa in perduelles. *Ibidem*, 1621. *in* 8.

189. Abrahami Patriarchæ liber Jezirah five formationis mundi cum Commentariis G. Poftelli. *Par.* 1552.
Everfio Falforum Ariftotelis Dogmatum a D. Juftino Martyre, G. Poftello interprete. *Par. Nivellii*, 1552.
G. Poftelli liber de Caufis & originibus naturæ utriufque. *Ibidem.*
Hiftoire memorable des expeditions depuis le deluge faites par les Gaulois depuis la France jufqu'en Afie, &c. par G. Poftel. *Ibidem.*
Apologie contre les détracteurs de la Gaule, & un traité des Droits de la Couronne de France, par le même.
La Loy Salique par le même. *Paris*, 1552. *in* 16.

190. Ferdinandi Romanorum Imp. Exempla litterarum ad Pium IV. cum Hieron. Oforii Epiftola ad Elizabetham Angliæ Reginam. *Par. Chefneau*, 1563.
Hieron. Oforii, de Religione libri tres. *Dilingæ*, 1569. *in* 8.

191. Joannis Hoornbeeck Apologia pro Ecclefia Chriftiana hodierna. *Amftelodami, Elzevir*, 1647.
Ernefti Bogiflai Mofcherofchi relationes hiftoricæ rerum præcipuarum toto orbe geftarum a menfe Januario ad Junium anni 1584. *Francofurti, in* 8.

192. La Victoire obtenuë par le Duc d'Albe fur le Prince d'Orange &c. *Par. Nyverd*, 1572.
Inftruction Lettres & Commiffions des Archiducs pour traiter avec les Etats des Pays-bas, &c. *Rouen, Jean Petit*, 1607.
Lettre du Prince d'Orange à M. le Prince de Condé. *Paris, du Breuil*, 1615.
Défaite des Hollandois fortis de Bergues par l'armée du Marquis Spinola. *Par. Jean de Bourdeaux*, 1622.
Le Manifefte des Etats des Provinces unies de Hollande au refte des Villes Catholiques qui font fujettes au Roy d'Efpagne. *Paris*, 1632.
Déclaration de l'affemblée des Etats de Hollande &c. *Par. Brunet*, 1633.

L'Etat General de l'armée du Prince d'Orange, contre le Roy d'Espagne. *Par. Mettayer*, 1633.

Nouvelles résolution de l'assemblée des Etats d'Hollande, contre le Roy d'Espagne. *Ibidem*, 1634.

La prise de Groll sur l'Espagnol.. *Paris, Martin*, 1627.

Description du Siege de Bolduc, en 1629.

Recit de la prise de Vezel, en 1629.

Articles accordez aux habitans de la Ville de Maestric avec ce qui s'est passé de plus memorable à la reduction d'icelle. *Paris, Martin*, 1632. *in* 8.

193. Nicolai de Lyra Expositio in Decalogum. *Par. Cayllaut.*

Excusationum Lutheranorum confutatio pro concilio Generali ad Mantuam indicto. *Lipsiæ, Wolrab*, 1537.

Jacobus Latomus de confessione secreta. *Antuerpiæ*, 1525.

Idem de quæstionum generibus quibus Ecclesia certat intus & foris. *Ibidem.*

Anabaptismus F. Bartholomæi de Uringen Augustiniani contra rebaptisantes. *Coloniæ, Gymnici*, 1529. *in* 8.

194. Andreæ Hyperii, de Sacræ Scripturæ lectione ac meditatione quotidiana libri duo. *Basileæ, Oporini*, 1563.

Martinus Bucerus de vi & usu sacri ministerii. *Basileæ, Petri Pernæ*, 1562. *in* 8.

195. Hugonis Grotii mare liberum. *Lugd. Bat. Elzevir*, 1618.

Joh. Beverovicii Epistolicæ quæstiones cum Doctorum responsis: accedit ejusdem necnon Erasmi, Cardani, Melanchonis medicinæ encomium. *Rotterodami, Leers*, 1644. *in* 8.

196. Defensa Romani Breviarii Correctio circa Historiam S. Brunonis, a Jo. de Launoy. *Argentorati, Bockenhoferi*, 1656.

Ismaëlis Bullialdi libelli duo pro Ecclesiis Lusitanicis; accessit ejusdem dissertatio de populis fundis. *Argyropoli, Bockenhoferi*, 1656.

Jo. de Launoy Dissertatio de Victorino Episcopo & Martyre. *Argentorati, Stocdelii*, 1659. *in* 8.

197. Confessio fidei ac religionis Baronum ac nobilium regni Bohemiæ, &c. *Dordraci, Berewout*, 1617.

Valdensium Tomus II. cum Schediasmatibus Balthaz. Lydii. *Ibidem, in* 8.

198. Lucæ Osiandri, institutio Religionis Christianæ. *Argentorati, Zetzneri*, 1594.

Joannis Damasceni de Orthodoxa fide libri IV. Jacobo Fabro Stapulensi interprete. *Marpurgi, Egenolphi*, 1602.

Historia Passionis Jesu Christi, studio Ruperti Erythropili. *Francofurti, Jo. Saveri*, 1594. *in* 8.

199. Frid. Balduini Examen Apologetici Gasp. Schoppii pro gemino de indulgentiis Bellarmini libro, &c. *Wittebergæ, Schureri*, 1606.

MISCELLANEA, in octavo, &c.

De Communione sub utraque specie disputatio Martini Becani edita cum notis a Frid. Balduino. *Wittebergæ, Gormani*, 1610.
Frid. Balduini Epistola Apologetica. *Ibidem, in 8.*
200. Disceptatio Epistolaris Jo. Magiri Jesuitæ & Davidis Paræi, de autoritate divina & canonica S. Scripturarum, deque absoluta Ecclesiæ infallibilitate. *Typis Voëgelini*, 1604.
Davidis Paræi, Exegesis disputationis de S. Scripturarum autoritate divina, &c. *Ibidem.*
Ejusdem oratio de Jesuitarum strophis circa Canonem Scripturarum. *Ibidem, in 8.*
201. La seconda Libraria del Doni. *In Vinegia*, 1555.
Discorsi di Nicolo Rossi intorno alla Tragedia. *In Vicenza, Giorgio Greco*, 1590.
Nova inventione & arte del ricordarsi per Luoghi & imagini & per segni & figuri poste nelle mani del P. Girolamo Marafioto. *In Vinegia Bertoni*, 1602.
Libro Zergo de interpretare la lingua Zerga, cio e parlare Forbesco. *In Venetia, Rampazetto*, 1565.
202. Commentario del S. Don Luis de Avila y Cuniga de la guerra de Alemanna hecha de Carlo V. Emperador en el ano de 1546. y 1547. *En Venetia*, 1548.
Libro de la Republica de Vinitiani Composto per Donato Giannotti. *In Roma*, 1542.
De Regimenti publici de la citta di Girolamo Garinberto. *In Vinetia, Scotto*, 1544.
I Diporti di Girolamo Parabosco. *In Venetia, Griffio*, 1552. *in 8.*
203. Relatione della Republica Venetiane di Giov. Botero. *In Venetia, Varisco*, 1605.
Detti memorabili di Personnaggi illustri, di Giov. Botero. *In Brescia, Fontana*, 1610.
Pandulphi Collenutii, Apologi IV. *Romæ, Vicentini*, 1526.
Specchio di Esopo. *In Roma, Vicentino*, 1526. *in 8.*
204. Relatione del supplicio & morte del Diabolico Francesco Ravallot in Venetia Alberti. 1610. Suivent differentes Rimes Italiennes. *in 8.*
205. Vita di Gregorio XIII. da Antonio Ciappi. *In Bologna, Bossi.*
Fisionomia naturale di Giovanni Ingegneri. *In Milano, Bordoni*, 1607.
Risposta di Pietro Cassiani al discorso sopra il brever fresco. *In Bologna, Benecci*, 1603.
Historia della detta Fanciulla, del S. Simone Portio Neapol. *In Firenze.*
Discorso di Francesco Bocchi sopra la lite delle armi & delle lettere. *In Fiorenza*, 1580.
Cicero relegatus & Cicero revocatus dialogi. *Venetiis, Sessa*, 1534.
Espositione dun Sonetto Platonico, fatto sopra il primo effecto d'amore. *In Fiorenza*, 1554. *in 8.*

206. Il primo libro della nobilita, da Francesco de Vieri. *In Fiorenza, Marescotti*, 1574.

Dialogo di Antonio Manelti, citra al sito, forma & misure dello inferno di Dante. *in* 8.

207. Selva de aventuras, por Geronimo de Contreras. *En Caragoça, Cabarte*, 1615.

El Sejano Germanico de Don Joseph Pellicer de Touar Abarca. *En Barcelona*, 1639. *in* 8.

208. Bulle de Clement VIII. contenant les facultez données au Cardinal de Plaisance, Legat en France. *Par. Nivelle*, 1592.

Replique à la réponse envoyée sous le nom de M. le Duc de Mayenne aux Princes, Prélats & autres assemblez. *Par.* 1593.

Arrest de Parlement contre certain prétendu Arrest donné à Châlons sur le fait des Bulles de la Legation. *Par. Nivelle*, 1592.

Déclaration faite par M. le Duc de Mayenne pour la réünion de tous les Catholiques de ce Royaume. *Par. Morel*, 1593.

Reglement que le Duc de Mayenne veut être observé à Paris pendant la Treve Generale. *Ibidem.*

Propositions des Princes, Prélats & Seigneurs Catholiques, étant du parti du Roy de Navarre, avec la Réponse du Duc de Mayenne. *Ibidem.*

Advertissement de René Benoist en forme d'Epitre consolatoire envoyée à la Paroisse de S. Eustache. *S. Denis, Lhuillier,* 1593.

Articles accordez pour la Treve Generale. *Par. Morel.* 1593.

Advis aux François sur la Déclaration faite par le Roy en l'Eglise de S. Denis en France, en 1593.

Articles traitez & accordez en la Conference des Deputez, tenuë à Milly. 1593.

Déclaration des Princes, Pairs, &c, sur la publication & observation du S. Concile de Trente. *Par. Morel*, 1593.

Lettres du Roy au Parlement touchant sa conversion. *S. Denis, Lhuillier*, 1593

Acta in publicis trium Galliæ ordinum Comitiis Lutetiæ habitis. 1593.

Litteræ Cardinalis Placentini in Regno Franciæ de latere Legati ad ejusdem Regni Catholicos. *Paris. Thierry*, 1593.

Déclaration du Roy sur la fin de la Treve. *S. Denis, Lhuillier*, 1594.

Arrest de Parlement contre les assemblées illicites, & amas d'armes en cette Ville de Paris. 1594.

Ordonnance du Comte de Brissac, Marechal de France, & Gouverneur de Paris, sur le même sujet. 1564.

Ordonnance du Roy pour la conservation de la Ville, 1564. outre plusieurs pieces manuscrites qui y ont rapport. *in* 8.

CODICES MANUSCRIPTI,

IN FOLIO.

LEONIS Imperatoris Conſtitutiones græce: codex nitidiſſimus & in Charta Serica.

F. Campanellæ Articuli Prophetales XVI. Apologiæ ſuæ incerti ſecundum omnes ſcientias divinas ac naturales de eventibus præcedentibus inſtantem mundi finem manifeſtandis poſt annum Chriſti 1600. prout auctor prædicavit in anno 1599.

Procez Criminel fait à Robert d'Artois en 1329. 2. vol.

Procez criminel de Charles II. Roy de Navarre, & de ſes Complices, en 1327.

Procez criminel fait à Loüis de Luxembourg, Comte de S. Paul, Conneſtable de France, l'an 1475.

Procez Criminel de René d'Alençon, Comte du Perche, en 1481.

Procez Criminel du Conneſtable de Bourbon & de ſes Complices, en 1523. 4. vol.

Procez Criminel de Guillaume Poyet, Chancelier de France, en 1544.

Procez Criminel du Comte d'Egmont, en 1568.

Sententia Damnationis Odeti a Caſtilione Cardinalis per Pium Papam IV. anno 1563.

Arreſt contre contre Jean Poëſle, Conſeiller en la Cour. 1582.

Relation de ce qui s'eſt paſſé au Procez de Chalais, fait en la Chambre de Juſtice de Nantes.

Jugement de mort rendu contre Urbain Grandier, Curé de Saint Pierre de Loudun. 1634.

Arreſt de la Chambre de l'Arſenal contre la Dame de Gravelle. 1635.

Autre contre Matthieu Morgue, dit de S. Germain. 1635.

Bref du Pape Urbain VIII. contenant la Commiſſion par lui donnée à quelques Evêques François, pour faire le procez à aucuns accuſez de crime de leze-Majeſté, &c.

Arreſt du Parlement de Metz contre le nommé la Roche, Domeſtique du P. Chanteloupe & le P. Chanteloupe.

Jugement contre le Sieur des Chapelles.

Arreſt du Parlement de Thouloufe contre ceux qui vont par le Languedoc, pour ſoulever le peuple contre ſervice du Roy.

Arreſt de mort contre le nommé Clauſel.

Arreſts rendus contre le Baron de Bëi, Saint Leger & le Sieur de

CODICES MANUSCRIPTI, in folio.

Saucourt, pour avoir lâchement rendu aux ennemis les places dont ils étoient Gouverneurs. 1636.

Procez Criminel fait au Duc de la Vallette & aux Princes unis à Sedan contre le Roy. 1641.

Productions de M. le Procureur General de la Chambre de Justice contre M. Nicolas Fouquet, Sur-Intendant des Finances. 2. vol.

Differens Traitez de la France, avec les Etats de Genes, Milan, l'Etat Ecclesiastique, Savoye, Milan, Mantouë, Montferrat, Monaco, Parme, &c. depuis 1396. jusqu'en 1647.

Relation & actes de la negociation faite par les Ambassadeurs de Loüis XI. ponr traiter la paix, le Pape Sixte IV. & le Roy de Naples, d'une part, & la Republique de Venise, les Ducs de Milan & de Ferrare & la Republique de Florence, d'autre, ès années 1478. & 1479.

Instructions d'Ambassades, & negociations tant en Italie qu'autres lieux, depuis François I. jusqu'à Charles IX.

Extrait d'une Histoire de François I. faite par un Secretaire du Chancelier du Prat.

Recueil fait par M. le Chancelier de l'Hôpital, tiré d'un Manufnuscrit fait de sa main, contenant plusieurs traitez de paix, appanages, mariages, neutralitez, reconnoissance, foy & hommage, & autres droits de Souveraineté.

Le même Recueil.

Remontrances & Harangues, avec deux Plaidoyers pour la Souveraineté du Roy, l'un de M. Cappel Advocat du Roy; l'autre de M. Marion, lors Advocat en Parlement, touchant le Barrois & les limites du Royaume du coté de Champagne.

Remontrances deliberées être faites au Roy, & délivrées aux Députez du Parlement, allant trouver leurs Majestez.

Negociations de la paix traitée à Vervins entre Henry IV. & le Duc de Savoye, en 1598. 2. vol.

Regiftre du Parlement depuis le 12. Septembre 1595. jufqu'au 19. Mars 1622.

Negociations de M. le Cardinal de Marquemont, contenant toutes les instructions & dépêches à lui envoyées, &c. commençant en l'année 1617. & finissant en l'année 1619. 2. vol.

Negociations d'Allemagne vers l'Empereur & les Princes Protestans, par MM. les Duc d'Angoulême, de Bethune & de Preaux, ès années 1620. & 1621. 2. vol.

L'Assemblée des Notables ès années 1626. & 1627. tenuë à Paris.

Relations de la Cour de Rome & de l'Etat du Pape, faites par le Cavalier Zeno, Ambassadeur de Venise à Rome. 1623.

Relation de l'Etat de la Republique de Venise, faite par le Marquis de Bedmar de la Cueva, Ambassadeur d'Espagne à Venise.

Relation & Sentence renduë à Venise sur l'assassinat du Cavalier Zeno,

CODICES MANUSCRIPTI, in folio.

no, commis par le Chevalier Corner.

Negociations de Munster ès années 1643. 1644. 1645. 1646. 1647. & 1648. 11. vol.

Narration sincere & véritable de tout ce qui s'est passé en France depuis le commencement d'Anne d'Autriche, jusqu'au tems de la sortie de M. le Prince, arrivée en 1652.

Lettres du Cardinal Mazarin sur le Traité des Pirenées de 1959.

Traité succint des vrais maximes d'aucuns Princes de l'Europe.

Inventaire des Manuscrits de M. de Lomenie. 4. vol.

Table des matieres de cet Inventaire.

Inventaire des Layettes, Coffres, Sacs & Registres qui sont au Thresor des Chartes du Roy à la sainte Chapelle. 8. vol.

Recueil de diverses Pieces ; Sçavoir,

Extrait des Registres du Parlement, touchant la Bulle contre l'heresie de Luther, en 1533.

Brief Recueil & sommaire de ce qui s'est passé au Colloque de Poissy, tenu en 1561.

Articles & seureté promise à ceux de la R. P. R. par le Roy Charles IX. en 1567.

Propositions d'articles de paix de ceux de la Religion, de la part du Roy de Navarre & Prince de Condé, au Roy Charles IX. en 1570.

Extrait des Articles du Synode National, tenu à Montpellier en 1598.

Diverses Lettres concernant ceux de la R. P. R.

Articles pour la guerre & paix de Savoye, en 1600.

Memoire à M. le Chancelier touchant l'état du Pays & Bailliage de Gets, tant pour ce qui est de la Religion que du service du Roy qui en dépend, contre les entreprises de ceux de Geneve. 1641.

Memoire des Habitans de Mareüil en Poitou faisans profession de la Religion, pour en avoir libre exercice. 1642.

Advis montrant pourquoi il ne faut pas permettre la tenuë du Synode de ceux de la Religion en la Ville de Montpellier. 1642.

Touchant ceux de la Religion des Cevennes. 1643.

Procez verbal & Actes du Synode National des Eglises Reformées de France, assemblées à Charenton en 1644.

Advis de M. Seguier lors Ambassadeur à Venise, sur le retablissement des Jesuites. 1599.

Lettre du Roy aux Ministres de la R. P. R. assemblez à Jargeau, & autres affaires des Religionnaires, depuis 1601.

Relation de la Promotion du Sieur Mazarin au Cardinalat, en 1639.

Memoire pour l'Evêque de Leon.

Sommaire du Procez pendant au Conseil entre le Cardinal de Lyon & le Sieur Payen, pour raison du Prieuré de la Charité.

Vuu

Touchant le droit de confirmer les Evêques par le Metropolitain, par le Sieur de Marca.

Remontrance de ceux de la Sainte Chapelle du Palais, contre l'échange & suppression de leur droit de Regale, au Roy & à la Royne Regente.

Discours pour montrer comment le droit des Indults s'est introduit en France en faveur de Messieurs du Parlement.

Contestations touchant les droits de Regale & d'Indult en la Province de Bretagne.

Touchant la prérogative que s'attribue l'Evêque de Soissons, &c.

Réponse du Sieur de Marca aux notes faites par M. Morel Docteur de Sorbonne, sur l'examen du Livre *de Concordia*.

Que l'Evêque ne peut être jugé définitivement que par le Pape.

Discours sur le sujet de la démission des Evêques.

Discours du droit Ecclesiastique touchant les Causes Majeures.

Touchant la Collation des Benefices en Bretagne.

Etat de l'affaire de l'Evêque de Leon.

Memoire touchant l'établissement d'un Seminaire de Missionnaires dans l'Abbaye de S. Meen Diocése de S. Malo, où il est traité des Menses Monachales.

Memoire pour les Annexes de Provence.

Memoire de la part du Sieur de Rieuf contre le Sieur Cupif.

Sentence de l'Officialité, portant suppression d'un Livre intitulé : La Famille Chrétienne sous la conduite de S. Joseph, par l'Abbé de Portmorant.

Memoire touchant l'Evêque d'Alby.

Contre l'Union de l'Evêché de Vence à celui de Grasse.

Memoire touchant trois Prieurez de l'Ordre de S. Benoist, prétendus par les Jesuites dans l'Alsace, contre les Benedictins.

Contre l'union d'un Prieuré Conventuel & électif à un Convent de Religieuses.

Relations & Avis des Agens Generaux du Clergé, touchant les affaires de M. l'Archev. de Sens.

Memoires pour faire connoître que le Comté d'Auxerre releve de l'Evêque dudit lieu, &c.

Pour la Collation des Benefices du Prince de Conty.

Memoire du Sieur de Priezac sur les empêchemens du mariage.

Discours du même, sur la Regle des 20. jours pour empêcher la succession des Benefices, &c.

Raisons de la Chambre des Comptes pour la conservation des droits de Regale.

Autre Recüeil, contenant

Traitez touchant la Jurisdiction Ecclesiastique.

Differens Ecclesiastiques, tant entre les Papes & les Roys de France, que le Clergé de leur Royaume.

Examen de la Bulle d'Innocent X. touchant la résidence des Cardinaux, par le Sieur de Marca.

Projet de la Declaration du Roy en faveur des Cardinaux Barberins contre cette Bulle.
Examen de cette Bulle, par M. du Puy.
Histoire du differend entre le Pape Boniface VIII. & Philippes le Bel.
Comme le Clergé & les Parlemens de France ont procedé contre les Bulles des Papes, qui ont voulu mettre le Royaume en interdit, & toucher au temporel de cet Etat.
Refus des Roys de Castille, Arragon, Portugal & Angleterre, de reconnoître le Pape pour leur Seigneur au Temporel, &c.
Advis de MM. les Gens du Roy du Parlement de Paris, touchant les nouvelles levées que font les Officiers de Datariat de la Cour de Rome.
Memoires touchant l'Assassinat commis à Rome de l'Ecuyer de M. le Maréchal d'Estrées Ambassadeur en 1639.
Discours & Relations des affaires de la Cour de Rome, & des grands avantages que Votre Majesté & son Royaume en peuvent recevoir, par le Sieur de Breves.
Relation de ce qui s'est fait à Rome touchant le Siege vacant après la mort d'Urbain VIII..
Commission du Pape Urbain VIII. à l'Archevêque d'Arles & aux Evêques de Boulogne & de S. Flour, pour faire le Procez à ceux qui avoient conspiré contre l'Etat. 1633.
Memoire touchant le rehaussement à Rome des Taxes, des Archevêchez, Evêchez & Abbaïes.
Etat de l'affaire de l'Evêque de Leon contre le Sieur Cupif.
Contre les Bulles de Rome qui se publient au préjudice de la France.
Requête des Réformez de Clugny sur les violences qui leur étoient faites, & touchant l'élection de leur General.
Memoire pour les Religieux de Clairvaux.
Relation de ce qui s'est passé en l'assemblée des Archevêques & Evêques qui étoient à Paris pour la reception & execution de la Bulle contre les Jansenistes. 1654.
Relation particuliere de l'Evêque de Lodeve, des affaires de Rome. 1654.
Histoire des Donations faites par les Roys de France au S. Siege.
Traité Sommaire des Legats.
Relation de la nouvelle que l'Ambassadeur de France donna au Pape de l'emprisonnement du Cardinal de Retz.
Réponse de M. le Cardinal de Retz au Nonce du Pape, & à MM. de Brienne & le Tellier, Secretaire d'Etat.
Declaration de M. le Cardinal de Retz, pour la révocation de la démission de l'Archevêché de Paris.
Lettre du Cardinal de Retz à Messieurs de N. Dame de Paris.
Autre du même à MM. les Curez de Paris.
Projet d'Arrest du Conseil d'Etat, touchant les Privileges, Franchi-

ses & Immunitez de l'Eglise contre le Cardinal de Retz.
Discours pour faire voir que M. le Cardinal de Retz ne peut de son autorité mettre le Roy ni Paris en interdit.
Memoire touchant l'affaire de M. l'Archevêque de Paris.
Autre Memoire touchant cette affaire.
La liberté de l'Eglise au Clergé. 1650.
Que le Roy de sa seule autorité, peut en cas de necessité tirer des contributions des Ecclesiastiques.
Memoire de l'Evêque de Langres, touchant les Filles du Pont-Royal & l'Abbé de S. Cyran leur Directeur. 1638.
Autre Recüeil, contenant
Clementis VII. Pontificis Litteræ seu Breve adversus Carolum V. Imp.
Epistola Caroli Cæsaris qua hisce litteris respondet, a Pontifice Romano appellat, Conciliumque generale congregari petit.
Pro Carolo V. Imperatore Responsio ad ea quæ per Oratores Rom. Pontificis, Francisci Regis Francorum & Venetorum ad generalem pacem componendam nuper proposita fuerunt.
De l'Usurpation du Duché de Milan, &c. sur l'Empire par la Maison d'Austriche.
Articuli pacis Germano-Suecicæ anno 1648. Osnabrugis factæ.
Tractatus pacis anno 1648. Monasterii inter Regem Hispanorum & Batavos conclusæ.
Articuli pacis Germano-Gallicæ. Ibidem conclusæ.
Memoire sur l'envoy des Ambassadeurs de France vers l'Empereur & les Princes d'Allemagne, pour l'accommodement des differens de Boheme.
Advis sur le discours du prétendu droit de la Maison Electorale de Saxe, en la succession des Duchez de Juliers, Cleves, &c.
Bulla Sigismundi Regis & Imp. de Palatinatu.
Le Palatinat reconnu au Traité de Pragues de l'an 1635.
Du Comté de Montbelliard.
Vie du Comte Ernest de Mansfeld.
Description de l'Alsace, par le S. Samson.
Relation de la Diette de Ratisbonne. 1663.
Different de George Ragotzki Prince de Transylvanie, avec l'Empereur, touchant le Royaume d'Hongrie.
Du Chancelier de Pologne, Jean Zamoski.
Moyens de maintenir les Suisses au service du Roy.
Traité d'Alliance entre le Duc de Savoye & le Canton de Berne.
Traité d'Alliance entre le Marquis de Dourlac & Bade, & les Cantons de Zurich & Berne, en 1612.
Raisons pour lesquelles les Grisons ont renoncé à l'Alliance de Venise. 1617.
Traité de Mousson pour l'accommodement des affaires des Grisons & Valteline. 1626.

Raisons pour montrer que la Republique des trois ligues Grises ne doit continuer la Confédération & Alliance avec la Republique de Venise.
Traité entre le Roy Loüis XIV. & les Suisses fait à Soleurre en 1653.
Autre Recueil, contenant.
Discours dressé par le S. Richer sur la negociation en Dannemarc & signalement l'Etat des affaires d'Allemagne.
Memoires trouvé entre les liasses du S. Richer, contenant aucunes choses notables qui ne se rencontrent pas en l'histoire du tems.
Lettres écrites au Roy Henri II. par le Sieur Richer.
Advis du Roy Henry le Grand, & des Sieurs de Bellicore & de Sillery de traiter de paix à Verrins l'an 1598. avec Philippe II. Roy d'Espagne.
De la maison d'Autriche & ce qu'elle possede en Allemagne.
Usurpations sur l'Empire par les Empereurs & Roys d'Espagne de la maison d'Austriche.
Motifs de la France pour la guerre d'Allemagne & qu'elle y a été sa conduite par M. de la Cour.
De la nullité du traité de Ratisbonne de l'an 1630. & les raisons pourquoy le Roy ne l'a jamais approuvé.
Discours sur la Bataille de Lutzen, en 1632.
Discours sur l'alliance d'aucuns Princes de l'Empire avec le Roy. 1641.
Dissolutio Consilii Austriaco-Hispanici pro Monarchia Tyrannica.
Lettres de M. de Brienne à M. Servien. 1649.
Memoires de M. de Servien à son Eminence. 1649.
Pour M. le Comte de Harcourt Gouverneur d'Alsace, contre le S. de Tilladet. 1651.
Diette Imperiale de 1653.
Examen du livre intitulé : *Examen de l'Empire d'Allemagne*.
Renonciations à plusieurs Seigneuries reiterées par diverses fois.
Genealogie des Roys d'Angleterre issus de Guillaume le Conquerant Duc de Normandie.
Discours de l'Isola, Resident de l'Empereur à Londres, concernant l'interêt que l'Angleterre a au siege de Gravelines.
Advis important sur l'Etat present d'Angleterre.
Lettre d'un Gentilhomme François à un de ses amis d'Amsterdam où il est donné des avis très importans sur les desseins de Cromwel & de sa Republique.
Articles ou résolutions du Conseil d'Angleterre en faveur de Cromwel. 1653.
Admonitiones perutiles & necessariæ Cardinali Mazarino & reliquis Regni Franciæ Ministris.
Considerations sur le sujet de la Revolte d'Ecosse. 1644.
Lettres écrites de Londres à M. de Brienne Secretaire d'Etat. 1654.

Histoire de Dannemarc & des Pays qui en dépendent.
Advis du S. Maison-Fleur au Roy Charles IX. pour l'inviter à se rendre maître de la Hollande.
Traité d'alliance entre Henry IV. & les Etats Generaux. 1608.
Autre entre la Republique de Venise & les Etats Generaux. 1620.
Accords entre les Etats Generaux & les Republique de Tunis & Alger. 1620.
Traités d'alliance entre le Roy T. Chr. & les Etats Generaux, conclus à Compiegne en 1634.
Autre de Ligne offensive & defensive entre l'Angleterre & la Hollande, en 1625.
Lettre & déduction des Etats Generaux aux Roy d'Angleterre, touchant quelques differens prétendus entre leurs sujets. 1664.
Autre Recueil de diverses Pieces ; sçavoir,
De Nitiobrigibus.
Description Geographique de la Gaule par Samson.
Du Comté de Flandres, sa consistance & comme il a été divisé.
Discours sur les Comtés de Flandres & d'Artois. 1654.
Instructions aux Sieurs de Caumartin &c. Deputez de Sa Majesté pour se trouver à Vervins avec les Deputez des Archiducs, y conferer & décider leurs differens & pretentions pour raison des Limites.
Inventaire de diverses Pieces, concernant les Seigneuries d'Enghien, Isle, Bourbourg, Dunkerque, &c.
Memoire concernant les Comtez de Hesdin & S. Paul, ensemble la Chastellainie de Baurains & les droits du Roy sur iceux.
La teneur d'une Prononciation du Roy Philippe le Bel, par quoi il declara & adjugea à la Comtesse d'Artois la Comté & prairie d'Artois.
Inventaire Sommaire des Pieces dont le Procureur General du Roy entend se servir pour justifier que le droit de Nomination à l'Evêché d'Arras ne peut être contesté à Sa Majesté, non plus que le droit de Regale &c. sur le pays d'Artois.
L'Ancien Duché de Lorraine.
Revenu du Duché de Guyse.
Etat de ce que peut valoir le revenu des Domaines de la Fere, Marle & Han.
Memoire pour faire connoître que Sedan ne peut être mis en plus sures mains que celles du Duc de Bouillon.
Autre pour excuser M. de Bouillon & porter la Reyne à le remettre dans Sedan.
Negociations de l'accommodement & traitez de M. le Duc de Bouillon avec le Roy.
Engagement au Roy Philippe de Valois & à ses Successeurs des Droits Royaux de Souveraineté & autres plusieurs Seigneuries en l'ancien Royaume de Bourgongne, par Henry Comte Palatin comme futur Empereur. 1333.

CODICES MANUSCRIPTI, in folio.

Cahiers dreſſés par les Procureurs Syndics de Breſſe ſervant d'inſtructions aux Deputés pour les Etats Generaux du Royaume convoquez à Orleans. 1649.

Remontrance de la Nobleſſe de Breſſe au Roy. 1649.

 Inſtruction touchant la terre de Piney erigée en Duché ſous le titre de Luxembourg.

Raiſons des Etats de Normandie pour empêcher l'execution de la Commiſſion qui avoit été expediée en faveur de la Comteſſe de Soiſſons, touchant le don des Marets & palus de Caen & Cotentin.

Memoire touchant les Marais de Carentan.

De la Baronnie de Chateau-neuf en Thumerais vers Chartres.

Touchant l'île de Ruys ſituée ſur les côtes de la Province de Bretagne.

Recueil Sommaire des choſes les plus remarquables du Limouſin.

Recollement general des inventaires du Comté d'Auvergne & de Clermont du 24. Fevrier. 1606.

Remarques plus conſiderables de la Province de Poitou, Aulnix, Xaintonge & Angoulmois.

Deſcription de la Comté de Perigort.

Etats des terres appartenantes à M. le Cardinal Duc de Richelieu.

Touchant le Duché D'aiguillon donné par le Roy à M. de Puilaurent.

Memoires ſervant à l'execution du Teſtament de feu M. le Cardinal de Richelieu.

Touchant la Seigneurie de Boybelle au Pays de Berry.

Deſcription de la Tour de Cordouan.

Pieces juſtificatives, pour montrer que le Droit de la petite coutume de la Ville de Bordeaux appartient à l'Abbaye de Ste. Croix dudit lieu.

Memoire de la Ville d'Acqs Capitale de la Senechauſſée des Lannes. 1641.

Deſcription du Comté de Bigorre

Inſtruction du Roy à ſes Commiſſaires pour aſſiſter de ſa part à l'aſſemblée des trois Etats de Languedoc.

Ancien Droit des habitans de Thoulouſe pour faire leurs Capitouls.

Touchant le Comté de Thoulouſe.

Memoires concernant les Communautez de Provence.

De la terre Domaniale de Grimaud en Provence.

Different touchant les Droits de la table de la mer de la Ville de Marſeille.

Autre Recueil de diverſes pieces, qui ſont.

Les Generaux & particuliers motifs de la diſgrace de Dom Gaſpard de Guzman Comte Duc de S. Lucar Favory de Philippe IV. Roy d'Eſpagne, &c.

Pour montrer que toutes les grandes & illuſtres maiſons d'Eſpagne viennent de Baſtardiſe.

Discours du Sieur de Fouquevaux Ambassadeur en Espagne, de ce qui a été traité jour par jour sur le mariage de Sa Majesté Charles IX. avec Elizabeth d'Austriche.
Reflexions Historiques sur la facilité de la conquête d'Espagne.
Etat abregé des Finances du Roy d'Espagne.
Manifeste du Roy d'Espagne sur l'entrée des troupes Espagnoles en Guyenne en 1636.
Sur le mot, Yo el Rey.
Droit du Roy S. Louis & de ses Successeurs au Royaume de Castille.
Droit du Roy sur le Royaume de Navarre.
Memoire pour le rachapt des Domaines de Navarre qui ont été vendus.
Memoire touchant l'usurpation de Navarre.
Remontrance aux Deputez du Roy d'Espagne, touchant l'injuste occupation du Royaume de Navarre, faite l'an 1512. par Ferdinand Roy d'Arragon.
Plaintes contre le S. Brisacier, touchant son dessein d'emporter les plus beaux Domaines de la maison de Navarre.
Remontrance des habitans du Pays de Labourt, touchant le fort de Soccoa.
Droits du Roy sur la Principauté de Catalogne, les Comtez de Roussillon & de Cerdaigne & le Royaume d'Arragon.
Traité de Catalongue fait par M. d'Argenson. 1641.
Discours au Roy par Rentiere sur les Comtés de Roussilon, &c.
Capitulation entre le Marechal de la Mothe Viceroy en Catalogne & Dom Jean d'Austriche.
Memoire touchant la continuation de la Concession des Bulles pour l'usage des viandes deffenduës en Catalogne & Roussilon.
Advis du Sieur de Marca sur la conduite qu'on avoit à tenir en Catalogne.
Lettre du même, touchant le pouvoir des Vicerois de Catalogne.
Memoire touchant les causes de la partialité qui est aujourd'huy en Catalogne, & touchant l'origine & le progrez de la conjuration.
Traitez du Roy Louis XIII. avec les Etats de la Principauté de Catalogne &c. Fait à Peronne en 1641.
Du Royaume de Portugal.
Union du Royaume de Portugal à celui de Castille, en l'an 1594.
Traité de confederation & alliance du Roy Louis XIII. avec Jean IV. Roy de Portugal.
Memoria de Jornada e Successos que ouve nas duas Embaxadasque sua Magestade Mandouaos Reynos de Suecia & Dinamarca, &c. 1641.
Raisons pour faire voir l'obligation qu'à la France d'appuyer l'interest de Portugal dans le traité de la Paix. 1659.
Autre Recueil de diverses Pieces, qui sont.

Des differens entre le Pape d'une part & la Republique de Venife, le Grand Duc de Tofcane, les Ducs de Modene & de Parme, d'autre.
Memoires touchant le Droit du Roy au Duché de Milan & au Comté d'Aft. 1643.
Lettres de confirmation de naturalité du Duc de Mantoue. 1646.
Du Royaume de Naples.
De l'Ufurpation du Marquifat de Final &c. par Philippe II. & Philippe III. Roys d'Efpagne.
Genealogie de la maifon de Naples.
Réponfe aux objections, touchant les Droits du Roy au Royaume de Naples.
Du droit de M. de la Tremouille au R. de Naples par preferenc fur le Roy d'Efpagne.
Sentence des arbitres touchant le different entre le Roy & le Duc de Savoye en 1561.
Remontrances au Roy envoyées par le Sieur de Bourdillon, lors qu'il étoit follicité de rendre à M. de Savoye les places que Sa Majefté tient en Piedmont. 1562.
Accords faits entre M. de Savoye & les Seigneurs de Berne, en 1564.
Articles de la paix faite entre Sa Majefté T. Ch. & le Duc de Savoye fait à Lyon en 1601.
Autre entre fon Alteffe de Savoye & la Republique de Geneve en 1603.
Traité d'Aft de l'an 1617.
Ligue entre fa Sainteté, la France, la Savoye, Venife & Mantoue en 1629.
Traité de Louis XIII. avec le Duc de Savoye de 1632. pour la ceffion de la Ville & Chafteau de Pignerol.
Traité de confederation entre les mêmes pour la conquête du Duché de Milan, l'an 1635.
Traité de Louis XIII. avec le Prince Thomas fur la reftitution des places fortes de Piedmont & Savoye tenuës par Sa Majefté & le Roy d'Efpagne. 1640.
Autre Traité de l'an 1642.
Réflexions politiques fur les affaires de Savoye en 1590. & 1591.
Des Places & territoires de Pignerol & de la Peroufe.
Table Genealogique des Ducs de Mantoue.
Sur la Succeffion des biens du Duc de Mantoue en France.
Differend pour le partage des biens de la fucceffion du feu Duc de Mantoue.
Manifefte de la Princeffe Anne pour la juftification de fon mariage avec le Duc de Guyfe.
Extrait de la relation intitulée: Excellent difcours fur le jufte procedé de Louis XIII. en la défenfe du Duc de Mantoue. 1630.

Proteſtatio pro Carolo II. Duce Mantuæ &c. 1648.
Different des Ducs de Savoye & de Mantoue ſur le Montferrat.
Relation de l'Ambaſſade faite en 1478. de la part du Roy Louis XI. vers le Pape pour terminer la guerre d'entre luy, le Roy de Naples, la Republique de Sienne & les Florentins & contenant le droit du Roy ſur Gennes.
Differend du Duc de Parme, avec le Pape. 1641.
Capituli ſtabiliti tra il Re Philippo & il Duca Coſmo de Medici per le coſe di Siena. 1557.
De l'uſurpation de la Seigneurie de Sienne par l'Empereur Charles V.
Memoire touchant la reception d'un Chevalier de Malthe.
Diſcours des Rang & Reception des Chevaliers de Malthe.
Memoire touchant les Commanderies de l'Ordre de Malthe.
Autre touchant les Privileges des Grand Maîtres de Malthe.
Traité de Louis XIII. avec le Prince de Monaco. 1641.
Memoire concernant la maiſon des Ducs d'Atrie.
Lettres du Sieur de Potremal Agent pour le Roy à Conſtantinople.
Sur l'alliance de la France avec le Turc par le Sieur de Breves.
Autre Recueil de diverſes pieces, ſçavoir:
Juramentum Hæretico datum an obliget.
Hiſtoire de l'Egliſe d'Alexandrie.
Preuves touchant Ferreolus III. Fils de Tonantius.
Memoire touchant un nouveau deſſein d'Hiſtoire depuis S. Louis.
Lorſque le Royaume de France ſemble être plus en danger, c'eſt lorſque Dieu l'aſſiſte le plus.
Diſcours ſur le ſujet de l'éducation des Pupilles.
Accord du Sieur de Pleſſis avec le S. de Saint Phale, fait par Sa Majeſté & MM. les Connêtable & Maréchaux de France. 1599.
Advis des Maréchaux de France ſur le combat d'entre le Marquis de Cœuvres & le Sieur du Pleſſis de Livray. 1645.
La verité ſans déguiſement touchant la retraite que le Comte de Marſin fit de la Catalogne en 1651.
Eloge du Roy Robert touchant ſon zele contre les Hereſies.
Lettre du Sieur du Ferrier Ambaſſadeur à Veniſe, à Charles IX. touchant la ſortie de France du Marquis du Maine ſans le conſentement du Roy.
Remarques curieuſes & particularitez d'hiſtoires pendant le Regne du Roy Charles VIII.
Reddition de Paris du 22. Mars. 1594.
Promeſſe de mariage du Roy à la Dame d'Antragues. 1599.
Mariage clandeſtin du Comte de Hertford avec Catherine Grey fille de Henry Grey Marquis de Dorſet.
Diſcours de ce qui s'eſt paſſé le 17. Octobre 1609. entre le Roy & le Maréchal de l'Eſdiguieres, à Fontainebleau.
Relation particuliere de ce qui fut dit & fait à Milan par M. le

CODICES MANUSCRIPTI, in folio.

Prince de Condé, lorsque M. S. le fut trouver pour chercher les moyens de le reconcilier avec le Roy. 1609.

Memoire pour le Roy touchant le Prince de Condé.

Lettre du Roy Louis XIV. sur le projet de mariage de Mademoiselle d'Orleans, à M. le Comte de Lauzun.

Le Grand Alcandre, merveille des Princes de son siecle ou les amours du Roy Henry IV.

Diverses Lettres de Theophile & autres.

Recueil de Pensées diverses.

Divorce satyrique en forme de Factum, pour & au nom du Roy Henry IV. contre la Royne Marguerite.

Discours au Roy par un de ses fidels sujets sur le Procez de M. Fouquet.

Dessein de la quatriéme partie des veritez françoises.

Autre recueil de diverses Pieces; Sçavoir,

Discours au Roy par le Sieur de Montluc sur le fait de la paix, &c. 1573.

Raisons pour montrer que le Parlement ne peut être retabli à Bourdeaux, sans hazarder le service du Roy & le repos de la Province.

Memoire sur les soulevemens de Guyenne. 1641.

Memoire sur les émotions de Xaintonge & d'Angoulmois depuis 1629. jusqu'en 1643.

Relation envoyée au Roy par le Premier Président de Bourdeaux, touchant ce qui s'est passé audit Parlement, ensuite de l'Arrest de Sa Majesté du 5. Décembre 1644.

Relation de l'émotion arrivée à Montpellier en 1645.

Discours sur l'utilité qu'apporte la reputation aux Princes.

Discours sur la Charge d'un Ambassadeur.

Abregé d'un discours fait avec sa Sainteté entre aucuns de ses confidens après le départ de M. de Guyse.

Comme il a été convenu entre plusieurs Roys & Princes aux Traitez de paix ou de confederation & alliance, d'être amis d'amis & ennemis d'ennemis.

De Legatorum honoribus.

Conseil à M. le Duc d'Anjou de combattre le Duc des deux Pont. 1569.

Advis du Marechal de Bassompierre sur la proposition d'interdire la hantise des Ambassadeurs étrangers en l'assemblée des Notables, en 1621.

Déclaration du Parlement de Paris touchant la Déclaration pour exclure les Etrangers & les Cardinaux des Conseils du Roy. 1651.

Memoire touchant le retablissement de l'autorité du Roy. 1651.

Memoire pour faire un Déclaration, portant défenses aux Sujets du Roy d'avoir communication avec les ennemis. 1649.

Reglement que le Roy veut & ordonne être obfervé en fes Confeils. 1644.
Avis pour condamner à une certaine fomme ceux qui auront plaidé mal-à-propos.
Confiderations fur le bonheur du fiecle prefent, à comparaifon des fiecles paffez, par le Sieur de Baffompierre.
Difcours fur les Sieges des Places, & leurs fecours, par le même.
Forme ufitée dans la Juftice militaire de l'Infanterie en France.
Memoire des Sufcriptions, Soufcriptions, & maniere d'écrire des Empereurs, Roy & Princes, &c.
Difcours des rangs & féances en France.
Requête au Roy par le Prince de Courtenay, 1666.
Memoire touchant les Lits de Juftice du Roy ès entrées au Parlement.
Brevet de Sa Majefté en faveur de M. le Duc de Montmorency.
Relation des cérémonies qui furent faites à S. Denis à la converfion d'Henry IV.
Réponfe du Roy aux Articles propofez par M. le Prince en la Conference de Loudun, en 1616.
Reglement fait à Compiegne par Louis XIII. pour la reformation des Séances ès Confeils, &c. en 1624.
Relation de la bonne reception que Bethléem Gabor fit à Presbourg à MM. d'Angoulême, de Bethune & de Preaux, Ambaffadeurs de Sa Majefté, en 1628.
Reglement à faire entre MM. les Maîtres des Requêtes & MM. les Grand & premier Aumôniers, concernant les graces qui feront accordées par Sa Majefté en confideration de fon Sacre. 1654.
Difcours contre les Maifons de la Trimouille & de Boüillon, qui prétendent la qualité de Prince.
Rang prétendu par le Duc de Boüillon enfuite de l'échange de Sedan.
Fonction de M. le Chancelier au Sacre du Roy.
Arreft en faveur des Chanoines d'Aix contre la Chambre des Comptes de Provence. 1643.
Different du Parlement de Provence avec le Chapitre de S. Sauveur d'Aix, touchant leurs rangs & places, &c. 1644.
Memoires fur le differend d'entre le Lieutenant Civil & le Grand Prevoft, qui prétendoient avoir droit d'appofer le Scellé, &c.
Memoire pour montrer que Mademoifelle n'a rien fait d'indigne de fon rang en fe mettant à genoux devant le Roy.
Memoire touchant les rangs que doivent tenir les Ducs & Pairs dans toutes les Ceremonies.
Déclaration faite par les Commiffaires & Dignitez de la Royne d'Angleterre fur la préféance.
Préféance des Ambaffadeurs de France fur ceux d'Angleterre.

CODICES MANUSCRIPTI, in folio.

Ecrit touchant le rang & honneurs prétendus par les Ambaſſadeurs des Etats Generaux des Provinces Unies des Pays Bas, à l'égal de ceux de la Republique de Veniſe. 1641.
Memoire ſur les Saluts de Mer.
Recueil de diverſes Genealogies des principales Maiſons de France & Allemagne, tant manuſcrites qu'en cartes imprimées.
Jugement rendu contre le Chancelier Poyet, en 1545.
Extrait des Regiſtres du Conſeil & Ordonnances du Parlement de Paris depuis 1461. juſqu'en 1549.
Regiſtre de ce qui ſe paſſa au Parlement à la venuë de M. le Prince de Condé après ſon retour de Flandres. 1620.
Memoire du Sieur de Prieſac touchant l'inſtitution des Parlemens.
Reglement du Parlement en conſequence de l'établiſſement de la troiſiéme Chambre. 1638.
Memoire pour faire voir que pour la verification des Edits, il faut que toutes Chambres ſoient aſſemblées, & non pas la Grand'-Chambre ſeule. 1644.
Memoire des mauvais traitemens faits au Parlement de Rennes, par le Marechal de la Milleraye, lorſqu'il fut fait Gouverneur de Bretagne. 1642.
Memoire touchant les manieres avec leſquelles le Parlement devoit répondre au Roy, ſur ce qu'il leur avoit fait propoſer, touchant la verification des Edits; qu'ils doivent répondre avec reſpect.
Diſcours ſur le ſujet des Evocations. 1653.
Entréés où le Parlement a été.
Memoire touchant les Lits de Juſtice du Roy ès entrées au Parlement.
Arrêté du Parlement ſur les Lettres de Conſeiller d'honneur, &c. 1654.
Iuſtruction generale du Heraut allant vers le Parlement, le Corps de Ville & le Prince de Conty. 1649.
Diſcours de la Juſtice ſouveraine des Roys & des Chambres de Juſtice & Chambres ardentes.
Procez fait à M. le Duc de Boüillon, Marechal de France, &c. 1606.
Advis du Sieur de Baſſompierre au Roy Loüis XIII. ſur le Procez & Jugement du Duc de la Vallete.
Droit du Roy par les inveſtitures.
Droit des Princes Apanagers.
Lettre de reſerve de la Charge de Commandeur & Grand Threſorier des Ordres du Roy, en faveur du Sieur de Savigny. 1643.
Memoire touchant les Cauſes qui ſe plaident aux Audiences, & qui regardent l'Office des Gens du Roy. 1642.
Memoire touchant la création du Grand Conſeil.
Des Officiers de la Couronne en France. 1653.

Difcours touchant la fuppreffion des Charges du Prefident le Coigneux & du Sieur Payen des Landes. 1633.
Suppreffion des Charges de Conneftable, & Colonel General de l'Infanterie de France. 1643.
Extrait de ce qui s'eft paffé dans le Parlement de Bourdeaux pour le rétabliffement du Sieur Prefident la Lane, en 1644. & 1645.
Projet de Déclaration touchant le fervice des Prefidens de Thouloufe.
Déclaration du Roy portant permiffion au Premier Prefident de Dauphiné de préfider quand bon lui femblera dans les trois Chambres.
Memoire touchant les exactions des Marchands de Bois & de Charbon dans Paris. 1641.
Memoire contre les condamnations par contumace. 1643.
Autre pour remedier aux vols & affaffinats, &c. 1643.
Memoire des defordres en general qui fe trouvent dans les Prifons, & les remedes qui s'y peuvent apporter. 1644.
A ce que les affaires de la Ville de Paris ne foient refoluës fans l'avis & confeil des Confeillers d'icelle Ville.
Préjudice que reçoit le commerce de l'établiffement de la fubvention. 1643.
Memoire de MM. de la Chambre des Comptes touchant le retabliffement des Fiefs.
Memoire pour les Courtiers de Bourdeaux.
Autre touchant les Poftes & Meffageries de France.
Autre touchant la Chambre mi-partie de Guyenne.
Ordre que le Roy veut être obfervé par le Grand Efcuyer, & ceux qui font fous fa charge.
Reglemens & Statuts fur les Eaux minerales & Bains naturels de ce Royaume, dreffez à l'ufage des Provinces d'Auvergne, Bourgogne, Bourbonnois & Forets.
Ordre pour la nomination des Deputez pour les affemblées du Clergé. 1644.
Memoire de la Nobleffe de Dauphiné pour la tenuë des Etats en icelle Province. 1649.
Autre pour l'établiffement des quatre Profeffeurs en Theologie en l'Univerfité d'Angers. 1646.
Autre fur l'utilité qui peut revenir au Roy & à MM. du Clergé de France de la revente de leur Domaine ci-devant aliené.
Memoire du Duc de Sully touchant la Charge de Grand Maître de l'Artillerie. 1643.
De l'Intendant de Juftice & de Finance dans l'armée.
Advis à MM. les Notables fur l'ouverture des Etats, en l'année 1626.
Divers moyens pour l'etabliffement d'un fonds de Finance.
Advis pour les Echevins de Lyon pour le demi pour cent de changes.

Etat des affaires des Finances de France sous le Marechal d'Effiat. 1632.
Memoire des Officiers des Eaux & Forets de France, &c. 1654.
Proposition faite au Roy touchant l'établissement & Ferme du sel. 1623.
Advis pour faire connoître les causes principales qui ont ruiné & renversé l'état & l'ordre du gouvernement, direction & maniement des Finances.
Memoire des impositions & charges en France.
Memoire pour l'établissement de l'ordre des Signales. 1643.
Inventaire des Bagues de la Couronne.
Du droit de Naufrage, & que c'est un droit de Regal.
Summaria Privilegiorum Regaliæ.
Praxis Beneficiaria.
Requestes du Palais.
De Arte historica.
Traitez de l'abus.
Diverses Pieces concernant les matieres Criminelles.
Instruction au Sieur Poulain allant en Espagne; touchant le Reglement des monnoyes.
L'homme d'Etat sur le fait des monnoyes.
Memoire touchant les droits de remede sur les ouvrages d'Orfevrie.
Utilité & necessité de la Fabrique des Doubles en France.
Privileges octroyez par le Roy Loüis XI. aux Marchans de Brabant, Flandres, Hollande, Zelande trafiquans en France. 1461.
Etablissement ès Provinces Unies des Pays-Bas d'une Compagnie pour le trafic ès Indes Orientales. 1602.
Raisons pour lesquelles les Hollandois ne doivent quitter le trafic & navigation és Indes. 1609.
Octroy des Etats Generaux à cette Compagnie. 1621.
Plaintes & remontrances faites aux Etats de Hollande par cette Compagnie, contre les malversations des Directeurs, &c. 1623.
Traité d'alliance & confederation entre l'Angleterre & la Hollande. 1625.
Dénombrement des Places fortes, Garnisons, Comptoirs ou Magasins de la Compagnie des Indes.
Places où les Portugais font leur trafic aux Indes, &c.
Memoire pour la navigation ou le commerce de France.
Traité de commerce entre les Roys d'Angleterre & d'Espagne. 1630.
Autre entre le Portugal & la Hollande. 1641.
Tractatus commercii inter Regem Hispaniæ & Hollandiam.
Advis au Roy d'ôter de la France l'inutilité & le luxe, &c.
Autre pour les Manufactures de France. 1627.
Aucuns points touchant le libre commerce de la mer en France.
Memoire des Marchands de Paris contre le monopole pour 4. ans

de transporter le Pastel de France en pays étranger.
Discours de la ruine que l'alteration du negoce, l'usage des dorures, & la tolerance de l'augmentation des especes causent dans l'Etat.
Advis pour faire valoir le commerce de France. 1642.
Du dessein des Espagnols d'attirer en Espagne le principal commerce de l'Europe.
Plaintes universelles sur les ruines provenans des pirateries & déprédations, & de l'interruption du commerce.
Privileges accordez par le Roy Philippe de Valois aux Portugais trafiquans à Harfleur, &c.
Memoire pour les Marchands de Paris, Roüen, S. Malo, Nantes, Marseille, le Havre, Dieppe, trafiquans en mer.
Etablissement d'une Compagnie de Marchands Anglois trafiquans en Moscovie, &c. 1555.
Traité entre la France & l'Angleterre contre les pyrateries & déprédations. 1600.
Privileges octroyez aux Anglois trafiquans en Turquie.
Memoires des charges & subsides que souffrent les François en leur commerce en Angleterre. 1564.
Privileges octroyez pour le trafic en Guinée. 1588.
Etablissement de la Compagnie des Anglois trafiquans ès Indes Orientales, &c. 1600.
Lettre du President Jeannin touchant l'usurpation des Espagnols au de-là de la Ligne.
Reglement pour la pesche du Hareng. 1630.
Etablissement d'une Compagnie d'Anglois pour envoyer des Colonies aux Isles de Terre-neuve. 1610.
Autre d'une Compagnie de François ès Indes Orientales. 1615.
Des Villes Anséatiques & de leur commerce.
Des usurpations des Anglois sur les François en la nouvelle France, depuis l'an 1611.
Discours du Sieur Samson sur le Globe Terrestre.
De la dignité de la Geographie, Astronomie, Histoire, Physique.
Reglement sur le fait de la navigation, armement des vaisseaux & des prises qui se font en mer.
Etat du negoce au Levant. 1644.
Description sommaire de l'Empire d'Allemagne, des Republiques de Suisses, & des Provinces Unies des Pays-Bas, des Duchez de Lorraine & de Savoye, des Royaumes de Dannemarc, Suede & Pologne & du Grand Duché de Moscovie, avec les tables généalogiques des Maisons d'Autriche, Baviere, Saxe, Brandebourg, &c. par T. Godefroy.
Description de l'Allemagne par le Sieur Samson.
Memoire touchant les Cercles de l'Allemagne, par le même.
Memoire du même sur la correspondance de l'ancienne Germanie, avec celle d'Allemagne d'apresent.   Reflex.

CODICES MANUSCRIPTI, in folio.

Reflexions generales necessaires à faire sur l'Empire.
Erection des Duchez, Comtez, Pairies.
Descrittione delle valli di magra e di vara comprese sotto a Roma di Luneggiano fatta l'anno 1640.
Brieve description des Principales parties d'Europe.
Applauso Poëtico a gloriosi Triomfi del inuit. Luigi il Giusto.
Inventaires des titres de la Mense Abbatiale de S. Remy de Reims.
Chroniques ou Annales de l'Abbaye Royale de S. Germain des Prez, composées en Latin par le P. Jacques du Breul, abregées & mises en langue françoise par Simon Millet. 1630.
Loüis Reintegré, ou Traité juridique par lequel on retablit Sa Majesté T. Ch. dans son droit de Regale spirituelle & temporelle à l'égard de toutes les terres de son obéissance, par Christophe de Maur Aumonier de Sa M. T. C. 1681.
Traité fait à Vervins contre la France & l'Espagne. 1598.
Memoires en formes Chroniques depuis l'an 1220. jusques en 1423.
Pragmatique publiée à Madrid en 1586.
Des guerres & traitez de paix des Comtez de Flandres avec les Roys de France.
Déclaration des limites de l'Empire aux Pays-Bas.
Adjonction de quelques Statuts à l'Ordre de S. Michel par le Roy Loüis XI.
Recueil de tous les Ordres de Religion qui sont en Chrétienté.
Ceremonies & Sacre du Roy de Naples par les Papes.
Ecole d'armes tenuë en la Ville de Bruxelles.
Des Religions des Chevaliers de S. Maurice, S. Lazare, &c.
Des Chevaliers à la bande du Roy Alphonse d'Arragon.
Ceremonies à la création d'un Chevalier du saint Sepulchre de Jerusalem.
Ceremonies du Sacre des Roys & Reynes de France à Reims.
Regles, Status & Ordonnances des Chevaliers de S. Jean de Jerusalem, & la maniere dont on les dépose pour crimes.
Collections sur toutes sortes de matieres presque par ordre alphabetique, *in folio magno*, 2. vol.
Autres Collections aussi par ordre Alphabetique. 7. vol.
Cinq autres volumes de Collections.
Differens Traitez Theologiques, en un vol.

CODICES MANUSCRIPTI.
IN QUARTO.

Manuscrits du S. Aubery, Sçavoir.
Regiſtres du Parlement depuis l'an 1364. juſques en 1560. 6. volumes.
Extrait des Regiſtres du Parlement concernant la Regence & l'adminiſtration de l'Etat depuis 1643. juſques en 1659. 1. vol.
Hiſtoire de Pepin le Bref Roy de France. 1. vol
Journal du Regne de S. Louis. 1. vol.
——————— De Philippes III. 1. vol.
——————— De Philippe IV. 1. vol.
——————— De Louis X. Philippe V. Charles III. 1. vol.
——————— De Philippe VI. 1. vol.
——————— De Jean II. 1. vol.
——————— De Charles V. 1. vol.
——————— De Charles VI. 2. vol.
——————— De Charles VII. 2. vol.
——————— De Louis XI. 1. vol.
——————— De Charles VIII. 2. vol.
——————— De Louis XII. 1. vol.
Regiſtre des Lettres de François I. 2. vol.
——————— De Henry II. 2. vol.
Pluſieurs Fragments ſervants à l'hiſtoire du Cardinal Mazarin. 1. vol.
Hiſtoire de ce Cardinal avec ſon Teſtament. 2. vol.
Traité de la revocation des anciens droits de Regale, faits en la Ste. Chapelle. 1. vol.
Le Paralelle de Clovis & de Conſtantin : des juſtes prétentions du Roy ſur l'Empire : de l'Eminence du Cardinalat. 1. vol.
Fragments de Froiſſart. 1. vol.
En tout 33. vol.
Hiſtoire du Regne de François I. 3. vol.
Défenſe des Droits de la Reyne ſur le Brabant, &c.
Traité touchant la reception & l'autorité du Concile de Trente en France.
Traité contre la prétenduë infaillibilité du Pape.
Inſtitutiones Juris Canonici.
Quædam Canonicæ Quæſtiones de Teſtamentis.
Du Mariage Chrétien ſelon les Loix de France.
Traité de ce qui s'eſt paſſé par les Empereurs & les Roys dans tous

CODICES MANUSCRIPTI, in quarto.   21

les tems au sujet de la Jurisdiction Criminelle sur les Ecclesiastiques.

Liste des Abbayes avec leur annates, revenus & le nom des Dioceses dans lesquels elles sont situées.

Portrait du Parlement de Paris.

Advis au Roy pour la reforme des Prieurez en commande.

Le Calvaire profané ou le Mont Valerien usurpé par les Jacobins Reformez du Faugbourg S. Honoré.

Remontrances faites au Roy T. C. par l'Ambassadeur d'Hollande, sur les differens d'entre les Etats de Hollande & les Anglois. 1666.

Histoire de M. de Coligny & de Madame de Longueville. 1666.

Fondation du College des IV. Nations. 1666.

Lettre sur la réforme des Fêtes. 1666.

Testament de la Royne Mere Anne d'Austriche. 1666.

Devises sur les Armes de M. Colbert.

Plainte de M. l'Archevêque de Paris contre M. Verthamont Maître des Requêtes, sous le nom du Sieur de Lyonne.

Histoire du Cardinal du Perron.

Le Songe de Pasquin. 1690.

Relatione di Francia. 1546.

Breve relatione delle difficolta fra postesi nel radunare il Congresso in Colonia avanti l'Em. S. Cardinale Ginetti Legaro de latere 1637. 1638. & 1639. fatta dall Abbate Domenico Salvetti.

Relatione del conclave, nel quale fu creato Nicolo V. Califto III. Pio II. Paolo II. Sixto IV. Innocentio VIII. Alessandro VI. Pio III. Julio II. Leone X. Adriano VI. Clemente VI. Paolo III.

Al N. S. P. Innocentio XII. interno al procedimento ordinario è canonico, nelle cause che si trattano nel Tribunale del Sancto Ufficio nella citta è regno di Napoli.

Relatione delli Principati d'Italia.

Potentati d'Italia, feudatarii principali & loro adherentie.

Della varieta del creatione del Pape & origine de Cardinali.

Patrimonia S. Petri vel Principum donationes.

Lettera che scrive il Re di Persia al Papa.

Institutiones diversorum regnorum.

Lettera del Duca di Alenzon scritta al N. S. Gregorio XIII.

Breve di Sisto V. al Re d'Inghilterra.

Narration delle entrate ordinarie & forze della sede Apostolica.

Oratione fatta dal Comte Roberto Sirlei Ambass. del Ré di Persia al Papa Paolo V. 1609.

Come si e da trattar alla corte di Roma.

Relatione della reconciliatione absolutione & benedictione di Henrico IV. Re di Francia. 1595.

Des Benefices Consistoriaux de France.

Demandes du Roy pour la Réformation des Monasteres en France.

Y yyy ij

Privilegia Ecclesiæ S. Ludovici Romæ.
Bref du Pape touchant l'Ordre du S. Esprit.
Il modo que tiene il Papa en trattar con los Principes.
Etat par estimation des trains & suites d'un Ambassadeur à Rome.
Relatione di Germania fatta in tempo dell' Imperatori Ridolpho II. di Austria.
Capitoli delle trattati d'Ungharia & Bohemia.
Giornale del Convento Elettorale.
Relatione de Egger.
Cause motive e modo osservato nella Elettione del Re Ferdinando alla Corona Imperiale.
Relatione delle qualita de principi Moderni di Germania.
Relatione di Constantinopoli & Gran Turco.
Lettres interceptées du Grand Seigneur.
Capitulationi che Sultan Amat Re di Turchi promelte d'osservare & mantenere bona amicitia col Re di Francia. 1604.
Discorso intorno all' origine delle leggi.
Relatione della natura di Suizzeri.
Sommario della forma & modo di negotiar con li Signori Suizzeri & della forma che servano li Signori Grisoni nel regimento loro & Governo & modo di negotiar con essi.
Varia variorum Principum dicta.
Carlo Emanuel Duca di Savoya.
Ferdinando Cardinale Duca di Mantoua & di Monferrate.
Contra la risposta del S. Duca di Mantoa al manifesto dell' A. di Savoia.
Riposta del S. Guido Aldobrandino San-Georgio.
Sentenza & Bando contro Guido Aldobrandino. 1613.
Diverse scritture interno alli Rumori d'Italia.
Conclave di Gregorio XIII. 1591.
Relatione de i tutti i Signori & Stati de Principi de Italia.
Relatione della corte & Governo di Roma & de riti ordini & precedenze che in essa s' osservano.
Relatione di Roma al tempo di Pio IV. & Pio V. del Paolo Tiepoli Ambasciatore Veneto.
Relatione di Milano & suo stato fatta nell' anno 1589. dal S. Gio. Batt. Leoni.
Historia della rebellione di Bohemia. 1620.
Apotheosis Poëtica de Imperio rebusque gestis Elizabethæ Anglorum Reginæ a Guillelmo Alabastro.
Journal d'un Voyage en Flandres & Allemagne.
Vies de Dom Ambroise Helyot Chartreux, & de Damoiselle Catherine Helyot decedée au Monastere de Longchamp.
Historia Bruti quam composuit seu transtulit Valfridus Mommutensis de Britanno in latinum.
Jo. Bodinus de abditis rerum sublimium arcanis.

Compendium disputationum Joannis Cantansariti Italo-Græci, contra Euchologium Græcorum Orientalium hujus temporis & Simonem Thessalonicensem de septem Ecclesiæ Sacramentis.

Claudii Maii olim Judæi, nunc Christiani meditationes in Sacro-Sanctam D. N. J. C. Legem & alia ejusdem.

Varii Tractatus Theologici. 5. vol.

Nic. Maigrot Annotationes & observationes residuales Soc. J. contra Mandatum Caroli Maigrot Vicarii Apostolici, &c. 1698.

Logica, Moralis, Metaphysica & Physica. 3. vol.

Petri Dozet Physica.

Varia Scripta Medica a Nicolao Rainssant collecta. 2. vol.

Le Chat échappé à sa Maîtresse, Poëme.

Collections sur toutes sortes de Matieres par ordre Alphabetique. 8. vol.

CODICES MANUSCRIPTI,

IN OCTAVO, &c.

BIBLIA Sacra *in* 8. à deux colomnes, *sur velin.*

Forme & maniere de consacrer les Religieuses de l'Ordre de Chartreuse. *in* 16. *sur velin.*

Quædam Annæi Lucii Senecæ Opuscula. *in* 8. *sur parchemin.*

Notæ in Concilia. *in* 8.

Clypeus Juris Francici in Mediolanensem Ducatum, Comitatum Ruscinonensem, &c. *in* 8.

Nicolaus Prou des Carneaux, de obsidione urbis Rupellæ. *in* 12.

Abregé de l'Histoire de France, par Riancourt, avec des notes manuscrites, & la continuation jusqu'en 1587. *in* 12. 5. vol.

Chavassii Annotationes in Opticam. *in* 8.

Calligraphia Romana. *in* 8.

Conversation entre le Maréchal d'Hocquincourt & le P. Canaye Jesuite, par S. Evremont, *in* 12.

Etat General de la valeur des Finances de France, par J. B. C. D. R. *in* 8.

www.ingramcontent.com/pod-product-compliance
Lightning Source LLC
Chambersburg PA
CBHW070832230426
43667CB00011B/1761